Dominic Zimmer

Der Multilevel-Charakter der Reputation von Unternehmen

Dominic Zimmer

Der Multilevel-Charakter der Reputation von Unternehmen

Eine empirische Analyse der Krankenhaus- und Fachabteilungsreputation bei niedergelassenen Ärzten

Mit einem Geleitwort von Prof. Dr. Michael Lingenfelder

GABLER

RESEARCH

Bibliografische Information der Deutschen Nationalbibliothek
Die Deutsche Nationalbibliothek verzeichnet diese Publikation in der
Deutschen Nationalbibliografie; detaillierte bibliografische Daten sind im Internet über
<http://dnb.d-nb.de> abrufbar.

Dissertation Philipps-Universität Marburg, 2009

1. Auflage 2010

Alle Rechte vorbehalten
© Gabler | GWV Fachverlage GmbH, Wiesbaden 2010

Lektorat: Ute Wrasmann | Sabine Schöller

Gabler ist Teil der Fachverlagsgruppe Springer Science+Business Media.
www.gabler.de

Umschlaggestaltung: KünkelLopka Medienentwicklung, Heidelberg
Gedruckt auf säurefreiem und chlorfrei gebleichtem Papier

ISBN 978-3-8349-2146-8

Geleitwort

Seit den 1990er Jahren findet in verschiedenen Wissenschaftsdisziplinen eine rege Auseinandersetzung mit dem Phänomen Reputation statt. Die in der Marketing-wissenschaft betriebene Reputationsforschung befasst sich vor allem mit Einfluss-größen, Konsequenzen und der Operationalisierung der Reputation. Dabei ist festzustellen, dass das Wechselspiel zwischen der Reputation eines Unternehmens als Ganzes und jener von strategischen Geschäftseinheiten zweifellos als Forschungslücke zu deklarieren ist. Genau hier setzt die Dissertation von Herrn Zimmer an, indem die Gesamtreputation und organisationale Subreputationen auf ihren Zusammenhang hin analysiert werden.

Der Bearbeiter will vier Forschungsziele mit seinen Ausführungen erreichen: Er will ermitteln,

1.　ob ein Unternehmen aus Sicht einer Anspruchsgruppe über verschiedene Reputationen verfügt,

2.　wie Richtung und Stärke des Zusammenhangs der verschiedenen Repu-tationen sind,

3.　welchen relativen Beitrag die Reputationskonstrukte zur Erreichung von marktstrategischen und ökonomischen Unternehmenszielen leisten,

4.　welche Determinanten für die Bildung von Reputation auf den zwei Betrachtungsebenen verantwortlich sind.

Die Dissertation ist in zehn Kapitel gegliedert. In Kapitel A werden die Relevanz der Reputation aus Perspektive verschiedener Theorien skizziert, ein komprimierter Überblick über den State of the art der marketingbezogenen Reputationsforschung geboten, Forschungsziele und Gang der Untersuchung erörtert sowie die wissen-schaftstheoretische Positionierung der Arbeit thematisiert.

Den empirischen Untersuchungskontext verkörpert die stationäre Patientenver-sorgung. Dies bedeutet, dass die Gesamtreputation eines Krankenhauses und die Reputationen der Fachabteilungen im Fokus der Betrachtung stehen. Als Stake-holder werden niedergelassene Haus- und Fachärzte betrachtet. Die mit diesem Untersuchungskontext verbundenen themenrelevanten Herausforderungen werden in Kapitel B erläutert. Zusätzlich geht der Verfasser auf strukturelle Merkmale der als Kooperationspartner für die Empirie gewonnenen Krankenhäuser ein. Konzeptionelle Grundlagen von Krankenhausdienstleistungen und ein Zwischenfazit, das die wesentlichen Erkenntnisse zusammenfasst, runden diesen Teil ab.

Mit rund 130 Seiten verkörpert Kapitel C einen ersten Schwerpunkt der gesamten Arbeit. Es soll ein Untersuchungsmodell theoriegeleitet entwickelt werden, mit dessen Hilfe die o.g. vier Forschungsziele realisiert werden sollen.

Im Zentrum des Modells steht die Überlegung, Reputation als einstellungsähnliches Konstrukt aufzufassen, das sich aus dem Wissen über zentrale Eigenschaften einer sozialen Entität zusammensetzt, über das ein Individuum einer Bezugsgruppe verfügt. Folglich ist die Auswahl der Theorien, die zur Herleitung explizit formulierter Hypothesen herangezogen werden, konsequenterweise auf Kognitionstheorien der Psychologie gerichtet. Namentlich handelt es sich um die Social-Identity-Theorie, den Elaboration-Likelihood-Ansatz, die Accessibility-Diagnosticity-Theorie, die Means-End-Chain-Theorie und die Theorie des überlegten Handelns. Der Verfasser begründet seine Auswahl fundiert und erläutert die Interdependenz der ausgewählten theoretischen Bezugsbasen.

Theoretisch überzeugend argumentiert Herr Zimmer, dass die Subreputationen die Gesamtunternehmensreputation determinieren und dass dieser Zusammenhang von Moderatoren beeinflusst wird. Bei letzteren handelt es sich um die Dauer der Einweisungsbeziehung, die wahrgenommene Autonomie der Fachabteilung, den Spezialisierungsgrad niedergelassener Ärzte und den Kenntnisstand über das Krankenhaus.

In einem anschließenden Schritt werden der einweiserbezogene Patienten-marktanteil und die Kooperationsbereitschaft niedergelassener Ärzte als Wirkungs-kategorien von Reputation auf den zwei Betrachtungsebenen diskutiert. Nachfolgend widmet sich der Verfasser sodann ausgewählten Determinanten von Reputation, nämlich der Ergebnisqualität und der Patienten- sowie Einweiserorientierung.

Insgesamt leitet der Autor 26 Hypothesen her, wobei er, wo immer möglich, metaanalytische Befunde in die theoretische Diskussion integriert. Die Verzahnung dieser Hypothesen geschieht am Ende der theoretischen Argumentation.

Erwähnt werden muss noch, dass in jedem Abschnitt die empirische Erfassung der diskutierten Modellelemente am jeweiligen Ende zu finden ist. Es werden, sofern vorhanden, geeichte Skalen herangezogen und auf den spezifischen Untersuchungs-kontext adaptiert.

Die vom Verfasser so bezeichnete Erststudie wird in Kapitel D beschrieben. Der Leser wird in alle Etappen der schriftlichen Befragung von Einweisern im regionalen Umfeld des Krankenhauses eingeweiht. Im Ergebnis generiert Herr Zimmer eine geeignete Datenbasis, die nicht nur mit der bundesdeutschen Struktur niedergelassener Ärzte vergleichbar ist, sondern die durch eine exorbitant hohe Rücklauf-quote (26,8 %) gekennzeichnet werden kann. Beides bilden die Resultate der akribischen empirischen Arbeit des Verfassers.

Kapitel E enthält die empirischen Befunde der Erststudie. Zunächst wird streng orientiert an der üblichen Methodik zur Überprüfung der einbezogenen Konstrukte die Qualität der Messungen geprüft. Alle Ergebnisse lassen keinerlei Zweifel an der Reliabilität und Validität der Erststudie zu.

Mittels Kovarianzstrukturanalyse wird im Anschluss daran das Forschungsmodell mit den erhobenen empirischen Daten konfrontiert. Die moderierenden Effekte analysiert der Verfasser mit der multiplen Strukturgleichungsanalyse (Abschn. 2.1.4.). Durch Parameterkontraktion und -expansion wird letztlich das bestangepasste Modell identifiziert (Abschn. 2.3.3.). Ungefähr zwei Drittel der postulierten Hypothesen finden in den Daten Bestätigung, bei einem Drittel ist der vermutete Effekt nicht oder lediglich in geringem Umfang nachzuweisen. Aus der Vielzahl der Erkenntnisse erscheinen folgende erwähnenswert (siehe u.a. Abb. E-5):

▪ Fachabteilungsreputationen laden mit .73 auf die Gesamtunternehmens-reputation. Dieser starke Zusammenhang nimmt mit zunehmender Dauer der Einweiserbeziehung, größerem Spezialisierungsgrad und niedrigerem Kenntnis-stand des Einweisers ab und mit größerer wahrgenommener Autonomie der Fachabteilung zu.

▪ Die Gesamtunternehmensreputation hat keinen Effekt auf den einweiserbe-zogenen Patientenmarktanteil und die Kooperationsbereitschaft.

Mit einer zweiten empirischen Studie werden zwei Zielsetzungen verfolgt: Zunächst sollen weitere Determinanten der Reputation geprüft werden, die für konkrete Maßnahmen des Managements zugänglicher sind als jene, die in der Erststudie untersucht worden sind. Weiterhin soll der Frage nachgegangen werden, ob die Gesamt- und Fachabteilungsreputation die Loyalität von Einweisern positiv zu beein-flussen vermögen und wie stark dieser Zusammenhang ist. Schließlich wird die Kooperationsbereitschaft der niedergelassenen Ärzte in eine Bereitschaft zur medizinischen und eine zur wirtschaftlichen Zusammenarbeit differenziert.

Insgesamt werden in Kapitel F streng theoriegeleitet und mit Rekurs auf einschlägige empirische Befunde 30 Hypothesen formuliert und zu einem Forschungsmodell zusammengeführt. Der Verfasser verweist auf die Argumentation in Kapitel C, sofern es sich um analoge/identische Modellelemente und Wirkungsbeziehungen handelt. Dort, wo das nicht der Fall ist, wird die Auswahl der nach Meinung des Verfassers passenden Theorie bzw. theoretischen Konzeption begründet und sodann bis hin zur messtechnischen Operationalisierung argumentiert.

Design und Struktur der Beurteilungsstichprobe der Zweitstudie werden in Kapitel G in knapper Form thematisiert. Wieder springt die hohe Rücklaufquote von 16 % ins Auge.

Mit der aus Kapitel E bereits durchexerzierten Methodik geht der Autor in Kapitel H vor, um das Forschungsmodell der Zweitstudie zu prüfen. Bedeutung haben insbesondere folgende Ergebnisse:

- Fachabteilungsreputationen laden mit .45 die Gesamtreputation.

- Je höher die Gesamtreputation ausfällt, desto loyaler sind die Einweiser gegenüber dem betreffenden Krankenhaus.

- Die Bereitschaft zur medizinischen Kooperation wird fast dreimal so stark von der Gesamtreputation als von der Fachabteilungsreputation determiniert.

In Kapitel I werden die Grenzen des empirischen Forschungsprogramms ausführlich beleuchtet. Hiernach gibt der Verfasser Handlungsempfehlungen für das betriebliche Reputationsmanagement, um sodann aus den Ergebnissen seiner Arbeit resultierende Ansatzpunkte für die Reputationsforschung zu erörtern. Schlussbetrachtung und kurzer Ausblick runden in Kapitel J die Dissertation ab.

Die Arbeit basiert, wie oben bereits ausgeführt, auf verschiedenen Facetten der kognitiven Psychologie. Selbst wenn der Autor zu Recht die Passung und Interdependenz der herangezogenen Theorien kriteriengestützt prüft, bleibt festzustellen, dass die relative Homogenität der theoretischen Diskussion durch die Fokussierung von vornherein groß ist. Diese kommt der Arbeit insofern zu gute, als die Herleitung der zwei Forschungsmodelle jeweils in sich als äußerst stringent und schlüssig zu qualifizieren ist. Besonders positiv zu werten, sind auch die innovativen Ausführungen zur inneren Struktur des Reputationsphänomens in Kapitel C. Insgesamt kann die Schrift daher jedem Praktiker und Wissenschaftler empfohlen werden, der sich mit Reputation beschäftigt.

Univ.-Prof. Dr. Michael Lingenfelder

Vorwort

Die Anfertigung dieser Arbeit wäre ohne die Unterstützung einer Vielzahl von Menschen kaum möglich gewesen. An dieser Stelle möchte ich daher all denjenigen meinen herzlichen Dank aussprechen, die mich während meiner Promotionszeit begleitet, unterstützt und angespornt haben.

Ein besonderer Dank gilt meinem akademischen Lehrer und Doktorvater, Herrn Prof. Dr. Michael Lingenfelder. Ihm danke ich für die permanente Hilfestellung, die konstruktiven Anregungen und die stete Diskussionsbereitschaft in allen Phasen meiner Promotion. Die Erfahrungen, die ich unter seiner Betreuung in einer Fülle wissenschaftlicher und praxisbezogener Projekte sammeln konnte, möchte ich nicht missen. Für die Übernahme des Zweitgutachtens bedanke ich mich herzlich bei Herrn Prof. Dr. Ulrich Hasenkamp.

Kooperationspartner der empirischen Untersuchungen dieser Arbeit waren zwei Krankenhausunternehmen, bei deren Vertretern ich mich insbesondere für die materielle Unterstützung bedanken möchte. Die Verpflichtung zur Vertraulichkeit erlaubt es leider nicht, sie hier namentlich zu nennen.

Überaus glücklich bin ich darüber, dass ich während meiner Promotionszeit mit Menschen zusammenarbeiten konnte, die nicht nur gute Kollegen waren, sondern die mit der Zeit auch zu Freunden geworden sind. Christina, Diana, Florian, Gloria, Henrike, Marion, Sebastian, Sina, Susanne und Tino, ich danke euch für die tolle Zeit am Lehrstuhl, für die konstruktiven Diskussionen, wenn es bei der Diss mal gehakt hat, für unser Teamwork bei der Lehrstuhlarbeit, für den Spaß beim Kickern und Darten und nicht zuletzt für die gemeinsamen Feierabende, Kinogänge und Parties. Bei Marion möchte ich mich außerdem dafür bedanken, dass sie während unserer gemeinsamen Zeit in einem Büro tapfer meine Launen ausgehalten hat und auch immer ein offenes Ohr für mich hatte. Diana verdient zusätzlichen Dank für das Korrekturlesen meiner Arbeit und vor allem für unsere Sit-ins und lustigen Plaudereien, die den Diss- und Lehrstuhlalltag sehr aufgeheitert haben. Bei Inge bedanke ich mich für die angenehme Zusammenarbeit und die Unterstützung am Lehrstuhl, und auch meine ehemaligen Kollegen Clemens, Ines, Karsten und Martin, mit denen ich immerhin einige Wochen zusammengearbeitet habe, möchte ich an dieser Stelle nicht vergessen.

Einen großen Dank möchte ich an Christopher, Henrik, Jörg, Meik, Stefan und Thomas richten, die es mir nie übel genommen haben, wenn ich auch mal länger nichts von mir hören gelassen habe und die mir durch ihre Gesellschaft und

Aufmunterungen bei unseren gemeinsamen Kneipenbesuchen auch über weniger leichte Phasen in den letzten drei Jahren hinweggeholfen haben. Danke Jungs!

Aus meinem engsten persönlichen Umfeld möchte ich meiner Freundin Petra danken, die mir trotz der räumlichen Distanz, die wir während meiner Promotionszeit zu überbrücken hatten, half, kreative Dursttrecken zu überwinden und immer für mich da war. Danke, dass du mich zum lachen bringst und mich viele Dinge gelassener sehen lässt. Mein ganz besonderer Dank gilt meinen Eltern, die meine akademische Ausbildung und die anschließende Promotion überhaupt erst möglich gemacht haben. Zusammen mit meiner Schwester Yvonne gaben sie mir den Rückhalt und die uneingeschränkte Unterstützung, ohne die ich die für das Schreiben dieser Arbeit notwendige Ruhe kaum gehabt hätte. Euch möchte ich dieses Buch widmen.

Dominic Zimmer

Inhaltsverzeichnis

Abbildungsverzeichnis

Tabellenverzeichnis

Abkürzungsverzeichnis

χ^2	Chi-Quadrat
χ^2/df	Quotient aus Chi-Quadrat-Wert und Anzahl der Freiheitsgrade
ADF	Accessibility Diagnosticity-Framework
aff.	affektiv
AGFI	Adjusted-Goodness-of-Fit-Index
AHB	Anschlussheilbehandlung
AMAC	America's Most Admired Companies
BGB	Bürgerliches Gesetzbuch
BMV	Bundesmantelvertrag
CFI	Comparative-Fit-Index
DEV	durchschnittlich erfasste Varianz
DKG	Deutsche Krankenhausgesellschaft e.V.
DMP	Disease-Management-Programm
DRG	Diagnosis Related Group
EBIT	Earnings before Interest and Taxes
EBM	Einheitlicher Bewertungsmaßstab
EFQM	European Foundation of Quality Management
EKG	Elektrokardiogramm
ELM	Elaboration-Likelihood-Modell
et al.	et aliter
FPG	Fallpauschalengesetz
GbR	Gesellschaft bürgerlichen Rechts
GFI	Goodness-of-Fit-Index
ggü.	gegenüber
GKV	Gesetzliche Krankenversicherung
GKV-WSG	Gesetz zur Stärkung des Wettbewerbs in der gesetzlichen Krankenversicherung (GKV-Wettbewerbsstärkungsgesetz)
GmbH	Gesellschaft mit beschränkter Haftung
GMG	Gesundheitssystemmodernisierungsgesetz
GOÄ	Gebührenordnung für Ärzte
IFI	Incremental-Fit-Index
IGeL	Individuelle Gesundheitsleistung

IV	Integrierte Versorgung
KBV	Kassenärztliche Bundesvereinigung
KH	Krankenhaus
KHG	Krankenhausfinanzierungsgesetz
kog.	kognitiv
KTQ	Kooperation für Transparenz und Qualität im Krankenhaus
KV	Kassenärztliche Vereinigung
MBO	Musterberufsordnung der deutschen Ärzteschaft
MIMIC	Multiple Indicators and Multiple Causes
MVZ	Medizinisches Versorgungszentrum
NRW	Nordrhein-Westfalen
OP	Operation
PKV	Private Krankenversicherung
RMSEA	Root Mean Square Error of Approximation
RQ	Reputation Quotient
SGB	Sozialgesetzbuch
SRMR	Standardized Root Mean Square Residual
Tab.	Tabelle
TLI	Tucker-Lewis-Index
VÄndG	Vertragsarztrechtsänderungsgesetz
VHB	Verband der Hochschullehrer für Betriebswirtschaft e.V.

A Reputation im Kontext unternehmerischer Zielerreichung und als Gegenstand der Marketingwissenschaft

1 Zur Relevanz der Reputation für den Unternehmenserfolg: Perspektiven ausgewählter Argumentationsstränge

Das Kriterium für eine erfolgreiche Unternehmensführung besteht meist in der Erreichung eines maximalen oder einem definierten Mindestniveau genügenden Marktwertes des Unternehmens. Da dieser nicht in Gänze dem Buchwert des Unternehmens entspricht, sondern in Teilen intangiblen und meist immateriellen Ressourcen des Unternehmens zuzuschreiben ist,[1] muss konsequenterweise der Entwicklung, Pflege und Nutzung auch dieser Unternehmensvermögen zur Steigerung des Firmenwertes Beachtung geschenkt werden. Die Reputation eines Unternehmens wird in der Literatur als ein besonders werttächtiger immaterieller Firmenwert beschrieben und kann damit als eine für das Wertmanagement relevante Zielgröße von Unternehmen gelten.[2] Unter Zugrundelegung einer langfristigen Perspektive stehen Bemühungen zur Hebung derartiger Erfolgspotenziale – etwa in Form eines Reputationsmanagements – daher im Einklang mit dem Postulat des Shareholder-Value-Ansatzes, nämlich der Ausrichtung unternehmerischer Entscheidungen auf die Steigerung des Marktwertes.[3]

Resultierend aus dieser Bedeutung des Reputationsphänomens ist seit den 1990er Jahren eine zunehmende wissenschaftliche Auseinandersetzung mit dem Konzept der Unternehmensreputation als (vor-) ökonomische Zielgröße zu verzeichnen.[4] Die Bedeutung der Reputation für das Erreichen von Unternehmenszielen spiegelt sich stringenterweise in solchen Publikationen wider, die sich auf die Aufdeckung ihrer Wirkungen konzentrieren.[5] Auf diese Weise wird versucht, das Erfolgspotenzial der Reputation von Unternehmen zu erfassen und diese letztlich für die Erreichung des Ziels der Steigerung des Marktwertes nutzbar zu machen. Es wird gezeigt, dass der Reputation vor allem in solchen Märkten eine große Bedeutung beigemessen werden muss, in denen sich die erstellten Leistungen durch einen hohen Anteil an Vertrauens- und Erfahrungseigenschaften auszeichnen, wie es insbesondere für Dienstleistungen gilt.[6] Ferner stellt sich in diesen Arbeiten die Reputation von Unternehmen vor allem dann als eine werthaltige Quelle für Wettbewerbsvorteile und

---

[1] Die Finanzierungstheorie spricht vom sog. Goodwill (vgl. Hall (1992), S. 128; Weigelt/Camerer (1988), S. 444).
[2] Vgl. Hall (1992), S. 136; Weigelt/Camerer (1988), S. 443; Wilson (1985), S. 27.
[3] Vgl. Rappaport (1986, 1981).
[4] Vgl. exemplarisch Balmer/Greyser (2003), S. 177; Weiss/Anderson/MacInnes (1999), S. 74.
[5] Vgl. Walsh (2006a), S. 6; Rindova et al. (2005); Balmer/Greyser (2003).
[6] Vgl. Rose/Thomsen (2004), S. 201; Klee (2000), S. 307 ff.; Plötner (1995), S. 44.

damit letztlich für den Unternehmenserfolg dar, wenn eine hohe Wettbewerbs-dynamik vorherrscht.[7] Angesichts dieser Erkenntnisse über die speziellen Bedingungen, unter denen Unternehmensreputation in besonders hohem Maße erfolgsrelevante Wirkungen zu entfalten scheint, liegt es nahe, Wissen über das Reputationskonzept namentlich für solche Märkte anzuhäufen, die sich durch eben diese Eigenschaften auszeichnen. Als prototypischer Markt für derartige Gegeben-heiten kann die Health-Care-Branche genannt werden: Die Erfahrungs- und Vertrau-ensguteigenschaften von Gesundheitsdienstleistungen sowie der rapide technolo-gische Wandel, die Veränderungen des anbieter- und leistungsbezogenen Anspruchsniveaus der Bezugsgruppen und nicht zuletzt die Eingriffe des Gesetz-gebers in die etablierten Anbieter- und Wettbewerbsstrukturen dieser Branche scheinen eine hohe Erfolgsrelevanz der Unternehmensreputation für die hier tätigen Leistungserbringer zu bedingen.[8] Aus diesem Grund soll Reputation in der vorliegenden Arbeit vor dem Hintergrund der spezifischen Eigenschaften des Marktes für die stationäre Patientenversorgung thematisiert werden.

Ein Blick in die Literatur zeigt, dass das Erfolgspotenzial der Unternehmens-reputation für Unternehmen im Allgemeinen und Krankenhäuser im Besonderen auf verschiedene Weise begründet und aufgezeigt werden kann, je nachdem, welchen theoretischen Ansätzen diese Überlegungen (implizit) folgen bzw. welcher wissen-schaftlichen Disziplin die entsprechenden Arbeiten zuzurechnen sind. Gemeinsam ist diesen, dass **Reputation als Wahrnehmung einer oder mehrer relevanter Eigen-schaften eines Beurteilungsobjektes oder -subjektes durch kollektive (z.B. Organisationen und Gruppen) oder individuelle (einzelne Personen) soziale Entitäten** verstanden wird. Im Folgenden sollen die wesentlichen Argumentations-stränge der verschiedenen Ansätze zur Begründung der Bedeutung der Unter-nehmensreputation für den wirtschaftlichen Erfolg vorgestellt werden, um so die Notwendigkeit einer weitergehenden Auseinandersetzung mit diesem Konstrukt, wie sie in der vorliegenden Arbeit erfolgen soll, aufzuzeigen.[9]

---

[7] Vor dem Hintergrund verschärfter Wettbewerbsbedingungen können immaterielle Vermögens-werte aufgrund ihrer eingeschränkten Imitierbarkeit sowie ihrer potenziell hohen Bedeutung für unternehmensgerichtete Entscheidungen von Bezugsgruppen eine herausragende Relevanz erlangen. Vgl. beispielsweise Fernández Sánchez/Luna Sotorrio (2007); Dunbar/Schwalbach (2000); Cordeiro/Sambharya (1997); Deephouse (1997).

[8] So haben die Reformmaßnahmen, die seit dem Fallpauschalengesetz (FPG) im Jahr 2002 eingeleitet wurden, zu einer neuen Marktdynamik und einer Intensivierung des Wettbewerbs zwischen den Leistungsanbietern in der deutschen Gesundheitswirtschaft beigetragen.

[9] Die Auswahl dieser Denkschulen erfolgte durch eine umfassende Recherche in den für die Wirtschaftswissenschaften relevanten Top-Journals entsprechend dem VHB-Ranking. Mit der Identifikation der Managementtheorie, der ökonomischen Theorie sowie verhaltenswissen-schaftlicher Ansätze sind die Disziplinen benannt, auf deren Basis in der Literatur die Auseinandersetzung mit dem Reputationsphänomen erfolgt. Welcher dieser Ansätze den größten

Die Deklarierung der Unternehmensreputation als Ressource deutet zunächst darauf hin, dass insbesondere der **Ressourcenansatz** der Managementtheorie einen Erklärungsbeitrag zu den Konsequenzen positiver bzw. negativer organisationaler Reputation leisten kann:[10] Aus dieser Perspektive stellt die Unternehmensreputation einen intangiblen Vermögensgegenstand dar, dem aufgrund seiner Eigenschaften[11] marktabhängig strategische Bedeutung zur Generierung dauerhafter Wettbewerbsvorteile zukommen kann.[12] Laut des Ressourcenansatzes erschließt sich der Wert der Reputation dem Unternehmen damit vor allem in den Bereichen, in denen es Wettbewerb ausgesetzt ist. Übertragen auf den Untersuchungskontext der vorliegenden Arbeit würde dies für ein Krankenhaus beispielsweise bedeuten, dass es aufgrund einer positiven Reputation im Bereich der minimal-invasiven Chirurgie einen hohen regionalen Marktanteil auf sich vereint, auch wenn seine Wettbewerber über eine sonst gleiche Ressourcenausstattung und objektiv ähnlich gute medizinische Fähigkeiten verfügen.

Ebenfalls der Managementtheorie zuschreiben lässt sich der **industrieökonomische Ansatz.**[13] Hier dient Reputation im Wesentlichen der Abwehr neuer Wettbewerber und damit als Markteintrittsbarriere:[14] Wird ein Unternehmen mit einem neuen Wettbewerber konfrontiert, kann es durch Abwehrmaßnahmen (z.B. vermehrte Investitionen in die Kundenbindung) dessen Markterfolg erschweren.[15] Ein Unternehmen, das sich durch derartiges Verhalten die Reputation eines „Kämpfers" erworben hat, schreckt zukünftig neue Wettbewerber ab.[16] Reputation wird aus dieser Perspektive als Hinweis auf Verhaltensmuster hinsichtlich der Reaktion auf den Markteintritt neuer Wettbewerber und somit als Wettbewerbsinstrument innerhalb einer Branche verstanden. Für den wirtschaftlichen Erfolg eines Unternehmens entfaltet sie demnach ihre Bedeutung durch das Fernhalten neuer Konkurrenten und somit u.a. durch den Erhalt der Kundenbasis durch Beschränkung der Anzahl alternativer Anbieter. Einrichtungen der stationären Patientenversorgung, welche sich bei Markteintritten von Konkurrenten, beispielsweise Neugründungen von medizinischen Versorgungszentren oder Spezialkliniken, in der Vergangenheit kämpferisch zeigten, indem sie

---

Erklärungsbeitrag für die in der vorliegenden Arbeit interessierenden Fragestellungen zu leisten vermag, soll nicht explizit Gegenstand dieses Abschnittes sein, sondern wird in den Kapiteln A.4 und C.2 zur Diskussion gestellt.

[10] Vgl. Barney (1991, 1986).

[11] Einmaligkeit, eingeschränkte Imitierbarkeit, fehlende Substituierbarkeit, Eignung zum strategischen Einsatz sowie zur Wertsteigerung (vgl. Barney (1991), S. 99 ff.).

[12] Vgl. exemplarisch de Castro et al. (2006), S. 361; Teece/Pisano/Shuen (1997), S. 521; Shrum/Wuthnow (1988), S. 909.

[13] Vgl. Herbig/Milewicz (1995), S. 25; Bain (1968).

[14] Vgl. Weigelt/Camerer (1988), S. 443 ff.

[15] Vgl. Fichtner (2006), S. 126.

[16] Vgl. Raub/Weesie (1990), S. 629.

etwa vermehrt in die Bindung von Schlüsseleinweisern investiert haben, könnten so – der Argumentation des industrieökonomischen Ansatzes folgend – Entscheidungen potenzieller Konkurrenten über einen Markteintritt zu ihren Gunsten beeinflussen.

Der industrieökonomische Ansatz erlaubt den Brückenschlag zu klassischen Ansätzen der ökonomischen Theorie, die sich ebenfalls mit der Bedeutung von Reputation im Wettbewerbskontext auseinandersetzen. Hier wird der Reputationsmechanismus u.a. anhand **formaler spieltheoretischer Modelle** untersucht und auf diese Weise dessen Bedeutung für den Unternehmenserfolg beschrieben.[17] *Kreps/ Wilson* konnten erstmals zeigen, dass aus spieltheoretischer Sicht zur Erklärung des Reputationseffektes in endlichen Spielen – also der Deduktion von Verhaltenserwartungen aus vergangenen Aktionen von Unternehmen und die Anpassung des eigenen Verhaltens an diese Erwartungen – zumindest ein geringes Maß an unvollständiger Information über das Konkurrentenverhalten gegeben sein muss.[18] Die Reputation ist aus dieser Perspektive dann für den Unternehmenserfolg werthaltig, wenn die Aktionen und Reaktionen von Unternehmen auf Maßnahmen (potenzieller) Wettbewerber durch diese nicht vollständig vorhergesagt werden können, was realiter grundsätzlich der Fall ist.

Ähnlich der Argumentation des industrieökonomischen Ansatzes spielt Reputation aus spieltheoretischer Sicht somit eine entscheidende Rolle für die Verteidigung und Verbesserung der relativen Wettbewerbsposition. So könnten Krankenhäuser auf Basis der Reputation ihrer Konkurrenten deren zukünftiges Verhalten zu projizieren versuchen. Im Fall neuer gesetzlicher Regelungen zur strukturellen Gestaltung der Patientenversorgung wäre es beispielsweise denkbar, dass eine Einrichtung, die die Reputation eines „Leaders" bei der Umsetzung neuer Versorgungsformen (z.B. Disease-Management-Programme (DMP)) hat, raschere (Re-)Aktionen seiner Konkurrenten provoziert, als wenn sich diese Einrichtung in der Vergangenheit beim Inkrafttreten neuartiger Gesetze eher abwartend und weniger entschlossen reagierend gezeigt hätte.

Die **Neue Institutionenökonomik** stellt einen weiteren Strang der ökonomischen Theorie dar, der sich explizit mit Reputation als Marktinstrument auseinandersetzt. Der Unterschied zu den bisher dargestellten Ansätzen besteht darin, dass hier die Rolle der Reputation nicht zur Erklärung der zwischen Unternehmen bestehenden Wettbewerbsverhältnisse, sondern im Rahmen von Transaktionen untersucht wird. Principal-Agent-Theorie und der Transaktionskostenansatz berücksichtigen Verhal-

---

[17] Vgl. exemplarisch Buenrostro/Dhillon/Wooders (2007), S. 353; Jackson (2005), S. 677; Stokey (2001), S. 134; Tadelis (1999); Kreps/Wilson (1982), S. 253; Milgrom/Roberts (1982), S. 280 ff.
[18] Vgl. Fichtner (2006), S. 126 f.; Kreps/Wilson (1982).

tensunsicherheiten, die Gefahr opportunistischen Verhaltens, Zieldivergenzen zwischen den Austauschparteien, mangelnde Beobachtungs- und Kontrollmöglichkeiten sowie die Existenz von Informationsasymmetrien und entwickeln Lösungsansätze zur Überwindung dieser Probleme.[19] Der Rückgriff auf Reputation als Marktinstrument wird dann notwendig, wenn keine vollends juristisch durchsetzbaren Verträge geschlossen werden können, beispielsweise aufgrund fehlender Informationen (z.B. über die Qualität der zu erbringenden Leistung, wie es für solche mit Erfahrungs- und/oder Vertrauenseigenschaften gilt) oder prohibitiv hoher Transaktionskosten.[20] Reputation erleichtert in solchen Fällen Vertrauen in das Verhalten oder die Leistungen des Transaktionspartners und ermöglicht bzw. begründet damit solche Austauschbeziehungen, die nur durch unvollständige Verträge erfasst werden können. Ihren Wert erhält Reputation laut der Neuen Institutionenökonomik somit über ihre Anreiz- und Sanktionsfunktion. Irrelevant wird sie dann, wenn perfekte Verträge geschlossen werden können.[21] Auf den Untersuchungskontext dieser Arbeit bezogen, würde dies beispielsweise bedeuten, dass sich niedergelassene Ärzte[22] zur Einsparung von Suchkosten nicht für jeden einzuweisenden Patienten über die Leistungspotenziale der in Frage kommenden Fachabteilung alternativer Krankenhäuser im Einzelnen informieren, sondern sich zur Entlastung auf den Vergleich der Reputationen alternativer Fachabteilungen beschränken.[23]

Die bis hierhin diskutierten Ansätze befassen sich mit Reputation und ihren Wirkungen vorwiegend unter Zugrundelegung formaler und damit teilweiser realitätsfremder Prämissen.[24] Ausgangspunkt der Überlegungen ist stets das Unternehmen als Reputationsträger, dessen Ruf im Wettbewerb oder im Rahmen von Austauschbeziehungen hinsichtlich seiner Konsequenzen bei anderen Wirtschaftsakteuren als rationale und mit einer hohen Kalkulationsfähigkeit ausgestattete Marktteilnehmer untersucht wird.[25] Man kann diesen Ansätzen somit

---

[19] Vgl. Richter/Furobotn (2003); Williamson (1991, 1990); MacNeil (1980).

[20] *Kaas* ((1995), Sp. 977) stellt in diesem Zusammenhang fest, dass die Reputation eines Unternehmens „[...] *die wichtigste Institution zur Überwindung der Folgen von Informationsasymmetrie"* darstellt.

[21] Vgl. Fichtner (2006), S. 58.

[22] Um die Lesbarkeit nicht negativ zu beeinträchtigen, wird im Rahmen der vorliegenden Arbeit auf den integrativen Sprachgebrauch verzichtet. Es versteht sich aber von selbst, dass bei personenbezogenen Bezeichnungen stets jeweils beide Geschlechter gemeint sind.

[23] Dies dürfte insbesondere für diejenigen niedergelassenen Ärzte gelten, die ihre Praxis schon längere Zeit am jeweiligen Ort betreiben, bereits Erfahrungen mit den ansässigen Krankenhausunternehmen gesammelt haben und deren Krankenhauswahl in Routinefällen somit potenziell habitualisiert ist (vgl. hierzu Kapitel C.5.5.2).

[24] „*Most economics make the assumption that man is a rational utility maximiser. This seems to me both unnecessary and misleading."* (Coase (1984), S. 231).

[25] „Reputation" und „Ruf" werden in dieser Arbeit synonym verwendet.

eine rational-kalkulative Reputationsperspektive unterstellen.[26] Im Folgenden soll das Augenmerk auf solche Theorien gerichtet werden, die eine eher präferenzbasierte Reputationsperspektive einnehmen und die Erfolgsrelevanz und damit den ökonomischen Nutzen von Reputation auch unter Verzicht auf extrinsisch bedingte Anreiz- und Sanktionspotenziale erklären können.

Die Argumentationen zur Bedeutung der Reputation für den Unternehmenserfolg gemäß den **verhaltenswissenschaftlichen Ansätzen** unterscheiden sich grundlegend danach, welches Verständnis des menschlichen Entscheidungsverhaltens den Überlegungen zugrunde gelegt wird.[27] Abhängig von den berücksichtigten persönlichen, situativen und kontextbezogenen Bedingungen bzw. Variablen spielt hier Reputation eine mehr oder weniger große Rolle für das Zustandekommen konkreten Entscheidungsverhaltens: Reputation, verstanden als Qualitätsindikator für die Leistungen eines Unternehmens, kann beispielsweise unter der Annahme des Vorliegens von Vertrauens- oder Erfahrungseigenschaften einer Leistung als Signal für die Leistungsqualität verstanden werden, welche wiederum als einzige Determinante der Leistungsinanspruchnahme angesehen wird.[28] Versteht man die wahrgenommene Reputation demgegenüber als ein einstellungsähnliches Konstrukt, kann nach den Annahmen des Neobehaviorismus bzw. der kognitiven Psychologie davon ausgegangen werden, dass im Rahmen des Entscheidungsprozesses zur Beurteilung des fokalen Unternehmens oder dessen Leistungen – abhängig von externen und internen Hinweisreizen – auf Reputation als bestehende Einstellung zurückgegriffen wird.[29] Die vom Individuum gespeicherte, kognitive und emotionale Elemente umfassende Einstellungsgröße „Unternehmensreputation" kann auf diese Weise Verhalten im Sinne des Unternehmens bedingen, und zwar ohne ausschließlich auf ihre Eigenschaft als Qualitätsindikator abzustellen.

Es wird deutlich, dass sich aus der Perspektive verhaltenswissenschaftlicher Ansätze der Wert der Reputation für Unternehmen dadurch erschließt, dass einer positiven wie auch negativen Reputation eine mehr oder weniger stark ausgeprägte Handlungsrelevanz zukommen kann. In Bezug auf den individuellen Akteur ist eine gute

---

[26] Vgl. Fichtner (2006), S. 6.
[27] Die Übertragbarkeit des aus verhaltenswissenschaftlicher Perspektive zunächst individuellen Konzeptes der Reputation auf Unternehmen als kollektive Entitäten wird in Kapitel C.1.1 erläutert.
[28] Vgl. exemplarisch Eberl (2006a), S. 41; Mailath/Samuelson (2001), S. 415; Landon/Smith (1998); Klein/Leffler (1981), S. 618. Zwar handelt es sich bei der Informationsökonomie um einen ökonomischen Ansatz, in jüngeren Bemühungen erfolgt jedoch eine Verknüpfung dieser mit der verhaltenswissenschaftlichen Kognitions- und Gedächtnisforschung (vgl. beispielsweise Billen (2003)). Ausgangspunkt der Argumentationskette zur Erklärung des (Käufer-)Verhaltens ist der Informationsbedarf; ungeplante, impulsive oder emotional geprägte Entscheidungen können hierdurch freilich nicht erfasst werden (vgl. Foscht/Swoboda (2007), S. 22).
[29] Vgl. Foscht/Swoboda (2007), S. 23, S. 25 ff.; Feldman/Lynch (1988), S. 421 f.

Unternehmensreputation demnach in der Lage, das Vertrauen in die Produkte, in die Kommunikation und in die eigene, auf das fokale Unternehmen gerichtete Entscheidung zu stärken.[30] Im Grundsatz kann daher aus verhaltenswissenschaftlicher Sicht davon ausgegangen werden, dass eine positive Unternehmensreputation die Entscheidung für das fokale Unternehmen bzw. dessen Leistungen wahrscheinlicher macht.

Theorie	Fokus/ Betrachtungsebene	Reputationskonzeptionalisierung	Wert der Unternehmensreputation	Ausgewählte Arbeiten
Ressourcenansatz	Unternehmen im Wettbewerb Generierung nachhaltiger Wettbewerbsvorteile	Reputation als intangible immaterielle Ressource	Quelle nachhaltiger Wettbewerbsvorteile	de Castro et al. (2006) Cannon/Schwaiger (2005) Caruana (1997) Teece/Pisano/Shuen (1997) Hunt/Morgan (1995) Hall (1992) Barney (1991) Shrum/Wuthnow (1988) Weigelt/Camerer (1988)
Industrieökonomischer Ansatz	Unternehmen im Wettbewerb Branchenstruktur	Reputation als Wettbewerbsinstrument innerhalb einer Branche	Hinweis für Verhaltensmuster Markteintrittsbarriere Abschreckung neuer Wettbewerber	Clark/Montgomery (1998) Herbig/Milewicz (1995) Raub/Weesie (1990)
Spieltheorie	Unternehmen im Wettbewerb Modellierung von Wettbewerbsszenarien	Reputationseffekt als Deduktion von Verhaltenserwartungen und die Anpassung des eigenen Verhaltens	Reputation als Mittel zur Antizipation des Konkurrentenverhaltens	Buenrostro/Dhillon/Wooders (2007) Jackson (2005) Stokey (2001) Tadelis (1999) Kreps/Wilson (1982) Milgrom/Roberts (1982)
Neue Institutionenökonomik	Austauschbeziehungen von Wirtschaftsakteuren	Reputation als Spiegel der bewerteten Leistungen eines Wirtschaftsakteurs	Komplementierung vertraglich unvollständiger Regelungen Anreiz- und Sanktionsfunktion Senkung von Transaktionskosten	Richter/Furobotn (2003) Compés López/Poole (1998) Reichheld (1996) Williamson (1991, 1990) MacNeil (1980)
Verhaltenswissenschaftliche Theorien	(Entscheidungs-) Verhalten individueller Wirtschaftsakteure	Reputation als psychologische Variable im Prozess der Entscheidungsfindung	Informationsquelle im Rahmen des Entscheidungsprozesses Quelle psychischen (und ökonomischen) Nutzens	Caruana/Cohen/Krentler (2006) Ebert (2006a) Mailath/Samuelson (2001) Weiss/Anderson/MacInnis (1999) Landon/Smith (1998) Bromley (1993) Emler (1990) Shapiro (1983)

Tab. A-1: Erfolgsrelevanz der Unternehmensreputation nach ausgewählten Theoriesträngen

---

[30] Vgl. hierzu Lafferty/Goldsmith (1999); Fombrun/van Riel (1998); Goldberg/Hartwick (1990).

Es soll an dieser Stelle davon abgesehen werden, die möglichen Rollen der Unternehmensreputation für das Entscheidungsverhalten aus den verschiedenen verhaltenswissenschaftlichen Perspektiven im Einzelnen vorzustellen,[31] weil es hier lediglich darum gehen soll, die potenzielle Relevanz der Reputation für den (Absatz-) Erfolg von Unternehmen im Grundsatz aufzuzeigen. Da sich die Herleitung der Wirkungsbeziehungen des in der vorliegenden Arbeit zu entwickelnden Untersuchungsmodells im Kontext des Krankenhausmanagements zu einem überwiegenden Teil auf derartige, meist (sozial-) psychologische Theorien stützen wird, sei daher auf die Ausführungen im Kapitel C verwiesen.

Tab A-1 gibt zusammenfassend einen Überblick über die Reputationskonzepte sowie die postulierte Erfolgsrelevanz der Unternehmensreputation – differenziert nach den in diesem Abschnitt vorgestellten Ansätzen.[32]

2 State of the Art der Marketingforschung zur Reputation

Nachdem im vorangegangenen Abschnitt die potenzielle Relevanz der Reputation für den Erfolg von Unternehmen aus verschiedenen Perspektiven beleuchtet wurde, ist es im Folgenden das Ziel, den Stand der Forschung zur Unternehmensreputation insoweit aufzubereiten, dass eine wissenschaftliche Verortung der vorliegenden Arbeit vollzogen werden kann. Aufgrund des Untersuchungskontextes bzw. des expliziten Kundenbezuges wird dies konsequenterweise als Beitrag zur Marketingwissenschaft erfolgen, welche im Wesentlichen die Erklärung und Beeinflussung des für Unternehmen relevanten Verhaltens beschaffungs- und absatzmarktseitiger Austauschpartner zum Gegenstand hat.

Im Einklang mit der Bedeutung des Reputationsphänomens findet sich in der marketingwissenschaftlichen Literatur eine Fülle theoretischer und empirischer Studien zu diesem Konstrukt. Abb. A-1 liefert einen Überblick über wissenschaftliche Arbeiten zu den zentralen Forschungsfeldern rund um die Reputation.

---

[31] Zu unterscheiden wären hier etwa die vergleichende Verhaltensforschung, die Tiefenpsychologie, der biologische (physiologische) Ansatz, der Behaviorismus und Neobehaviorismus, die kognitive Psychologie sowie soziologische und sozialpsychologische Ansätze (vgl. Foscht/Swoboda (2007), S. 23 f.).

[32] Dem Fokus dieser Arbeit entsprechend, der auf die Wahrnehmung der Unternehmensreputation durch niedergelassene Ärzte, also auf individuelle Akteure gerichtet ist, wird der Schwerpunkt der Auseinandersetzung weniger aus der Perspektive der Managementtheorie – mit ihrer Konzentration auf Konkurrenzvergleiche und Branchenstrukturen – sondern vielmehr auf solche Ansätze gerichtet sein, die einen Erklärungsbeitrag zum Zustandekommen und zur Struktur von Austauschbeziehungen zwischen individuellen Wirtschaftsakteuren liefern können (vgl. Kapitel C.2).

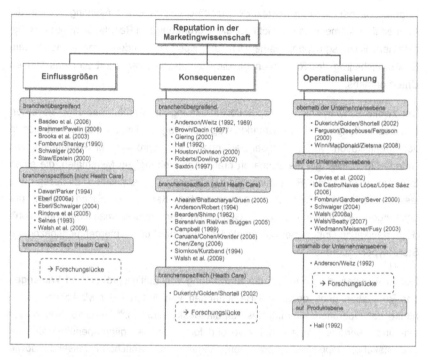

Abb. A-1: Ausgewählte konzeptionelle und empirische Arbeiten zu den zentralen Schwerpunkten der Reputationsforschung

Der zweifellos größte Teil der Arbeiten entfällt auf Studien zur Ermittlung von Konsequenzen der Reputation von Unternehmen.[33] Hierunter finden sich sowohl Forschungsbeiträge, die nach der Aufdeckung branchenunabhängiger Erfolgswirkungen trachten, als auch solche, die auf einzelne Branchen fokussieren. In beiden Fällen bestehen die identifizierten Konsequenzen primär in spezifischen Reaktionen der jeweils betrachteten Zielgruppe auf die Leistungen des fokalen Unternehmens (sog. Product/Service Responses) sowie bezogen auf das Unternehmen selbst.[34] Insbesondere branchenübergreifende Studien widmen sich der Ergründung des Zusammenhangs zwischen Unternehmensreputation und finanziellem Erfolg.[35] Als einzige Studie befasst sich jene von *Dukerich/Golden/Shortell* explizit mit dem

---

[33] Ein dezidierter Überblick über die empirischen Studien der Marketingforschung zum Reputationskonstrukt inklusive der jeweiligen theoretischen Basis findet sich in der Synopse einer vergleichenden Analyse von 54 Arbeiten in Anhang I. Die Auswahl dieser Arbeiten basiert auf der Recherche nach Artikeln in den Datenbanken EBSCO und WISO-NET sowie auf den für die Marketingwissenschaft relevanten Top-Journals gemäß dem VHB-Ranking, soweit diese in den genannten Datenbanken nicht enthalten sind.

[34] Vgl. Brown (1998), S. 215.

[35] Vgl. die Synopse in Anhang I.

10

Reputationsphänomen im Kontext der Health-Care-Branche.[36] Allerdings richten die Autoren ihre Aufmerksamkeit nicht auf die Ergründung von Reputationswirkungen bei externen Bezugsgruppen, namentlich bei Kunden, sondern fragen nach dem Erklärungsbeitrag der Reputation für die Identifikation der Mitarbeiter des fokalen Unternehmens.

Der zweite Schwerpunkt der Reputationsforschung im Rahmen marketingrelevanter, d.h. beschaffungs- und absatzmarktbezogener Fragestellungen manifestiert sich in der Identifikation von Antezedenzien oder Einflussgrößen der Reputation von Unternehmen. Hier gilt die Suche oft branchenunabhängigen Merkmalen, die einen Erklärungsbeitrag zur Reputationsbildung leisten. Die ermittelten Einflussgrößen lassen sich dabei den vier übergeordneten Kategorien „Eigenschaften der Leistungen des Unternehmens", „Gestaltung der Unternehmenskommunikation", „Kommunikation Dritter über das fokale Unternehmen" und „unternehmensbezogene Stereotypen" zuordnen.[37]

Neben Arbeiten, denen es um die Ergründung von Einflussgrößen und Wirkungen der Reputation geht, gelten die Bemühungen von Autoren der Marketingdisziplin häufig der Operationalisierung des Reputationskonstruktes.[38] Hierunter finden sich ein- und mehrdimensionale, reflektive und formative, bezugsgruppenübergreifende und stakeholderspezifische, branchenbezogene und branchenumfassende sowie länderspezifische und -übergreifende Ansätze.[39] Diese Heterogenität und die Vielzahl einschlägiger Studien lässt es um so bemerkenswerter erscheinen, dass sich die Forschung bisher fast ausschließlich auf die Konzeptionalisierung und Operationalisierung des Reputationskonzeptes auf der Ebene von Unternehmen beschränkt. Erst seit Kurzem finden sich vereinzelte Beiträge, die sich mit der Messung und Erforschung von Reputation oberhalb der Unternehmensebene (z.B. der Branchenreputation) befassen. Mit der Reputation strategischer Geschäftseinheiten und folglich mit organisationalen Subreputationen beschäftigen sich lediglich *Anderson/Weitz*.[40] Jedoch stellen die Autoren ihre Annahme über die Existenz von Reputationen unterhalb der Unternehmensebene nicht auf ein theoretisches Funda-

---

[36] Vgl. Dukerich/Golden/Shortell (2002).
[37] Vgl. ähnlich Brown (1998), S. 215. Für konkrete Einflussgrößen vgl. die Synopse in Anhang I.
[38] Für Überblicke über Arbeiten, die sich mit der Operationalisierung von Reputation auseinandersetzen vgl. Eberl (2006a), S. 12 ff.; Fichtner (2006), S. 141 ff.; Chun (2005).
[39] Vgl. die Synopse im Anhang I. Die Diskussion eines für die vorliegende Arbeit geeigneten Messansatzes zur empirischen Überprüfung des noch herzuleitenden Untersuchungsmodells erfolgt in Kapitel C.3.2.
[40] Vgl. Anderson/Weitz (1992).

ment. Vielmehr weichen sie lediglich aufgrund methodischer Überlegungen auf die Messung der Reputation einzelner strategischer Geschäftseinheiten aus.[41]

Abb. A-1 ist zu entnehmen, dass sich die Mehrzahl der wissenschaftlichen Arbeiten, die sich mit marketingrelevanten Fragestellungen befassen, einer der beschriebenen drei Kategorien zuordnen lässt. Wie bereits angerissen, dokumentiert diese jedoch auch einige wesentliche Defizite der Reputationsforschung:

- Mit einer Ausnahme wird Reputation stets auf Gesamtunternehmensebene oder auf höheren Aggregationsstufen untersucht, nicht aber in Gestalt organisationaler Subreputationen und damit relativ undifferenziert. Zwar wird in hochrangigen Arbeiten darauf hingewiesen, „[...] *that reputation is a multilevel concept.*"[42] und darauf, dass „*Large entities have subreputations, the reputations of its constituent parts,* [...]."[43]; die Frage nach dem Mechanismus „[...] *of how associations for one entity (i.e. a company) might influence another entity* [...]."[44] und welche – zwischen diesen womöglich differierenden – Determinanten und Konsequenzen zu berücksichtigen sind, ist aber nach wie vor unbeantwortet.[45] Demnach wurde noch nicht untersucht, ob eine differenzierte Betrachtung von Gesamtunternehmensreputation und organisationaler Subreputation – etwa die einer Unternehmenssparte – einen höheren Erklärungsbeitrag relevanter Bezugsgruppenreaktionen leistet als die bisher in der Literatur vorzufindende Beschränkung auf eine generelle Unternehmensreputation.

- Ebenso außerhalb der bisherigen Forschungsbemühungen bleibt die Untersuchung des Reputationsphänomens im Kontext der spezifischen Austauschbeziehungen, wie sie im Markt der stationären Patientenversorgung zu finden sind.[46] Gerade für Reputation als Aggregation der Wahrnehmungen relevanter Eigenschaften des Reputationsträgers durch Bezugsgruppen ist die Berücksichtigung kontextbedingter Besonderheiten unabdingbar.[47] Ein enger Zusam-

---

[41] Vgl. Anderson/Weitz (1992), S. 22.
[42] Ferguson/Deephouse/Ferguson (2000), S. 1195.
[43] Bromley (1993), S. 13; vgl. ferner Balmer/Greyser ((2003), S. 178) die feststellen, dass „*The reputation concept is not limited to corporations as a whole.*"
[44] Brown (1998), S. 223.
[45] Vgl. auch Fichtner (2006), S. 271. Der Grund für diese Forschungslücke mag zum Teil auch darin bestehen, dass sich die Ergründung von Zusammenhängen zwischen in hierarchischer Beziehung zueinander stehenden Konstrukten äußerst komplex gestalten kann (vgl. Burmann/Schäfer (2007)). Dies wird u.a. daran deutlich, dass auch die Markenforschung, die sich mit ähnlich gelagerten Problemen befasst, bisher keine Lösung liefern konnte (vgl. Kapitel C.3.3.4).
[46] Für eine Negativselektion branchenbezogener Arbeiten zum Reputationskonstrukt vgl. Walsh (2006a), S. 7 f., sowie die Synopse im Anhang I. Zwar muss es das Ziel von Wissenschaft sein, möglichst allgemeingültige Aussagen hervorzubringen, dennoch sind die jeweils zu untersuchenden Zusammenhänge zumindest zu einem gewissen Grad stets von den Bedingungen des Kontextes bestimmt (vgl. Chalmers (2007), S. 198; Raffée (1974), S. 14 ff.).
[47] Vgl. z.B. Wiedmann (2005).

menhang mit dieser Problematik besteht darin, dass erst in jüngster Vergangenheit der inhaltlichen Schwäche der Reputationsforschung in Form der fehlenden Konzentration auf spezifische Zielgruppen eines Unternehmens entgegengewirkt wird.[48] Diese Fokussierung wiederum erfordert eine Erweiterung des Blickwinkels hinsichtlich der Berücksichtigung bisher nicht untersuchter, zusätzlicher Zielgrößen des Reputationsmanagements. So wird beispielsweise *Browns* Forderung nach der Untersuchung der „[...] *role of corporate associations in the development of cooperative alliances* [...]"[49] sowie *Golden/Saxtons* Feststellung, dass Reputation eine wichtige Bedeutung für Entscheidungen zur Zusammenarbeit zwischen Wirtschaftsakteuren erlangen kann,[50] für die vorliegende Arbeit aufgrund ihres Untersuchungskontextes hoch relevant.[51] Die Einbeziehung kontext- und bezugsgruppenspezifischer Wirkungen der Reputation adressiert folglich die in der Literatur bemängelte, weil noch ausstehende Untersuchung bestimmter, für den jeweiligen Untersuchungskontext bedeutsamer Reputationskonsequenzen.

Ein weiteres Hauptdefizit besteht zweifellos in der mangelnden Eignung der theoretischen Fundierung von Arbeiten der Reputationsforschung.[52] *Caruana/Cohen/ Krentler* stellen diesbezüglich fest: „*The theoretical underpinnings of corporate reputation are often unclear.*"[53] Die weitaus meisten Arbeiten begnügen sich nach einem Review von Definitionen älterer Arbeiten mit Plausibilitätsüberlegungen oder ziehen ökonomische Theorien oder auf Konkurrenzvergleiche und Branchenstrukturen fokussierende Managementtheorien zur Erklärung der interessierenden Zusammenhänge heran.[54] Zwar ist es möglich, unter Anwendung dieser die potenzielle Bedeutung der Unternehmensreputation zu verdeutlichen;[55] wenn es aber das Ziel ist, **individuelles** Verhalten unter Zugrundelegung **realistischer Prämissen** zu erklären, müssen diese als weitestgehend ungeeignet bezeichnet werden.[56] Das Vorliegen dieses Defizits erstaunt angesichts der vermehrten Aufmerksamkeit, die dem Reputationskonzept in jüngster Vergangenheit seitens der Marketingliteratur

---

[48] Vgl. Walsh/Beatty (2007), S. 127.
[49] Brown (1998), S. 225.
[50] Vgl. Golden/Saxton (1997).
[51] So wird vom Gesetzgeber die zunehmende Zusammenarbeit zwischen dem ambulanten und dem stationären Gesundheitssektor explizit gefordert (vgl. GMG).
[52] Vgl. die Synopse im Anhang I, sowie Fichtner (2006), S. 148 f.
[53] Caruana/Cohen/Krentler (2006), S. 430.
[54] So werden z.B. Determinanten der Unternehmensreputation häufig lediglich empirisch ermittelt und anschließend verargumentiert (vgl. exemplarisch de Castro et al. (2006); Walsh/Wiedmann (2004); Fombrun (1999)).
[55] Vgl. Kapitel A.1.
[56] Vgl. z.B. Caruana/Cohen/Krentler (2006), die die Wirkungen der Unternehmensreputation auf Basis der Theorie des geplanten Verhaltens erklären. Für weitere Arbeiten, die sich dem verhaltenswissenschaftlichen Instrumentarium bedienen, vgl. die Synopse in Anhang I.

entgegengebracht wird: *Clark/Montgomery* stellten schon früh fest, dass für eine realistische Theorie der Reputation Erkenntnisse der Verhaltenswissenschaft unabdingbar sind.[57]

Die vorangegangen Ausführungen haben verdeutlicht, dass das Konstrukt der Unternehmensreputation zwar zunehmend von der marketingwissenschaftlichen Literatur als Forschungsgegenstand aufgegriffen wird. Die detaillierte Ergründung ihrer Domänen, Wirkungsbeziehungen und relevanten Kontextfaktoren ist jedoch nicht weit fortgeschritten, so dass der Erkenntnisstand noch deutlich hinter denen bereits „etablierter" und umfassend erforschter Marketingzielgrößen zurücksteht – zusammenfassend: *„Der Stand der Forschung zur Unternehmensreputation wird deren Bedeutung zurzeit noch nicht gerecht."*[58]

3 Forschungsziele und Gang der Untersuchung

Die vorliegende Arbeit befasst sich mit der theoriegeleiteten Entwicklung und empirischen Überprüfung eines Untersuchungsmodells,[59] welches die aus den bestehenden Lücken der Reputationsforschung resultierenden, oben aufgeworfenen Fragen integriert. Ziel ist zum einen die Erarbeitung eines differenzierten Reputationskonzeptes und somit eine Bereicherung der aktuellen wissenschaftlichen Diskussion, zum anderen das Aufzeigen von Handlungsempfehlungen für die Praxis, welche eine systematische Instrumentalisierung der Reputation zur Erreichung marktstrategischer und finanzieller Ziele erlauben. Diese umfassende Zielsetzung der Arbeit lässt sich mit Bezug auf die dargelegten Forschungslücken durch folgende Fragestellungen konkretisieren:

1. **Verfügt ein Unternehmen aus Sicht einer Bezugsgruppe über verschiedene Reputationen?** Vor dem Hintergrund, dass Unternehmen wegen ihrer organisatorisch differenzierten Strukturen, entsprechenden Kategorisierungen von Kontaktpunkten durch die Bezugsgruppen sowie ihrer formalen oder informalen Außendarstellung weniger als homogene Entitäten, sondern vielmehr als heterogene Gebilde wahrgenommen werden, gilt es zu untersuchen, ob aus Sicht einer relevanten Bezugsgruppe zwischen Organisationseinheiten bzw. -ebenen eines Unternehmens insofern unterschieden wird, dass diesen differenziert reputationsrelevante Eigenschaften und damit unterschiedliche Reputationen zugeschrieben

---

[57] Vgl. Clark/Montgomery (1998), S. 62. Auch *Walsh* fordert eine verhaltenswissenschaftliche Fundierung der Reputationsforschung (vgl. Walsh (2006), S. 212).

[58] Schwaiger/Cannon (2004), S. 238.

[59] Chmielewicz spricht hierbei von einer dualen Forschungsstrategie: Das Untersuchungsproblem wird sowohl theoretisch als auch mit Methoden der empirischen Forschung angegangen (vgl. Chmielewicz (1979), S. 146 ff.). Zur wissenschaftstheoretischen Positionierung der vorliegenden Arbeit vgl. ferner Kapitel A.4.

werden. Sofern dies der Fall ist, muss sich der Frage gewidmet werden, wie die Erkenntnis, dass ein Unternehmen bei ein- und derselben Bezugsgruppe multiple Reputationen hat, für das Unternehmens- und insbesondere das Marketingmanagement zur Profilierung nutzbar gemacht werden kann.

2. **Wie gestaltet sich die Richtung und welche sind die Einflussfaktoren der Stärke eines etwaig kausalen Zusammenhangs zwischen der generellen Unternehmensreputation und den spezifischen organisationalen Subreputationen?** Für ein gezieltes Reputationsmanagement ist es entscheidend, die Beziehung zwischen der Gesamt- und den Subreputationen (beispielsweise die der Unternehmenssparten) exakt zu ergründen, da nur unter Berücksichtigung entsprechender Erkenntnisse eine planvolle und systematische Einflussnahme auf diese erfolgen kann. Diese Fragestellung gilt es unter Heranziehung geeigneter Theorien zur Erklärung von in hierarchischer Beziehung zueinander stehender Größen zu untersuchen.

3. **Welchen relativen Beitrag liefern die generelle Unternehmensreputation und die spezifischen Subreputationen zur Erreichung marktstrategischer und finanzieller Zielgrößen?** Hierbei geht es um die Analyse der verhaltensbezogenen Wirkungen der differenzierten Reputationen. Zu klären ist, ob diese hinsichtlich ausgewählter unternehmerischer Zielgrößen in einem komplementären, neutralen oder gar konkurrierenden Verhältnis zueinander stehen.

4. **Welche Faktoren determinieren die Unternehmensreputation bzw. die Reputation der salienten organisatorischen Einheiten?** Mit Blick auf ein systematisches Reputationsmanagement geht es insbesondere um Möglichkeiten einer gezielten, differenzierten Einflussnahme auf die Reputationen der beiden Ebenen.

In der Gesamtheit ergibt sich aus diesen Forschungszielen der in Abb. A-2 illustrierte Forschungsrahmen dieser Arbeit.

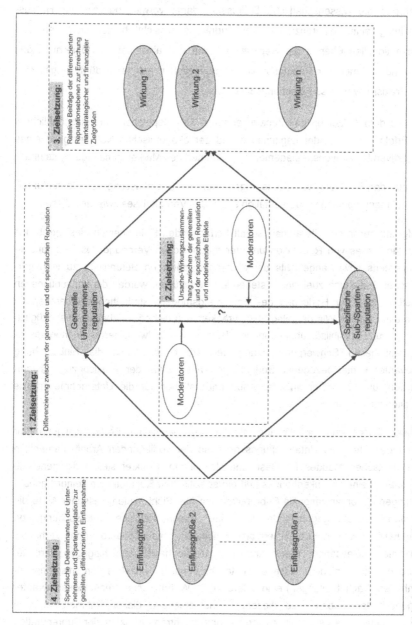

Abb. A-2: Forschungsrahmen der vorliegenden Arbeit

Während die wissenschaftliche Diskussion damit vorwiegend von der Herausarbeitung eines differenzierten Verständnisses hinsichtlich der Domänen und konzeptionellen Ebenen der Reputation sowie von einer tieferen Einsicht in das Zustandekommen der Reputation von Organisationen profitieren dürfte, ergibt sich die Praxisrelevanz des Forschungsanliegens

1. aus dem Aufzeigen des Zusammenhangs von Reputation und wirtschaftlichem Erfolg und somit der Legitimation und der ökonomischen Notwendigkeit eines aktiven Reputationsmanagements im Rahmen des Marketingmanagements und

2. aus der Ermittlung von Steuerungsgrößen zur Beeinflussung von Gesamtunternehmensreputation, Subreputation sowie des Verhältnisses zwischen diesen.

Aufgrund der in der Literaturlandschaft herrschenden Heterogenität hinsichtlich des Verständnisses von Reputation und der theoretischen Verortung des Reputationsphänomens sowie angesichts der allgemein spärlichen Befundlage zu in hierarchischer Beziehung zueinander stehenden Konstrukten werden die konzeptionellen Ausführungen zur Herleitung des Forschungsmodells stark theorieaufbereitenden Charakter haben. Wie dargelegt, beschränken sich bisherige Arbeiten diesbezüglich häufig auf Plausibilitätsüberlegungen. Trotz dieser notwendigerweise theoretisch-konzeptionellen Schwerpunktsetzung der Arbeit soll durch die Einbeziehung relevanter kontextbezogener Bedingungen auch stets der Praxisbezug gewahrt werden, um so später entsprechende Implikationen für die Unternehmenspraxis ableiten zu können.

Dieser Praxisbezug manifestiert sich in der expliziten Berücksichtigung der Besonderheiten des Untersuchungskontextes der vorliegenden Arbeit, namentlich des deutschen Marktes für Gesundheitsleistungen. Konkret stellen die generelle Reputation eines Krankenhauses und die spezifischen Reputationen seiner Fachabteilungen als organisationale Subreputationen aus Sicht niedergelassener Ärzte die Kernuntersuchungsgegenstände dar. Eine wissenschaftliche Untersuchung von Reputation in diesem Kontext liegt bisher nicht vor.[60] Insbesondere für das Verhältnis von niedergelassenem (Fach-)Arzt und Krankenhaus kann hingegen vermutet werden, dass niedergelassene Ärzte hinsichtlich einzelner organisatorischer Einheiten (Fachabteilungen) eine differenzierte Wahrnehmung reputationsrelevanter Eigenschaften haben. Aus diesem Grund erscheint dieser Rahmen für eine Untersuchung des Verhältnisses von Gesamt- zu intraorganisationaler Subreputation

---

[60] Vgl. Kapitel A.2, sowie die Synopse in Anhang I.

und ihrer jeweiligen verhaltensrelevanten Wirkungen als besonders geeignet. Ferner ist eine Auseinandersetzung mit dem Reputationsphänomen speziell im Kontext solcher wirtschaftlicher Austauschbeziehungen erstrebenswert, in denen Absatzmittler eine herausragende Rolle für den Erfolg des fokalen Unternehmens spielen.[61] Für die Krankenhausbranche mit seinen niedergelassenen Ärzten als sog. Gatekeeper mit Multiplikatorenwirkung für die Fallzahlen gilt dies zweifelsohne.[62]

Eine Besonderheit der vorliegenden Arbeit besteht in dem Vorhaben, den angestrebten wissenschaftlichen Erkenntnisfortschritt nicht lediglich auf eine einzelne empirische Studie zu stützen, sondern diesen vielmehr durch ein umfassendes Forschungsprogramm in Gestalt zweier aufeinander aufbauender Studien vehement voranzutreiben. Neben den zentralen Zielsetzungen sowie der verfolgten dualen Forschungsstrategie orientiert sich der Aufbau dieser Arbeit somit vorrangig an der Abfolge der zwei durchzuführenden Studien. Dementsprechend befassen sich die Kapitel C bis E mit der theoriegeleiteten Modellentwicklung und dem empirischen Test eines ersten reputationszentrierten Hypothesensystems. Die auf den hier generierten Erkenntnissen aufbauende Zweitstudie bildet sodann den Gegenstand der Kapitel F bis H. Im Einzelnen gliedert sich die vorliegende Arbeit in neun, dem einleitenden Kapitel A folgende Abschnitte:

Kapitel B widmet sich zunächst den für das Forschungsvorhaben relevanten Aspekten des Untersuchungskontextes. Wie bereits beschrieben, erscheint der Markt für stationäre Patientenversorgung wegen seiner spezifischen Merkmale, insbesondere der informationsökonomischen Eigenschaften des Gutes „Gesundheitsdienstleistung", seiner derzeitigen Dynamik sowie seiner Absatzstruktur mit niedergelassenen Ärzten als Mittler äußerst geeignet, um die Erfolgsrelevanz positiver Reputation wie auch die Notwendigkeit ihrer Differenzierung aufzuzeigen. Mit Blick auf die Konsequenzen für die Erreichung ökonomischer Ziele sollen weitere, für das Forschungsproblem unmittelbar relevante Merkmale der deutschen Gesundheitswirtschaft im Fokus dieses Abschnittes stehen. Dies ist notwendig, um die sich daraus ergebenden Besonderheiten für eine Auseinandersetzung mit dem Reputationskonstrukt adäquat berücksichtigen zu können. Ausführungen zu beiden, in der

---

[61] Die Voraussetzungen der Wirksamkeit von Reputation (zumindest als Instrument zur Unsicherheitsreduktion) können für diesen Markt als gegeben gelten (vgl. Saab (2005), S. 283). Die Literatur nennt als diese Voraussetzung 1. die Nutzenstiftung des Reputationsaufbaues für den Anbieter (vgl. Jacob (1995), S. 173), 2. die Erleidung ökonomischen Schadens bei Beschädigung der Reputation (vgl. Büschken (1999), S. 3; Backhaus (1992), S. 787) und 3. die Möglichkeit der Zerstörung der Reputation des Anbieters durch den Nachfrager (vgl. Jacob (1995), S.173).

[62] Eine dezidierte Begründung des Verständnisses von niedergelassenen Ärzten als (informelle) Absatzmittler für Krankenhäuser und damit als Zielgruppe des (Push-)Marketings von Krankenhäusern erfolgt in Kapitel B.2.3.

Erst- bzw. Zweitstudie als Untersuchungsfälle fungierenden Krankenhäusern sowie zu den konzeptionellen Grundlagen der Dienstleistung „stationäre Patientenversorgung" runden dieses Kapitel ab.

Kapitel C hat die theoriegeleitete Entwicklung eines Untersuchungsmodells zum Gegenstand, das die oben aufgeworfenen Forschungsfragen einer systematischen Analyse zugänglich machen soll. Der erste Schritt umfasst eine Auseinandersetzung mit dem Kernkonstrukt dieser Arbeit. Dabei gilt es, auf Basis der in der wissenschaftlichen Literatur vorfindbaren Konzeptionen ein mit Blick auf die Zielsetzung der eigenen Arbeit (insbesondere die Differenzierung in Gesamt- und Subreputation) adäquates, theoretisch fundiertes Reputationsverständnis herauszuarbeiten. Ohne eine exakte begriffliche und inhaltliche Bestimmung des den anschließenden Ausführungen zugrunde zulegenden Reputationskonzeptes kann keine präzise theoriegeleitete Untersuchung der Ursache-Wirkungsbeziehungen der Reputation und ihrer Ausdifferenzierung erfolgen. Auf dieser Grundlage wird anschließend im Rahmen einer Diskussion ausgewählter theoretischer Erklärungsansätze ein System von Hypothesen zu den interessierenden Ursache-Wirkungsbeziehungen entwickelt. Dieses fungiert als Basismodell für die Beantwortung der weiteren Forschungsfragen. Zur Untermauerung der theoretischen Überlegungen werden parallel hierzu einschlägige empirische Forschungsergebnisse herangezogen. Im Vorfeld der theoretisch und empirisch gestützten Entwicklung des Basismodells richtet sich die Aufmerksamkeit zudem auf potenziell moderierende Effekte des Zusammenhangs zwischen den zuvor differenzierten Reputationen. Entsprechend der konfirmatorischen Untersuchungsmethodik erfolgt die Identifikation potenzieller Moderatoren und der jeweiligen Einflüsse ebenfalls unter Zugrundelegung geeigneter Theorien.

Die Erläuterung der Konzeption der Erststudie zur empirischen Überprüfung der in Kapitel C hergeleiteten Hypothesen erfolgt in **Kapitel D**. Neben den Zielen und der Vorgehensweise im Zuge der Erststudie finden sich hier beschreibende Ausführungen zur Untersuchungsstichprobe.

In **Kapitel E** gilt es, das Hypothesensystem mit den im Rahmen der Erststudie erhobenen Daten zu konfrontieren. Die Erhebung erfolgt eigens für die vorliegende Arbeit, indem niedergelassene Ärzte im regionalen Umfeld eines Krankenhauses („Krankenhaus A") zu den interessierenden Zusammenhängen schriftlich befragt werden. Die Überprüfung der postulierten Hypothesen erfordert zunächst die Untersuchung der Validität und Reliabilität der Operationalisierungen, bevor das Strukturmodell und anschließend die Moderatoren auf Grundlage des erhobenen Datenmaterials geprüft werden. Im Zuge der Überprüfung des Strukturmodells wird der Methodik zur Kontrolle der postulierten Wirkungsrichtung zwischen der Gesamt- und der Subreputation besondere Aufmerksamkeit zukommen müssen.

Wie beschrieben, ist die vorliegende Arbeit in der komfortablen und in empirischen Studien nur selten vorfindbaren Situation, die an einem Untersuchungsfall aufgedeckten Erkenntnisse durch die Realisierung einer Folgestudie aufnehmen und mitunter neu aufgeworfene Fragen adressieren zu können. Anknüpfend an die Ergebnisse der empirischen Analyse der Erststudie gilt es daher in **Kapitel F**, neuerlich Hypothesen zu reputationszentrierten Ursache-Wirkungszusammenhängen zu formulieren. Die Hypothesengenerierung erfolgt auch hier streng theoriebasiert, wobei auf das bereits entwickelte theoretische Fundament des Kapitels C zurück- gegriffen werden kann. Wenn möglich, werden die konzeptionellen Überlegungen gleichfalls durch schon vorliegende empirische Erkenntnisse flankiert.

Analog zu Kapitel D findet sich in **Kapitel G** eine Beschreibung der Konzeption der Zweitstudie. Dementsprechend beinhaltet es u.a. eine Darstellung der Untersu- chungsstichprobe, die aus der Erhebung bei den niedergelassenen Ärzten im regionalen Umfeld des Krankenhauses B resultiert.

Die Ausführungen des **Kapitels H** widmen sich daraufhin der empirischen Überprüfung des Untersuchungsmodells der Zweitstudie. Bevor jedoch das Strukturmodell zur Analyse der postulierten Hypothesen der Zweitstudie im Zentrum des Interesses steht, gilt es wiederum, zunächst der Güte der verwendeten Operationalisierungen Aufmerksamkeit zu schenken. Eine Zusammenfassung der Ergebnisse zu den Forschungshypothesen der zweiten Untersuchung bildet den Abschluss dieses Kapitels.

Gegenstand von **Kapitel I** sind schließlich die aus den empirischen Befunden beider Studien resultierenden Implikationen für die Praxis sowie für die zukünftige Reputa- tionsforschung. Zuvor ist es erforderlich, die den Untersuchungen zugrunde liegenden Restriktionen aufzuzeigen und hinsichtlich ihrer Relevanz für die Ableitung von Handlungsempfehlungen adäquat zu würdigen. Unter Berücksichtung dieser Einschränkungen werden anschließend auf Basis der Ergebnisse der theoretischen und empirischen Analyse der jeweiligen Forschungsmodelle marketingpolitische Gestaltungsempfehlungen für die Krankenhauspraxis deduziert. Das Kapitel wird komplettiert durch das Treffen von Empfehlungen für weitere Anstrengungen auf diesem Forschungsgebiet.

Den Abschluss der Arbeit bildet das **Kapitel J**, in dem die wesentlichen Ergebnisse des vorliegenden Forschungsbeitrags resümiert werden. Einen Überblick über seinen Aufbau liefert Abb. A-3.

Kapitel A
Reputation im Kontext unternehmerischer Zielerreichung und als Gegenstand der Marketingwissenschaft

Hauptziele:	• Herausarbeitung der Bedeutung der Reputation von Unternehmen für den Unternehmenserfolg
	• Überblick über den State of the Art der marketingrelevanten Reputationsforschung und Aufzeigen von Forschungsdefiziten
	• Inhaltliche Positionierung der vorliegenden Arbeit und Ableitung der Forschungsziele
	• Wissenschaftstheoretische Positionierung der vorliegenden Arbeit

Kapitel B
Markt für stationäre Patientenversorgung als Untersuchungskontext der vorliegenden Arbeit

Hauptziel:	Klärung der Grundlagen für die betrachteten Untersuchungsobjekte und Charakterisierung der Spezifika der beiden Untersuchungsfälle
Inhalte:	• Herausstellen der relevanten Besonderheiten des Marktes für stationäre Patientenversorgung
	• Analyse der Beziehungskonstellationen zwischen Krankenhäusern und niedergelassenen Ärzten
	• Darstellung relevanter Charakteristika des Krankenhauses A und des Krankenhauses B als Untersuchungsfälle der Erst- bzw. Zweitstudie
	• Erläuterung definitorischer und konzeptioneller Aspekte von Dienstleistungen der stationären Patientenversorgung

Kapitel C
Theoriegeleitete Modellentwicklung zur Analyse des Verhältnisses der Krankenhaus- und Fachabteilungsreputation sowie ihrer spezifischen Konsequenzen und Einflussgrößen im Rahmen der Erststudie

Hauptziel:	Ableitung von Forschungshypothesen im Rahmen der Erststudie
Inhalte:	• Theoriegeleitete und empiriegestützte Herleitung von Forschungshypothesen zur Differenzierung der Krankenhaus- reputation und der Fachabteilungsreputation
	• Theoriegeleitete und empiriegestützte Herleitung von Forschungshypothesen zu moderierenden Effekten des Zusammen- hangs zwischen Krankenhaus- und Fachabteilungsreputation
	• Theoriegeleitete und empiriegestützte Herleitung von Forschungshypothesen zu Konsequenzen und Einflussgrößen der Reputationen beider Ebenen

Kapitel D
Konzeption der Erststudie zur empirischen Untersuchung der hergeleiteten reputationszentrierten Ursache-Wirkungszusammenhänge

Hauptziel:	Entwicklung eines Designs zur empirischen Überprüfung der Hypothesen im Rahmen der Erststudie
Inhalte:	• Skizzierung der Vorgehensweise und Ziele der empirischen Erhebung der Erststudie
	• Beschreibung der Stichprobe und des Rücklaufs der empirischen Erhebung der Erststudie

Kapitel E
Hergeleitete reputationszentrierte Ursache-Wirkungszusammenhänge im Spiegel empirischer Befunde der Erststudie

Hauptziel:	Empirische Überprüfung des entwickelten Hypothesengerüsts der Erststudie
Inhalte:	• Durchführung von konfirmatorischen Faktorenanalysen der Konstrukte erster und zweiter Ordnung
	• Anwendung einer Methode zur Überprüfung der zwischen den Konstrukten der Krankenhaus- und Fachabteilungsreputation spezifizierten Wirkungsrichtung
	• Spezifikation und Schätzung von Kovarianzstrukturmodellen zur Überprüfung der Ursache-Wirkungszusammenhänge
	• Durchführung von Mehrgruppen-Kovarianzstrukturanalysen zur Überprüfung der Hypothesen zu den moderierenden Effekten

Kapitel F
Theoriegeleitete Modellentwicklung für eine weitergehende Analyse reputationszentrierter Ursache-Wirkungszusammenhänge im Rahmen der Zweitstudie

Hauptziel:	Ableitung von Forschungshypothesen im Rahmen der Zweitstudie, anknüpfend an die in der Erststudie generierten Erkenntnisse
Inhalte:	• Theoriegeleitete und empiriegestützte Herleitung von Forschungshypothesen zur Ausdifferenzierung und Expansion zu untersuchender Konsequenzen der Krankenhaus- und Fachabteilungsreputation
	• Theoriegeleitete und empiriegestützte Herleitung von Forschungshypothesen zur Ausdifferenzierung und Expansion zu untersuchender Einflussgrößen der Krankenhaus- und Fachabteilungsreputation

Kapitel G
Konzeption der Zweitstudie zur empirischen Untersuchung der durch die Erststudie aufgeworfenen weitergehenden Forschungsbedarfe reputationszentrierter Ursache-Wirkungszusammenhänge
Hauptziel: Entwicklung eines Designs zur empirischen Überprüfung der Hypothesen im Rahmen der Zweitstudie
Inhalte: • Skizzierung der Vorgehensweise und Ziele der empirischen Erhebung der Zweitstudie   • Beschreibung der Stichprobe und des Rücklaufs der empirischen Erhebung der Zweitstudie

⇩

Kapitel H
Hergeleitete reputationszentrierte Ursache- Wirkungszusammenhänge im Spiegel empirischer Befunde der Zweitstudie
Hauptziel: Empirische Überprüfung des entwickelten Hypothesengerüsts der Zweitstudie
Inhalte: • Durchführung von konfirmatorischen Faktorenanalysen der Konstrukte erster und zweiter Ordnung   • Spezifikation und Schätzung von Kovarianzstrukturmodellen zur Überprüfung der Ursache-Wirkungszusammenhänge

⇩

Kapitel I
Zusammenfassende Bewertung der Untersuchungsbefunde der Erst- und Zweitstudie aus der Perspektive von Wissenschaft und Praxis
Hauptziel: Ableitung von Implikationen aus den Untersuchungsergebnissen für die Reputationsforschung sowie das Reputations-management von Krankenhäusern

Inhalte: • Aufzeigen der Limitationen der empirischen Untersuchungen
       • Ableitung von Handlungsempfehlungen für die Unternehmenspraxis für ein systematisches und planvolles Reputationsmanagement zur Steigerung des Unternehmenserfolges
       • Ableitung von Implikationen und Ansatzpunkten für zukünftige Forschungsarbeiten der Reputationsforschung

⇩

Kapitel J
Schlussbetrachtung und Ausblick
Hauptziel: Vermittlung eines Überblicks über die zentralen Ergebnisse der Untersuchung

Abb. A-3:   Gang der Untersuchung

4   Wissenschaftstheoretische Positionierung der Arbeit

Die Erkenntnisgewinnung stellt die zentrale Aufgabe der wissenschaftlichen Forschung dar.[63] Unbeantwortet, da strittig, ist jedoch die Frage, ob gewonnene Erkenntnisse in einem konkreten Handlungszusammenhang stehen müssen (angewandte Wissenschaft) oder derartige Anwendungskontexte vernachlässigt werden können oder sollten (reine Wissenschaft).[64] Aufgrund des im Vergleich zu anderen Geisteswissenschaften starken Praxis- und Anwendungsbezugs der Betriebswirtschaftslehre versteht sich die vorliegende Arbeit als Beitrag zur **angewandten Wissenschaft**, deren Ziel es ist, praxisrelevante Zusammenhänge aufzuzeigen und Erkenntnisse zu generieren, die für die betriebswirtschaftliche Praxis nutzbar sind.

Diesem Anspruch soll sie auch dadurch gerecht werden, dass menschliches Handeln jenseits des Menschenbildes des homo oeconomicus als Variable unternehmerischer Entscheidungsfelder berücksichtigt wird. Die unrealistische Ausblendung ethischer

---

[63]   Vgl. hierzu, sowie zu Folgendem Walsh (2006a), S. 16 ff.; Raffée (1974), S. 14 ff.
[64]   Vgl. Raffée (1974), S. 14 ff.; 64 ff.

und sozialer – nicht wirtschaftlicher – Motive menschlichen Handelns muss insbesondere für das betriebswirtschaftliche Teilgebiet des Marketings als unbefriedigend gelten, will dieses doch das für Unternehmen relevante Verhalten beschaffungs- und vorwiegend absatzmarktseitiger Austauschpartner erklären und beeinflussen.[65] *Raffée* drückt diese konträren Denkhaltungen – die Reduzierung menschlichen Handels auf ökonomische Motive einerseits und die Erkenntnis, dass das Handeln von Wirtschaftsakteuren „[...] *auch von ethischen und sozialen Motiven* [...]"[66] beeinflusst wird andererseits – in zwei forschungstheoretischen Konzepten, dem „ökonomischen Konzept" und dem „sozialwissenschaftlichen Konzept" aus.[67] Vertreter des ökonomischen Konzeptes verstehen die Betriebswirtschaftslehre als eine Wissenschaft, die sich auf rationale Methoden und wirtschaftliche Erkenntnisse zu beschränken hat und lehnen die Einbeziehung von Variablen des menschlichen Handels zum Teil vehement ab.[68]

Demgegenüber versteht sich das sozialwissenschaftliche Konzept durch Fokussierung auf das Verhalten bzw. wirtschaftliche Handeln von Individuen als eine Bereicherung des ökonomischen Ansatzes.[69] Es erfolgt hier eine Öffnung gegenüber verhaltenswissenschaftlichen Disziplinen wie der Soziologie, Sozialpsychologie und Psychologie.[70] Da gerade bei der Auseinandersetzung mit dem Konstrukt der Unternehmensreputation ein realistisches Menschenbild unabdingbar ist, weil ansonsten eine Vielzahl zentraler Zusammenhänge ausgeblendet bliebe,[71] folgt die vorliegende Arbeit dem **sozialwissenschaftlichen Konzept** und plädiert ebenso wie verschiedene andere Autoren für eine Kombination verhaltenswissenschaftlicher und ökonomischer Ansätze im Sinne eines eklektischen Vorgehens.[72]

---

[65] Vgl. beispielsweise Wöhe (1993), S. 33.
[66] Wöhe (1993), S. 33.
[67] Vgl. Raffée (1984), S. 25 ff.
[68] Vgl. exemplarisch Schneider (1993), S. 497.
[69] Vgl. Wöhe (1993), S. 82 f.
[70] Vgl. Walsh (2006a), S. 18.
[71] Vgl. Kapitel A.1.
[72] Vgl. z.B. Kaas (1994), S. 248. Zur Erkenntnisgewinnung folgt diese Arbeit der vom kritischen Rationalismus vertretenen deduktiven Methode, bei der von Prämissen auf einen zu erklärenden Sachverhalt geschlossen wird und es sich somit um eine Form des logischen Schließens handelt (vgl. Popper (1992), S. 190; Raffée (1974), S. 43). Demgegenüber wird bei der induktiven Methode eine Ableitung allgemeiner Theorien aus singulären Sätzen vorgenommen (vgl. z.B. Chalmers (2007), S. 35 ff.).

B Markt für stationäre Patientenversorgung als Untersuchungskontext der vorliegenden Arbeit

Es ist unbestritten, dass sich die Krankenhauswirtschaft in Deutschland im Zuge der Reformmaßnahmen, die seit dem Fallpauschalengesetz (FPG) im Jahr 2002 eingeleitet wurden, einer neuen Marktdynamik und einer Intensivierung des Wettbewerbs ausgesetzt sieht.[73] Die Eingriffe des Gesetzgebers haben dazu geführt, dass sich die deutschen Krankenhäuser heute in einem zunehmend intensiven Wettbewerb profilieren müssen und dass sich der Markt für stationäre Gesundheitsleistungen durch eine steigende Leistungstransparenz auszeichnet, die zudem mit einer gleichgerichteten Entwicklung des Anspruchsniveaus einzelner Bezugsgruppen einhergeht. Im Ergebnis werden Krankenhäuser, insbesondere als Folge der Einführung der Diagnosis Related Groups (DRG), zur Verbesserung ihrer Kosten- und Leistungsstrukturen gezwungen.[74] Die Notwendigkeit der Leistungsentwicklung hat zur Folge, dass sich gerade der stationäre Sektor, welcher den größten Ausgabenanteil im Gesundheitswesen repräsentiert, zunehmend der Herausforderung stellen muss, bezugsgruppenspezifisches Marketing zu implementieren und das medizinische und nicht-medizinische Leistungsangebot – unter der Prämisse der Rentabilität entsprechender Maßnahmen – an den wachsenden Ansprüchen relevanter Bezugsgruppen auszurichten.

Ziel der folgenden Ausführungen ist es, die für das Forschungsvorhaben der vorliegenden Arbeit relevanten Merkmale des deutschen Krankenhausmarktes darzustellen. Zu Beginn gilt es, durch das Aufzeigen der Entwicklung ausgewählter Strukturdaten des Krankenhausmarktes die Folgen der Einführung marktwirtschaftlicher Prinzipien in die Gesundheitswirtschaft zu beschreiben und auf diese Weise den Rahmen des Wettbewerbsumfeldes deutscher Krankenhäuser abzustecken. Die daraus resultierenden Handlungsfelder des Krankenhausmanagements münden in Ausführungen zu ihren Implikationen für das Zielsystem von Krankenhäusern sowie zu der besonderen Bedeutung der Bezugsgruppe der niedergelassenen Ärzte für die Generierung und zielgerichtete Lenkung von Patientenströmen. Nachdem die in der Erst- bzw. Zweitstudie als reale Untersuchungsfälle fungierenden Krankenhäuser in

---

[73] Vgl. exemplarisch Klemann (2007), S. II; Helmig/Graf (2006), S. 163.

[74] Mit der Einführung des DRG-Vergütungssystems wurde das traditionelle Kostenerstattungsprinzip der Krankenhäuser mit tagesgleichen Pflegesätzen durch eine auf Fallpauschalen beruhende Vergütung ersetzt (mit Ausnahme sog. besonderer Einrichtungen sowie psychiatrischer und psychosomatischer Krankenhäuser). Liegen die Kosten eines Krankenhauses nun unter den Normkosten der deutschen Krankenhäuser, erwirtschaftet es einen Gewinn. Anderenfalls muss der Träger den Verlust ausgleichen. Ist dieser dazu nicht in der Lage, droht Illiquidität bzw. Überschuldung. Die Absicherung der Wirtschaftlichkeit sowie der gezielte Wettbewerb um Patienten stellen als Folgen des DRG-Systems die zentralen Herausforderungen deutscher Krankenhäuser dar. Zum DRG-System vgl. ausführlich Lüngen/Lauterbach (2003).

diesen Kontext eingeordnet wurden, sollen anschließend die grundlegenden Charakteristika der Dienstleistung „stationäre Patientenversorgung" exponiert werden. Das Kapitel B schließt mit einem Zwischenfazit zu den sich aus den beschriebenen Kontextbedingungen ergebenden Besonderheiten für eine Auseinandersetzung mit dem Reputationskonzept.

1 Aktuelle Herausforderungen für Krankenhäuser im Markt der stationären Patientenversorgung

1.1 Bedeutung des Krankenhaussektors im deutschen Gesundheitssystem

Das deutsche Gesundheitssystem besteht aus allen Personen, Sachmitteln und Institutionen, die Gesundheit fördern, erhalten und wiederherstellen und wird unter dem Aspekt der Aufgabenverteilung in die Sektoren „Prävention", „Kuration", „Rehabilitation" sowie „Forschung, Lehre und Ausbildung" eingeteilt.[75] Kostenträger des Systems sind die Gesetzliche Krankenversicherung (GKV), die Private Krankenversicherung (PKV), sonstige Versicherungen (z.B. Unfallversicherungen) und letztendlich die Beitragszahler bzw. Patienten, die gleichzeitig als Leistungsempfänger auftreten. Die Angebotsseite der Gesundheitswirtschaft setzt sich zusammen aus den Versorgungssystemen

- stationäre Versorgung,

- ambulante Versorgung,

- Arzneimittelversorgung,

- Versorgung mit Heil- und Hilfsmitteln,

- Krankentransport und Rettungsdienst.[76]

Entsprechend der Aufteilung in Prävention, Kuration und Rehabilitation wird bei der stationären Versorgung weiter unterschieden zwischen

- Vorsorgeeinrichtungen,

- Krankenhäusern und

- Rehabilitationseinrichtungen.[77]

Dem Krankenhaussektor kommt dabei mit rund 800.000 Beschäftigten und einem Anteil an den Gesamtausgaben der GKV von 36% (51 Mrd. Euro) eine besonders hohe wirtschaftliche Bedeutung sowohl speziell im Gesundheits- als auch im

---

[75] Vgl. Haubrock/Schär (2002), S. 36; Beske/Hallauer (1999), S. 49.
[76] Vgl. Haubrock/Schär (2002), S. 37.
[77] Vgl. ebd.

deutschen Wirtschaftssystem insgesamt zu.[78] Krankenhäuser bilden folglich den größten Zweig des deutschen Dienstleistungssektors.[79] Definitorisch handelt es sich bei diesen nach § 2 Nr. 1 KHG „[...] *um Einrichtungen, in denen durch ärztliche und pflegerische Hilfeleistung Krankheiten, Leiden oder Körperschäden festgestellt, geheilt oder gelindert werden sollen oder Geburtshilfe geleistet wird und in denen die zu versorgenden Personen untergebracht und verpflegt werden können,* [...]."[80] Krankenhäuser stehen damit neben den in ambulanten Praxen tätigen Ärzten im Zentrum der Gesundheitsversorgung. Grundsätzlich kommen ihre Leistungen dann in Betracht, wenn die in der ambulanten Versorgung zur Verfügung stehenden Möglichkeiten ausgeschöpft sind, d.h. eine bedarfsgerechte, qualitätssichere und wirtschaftliche Diagnostik und/oder Therapie dort nicht (länger) möglich ist.[81]

Zwar liegt der Schwerpunkt der Krankenhäuser damit auf der vollstationären Behandlung von Patienten. Jedoch werden vom Gesetzgeber vermehrt Regelungen getroffen, die auf ein Aufbrechen der strengen sektoralen Trennung des deutschen Gesundheitssystems in einen stationären und einen ambulanten Bereich zielen. In der Konsequenz bieten sich für Krankenhäuser Möglichkeiten, Leistungen auch außerhalb ihres Kerngeschäftes der stationären Patientenversorgung anzubieten.[82]

1.2 Struktur des deutschen Krankenhausmarktes

1.2.1 Spezifikation des Terminus „Krankenhaus" für die vorliegende Arbeit

Einrichtungen der stationären Patientenversorgung lassen sich anhand verschiedener Kriterien segmentieren.[83] So z.B. nach der Art der Zulassung, der Art des Trägers, der Rechtsform oder nach dem Kriterium der ärztlichen Besetzung. Ohne an dieser Stelle auf die verschiedenen Krankenhaustypen im Einzelnen dezidiert eingehen zu können, ist es notwendig, ausgewählte Krankenhausarten vom Geltungsbereich der nachfolgenden Ausführungen auszuschließen. Die Richtschnur für die Spezifikation des Untersuchungsgegenstandes „Krankenhaus" für die vorliegende Arbeit besteht dabei in der Möglichkeit einer weitgehenden Verallgemeinerung der Abhandlungen zum Verhältnis Krankenhaus – niedergelassene Ärzte bzw. zur Bedeutung des Reputationskonzeptes im Rahmen dieses Verhältnisses. Dadurch soll vermieden werden, lediglich für bestimmte Einzel- bzw. Spezialfälle Erkenntnisse zu generieren.

---

[78] Die Daten beziehen sich auf das Jahr 2007. Vgl. DKG (2009); Statisches Bundesamt (2008a).
[79] Vgl. Specke (2005), S. 263.
[80] § 2 Nr. 1 KHG.
[81] Vgl. Specke (2005), S. 263; Gesundheitsreformgesetz (1993).
[82] Vgl. Kapitel B.1.2.4.
[83] Vgl. Statistisches Bundesamt (2008a), S. 8 f.

26

Der Untersuchungskontext dieser Arbeit umfasst daher lediglich allgemeine bzw. Akutkrankenhäuser mit Versorgungsvertrag, unabhängig von Rechtsform und Träger, die nicht ausschließlich Belegkrankenhäuser sind (Anstaltskrankenhäuser).[84] Beispielsweise erübrigt sich eine Analyse des Einweisungsverhaltens niedergelassener Ärzte im Fall reiner Belegkrankenhäuser, bzw. ergeben sich für die Träger solcher Belegkrankenhäuser bezogen auf die Zielgruppe der niedergelassenen Ärzte fundamental andere Problemfelder. Krankenhäuser ohne Versorgungsvertrag werden ausgeschlossen, weil diese nicht an der allgemeinen Patientenversorgung teilnehmen, sondern ihr Angebot auf Privatversicherte und Selbstzahler beschränken.

1.2.2 Angebotsstruktur der stationären Patientenversorgung durch Krankenhäuser

Nach Angaben des Statistischen Bundesamtes gab es 2007 in Deutschland in 2.087 Krankenhäusern insgesamt 506.954 aufgestellte Betten.[85] Im Vergleich zum Vorjahr sank die Zahl der Krankenhäuser damit um 17 bzw. 0,8%, die der Betten um 3.800 bzw. 0,7%. Die durchschnittliche Verweildauer nahm ebenfalls gegenüber dem Vorjahr ab, um 0,2 auf 8,3 Tage. Wie bereits 2006, als erstmals seit 1998 die durchschnittliche Bettenauslastung gegenüber dem Vorjahr anstieg, erhöhte sich die Bettenauslastung auch im Jahr 2007 (um 0,9% auf 77,2%). Letzteres kann als Ergebnis erfolgreicher Bemühungen zur Effizienzsteigerung und/oder Fallzahlgenerierung bzw. der fortschreitenden Marktkonsolidierung verstanden werden: Bis dahin verlief der Abbau der Betten bzw. die Verringerung der Krankenhauszahl seit Einführung des DRG-Systems langsamer als der der durchschnittlichen Belegungstage, was zwar eine Reduzierung der Pflegekosten mit sich bringt, aber gleichzeitig eine geringere Betten- bzw. Krankenhausauslastung und damit höheres Vorhalten unproduktiver Kapazitäten.[86] Der Verlauf zentraler Indikatoren der Krankenhäuser kann Abb. B-1 entnommen werden.

Neben diesen Entwicklungen, die vornehmlich auf Anstrengungen zurückzuführen sind, die auf die Verbesserung der Kostenstruktur sowie auf die systematische Beeinflussung der Fallzahlen zielen, um im stärker werdenden Wettbewerb bestehen zu können, liegt ein weiterer Trend in der zunehmenden Privatisierung von Kranken-

---

[84] Mit anderen Worten müssen Krankenhäuser ohne Versorgungsvertrag, sonstige Krankenhäuser und Belegkrankenhäuser von den weiteren Ausführungen ausgeklammert werden. Dies gilt allerdings nicht für das nachfolgende Kapitel B.1.2.2. Zwecks der Schaffung eines Gesamtüberblickes sollen die 152 deutschen Krankenhäuser ohne Versorgungsvertrag, die 155 reinen Belegkrankenhäuser und 296 sonstigen Krankenhäuser im folgenden Kapitel zu den Strukturdaten des Krankenhausmarktes nicht ausgeblendet werden (vgl. Statistisches Bundesamt (2008)).

[85] Vgl. hierzu, sowie zu Folgendem Statistisches Bundesamt (2008a).

[86] Dennoch zeugt die aktuelle Bettenauslastung nach wie vor von Überkapazitäten im deutschen Krankenhausmarkt.

häusern: Der Anteil der Krankenhäuser in privater Trägerschaft, der 1991 noch bei 14,8% lag, steigt seit Jahren kontinuierlich an und betrug im Jahr 2007 29,7%. Im gleichen Zeitraum ist der Anteil öffentlicher Häuser von 46,0% auf 32,4% zurückgegangen. Auch bei der Rechtsform öffentlicher Krankenhäuser schreitet die Privatisierung voran (sog. formale Privatisierung): Bereits mehr als die Hälfte der öffentlichen Krankenhäuser wurden im Jahr 2007 in privatrechtlicher Form geführt.

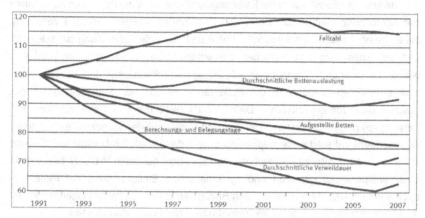

Quelle: In Anlehnung an Statistisches Bundesamt (2008), S.14.

Abb. B-1:   Entwicklung zentraler Indikatoren der Krankenhäuser (1991 = 100%)

Die beiden beschriebenen Entwicklungsstränge, Effizienzsteigerung und erlösseitige Sicherung der Wirtschaftlichkeit einerseits und die zunehmende Privatisierung andererseits, sind dabei keinesfalls isoliert voneinander zu verstehen: Häufig sind es private Betreiber, die besser als öffentliche fähig sind, Krankenhäuser unter Kosten- bzw. Renditeaspekten erfolgreich zu führen und gleichzeitig qualitativ hochwertige Leistungen anzubieten und damit genau die mit der DRG-Einführung vom Gesetzgeber beabsichtigte Effizienz- und Effektivitätssteigerung zu realisieren.[87] Das erlösseitige Handlungsfeld der Sicherung und Generierung besonders rentabler DRGs in ausreichender Anzahl manifestiert sich für Krankenhäuser dabei in einem zunehmenden Wettbewerb um Patienten.

1.2.3   Steigender Wettbewerb um Patienten im stationären Sektor

Zur Sicherstellung der erlösseitigen Wirtschaftlichkeit ist es für Krankenhäuser unabdingbar, gezielten Einfluss auf das Spektrum und die Anzahl der Patientenfälle

---

[87]   Vgl. Hesslau/Schmidt (2006), S. 76; Schwing (2002), S. 77. Beispielsweise betrugen die durchschnittlichen Kosten im Jahr 2007 je Behandlungsfall in öffentlichen Krankenhäusern 4.470 Euro, während bei den privaten Einrichtungen Kosten in Höhe von 3.822 Euro anfielen (vgl. Statistisches Bundesamt (2008b)).

auszuüben.[88] Während es vor Einführung der Fallpauschalen für Krankenhäuser nicht primär darum ging, möglichst viele Patienten zu behandeln, kann dies unter dem neuen System als Kerntreiber des Umsatzes bezeichnet werden.[89] Unter dem alten System galt es für Krankenhäuser, darauf zu achten, dass möglichst alle Betten bei Tageswechsel belegt sind, d.h. es bestand der Anreiz, Patienten eher länger als kürzer stationär zu behandeln, auch wenn dies medizinisch nicht unbedingt erforderlich war. Somit waren die Belegungstage und nicht die Fallzahlen im Rahmen der Abrechnung maßgeblich. Unter den Rahmenbedingungen der DRG-Vergütung gilt es demgegenüber, eine möglichst kurze und effiziente Behandlung zu realisieren und bei Entlassung von Patienten die entsprechenden Betten schnellstmöglich wieder zu belegen.[90] Diese Logik gilt für alle Krankenhäuser und bedingt einen neuen, erhöhten Wettbewerb um Patienten – gerade vor dem Hintergrund der bestehenden Überkapazitäten.[91] Dabei ist es nicht nur von Relevanz, eine der Leistungsplanung entsprechende Anzahl von Patientenfällen zu generieren, sondern insbesondere auf solche Fallgruppen zu zielen, die hinsichtlich Umsatz und Gewinn in besonderem Maße zum wirtschaftlichen Ergebnis beitragen.[92] Die Notwendigkeit einer entsprechend gezielten und systematischen Einflussnahme auf Patienten-ströme wird in letzter Konsequenz den Bezugspunkt der aus der vorliegenden Arbeit abzuleitenden Implikationen für die betriebliche Praxis darstellen müssen.[93]

Da Patienten im Regelfall ihre Krankenhausbehandlung nicht selbst bezahlen, sondern die Kostenübernahme durch die GKV und PKV erfolgt, vollzieht sich der Wettbewerb um Patienten zwangsläufig über die Qualität der medizinischen Leistungen und über den zusätzlichen Service, der den Patienten angeboten wird.[94] Zwar wurde mit der gesetzlichen Verankerung strukturierter Qualitätsberichte

---

[88] „[...] die reine Kostensenkungsstrategie ist für die dauerhafte Existenzsicherung [von Krankenhäusern] nicht geeignet." (von Eiff (2005), S. 42).

[89] Vgl. Salfeld/Hehner/Wichels (2008), S. 21.

[90] Dies spiegelt sich in den beschriebenen Konsequenzen für die durchschnittliche Verweildauer wider (vgl. Kapitel B.1.2.2).

[91] Vgl. Kapitel B.1.2.2; Salfeld/Hehner/Wichels (2008), S. 21. Eine weitere Voraussetzung für einen Wettbewerb um Patienten besteht in der freien Krankenhauswahl. Diese gilt grundsätzlich für Versicherte der PKV sowie de facto für gesetzlich Versicherte. Zwar erlaubt § 39 Abs. 2 SGB V den Krankenkassen die Möglichkeit der Einforderung etwaig entstandener Mehrkosten, falls Versicherte ohne zwingenden Grund bei der Krankenhauswahl nicht der ärztlichen Empfehlung folgen. Allerdings machen die Krankenkassen nur selten von dieser Möglichkeit Gebrauch (vgl. § 39 Abs. 2 SGB V; Wolf (2005), S. 15).

[92] Dies gilt jedoch nur innerhalb der Grenzen des Versorgungsvertrages (vgl. Kapitel B.1.2.1). Zu berücksichtigen ist darüber hinaus, dass bei Unterschreitung einer festgelegten Mindestmenge das Behandlungsspektrum des Krankenhauses um die betroffene Indikation gekürzt werden kann (vgl. § 137 Abs. 1 SGB V).

[93] Vgl. Kapitel I.2.

[94] Zum Stellenwert der Dienstleistungsqualität aus Patientensicht vgl. Wolf (2005), S. 19 ff.; Zaddach (2002), S. 55; Olandt/Benkenstein (1999), S. 111 ff.

versucht,[95] hinsichtlich dieser Leistungsqualität die Transparenz für Patienten zu erhöhen und auch mit den der Praxis entsprungenen Qualitäts-Systemen, wie beispielsweise dem Modell der European Foundation for Quality Management (EFQM) oder der Kooperation für Transparenz und Qualität im Krankenhaus (KTQ), sollte Patienten ein Beurteilungs- und letztendlich ein Entscheidungskriterium an die Hand gegeben werden.[96] Es hat sich jedoch gezeigt, dass diese Standards kaum eine Wirkung auf die Patientenentscheidung ausüben.[97] *Dietz* kommt komplementär in ihrer Studie zu dem Ergebnis, „[...] *dass sich die Realität jedoch bei weitem nicht so darstellt, wie die derzeitigen Diskussionen* [zur Selbstbestimmung der Patienten] *vermuten lassen. So treffen selbst mündige Patienten* [also solche, die intensiv nach Informationen suchen und sich gründlich und ausführlich mit diesen auseinandersetzen] *in den wenigsten Fällen alleine eine Entscheidung über eine Behandlung* [...]"[98] Vielmehr belegen Studien, dass die Patientenentscheidung für ein Krankenhaus stark durch den einweisenden Arzt bedingt wird,[99] so dass der Wettbewerb um Patienten primär über den Wettbewerb um einweisende Ärzte bestritten werden muss.[100]

An dieser Stelle bleibt festzuhalten, dass das DRG-Vergütungssystem eine erhebliche Dynamik in den Wettbewerb zwischen Krankenhäusern um Patienten gebracht hat[101] und dass bezüglich der patientenseitigen Wahl des Krankenhauses zwar vielfach eine gestiegene Emanzipation und Mündigkeit von Patienten angenommen bzw. als wünschenswert gesehen wird,[102] die Entscheidung aber faktisch vielfach von den niedergelassenen Ärzten getroffen wird. Abgesehen von ihrer Rolle als Einweiser wird die Bedeutung der Niedergelassenen für die wirtschaftliche Situation von Krankenhäusern weiterhin dadurch hervorgehoben, dass sie im Zuge der vom Gesetzgeber geforderten sektorenübergreifenden Zusammenarbeit, speziell im Rahmen neuer Versorgungsformen, potenzielle Kooperationspartner für Krankenhäuser darstellen.

---

[95] Vgl. § 137 SGB V.
[96] Die Einführung eines ganzheitlichen Qualitätsmanagementsystems ist durch §§ 135a, 137d SGB V für alle Krankenhäuser vorgeschrieben.
[97] Vgl. Salfeld/Hehner/Wichels (2008), S. 21.
[98] Dietz (2006), S. 219. Vgl. Arnold/Geisbe (2003), S. 58 f.
[99] Vgl. exemplarisch Braun-Grüneberg/Wagner (2009), S. 213 ff.; Braun/Nissen (2005), S. 376; o.V. (2005); Schwing (2000), S. 32; Beumers/Borges (1997).
[100] Zur Bedeutung niedergelassener Ärzte für die Fallzahlgenerierung von Krankenhäusern vgl. Kapitel B.2.3.
[101] Vgl. ferner ausführlich zum wachsenden Wettbewerbsdruck im Krankenhaussektor Cassel (2003), S. 3 ff.; Robra/Swart/Felder (2003), S. 43 ff.; Ziegenbein (2001), S. 64 ff.
[102] Vgl. exemplarisch Storcks (2003); Richter (2000).

1.2.4   Aufbrechen der Sektorisierung und steigender Wettbewerb durch neue
*   Versorgungsformen*

Mit der Gesetzgebung, insbesondere zur Integrierten Versorgung, dem GKV-Modernisierungsgesetz (GMG), den Novellierungen des GKV-WSG sowie dem Vertragsarztrechtsänderungsgesetz (VÄndG), hat der Gesetz- und Verordnungsgeber die rechtlichen Voraussetzungen für eine teilweise Überwindung der strukturellen Sektorisierung des medizinischen Leistungsangebotes gelegt. Die Folgen bestehen neben der primär beabsichtigten Verbesserung der Übergänge der Patientenversorgung zwischen dem stationären und dem ambulanten Bereich sowie der Effizienzsteigerung des Einsatzes diagnostischer und therapeutischer Ressourcen darin,

▪ dass Krankenhäusern und anderen Leistungserbringern bei der Bearbeitung ihrer originären Märkte zusätzliche Parameter im (horizontalen) Wettbewerb um Patienten zur Verfügung stehen, nämlich das Angebot neuer Leistungen im Rahmen struktureller Innovationen[103]

▪ und dass sich nicht nur der Wettbewerb innerhalb der Märkte für stationäre bzw. ambulante Leistungen verändert, sondern die neuen Strukturen selbst zur Folge haben, dass Leistungserbringer, die bisher nicht in Konkurrenz zueinander standen, nun in Wettbewerb miteinander treten (können).[104]

Die für die vorliegende Arbeit relevanten, weil das Verhältnis zwischen Krankenhäusern und niedergelassenen Ärzten betreffenden Regelungen werden im Folgenden kurz vorgestellt. Diese bilden eine wesentliche Grundlage für die in Kapitel B.2.2 erfolgende Diskussion möglicher Wettbewerbs- und Kooperationskonstellationen zwischen Krankenhäusern und Niedergelassenen, welche wiederum entscheidende Implikationen für die Bedeutung des Reputationskonzepts innerhalb dieses Kontextes haben.

(1)   Integrierte Versorgungsformen (§§ 140a-d SGB V)

Bei Integrationsverträgen handelt es sich um Verträge zwischen Krankenkassen und einem oder mehreren Leistungserbringern (z.B. Trägern von Krankenhäusern, zugelassenen Ärzten, Medizinischen Versorgungszentren) über eine Versorgung, die verschiedene Leistungssektoren umfasst oder interdisziplinär-fachübergreifend ist.[105] Die Integrierte Versorgung stellt damit eine Ergänzung der sektorbezogenen Haus-

---

[103]   Vgl. ähnlich Wolf (2005), S. 20.
[104]   Vgl. Braun von Reinersdorff (2007), S. 63, sowie ergänzend zu Strukturumbrüchen in vielen Branchen D`Aveni (1994).
[105]   Vgl. § 140a SGB V, sowie zu konkreten Modellen und Konzepten der Integrierten Versorgung Amelung/Lägel (2008), S. 35 ff.

arztzentrierten Versorgung (§ 73b SGB V) und/oder der besonderen Versorgungsaufträge (§ 73c SGB V), auch in Kombination mit den (intersektoralen) Disease-Management-Programmen nach §§ 137f, 137g SGB V, dar.[106] Das GKV-WSG stellt zudem für die Integrierte Versorgung klar, dass Krankenhäuser auch in diesem Rahmen zur ambulanten Behandlung der Katalogkrankheiten nach §§ 116b Abs. 3 SGB V und 140b Abs. 4 Satz 4 SGB V berechtigt sind.

(2) Ambulante Versorgung durch Krankenhäuser bei hoch spezialisierten Leistungen sowie Behandlungen seltener Erkrankungen (§ 116b SGB V)

Unter den Bedingungen des § 116b Abs. 2 SGB V sind Krankenhäuser zur ambulanten Behandlung der in § 116b Abs. 3 und 4 aufgezählten seltenen Erkrankungen und Erkrankungen mit besonderen Krankheitsverläufen wie auch zur Erbringung hochspezialisierter ambulanter Leistungen berechtigt. Durch das GKV-WSG wurde das ursprüngliche, nur sporadisch umgesetzte Vertragsmodell in ein Zulassungsmodell geändert.

(3) Ambulante Versorgung durch Krankenhäuser im Rahmen von Disease-Management-Programmen (DMP) (§ 137g SGB V)

Seit 2002 können Krankenkassen ihren Versicherten für bestimmte chronische Krankheiten im Zuge von Verträgen mit Krankenhäusern und den Kassenärztlichen Vereinigungen strukturierte Behandlungsprogramme anbieten. Krankenhäuser können dabei nicht nur als stationäre Leistungserbringer für die in das DMP eingeschriebenen Patienten fungieren, sondern ihr Leistungsspektrum in diesem Rahmen auch auf definierte ambulante Leistungen ausdehnen.

(4) Ambulante Versorgung durch Krankenhäuser bei Unterversorgung (§ 116a SGB V)

Stellt der Landesausschuss der Ärzte und Krankenkassen in einem Planungsbereich fest, dass die ambulante Versorgung durch die niedergelassenen Ärzte nicht mehr gewährleistet ist, also eine Unterversorgung besteht, können Krankenhäuser für das entsprechende Fachgebiet gemäß § 116a SGB V zur vertragsärztlichen Versorgung ermächtigt werden, d.h. ambulante Regelleistungen erbringen, um die Unterversorgung aufzufangen.

---

[106] Vgl. Orlowski/Wasem (2007), S. 109. Strukturmodelle im Rahmen befristeter Modellvorhaben nach § 63 Abs. 1 SGB V erlauben ebenfalls die Realisierung integrierter, d.h. sektorenübergreifender Versorgungsmodelle.

(5)   Ambulantes Operieren durch Krankenhäuser (§ 115b SGB V)

Mit dem Gesundheitsstrukturgesetz wurde der § 115b in das SGB V eingefügt, der Krankenhäuser zur Erbringung ambulanter Operationen berechtigt und damit zu Leistungen, die originär von spezialisierten niedergelassenen Ärzten erbracht werden.[107] In diesem Zusammenhang und in Kombination mit der Umstellung der Krankenhausvergütung auf Fallpauschalen haben Krankenhäuser zudem ein erhöhtes Interesse daran, vor- und nachstationäre Leistungen in den ambulanten Bereich auszulagern, was jedoch einzelvertraglich geregelt werden muss.[108]

(6)   Medizinische Versorgungszentren (§ 95 SGB V)

Medizinische Versorgungszentren (MVZ) sind fachübergreifende, ärztlich geleitete Einrichtungen, die an der vertragsärztlichen Versorgung teilnehmen.[109] Gegründet werden können MVZ nach § 95 Abs. 1 SGB V von allen Leistungserbringern, die aufgrund von Zulassung, Ermächtigung oder Vertrag an der medizinischen Versorgung der Versicherten teilnehmen – somit auch von Krankenhäusern. Durch die Gründung eines MVZs durch ein Krankenhaus diversifiziert dieses folglich in den Markt für ambulante Versorgung.

(7)   Flexibilisierung der Tätigkeit von Vertragsärzten (VÄndG)

Die strenge sektorale Trennung des deutschen Gesundheitssystems in einen stationären und einen ambulanten Bereich wird ferner durch die Regelungen des Vertragsarztrechtsänderungsgesetz (VÄndG), das am 1. Januar 2007 in Kraft getreten ist, weiter aufgebrochen.[110] Im Mittelpunkt des Gesetzes stehen Rege-lungen zur Flexibilisierung der Tätigkeit von Vertragsärzten. Ermöglicht wurde insbe-sondere die Anstellung von Vertragsärzten in Krankenhäusern. Weiterhin trifft das Gesetz Regelungen zur Anstellung von Vertragsärzten durch andere Vertragsärzte, zur Tätigkeit von Vertragsärzten an weiteren Orten (z.B. in Zweigpraxen), zur örtlichen und überörtlichen Bildung von Berufsausübungsgemeinschaften und Teilbe-rufsausübungsgemeinschaften sowie zur Teilzulassung von Ärzten.[111]

Neben der Einführung des DRG-Systems tragen somit die neuen, in die etablierten Strukturen des Gesundheitssystems eingreifenden gesetzlichen Regelungen erheb-lich zur Dynamisierung des Wettbewerbs bei – sowohl intrasektoral zwischen Krankenhäusern als auch intersektoral zwischen stationären und ambulanten

---

[107]   Vgl. Schmid (2007), S. 159.
[108]   Vgl. KBV (2007), S. 61.
[109]   Vgl. § 95 Abs. 1 SGB V.
[110]   Zum VÄndG vgl. ausgiebig Orlowski/Halbe/Karch (2007).
[111]   Zudem wird hier das MVZ-typische Kriterium der fachübergreifenden Tätigkeit näher definiert.

Leistungserbringern.[112] Dabei haben Krankenhäuser die Entscheidung über die Umsetzung der neuen Versorgungsformen und damit über die wettbewerbliche Positionierung gegenüber ihren ebenfalls leistungserbringenden Bezugsgruppen inklusive der niedergelassenen Ärzte grundsätzlich an ihrem Zielsystem auszurichten.

1.3 Ziele von Krankenhäusern

Aus betriebswirtschaftlicher Sicht wird bei Unternehmenszielen zwischen Sach- und Formalzielen unterschieden.[113] Bezogen auf Krankenhäuser kann als Sachziel die bedarfsgerechte Versorgung der Patienten genannt werden, als relevante Formalziele gelten vorwiegend die Gewinnerzielung oder die Kostendeckung.[114] Unterziele des Wirtschaftlichkeitsziels beziehen sich z.B. auf die Verweildauer der Patienten, die Bettenauslastung, die Optimierung des Personaleinsatzes sowie auf die Anzahl der Fälle in den lukrativen DRGs, jeweils heruntergebrochen auf Fachabteilungsebene.[115] Teilziele des Versorgungsziels bestehen etwa in der Breite und Tiefe des Leistungsspektrums, einer hohen Struktur-, Potenzial- und Ergebnisqualität sowie in der Patientenzufriedenheit. Maßgeblich für die konkrete Entwicklung der unternehmerischen Zielvorstellungen, die Prioritäten im Zielsystem eines Krankenhauses und damit auch für die Entscheidung zwischen Gewinnerzielungs- und Kostendeckungsziel ist dabei grundsätzlich der Krankenhausträger.[116]

Bei der Mehrzahl der Krankenhäuser liegt daher aufgrund ihrer bedarfswirtschaftlichen Orientierung eine Sachzieldominanz vor.[117] Dagegen zeichnen sich private Krankenhäuser durch eine Fokussierung auf erwerbswirtschaftliche Formalziele, konkret auf eine adäquate Verzinsung des Eigenkapitals aus. Im Zuge der Einführung des DRG-Vergütungssystems müssen jedoch auch öffentliche und freigemeinnützige Einrichtungen betriebliche Entscheidungen zwingend mit Blick auf die Erreichung der Formalziele, meist in Form des Ziels der Kostendeckung, treffen.[118]

---

[112] Braun von Reinersdorff spricht hierbei von einer interventionsinduzierten Wettbewerbsgenerierung (vgl. Braun von Reinersdorff (2007), S. 67). Um die Übersichtlichkeit und Stringenz der Ausführungen sowie die Nachvollziehbarkeit der Argumentation zu gewährleisten, erfolgt die Diskussion konkreter Konsequenzen, speziell hinsichtlich resultierender Beziehungskonstellationen zwischen Krankenhäusern und niedergelassenen Ärzten, erst nachdem auch die Situation niedergelassener Ärzte näher betrachtet wurde (vgl. Kapitel B.2). An dieser Stelle kann dann auch auf privatrechtliche Vereinbarungen Bezug genommen werden, die ebenfalls Auswirkungen auf die Beziehung zwischen Niedergelassenen und Krankenhäusern haben.

[113] Vgl. Kosiol (1961), S. 129 ff. Sachziele legen das Betätigungsfeld eines Unternehmens fest. Formalziele beziehen sich auf die Erfolgserwartungen der unternehmerischen Tätigkeit.

[114] Vgl. Eichhorn (2000), S. 60.

[115] Vgl. Lüngen/Lauterbach (2003), S. 125 ff.

[116] Vgl. Klemann (2007), S. 39; Strehlau-Schwoll (2007), S. 235.

[117] Vgl. Haubrock/Schär (2002), S. 110.

[118] Vgl. § 1 Abs. 1 Satz 2 KHG. Es ist evident, dass sich die Ziele der Wirtschaftlichkeit und der medizinischen Versorgung zumindest zum Teil gegenseitig bedingen: Nur bei Erwirtschaftung

Unterschiede zwischen den Trägern ergeben sich folglich nur noch hinsichtlich der spezifischen Rahmenbedingungen bei der Erreichung dieses Wirtschaftlichkeitszieles:[119] So können etwa öffentliche Krankenhäuser in einem gewissen Maß auf den Ausgleich von Defiziten durch die tragenden Gebietskörperschaften bauen, während kirchliche Träger hierfür bedingt auf Kirchensteuereinnahmen zugreifen können. Für private Krankenhausträger hingegen stellt die Erreichung einer angemessenen EBIT-Marge nicht nur die einzige Möglichkeit und damit die notwendige Bedingung der Bestandssicherung dar, sondern kann im Gegensatz zu den anderen Trägertypen als vorrangiger Unternehmenszweck gesehen werden. Die Erhaltung der (Re-) Investitionsfähigkeit und damit die Aufrechterhaltung einer angemessenen Potenzialqualität bzw. die Teilhabe am medizinischen Fortschritt setzt aber für alle Akteure die Erwirtschaftung ausreichender finanzieller Mittel voraus.[120]

Es bleibt festzuhalten, dass das Erreichen eines bestimmten, etwa branchenüblichen, wirtschaftlichen Ergebnisses mit Blick auf die Entwicklung des Unternehmens sowohl für gewinnzielorientierte als auch für bedarfswirtschaftliche Einrichtungen obligatorisch ist. Die speziellen Rahmenbedingungen, die daraus entstehen, dass Krankenhäuser einen Versorgungsauftrag, ein gedeckeltes Budget sowie eine inhaltliche und regionale Zuständigkeit haben, unterbinden unternehmerisches Handeln nicht, sondern stellen eher außerordentliche Anforderungen an das Krankenhausmanagement dar.[121] Die Generierung einer ausreichenden Fallzahl in den lukrativen DRGs jeder einzelnen Fachabteilung, eine hohe Auslastung und ein hoher Patientenmarktanteil bzw. instrumentell eine planvolle Positionierung gegenüber der Zielgruppe der niedergelassenen Ärzte zur Bestreitung des Wettbewerbs um Patienten können erlösseitig als Handlungsfelder bzw. Teilziele des Managements zur Erreichung des Wirtschaftlichkeitsziels gelten.[122] Somit ist auch ein einweisergerichtetes Marketing trägerunabhängig grundsätzlich dafür geeignet, zur Erzielung eines „guten" bzw. bestandssichernden wirtschaftlichen Ergebnisses als

---

ausreichend hoher Erlöse lässt sich medizinische Qualität auf hohem Niveau aufrechterhalten. Umgekehrt lässt sich auf Dauer eine hohe Fallzahl nur erreichen, wenn eine qualitativ hochwertige medizinische Versorgung angeboten wird.

[119] Vgl. Dierkes/Lingenfelder (2006), S. 541.
[120] Vgl. Dierkes/Lingenfelder (2006), S. 541. Zum dualen Finanzierungssystem deutscher Krankenhäuser und seiner Probleme vgl. Oellrich/Johne/Mühlhaus (2007).
[121] Vgl. Strehlau-Schwoll (2007), S. 235.
[122] Vgl. Kölking (2007), S. 40, 42 f.; Lüngen/Lauterbach (2003), S. 125 ff; Kapitel B.1.2.3.

zwingendes Oberziel aller Krankenhäuser beizutragen.[123] An diesem Beitrag müssen sich entsprechende Aktivitäten und Maßnahmen letztendlich messen lassen.

1.4 Fachabteilungen als Organisationseinheiten von Krankenhäusern

Krankenhäuser werden gewöhnlich verschiedenen Versorgungsstufen zugeordnet, abhängig davon, welche medizinischen Disziplinen durch das jeweilige Leistungsspektrum abgedeckt werden. Entsprechend unterscheidet man Krankenhäuser der Grund-, Regel-, Schwerpunkt- und Maximalversorgung, wobei Einrichtungen einer höheren Stufe stets die Leistungen der jeweils darunter liegenden Stufe umfassen.[124] Die Breite des Leistungsspektrums manifestiert sich dabei aufgrund der hohen Funktionsspezialisierung medizinischer Disziplinen üblicherweise in einer Aufbauorganisation in Form von Fachabteilungen oder Klinken, wie zum Beispiel der Chirurgie, Onkologie, Inneren Medizin oder Urologie (vgl. Abb. B-2).[125] Je nach Größe des Krankenhauses und Spezialisierung des jeweiligen medizinischen Faches können einzelne Fachabteilungen weiter untergliedert sein – die Innere Medizin etwa in die Fachabteilung für Kardiologie, Nephrologie und Pulmologie.[126] Die Anzahl der Fachabteilungen erlaubt folglich Aussagen über die Spezialisierung und Differenzierung des Leistungsspektrums eines Krankenhauses. Durchschnittlich verfügen deutsche Krankenhäuser über vier Fachabteilungen, wobei mehr als 15 Fachabteilungen Ausnahmen sind.[127] Geleitet werden diese in der Regel von einem Chefarzt, der die fachliche, personelle und organisatorische Verantwortung trägt.[128] Die einzelnen Fachabteilungen arbeiten entsprechend medizinisch selbstständig und verantworten ihre diagnostischen und therapeutischen Leistungen selbst – unter der Berücksichtigung der Vorgaben der Unternehmensführung.[129]

---

[123] Dieses erlösseitige Handlungsfeld muss selbstverständlich unter der Voraussetzung der Kostenwirtschaftlichkeit bzw. flankierend zur laufenden Optimierung der Kostenstrukturen bearbeitet werden (vgl. Kapitel B.1.2.2).

[124] Vgl. Saure (2004), S. 10.

[125] Zur Aufbauorganisation von Krankenhäusern vgl. exemplarisch Kölking (2007), S. 46 ff.; Kühnle (2000), S. 77 ff.; Trill (2000), S. 120 ff.

[126] Neben diesen bettenführenden Abteilungen, in denen eine fachbezogene Versorgung der Patienten auf Stationen erfolgt, existieren Fachabteilungen, wie beispielsweise die Radiologie und Anästhesie, die Querschnitts- bzw. Dienstleistungsfunktionen für andere Abteilungen erfüllen und daher in der Regel über keine „eigenen" Betten verfügen.

[127] Vgl. Statistisches Bundesamt (2008).

[128] Vgl. Klemann (2007), S. 42.

[129] Vgl. Klemann (2007), S. 42. Die Krankenhausleitung ist für die Ausführung des Leistungsgeschehens entsprechend des Zielsystems bzw. den Vorgaben des Trägers verantwortlich und besteht in der Regel aus einem kaufmännischen Leiter, einem ärztlichen Leiter und der Pflegedienstleitung. In vielen Bundesländern ist diese Form der Krankenhausführung gesetzlich vorgeschrieben (vgl. exemplarisch § 35 Abs. 1 KHG NRW). Die Vorgaben der Trägerorgane (abhängig von der Rechtsform in Gestalt von Ausschüssen, Beiräten oder Aufsichtsräten) für die Krankenhausleitung können je nach Fall sehr restriktiv sein und die Arbeit der Leitung stark einschränken (vgl. Middendorf (2005), S. 51 f.). Dem kaufmännischen Leiter obliegt üblicherweise die

Die Fachabteilungen eines Krankenhauses grenzen sich nicht nur stark über ihre medizinische Spezialisierung und damit fachlich und personell voneinander ab und sind entsprechend separate Entscheidungs- und Weisungssysteme,[130] sondern stellen zunehmend eigene Einheiten der Erfolgsplanung – zum Teil geführt als Profit Center[131] – dar.[132] Die damit einhergehenden Autonomiebestrebungen und das Ressortdenken innerhalb der Fachabteilungen münden zwangsläufig darin, dass diese nicht nur aus interner Sicht weitestgehend eigenständig handelnde Einheiten darstellen, sondern von ihren Mitarbeitern, insbesondere Ärzten, darüber hinaus nach außen einzeln repräsentiert werden.[133]

In Abb. B-2 ist neben der idealtypischen, nach Fachabteilungen differenzierten Aufbauorganisation, die nach wie vor den Regelfall deutscher Krankenhäusern darstellt, zusätzlich ein fachübergreifendes Zentrum berücksichtigt.[134] Der Hintergrund besteht darin, dass das DRG-System derart Transformationsdruck auf die etablierten Strukturen ausübt, dass Behandlungsprozesse zunehmend aufeinander abgestimmt, für den Patienten interdisziplinär organisiert und als definierte Behandlungspfade institutionalisiert werden.[135] Für DRGs, bei denen es medizinisch sinnvoll bzw. notwendig ist, kann daher eine zunehmende Institutionalisierung interdisziplinärer Zusammenarbeit erwartet werden. So arbeiten beispielsweise in Brustzentren die Fachabteilungen Gynäkologie, Onkologie, Radiologie, Pathologie, Strahlentherapie und Plastische Chirurgie in definierten Pfaden zusammen.[136] Das Aufbrechen von Abteilungsstrukturen gilt allerdings bei Weitem nicht für alle Indikationen und medizinischen Bereiche; denn die Nahtstellen zwischen beispielsweise der Urologie und der Mund-, Kiefer- und Gesichtschirurgie dürften sicher von eher geringer Bedeutung sein. Die fachliche Spezialisierung der medizinischen Disziplin wie auch die unabdingbare Notwendigkeit klarer Verantwortungs- und Entscheidungsstrukturen dürfte daher grundsätzlich für den Erhalt von Abteilungsstrukturen sprechen.

Bereitstellung der Ressourcen, die Koordination und Kontrolle der Leistungserbringung sowie die Organisation der internen Dienstleistungsfunktionen. Der ärztliche Leiter ist für den gesamten ärztlichen und pflegerischen Leistungsbereich, den medizinischen Dienst und die diagnostisch-therapeutischen Funktionen verantwortlich. Die oberste Instanz des Pflegedienstes wiederum hat Weisungsbefugnis gegenüber dem Pflegepersonal, erfüllt die Dienstaufsicht, die Personalbereitstellung, die Einsatzplanung sowie die Koordination der Fort- und Weiterbildung der Pflegekräfte (vgl. Klemann (2007), S. 41). Zu den Schwächen dieser historisch gewachsenen Organisationsstruktur sowie zu aktuellen Entwicklungen in der Krankenhausorganisation vgl. ausführlich Salfeld/Hehner/Wichels (2008), S. 33 ff.

[130] Vgl. Salfeld/Hehner/Wichels (2008), S. 34.
[131] Vgl. Salfeld/Hehner/Wichels (2008), S. 38.
[132] Vgl. Strehlau-Schwoll (2007), S. 235; Dierkes/Lingenfelder (2006), S. 549.
[133] Vgl. Otte/Röhßen (2009), S. 146; Haubrock/Schär (2002), S. 178; Gorschlüter (1998), S. 98 ff.
[134] Zur Zentrenbildung deutscher Krankenhäuser vgl. Klauber/Robra/Schellschmidt (2008).
[135] Vgl. Rathje (2007), S. 58 ff.; Mühlbauer (2004); Trill (2000), S. 133 ff.
[136] Vgl. Kölking (2007), S. 48.

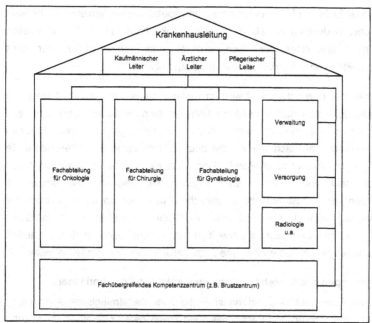

Abb. B-2: Klassische Organisation eines Krankenhauses mit drei bettenführenden Fachabteilungen und einem fachübergreifenden Zentrum

Entscheidend, da für die spezifischen Fragestellungen dieser Arbeit relevant, ist jedoch weniger das Ausmaß, in dem sich die bestehenden Abteilungsstrukturen im Zuge des neuen Vergütungssystems zugunsten übergreifender Behandlungsprozesse für einzelne Indikationen auflösen, als vielmehr die Beobachtung, dass weiterhin von einer Separierung von Krankenhäusern ausgegangen werden kann – sei es in Form spezialisierter Fachabteilungen oder sog. Centers of Excellence.[137] Im Gegenteil würde die Bedeutung der Erforschung von Entstehung und Wirkungen organisationaler Subreputationen von Krankenhäusern und deren Verhältnis zur generellen Unternehmensreputation eher zu- als abnehmen, wenn sich die von verschiedenen Branchenexperten prophezeite Entwicklung hin zu einerseits mehr Fachkliniken mit ausgewählten Schwerpunkten, andererseits zum Ausbau einzelner Fachabteilungen in Häusern der Maximalversorgung zum Zweck der Realisierung von Skalen- und Verbundeffekten bis hin zur Einrichtung von Kompetenzzentren tatsächlich eintritt.[138] Durch derartige Entwicklungen würde die Relevanz einer Fokussierung des Marketing- bzw. Reputationsmanagements auf einzelne Leistungseinheiten und -zentren zweifelsohne zunehmen, eben weil die marktliche Positio-

---

[137] Vgl. Salfeld/Hehner/Wichels (2008), S. 119 ff.; Kapitel B.1.4.
[138] Vgl. Salfeld/Hehner/Wichels (2008), S. 135 ff.

nierung dieser Einheiten für einen entsprechend spezialisierten Anbieter von höherer ökonomischer Bedeutung ist, als es für ein Krankenhaus mit „Wald und Wiesen Medizin" gilt – also eines, dass sich durch ein undifferenziertes, weniger tiefes Leistungsspektrum ohne Schwerpunktsetzung auszeichnet.[139]

Aus Gründen der Übersichtlichkeit wird im weiteren Verlauf dieser Arbeit stets von „Fachabteilungen" als einzelne Leistungseinheiten eines Krankenhauses die Rede sein. Die klassische Aufbauorganisation nach Fachabteilungen ist in der deutschen Krankenhauslandschaft nach wie vor die deutlich dominierende. Insbesondere die Ausführungen zur theoretischen Begründung, dass einzelne Leistungseinheiten aus Sicht niedergelassener Ärzte Träger eigener Reputationen sind sowie die Ausführungen zum Zusammenhang zwischen den Subreputationen und der Krankenhausreputation können indessen im Grundsatz gleichfalls für fachübergreifende Zentren wie auch anderweitige, institutionalisierte und von außen wahrnehmbare bzw. für niedergelassene Ärzte saliente Leistungseinheiten gelten.

1.5 Zielgruppen des Stakeholdermanagements von Krankenhäusern

Bei Entscheidungen der Unternehmensführung über die strategische Ausrichtung von Gesamtunternehmen und Fachabteilungen sowie deren operativer Umsetzung ist jeweils zu berücksichtigen, wie die Strategien und Maßnahmen von relevanten Stakeholdern beurteilt werden, wie sie die Zielsysteme und Werte der Anspruchsgruppen beeinflussen und welche Reaktionen zu erwarten sind.[140] Nur so ist die Erreichung der gesetzten Unternehmens- bzw. Fachabteilungsziele überhaupt erst möglich; denn für die formulierte Zielfunktion ergeben sich aus den Interessen der Anspruchsgruppen zwingend zu berücksichtigende Nebenbedingungen.[141] Im Hinblick auf niedergelassene Ärzte ist hier z.B. auf eine einweiserfreundliche Rücküberweisungspolitik zu denken: Zwar führt beispielsweise das Angebot von weitgehenden nachstationären ambulanten Behandlungen durch ein Krankenhaus kurzfristig zu Mehrerlösen und ist somit für das Gewinnerzielungsziel zweckmäßig, mittelfristig könnte dies jedoch dazu führen, dass dieses Krankenhaus bei entsprechenden Indikationen von den Niedergelassenen nicht mehr als Einweisungsalternative berücksichtigt wird.

---

[139] *Salfeld/Hehner/Wichels* gehen davon aus, dass es kleine bis mittelgroße Krankenhäuser ohne Schwerpunktsetzung, die nicht zur Akutversorgung in der Fläche beitragen, zukünftig schwer haben werden, sich im Markt zu behaupten (vgl. Salfeld/Hehner/Wichels (2008), S. 135).

[140] Vgl. Dierkes/Lingenfelder (2006), S. 544; Hügens/Zelewski (2006), S. 368 ff. Als Stakeholder (synonym Anspruchsgruppen oder Bezugsgruppen) werden nach *Freeman* sämtliche Individuen oder Gruppen von Individuen bezeichnet, die in der Lage sind, die Leistung einer Organisation zu beeinflussen oder die selbst von dieser Leistung beeinflusst werden (vgl. Freeman (1984), S. 46).

[141] Vgl. Dierkes/Lingenfelder (2006), S. 544.

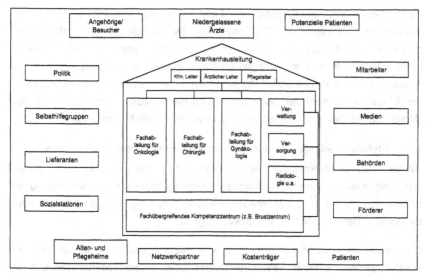

Abb. B-3: Denkbare Stakeholder eines Krankenhauses

Weitere relevante Stakeholder von Krankenhäusern können Abb. B-3 entnommen werden. Es wird deutlich, dass sich das Krankenhausmanagement mit sehr unterschiedlichen Interessen konfrontiert sieht, die es vor dem Hintergrund ihrer Bedeutung für die Zielerreichung zu priorisieren und entsprechend in der Zielplanung zu berücksichtigen gilt. Die hohe Relevanz der niedergelassenen Ärzte für die Erlössituation zum einen sowie die bedarfsgerechte Gestaltung (neuer) Angebots-strukturen zum anderen wurde in den vorangegangen Kapiteln bereits angerissen und soll im Folgenden weitergehend begründet werden.[142]

2 Niedergelassene Ärzte als Gatekeeper für Krankenhäuser

Das entscheidende Kriterium für die Höhe der Bedeutung einer Anspruchsgruppe besteht aus der Perspektive eines Krankenhauses u.a. darin, inwieweit diese in der Lage ist, Einfluss auf die Leistung der unternehmerischen Tätigkeit des Kranken-hauses zu nehmen.[143] Die folgenden Ausführungen werden zeigen, dass es sich bei niedergelassenen Ärzten gemäß diesem Kriterium um eine äußerst bedeutende und damit in den unternehmerischen Entscheidungen eines Krankenhauses zwingend zu berücksichtigende Zielgruppe handelt. Zwar können niedergelassene Ärzte aus Krankenhaussicht nicht als klassische Kunden im Sinne direkter Abnehmer der eigenen Leistungen bezeichnet werden – das Verhältnis ist vielmehr sowohl

---

[142] Zur Rolle der weiteren Anspruchsgruppen eines Krankenhauses vgl. exemplarisch Mayer (2005), S. 89 ff.; Storcks (2003), S. 27 ff.

[143] Vgl. Freeman (1984), S. 46.

beschaffungsseitig, im Prozess der Leistungserstellung selbst wie auch im Wettbewerb verankert.[144] Die Ergründung spezifischer Stakeholderbedürfnisse und deren Berücksichtigung und Einbeziehung bei der Gestaltung des Angebotsspektrums von Unternehmen fällt jedoch typischerweise in das Kompetenzfeld des Marketings, welchem die Schaffung marktbezogener informatorischer Grundlagen, die Ausgestaltung konkreter Maßnahmen und die adäquate Berücksichtigung des „Market Based View" im Rahmen der strategischen Unternehmensführung obliegt.[145]

2.1 Stellung niedergelassener Ärzte im deutschen Gesundheitssystem

Ein wesentliches Merkmal der Leistungserbringung in der deutschen Gesundheitswirtschaft besteht in der institutionellen Trennung zwischen der Versorgung im ambulanten Sektor und der soeben dargestellten, originär auf die stationäre Behandlung beschränkte Krankenhausversorgung.

Die ambulante Gesundheitsversorgung liegt dabei überwiegend in den Händen privater, gewinnorientierter Leistungserbringer, unter denen niedergelassene Ärzte die größte Gruppe bilden. Zum 31.12.2007 arbeiteten 137.538 Ärzte und damit 43,7% in der ambulanten Versorgung. Hiervon behandelten 118.858 nicht ausschließlich Privatpatienten und nahmen damit an der GKV-Versorgung teil.[146] Die überwiegende Mehrheit der niedergelassenen Ärzte ist in wirtschaftlich eigenständigen Einzelpraxen tätig, während 46.831 Ärzte (39,4%) in Gemeinschaftspraxen, welche gegenüber der Kassenärztlichen Vereinigung als eine Abrechnungseinheit auftreten, arbeiten.[147] 10.400 oder 7,6% der ambulant tätigen Ärzte standen zum Stichtag in einem Angestelltenverhältnis, 27,4% (2.850) hiervon in einem MVZ.[148] Nach Krankenhäusern stellen die niedergelassenen Vertragsärzte mit einem Anteil von 15,0% an den GKV-Ausgaben den größten Kostenblock unter den Leistungserbringern im Gesundheitswesen dar.[149]

2.1.1 Struktur und Vergütung niedergelassener Ärzte

Die vertragsärztliche Versorgung gliedert sich nach § 73 Abs. 1 SGB V in die hausärztliche und die fachärztliche Versorgung.[150] Erstere umfasst hauptsächlich

---

[144] Vgl. Kapitel B.2.2.
[145] Vgl. exemplarisch Mayer (2005), S. 91 ff.; Srivastava/Fahey/Christensen (2001); Kapitel B.4.
[146] Vgl. KBV (2009), S. 9.
[147] Vgl. KBV (2009), S. 31.
[148] Vgl. KBV (2009), S. 31.
[149] Vgl. KBV (2009), S. 68. Für weitere Daten zur niedergelassenen Ärzteschaft, ihrer Rolle und Bedeutung im deutschen Gesundheitssystem vgl. weiterführend KBV (2009); Nagel (2007).
[150] Vertragsärzte sind solche niedergelassenen Ärzte, die an der Versorgung der Versicherten der GKV teilnehmen und entsprechend hierfür zugelassen sind.

- die allgemeine und fortgesetzte ärztliche Betreuung eines Patienten in Diagnostik und Therapie bei Kenntnis seines häuslichen und familiären Umfeldes,

- die Koordination diagnostischer, therapeutischer und pflegerischer Maßnahmen,

- die Dokumentation, insbesondere Zusammenführung, Bewertung und Aufbewahrung der wesentlichen Behandlungsdaten, Befunde und Berichte aus der ambulanten und stationären Versorgung sowie

- die Einleitung oder Durchführung präventiver und rehabilitativer Maßnahmen und die Integration nichtärztlicher Hilfen und flankierender Dienste in die Behandlungsmaßnahmen

und wird vorwiegend von Allgemeinärzten, Kinderärzten und Internisten ohne Schwerpunktbezeichnung, die die Teilnahme an der hausärztlichen Versorgung gewählt haben, durchgeführt.[151] Den hausärztlich tätigen Ärzten kommt folglich eine wichtige Koordinierungs- und Steuerungsfunktion bei den zu veranlassenden Leistungen und Verordnungen zu.[152] Diejenigen niedergelassenen Ärzte, die nicht zu den Hausärzten zählen, nehmen hingegen an der fachärztlichen Versorgung teil. Diese umfasst nahezu alle medizinischen Fachgebiete.[153] Ärzte der fachärztlichen Versorgung haben als Spezialisten gegenüber Hausärzten dabei ein weniger breites, aber deutlich tiefer gehendes Leistungsspektrum.

Neben der fachlichen Schwerpunktsetzung und der Koordinationsrolle besteht ein weiterer Unterschied zwischen Haus- und Fachärzten darin, dass diese aus getrennten Budgets und nach weitgehend unterschiedlichen Leistungsprofilen vergütet werden:[154] Nachdem die Krankenkassen eine Gesamtvergütung (meist als Kopfpauschale pro versichertem Mitglied) an die Kassenärztlichen Vereinigungen (KV) gezahlt haben, wird diese von den KVen unter ihren Mitgliedern getrennt nach Haus- und Fachärzten (hierunter wiederum nach Facharztgruppen laut § 73 SGB V) entsprechend dem sog. Einheitlichen Bewertungsmaßstab (EBM) Quartal für Quartal verteilt und anteilig monatlich ausgezahlt.[155] So rechnen Hausärzte für jeden ersten

---

[151] Vgl. § 73 Abs. 1 SGB V. 49,1% der Vertragsärzte sind hausärztlich tätig (vgl. KBV (2009), S. 17).
[152] Vgl. Specke (2005), S. 27, sowie § 73b SGB V zur Hausarztzentrierten Versorgung.
[153] Vgl. KBV (2009), S. 17; Busse/Riesberg (2005), S. 113.
[154] Vgl. § 85 Abs. 4 SGB V.
[155] Vgl. § 85 Abs. 1 SGB V; Busse/Riesberg (2005), S. 209 f. Der EBM ist ein Verzeichnis, nach dem ambulante Leistungen in der gesetzlichen Krankenversicherung abgerechnet werden. Gemäß § 87 Abs. 2 Satz 1 SGB V bestimmt der EBM den Inhalt der abrechnungsfähigen Leistungen und stellt ihr wertmäßiges, in Punkten ausgedrücktes Verhältnis zueinander dar. Seit dem 01.01.2009 gilt der sog. Euro-EBM (EBM 2009). Die entscheidenden Unterschiede zum bis dahin gültigen EBM 2008 bestehen darin, dass erstens ex ante und nicht erst nach Ablauf eines Quartals festgelegt wird, wie viel ein Abrechnungspunkt wert ist, und zweitens, dass das Morbiditätsrisiko auf die Krankenkassen verlagert wird, indem morbiditätsbedingte Mehrleistungen der Ärzte

persönlichen Patientenkontakt einmal pro Behandlungsfall eine Versichertenpauschale ab, deren Punktwert und damit Vergütung sich nach dem Alter des
jeweiligen Patienten richtet und mit der eine Reihe fakultativer Leistungen abgedeckt
sind.[156] Darüber hinaus gibt es Einzelleistungen und weitere Leistungskomplexe, die
zusätzlich zu der Versichertenpauschale ebenfalls als definierte Punktwerte fakturiert
werden können.[157] Fachärzte berechnen ebenso altersabhängige fachgebiets-
spezifische Grundpauschalen sowie darüber hinaus Zusatzpauschalen für ihre
Leistungen.[158] Insbesondere ist die Wiedervorstellung eines Patienten in der Arztpraxis im Anschluss an eine stationäre Behandlung mit der bei Erstvorstellung
angefallenen Versicherten- bzw. Grundpauschale abgedeckt. Am Ende jedes
Quartals berichten die Vertragsärzte der KV die von ihnen erbrachten (Punkt-)
Leistungen, die schließlich den fachspezifischen Verteilungsschlüssel für die
Gesamtvergütung bilden. Der monetäre Wert eines Punktes für das Folgejahr wird
dabei unter Berücksichtigung der vorhersehbaren morbiditätsbedingten Leistungsentwicklung vom Bewertungsausschuss jährlich für alle Arztgruppen einheitlich
festgelegt.[159]

Vor dem Hintergrund, dass Gesundheitsdienstleistungen zumindest zum Teil
angebotsinduziert sind, sieht § 87b SGB V zum Zweck der „Verhinderung einer
übermäßigen Ausdehnung der Tätigkeit des Arztes" arzt- und praxisbezogene
Regelleistungsvolumina vor. Werden diese für die von der Regelung betroffenen
Leistungen überschritten, können nur noch abgestaffelte Preise abgerechnet werden.
Daneben gibt es jedoch auch Leistungen, die einzeln und außerhalb der Regel-
leistungsvolumina vergütet werden, so z.B. Sonographien, Rektoskopien und
Langzeit-EKGs. Des Weiteren sind Leistungen definiert, die zwar nicht unter das
Leistungsvolumen fallen, aber aus der gedeckelten Gesamtvergütung gezahlt
werden.

Neben der Teilnahme an der GKV-Versorgung besteht eine weitere Erlösquelle
niedergelassener Ärzte in der Behandlung von privat versicherten Personen und
Selbstzahlern. Entsprechende Leistungen werden nach Maßgabe der Gebühren-
ordnung für Ärzte (GOÄ) abgerechnet.[160] Zwar sind niedergelassene Ärzte demnach

---

zusätzlich vergütet werden. Der Punktwert für das Jahr 2009 beträgt für alle Leistungen 3,5001
Cent, wobei einzelne Leistungen mittels eines Anhebefaktors höher vergütet werden können.
Zudem sieht der Euro-EBM gegenüber der Vorgängerversion eine weitere Ausweitung von
Pauschalen vor.

[156] Vgl. Kapitel 3.2.1 des EBM 2009.
[157] Vgl. Kapitel 4.2.3 des EBM 2009.
[158] Vgl. Abschnitt III. b des EBM 2009. Für eine Übersicht über die 20 umsatzstärksten Leistungen in
der Vergütung vertragsärztlicher Leistungen vgl. Busse/Riesberg (2005), S. 211.
[159] Zur Zusammensetzung des Bewertungsausschusses vgl. § 87 Abs. 3 SGB V.
[160] Zur GOÄ vgl. Simon (2008), S. 217 ff.; Nagel (2007), S. 126 f.; Specke (2005), S. 29.

auch außerhalb des GKV-Bereichs bei der Preisgestaltung für ihre Leistungen nicht frei, ein gewisser Spielraum ergibt sich jedoch dadurch, dass je nach Aufwendigkeit einer Leistung zwischen dem Einfachen und dem 3,5-Fachen des normalen Gebührensatzes in Rechnung gestellt werden kann. Die sog. individuellen Gesundheitsleistungen (IGeL), welche auf Anfrage auch für gesetzlich Versicherte in Ergänzung des GKV-Leistungskatalogs erbracht werden können, stellen eine Auswahl an Leistungen aus der GOÄ dar.[161] Privatpatienten und Selbstzahler, die ca. 10% der Patienten ausmachen, tragen im Durchschnitt zu 20% und damit stark überproportional zum Praxisumsatz bei, 5% werden durch IGeL generiert. Dem stehen 65% des Praxisumsatzes durch GKV-Versicherte gegenüber.[162]

Weitere Möglichkeiten für niedergelassene Ärzte, Umsätze außerhalb des gedeckelten Budgets der GKV zu generieren,[163] bestehen ferner in

- der Teilnahme an Konzepten der IV,

- der Teilnahme an DMP,

- der Teilnahme an Konzepten der Hausarztzentrierten Versorgung,

- belegärztlichen Tätigkeiten,

- konsiliarärztlichen Tätigkeiten,

- der Übernahme vor- und nachstationärer Leistungen,

- der Durchführung ambulanter Operationen und/oder der Substitution anderer originär stationärer Leistungen insbesondere im Wege der Bildung von Berufsausübungsgemeinschaften, Ärztenetzen oder MVZ mit entsprechend erweitertem Leistungsspektrum sowie

- in der Teilanstellung in einem Krankenhaus oder bei anderen ambulanten Leistungserbringern.

2.1.2 Prozess der Patienteneinweisung durch niedergelassene Ärzte

Zum besseren Verständnis der aus Krankenhausperspektive originären Rolle niedergelassener Ärzte als Einweiser im Rahmen der intersektoralen Patientenversorgung sowie zur prozessualen Einordnung der Einweisungsentscheidung und Krankenhauswahl der Niedergelassenen, die in Kapitel C.5.4 einen wesentlichen Bezugspunkt der theoriegeleiteten Modellentwicklung darstellen, soll nun kurz der

---

[161] Vgl. Busse/Riesberg (2005), S. 217.
[162] Vgl. Obermann et al. 2007. Die verbleibenden Anteile entfallen auf gutachterliche Tätigkeiten (3%) und sonstige Leistungen (7%) (vgl. ebd.).
[163] Vgl. auch Kapitel B.2.2.

idealtypische Prozess einer Patienteneinweisung durch einen niedergelassenen Arzt beschrieben werden.

Kommt ein Patient in die Praxis seines Hausarztes, dessen Beschwerden er laut seines Leistungsspektrums nicht behandeln kann oder darf, steht der Hausarzt zunächst vor zwei Alternativen: Zum einen kann er seinen Patienten zur ambulanten (Weiter-) Behandlung an einen den Beschwerden entsprechenden Facharzt überweisen oder er weist den Patienten direkt zur stationären Behandlung in ein Krankenhaus ein.[164] Entscheidet sich der Hausarzt für Ersteres, stellt er seinem Patienten ein Überweisungsformular aus.[165] Sofern sich der Patient nicht zur Hausarztzentrierten Versorgung eingeschrieben hat, kann er den Facharzt frei wählen. Kann auch dieser die Beschwerden des Patienten nicht ambulant behandeln, weist er ihn zur stationären Behandlung in ein Krankenhaus ein. Dazu stellt der Facharzt einen Einweisungsschein aus, auf dem er die (Verdachts-) Diagnose seiner Untersuchung vermerkt.[166] U.U., d.h. nicht zwingend, kündigt der Facharzt seinen Patienten vorab bei dem ausgewählten Krankenhaus, etwa telefonisch, an. Mit dem Einweisungsschein und, wiederum nicht zwingend, mit weiteren vom Arzt mitgegebenen Patientenunterlagen (z.B. Laborwerte, Röntgenbilder o.Ä.) sucht der Patient daraufhin ein Krankenhaus auf, wird aufgenommen und nach seiner stationären Behandlung wieder entlassen.[167] Der behandelnde Krankenhausarzt erstellt im Idealfall am Tag der Entlassung des Patienten einen Arztbrief mit im Normalfall folgenden Inhalten: Verdachtsdiagnose des einweisenden Arztes, Anamnese, klinischer Befund, Diagnose, Therapie sowie eine Therapieempfehlung für den weiterbehandelnden niedergelassenen Arzt. Dieser Arztbrief wird dem Patienten in zweifacher Ausführung mitgegeben – für den Hausarzt und nachrichtlich auch für den einweisenden Facharzt, so dass der Hausarzt seinen Patienten ambulant weiterbehandeln kann. Dabei ist sowohl die vorab erfolgte Einweisung bzw. Überweisung durch den Hausarzt wie auch die Wiedervorstellung des Patienten im Anschluss an den stationären Aufenthalt mit der Versichertenpauschale, die der Hausarzt bei Erstkontakt mit seinem Patienten abrechnen konnte, abgegolten.

Zwar ist die Überleitung zurück zum Hausarzt im Anschluss an eine stationäre Behandlung die Regel, darüber hinaus können seitens des Krankenhauses entsprechend dem Gesundheitszustand des Patienten aber auch Überleitungen zu

---

[164] Im Fall einer direkten Einweisung durch den Hausarzt erfolgt der im Folgenden beschriebene Ablauf analog, jedoch ohne Zwischenschaltung eines Facharztes.
[165] Vgl. § 24 BMV.
[166] Ein konkretes Krankenhaus wird auf dem Einweisungsschein nicht vermerkt. Der Prozess der Entscheidungsfindung des niedergelassenen Arztes hinsichtlich der Krankenhausempfehlung wird in Kapitel C.5.4 beleuchtet.
[167] Für einen Blueprint eines Krankenhausaufenthaltes vgl. Anhang II.

Anbietern weitergehender nachstationärer Leistungen notwendig sein, wie beispielsweise zu Rehabilitationseinrichtungen, Physiotherapeuten, Anbietern häuslicher Pflege, Pflegeheimen, etc. Derartige Weiterbehandlungen werden üblicherweise vom Sozialdienst des Krankenhauses in Absprache mit dem behandelnden Krankenhausarzt in die Wege geleitet oder dem Hausarzt als Therapieempfehlung auf dem Arztbrief mitgeteilt. Auch in solchen Fällen wird also dem Patienten der Arztbrief für seinen Haus- und/oder Facharzt ausgehändigt bzw. diesen direkt zugeleitet.

2.2 Kooperations- und Wettbewerbskonstellationen zwischen Krankenhäusern und niedergelassenen Ärzten

Im vorangegangenen Kapitel wurde der idealtypische Prozess einer Patienten-einweisung durch einen niedergelassenen Arzt zur stationären Behandlung sowie die Patientenüberleitung zurück zum Hausarzt erläutert. Diese Ausführungen fokus-sierten ausschließlich auf die originären Rollen der Beteiligten als nur ambulant tätige Leistungserbringer bzw. als einzig stationär behandelnde Anbieter, die also insoweit unabhängig voneinander agieren. Mit dieser Konstellation ist zwar im Wesentlichen das Verhältnis dieser beiden Gruppen von Leistungserbringern zueinander beschrieben, jedoch können Krankenhäuser mit einzelnen ärztlichen Praxen oder Praxisnetzen vertragliche Vereinbarungen abschließen, die eine intensivere Zusammenarbeit wie auch eine effizientere Nutzung der zur Verfügung stehenden Ressourcen zum Gegenstand haben und folglich über das originäre, hinsichtlich des Leistungsspektrums klar getrennte Verhältnis hinausgehen. Als konkrete Beispiele seien folgende genannt:[168]

- Apparategemeinschaften: Apparategemeinschaften sind Organisationsgemein-schaften mit nur geringer Bindung der Mitglieder. Hier steht die Kooperation zur gemeinsamen Nutzung von Ressourcen im Vordergrund, hauptsächlicher Zweck ist die Kostenreduktion. Der Modus der Kostenverrechnung wird in der Regel vertraglich geregelt. Im Fall von sektorenübergreifenden Apparatege-meinschaften eines Krankenhauses und niedergelassenen Ärzten müssen diese für die Inanspruchnahme von Geräten, Räumen und/oder Personal des Krankenhauses entsprechend ein Entgelt entrichten.

- Konsiliarärztliche Tätigkeiten: Vor allem Krankenhäuser mit geringer Versor-gungsstufe sind zuweilen auf Zweitmeinungen zur Überprüfung von Diagnostik

---

[168] Vgl. KBV (2007), S. 51 ff. Eine dezidierte Erläuterung dieser Kooperationsformen ist für das weitere Verständnis dieser Arbeit zweckmäßig, da die Rolle niedergelassener Ärzte als potenzielle Kooperationspartner eine zweite wesentliche Funktion dieser Bezugsgruppe aus Krankenhaussicht darstellt und sich diese Funktion explizit im Rahmen der Herleitung der beiden Forschungsmodelle dieser Arbeit wiederfinden wird (vgl. Kapitel C.5.5; Kapitel F.2.1).

und Therapie oder auf die Mitbehandlung von Patienten durch niedergelassene Ärzte angewiesen. Entsprechende Kooperationen sind aus Krankenhausperspektive folglich rein fachlich begründet. Geregelt werden diese meist durch einen Dienstvertrag, wobei der Konsiliararzt weder in einem Angestellten- noch in einem arbeitnehmerähnlichen Verhältnis zu dem Krankenhaus steht.

- Übernahme vor- und nachstationärer Leistungen durch den Vertragsarzt: Seit der Einführung der Regelungen für das ambulante Operieren und der Umstellung der Krankenhausvergütung auf das DRG-System haben Krankenhäuser ein starkes wirtschaftliches Interesse, vor- und nachstationäre Leistungen, also solche, die eigentlich in ihrem Verantwortungsbereich liegen, in den ambulanten Bereich zu verlagern, um so Liegezeiten zu verringern und Wiedereinweisungen zu vermeiden. Einzelvertragliche Regelungen mit niedergelassenen Ärzten erlauben es nun, indikationsspezifische vor- und nachstationäre Leistungen von niedergelassenen Ärzten erbringen zu lassen, wofür diese in der Regel durch eine diagnoseabhängige Pauschale je Behandlungsfall vom Krankenhaus vergütet werden.

- Praxis/Ärztehaus am Krankenhaus: Hierunter ist die Ansiedelung einer Arztpraxis in unmittelbarer Nähe zu einem Krankenhaus in dessen Räumen zu verstehen, wobei ein Mietverhältnis zwischen dem Krankenhaus und dem jeweiligen niedergelassenen Arzt begründet wird. Der Zweck liegt zunächst lediglich darin, dass Patienten kurze und ihnen bekannte Wege zu dem Krankenhaus haben. Faktisch erreicht ein Krankenhaus durch eine solche Kooperation jedoch eine starke Bindung des Arztes und damit eine Absicherung des Patientenstromes. Häufig geht diese Zusammenarbeit mit der Nutzung von Krankenhausressourcen durch den Niedergelassenen im Sinne einer Apparategemeinschaft sowie mitunter mit einer gemeinsamen Beschaffung einher.

- Anlaufpraxis am Krankenhaus: Mit dem Begriff ist üblicherweise eine von mehreren Ärzten oder einem Ärztenetz organisierte Notfallpraxis gemeint, in der außerhalb der üblichen Sprechstunden Patienten erstversorgt werden. Durchgesetzt hat sich die ambulante Anlaufpraxis am Standort von Krankenhäusern, so dass die Krankenhausnotfallambulanz durch die Anlaufpraxis von leichten Notfällen entlastet wird. Ambulante Notfallpraxen können ferner auf bestimmte medizinische Fachbereiche beschränkt werden, was den „Filternutzen" für das Krankenhaus weiter erhöhen kann. Das Krankenhaus schließt mit der Anlaufpraxis einen Mietvertrag und einen Nutzungsvertrag, der die Kostenverteilung und den Personaleinsatz regelt. Häufig übernimmt das Krankenhaus auch die Erstinvestitionen für die Anlaufpraxis.

▪ Belegarzttätigkeit: Krankenhäuser können niedergelassenen Ärzten eine bestimmte Anzahl an Betten zur Verfügung stellen, so dass diese – nach erfolgter Zulassung der belegärztlichen Tätigkeit durch die zuständige KV – stationäre Behandlungen anbieten können. Das Krankenhaus schließt dafür mit dem weiterhin freiberuflich tätigen Arzt einen Belegarztvertrag ab, wodurch es dem Krankenhaus möglich wird, belegärztliche DRGs für die Unterkunft, Pflege und Verpflegung der Belegpatienten mit den Kostenträgern abzurechnen.

Neben derartigen Kooperationsformen, die bereits ohne die gesetzlichen Impulse der jüngsten Vergangenheit realisiert wurden, bedingen die in Kapitel B.1.2.4 erläuterten rechtlichen Neuregelungen weitere Änderungen für die Stellung der Akteure zueinander. Wie bereits ausgeführt, bestehen die Wirkungen dieser Novellierungen in einer fortschreitenden Überwindung der Sektorisierung des medizinischen Leistungsangebotes und in einer interventionsinduzierten Wettbewerbsgenerierung zwischen den Sektoren.[169] Im Ergebnis haben die von der Praxis selbst hervorgebrachten Kooperationsformen in Kombination mit den vom Gesetzgeber angestoßenen Regelungen zur Folge,[170] dass niedergelassene Ärzte nicht mehr nur

1. informelle Mittler bzw. Einweiser von Patienten und damit Zielgruppe eines Push-Marketings in ihrer originären Rolle als Zuweiser sind,

sondern auch

2. Vertragspartner im Rahmen von Regelungen zur wirtschaftlicheren Nutzung vorhandener Ressourcen (z.B. Apparate- und Einkaufsgemeinschaften),

3. Partner zur kooperativen medizinischen Leistungserstellung (z.B. Konsiliararzttätigkeiten),

4. Vertragspartner bei belegärztlicher Tätigkeit des niedergelassenen Arztes,

5. Partner im Rahmen der Integrierten Versorgung zur Erzielung extrabudgetärer Erlöse,

6. Vertragspartner, ebenfalls im Rahmen der Integrierten Versorgung, aber zur Sicherung und Erweiterung des Patientenstroms als Sekundärziel,[171]

---

[169] Vgl. Kapitel B.1.2.4.
[170] Für eine detaillierte Diskussion ausgewählter Wettbewerbskonstellationen sowie ihrer gesetzlichen Grundlagen vgl. Defren/Dünnwald (2007); Schmid (2007); Kuhlmann (2004).
[171] Dies dürfte insbesondere in solchen Fällen gelten, in denen sich die betroffenen niedergelassenen Ärzte zu einem Praxisnetz zusammengeschlossen haben (vgl. exemplarisch Kronhardt (2004)). Gelänge es beispielsweise einem Krankenhaus, einen integrierten Versorgungsvertrag unter Beteiligung eines Ärztenetzes abzuschließen, das bzw. dessen Mitglieder bisher nur wenige Patienten zuweist bzw. zuweisen, könnte dies neben der extrabudgetären Erlöserzielung eine Fallzahlsteigerung auch außerhalb des Versorgungsvertrages für das Krankenhaus bedeuten.

7. Kooperationspartner bei strukturierten Behandlungsprogrammen,

8. Vertragspartner bei der Übernahme vor- und nachstationärer Leistungen durch die Niedergelassenen,

9. Kooperationspartner durch den Betrieb einer ambulanten Anlaufpraxis am Krankenhaus durch niedergelassene Ärzte,

10. Partner im Rahmen eines Arbeitsrechtsverhältnisses in den Fällen, bei denen ambulant praktizierende Ärzte in einem von dem Krankenhaus getragenem MVZ angestellt sind,

11. Partner in den Fällen, bei denen die Vertragsparteien auf Grundlage des VÄndG ein Arbeitsrechtsverhältnis begründen und der Vertragsarzt in Teilzeit beim Krankenhaus angestellt ist

sowie

12. Konkurrenten in den Fällen, in denen ein Krankenhaus als Träger eines MVZs und damit als Akteur im ambulanten Sektor auftritt,

13. Konkurrenten, sofern ein Krankenhaus von der Möglichkeit Gebrauch macht, mit den Krankenkassen hoch spezialisierte Leistungen zu vereinbaren und regional niedergelassene Ärzte oder Ärztenetze diese Leistungen ebenfalls anbieten,

14. Konkurrenten, wenn Niedergelassene im regionalen Umfeld eines Universitätsklinikums praktizieren, das eine Hochschulambulanz betreibt,[172]

15. Konkurrenten in den Fällen, in denen ein Krankenhaus aufgrund regionaler Unterversorgung ambulante Regelleistungen erbringt,

16. Konkurrenten, sofern ein Krankenhaus über einen Vertrag über ambulante ärztliche Versorgung im Rahmen strukturierter Behandlungsprogramme (DMP) mit einem Kostenträger verfügt,

17. Konkurrenten, falls ein Krankenhaus von den Möglichkeiten der vor- und nachstationären Behandlung von Patienten Gebrauch macht und es sich um Leistungen handelt, die grundsätzlich auch von niedergelassenen Ärzten erbracht werden können,

18. Konkurrenten in den Fällen, in denen die Niedergelassenen Operationen ambulant durchführen, die in einem Krankenhaus ebenfalls ambulant oder auch (noch) stationär erfolgen,

---

[172] Vgl. § 117 SGB V.

19. Konkurrenten, wenn sich niedergelassene Ärzte in spezialisierten Berufsausübungsgemeinschaften, Ärztenetzen oder MVZ organisieren und durch ein
tieferes Leistungsspektrum einzelne stationäre Leistungen substituieren können.

Das Motiv von Krankenhäusern, trotz der immensen Bedeutung niedergelassener
Ärzte für die Fallzahlgenerierung bewusst Konkurrenzsituationen zu den Niederge-
lassenen zu schaffen,[173] besteht in dem in Kapitel B.1.2.2 erläuterten wirtschaftlichen
Druck zur Verringerung von Überkapazitäten und zur Erzielung zusätzlicher Erlöse.
Zum Beispiel erfolgt die Vergütung beim ambulanten Operieren außerhalb des
Krankenhausbudgets, werden die Leistungen und die Vergütung der Integrierten
Versorgung mit den Kostenträgern direkt verhandelt oder kommen die Erlöse aus
dem Betrieb eines MVZs aus dem Budget der KVen. Diesen Nutzenaspekten steht
die Gefahr von Reaktanzen etablierter Einweiser in Form von Einweisungs-
reduzierungen oder gar -boykotten und damit der Fallzahlverringerung gegenüber.

Es wird sichtbar, dass das Verhältnis von niedergelassenen Ärzten zu Krankenhäusern häufig nicht spannungsfrei ist, da abhängig vom angebotenen Leistungsspektrum sowohl des Krankenhauses als auch der Niedergelassenen mehr oder
weniger Leistungsüberschneidungen und damit Konkurrenz vorherrschen kann.[174]
Gleichzeitig besteht aber, wiederum nicht generell, sondern z.B. fachspezifisch, die
Möglichkeit gemeinsamer Leistungserstellung und damit gemeinsamer Erlöserzielung (vgl. Tab. B-1).[175] Dass sowohl die Konkurrenz- wie auch die Kooperations-
konstellation Einfluss auf das Verhalten des Niedergelassenen in seiner originären
Rolle als Patientenzuweiser hat, ist evident. Neben den beschriebenen Spannungen,
die primär strukturell, wirtschaftlich oder fachlich geprägte Hintergründe haben,
können ferner ausgeprägte persönliche Differenzen bestehen, die ebenfalls nicht zu
unterschätzende Auswirkungen auf das Verhältnis Krankenhaus – niedergelassener

---

[173] Vgl. Kapitel B.2.3.

[174] Es wird ersichtlich, dass ein niedergelassener Arzt gleichzeitig Konkurrent, Kooperationspartner
und Einweiser sein kann, abhängig von den jeweiligen Leistungskomplexen. Dem Phänomen der
Gleichzeitigkeit von Konkurrenz und Kooperation („Coopetition") widmen sich eingehend Sjurts
(1999); Brandenburger/Nalebuff (1995).

[175] Die Kooperationsrichtung lässt sich entgegen dem ersten Anschein und entgegen dem impliziten
Verständnis vieler Autoren, die sich mit Formen der Zusammenarbeit von Krankenhäusern und
niedergelassenen Ärzte befassen (vgl. exemplarisch Klemann (2007), S. 97; Nguyen/Oldenburg
(2006), S. 19), nicht als per se vertikal bezeichnen. Da einerseits niedergelassene Ärzte gesetzlich berechtigt sind, innerhalb gewisser Grenzen stationäre Regelleistungen zu erbringen (z.B.
gemäß § 121 SGB V) und Krankenhäuser andererseits auch ambulante Leistungen erbringen
dürfen (z.B. gemäß § 95 SGB V), die Akteure also mitunter im gleichen Markt tätig sind, hängt die
Feststellung der Kooperationsrichtung vom konkreten Kooperationsbereich und von den
konkreten bestehenden Tätigkeitsfeldern der Parteien des Einzelfalles ab (vgl. Tab. B-1). Neben
der Kooperationsrichtung bestehen weitere Systematisierungskriterien für Kooperation etwa in
der Kooperationsintensität, der Art der (vertraglichen) Bindung, der Partneranzahl, dem Aktivitäts-
grad der Beteiligten, den Zutritts- und Austrittsmöglichkeiten, der zeitlichen Dauer und der
Kooperationsmotive (vgl. ausführlich Klemann (2007), S. 92 ff).

Arzt haben können, zusammenfassend: (Markt/Geschäfts-) Beziehungen zwischen niedergelassenen Ärzten und Krankenhäusern weisen bisweilen eine hochgradige Vielschichtigkeit und Komplexität auf.

Wettbewerbs-konstellation	Beispiele für die konkrete Ausgestaltung					
keine Konkurrenz, keine Kooperation	Niedergelassener Arzt in seiner originären Rolle als Einweiser: Das Krankenhaus erbringt ausschließlich stationäre und der Niedergelassene keine stationsersetzenden Leistungen					
vertikale/laterale Kooperation (Zusammenarbeit unter Beibehaltung der Aufgabenver- teilung ambulant/ stationär)	Formen der Integrierten Versorgung (§ 140 SGB V)	Strukturierte Behandlungs- programme (§ 137f SGB V)	Struktur- und Modellvorhaben (§§ 63, 64, 65, 73 SGB V)	Praxis am Krankenhaus	Apparate- gemeinschaft, Investitions- verflechtung	Einkaufsge- meinschaft
horizontale Kooperation (ge- meinsame Erbrin- gung stationärer oder ambulanter Leistungen)	MVZ, getragen von einem Krankenhaus (§ 95 SGB V) (Perspektive: angestellter Arzt)	Belegärztliche Tätigkeit (Pers- pektive: Kran- kenhaus mit Belegbetten) (§ 121 SGB V)	Teilanstellung von Vertrags- ärzten in einem Krankenhaus (VÄndG)	Übernahme vor- und nach- stationärer Leistungen durch Vertrags- arzt	Anlaufpraxis am Krankhen- haus	Konsiliararzt- tätigkeit nieder- gelassener Ärzte
Konkurrenz um stationäre Leistungen	Ambulantes Operieren durch Nieder- gelassene bei Eingriffen die auch (noch) stationär erfol- gen (§ 115b SGB V)	Spezialisierte Berufsaus- übungsgemein- schaften, Ärzte- netze und arzt- geführte MVZ (§ 95 SGB V)	Von einem Ärztenetz ge- führtes Kran- kenhaus	Belegärztliche Tätigkeit (Perspektive: Krankenhaus ohne Beleg- betten) (§ 121 SGB V)		
Konkurrenz um ambulante Leistungen	MVZ, getragen von einem Krankenhaus (§ 95 SGB V) (Perspektive: nicht ange- stellte niederge- lassene Ärzte)	Erbringung hochspezia- lisierter ambu- lanter Leis- tungen und ambulantes Operieren durch Kranken- häuser (§§ 115b, 116b SGB V)	Erbringung ambulanter Regel- leistungen durch Kranken- häuser (§ 116a SGB V)	Ambulante Versorgung durch Kran- kenhäuser im Rahmen von DMP (§ 137f SGB V)	Vor- und nachstationäre Behandlung durch Kran- kenhäuser (§ 115a SGB V)	Betrieb einer Ambulanz durch ein Universitäts- klinikum

Tab. B-1: Ausgewählte Beispiele für Wettbewerbskonstellationen zwischen Krankenhäusern und niedergelassenen Ärzten

2.3 Bedeutung niedergelassener Ärzte für die Fallzahlgenerierung von Krankenhäusern vor dem Hintergrund des DRG-Systems

Die hohe Bedeutung einweisender niedergelassener Ärzte für die wirtschaftliche Situation von Krankenhäusern wurde vor dem Hintergrund des DRG-Vergütungs- systems, durch das nur noch die tatsächliche Fallzahl erlösrelevant ist, bereits in Kapitel B.1.2.3 angerissen. Die Ausführungen des vorherigen Abschnittes konnten überdies weitere Gründe für eine explizite, systematische Auseinandersetzung mit den Ansprüchen und Bedürfnissen dieser Zielgruppe liefern. Diese ergeben sich daraus, dass Niedergelassene potenzielle Partner bei der Realisierung extra- budgetärer Erlöse wie auch von Kosteneinsparungen sind. Aber auch im Fall (partieller) Leistungskonkurrenz ist Wissen über Verhaltensmuster der Niederge- lassenen und deren Einflussgrößen unabdingbar, um etwa Reaktanzen, die sich in Ablehnung und Verringerungen von Einweisungen manifestieren könnten, abfedern oder gar vermeiden zu können. Ohne die Bedeutsamkeit der beiden letztgenannten

Konstellationen und deren Berücksichtigung im Rahmen des Marketingmanagements eines Krankenhauses abschwächen zu wollen, soll im Folgenden die
Bedeutung niedergelassener Ärzte in ihrer originären Rolle als Einweiser und damit
unmittelbar für die Fallzahlgenerierung expliziert werden.

Verschiedene Studien zur Stärke des Einflusses niedergelassener Ärzte auf die
Krankenhauswahl der Patienten belegen, dass, ungeachtet der aufkommenden
Diskussionen zur Souveränität und Selbstbestimmung der Patienten,[176] niederge-
lassene Ärzte als wichtigste Gatekeeper für Krankenhäuser verstanden werden
müssen.[177] Die ermittelten Anteile der Patienten, die dem Rat des einweisenden
Arztes folgen, bewegen sich zwischen gut 40 und bis zu 80%.[178] Selbstauskünfte
niedergelassener Ärzte gehen in einigen Fällen noch über diese Werte hinaus. Die
Empfehlung des Arztes überwiegt dabei in der Regel sogar die persönliche Präferenz
des Patienten.[179] Führt man sich vor Augen, dass ein niedergelassener Arzt in seiner
Praxis durchschnittlich deutlich mehr als 4.000 Patienten pro Jahr behandelt,[180] wird
mit Blick auf die Fallzahlen eines Krankenhauses die Multiplikatorenwirkung, die von
einem einweisenden niedergelassenen Arzt ausgehen kann, ersichtlich. Von Eiff
stellt fest: *„Der einweisende Arzt ist für Krankenhäuser der Anker im Markt."*[181]

Ein aus dieser Erkenntnis resultierendes, auf niedergelassene Ärzte gerichtetes
Marketing folgt dem Verständnis einer Push-Strategie, nach der nicht am eigent-
lichen Kunden (Patienten) zur Herbeiführung eines Nachfragesoges angesetzt wird,
sondern am Mittler der eigenen Leistungen, um diesen unter Einsatz geeigneter
Maßnahmen dazu zu bewegen, die Wahl des Patienten zu Gunsten des fokalen
Krankenhauses zu beeinflussen.[182] Mit der Reputation des Krankenhauses und der

---

[176] Vgl. Braun von Reinersdorff (2007), S. 133; Dietz (2006); Bürger (2003).
[177] Vgl. Braun-Grüneberg/Wagner (2009), S. 213 ff.; Kapitel B.1.2.3.
[178] Vgl. Braun-Grüneberg/Wagner (2009), S. 215; Heiny (2007), und die dort genannten Studien.
[179] Vgl. Rittweger (2004), S. 7.
[180] Vgl. Kassenärztliche Bundesvereinigung (2008), S. 39; Kassenärztliche Vereinigung Schleswig
Holstein (2005), S. 5 f. Bei Hausärzten liegt der Durchschnitt bei ca. 4.300, bei Fachärzten bei ca.
4.900 Patienten pro Jahr (vgl. ebd.).
[181] Von Eiff, zitiert in: Heiny (2007), S. 207. Die hohe Bedeutung der Niedergelassenen für die
Fallzahlen von Krankenhäusern wird auch an Aussagen von Krankenhausmanagern mehr als
deutlich: *„Um das goldene Kalb Einweiser dreht sich bei uns mittlerweile alles."* (Rudi Schmidt,
Leiter Zentrale Dienste Marketing der Asklepios Kliniken, zitiert in: Heiny (2007), S. 207) *„In
Zukunft wird es noch deutlich mehr solcher enger Kooperationen* [mit niedergelassenen Ärzten]
geben." (Joachim Bovelet, Geschäftsführer der Vivantes Gruppe, zitiert in: Heiny (2007), S. 207).
[182] Vgl. Bruhn (1997), S. 255. Aus der Perspektive des Krankenhausmarketings muss diese
Situation, in der der Zugang zu den Patienten bzw. den Krankenhauskunden fast ausschließlich
über niedergelassene Ärzte möglich ist, eigentlich als unbefriedigend gelten: Ziel sollte es
langfristig sein, eine wirksame patientengerichtete Marketingkonzeption zu entwickeln und zu
implementieren, durch die in letzter Konsequenz das (Macht-)Verhältnis zwischen niedergelassenem Arzt und Krankenhaus umgekehrt wird: Patienten sollten ihren Arzt wechseln wollen,
wenn dieser ihnen nicht das gewünschte Krankenhaus empfiehlt. Zwar finden sich erste Ansätze
zur Erreichung diese Ziels (vgl. exemplarisch Storcks (2003)), die Studie von Dietz (2006) zeigt

Reputation seiner Fachabteilungen sollen in der vorliegenden Arbeit zwei potenziell bedeutsame Einflussgrößen dieses, auf ein konkretes Krankenhaus gerichteten Empfehlungs- und Entscheidungsverhaltens niedergelassener Ärzte untersucht werden. Wie im Kapitel B.1.3 zum Zielsystem von Krankenhäusern erläutert, zielen letztendlich alle derartigen, auf niedergelassene Ärzte gerichteten Marketingbemühungen darauf ab, den Umsatz des Krankenhauses zu sichern oder zu erhöhen. Unter Vernachlässigung von Selbsteinweisungen, Notfällen und außerbudgetärer Vergütungen ergibt sich dieser für einen zu definierenden Zeitraum (z.B. für ein Quartal oder Geschäftsjahr) aus folgender (vereinfachter)[183] Formel:

$$\left[Umsatz = \sum_{h=1}^{m} \sum_{i=1}^{n} \sum_{j=1}^{k} p_{hij} * Basisfallwert * Bewertungsrelation_{DRG_{p_{hij}}} \right]$$

Dabei bedeutet	m	Anzahl der Fachabteilungen
	n	Anzahl einweisender Ärzte
	k	Anzahl Einweisungen pro einweisenden Arzt
	p_{hij}	Patient j des Einweisers i in Fachabteilung h
	$DRG_{p_{hij}}$	DRG des Patienten j von Einweiser i in Fachabteilung h

Es werden drei Ansatzpunkte ersichtlich, wie über die Zielgruppe der niedergelassenen Ärzte eine Umsatz- bzw. eine Gewinnsteigerung als formales Hauptziel von Krankenhäusern generiert werden kann:[184] Als Erstes kann der Umsatz über eine Erhöhung der Anzahl einweisender Ärzte (n) gesteigert werden. Diese würde unmittelbar multiplikativ auf die Fallzahlen wirken. Eine weitere Möglichkeit ergibt sich über die Entwicklung bereits in das fokale Krankenhaus einweisender Ärzte, so dass das Krankenhaus einen höheren einweiserbezogenen Patientenmarktanteil auf sich vereint. Die dritte Alternative besteht in der Einflussnahme auf die Art der Fälle, die das Krankenhaus von seinen Einweisern zugeleitet bekommt (in der Formel über die Bewertungsrelation bzw. die Fachabteilung (m) abgebildet): Gelingt es einem Krankenhaus, Einweisungen insbesondere solcher Niedergelassener zu stimulieren, die entsprechend ihrer Fachrichtung oder Spezialisierung vorwiegend Patienten mit solchen Krankheitsbildern zuweisen, die in DRGs fallen, welche einen besonders hohen Deckungsbeitrag generieren, wirkt sich dieses positiv auf das Unternehmensergebnis aus. Es wird deutlich, dass die Marketingzielgruppe der niedergelassenen

---

jedoch nachdrücklich, dass noch ein sehr weiter Weg bis dorthin beschritten werden muss und an den niedergelassenen Ärzten als Zielgruppe des Krankenhausmarketings in absehbarer Zukunft kein Weg vorbei führt.

[183] Zu- und Abschläge auf DRG sind hier nicht berücksichtigt.

[184] Vgl. Kapitel B.1.3. Hinsichtlich des Gewinns sind neben den DRG-spezifischen Kosten des jeweiligen Einweisungsfalles insbesondere die Mehrkosten zu berücksichtigen, die durch die Maßnahmen des einweisergerichteten Marketings bzw. des Reputationsmanagements zur Steigerung der Fallzahlen entstehen.

Ärzte mehrere erfolgsträchtige (multiplikative) Ansatzpunkte zur Unternehmens-entwicklung bietet. Ein entscheidender Vorteil dieser Push-Strategie besteht darin, dass über den Einweiser als Patientenfilter eine gezielte Case Mix Steuerung möglicht ist. Eine solche erscheint bei der Zielgruppe der Patienten nur dann machbar bzw. sinnvoll, wenn bestimmte Risikogruppen identifizierbar sind oder chronische Krankheiten in für das Krankenhaus lukrative DRGs fallen.

Resümierend lässt sich festhalten, dass niedergelassene Ärzte in der überwiegenden Anzahl der Fälle die Entscheidung über die Krankenhauswahl bei Patientenein-weisungen treffen und somit als informelle Mittler bzw. Broker der Krankenhaus-dienstleistung auftreten. Sie gelten als entscheidende Gatekeeper und determinieren gemäß der Wirkungskette „Einweiser – Patienteneinweisung – Erlös" den Kranken-hauserfolg,[185] insbesondere indem von ihnen eine multiplikative Wirkung hinsichtlich der Fallzahl ausgeht und über sie eine gezielte Steuerung der Patientenströme möglich erscheint und somit eine systematische Einflussnahme auf den Case Mix. Die Berücksichtigung der Interessen niedergelassener Ärzte als bedeutende Stakeholder eines Krankenhauses setzt dabei eine Auseinandersetzung mit den Zielen niedergelassener Ärzte als gewinnorientierte Leistungserbringer voraus.

2.4 Ziele niedergelassener Ärzte als Anbieter von Gesundheitsleistungen

Traditionell wird die Leistungserbringung durch niedergelassene Ärzte und damit in der ambulanten Versorgung vom Bild der Freiberuflichkeit bestimmt, d.h. die Berufsausübung des ambulant tätigen Arztes erfolgt in der Regel unabhängig und nicht weisungsgebunden in der eigenen Praxis.[186] Entsprechend ist die überwiegende Mehrzahl der niedergelassenen Ärzte in wirtschaftlich eigenständigen Einzelpraxen tätig.[187] Daneben können sich niedergelassene Ärzte aber auch unter-schiedlichen Formen der gesellschaftsrechtlichen Zusammenarbeit bedienen.[188] Die am häufigsten vorkommende ist dabei die der bürgerlich-rechtlichen Sozietät nach BGB, die bei den heilkundlichen Berufen als Gemeinschaftspraxis bezeichnet wird.[189] Zwar ist damit die gesellschaftsrechtliche Organisation der Niedergelassenen und folglich der (institutionalisierte) Prozess der Zielbildung nicht einheitlich, jedoch kann hinsichtlich der Art der verfolgten – zumindest ökonomischen – Ziele davon

---

[185] Vgl. Mayer (2005), S. 92.
[186] Vgl. Gibis (2006), S. 81. Ausnahme hiervon bildet u.a. die Möglichkeit einer Beschäftigung von ärztlichen Angestellten durch niedergelassene Ärzte (vgl. § 23 MBO; VÄndG).
[187] Vgl. Kapitel B.2.1.1.
[188] Vgl. Kapitel B.2.1.1. Für einen Überblick über berufsrechtlich legitimierte Kooperations- und Orga-nisationsformen von Ärzten vgl. Gibis (2006), S. 84 f.
[189] Vgl. Kapitel B.2.1.1; KBV (2009), S. 31; Koch/Zmavc (2002), S. 6. Daneben befinden sich 59% der 948 MVZ in Trägerschaft von Vertragsärzten, welche vorwiegend als GbR oder als GmbH geführt werden (vgl. KBV (2009)).

ausgegangen werden, dass diese weitestgehend kongruent sind, unabhängig davon, ob es sich um eine Einzelpraxis, eine Berufsausübungsgemeinschaft, ein Ärztenetz oder ein von Vertragsärzten getragenes MVZ handelt: Die Erfüllung der leistungswirtschaftlichen Vorgabe der medizinischen Versorgung der Patienten[190] erfolgt bei sämtlichen ambulanten Praxen über eine dem Fachgebiet entsprechende Leistungserbringung und -verwertung zum Zweck der Einkommenserzielung und vor dem Hintergrund des Erfordernisses der unternehmerischen Führung des Praxisbetriebes unter Berücksichtigung der jeweiligen Markt- und Konkurrenzsituation.[191] Die Entscheidungen und das Verhalten der niedergelassenen Ärzte – insbesondere hinsichtlich ihres Verhältnisses zu Krankenhäusern – werden sich daher unabhängig von der jeweiligen Praxisform an der Bestandssicherung des Praxisbetriebes bzw. der persönlichen Einkommenssicherung ausrichten. Die Zweckmäßigkeit von Maßnahmen zur Erreichung dieser Ziele wird grundsätzlich also nicht zwischen verschiedenen Organisationsformen differieren.

Als für das Ziel der Einkommensgenerierung zweckmäßig und damit als Teilziele einer Arztpraxis können gelten:

- die Sicherung und Entwicklung des Patientenstroms. Hierbei ist instrumentell primär an die Erfüllung der Patientenerwartungen zu denken, sowohl hinsichtlich der medizinischen Behandlung selbst als auch beispielsweise bezüglich der Verlässlichkeit von Krankenhausempfehlungen,[192]

- die Realisierung von Zeit- und Kosteneinsparungen, speziell die effiziente Nutzung vorhandener Ressourcen und

- die Erzielung extrabudgetärer Erlöse durch Leistungen, die außerhalb der Regelleistungsvolumina der GKV liegen.

Diese Aufführung relevanter Ziele bezieht sich in erster Linie auf niedergelassene Ärzte in ihrer Rolle als wirtschaftliche Akteure. Hierbei ist aber zu beachten, dass diese Perspektive eine Rationalität suggerieren könnte, von der keineswegs per se ausgegangen werden kann: Bei niedergelassenen Ärzten handelt es sich um individuelle Akteure und somit um Subjekte, die zweifelsohne ökonomische Überlegungen anstellen müssen, um erfolgreich und bestandssichernd ihre Praxis führen zu können, aber letztendlich auch persönliche Ziele verfolgen, die über das der Einkommenserzielung hinausgehen.[193] Es ist also davon auszugehen, dass Entscheidungen dieser Individuen auch von nicht-ökonomischen Motiven beeinflusst

---

[190] Vgl. § 75 SGB V.
[191] Vgl. Koch/Zmavc (2002), S. 3.
[192] Für einen ausführlichen Überblick über das Marketing von Arztpraxen vgl. Streit/Letter (2005).
[193] Vgl. KBV (2007), S. 117, und die dort genannten persönlichen Ziele niedergelassener Ärzte.

werden können, etwa durch soziale oder das Geltungsbedürfnis betreffende – eben durch solche, die auf die Entwicklung der eigenen Identität gerichtet sind.[194] Neben den ökonomischen Zielen wird diesen Motiven bei den Überlegungen zur Verhaltensrelevanz der Reputation eines Krankenhauses und seiner Fachabteilungen ebenfalls Beachtung geschenkt werden müssen.[195]

Für ein Krankenhaus und seine Fachabteilungen gilt es, bei Entscheidungen über die strategische Ausrichtung und auch über die operative Umsetzung zu prüfen, ob und wie weit die erläuterten Teilziele der Niedergelassenen von den eigenen Aktivitäten tangiert werden.[196] Dabei ist zu berücksichtigen, dass auch für niedergelassene Ärzte trotz ihres Expertenstatus eine gesicherte und objektive Beurteilung der Krankenhausaktivitäten und -leistungen nicht immer möglich ist. Dies liegt in den besonderen Eigenschaften der Dienstleistung „stationäre Patientenversorgung" begründet. Bevor jedoch in Kapitel B.4 die konzeptionellen Grundlagen dieser speziellen Dienstleistung zur Diskussion gestellt werden, gilt es, die beiden in der Erst- bzw. Zweitstudie als konkrete Untersuchungsfälle fungierenden Krankenhäuser in den soeben beschriebenen generellen Kontext des deutschen Krankenhausmarktes einzuordnen. Dies ist erforderlich, um sowohl bei der Entwicklung der Forschungsmodelle als auch bei der Ableitung von Handlungsempfehlungen aus den Ergebnissen der beiden Studien Bezug auf die konkreten Bedingungen der Untersuchungsfälle nehmen zu können.

3 Situation und Strukturdaten der als Untersuchungsfälle fungierenden Krankenhäuser

Die in der vorliegenden Arbeit als Untersuchungsfälle dienenden Krankenhäuser lassen sich durch die in Tab. B-2 einsehbaren Merkmale beschreiben. Ein Blick in diese Tabelle verdeutlicht, dass das in der Erststudie (Krankenhaus A) wie auch das in der Zweitstudie (Krankenhaus B) als konkreter Untersuchungsfall fungierende Krankenhaus die wesentlichen Facetten der soeben beschriebenen Charakteristika des deutschen Krankenhausmarktes widerspiegelt, also keineswegs einen Spezialfall der deutschen Kliniklandschaft repräsentiert, sowie dass sich beide Einrichtungen hinsichtlich ihrer Strukturmerkmale in weiten Teilen ähneln.

Im Einzelnen sehen sich beide Anbieter mit über zehn bzw. über acht regionalen Konkurrenten einem starken Wettbewerb ausgesetzt, verfügen also keinesfalls über eine regionale Monopolstellung (wie es für manche Universitätsklinika gilt), machen

---

[194] Vgl. exemplarisch Wöhe (1993), S. 33.
[195] Vgl. Kapitel A.4.
[196] Vgl. Kapitel B.1.5.

von den diskutierten Möglichkeiten der strukturellen Weiterentwicklung der Patientenversorgung Gebrauch (MVZ, IV, DMP, ambulantes Operieren) und verfügen über fachabteilungsübergreifende Zentren; sie reagieren damit auf den vom DRG-System aufgebauten Transformationsdruck auf die klassischen Behandlungsabläufe.[197] Die Anzahl der Fachabteilungen liegt mit jeweils über zehn jenseits des Durchschnitts der deutschen Krankenhäuser, so dass beiden Untersuchungsfällen – entsprechend ihrer Versorgungsstufe – ein relativ hoher Differenzierungsgrad sowie potenziell die Existenz multipler, d.h. fachabteilungs-bezogener Reputationen attestiert werden kann.[198] Krankenhausinterne Daten zu der jeweiligen Einweiserstruktur, insbesondere in Bezug auf die Fachrichtungen, liegen dieser Arbeit nicht vor. Allerdings kann die weitgehende Vergleichbarkeit der Strukturen des Rücklaufs beider Studien als Hinweis dafür gewertet werden,[199] dass die Untersuchungsfälle auch bezüglich qualitativer Merkmale ihrer Einweiserbasis tendenziell kongruent sind.[200] Hierfür sprechen auch die korrespondierenden Versorgungsstufen, einhergehend mit einer vergleichbaren Differenzierung des medizinischen Leistungsspektrums. Auch die Patientenstrukturen beider Fälle dürften sich daher weitgehend entsprechen.

Unterschiede zwischen den Untersuchungsfällen ergeben sich hinsichtlich der Trägerschaft und der Mitarbeiterzahl, bei der das öffentlich getragene Krankenhaus B eine höhere Ausprägung aufweist. Des Weiteren verfügt das Krankenhaus B im Gegensatz zum ersten Untersuchungsfall über eine Belegabteilung, kooperiert folglich mit niedergelassenen Ärzten der betroffenen Fachrichtung. Ferner betreibt es ein Kooperationsmodell mit Vertragsärzten zur Verbesserung der Notfallversorgung in der Region und hat zudem in unmittelbarer Nähe ein Ärztehaus angesiedelt. Demgegenüber hat das Krankenhaus A ein umfangreiches, auf niedergelassene Ärzte gerichtetes Marketingkonzept implementiert und bearbeitet diese Zielgruppe ungleich systematischer und intensiver, insbesondere durch das Angebot verschie-dener Serviceleistungen. Weiterhin lässt es sich durch eine höhere Zahl stationärer und ambulanter Fälle charakterisieren.

---

[197] Details zu beispielsweise den beteiligten Fachabteilungen bzw. betroffenen Indikationen, der Art der Zentren wie auch zu den weiteren Charakteristika der Untersuchungsfälle können zwecks Wahrung ihrer Anonymität nicht berichtet werden.

[198] Bei Krankenhäusern mit nur einer Fachabteilung, die immerhin 18,7% aller deutschen Krankenhäuser ausmachen, wäre eine Untersuchung des Multilevel-Charakters der Reputation weitgehend obsolet.

[199] Zu den Strukturen der Rückläufe vgl. Kapitel D.2 und Kapitel G.2, sowie zu ihrer Vergleichbarkeit die Ausführungen des Kapitels I.1.

[200] Es kann grundsätzlich davon ausgegangen werden, dass qualitative Unterschiede zwischen den Einweiserbasen (Stichproben) der beiden Untersuchungsfälle auch in den Merkmalen der Rückläufe erkennbar wären.

Merkmal	Krankenhaus A (Erststudie)	Krankenhaus B (Zweitstudie)
Art des Trägers	Privat	Öffentlich
Versorgungsstufe	Schwerpunktversorgung	Schwerpunktversorgung
Akademisches Lehrkrankenhaus	ja	ja
Wettbewerbssituation	>10 relevante Wettbewerber (sowohl öffentliche und freigemeinnützige als auch private Einrichtungen), inkl. Maximalversorger/Universitätsklinika	>8 relevante Wettbewerber (sowohl öffentliche und freigemeinnützige als auch private Einrichtungen), inkl. Maximalversorger/Universitätsklinika
Bettendichte in der jeweiligen Region	Zwischen 6,5 und 8,5 Betten/1000 Einwohner	Zwischen 6,5 und 8,5 Betten/1000 Einwohner
Einwohnerdichte in der jeweiligen Region	< 300 Einwohner/Quadratkilometer	< 300 Einwohner/Quadratkilometer
Anzahl Fachabteilungen	>10	>10
Anzahl fachübergreifender Zentren	3	5
Fallzahlen im Erhebungsvorjahr	stationär: >25.000 (Fallzählweise); ambulant >10.000 (Patientenzählweise)	stationär: >20.000 (Fallzählweise); ambulant >2.000 (Fallzählweise)
Anzahl der Betten	>600	>600
Belegabteilung/ -betten vorhanden	nein	ja
Anzahl Mitarbeiter	>900	>1.200
Anzahl einweisender Ärzte im Erhebungsvorjahr	>800	>700
Träger eines MVZs (Anzahl)	ja (1)	ja (1)
Ambulante Operationen nach § 115b SGB V	>2.000	>4.000
Teilnahme an DMP	ja	ja
Ermächtigungen	ja	ja
Teilnahme an IV-Konzepten	ja	ja
Ärztehaus am KH	nein	ja
Sonstiges/Besonderheiten	Umfangreiches, auf niedergelassene Ärzte ausgerichtetes Marketinginstrumentarium	Kooperation mit niedergelassenen Ärzten zur Verbesserung der Notfallversorgung

Tab. B-2: Ausgewählte Merkmale der Untersuchungsfälle

Es bleibt festzuhalten, dass beide Untersuchungsfälle als Prototypen der deutschen Krankenhauslandschaft verstanden werden können, die aufgrund ihrer regionalen Konkurrenzsituation voll im Wettbewerb um Patienten und damit um einweisende niedergelassene Ärzte stehen. Überdies zeichnen sie sich – Krankenhaus B mehr als Krankenhaus A – einerseits durch kooperative Strukturen zu niedergelassenen Ärzten, andererseits durch Anstrengungen aus, jenseits des Kerngeschäfts der stationären Patientenversorgung und damit zu Lasten einzelner Niedergelassener zusätzliche Erlöse zu erwirtschaften, was sich in dem Betrieb Medizinischer Versorgungszentren, der Beteiligung an der IV und DMP sowie in dem Angebot ambulanter Operationen manifestiert. Auf diese Weise generieren beide Krankenhäuser partiellen Wettbewerb zu niedergelassenen Ärzten, so dass die in den vorangegangenen Kapiteln beschriebene Komplexität des Verhältnisses zu den Niedergelassenen (als Einweiser, Kooperationspartner und Konkurrenten) uneingeschränkt auch für die Untersuchungsfälle dieser Arbeit gilt.

Auf die hier beschriebenen Charakteristika der beiden Krankenhäuser wird speziell bei der Interpretation der Ergebnisse der empirischen Überprüfung des jeweiligen Forschungsmodells der Erst- bzw. Zweitstudie ggf. zurückzugreifen sein.

4 Konzeptionelle Grundlagen der Dienstleistung „stationäre Patientenversorgung"

Dieses Kapitel hat die spezifischen Eigenheiten der Dienstleistung „stationäre Patientenversorgung" zum Gegenstand. Es soll das konzeptionelle Fundament gelegt werden, das eine Auseinandersetzung mit den für das Reputationskonzept relevanten Merkmalen dieser Leistungen erlaubt. Zu diesem Zweck gilt es, zunächst einen kurzen Überblick über alternative Dienstleistungskonzepte in der Marketingdisziplin zu geben.

4.1 Dienstleistungsbegriff in der Marketingdisziplin

Bei der Suche nach einer Definition für den Begriff „Dienstleistung" stößt man in der Marketingdisziplin auf Vorschläge, die sich in drei Gruppen einteilen lassen:[201] Enumerative Definitionen, bei denen der Dienstleistungsbegriff über eine Aufzählung von Beispielen präzisiert wird,[202] Negativdefinitionen, bei denen der Dienstleistungsbegriff zu Sachgütern abgegrenzt wird[203] und Definitionen auf Grundlage konstitutiver Merkmale, wobei hier weiter zwischen potenzialorientierten, prozessorientierten und ergebnisorientierten Definitionen unterschieden wird.[204] Da sich das merkmalsorientierte Verständnis in der wissenschaftlichen Diskussion – auch im Kontext des Krankenhausmarktes –[205] insbesondere aufgrund der spezifischen Schwächen der alternativen Ansätze heute durchgesetzt hat,[206] soll für den Zweck der vorliegenden Arbeit ebenso eine merkmalsorientierte Definition des Dienstleistungsbegriffs zugrunde gelegt werden. *Meffert/Bruhn* führen die genannten Dimensionen des merkmalsbezogenen Dienstleistungsbegriffs zu folgender generellen Definition zusammen:

> *„Dienstleistungen sind selbstständige, marktfähige Leistungen, die mit der Bereitstellung (zum Beispiel Versicherungsleistungen) und/oder dem Einsatz von Leistungsfähigkeiten (zum Beispiel Friseurleistung) verbunden sind (**Potentialorientierung**). Interne (zum Beispiel Geschäftsräume, Personal, Ausstattung) und externe Faktoren (also solche, die nicht im Einflussbereich des Dienstleisters liegen) werden im Rahmen des Erstellungsprozesses kombiniert (**Prozessorientierung**). Die Faktorenkombination des Dienstleistungsanbieters wird mit dem Ziel eingesetzt, an den externen Faktoren, an Menschen*

---

[201] Vgl. Corsten (2001), S. 21 f.; Kleinaltenkamp (1998), S. 34; Meyer (1991), S. 197.
[202] Vgl. Langeard (1981), S. 233 ff.
[203] Vgl. Altenburger (1981).
[204] Vgl. Stauss (1998), S. 11.
[205] Vgl. exemplarisch Dagger/Sweeny/Johnson (2007); Helmig/Dietrich (2001); Donabedian (1980); Brook/Williams (1975).
[206] Vgl. Storcks (2003), S. 17; Corsten (2001), S. 21.

(zum Beispiel Kunden) oder deren Objekten (zum Beispiel Auto des Kunden) nutzenstiftende Wirkungen (zum Beispiel Inspektion beim Auto) zu erzielen (Ergebnisorientierung)."[207]

Diese Definition beinhaltet damit drei Eigenheiten, ableitbar aus den Leistungs-dimensionen, die Dienstleistungen von anderen Wirtschaftsgütern differenzieren:[208] Erstens die Immaterialität der Leistungen, welche aus informationsökonomischer Sicht einen hohen Anteil an Erfahrungs- und Vertrauenseigenschaften impliziert: Zahlreiche Leistungen bzw. Leistungsbestandteile können erst nach der Inanspruch-nahme der Dienstleistung (Erfahrungseigenschaften) oder gar nicht beurteilt werden (Vertrauenseigenschaften). Zweitens die primär für die Präferenzbildung bedeutsame Leistungsfähigkeit des Dienstleistungsanbieters, welcher entsprechende Potenzial-faktoren vorhalten muss und drittens die Integration des externen Faktors, der aufgrund seiner Heterogenität die Standardisierung des Leistungserstellungs-prozesses erschwert. Zuweilen wird die Integrationsdimension weiter in die Teil-dimensionen „Integrationsgrad" und „Individualisierungsgrad" unterteilt.[209] Dieses generelle Verständnis von Dienstleistungen lässt sich auf Krankenhausdienst-leistungen transferieren.

4.2 Systematisierung und Merkmale von Krankenhausdienstleistungen

Das Dienstleistungsangebot eines Krankenhauses unterteilt sich in die Bereiche medizinisch-pflegerische Leistungen, Versorgungsleistungen sowie Verwaltungs-und Instandhaltungsleistungen.[210] Die medizinisch-pflegerischen Leistungen sind die Hauptleistungen eines Krankenhauses und stellen dessen originäres Marktangebot dar.[211] Insbesondere aus der Perspektive der niedergelassenen Ärzte ist der Fokus primär auf die Kernleistungen gerichtet, da sie die höchste Problemlösungsrelevanz aufweisen.[212] Aus diesen Gründen konzentrieren sich folgende Ausführungen auf die medizinisch-pflegerischen Leistungen eines Krankenhauses.

---

[207] Meffert/Bruhn (1997), S. 27, Hervorhebungen im Original.

[208] Vgl. Meffert (2000), S. 1160 ff.

[209] Vgl. Meffert/Bruhn (1997), S. 32; Wohlgemuth (1989), S. 339 f. Für eine weitergehende Auseinan-dersetzung mit den Besonderheiten von Dienstleistungen sowie Systematisierungsansätze für Dienstleistungen vgl. z.B. Meffert (2000), S. 1160 ff.; Meffert/Bruhn (1997), S. 23 ff.; Bieberstein (1995), S. 25 ff.; Kleinaltenkamp (1998), S. 29 ff.

[210] Vgl. Storcks (2003), S. 14 ff.; Damkowski/Meyer-Pannwitt/Precht (2000), S. 294.

[211] Diese lassen sich weiter differenzieren in vollstationäre, teilstationäre, vor- und nachstationäre Leistungen sowie in das ambulante Operieren (vgl. Haubrock/Peters/Schär (1997), S. 46 f.).

[212] Demgegenüber kommt für Patienten den sekundären Leistungen in den Bereichen der Unterbringung, Verpflegung und des Services ebenfalls eine hohe Bedeutung zu (vgl. exemplarisch Wolf (2005)). Es wird ersichtlich, dass eine Auseinandersetzung mit den relevanten Merkmalen von Krankenhausdienstleistungen vorab eine Festlegung der Perspektive erfordert. Entsprechend der Zielsetzung der vorliegenden Arbeit erfolgt der Blick auf die von einem Krankenhaus angebotenen Leistungen aus der Sicht niedergelassener Ärzte.

Mit Bezug auf die Ausführungen des Kapitels B.4.1 ergibt sich für die medizinisch-pflegerischen Leistungen eines Krankenhauses, dass die spezifischen Fähigkeiten und Ressourcen sowie die Bereitschaft des Krankenhauses zur Leistungserbringung (Potenzialorientierung) und das Vorliegen eines externen Faktors, des Patienten, als prozessauslösendes und -begleitendes Element (Prozessorientierung) letztendlich das Ergebnis der Dienstleistung in Form des Erreichens oder nicht Erreichens der Behandlungsziele (Ergebnisorientierung) bewirken.[213] Es ergeben sich ferner spezifische Besonderheiten, die die Leistungskomplexität und damit auch die Beurteilbarkeit der Leistungsqualität erhöhen bzw. erschweren:[214]

Zum einen setzt sich der medizinisch-pflegerische Versorgungsprozess aus zahlreichen medizinischen Teilleistungen zusammen und erstreckt sich in der Regel über einen längeren Zeitraum.[215] Zum anderen wird der Großteil der stationären Leistungen individuell am Patienten selbst verrichtet (bilaterale personenbezogene Dienstleistung), woraus sich unmittelbar Konsequenzen für die Konstanz der Leistungserstellung im Krankenhaus ergeben.[216] Darüber hinaus wird die Leistungsstandardisierung dadurch erschwert, dass in der Regel eine wechselnde Betreuung durch verschiedene Ärzte und Pflegekräfte erfolgt.[217] Ein weiterer Aspekt betrifft die objektive Beurteilung der primären Krankenhausdienstleistung, sowohl des Potenzials und der Prozesse als auch der Behandlungsergebnisse selbst. Zahlreiche Bestandteile der medizinisch-pflegerischen Leistungen setzen für ihre objektive Evaluierung Expertenwissen voraus. Zwar verfügen niedergelassene Ärzte im Gegensatz zu den meisten Patienten über derartiges Wissen,[218] häufig fehlt ihnen als externe Stakeholder aber die Information über bzw. der Einblick in die internen Prozesse der Leistungserbringung sowie in die zugrunde liegenden Leistungspotenziale. Lediglich hinsichtlich des Behandlungsergebnisses ist ihnen eine Beurteilung des Erreichungsgrades des Behandlungsziels möglich, wenn sich der zuvor eingewiesene Patient wieder beim einweisenden Arzt vorstellt. Aber auch dann bleibt für den Einzelfall Unsicherheit darüber bestehen, wie dieses Ergebnis zustande gekommen ist.[219]

---

[213] Vgl. Storcks (2003), S. 19.
[214] Vgl. für die folgenden spezifischen Merkmale Storcks (2003), S. 19 ff.
[215] Vgl. Anhang II.
[216] Zu denken ist hierbei etwa an die sog. Compliance des Patienten oder an eine Fülle individuell-situativer Faktoren (vgl. Morra (1996), S. 29; Meyer (1991), S. 200).
[217] Vgl. Olandt (1998), S. 12.
[218] Vgl. Gorschlüter (1999), S. 24 ff.
[219] Abhängig vom konkreten Krankheitsbild ist zudem denkbar, dass sich das Behandlungsergebnis auch für Ärzte einer objektiven Beurteilung entzieht und damit für diese Vertrauensguteigenschaften aufweist.

Zusammenfassend ergibt sich aus der in der vorliegenden Arbeit interessierenden Perspektive niedergelassener Ärzte, dass für den Einzelfall einer Patienteneinweisung ex ante nicht sichergestellt werden kann, ob das gewünschte Behandlungsergebnis in Form einer Verbesserung, Wiederherstellung oder Erhaltung der Gesundheit des Patienten auch tatsächlich erreicht wird. Dies liegt darin begründet, dass es aus externer Sicht nicht möglich ist, alle für den Einzelfall relevanten Merkmale der Leistungspotenziale und -prozesse des Krankenhauses im Detail überblicken und beurteilen zu können. Selbst wenn ein entsprechender Informationsstand erreichbar wäre, bliebe durch die Integration des externen Faktors „Patient" bzw. durch den fallspezifischen Individualisierungs- und Interaktionsgrad der Leistungserstellung Unsicherheit darüber erhalten, ob die Potenziale und Prozesse das gewünschte Behandlungsergebnis bedingen können bzw. dieses ausschließlich auf diese zurückgeführt werden kann. Für einen einweisenden Arzt stellt die medizinisch-pflegerische Dienstleistung eines Krankenhauses somit ein Erfahrungs-, mitunter ein Vertrauensgut dar – die Entscheidung bei der Krankenhauswahl und damit die „Delegation" der Patientenbehandlung an das Krankenhaus ist für den einweisenden Arzt folglich mit Unsicherheit behaftet. Demnach rückt im Rahmen der Einweisungsentscheidung[220] die Dienstleistungsqualität in den Fokus dieser Risikowahrnehmung niedergelassener Ärzte.[221]

4.3 Qualitätsdimensionen von medizinisch-pflegerischen Dienstleistungen

Bruhn definiert Dienstleistungsqualität als „[...] *die Fähigkeit eines Anbieters, die Beschaffenheit einer primär intangiblen und der Kundenbeteiligung bedürfenden Leistungen aufgrund von Kundenerwartungen auf einem bestimmten Anforderungsniveau zu erstellen."*[222] Angestoßen durch die Arbeit von *Donabedian* findet seit den achtziger Jahren des vergangenen Jahrhunderts eine intensive Auseinandersetzung mit der Abgrenzung, Konzeptionalisierung und Operationalisierung der Dienstleistungsqualität von Krankenhäusern statt.[223] Analog zu dem in Kapitel B.4.2 erläuterten Dienstleistungsverständnis können nach *Donabedian* die Dimensionen

---

[220] Unter „Einweisungsentscheidung" soll im weiteren Verlauf dieser Arbeit das Feststellen des Bedarfs einer stationären Behandlung eines Patienten verbunden mit einer Entscheidung oder Empfehlung eines bestimmten Krankenhauses verstanden werden.

[221] Während das Risiko für den Patienten primär physischer und psychischer Natur ist, besteht für niedergelassene Ärzte hinsichtlich der Krankenhauswahl ein funktionelles Risiko, welches sich „lediglich" auf die Leistungserstellung selbst bezieht (vgl. ähnlich Gorschlüter (1999), S. 27). Konsequenzen einer aus Patientensicht schlechten Krankenhausempfehlung können in einer Patientenabwanderung und weitergehend in einer negativen Mundpropaganda für den Niedergelassenen münden und damit sozialer und wirtschaftlicher Art sein, weshalb er ein hohes Interesse daran haben muss, dass das fokale Krankenhaus sein Leistungsversprechen auch tatsächlich erfüllt (vgl. Kapitel B.2.4).

[222] Bruhn (1996), S. 27. Für eine eingehende Auseinandersetzung mit der wahrgenommenen Dienstleistungsqualität von Krankenhäusern vgl. Wolf (2005), und die dort genannte Literatur.

[223] Vgl. Donabedian (2003); Donabedian (1988); Donabedian (1980).

Potenzial-, Prozess- und Ergebnisqualität der Leistungen eines Krankenhauses unterschieden werden.[224] Zwar werden in einigen Arbeiten, die sich ebenfalls mit der Qualität von Krankenhausdienstleistungen und ihren Dimensionen befassen, alternative Qualitätskonzepte zugrunde gelegt, beispielsweise die Tech- und Touchdimensionen nach *Grönroos*, die Dimensionen des ursprünglich für Finanzdienstleistungen entwickelten SERVQUAL-Modells von *Parasuraman/Zeithaml/Berry* sowie teilleistungsbezogene Ansätze oder Kombinationen aus diesen.[225] Die Suche und Anwendung von zu *Donabedians* Konzept alternativen Ansätzen liegt aber zumeist darin begründet, dass nicht primär nach der Konzeptionalisierung der objektiven medizinisch-pflegerischen Qualität getrachtet wird, sondern dem mangelnden Expertenwissen von Patienten Rechnung getragen werden soll und somit vor allem Qualitätsindikatoren herangezogen werden, die auf den subjektiven Qualitätseindruck von Patienten abstellen.[226] Diese Arbeiten fokussieren entsprechend auf Wirkungen der wahrgenommenen Dienstleistungsqualität bei Patienten als medizinische Laien, und es wird berücksichtigt, dass von diesen aufgrund ihres mangelnden Expertenwissens sehr weitgehend auf Leistungsmerkmale jenseits der medizinischen Qualität ausgewichen wird.[227]

Neben der Expertensicht auf die medizinisch-pflegerische Qualität besteht ein weiterer Vorteil des Modells von *Donabedian* darin, dass es ausdrücklich als Ansatz zur externen Qualitätsbeurteilung konzeptionalisiert wurde und es folglich insoweit keine unmittelbare Beteiligung am Leistungsprozess als externer Faktor voraussetzt.[228] In der vorliegenden Arbeit soll aus diesen Gründen dem Modell von *Donabedian* gefolgt und eine externe Expertensicht auf die Krankenhausdienstleistungsqualität als Basis dienen.[229] In den Ausführungen des Kapitels C.6.3 zur theoretischen Herleitung eines Zusammenhangs zwischen der medizinisch-pflegerischen Leistungsqualität und der Unternehmens- bzw. Fachabteilungsreputation wird entsprechend an diesem Qualitätskonzept angeknüpft und sich hiermit weitergehend auseinandergesetzt.

---

[224] Als Qualitätsdimension wird nach *Bruhn* die Wahrnehmung unterschiedlicher Qualitätseigenschaften verstanden (vgl. Bruhn (2000), S. 26).

[225] Vgl. Wolf (2005); Olandt (1998); Güthoff (1995); Parasuraman/Zeithaml/Berry (1988); Parasuraman/Zeithaml/Berry (1985), S. 41 ff.; Grönroos (1983, 1984), S. 9 ff. Für eine ausführliche Gegenüberstellung alternativer Ansätze zur Erfassung der Dienstleistungsqualität von Krankenhäusern und deren Kritik vgl. Wolf (2005), S. 46 ff., 259 ff.

[226] Vgl. exemplarisch Choi et al. (2005).

[227] Vgl. exemplarisch Wolf (2005), S. 81 f.; Storcks (2003), S. 23 ff.; Gorschlüter (1999), S. 33 ff.

[228] Vgl. Donabedian (1980), S. 3 ff.

[229] Die Relevanz der Qualitätsdimensionen nach *Donabedian* wurde in einer Vielzahl von Arbeiten empirisch nachgewiesen (vgl. exemplarisch Dagger/Sweeny/Johnson (2007); Keller (2002); Helmig/Dietrich (2001)). Entsprechend finden sich diese auch in der betrieblichen Praxis in Qualitätsmanagementmodellen wie dem EFQM wieder.

5   Zwischenfazit

Ziel dieses Kapitels B war es, die für das Forschungsvorhaben der Arbeit relevanten Merkmale des deutschen Krankenhausmarktes unter besonderer Berücksichtigung der herausragenden Bedeutung der Zielgruppe der niedergelassenen Ärzte für den Krankenhauserfolg darzustellen. Es wurde betont, dass sich der Krankenhausmarkt einer neuen Dynamik und einer Intensivierung des intra- und intersektoralen Wettbewerbs ausgesetzt sieht und dass neben der Einführung des DRG-Systems neue, in die etablierten Strukturen des Gesundheitssystems eingreifende gesetzlichen Regelungen zu dieser Entwicklung erheblich beigetragen haben. Als Folge geht es für Krankenhäuser erlösseitig darum, hohe Fallzahlen zu generieren und diese soweit wie möglich gezielt zu steuern. Die krankenhausspezifische, fachlich begründete Aufbauorganisation bedingt dabei die Notwendigkeit, diese Absatz- und Erlösplanung zumindest auf der Fachabteilungsebene zu verankern. Hinsichtlich der Fallzahlgenerierung und -steuerung kommt den niedergelassenen Ärzten in ihrer Position als informelle Mittler und mitunter als „Patientenfilter" als Zielgruppe eines Push-Marketings enorme Bedeutung zu. Das Verhältnis Krankenhaus – niedergelassene Ärzte wird dabei aber nicht alleinig durch diese originäre Funktion der Niedergelassenen geprägt, sondern kann infolge von Leistungsüberschneidungen und damit von (partiellem) Wettbewerb einerseits und aufgrund von Kooperationsmöglichkeiten andererseits recht komplex, vielschichtig und teilweise konfliktär sein. Aus Sicht des Krankenhauses erschweren zusätzlich die informationsökonomischen Eigenschaften medizinisch-pflegerischer Leistungen die Aufgabe, Abnehmer und Leistungsmittler von der Vorteilhaftigkeit des eigenen Marktangebots zu überzeugen und so Erlöse zu erzielen.

Vor diesem Hintergrund stellt sich die Frage nach Quellen nachhaltiger Vorteile im Wettbewerb um Patienten, die trotz der Wettbewerbskomplexität sowie der potenziell hohen Beziehungskomplexität zu niedergelassenen Ärzten einen Beitrag zum Unternehmenserfolg leisten können. Da es sich beim Krankenhausmarkt hinsichtlich des GKV-Bereichs um einen budgetierten, faktisch gesättigten Markt handelt, ist hierfür der Fokus nicht auf Aktivitäten zu richten, die nur kurzfristig wirken: Wenn Wettbewerber mehr oder weniger problemlos vereinzelte eigene Aktivitäten imitieren können, entwickelt sich im Verlauf der „Wettbewerbsrunden" ein Negativsummenspiel, da sich für alle die Kosten, nicht jedoch die Erlöse erhöhen.[230] Entsprechend zeigen zahlreiche Beispiele aus der Praxis, dass unter diesen Bedingungen die

---

[230] Solche Tribüneneffekte sind im Krankenhausmarkt z.B. bei Qualitätszertifizierungen zu beobachten (vgl. Ament-Rambow (2005); Klauber (2005)).

nachhaltige Unternehmensentwicklung nur auf Basis stabiler, über die Zeit aufgebauter Potenziale erfolgen kann.[231]

Überblicksartig konnten in Kapitel A dieser Arbeit verschiedene Perspektiven auf „Reputation" als ein solches Potenzial erläutert werden. Führt man diese einführende Darstellung des Reputationskonzeptes und die in Kapitel B dargestellten Merkmale des Krankenhausmarktes unter Berücksichtigung der Besonderheiten des Verhältnisses Krankenhaus – niedergelassene Ärzte zusammen, lassen sich daher bereits an dieser Stelle diverse Funktionen identifizieren, die die Reputation eines Krankenhauses bzw. die seiner Fachabteilungen im Rahmen der Beziehung zu niedergelassenen Ärzten erfüllen könnte:

- Reputation als Orientierungspunkt und stabiler Beurteilungsmaßstab für niedergelassene Ärzte, verstanden vor dem Hintergrund hoher interventions-induzierter Wettbewerbsdynamik und -komplexität sowie der Komplexität und Vielschichtigkeit ihres Verhältnisses zu Krankenhäusern.

- Potenzielle hohe Relevanz der Differenzierung in eine Unternehmensreputation und Fachabteilungsreputationen, begründet durch die historisch gewachsene, disziplinär separierte Aufbauorganisation von Krankenhäusern. Damit ist die zwingende Voraussetzung des Vorliegens von organisatorisch differenzierten Strukturen für den Untersuchungsfall „Krankenhaus" gegeben. Zudem zeichnen sich diese Strukturen aufgrund ihrer unmittelbaren Problemlösungsrelevanz für niedergelassene Ärzte durch höchste Salienz aus.

- Große Bedeutung des Krankenhaus-„Standings" bzw. potenziell der Reputation bei der in der vorliegenden Arbeit fokussierten Zielgruppe. Niedergelassene Ärzte erfüllen aus Krankenhausperspektive eine Rolle als Patientenmittler und haben somit Bedeutung für die Fallzahlgenerierung. Ferner sind sie mögliche Kooperationspartner zur Erzielung extrabudgetärer Erlöse und zur Realisierung von Kosteneinsparungen.

- Die spezifischen Eigenschaften der medizinisch-pflegerischen Dienstleistungen bedingen die potenzielle Relevanz der Reputation als Informationssurrogat. Informationsasymmetrien könnten abgeschwächt und Informationen an die Zielgruppe der Niedergelassenen herangetragen werden, die ihr die Qualität und den Nutzen der angebotenen Leistungen vermitteln.

- Da niedergelassene Ärzte als wirtschaftliche Akteure mitunter auch außer-ökonomische, persönliche Ziele verfolgen, könnte aus Krankenhaussicht eine weitere Funktion des Reputationskonzepts darin bestehen, dass dieses neben

---

[231] Vgl. Braun von Reinersdorff (2007), S. 65; D`Aveni (1995), S. 47 ff.

seiner Bedeutung als Informationssurrogat komplementär als Quelle psychischen Nutzens wirksam sein und damit zusätzliche Entscheidungs- und Verhaltensrelevanz haben könnte.

Zur Adressierung der Forschungsfragen der vorliegenden Arbeit gilt es, die hier zwangsläufig nur rudimentär skizzierten Eigenschaften und potenziellen Funktionen des Reputationskonzeptes im Kontext des Krankenhausmarktes im folgenden Kapitel C zum Zweck der Herleitung des ersten Forschungsmodells unter Heranziehung geeigneter Theorien zu explizieren.

C Theoriegeleitete Modellentwicklung zur Analyse des Verhältnisses der Krankenhaus- und Fachabteilungsreputation sowie ihrer spezifischen Konsequenzen und Einflussgrößen im Rahmen der Erststudie

Gegenstand dieses Kapitels ist die theoriegeleitete Entwicklung eines Untersuchungsmodells, das die in Kapitel A aufgeworfenen Forschungsfragen einer systematischen Analyse zugänglich machen soll. Dieses Vorhaben erfordert eine planvolle Auswahl geeigneter Theorien, die zur Formulierung des angestrebten Kausalmodells herangezogen werden können. Voraussetzung für eine solche Selektion ist, dass vorab (in Kapitel C.1) eine exakte Spezifikation der im Zentrum des Interesses stehenden Größe erfolgt, die konsequenterweise auch den Kern dieses Forschungsmodells bildet; denn ohne eine präzise begriffliche und inhaltliche Bestimmung des Reputationskonzeptes ist eine substanziierte Entscheidung für heranzuziehende Erklärungsansätze nicht sinnvoll möglich. Aus diesem Grund ist den Ausführungen zur Auswahl der im Rahmen des theoriepluralistischen Ansatzes heranzuziehenden Theorien (Kapitel C.2) die Spezifikation des dieser Arbeit zugrunde liegenden Verständnisses von „Reputation" voranzustellen.

Im Anschluss an die Identifikation geeigneter Theorien zur Ergründung des Innenverhältnisses des Reputationskomplexes,[232] seiner Konsequenzen und Determinanten gilt es, mit Blick auf die erste und zweite Zielsetzung dieser Arbeit (in Kapitel C.3) theoretisch zu begründen, ob eine Differenzierung nach verschiedenen Organisationsebenen in Unternehmens- und organisationale Subreputation potenziell einen höheren Erklärungsbeitrag für erfolgsrelevante, absatzseitige Wirkungen zu leisten vermag als die undifferenzierte Beschränkung auf die generelle Reputation des Gesamtunternehmens.[233] Kapitel C.4 beinhaltet darauf aufbauend die Deduktion von Moderatoreffekten des Wirkungszusammenhangs der zuvor differenzierten

---

[232] Dem Begriff „Reputationskomplex" sollen die Krankenhaus- und die Fachabteilungsreputation subsumiert werden. Mit dem Innenverhältnis des Reputationskomplexes ist der Wirkungszusammenhang zwischen Fachabteilungs- und Krankenhausreputation angesprochen.

[233] Unter „Unternehmensreputation" und synonym unter „Gesamt-" bzw. „Krankenhausreputation" soll in den weiteren Ausführungen die Reputation des Gesamtunternehmens bzw. des Krankenhauses als Ganzes verstanden werden. Mit „Subreputation" bzw. „Fachabteilungsreputation" ist die Reputation von für externe Stakeholder salienten organisatorischen Einheiten bzw. die Reputation der Fachabteilungen oder Zentren eines Krankenhauses angesprochen. Erläuterungen, die sich undifferenziert mit „Reputation" befassen, sind trägerunspezifisch zu verstehen, d.h. unabhängig davon, ob es sich bei dem Reputationsträger um das Krankenhaus oder um eine Fachabteilung handelt. Hier beziehen sich die Aussagen auf das generelle Reputationskonzept dieser Arbeit (vgl. Kapitel C.1), die anschließend für die jeweilige Kategorie als Reputationsträger konkretisiert bzw. angepasst werden.

Reputationsgrößen. Die dritte und vierte Zielsetzung der Arbeit bilden die Orientierungspunkte für die Kapitel C.5 und C.6, die die Herleitung ausgewählter Konsequenzen bzw. Determinanten des Reputationskomplexes umfassen.

Zur Untermauerung der jeweiligen Überlegungen werden, soweit vorhanden, parallel einschlägige empirische Forschungsergebnisse zurate gezogen, die es einer kritischen Analyse zu unterziehen gilt und die auf ihren Beitrag zur Durchdringung des in dieser Arbeit relevanten Problemfeldes ausgelotet werden sollen. Die so gewonnenen Erkenntnisse münden in der Formulierung von Forschungshypothesen, welche als Bausteine zu einem Hypothesensystem zur Erklärung der Wirkungen der Krankenhaus- und Fachabteilungsreputation auf Seiten der Zielgruppe niedergelassener Ärzte zusammengeführt werden. Die Visualisierung des entwickelten Forschungsmodells rundet das Kapitel ab.

1 Theoretische Konzeptionalisierung der Reputation von Unternehmen

1.1 Unternehmen als soziale Kategorien und Reputationsträger

Bevor auf die Spezifikation des Reputationskonzeptes und auf die Erfolgsträchtigkeit der Krankenhaus- und Fachabteilungsreputation für Unternehmen aus der Perspektive verschiedener geeigneter Theorien eingegangen werden kann, ist aus Gründen der Nachvollziehbarkeit der entsprechenden Argumentation auf den hierfür notwendigen Transfer des ursprünglich individuellen Konzeptes „Reputation" auf Unternehmen als kollektive Entitäten einzugehen: Verhaltenstheorien beschäftigen sich zwar explizit mit Reputation als verhaltensrelevanten Faktor, dies aber zunächst nur auf der Ebene von Individuen als Reputationsträger. Aus diesem Grund ist zu klären, ob diese Ansätze überhaupt für eine Diskussion der Reputation von Unternehmen, also von Organisationen, herangezogen werden können.

Tatsächlich ist die Idee der Personalisierung von Meinungsobjekten, speziell von Unternehmen, nicht neu.[234] Arbeiten, die sich mit der Zuschreibung menschlicher Charakterzüge und Eigenschaften zu Organisationen durch Individuen befassen, berufen sich dabei zumeist darauf, dass Unternehmen als soziale Akteure zu

---

[234] Der Gedanke, Unternehmen und Organisationen als handelnde Subjekte zu betrachten, die als soziale Stereotypen in Form von Persönlichkeiten wahrgenommen werden, findet sich beispielsweise bereits bei King (1973); Markham (1972); Johannsen (1971); Tom (1971); Martineau (1958). Philosophische Anknüpfungspunkte finden sich darüber hinaus in der Theorie des Animismus von Gilmore (1919). Psychologische Grundlagen liefert die Forschung zu sozialen Stereotypen (vgl. z.B. Leyens/Dardenne (1996); Brown/Turner (1981); Tajfel et al. (1971)). Vgl. ferner von Rosenstiel/Becker (2006), S. 438.

verstehen sind[235] sowie dass der Rückgriff auf Metaphern zur Beschreibung und Erfassung von Objekten eine gängige menschliche Strategie zur Komplexitäts-reduktion darstellt.[236] Autoren, die sich explizit mit Reputation aus (sozial-) psychologischer Perspektive befassen, begründen diesen Transfer des originär individuellen Konzepts der Reputation auf kollektive Entitäten ebenfalls damit, dass es sich bei Organisationen um soziale Kategorien handelt, die ebenso in „reputation-related processes" eingebettet sind, wie es für Individuen gilt.[237] Aus diesem Grund werden nicht nur Individuen, sondern auch Unternehmen ein Interesse daran haben, die Reputation relevanter anderer Entitäten zu beobachten wie auch ihre eigene Reputation zu „managen" bzw. zu verbessern – gerade weil sie von ihren Bezugs-gruppen aufgrund ihrer Gestalt als soziale Kategorie als Träger eigener Reputationen wahrgenommen werden.[238]

1.2 Definition von Reputation für die vorliegende Arbeit

Die Verwendung des Reputationsbegriffs unterscheidet sich nicht nur zwischen den wissenschaftlichen Disziplinen, sondern auch innerhalb dieser zwischen einzelnen Fachgebieten.[239] In der Betriebswirtschaftslehre weit verbreitet ist das von der Ressourcentheorie geprägte Begriffsverständnis von Reputation als Unternehmens-ressource.[240] Die Analyse, wie die Reputation eines Unternehmens bei verschie-denen Bezugsgruppen entsteht, inhaltlich zu erfassen ist und auf individueller Ebene wirkt und damit erst als intangibles Asset zur Generierung von Wettbewerbsvorteilen nutzbar gemacht werden kann, bleibt angesichts der hoch aggregierten Betrach-tungsebene der Ressourcentheorie jedoch außen vor.[241] Aus diesem Grund sowie vor dem Hintergrund der Zielsetzung der vorliegenden Arbeit ist eine Definition zweckmäßig, die die Wahrnehmung der Reputation auf individueller Ebene erfasst.[242] Entsprechend ihrem Erkenntnisgegenstand setzt typischerweise die Marketingwissenschaft, häufig unter Rekurs auf (sozial-) psychologische Theorien,[243]

---

235 Vgl. Whetten/Mackey (2007), S. 394 f., und die dort genannte Literatur. Gestützt wird diese Annahme auch durch die frühe Arbeit von *Levinson* ((1965), S. 376 f.), der auf die Beziehung zwischen Individuum und Organisation fokussiert und feststellt: „*One can speak of man-organization relationships, first, because phenomena with typical features of transference can be observed;* [...] *[Transference] occurs with respect to organizations and institutions just as it occurs with individuals; that is, people project upon organizations human qualities and relate them as if the organization did in fact have human qualities.*"
236 Vgl. Davies/Chun (2003), S. 50 f., und die dort genannte Literatur, sowie Chun/Davies (2006), S. 139; Bromley (1993), S. 34 f.
237 Vgl. Weiss/Anderson/MacInnis (1999), S. 75.
238 Vgl. Bromley (1993), S. 154 ff.; Emler, (1990) S. 171.
239 Für einen Überblick vgl. z.B. Rindova et al. (2005), S. 1036; Shenkar/Yuchtman-Yaar (1997).
240 Vgl. Kapitel A.1; Dowling (1994); Hall (1992).
241 Vgl. Barnett/Jermier/Lafferty (2006), S. 34.
242 Diese Perspektive liegt konsequenterweise auch der in Kapitel A.1 vorgestellten vorläufigen Arbeitsdefinition zugrunde.
243 Vgl. die Synopse im Anhang I.

an dieser Stelle an. Doch auch den marketingwissenschaftlichen Veröffentlichungen, die sich explizit mit dem Reputationskonstrukt befassen, liegt keine allgemein gültige Begriffsdefinition zugrunde.[244] Aktuelle Arbeiten versuchen daher, das Problem der Definitionsvielfalt zu überwinden, indem sie bisherige Begriffsauffassungen auf Gemeinsamkeiten sowie auf ihre Angemessenheit vor dem Hintergrund des Standes der Reputationsforschung prüfen und zu einer konsistenten Definition zusammenführen. Diese Bemühungen würdigend, soll in der vorliegenden Arbeit eine Definition herangezogen werden, die bisherige Begriffsauffassungen und somit den Status quo der Reputationsforschung im Kontext marketingbezogener Fragestellungen integriert.[245] **Unter „Reputation" soll im Folgenden daher das Wissen über die zentralen Eigenschaften und die Wahrnehmung charakterisierender Merkmale einer sozialen Entität verstanden werden, über das bzw. die ein Individuum einer spezifischen Bezugsgruppe des Reputationsträgers in Gestalt eines Globalurteils verfügt.**[246] Dabei wird im Einklang mit soziologischen Forschungsarbeiten zu Reputation davon ausgegangen, dass Reputationsurteile zwar überwiegend auf direkten Erfahrungen mit dem Beurteilungsobjekt basieren, darüber hinaus jedoch durch soziale Interaktionen mit Dritten beeinflusst werden können.[247] Reputationsurteile sind zudem nicht als ausschließlich kognitiv geprägt zu verstehen, sondern umfassen ferner affektive Evaluationen, d.h. reputationsrelevante Eigenschaften eines Beurteilungsobjektes werden sowohl kognitiv wie auch affektiv interpretiert.[248]

Um das so verstandene Reputationskonzept für eine Analyse greifbar machen zu können, ist neben der Spezifikation des konkreten Reputationsträgers zunächst die Bestimmung der beurteilenden Bezugsgruppe vonnöten.[249] Diese Notwendigkeit ergibt sich unmittelbar aus dem zugrunde gelegten Begriffsverständnis und steht im Einklang mit aktuellen wissenschaftlichen Arbeiten. Diesen folgend, ist davon auszugehen, dass soziale Entitäten ebenso viele Reputationen haben können wie beurteilende Bezugsgruppen:[250] Die unterschiedlichen Ziele, die verschiedene Anspruchsgruppen eines Unternehmens gegenüber diesem verfolgen bzw. die differierenden, jeweils zugrunde liegenden Wertesysteme bedingen die Notwendigkeit einer

---

[244] Vgl. Gotsi/Wilson (2001), S. 24. Für Überblicke über alternative Begriffsauffassungen von Reputation in der Marketingwissenschaft vgl. Barnett/Jermier/Lafferty (2006), S. 30; Berens/van Riel (2004); Wiedmann/Meissner/Fusy (2003), S. 13 f.; die Synopse im Anhang I.
[245] Vgl. Walsh/Beatty (2007); Schwaiger (2004).
[246] Vgl. Schwaiger (2004), S. 49; Gotsi/Wilson (2001), S. 27 f.
[247] Vgl. Gotsi/Wilson (2001), S. 27 f.; Walsh/Beatty (2007), S. 129; Rindova et al. (2005), S. 1033 f.; Wang et al. (2003); Herbig/Milewicz (1993).
[248] Vgl. Kapitel C.1.3; Wiedmann (2006), S. 151; Gotsi/Wilson (2001), S. 27 f.; Weiss/Anderson/ MacInnes (1999), S. 77 f.; Dozier (1993), S. 230; Hall (1992), S. 138.
[249] Vgl. Weiss/Anderson/MacInnes (1999), S. 75.
[250] Vgl. exemplarisch Walsh/Beatty (2007), S. 127; Bromley (2001), S. 137.

stakeholderspezifischen Perspektive auf das Reputationskonstrukt.[251] Laut der Zielsetzung der vorliegenden Arbeit soll konsequenterweise die Bezugsgruppe der niedergelassenen Ärzte als beurteilende Stakeholder bestimmt werden. Das Beurteilungsobjekt wiederum bzw. der konkrete Reputationsträger ist mit dem fokalen Krankenhaus bzw. mit der jeweils beurteilten Fachabteilung bestimmt. Bei der Krankenhausreputation handelt es sich somit um ein durch eigene Erfahrungen und Meinungen Dritter geprägtes Urteil der niedergelassenen Ärzte über ein Krankenhaus insgesamt, bei der Fachabteilungsreputation um ein solches Urteil über eine einzelne Fachabteilung dieses Krankenhauses. Aufgrund der zentralen Bedeutung dieser Reputationsdifferenzierung für die vorliegende Arbeit wird dieses „Multilevel-Verständnis" von Reputation in Kapitel C.3.1 ausführlich von einer theoretischen Warte her beleuchtet.[252]

1.3 Reputation als einstellungsähnliches Konstrukt und dessen Abgrenzung vom Image

In der einschlägigen wissenschaftlichen Literatur wird Reputation zunehmend als einstellungsähnliches Konstrukt und damit in Konsens mit der in dieser Arbeit zugrunde gelegten Definition verstanden. Beispielsweise konzeptionalisieren *Walsh/ Beatty* mit Verweis auf weitere Arbeiten Reputation als „attitude-like evaluative judgements of firms", ebenso wie *Fombrun/Gardberg/Server*, die der Reputation eines Unternehmens sowohl emotionale als auch rationale Komponenten seitens der beurteilenden Personen zuschreiben.[253] Auch *Hall* geht von der konzeptionellen Nähe des Reputationskonstruktes zu Einstellungen aus, indem er kognitive und affektive Reputationsinhalte unterstellt und sowohl das Wissen um bestimmte Sachverhalte wie auch die damit verbundenen Emotionen als Bestandteile des Reputationsurteils von Individuen versteht.[254] Schließlich ist die Arbeit von *Caruana/Cohen/ Krentler* in diese Reihe zu stellen. Die Autoren konzeptionalisieren Reputation auf Basis der Theorie des geplanten Verhaltens und stellen fest: „*The view of corporate reputation as an attitude extends its value beyond generally outcomes to specific behavioural intentions and provides a more detailed view of the components that contribute the construct.*"[255]

Richtet man den Blick auf die Einstellungstheorie selbst, werden die Analogien zwischen dem Reputations- und dem Einstellungskonzept dadurch deutlich, dass Einstellungen (verstanden als relativ überdauernde, gegenstandsbezogene, erlernte

---

[251] Vgl. Bromley (1993), S. 64 ff.
[252] Vgl. Barnett/Hoffmann (2008), S. 1 ff.
[253] Vgl. Walsh/Beatty (2007), S. 129; Fombrun/Gardberg/Sever (2000).
[254] Vgl. Hall (1992), S. 138.
[255] Caruana/Cohen/Krentler (2006), S. 437.

und verhaltenswirksame innere Denkhaltungen)[256] ebenfalls als „[...] *obtained from direct experiences with objects and from communications about them received from other sources"*[257] verstanden werden und gleichermaßen Kognitionen und Emotionen bedingen.[258] Empirische Nachweise für die Angemessenheit des einstellungs-ähnlichen Verständnisses von Reputation liefern zudem *Hildebrandt/Schwalbach* sowie dezidiert *Schwaiger* und *Caruana/Cohen/Krentler.*[259]

Neben seiner Definition und Konzeptionalisierung ist es aus Gründen der Eindeutigkeit angebracht, das spezifizierte Reputationskonstrukt von dem des Images abzugrenzen, da dieses zuweilen mit Reputation gleichgesetzt wird.[260] Die Reputationsliteratur hat sich bereits erschöpfend mit den begrifflichen und konzeptio-nellen Gemeinsamkeiten und Unterschieden der beiden Konzepte auseinander-gesetzt, weshalb im Rahmen dieser Arbeit auf eine umfassende Aufbereitung der verschiedenen Standpunkte verzichtet wird.[261] Der wissenschaftlichen Haupt-strömung hinsichtlich des Verhältnisses von Reputation und Image folgend, wird unter Image ein zu Reputation zwar verwandtes, jedoch konzeptionell abgrenzbares Konstrukt verstanden:[262]

Bei beiden Konstrukten handelt es sich um ein Ergebnis der Wahrnehmung einer Entität, beispielsweise eines Unternehmens durch eine Bezugsgruppe.[263] Doch die entscheidenden konzeptionellen Unterschiede bestehen darin, dass „[...] *whereas image reflects what a firm stands for, reputation reflects how well it has done in the eyes of the marketplace.*"[264] „*Accordingly, image concerns what an organizational member wants others to know (or believes others know) about the organization.*"[265] Reputation wird damit als weniger manipulativ, zeitlich stabiler und im Gegensatz zum Image, das sich durch konative Merkmale auszeichnet, als denotativ gesehen.[266] Letzteres ist auf den strikten Realitätsbezug des Reputationskonzeptes zurückzuführen, der dadurch begründet ist, dass Reputationsurteile vorwiegend durch direkte Erfahrungen sowie deren Kommunikation durch Dritte determiniert

---

[256]   Vgl. Bauer/Sauer/Hendel (2004), S. 297. Zur Definition von Einstellungen vgl. ferner Trommsdorff (2003), S. 150; Eagly/Chaiken (1993).
[257]   Fishbein, zitiert in: Loudon/Della Bitta (1993), S. 433.
[258]   Vgl. Bodur/Brinberg/Coupey (2000); Fishbein/Ajzen (1975).
[259]   Vgl. Caruana/Cohen/Krentler (2006); Schwaiger (2004); Hildebrandt/Schwalbach (2000). Auch in der vorliegenden Arbeit wird der Eignung des einstellungsähnlichen Verständnisses von „Reputa-tion" empirisch nachgegangen. Zu den Ergebnissen vgl. Kapitel E.1.5; Kapitel H.1.2.
[260]   Vgl. Dutton/Dukerich/Harquail (1994).
[261]   Für dezidierte Aufbereitungen vgl. Brown et al. (2006); Gotsi/Wilson (2001).
[262]   Vgl. Brown et al. (2006). Zum Imagebegriff vgl. Kroeber-Riel/Weinberg/Gröppel-Klein (2009), S. 210 ff.; Trommsdorff (2003), S. 168 ff.
[263]   Vgl. Weiss/Anderson/MacInnis (1999), S. 75.
[264]   Weiss/Anderson/MacInnis (1999), S. 75.
[265]   Brown et al. (2006), S. 104.
[266]   Vgl. Eberl (2006a), S. 11 f.

wird.[267] Image hingegen basiert nahezu ausschließlich auf unmittelbar vom Unternehmen selbst kommunizierten Botschaften und spiegelt damit wider, wie ein Unternehmen von seinen Bezugsgruppen wahrgenommen werden möchte.[268] Die Adäquanz einer solchen konzeptionellen Differenzierung von Reputation und Image wird auch dadurch deutlich, dass die hierbei verfolgte Argumentation fraglos Parallelen zur Diskussion um die Abgrenzung von Image und Einstellungen aufweist.[269]

Nachdem die Reputationskonzeption der vorliegenden Arbeit spezifiziert und damit das Reputationskonstrukt für eine Analyse greifbar gemacht worden ist, kann sich auf die Suche nach geeigneten Theorien begeben werden, welche die Wirkungszusammenhänge von Reputation, wie sie in dieser Arbeit verstanden wird, bestmöglich zu erklären vermögen.

2 Identifikation und Interdependenz geeigneter Theorien und Konzepte zur Ergründung der Konsequenzen, Determinanten sowie der Dependenz der Krankenhaus- und Fachabteilungsreputation

Der in Kapitel A.2 einzusehende Überblick über den Status quo der Forschung zu „Reputation" als relevante Variable im Verhalten von Individuen bzw. Gruppen von Individuen zeigt, dass der wissenschaftliche Erkenntnisprozess hinsichtlich der hier zu berücksichtigenden konzeptionellen Ebenen des Reputationskonzepts – insbesondere im Kontext des Krankenhausmarktes bzw. des Verhältnisses von Krankenhaus und niedergelassenen Ärzten als Stakeholder – erst am Anfang steht. Die komplementäre Berücksichtigung einer in wissenschaftlichen Arbeiten bisher nicht berücksichtigten Reputationsebene (hier: konkret in Gestalt der Fachabteilungsreputation) führt zu einer erheblichen Komplexitätserhöhung hinsichtlich der Analyse der Bedeutung des Reputationskonzeptes für die Erklärung marktrelevanten Verhaltens. Zum einen ist zu klären, durch welches Innenverhältnis der Reputationskomplex, bestehend aus Unternehmens- und Spartenreputation, charakterisiert ist. Zum anderen gilt es, den Blick auf seine Wirkungen zu richten und die relative Wirkungskraft der Reputationsebenen für zuvor eruierte, erfolgsrelevante Outcomes zu bestimmen. Im Anschluss daran sollen die entscheidenden Einflussgrößen des Reputationskomplexes identifiziert sowie Aussagen zu deren relativer Bedeutung für die beiden Reputationsebenen generiert werden. Aufgrund dieser Multikausalität ist es erforderlich, ein entsprechend umfangreiches und umfassendes Forschungs-

---

[267] Vgl. Schuler/Cording (2006), S. 547; Jones (1995).
[268] Vgl. Brown et al. (2006), S. 103; Gray/Balmer (1998), S. 696; Whetten (1979).
[269] Vgl. Eberl (2006a), S. 12; Selnes (1993), S. 20; Trommsdorff (1975), S. 77 ff.

modell zu entwickeln.[270] Als geeignetes Vorgehen für die Formulierung und Prüfung eines solchen komplexen Modells hat sich in ähnlich gelagerten Zusammenhängen der Rückgriff auf verschiedene, komplementäre Theorien und die anschließende empirische Überprüfung mittels geeigneter Methoden erwiesen.[271] Schließlich können auf diese Weise theoretisch fundierte und empirisch gesicherte Handlungsempfehlungen abgeleitet werden.[272]

Die Applikation differenter Theorien und Ansätze, die es im Sinne der eklektischen Idee von *Dunning* zu einem Gesamtmodell zu integrieren gilt,[273] bedingt gleichwohl ein Selektionsproblem hinsichtlich der angestrebten theoretischen Fundierung.[274] Die Herausforderung besteht im Treffen einer geeigneten Auswahl theoretischer Ansätze, die zur Erklärung der interessierenden Wirkungsbeziehungen beitragen können. Zudem sollten diese Theorien und konsequenterweise die aus ihnen gewonnenen Erkenntnisse in einem komplementären Verhältnis zueinander stehen.[275]

Um der Gefahr der Willkür bei der Spezifikation des theoriepluralistischen Ansatzes bestmöglich zu begegnen,[276] wurden für die Auswahl der in der vorliegenden Arbeit zu untersuchenden Konstrukte zwei strenge Kriterien angelegt:[277]

1. Diese müssen in der wissenschaftlichen Literatur auf Grundlage von Theorien, Modellen oder konzeptionellen Überlegungen fundiert sein. Im Fall fehlender derartiger Erklärungsansätze müssen Theorien und Erklärungsmodelle verfügbar sein, die adaptionsfähig sind und sich bereits in ähnlich gelagerten Fragestellungen bewährt haben.

2. Sie müssen für den in der vorliegenden Arbeit interessierenden Kontext relevant und anwendbar und zur Beantwortung der in Kapitel A.2 aufgeworfenen Forschungsfragen zielführend sein.[278]

Diesen Kriterien entsprechend gilt es, theoretische Ansätze heranzuziehen, die auf die vorliegenden Untersuchungsziele anwendbar sind. Wie bereits in Kapitel A.2

---

[270] Zum Prozess der Modellentwicklung vgl. Diller (2001), S. 1138. Vgl. zu Folgendem Kraus (2008), S. 38 f.
[271] Vgl. exemplarisch Eberl (2006a).
[272] Vgl. exemplarisch Kraus (2008), S. 38; Wieseke (2004), S. 60; Loevenich (2002), S. 66.
[273] Vgl. Lingenfelder (1996), S. 44; Dunning (1988), S. 1 ff.; Dunning (1980), S. 9 ff.
[274] Zur Kritik der anarchistischen Wissenschaftstheorie vgl. Chalmers (2007), S. 121 ff. in Verbindung mit Feyerabend (1983).
[275] Vgl. Fritz (1992), S. 27.
[276] Vgl. Wieseke (2004), S. 60; Lauer (2001), S. 55 ff.; Lingenfelder (1990), S. 54.
[277] Vgl. zu diesem Vorgehen exemplarisch Kraus (2008), S. 39; Wieseke (2004), S. 60.
[278] Vgl. Popper (1994), S. 49 ff.

dargelegt, gibt es hinsichtlich der systematischen Analyse des Reputationskonzeptes unterhalb der Ebene des Gesamtunternehmens und des Verhältnisses solcher organisationalen Subreputationen zur Reputation des Unternehmens als Ganzes bis dato keinerlei wissenschaftliche Arbeiten. Daher ist es notwendig, sich hierfür auf Erklärungsansätze zu berufen, die sich in anderen Forschungsfeldern mit ähnlichen Fragestellungen bewährt haben. Zufolge des in Kapitel C.1 herausgearbeiteten Konzeptes des Reputationskonstruktes scheinen nur solche Ansätze adaptions-geeignet, die die Entstehung und Wirkungen von Einstellungsurteilen sowie das Verhältnis von Einstellungsurteilen zueinander erklären können. Den komplemen-tären Beitrag einschlägiger Ansätze gilt es modifiziert auf den vorliegenden Untersuchungskontext anzuwenden, um auf diese Weise zu einer geschlossenen Argumentationsbasis zu gelangen.

Den ersten Schritt dieses Unterfangens bildet die Identifizierung und Auswahl eines Theoriegebäudes, das konzeptionell breit genug angelegt ist, um als Rahmen für spezifischere Ansätze zu dienen, die die einzelnen Wirkungszusammenhänge erklären können. Es gilt also, einen Theoriestrang zu bestimmen, der im Einklang mit dem Forschungsgegenstand der vorliegenden Arbeit einen weitgehenden Beitrag zu Wirkungsbeziehungen von nach Organisationsebenen differenzierten Reputations-urteilen von Individuen sowie zu deren Verhältnis zueinander zu leisten vermag. Betrachtet man die in Kapitel A.1 dargestellten Ansätze der wissenschaftlichen Literatur zum Reputationskonzept, so wird unmittelbar deutlich, dass sich die Auswahl auf institutionenökonomische und verhaltenswissenschaftliche Theorien beschränken muss, da nur diese auf **direkte Interaktionen** zwischen (Wirtschafts-) Akteuren fokussieren und ihr Geltungsbereich somit nicht auf Konkurrenzvergleiche, Wettbewerbs- und Branchenstrukturen bzw. auf eine für den Zweck dieser Arbeit zu hoch aggregierte Betrachtungsebene beschränkt ist.[279] Gegen die Neue Institu-tionenökonomik als theoretisches Fundament spricht jedoch

1. das unrealistische Bild des Menschen als rational handelndes und ausschließlich eigennütziges Wirtschaftssubjekt,

2. der Fokus auf ökonomischen Nutzen und die Negierung der Existenz psycholo-gischen Nutzens als Antriebsgröße menschlichen Verhaltens (z.B. Anerkennung) und

3. die Ausblendung mentaler Repräsentationen, insbesondere die Nichtbeachtung des Einstellungskonzeptes.

---

[279] Vgl. Kapitel A.1.

Die Punkte Eins und Zwei hätten im Fall der Anwendung des institutionenökonomischen Instrumentariums zur Folge, dass sich die Überlegungen zur
Bedeutung des Reputationskonzeptes auf seine Eigenschaft als Qualitätsindikator
sowie als Hinweis erwartbaren opportunistischen Verhaltens beschränken müssten.
Wesentlich für die Entscheidung gegen diesen Ansatz ist jedoch die Tatsache, dass
er inkompatibel ist mit dem in Kapitel C.1.3 hergeleiteten Reputationskonzept als
einstellungsähnliches Konstrukt (Punkt Drei): Es ist nicht ersichtlich, wie etwa im
Rahmen der Transaktionskostentheorie eine theoretisch fundierte Handhabung auch
emotionaler Reputationsaspekte möglich sein könnte. Auch käme die Theorie
sicherlich schnell an ihre Grenzen, wenn man versuchte, die Frage nach dem
Verhältnis zwischen einer generellen Krankenhausreputation und einer spezifischen
Fachabteilungsreputation zu beantworten, da dies ohne eine Analyse von Mustern
menschlicher mentaler Prozesse nicht möglich erscheint.

Der gesuchte Beitrag zur Bearbeitung der Forschungsfragestellungen kann daher
nur vom verhaltenswissenschaftlichen Theoriegebäude geliefert werden.[280] Für die
Selektion von geeigneten Theorien innerhalb dieses Komplexes wiederum wurden
folgende Kriterien angelegt:[281]

1. Die Theorien sollten bezüglich der Erklärung des Verhaltens individueller Akteure
   einen hohen Bewährungsgrad aufweisen.

2. Sie sollten eine Vernetzung der Wahrnehmung ausgewählter Unternehmens-
   charakteristika mit der Entstehung von Reputationsurteilen beider Ebenen
   ermöglichen sowie die relative Bedeutung dieser sowohl füreinander als auch für
   ausgewählte verhaltenssteuernde und unmittelbar behavioristischer Aspekte
   erklären. Zudem wird die Möglichkeit der Integration individueller, situativer und
   kontextbezogener Merkmale für die Analyse des Innenverhältnisses des
   Reputationskomplexes gefordert.

3. Der getroffenen Auswahl an theoretischen Erklärungsansätzen sollte zur Gewährung ihrer Integrationsfähigkeit und Prämissenkompatibilität ein gemeinsames
   Paradigma zugrunde liegen.

Unmittelbar an Kriterium Drei anknüpfend, entspringen sämtliche zur Beantwortung
der vorliegenden Forschungsfragestellungen möglichen Theorien dem Kognitivismus
der Psychologie. Der Kognitivismus bzw. kognitionstheoretische Ansätze der

---

[280] Vgl. Kapitel A.2; Kapitel A.4; Kroeber-Riel/Weinberg/Gröppel-Klein (2009), S. 10 ff.; Homburg/
Krohmer (2006), S. 23 f.
[281] Vgl. Wieseke (2004), S. 62; Fritz (1992), S. 26.

Psychologie sind allesamt dadurch gekennzeichnet, dass sie zur Erklärung und Vorhersage von Überzeugung, Einstellung, Verhalten und Interaktion auf die kognitive Verarbeitung der Realität im Individuum fokussieren.[282] Verhalten wird hier erklärt, indem verhaltenssteuernde mentale Prozesse untersucht werden, welche als Prozesse der Informationsverarbeitung zu verstehen sind.[283] Zentraler Untersuchungsgegenstand zu dieser Forschungsrichtung zählender Theorien ist das menschliche Bewusstsein. Als maßgebliche Ursache des Verhaltens gelten dabei die Erkenntnisstrukturen von Individuen, welchen ein Menschenbild beigelegt wird, das durch Einsicht, Voraussicht und damit Verantwortung und Entscheidungsfreiheit geprägt ist.[284] Als Theorien, die dieser und den zwei weiteren genannten Anforderungen entsprechen, kommen in Frage:

- die Social-Identity-Theorie

- der Elaboration-Likelihood-Ansatz

- die Accessibility-Diagnosticity-Theorie

- die Means-End-Chain-Theorie

- die Theorie des überlegten Handelns

Eine prominente Position unter den aufgeführten Theorien nimmt die Social-Identity-Theorie ein. Mit dieser hat die Sozialpsychologie einen Ansatz vorgelegt, der Vorhersagen zum Verhalten von Menschen in Abhängigkeit vom sozialen Kontext erlaubt.[285] Ausgehend von den Erkenntnissen kognitiver Erklärungsansätze widmet sich dieser Ansatz der Analyse von Zusammenhängen zwischen intraindividuellen Prozessen sowie Strukturen der Informationsverarbeitung und sozialen Kontextbedingungen.[286] Speziell das diesem Theoriegebäude innewohnende Konzept der sozialen Kategorisierung, das klären soll, auf welche Weise ein Individuum die soziale Realität für sich kognitiv strukturiert und damit seine Umwelt überschaubar macht, scheint entscheidende Hinweise für die Differenzierung verschiedener Reputationsträger geben zu können (erste Zielsetzung der vorliegenden Arbeit).[287]

Der Elaboration-Likelihood-Ansatz von *Petty/Cacioppo* sowie *Feldman/Lynchs* Accessibility Diagnosticity-Framework wiederum befassen sich mit Prozessen der

---

[282] Vgl. Strack (1988), S. 77.
[283] Vgl. Strack (1988), S. 73.
[284] Vgl. Sämmer (1999), S. 263 ff.
[285] Vgl. van Dick/Wagner/Gautam (2002), S. 158.
[286] Vgl. Tajfel/Turner (1986, 1979).
[287] Organisationen werden hier verstanden als komplexe Gebilde, bestehend aus einem Netzwerk einer Vielzahl von Subgruppen (vgl. Turner/Haslam (2001), S. 37; Hogg/Terry (2000), S. 131; van Knippenberg/van Schie (2000), S. 139).

Einstellungsentstehung und der relativen Bedeutung von kognitiven Repräsentationen innerhalb der hierarchisch organisierten menschlichen Wissensstrukturen.[288] Ebenfalls ausgehend von den kognitivistischen Grundannahmen wird erklärt, dass zur Veränderung von Einstellungen ein informationsverarbeitender Prozess initiiert werden muss, der sich auf die entscheidenden kognitiven und affektiven Bestandteile der Einstellung bezieht.[289] Überdies werden Faktoren identifiziert, von denen es abhängt, welche Repräsentation innerhalb der kognitiven menschlichen Schemata verhaltensrelevant wird. In Kombination dürften beide Modelle Aussagen zur relativen behavioristischen Bedeutung sowie zum Verhältnis der hierarchisch differenzierten Reputationen erlauben (zweite Zielsetzung).

Zur Analyse der Verhaltenswirkungen von Unternehmens- und Fachabteilungsreputation als einstellungsähnliche kognitive Repräsentationen (dritte Zielsetzung) bietet sich die klassische Einstellungstheorie bzw. deren Weiterentwicklung in Form der Theorie des überlegten Handelns an.[290] Für die Qualität der Einstellung als Prädiktor des Verhaltens ist demnach u.a. entscheidend, dass diese bezüglich des Handlungs-, Ziel-, Kontext- und Zeitaspekts äquivalent sind.[291] Diese und weitere Kriterien liefern Ansatzpunkte zur relativen Bedeutung der auf verschiedenen Aggregationsebenen angelegten Reputationen.

Informationsverarbeitungsprozesse bilden gleichfalls den Ausgangspunkt der Means-End-Chain-Theorie, nach der Individuen Vorstellungen über bestimmte Leistungen und über deren Eignung für die Erreichung persönlicher Ziele entwickeln.[292] Resultierende Means-End-Ketten sind als kognitive, hierarchisch strukturierte Repräsentationen in der individuellen Wissensstruktur zu verstehen.[293] Die Means-End-Chain-Theorie verspricht daher einen Zugang für die Identifikation von reputationsdeterminierenden Charakteristika von Unternehmen bzw. deren Sparten (vierte Zielsetzung).

Allen Theorien ist somit die Annahme gemeinsam, dass alles Erleben und Verhalten auf Informationsverarbeitung und dem Umgang mit kognitiven Repräsentationen basiert.[294] Letztere betreffen dabei nicht nur das Individuum selbst und damit dessen Wissen, sondern auch Verfahrensweisen im Umgang mit diesen Informationen und

---

[288] Vgl. Feldman/Lynch (1988); Petty/Cacioppo (1986). Zur Definition von „Repräsentation" vgl. Kapitel C.3.3.1.
[289] Vgl. von Wangenheim (2003), S. 132; Sämmer (1999), S. 288.
[290] Vgl. Frey/Stahlberg/Gollwitzer (2001), S. 362 f.; Six/Eckes (1996), S. 8; Ajzen/Madden (1986).
[291] Vgl. Frey/Stahlberg/Gollwitzer (2001), S. 363; Ajzen/Fishbein (1977), S. 890 ff.
[292] Vgl. Reynolds/Gutman (1988).
[293] Vgl. Reynolds/Gengler/Howard (1995), S. 257 f.
[294] Vgl. hierzu Sämmer (1999), S. 263 ff.

damit hauptsächlich Heuristiken. Repräsentationen können ferner verknüpft, verglichen oder transformiert werden, wodurch die Eignung entsprechender Ansätze, vor allem zur Analyse der Beziehung zwischen Fachabteilungsreputation und Unternehmensreputation als derartige Repräsentationen unmittelbar deutlich wird. Außerdem wird den Überlegungen zugrunde gelegt, dass jedes Verhalten zielgerichtet und plangesteuert ist, wobei Verhalten nicht nur als äußerer Prozess in Form konkreten Handelns, sondern auch als innerer Vorgang verstanden werden kann.

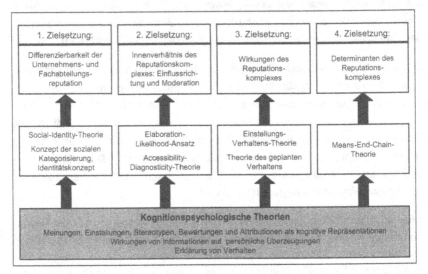

Abb. C-1: Erklärungsansätze für die fokussierten Zielsetzungen

Die hier selektierten Theorien als Beiträge der kognitiven Psychologie lassen sich nicht nur mit dem verhaltenswissenschaftlichen Theoriegebäude vereinen, da sie allesamt nach der Erklärung individuellen Verhaltens trachten (Auswahlkriterium Eins);[295] sie lassen sich darüber hinaus innerhalb diesem einem gemeinsamen wissenschaftlichen Paradigma innerhalb der Psychologie und Sozialpsychologie zuordnen (Auswahlkriterium Drei) – mit entsprechenden positiven Konsequenzen für die Vereinbarkeit der von ihnen zugrunde gelegten Prämissen (vgl. Abb. C-1). Ferner wurde im Rahmen der Kurzvorstellungen der ausgewählten Ansätze deutlich, dass

---

[295] In Kapitel B.2.4 wurde ausgeführt, dass sich niedergelassene Ärzte mitunter in Berufsausübungsgemeinschaften und anderen Kooperationsformen organisieren, so dass an dieser Stelle die Kritik angebracht werden könnte, verhaltenswissenschaftliche, am Individuum ansetzende Theorien seien hier aufgrund teilweise vorliegender eingeschränkter individueller Entscheidungsfreiheit nicht angebracht. Dem soll entgegengesetzt werden, dass gemäß dem methodologischen Individualismus als wissenschaftstheoretische Position zur Erklärung auch (semi-) kollektiver Phänomene immer vom einzelnen Menschen aus argumentiert werden muss (vgl. Udehn (2002), S. 480 ff.). Zu diesem Zweck müssen die individuellen Handlungsmotivationen bekannt sein und erforscht werden (conditio humana) (vgl. Kraus (2008), S. 40).

diese höchst fruchtbar für die Beantwortung der Forschungsfragen der vorliegenden Arbeit zu sein scheinen (Auswahlkriterium Zwei).

Als nächster Schritt sollen die zentralen Erklärungsbeiträge dieser hier zunächst nur angerissenen Theorien auf ihre konkrete Anwendbarkeit auf die mit den Forschungsfragen dieser Arbeit abgesteckten Zusammenhänge geprüft werden.

3 Zur Notwendigkeit einer Differenzierung der Reputation nach unterschiedlichen Betrachtungsebenen und der Zusammenhang zwischen Krankenhaus- und Fachabteilungsreputation

Der Kern der vorliegenden Arbeit besteht darin, aufzuzeigen, dass die differenzierte Analyse von Krankenhaus- und Fachabteilungsreputation einen höheren Erklärungsbeitrag relevanter Bezugsgruppenreaktionen leistet als die bisher in der Literatur vorzufindende Beschränkung auf eine generelle Unternehmensreputation. Erste Hinweise auf die Bedeutung einer solchen Differenzierung lieferte *Bromley*, der im Zuge seiner grundlegenden Arbeit zum Reputationskonzept aus sozialpsychologischer Perspektive feststellte, dass „[...] *large entities have subreputations, the reputations of its constituent parts* [...]."[296] *Brown*, der sich intensiv mit der Bedeutung sog. Corporate Associations für das Kundenverhalten auseinandersetzt,[297] fragt weitergehend nach der wechselseitigen Beeinflussung zwischen Assoziationen bezogen auf verschiedene Reputationsträger.[298] Zwar wird damit in einschlägigen Arbeiten explizit auf den Multilevel-Charakter des Reputationskonzeptes hingewiesen,[299] eine Analyse unterhalb der Ebene des Gesamtunternehmens und die empirische Untersuchung dieses Phänomens sucht man in der wissenschaftlichen Literatur bisher jedoch vergebens.[300]

Entsprechend der ersten Zielsetzung dieser Arbeit wird im Folgenden unter Rekurs auf die Theorie der sozialen Identität die konzeptionelle Differenzierung des Reputationskonstruktes in Unternehmensgesamt- und Spartenreputation fundiert. Anschließend soll mit Blick auf die zweite Zielsetzung das Innenverhältnis dieses Reputationskomplexes näher beleuchtet werden, indem die Kohärenz zwischen Krankenhaus- und Fachabteilungsreputation analysiert wird.

---

[296] Bromley (1993), S. 13.
[297] *"Corporate associations describe the cognitions, affects (ie, moods and emotions), evaluations (attaching to specific cognitions or affects), summary evaluations, and/or patterns of associations (eg schemata, scripts) with respect to a particular company."* (Brown (1998), S. 217).
[298] Vgl. Brown (1998), S. 217.
[299] Vgl. Ferguson/Deephouse/Ferguson (2000), S. 1195; Meffert/Bierwirth/Burmann (2002), S. 177.
[300] Vgl. Kapitel A.2. Entsprechend findet sich bisher auch keine umfassende, explizite theoretische Begründung für die Existenz von „Reputation" unterhalb der Ebene des Gesamtunternehmens.

3.1 Social-Identity-Theorie als theoretische Grundlage einer Differenzierung der Reputation

3.1.1 Eignung der Social-Identity-Theorie als theoretische Grundlage der Differenzierung des Reputationskonzeptes

Das originäre Anliegen der Social-Identity-Theorie ist die Beschreibung und Darlegung der psychologischen Basis von Intergruppenverhalten und Intergruppenkonflikten. Die Erklärung besteht im Wesentlichen darin, dass derartige soziale Konflikte weniger auf Interessengegensätze, sondern vielmehr auf die Kategorisierung von Individuen in verschiedene Gruppen zurückzuführen ist, d.h. letztendlich auf die bloße Wahrnehmung unterschiedlicher sozialer Kategorien.[301] Mit den ihr innewohnenden Konzepten der sozialen Kategorisierung und der sozialen Identität liefert die Social-Identity-Theorie auch einen umfassenden theoretischen Zugang zur Erklärung, wie Individuen ihre Umwelt wahrnehmen und strukturieren, wobei die Wahrnehmung von Organisationen, besonders von Unternehmen und deren kognitive Strukturierung, explizites Erkenntnisinteresse darstellen.[302] Aus diesem Grund erscheint die Social-Identity-Theorie vielversprechend für die Substanziierung des Multilevel-Charakters des Reputationskonzeptes im organisationalen Kontext.

Der Fundierung der Differenzierung zwischen Gesamt- und Subreputation kann sich auf Basis der Social-Identity-Theorie auf zweierlei Weise, mithin aus einer externen und einer internen Perspektive, genähert werden, die schließlich komplementär eine konsistente Erklärung von nach organisationalen Ebenen unterschiedenen Reputationen liefern. Zum einen wird aus einem externen Begründungszusammenhang argumentiert, dass Individuen komplexe, für sie saliente Organisationen kognitiv in Subkategorien strukturieren (Konzept der sozialen Kategorisierung). Diese Subkategorien wiederum werden als Träger eigener Reputationen wahrgenommen.[303] Zum anderen wird erklärt, wie sich innerhalb von Unternehmen neben der Identität der Gesamtorganisation Subidentitäten korrespondierend mit den Einheiten der formalen Organisationsstruktur herausbilden (Konzept der sozialen Identität). Identität gilt aus dieser Innensicht als Voraussetzung dafür, dass sich eine extern wahrnehmbare Reputation überhaupt entwickeln kann. Wenngleich diese beiden Konzepte im Folgenden einzeln betrachtet werden, gelten sie in der Social-Identity-Theorie als untrennbar aufeinander bezogen.

---

[301] Vgl. Turner/Haslam (2001), S. 27. Für eine umfassende Vorstellung der Social-Identity-Theorie, die in der vorliegenden Arbeit nicht erfolgen kann, vgl. Haslam (2001); Tajfel/Turner (1986).

[302] Vgl. Ashforth/Mael (1989). Für weitere Anwendungen im Kontext erwerbswirtschaftlicher Organisationen vgl. Haslam (2001); Hogg/Terry (2000); Tyler/Blader (2000); van Knippenberg (2000); Ouwerkerk/Ellemers/de Gilder (1999); Tyler (1999); Bhattacharya/Rao/Glynn (1995); Dutton/ Dukerich/Harquail (1994); Kramer (1991).

[303] Vgl. Emler (1990), S. 171.

3.1.2 Konzept der sozialen Kategorisierung

Das Konzept der sozialen Kategorisierung soll klären, auf welche Weise ein Individuum die Realität sozialer Organisationen und Gruppen für sich kognitiv strukturiert und damit seine Umwelt überschaubar macht.[304] Es dient dem Individuum somit als Orientierungssystem, das dazu beiträgt, sowohl sich als auch relevanten Bezugspersonen und -gruppen einen Platz in der Gesellschaft zuzuordnen bzw. diesen zu definieren.[305] Damit sekundiert die Kategorisierung nicht nur die kognitive Strukturierung des sozialen Kontextes, sondern liefert einer Person gleichzeitig wesentliche Informationen für die Einschätzung anderer Personen und Gruppen, indem sie erfasst, zu welchen Kategorien diese gehören.[306]

Die soziale Umwelt und ihre Entitäten werden derart nach Kategorien geordnet, dass diese „[...] in Bezug auf ihre Relevanz für die Handlungen, Absichten oder Einstellungen des Individuums ähnlich oder äquivalent sind."[307] Gleichzeitig wird davon ausgegangen, dass „Almost all groups are vertically organized to contain subgroups, while they themselves are nested within larger groups [und dass] sometimes subgroups are wholly nested within a superordinate group (e.g. a sales department within an organization)."[308] Organisationen, namentlich Unternehmen, werden im Rahmen der Social-Identity-Theorie somit als komplexe, hierarchische Gebilde, bestehend aus vertikal separierten Subgruppen in Gestalt von Sparten und Abteilungen, verstanden.[309] Werden diese Abteilungen schließlich als kohärent hinsichtlich der Handlungsrelevanz wahrgenommen und damit im Zuge der Kategorisierungsstrategie als distinkt zu anderen Abteilungen und übergeordneten Kategorien gesehen, bilden diese für das Individuum autonome Bezugsgrößen kognitiver Repräsentationen.[310] Im Rahmen marktlicher Austauschbeziehungen wird eine solche kategoriale Differenzierung primär durch die Zuordnung der Problemlösungsrelevanz zu bestimmten Sparten oder Abteilungen bedingt.[311]

---

[304] Die Gruppendefinition der Social-Identity-Theorie geht nicht von den in der klassischen Psychologie üblichen konstituierenden Merkmalen sozialer Gruppen aus, wie etwa Face-to-Face-Kontakt oder der Existenz von Gruppenzielen, sondern stellt eine minimalistische Definition dar: „[...] the essential criteria [...] are that the individuals concerned [...] are defined by others as members of a group." (Tajfel/Turner (1979), S. 40). Damit ist es möglich, das Verhalten von Personen gegenüber abstrakten sozialen Kategorien zu analysieren (vgl. Stange (1991), S. 69). Dies ist Grundvoraussetzung dafür, dass die Social-Identity-Theorie überhaupt auf organisationale Kategorien anwendbar ist, wie es im Rahmen dieser Arbeit erfolgen soll.

[305] Vgl. Tajfel (1982b), S. 103.

[306] Vgl. Stange (1991), S. 84.

[307] Tajfel (1975), S. 345.

[308] Hogg/Terry (2000), S. 131.

[309] Vgl. Turner/Haslam (2001), S. 37; van Knippenberg/van Schie (2000), S. 139.

[310] Vgl. Einwiller et al. (2006), S. 187; Reade (2001), S. 1272; Yoon/Baker/Ko (1994).

[311] Vgl. Einwiller et al. (2006), S. 186.

Untermauert wird die Bedeutung der Problemlösungsrelevanz durch die Theorie der Identität strategischer Gruppen.[312] Auf Basis der Social-Identity-Theorie wie auch der sozial-kognitiven Lerntheorie,[313] die ebenfalls zur kognitionstheoretischen Psychologie zählt,[314] wird hier die Entstehung sog. strategischer Gruppen als relevante kognitive Kategorien erklärt. Komplementär zur reinen Social-Identity-Theorie wird die Bedeutung sozialer Lernprozesse bei der Wahrnehmung bedeutsamer Kategorien betont. So wird innerhalb eines Lernprozesses in Erfahrung gebracht, welche Gruppen Lösungen für Problemstellungen bieten und mit welchen Gruppen eine kooperative Zusammenarbeit zu diesem Zweck möglich und sinnvoll erscheint. Um Komplexität zu reduzieren, konzentrieren sich Individuen dann auf die für sie relevanten Kategorien.

Zusammenfassend erklärt das Konzept der sozialen Kategorisierung, warum Individuen Organisationen nicht als homogene Einheiten, sondern vielmehr als separierte Gebilde wahrnehmen. Unter Verweis auf das Reputationskonzept dieser Arbeit bedeutet dies, dass den salienten Kategorien in Gestalt von Unternehmenssparten oder Abteilungen gegenüber anderen Subeinheiten sowie übergeordneten Kategorien von externen Bezugsgruppen separat reputationsrelevante Eigenschaften zugeschrieben werden.[315] Aus der Perspektive des Unternehmens ist es im Sinne der Social-Identity-Theorie hierfür jedoch erforderlich, dass die Subkategorien über eigene Identitäten verfügen, an denen die Mitglieder der jeweiligen Kategorie ihr Verhalten ausrichten. Damit ist das Konzept der sozialen Identität angesprochen.

3.1.3 Konzept der sozialen Identität

Tajfel, auf den die Social-Identity-Theorie zurückgeht, betrachtet die Gesellschaft als ein Netzwerk einer Vielzahl voneinander abgegrenzter sozialer Kategorien, die untereinander direkt oder indirekt in Beziehungen zueinander stehen.[316] Jede Gruppenmitgliedschaft eines Individuums in einer solchen Kategorie kann positiv oder negativ zu dessen Selbstkonzept beitragen.[317] Dieses Selbstkonzept, so die Annahme, besteht aus zwei Elementen, der personalen und der sozialen Identität, wobei es die soziale Identität ist, die aus der Zugehörigkeit zu sozialen Gruppen resultiert.[318] Die

---

[312] Vgl. Peteraf/Shanley (1997).
[313] Vgl. Bandura (1979).
[314] Vgl. Sämmer (1999), S. 263 ff.
[315] Vgl. van Knippenberg/van Schie (2000), S. 139; Tajfel (1975), S. 345.
[316] Vgl. Stange (1991), S. 72.
[317] „The self-concept is an interpretative structure that mediates how people behave and feel in a social context and refers to the totality of self-descriptions and self-evaluations subjectively available to an individual." (Dutton/Dukerich/Harquail (1994), S. 242).
[318] Vgl. Tajfel (1982a), S. 24.

personale Identität setzt sich aus idiosynkratischen Merkmalen wie Fähigkeiten, psychologischen Eigenschaften und Interessen einer Person zusammen und spiegelt damit die Selbstwahrnehmung der Person als ein Individuum wider.[319] In Abgrenzung hierzu definiert *Tajfel* die soziale Identität und damit den sozialen Teil des Selbstbildes als „[...] *the part of an individual's self-concept which derives from his knowledge of his membership of a social group (or groups) together with the value and the emotional significance attached to that membership.*"[320]

Die soziale Identität eines Individuums führt dazu, dass Gruppenattribute, die „central, enduring, and distinctive"[321] und damit prototypisch für die fokale Gruppe sind, in das Selbstkonzept der Mitglieder übernommen und somit verhaltens-bestimmend werden.[322] Aus Sicht der Kategorie sind es diese, von den Gruppen-mitgliedern in das Selbstkonzept übernommenen Eigenschaften, die in Summe die Gruppenidentität bestimmen.[323] Identität ist damit nicht ausschließlich ein individuelles Konzept, sondern ebenso wirksam auf der Ebene von Kategorien im Sinne der Social-Identity-Theorie.[324]

Mithilfe des Konzepts der sozialen Identität kann folglich erklärt werden, dass sich innerhalb von Unternehmen neben der Identität der Gesamtorganisation Sub-identitäten korrespondierend mit den Einheiten der formalen Organisationsstruktur herausbilden können. Entsprechend verstehen *Whetten/Mackey* nicht nur Unter-nehmen als Ganzes als soziale Akteure, sondern ebenso distinkte Subeinheiten, die über eigene Identitäten verfügen.[325] Gruppenidentitäten wiederum sind Voraus-setzung dafür, dass die entsprechenden Gruppen als Träger eigener, distinkter Reputationen wahrgenommen werden können:[326] Die Gruppenidentität bzw. die durch diese erfassten „central, enduring, and distinct aspects" bilden definitions-gemäß den Referenzpunkt des Reputationsurteils durch Außenstehende.[327] Aus sozialpsychologischer Sicht machen somit Identitäten soziale Kategorien erst für Reputationsurteile greifbar und differenzierbar.[328] *Bromley* fasst zusammen:

---

[319] Vgl. Ashforth/Mael (1989), S. 21.
[320] Tajfel (1978), S. 63.
[321] Vgl. Brown et al. (2006), S. 100.
[322] Vgl. Hogg (1996), S. 231.
[323] Vgl. Whetten/Mackey (2002), S. 394 f.
[324] Vgl. van Dick (2004), S. 52; Whetten/Mackey (2002), S. 395; Dutton/Dukerich/Harquail (1994), S. 243.
[325] Vgl. Whetten/Mackey (2002), S. 395.
[326] Vgl. Brown et al. (2006), S. 104; Whetten/Mackey (2002), S. 399 f.; Bromley (2001), S. 325; Rindova/Fombrun (1999), S. 706; van Riel/Balmer (1997), S. 341 f.
[327] Vgl. Kapitel C.1.2; exemplarisch Schultz/Hatch/Larsen (2000). Für Arbeiten, die sich ausführlich mit dem Zusammenhang von Identität und Reputation befassen, vgl. Davies et al. (2001); Watrick (2001); Bromley (2000); Williams/Barnett (2000); Whetten (1997).
[328] Vgl. Fichtner (2006), S. 139.

„Organisations of some size and complexity are likely to have a number of constituent parts, which have subsidiary but distinct identities and [therefore] reputations."[329]

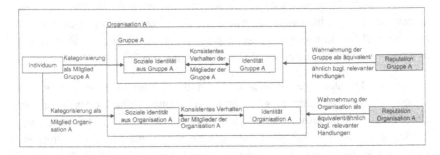

Abb. C-2: Konzeptioneller Rahmen der Differenzierung des Reputationskonzeptes

Resümierend lässt sich festhalten, dass die Social-Identity-Theorie einen geeigneten theoretischen Zugang für die Differenzierung des Reputationskonzeptes in eine generelle Unternehmensreputation und untergeordnete Gruppenreputationen liefert. Ausgehend vom Individuum und unter Bezug auf die Zusammenhänge zwischen intraindividuellen Prozessen, Strukturen der Informationsverarbeitung und sozialen Kontextbedingungen wird begründet, dass (vgl. Abb. C-2)

- erstens, Individuen komplexe Organisationen kognitiv in saliente Subgruppen strukturieren, wenn es sich bei diesen hinsichtlich der Handlungsrelevanz um homogene Einheiten handelt,

- zweitens, auf der Ebene von Gruppen distinkte Identitäten als Pendant der jeweiligen individuellen sozialen Identitäten existieren, welche erst bedingen, dass (externe) Personen und Bezugsgruppen diese Gruppen hinsichtlich der Handlungen und Absichten als äquivalent wahrnehmen und

- drittens, derartige saliente organisationale Gruppen konsequenterweise als Bezugspunkte bzw. Träger kognitiver Repräsentationen, insbesondere einer eigenen Reputation verstanden werden müssen.

3.1.4 Krankenhausreputation und Fachabteilungsreputation als distinkte Repräsentationen in der Wahrnehmung niedergelassener Ärzte

Anknüpfend an die dargestellten Erkenntnisse der Social-Identity-Theorie gilt es nun zu untersuchen, ob für den konkreten Untersuchungskontext dieser Arbeit davon ausgegangen werden kann, dass es sich in der Wahrnehmung niedergelassener Ärzte bei dem Gesamtunternehmen „Krankenhaus" und bei dessen Fachabteilungen

---

[329] Bromley (2001), S. 325.

um distinkte Kategorien und damit um Träger eigener Reputationen handelt. Als Voraussetzungen hierfür wurde zuvor die Separierbarkeit dieser Entitäten in homogene Gruppen hinsichtlich Handlungsrelevanz und Absichten in Verbindung mit jeweils eigenständigen Gruppenidentitäten dieser Einheiten genannt.

Niedergelassene Ärzte müssen in ihrer Rolle als Einweiser eine Entscheidung darüber treffen, ob und, falls ja, in welches Krankenhaus sie ihre Patienten zur Weiterbehandlung einweisen. Bei der Wahl des Krankenhauses werden sie den Fokus primär auf die Merkmale der Fachabteilung richten, die entsprechend ihrem fachspezifischen Leistungsspektrum bzw. ihrer Funktionsspezialisierung für das zu behandelnde Krankheitsbild des einzuweisenden Patienten geeignet ist. Dies ergibt sich allein daraus, dass Krankenhäuser unter verschiedene Versorgungsstufen fallen, so dass nicht jedes für die Behandlung einer bestimmten Krankheit fachlich ausgestattet ist. Die auf dem Einweisungsschein vermerkte (Verdachts-) Diagnose des niedergelassenen Arztes hat folgerichtig in der Regel einen expliziten Fachabteilungsbezug.[330]

Aufgrund dieser unmittelbaren Relevanz konkreter Fachabteilungen für die Problemlösung – der Patientenversorgung – kann davon ausgegangen werden, dass niedergelassene Ärzte im Zuge des Kategorisierungsprozesses die relevanten Fachabteilungen als klar voneinander und von der übergeordneten Entität „Krankenhaus" abgrenzbare Einheiten identifizieren. Dies ergibt sich explizit aus der Annahme der Social-Identity-Theorie, wonach Kategorien nach dem Kriterium der Äquivalenz hinsichtlich ihrer Bedeutung für die in Frage stehenden Handlungen und Ziele gebildet werden. Zudem unterstützen soziale Lernprozesse eine derartige Kategorienbildung, da annahmegemäß Erfahrungen der Vergangenheit hinsichtlich der Eignung für die Lösung bestimmter Problemstellungen für die Bildung und Abgrenzung von Kategorien mitbestimmend sind.

Während sich somit Fachabteilungen für konkrete Einweisungsfälle als homogene Entitäten hinsichtlich der Entscheidungs- und Handlungsrelevanz präsentieren, umfasst die Kategorie „Krankenhaus" einen weniger fallspezifischen und auf einer höheren Abstraktionsebene angesiedelten Problemlösungskomplex und stellt daher den Bezugspunkt für beispielsweise nicht fallbezogene, abteilungsübergreifende und/oder abteilungsunabhängige Handlungen und Ziele niedergelassener Ärzte dar.[331] Zu denken wäre diesbezüglich etwa an die in Kapitel B.2.2 erläuterten

---

[330] Vgl. Kapitel B.2.1.2.
[331] Vgl. Mummendey/Otten (2002), S. 104 ff. Bereits an dieser Stelle wird deutlich, dass der Bezugspunkt von Entscheidungen von Stakeholdern, die für Unternehmen erfolgsrelevant sind, keineswegs ausschließlich auf der Ebene des Gesamtunternehmens verankert ist. Die bisherige

Kooperations- und Wettbewerbskonstellationen zwischen Krankenhäusern und niedergelassenen Ärzten. Für entsprechende Überlegungen und Absichten der Niedergelassenen dürfte eher die Kategorie „Krankenhaus" und weniger eine bestimmte Fachabteilung als Bezugsgröße herangezogen werden, da die strategische Positionierung der Akteure zueinander angesprochen ist.

Für den Zweck dieser Arbeit kann folglich festgestellt werden, dass niedergelassene Ärzte nach dem Konzept der sozialen Kategorisierung Fachabteilungen als distinkte Entitäten wahrnehmen – sowohl untereinander als auch in Abgrenzung von der übergeordneten Kategorie „Krankenhaus". Die erste Bedingung dafür, dass Fachabteilungen gegenüber dem jeweiligen Krankenhaus eigenständige Reputationsträger sind, ist somit erfüllt.

Richtet man nun komplementär den Blick auf die Bildung von Gruppenidentitäten innerhalb von Krankenhausorganisationen, wird unmittelbar ersichtlich, dass die klassische, historisch gewachsene Aufbauorganisation von Krankenhäusern stark fördernd auf die Ausbildung distinkter Identitäten einzelner Organisationseinheiten wirkt:[332] Die hohe Funktionsspezialisierung der formalen Aufbauorganisation in Gestalt separater Fachabteilungen als grundlegendes Charakteristikum einer Abteilung, die zudem über eigene Entscheidungs- und Weisungssysteme verfügen sowie in der Regel autonome Einheiten der Erfolgsplanung darstellen, bedingt eine hohe Salienz der sozialen Identität der jeweiligen Gruppenmitglieder und damit eine starke Wirksamkeit der entsprechenden Gruppenidentitäten – auch aufgrund der oft prägenden Wirkung der Chefärzte der einzelnen Abteilungen.[333] Die in Krankenhäusern häufig zu beobachtenden Autonomiebestrebungen der medizinischen Abteilungen sowie die Verteidigung der Unabhängigkeit gegenüber der gesamten Organisation und anderen Fachabteilungen untermauern die Existenz distinkter Gruppenidentitäten. Derartige Bestrebungen werden von der Social-Identity-Theorie explizit als Konsequenzen der Ausbildung von Gruppenidentitäten genannt.[334]

Wenn also davon ausgegangen werden kann, dass sich Krankenhausmitarbeiter nicht nur als Mitglieder der Krankenhausorganisation als Ganzes, sondern sich

---

Beschränkung einschlägiger Arbeiten auf die Analyse von Verhaltenswirkungen einer generellen Unternehmensreputation ließe dies hingegen vermuten.

[332] Vgl. Kapitel B.1.4.

[333] Vgl. Otte/Röhßen (2009), S. 146; Kapitel B.1.4.

[334] Vgl. Callan et al. (2007), S. 457; Gorschlüter (1999), S. 99; Tajfel (1982c), S. 101 ff. Dass Mitarbeiter von Unternehmen tatsächlich zwischen den genannten Gruppen, insbesondere zwischen der Abteilung und dem Unternehmen als Ganzes unterscheiden, wurde bereits in einer Reihe von Studien bestätigt und kann mit Verweis auf das Konzept der sozialen Kategorisierung erklärt werden (vgl. Kapitel C.3.1.2; van Dick (2001); Snape/Redman/Chan (2000); Meyer/Allen (1997); Brown et al. (1986); Brown/Williams (1984)).

darüber hinaus differenziert als Mitglieder ihrer jeweiligen Fachabteilung bzw. Leistungseinheit kategorisieren und sich somit kontextabhängig in Bezug auf die jeweilige soziale Identität verhalten, ist mit der Existenz entsprechender Gruppenidentitäten auch die zweite Bedingung für die Differenzierbarkeit von Krankenhaus- und Fachabteilungsreputation erfüllt.[335]

Es bleibt festzuhalten, dass niedergelassene Ärzte neben der Gesamtorganisation die Fachabteilungen bzw. andere saliente Leistungseinheiten (interdisziplinäre Zentren) eines Krankenhauses als distinkte Kategorien erfassen und dass diese Kategorien über spezifische Gruppenidentitäten als Summe ihrer zentralen, anhaltenden und charakteristischen Eigenschaften verfügen.[336] Die von den Niedergelassenen wahrnehmbaren Identitäten wiederum sind Bezugsgrößen ihres Reputationsurteils über die jeweiligen Kategorie, d.h. soziale Kategorien werden laut der Annahmen der Social-Identity-Theorie mit Bewertungen bzw. kognitiven Repräsentationen besetzt und sind damit Träger eigener Reputationen.[337]

Konzeptionell erscheint es damit eindeutig, dass es sich bei der Krankenhaus- und der Fachabteilungsreputation um distinkte Konstrukte handelt. Zwar existieren keine Studien, die sich fundiert mit der Reputation organisationaler Subeinheiten von Unternehmen befassen.[338] Dennoch lassen sich Arbeiten finden, die die hier theoretisch hergeleitete Differenzierung des Reputationskonzeptes – zumindest implizit – durch empirische Ergebnisse untermauern:

Zu nennen ist zunächst die Arbeit von *Callan et al.*, die für Krankenhäuser auf Basis der Social-Identity-Theorie theoretisch begründen und anschließend empirisch belegen, dass die jeweilige Fachabteilung („Professional Department") neben der Organisation als Ganzes für Mitarbeiter tatsächlich eine relevante, saliente Kategorie dar-

---

[335] An dieser Stelle muss darauf hingewiesen werden, dass aus Sicht niedergelassener Ärzte sicherlich noch eine weitere Reputationsebene zu unterscheiden ist, nämlich die der Chefärzte der Fachabteilungen (vgl. Kapitel I.3). Chefärzte tragen die personelle, organisatorische und vor allem die medizinische Verantwortung der Fachabteilungen und können mitunter als „Galionsfigur" dieser verstanden werden (vgl. Otte/Röhßen (2009), S. 148; Kapitel B.1.4). Wie weitgehend die Reputation eines Chefarztes für die Fachabteilungsreputation von Bedeutung ist, wird im Rahmen der Zweitstudie dieser Arbeit mit der Untersuchung der Loyalität der Niedergelassenen gegenüber der Fachabteilung im Fall eines Chefarztwechsels implizit analysiert (vgl. Kapitel F.2.2).

[336] Sowohl die differenzierte Kategorisierung eines Krankenhauses durch niedergelassene Ärzte als auch die Salienz der sozialen Identitäten der Krankenhausmitarbeiter dürften ferner durch die formale Außendarstellung von Krankenhäusern gefördert werden: Neben der Positionierung des Gesamtunternehmens durch die Kommunikation von Leitbildern und Unternehmenspolitik werden Fachabteilungen wie auch interdisziplinäre Zentren in der Regel voneinander differenziert als einzelne Leistungseinheiten präsentiert (vgl. exemplarisch o.V. (2007)).

[337] Vgl. Einwiller et al. (2006), S. 187; Reade (2001), S. 1272; Tajfel et al. 1971, S. 160;. Diese wiederum sind unmittelbar relevant für das Verhalten gegenüber der jeweiligen Kategorie (vgl. Tajfel et al. 1971, S. 162 ff.).

[338] Vgl. Kapitel A.2.

stellt und entsprechend Gruppenidentitäten auf beiden Ebenen (als Voraussetzung differenter Reputationen) existieren.[339] Weiter ist auf die Arbeit von *Ferguson/ Deephouse/Ferguson* hinzuweisen, die Reputation auf der Ebene strategischer Gruppen innerhalb einer Dienstleistungsbranche analysieren.[340] Analog zur Vorgehensweise dieser Arbeit wird von den Autoren auf Basis der Social-Identity-Theorie argumentiert, dass *„The reputation of each group differ because the identity [...] of each group differ."*[341] Sie können empirisch nachweisen, dass verschiedene strategische Gruppen tatsächlich über differente Reputationen verfügen. *Ferguson/ Deephouse/Ferguson* belegen damit, dass das Reputationskonzept nicht allein auf die Ebene von Unternehmen beschränkt werden darf. Den gleichen theoretischen Zugang wählen *Dukerich/Golden/Shortell*. Sie widmen sich der empirischen Analyse der Reputation verschiedener „Health Care Systems" und ihren jeweiligen Wirkungen auf die Kooperationsbereitschaft zugehöriger Ärzte.[342] Die Autoren untermauern somit nicht nur die Eignung der Social-Identity-Theorie für die Begründung der Differenzierung des Reputationskonzeptes sowie die Annahme des Multilevel-Charakters. Ferner wird auch durch ihre Arbeit deutlich, dass Reputationseffekte offenkundig auch für den Untersuchungskontext der vorliegenden Arbeit relevant sind.

Entsprechend den konzeptionellen Überlegungen sowie der empirischen Befundlage lässt sich hinsichtlich der Differenzierbarkeit von Krankenhaus- und Fachabteilungsreputation folgende Hypothese ableiten:

> $H_{1(1)}$:[343] *Krankenhausreputation und Fachabteilungsreputation sind aus der Perspektive niedergelassener Ärzte distinkte Konstrukte.*

Zur empirischen Überprüfung dieser sowie der weiteren, im Verlauf der vorliegenden Arbeit herzuleitenden Hypothesen ist zu klären, wie die differenzierten Reputationen messbar gemacht werden können. Da es sich bei dem Reputationskomplex um den Kern des zu entwickelnden Forschungsmodells handelt, ist eine umfassende Auseinandersetzung mit Möglichkeiten der Operationalisierung der beiden Konstrukte erforderlich.

---

[339] Vgl Callan et al. (2007).
[340] Vgl. Ferguson/Deephouse/Ferguson (2000).
[341] Ferguson/Deephouse/Ferguson (2000), S. 1198.
[342] Vgl. Dukerich/Golden/Shortell (2002). Unter Health-Care-Systemen als Untersuchungsfälle ihrer Studie verstehen die Autoren vertikal integrierte Anbieter von Gesundheitsdienstleistungen. Diese können beispielsweise Akutkrankenhäuser, Ambulanzen, Arztpraxen, Pflegeeinrichtungen und Apotheken umfassen (vgl. Dukerich/Golden/Shortell (2002), S. 507).
[343] Der Index in der Klammer steht für die Studie, in der die Hypothese explizit empirisch überprüft werden soll. So bedeutet „(1)", dass eine Hypothese mit den Daten der Erststudie, „(2)", dass eine Hypothese mit den Daten der Zweitstudie konfrontiert wird.

3.2 Empirische Erfassung der Krankenhaus- und Fachabteilungsreputation

Konzeptionell, d.h. die begriffliche Erfassung sowie das theoretische Verständnis von „Reputation" betreffend, unterscheiden sich die spezifizierten Konstrukte „Krankenhausreputation" und „Fachabteilungsreputation" allein durch das jeweilige Bezugsobjekt, auf das sie sich beziehen.[344] Folglich werden sich die Operationalisierungen der Konstrukte lediglich hinsichtlich der Domänen, die in die jeweiligen Items aufgenommen werden, unterscheiden, nicht jedoch hinsichtlich der Überlegungen zur Eignung bestimmter Operationalisierungsansätze. Zur Wahrung der Übersichtlichkeit der folgenden Ausführungen kann daher zunächst auf die Konstruktdifferenzierung verzichtet werden und in Bezug auf das generelle Reputationskonzept dieser Arbeit ohne Konkretisierung des Bezugsobjektes argumentiert werden.

Um eine systematische und planvolle Prüfung vorliegender Operationalisierungen des Reputationskonstruktes gewährleisten zu können, orientiert sich die Entscheidung für einen Messansatz an folgenden Kriterien:[345]

- Der Messansatz muss reliabel sein, d.h. er muss exakte Messwerte liefern.[346] Im Rahmen der Reliabilitätsbestimmung wird dabei in der Regel auf interne Konsistenztests zurückgegriffen.[347] Eine geeignete Maßzahl hierfür stellt *Cronbachs* Alpha dar.[348]

- Der Messansatz muss valide sein, d.h. er muss das messen, was er zu messen vorgibt und damit konzeptionell korrekt sein.[349] Als Arten der Validität lassen sich die Inhaltsvalidität, die Kriteriumsvalidität und die Konstruktvalidität unterscheiden:[350]

    a) Die Inhaltsvalidität bezeichnet den Grad, zu dem die Indikatoren eines Messinstruments dem semantischen Bereich der zu messenden Variablen angehören und geeignet sind, möglichst alle Bedeutungsinhalte und Facetten dieser abzubilden.[351] Ein objektiver, quantitativer Validitätswert liegt

---

[344] Vgl. Rossiter (2002), S. 309; Kapitel C.1.2.
[345] Vgl. ausführlich Homburg/Krohmer (2006), S. 255 f.; Hildebrandt (1984), S. 44. Zwecks Vollständigkeit sei ergänzend das Kriterium der Objektivität genannt. Demnach soll sichergestellt sein, dass die Werte unabhängig von der Person des Forschers zustande kommen (vgl. Nieschlag/ Dichtl/Hörschgen (2002), S. 430). Durch den Einsatz von Ratingskalen kann man dieser Forderung weitestgehend gerecht werden (vgl. ebd.).
[346] Vgl. Peter/Churchill (1986); Peter (1979), S. 6.
[347] Vgl. Berekoven/Eckert/Ellenrieder (2004), S. 89 f.
[348] Vgl. Cronbach (1951).
[349] Vgl. Rost (2004), S. 33; Homburg/Giering (1996).
[350] Vgl. dezidiert Hildebrandt (1984), S. 44.
[351] Vgl. Balderjahn (2003), S. 131; Bohrnstedt (1970), S. 92.

diesem Validitätskonzept nicht zugrunde, so dass auf Expertenurteile zurückgegriffen werden muss.[352]

b) Kriteriumsvalidität bedeutet, dass die Werte des Messansatzes hoch mit denen einer anderen konstruktvaliden Messung korrelieren.[353] Die Kriteriumsvalidität lässt sich weiter differenzieren in die Prognosevalidität und die Konkurrenzvalidität.[354]

c) Konstruktvalidität wiederum „[...] *liegt dann vor, wenn empirische Konstrukte und empirische Relationen zwischen den Konstrukten der Theorie entsprechen.*"[355] Demgemäß handelt es sich in erster Linie um den Grad, zu dem die Kausalbeziehung zweier theoretischer Konstrukte in einem nomologischen Netzwerk (einer komplexen Hypothesenstruktur) bestätigt wird (nomologische Validität).[356] Zudem lässt sich die Konstruktvalidität unterscheiden in die Konvergenzvalidität und die Diskriminanzvalidität.[357]

Begibt man sich nun auf die Suche nach Verfahren zur Messung des Reputationskonstruktes, stößt man einerseits auf praxisorientierte Ansätze, welche in der Regel Wirtschaftsmagazinen für Praktiker entspringen.[358] Andererseits finden sich Messvorschriften, die im Zuge des steigenden Interesses der Marketingwissenschaft am Reputationskonzept entwickelt wurden. Aufgrund der weitgehend fehlenden theoretischen Fundierung praxisorientierter Ansätze sowie damit einhergehend der Kritik, die diesen hinsichtlich ihrer Verwendung in wissenschaftlichen Arbeiten entgegengebracht wird, wurden für die folgenden Ausführungen lediglich solche Messvorschriften ausgewählt, bei deren Entwicklung wissenschaftliche Standards Berücksichtigung fanden und die daher prinzipiell in Frage kommen, die geforderten Kriterien zu erfüllen.[359]

[352] Vgl. Rossiter (2002), S. 311 f. Zur Überprüfung vorliegender Operationalisierungsansätze muss der Maßstab zur Beurteilung der Inhaltsvalidität selbstverständlich das Reputationskonzept dieser Arbeit sein (vgl. Kapitel C.1.2; Kapitel C.1.3).

[353] Vgl. Malhotra (2007), S. 286.

[354] Vgl. Hildebrandt (1984), S. 42.

[355] Vgl. Balderjahn (2003), S. 132.

[356] Vgl. Hildebrandt (1984), S. 44.

[357] Vgl. Hildebrandt (1984), S. 44.

[358] Als Beispiele seien die „America's Most Admired Companies (AMAC)" des Fortune Magazins und die „GesamtReputation" des Manager Magazins genannt. Für ausführliche Diskussionen praxisorientierter Ansätze und deren Kritik vgl. Fryxell/Wang (1994), S. 3 ff.

[359] Vgl. Rossiter (2002); Churchill (1979). Für einen dezidierten Überblick über Alternativen der empirischen Erfassung des Reputationskonstruktes vgl. Chun (2005), S. 98 ff.

3.2.1 Wissenschaftliche Ansätze zur Messung von Reputation

3.2.1.1 Reputation Quotient

Entwickelt wurde der Reputation Quotient (RQ) von *Fombrun* und *van Riel*, mit dem Ziel, ein bezugsgruppen-, branchen- und länderübergreifendes Messinstrumentarium für den Reputationsvergleich von Unternehmen aufzustellen.[360] Ausgehend von einer Analyse bestehender, vorherrschend praxisorientierter Ansätze wurden in einem „mehrstufigen Analyseprozess"[361] hauptsächlich auf Basis von Experteninterviews 20 Items identifiziert, die sich per Faktorenanalyse auf sechs Dimensionen verdichten ließen. Diese sollen annahmegemäß das Reputationskonstrukt formativ abbilden.[362] Bemerkenswert ist der Faktor „Emotional Appeal", der sich in den drei Indikatoren *„I have a good feeling about the company"*, *„I admire and respect the company"* und *„I trust this company"* niederschlägt und somit eine affektive Dimension widerspiegelt. Weil damit neben kognitiven auch affektive Urteile erhoben werden, lässt der RQ Spielraum für eine Interpretation als einstellungsähnliches Konstrukt.

Grundsätzlich sieht sich der RQ der Kritik ausgesetzt, dass über die Vorgehensweise bei der Skalenentwicklung nicht ausreichend detailliert berichtet wird.[363] Die mangelnde Transparenz erschwert die Beurteilung von Reliabilität und Validität erheblich. Unklar bleiben insbesondere die relativen Erklärungsbeiträge der ermittelten Dimensionen für das Reputationskonstrukt bzw. die Berechnung des Index.[364]

In Bezug auf die angelegten Maßstäbe für die Auswahl eines Messansatzes lässt sich für den RQ zusätzlich Folgendes feststellen:

- Reliabilität: Zwar wird für die 20 Items ein *Cronbachs* Alpha von 0,84 berichtet,[365] die Logik eines formativ spezifizierten Konstruktes, bestehend aus sechs unabhängigen Dimensionen, lässt einen Test der internen Konsistenz über alle Items hinweg jedoch als unzulässig erscheinen. Aussagen zur Reliabilität lassen sich bei formativen Konstrukten lediglich auf Basis von qualitativen Analysen treffen.[366] Ob die sechs extrahierten Faktoren das Reputationskonstrukt tatsächlich abschließend erfassen, bleibt insoweit ungeklärt.

---

[360] Vgl. Fombrun/Gardberg/Sever (2000).
[361] Vgl. Wiedmann (2006).
[362] Vgl. Fombrun (2001). Die Dimensionen wurden benannt als „Emotional Appeal", „Product and Services", „Vision and Leadership", „Workplace Environment", „Financial Performance" und „Social Responsibility". (Vgl. Fombrun/van Riel (2004)).
[363] Vgl. Fichtner (2006), S. 146; Schwaiger (2004), S. 57.
[364] Vgl. Eberl/Schwaiger (2004), S. 5.
[365] Vgl. Walsh/Beatty (2007), S. 131.
[366] *„Unfortunately, traditional validity assessments and classical test theory do not cover cause indicators."* (Bollen (1989), S. 222).

- Inhaltsvalidität: Zwar werden durch den RQ sowohl affektiv als auch kognitiv geprägte Evaluationen erfasst, mit Blick auf die inhaltliche Abbildung des Reputationskonstruktes gemäß dem Konzept der vorliegenden Arbeit ist jedoch speziell die Multi-Stakeholder-Konzeption des RQ problematisch:[367] Die Erhebung von Reputationsurteilen über Anspruchsgruppen hinweg und deren Aggregation erscheint unvorteilhaft vor dem Hintergrund verschiedener Ziel- und Wertvorstellungen unterschiedlicher Bezugsgruppen. Es ist also fraglich, ob jeder der sechs Faktoren für die Stakeholdergruppe „niedergelassene Ärzte" tatsächlich relevant wäre. Zweifel könnten insbesondere beim Faktor „Financial Performance" angebracht werden.

- Kriteriumsvalidität: Berichte über Korrelationen des RQ mit konstruktvaliden Messungen sind nicht bekannt.

- Konstruktvalidität: Die Dimensionen des RQ werden lediglich auf Basis von Expertenurteilen als konstituierend angenommen. Außerdem wurden Konsequenzen einer durch den RQ erfassten Reputation bislang nicht systematisch diskutiert.[368] Zwar berücksichtigt *Groenland* Wirkungen der Unternehmensreputation, diese werden jedoch nicht in einen prüffähigen Zusammenhang mit dem Konstrukt gebracht.[369] Eine Analyse des RQ im Rahmen einer komplexen Hypothesenstruktur steht damit aus.

3.2.1.2 Corporate Personality Scale

Ziel der „Corporate Personality Scale" ist es, „[...] *to measure both internal and external perspectives of reputation.*"[370] *Davies et al.* gehen bei ihrer Skalenentwicklung davon aus, dass sich die Reputation eines Unternehmens über seine „Persönlichkeit" erfassen lässt.[371] Sie übertragen damit das individuelle Persönlichkeitskonzept auf Unternehmen und folgen damit dem Verständnis, nach dem Unternehmen und Organisationen als handelnde Subjekte betrachtet werden können. Demzufolge erscheint dieser Ansatz für den Zweck der vorliegenden Arbeit vielversprechend, da die Übertragung des originär individuellen Reputationskonzeptes auf Unternehmen analog begründet wurde.[372]

Auf Basis von Experteninterviews, Fokusgruppen und einer umfassenden Literaturdurchsicht, maßgeblich unter Bezug auf *Aakers* „Brand Personality Scale",[373]

---

[367] Vgl. Kapitel C.1.2; Kapitel C.1.3.; Fombrun/van Riel (2004).
[368] Vgl. Walsh (2006a), S. 49.
[369] Vgl. Walsh (2006a), S. 49; Groenland (2002), S. 309 f.
[370] Davies et al. (2002), S. 148.
[371] Vgl. hierzu, sowie zu Folgendem Davies et al. (2004); Davies et al. (2002).
[372] Vgl. Kapitel C.1.1.
[373] Vgl. Aaker (1997).

werden in einem fünfstufigen Entwicklungsprozess 51 Items zu sieben Reputationsdimensionen verdichtet: „Agreeableness", „Enterprise", „Competence", „Ruthlessness", „Chic", „Informality", und „Machismo".[374] Diese sollen nebeneinander stehend, d.h. ohne dass sie zu einem Index aggregiert werden, die Reputation eines Unternehmens repräsentieren.

- Reliabilität: Da bei diesem Messkonzept eine Aggregation der Dimensionen nicht vorgesehen ist, sondern die Reputation eines Unternehmens durch Profile, bestehend aus den Ausprägungen der Faktoren, abgebildet wird, können *Davies et al.* lediglich für diese erste Konstruktebene Reliabilitätsmaße berichten.[375]

- Inhaltsvalidität: Bei der Corporate Personality Scale handelt es sich ebenso wie beim RQ um einen Multi-Stakeholder-Ansatz, so dass die bereits geäußerte Kritik analog gilt. Ferner erscheint durch diesen Ansatz eine Abbildung der konzeptionellen Nähe des Reputationskonstruktes zu Einstellungen kaum möglich: Zwar werden Einschätzungen über bestimmte Eigenschaften von Unternehmen, z.B. über deren Kompetenz, erhoben, die als Einstellungsurteile interpretiert werden könnten, die differenzierte Analyse der einzelnen Dimensionen ohne Aggregation der Urteile wird dem Reputationskonzept als Globalurteil allerdings nicht gerecht.[376]

- Kriteriums- und Konstruktvalidität werden für die sieben Dimensionen dezidiert untersucht und weitgehend bestätigt. Zur Überprüfung der Kriteriumsvalidität wird beispielsweise der Zusammenhang der sieben Dimensionen mit „Kunden-zufriedenheit", „[that has] *been seen as closely related* [to reputation]",[377] ermittelt. Die Höhe der jeweiligen Korrelation mit dem Kundenzufrieden-heitskonstrukt wird sodann als Maß für die relative Wichtigkeit der einzelnen Dimensionen für die Reputation eines Unternehmens herangezogen.[378]

---

[374] Diese „Globaldimensionen" werden zusätzlich in 14 „Basisdimensionen" differenziert (vgl. Davies et al. (2004), S. 132 ff.).

[375] Dies korrespondiert mit ihrer grundsätzlichen Vorgehensweise, Reputation nicht direkt, sondern über ihre Determinanten zu messen. Zur Itemgenerierung lassen *Davies et al.* im Rahmen von Interviews mit Experten dementsprechend beschreiben „[...] *how they managed corporate reputation.*" (Davies et al. (2004), S. 132). Das formative Verständnis von Reputation wird auch daran deutlich, dass im Zuge der Itemverdichtung zu Faktoren die Varimax-Rotation angewendet und damit Unabhängigkeit der Dimensionen vorausgesetzt wird.

[376] Vgl. Kapitel C.1.2.

[377] Davies et al. (2004), S. 137.

[378] Ob diese Interpretation angemessen ist, ist eher fraglich. Zur Bestimmung der relativen Bedeutung formativer Indikatoren für ein Konstrukt sind hingegen MIMIC-Modelle (Multiple Indicators and Multiple Causes) gut geeignet (vgl. Diamantopoulos/Winkelhofer (2001), S. 272 f.).

3.2.1.3 Customer-Based Reputation Scale

Mit der Entwicklung der „Customer-Based Reputation Scale" überwinden *Walsh/ Beatty* teilweise die Schwächen des RQ sowie der Corporate Personality Scale, indem sie sich auf nur eine Zielgruppe (Konsumenten) und eine Branche (Dienstleistungen) konzentrieren.[379] *Churchills* Vorgehensweise folgend, entwickeln sie ausgehend von den 20 Items des RQ eine spezifische Operationalisierung. Im Ergebnis gelangen sie zu fünf Dimensionen, letztlich bestehend aus 28 Items.

Reliabilität und Validität werden dezidiert analysiert und bestätigt, allerdings stets und ausschließlich auf der ersten Konstruktebene, d.h. wie bei der Personality Scale werden die Dimensionen nicht zu einem Index zusammengeführt, sondern sollen nebeneinander stehend, mithin als Reputationsprofil, das Reputationskonzept erfassen.[380] Somit wird analog zur Corporate Personality Scale kein globales Reputationsurteil ermittelt. Entsprechend wird beispielsweise die nomologische Konstruktvalidität überprüft, indem der Zusammenhang ermittelt wird zwischen Kundenorientierung als Reputationsdimension und Vertrauen als Konstrukt, das als *„positively associated with corporate reputation"*[381] verstanden wird. Im Gegensatz zum RQ findet sich bei der Customer-Based Reputation Scale zudem keine Dimension, die auf affektive Urteile abstellt, so dass die Inhaltsvalidität dieser Skala für die vorliegende Arbeit eingeschränkt ist.

Zusammenfassend kann für die bis hierhin diskutierten Ansätze festgehalten werden, dass Messvorschriften, die Reputation nicht als ein eigenes Konstrukt erheben, wenig für den Zweck der vorliegenden Arbeit geeignet sind. Beim RQ allerdings, der diesem Anspruch gerecht wird, bleibt die Berechnung des Globalurteils in Form des Index, insbesondere die Gewichtung der Dimensionen, unklar.

3.2.1.4 Reputationsoperationalisierungen im Rahmen theoriegeleiteter Untersuchungen komplexer Wirkungszusammenhänge

Neben den bisher diskutierten Ansätzen, welche explizit auf die Entwicklung einer Messvorschrift für das Reputationskonstrukt fokussieren, finden sich in einschlägigen wissenschaftlichen Arbeiten weitere Operationalisierungen. Es handelt sich um Studien, in denen das Reputationskonstrukt Element komplexer Forschungsmodelle

---

[379] Vgl. hierzu, sowie zu Folgendem Walsh/Beatty (2007).
[380] Zwar testen die Autoren ergänzend eine „higher-order conceptualization" mithilfe der konfirmatorischen Faktorenanalyse und begründen dies mit relativ hohen Korrelationen zwischen den Faktoren. Formative Konstrukte, die über ihre Determinanten erfasst werden, entziehen sich jedoch der Logik dieses Verfahrens.
[381] Walsh/Beatty (2007), S. 137.

ist, allerdings meist nicht den Forschungsschwerpunkt bildet.[382] Folglich stehen hier keine Reputationsvergleiche und Treiberanalysen, sondern der Theorietest von Wirkungszusammenhängen im Zentrum des Interesses – Reputation wird im Rahmen marketingbezogener Fragestellungen hinsichtlich ihrer determinierenden, moderierenden oder mediierenden Eigenschaften oder als Ergebnisgröße anderer psychographischer Konstrukte analysiert.

Die folgende Auswahl basiert auf der in Anhang I einsehbaren Synopse empirischer Arbeiten zum Reputationskonzept und soll die im Rahmen der Messung des Reputationskonstruktes bestehenden Unsicherheiten der einschlägigen Operationalisierungsversuche aufzeigen, im Besonderen hinsichtlich der Berücksichtung kognitiver und/oder emotionaler Aspekte wie auch der exakten Definition der Bezugsgruppe.[383]

Mit seiner Zwei-Item-Skala misst *Selnes* die von Konsumenten beurteilte Reputation von Unternehmen unterschiedlicher Branchen, um ihre Bedeutung für die Generierung von Kundenloyalität zu vergleichen.[384] Die Items *„What reputation has XX among your colleagues/friends and family?"* und *„How do you rate XX`s reputation compared to their competitors?"* werden auf einer sechsstufigen Likert-Skala mit den Ankerpunkten *„very negative"* und *„very positive"* beurteilt. Reliabilitätsmaße werden nicht berichtet. Inhaltlich scheint mit den beiden Items lediglich eine kognitive Evaluation erfasst zu werden. Darüber hinaus mutet die unspezifische Festlegung der Bezugsgruppe, deren Urteile als „Meinung Dritter" berücksichtigt werden sollen, problematisch an.[385] Konvergenz- und Diskriminanzvalidität werden hingegen explizit getestet und bestätigt.

---

[382] Für Details der im Folgenden vorzustellenden Arbeiten, deren Untersuchungsmodelle und zentralen Ergebnisse vgl. die Synopse im Anhang I. Eine Einschränkung des Untersuchungskontexts kann bei der Auswahl mangels vorhandener Studien im Kontext des Gesundheitsmarktes ex ante nicht erfolgen, so dass erst im Anschluss an die Identifikation eines konzeptionell geeigneten Operationalisierungsansatzes der Blick auf die Adaptierbarkeit auf den Kontext dieser Arbeit gerichtet werden soll.

[383] Dementsprechend liegt der hier getroffenen Auswahl das Ziel zugrunde, stellvertretend für die in der Synopse in Anhang I beschriebenen Messansätze weiterer Arbeiten einen Überblick über die Heterogenität bestehender Ansätze insbesondere im Hinblick auf die Berücksichtigung emotionaler und kognitiver Aspekte von Reputationsurteilen zu geben. Auf diese Weise soll die Notwendigkeit der Entwicklung eines Operationalisierungsansatzes für das Reputationskonstrukt in Richtung einer mehrdimensionalen Messvorschrift aufgezeigt werden.

[384] Vgl. hierzu, sowie zu Folgendem Selnes (1993).

[385] Diese Kritik kann mit Verweis auf die Social-Identity-Theorie damit begründet werden, dass die in einer Bezugsgruppe geltenden Meinungen und Urteile nur dann Einfluss auf eine Person haben, wenn die Kategoriezugehörigkeit in der entsprechenden Beurteilungssituation eine ausreichende Salienz besitzt (vgl. van Knippenberg/van Schie (2000), S. 137 ff.; Terry/Hogg (1996), S. 789). Bei einer Messvorschrift ist sicherzustellen, dass Urteile nur solcher dritter Personen berücksichtigt werden, die entsprechend der Konzeptionalisierung des zu messenden Konstruktes tatsächlich von Bedeutung sind.

In *Ganesans* Untersuchung geht es um die Beurteilung der Reputation sowohl von Lieferanten aus Sicht von Händlern als auch der Händlerreputation aus Lieferantenperspektive.[386] Für beide Fälle wurde „Reputation" anhand von vier Items (siebenstufige Likert-Skala) gemessen: *„This resource/retailer has a reputation for being honest.", „This resource/retailer has a reputation for being concerned about the retailers/their suppliers.", „This resource/retailer has a bad reputation in the market.(R)"* und *„Most retailers think that this resource has a reputation being fair."* bzw. *„Most suppliers would like to deal with this retailer."* Gegenüber *Selnes´* Skala wird hier die Bezugsgruppe, deren Urteile mit in die Bewertung eingehen sollen, mit *„most retailers"* bzw. *„most suppliers"* spezifiziert. Allerdings kann die vom Autor postulierte Wirkung der Händlerreputation auf dessen wahrgenommene Glaubwürdigkeit und Wohlwollen nicht bestätigt werden (nomologische Validität). Die Reliabilitätsmaße liegen mit einem *Cronbachs* Alpha von 0,82 bzw. 0,75 über dem von *Nunnally* geforderten Mindestwert von 0,65.[387] Konvergenz- und Diskriminanzvalidität werden getestet und bestätigt. Mit Blick auf die Inhaltsvalidität bezüglich des Reputationskonzeptes dieser Arbeit lässt sich feststellen, dass das „Besorgnis-Item" Hinweise auf ein nicht ausschließlich kognitiv bestimmtes Reputationsurteil gibt und damit Einstellungsähnlichkeit aufweist.

Anderson/Robertson wenden in ihrer Untersuchung ein aus neun Items bestehendes semantisches Differenzial an.[388] Ziel ist es, den Wirkungszusammenhang zwischen Unternehmensreputation und Kaufwahrscheinlichkeit im Kontext der Finanzdienstleistungsbranche zu ermitteln. Allerdings kann kein entsprechender signifikanter Einfluss festgestellt werden (nomologische Validität). Zwar spricht das *Cronbachs* Alpha von 0,91 für diesen Messansatz, semantische Differenziale überbetonen bzw. erfassen jedoch primär affektiv geprägte Urteile.[389] Aus diesem Grund erscheint der Einsatz eines semantischen Differenzials für den Zweck der vorliegenden Arbeit und zur Gewährung der Inhaltsvalidität einer Messvorschrift für das Reputationskonstrukt als wenig vorteilhaft.[390]

Smith/Barclay verwenden eine siebenstufige Likert-Skala, bestehend aus drei Items. Abgefragt werden der Grad an Professionalität, der Erfüllung ethischer Standards und der Kundenorientierung.[391] Trotz des *Cronbachs* Alpha von 0,71 erscheint es

---

[386] Vgl. hierzu, sowie zu Folgendem Ganesan (1994).
[387] Vgl. Nunnally/Bernstein (1994), S. 265.
[388] Vgl. hierzu, sowie zu Folgendem Anderson/Robertson (1994).
[389] Vgl. Homburg/Krohmer (2006), S. 42, 314; Childers et al. (2001), S. 522 f. Faktorenanalytisch wurden die Konstrukte nicht untersucht (vgl. Anderson/Robertson (1994)).
[390] Auch *Brown* setzt in seiner Studie ein solches Differenzial ein, weshalb diese hier nur erwähnt werden soll (vgl. Brown (1995)).
[391] Vgl. hierzu, sowie zu Folgendem Smith/Barclay (1997).

fraglich, ob diese Items entsprechend der Annahme der klassischen Testtheorie tatsächlich prinzipiell gegenseitig austauschbar sind.[392] Vielmehr könnte es sich hier um die Erfassung von Determinanten der Reputation handeln. Obwohl die Konstruktvalidität geprüft und bestätigt wird und auch die postulierten Hypothesen nach empirischer Analyse angenommen werden, ist diese Operationalisierung für die vorliegende Arbeit nur sehr bedingt geeignet, da die konzeptionelle Nähe des Reputationskonstruktes zu Einstellungen nicht abgebildet wird (Inhaltsvalidität).

In der Studie von *Doney/Cannon* geht es um die Evaluation von Geschäftsbeziehungen zwischen Herstellern und deren Zuliefererfirmen.[393] Reputation wird hier als Vertrauensdeterminante modelliert und mithilfe von drei Items auf einer siebenstufigen Likert-Skala gemessen: *„This supplier has a reputation for being honest."*, *„This supplier is known to be concerned about customers."* und *„This supplier has a bad reputation in the market."* Auch wenn diese Items große Ähnlichkeit mit denen von *Ganesan* aufweisen, wurden diese von *Doney/Cannon* unabhängig als neue Skala entwickelt, was grundsätzlich für diese Messvorschriften spricht.[394] Zudem kann die Operationalisierung mit einem *Cronbachs* Alpha von 0,78 als reliabel gelten. Allerdings wurde im Rahmen der Validierung festgestellt, dass das Reputationskonstrukt gravierende Mängel hinsichtlich seiner Diskriminierungsfähigkeit zum Vertrauenskonstrukt aufweist. Aus diesem Grund wurde es von *Doney/Cannon* bei den weiteren Analysen nicht mehr berücksichtigt.

Für die in diesem Kapitel vorgestellten Operationalisierungen lässt sich Folgendes zusammenfassen: Vor dem Hintergrund, dass Reputation wie in der vorliegenden Arbeit als psychologisches Konstrukt verstanden wird und die resultierenden Verhaltensprädispositionen von Interesse sind, wird hier Reputation als Repräsentation im Gedächtnis der Individuen erfasst, indem es reflektiv spezifiziert wird. Gegenüber einer Indexbildung aus Reputationsdeterminanten wie beim RQ, ist eine derartige Vorgehensweise für den Theorietest von Wirkungszusammenhängen auf individueller Ebene offenkundig vorteilhafter, mit entsprechend positiven Konsequenzen für die Überprüfung der Konstruktvalidität.[395] Mit Blick auf das

---

[392] Die klassische Testtheorie nach *Churchill* und *Anderson/Gerbing* unterstellt grundsätzlich eine reflektive Operationalisierung mit hochkorrelierten Indikatoren (vgl. Anderson/Gerbing (1982); Churchill (1979)). Aus wissenschaftstheoretischer Sicht liegt dem reflektiven Messmodell dabei ein deduktiver Forschungsansatz zugrunde, während das formative einem induktiven folgt: *„Simply speaking, in the deductive case we take the observation as dependent upon the abstract theoretical model, whereas in induction the theoretical variables are taken as dependent upon the observed variables."* (Fornell (1989), S. 163).

[393] Vgl. hierzu, sowie zu Folgendem Doney/Cannon (1997).

[394] Vgl. Doney/Cannon (1997), S. 43.

[395] Vgl. Albers/Götz (2006), S. 673; Bollen/Lennox (1991), S. 308. Eingeschränkt wird die Eignung formativer Operationalisierungsansätze für den Theorietest von Wirkungszusammenhängen

Auswahlkriterium der Inhaltsvalidität findet sich zwar keine Operationalisierung, die explizit den einstellungsähnlichen Charakter der Reputation erfasst, es ist jedoch zu erkennen, dass kognitive (z.b. bei *Selnes*), affektive (z.b. bei *Anderson/Robertson*) oder in Teilen auch kognitive und affektive (bei *Ganesan*) Reputationsbewertungen inkludiert werden. Insgesamt fehlt es an einer systematischen Integration beider Perspektiven, womit eine einstellungsähnliche Operationalisierung des Reputationskonstruktes gewährleistet wäre. Als Defizit lässt sich ohne Frage die mangelnde Überprüfung der Kriteriumsvalidität nennen.

3.2.1.5 Reputation als zweidimensionales einstellungsähnliches Konstrukt

Schwaiger stellt einen weiteren, vielversprechenden Messansatz zur empirischen Erfassung der Reputation vor.[396] Unter Zuhilfenahme von Variablen, für die bereits mehrfach in empirischen Studien ein Einfluss auf die Reputation von Unternehmen nachgewiesen wurde bzw. die als Dimensionen von formativ spezifizierten Reputationskonstrukten dienten, widmet sich der Autor in einer umfassenden Studie der Validierung eines zweidimensionalen, reflektiven Messansatzes im Rahmen eines MIMIC-Modells und entwickelt damit die soeben diskutierten eindimensionalen Ansätze weiter.

Zur Operationalisierung des Reputationskonstruktes werden zwei Faktoren herangezogen. Der erste Faktor, „Sympathie", der als affektive Dimension interpretiert werden kann, wird operationalisiert mit den Items *„Das Unternehmen xy halte ich für ein sympathisches Unternehmen", „Das Unternehmen xy ist ein Unternehmen, mit dem ich mich mehr identifizieren kann als mit anderen Unternehmen."* und *„Das Unternehmen xy ist ein Unternehmen, bei dem ich es mehr als bei anderen bedauere, wenn es nicht mehr besteht."* Der zweite Faktor, „Kompetenz", der kognitiv geprägte Urteile widerspiegelt, wird erfasst durch die Items *„Dem Unternehmen xy traue ich außergewöhnliche Leistungen zu.", „Soweit ich es beurteilen kann, ist das Unternehmen xy ein international anerkanntes Unternehmen."* und *„Das Unternehmen xy gehört wirklich zu den TOP-Unternehmen in seinem Markt."*

Im Anschluss an die Spezifizierung des Messkonzeptes werden mit Hilfe von MIMIC-Modellen multiple lineare Regressionsanalysen gerechnet, bei denen die affektive

---

insbesondere durch die ihnen innewohnende Problematik der Datenaggregation und der Bildung von Durchschnittswerten. *Albers/Götz* sehen andererseits Indizes gegenüber reflektiven Konstrukten dann im Vorteil, wenn Treiberanalysen angestrebt werden (vgl. Albers/Götz (2006), S. 673). Da der Schwerpunkt dieser Arbeit auf der Untersuchung der Differenzierung des Reputationskonzeptes und der Analyse der relativen Bedeutung der Ebenen des Reputationskomplexes für erfolgsrelevante Outcomes von Krankenhausunternehmen liegt (vgl. Kapitel A.3), wird eine reflektive Operationalisierung vorzuziehen sein (vgl. Kapitel C.3.2.2).

[396] Vgl. hierzu, sowie zu Folgendem Schwaiger (2004); Schwaiger/Cannon (2004).

und die kognitive Dimension als abhängige Variablen fungieren. Im Ergebnis können die im Modell berücksichtigten Reputationsdeterminanten („Qualität", „Performance", „Verantwortung" und „Attraktivität") 51% der Varianz der affektiven Dimension und 71% der Varianz der kognitiven Dimension erklären. Als zentrales Ergebnis hält *Schwaiger* fest, dass Reputation zweidimensional zu konzipieren ist bzw. mittels zweier reflektiver Dimensionen gemessen werden kann.

▪ Reliabilität: Für die affektive Dimension wird ein *Cronbachs* Alpha von 0,76, für die kognitive eines von 0,78 berichtet. Eine zweite Konstruktebene wird nicht spezifiziert.

▪ Inhaltsvalidität: Durch die explizite zweidimensionale Spezifikation des Reputationskonstruktes mit einer affektiven und einer kognitiven Dimension ist dieser Messansatz in hohem Maße geeignet, die Konzeptionalisierung der Reputation der vorliegenden Arbeit als einstellungsähnliches Konstrukt angemessen abzubilden.

▪ Kriteriumsvalidität: Die im Rahmen des MIMIC-Modells herangezogenen exogenen Variablen spiegeln im Wesentlichen Faktoren wider, die sich vergleichbar bei den bereits vorgestellten formativen Messansätzen finden. Insbesondere ähneln diese denen des RQ. Für die vier Determinanten wurden durchweg signifikante Korrelationen mit den beiden reflektiven Reputations-dimensionen ermittelt. Die Kriteriumsvalidität der zweidimensionalen endogenen Messung kann insofern bestätigt werden.

▪ Die Konstruktvalidität wird auf der ersten Konstruktebene für beide Dimensionen untersucht. Diese erweisen sich als diskriminanzvalide. Die nomologische Validität findet Bestätigung in einer Folgestudie von *Eberl*.[397] Reputation wird hier im Rahmen eines komplexen Forschungsmodells als Determinante der Kaufabsicht von Konsumenten untersucht. Die postulierten theoriegestützten Hypothesen werden weitgehend bestätigt. Allerdings beschränkt sich auch diese Arbeit auf eine Analyse der beiden Dimensionen auf erster Konstrukt-ebene.

3.2.2 Auswahl und Adaption eines adäquaten Messansatzes zur empirischen Erfassung der Krankenhaus- und Fachabteilungsreputation

Die Ausführungen der vorangegangenen Abschnitte haben die verschiedenen Strömungen zur empirischen Erfassung der Reputation von Unternehmen dargelegt und verglichen. Angesichts der Anzahl potenzieller Messansätze ist es erforderlich, die für die Krankenhaus- und Fachabteilungsreputation zweckmäßige Operationali-

---

[397] Vgl. Eberl (2006a).

sierung zu identifizieren. Die eingangs zugrunde gelegten Auswahlkriterien, die der Diskussion der einzelnen Ansätze als Prüfraster dienten, werden von keiner der Operationalisierungen durchweg erfüllt. Es wurde jedoch auch deutlich, dass mit *Schwaigers* Ansatz eine Möglichkeit der empirischen Erfassung des Reputationskonstruktes bereitgestellt wird, die für den Zweck dieser Arbeit adaptierbar ist. Im Einzelnen wird sich aus folgenden Gründen für diese Messvorschrift entschieden:

- Die an eine adäquate Operationalisierung gestellten Kriterien hinsichtlich Reliabilität und Validität werden weitgehend erfüllt.

- Das reflektive Konstruktverständnis sowie die Integration einer affektiven und einer kognitiven Dimension erlauben es, Reputation als Repräsentation im Gedächtnis von Individuen zu erfassen und die Nähe des Reputationskonstruktes zu Einstellungen messtechnisch abzubilden.

- Die Operationalisierung basiert auf einer umfassenden Analyse und Aufbereitung bisheriger Ansätze. Folgerichtig attestiert auch *Fichtner* diesem Ansatz eine deutliche qualitative Verbesserung im Vergleich zu bestehenden Operationalisierungsansätzen.[398]

- Die Skalenentwicklung orientiert sich an *Rossiters* Paradigma und damit an strengen wissenschaftlichen Standards.[399]

- Die verwendeten Items lassen sich problemlos hinsichtlich der Formulierungen an den Untersuchungskontext dieser Arbeit anpassen. Außerdem lässt sich durch Hinzufügen des jeweiligen Beurteilungsobjektes in die Itemformulierungen zwischen Krankenhaus- und Fachabteilungsreputation messtechnisch differenzieren, wodurch diese als zwei distinkte Konstrukte operationalisiert werden können.[400]

Allerdings weist der Messansatz auch einzelne Schwächen auf, die durch geeignete Modifikationen zumindest größtenteils behoben werden sollen: Erstens erlauben die Messmodelle der beiden Dimensionen keine Berechnung globaler Gütekriterien, da diese jeweils nur aus drei Items bestehen.[401] Auch wenn „[...] *es gängige Praxis dar* [stellt], *aus forschungsökonomischen Gründen Konstrukte mit einer geringeren als der empfohlenen Anzahl von vier Indikatoren zu konzeptionalisieren.*"[402] soll durch die Ergänzung jeweils eines Items sichergestellt werden, dass die Güte der Opera-

---

[398] Vgl. Fichtner (2006), S. 148.
[399] Vgl. Schwaiger (2004), S. 57; Rossiter (2002).
[400] Zum Itemaufbau und der Definition des Beurteilungsobjektes im Rahmen von Itemformulierungen vgl. Rossiter (2002), S. 309 f.
[401] Vgl. Homburg (1998), S. 84 ff.
[402] Lauer (2001), S. 306; vgl. ferner Nunnally (1978), S. 66 ff.

tionalisierung auch anhand globaler und damit strengerer Gütekriterien geprüft werden kann.[403] Vor dem Hintergrund der nach wie vor in der wissenschaftlichen Literatur bestehenden Unsicherheit hinsichtlich der Messung des Reputationskonstruktes, kann mit der damit möglichen rigorosen Überprüfung der Güte des Messmodells zur Klärung der Frage nach einem bestgeeigneten Operationalisierungsansatz beigetragen werden. Die Ergänzung der beiden Dimensionen um jeweils ein Item erfolgte dabei auf Basis qualitativer Interviews mit niedergelassenen Ärzten sowie einer empirischen Vorstudie (N = 263) zur Skalenvalidierung.[404]

Zweitens soll die Analyse des Reputationskonstruktes nicht auf die erste Konstruktebene beschränkt werden, um damit Wirkungszusammenhänge der Reputation nicht lediglich auf der Dimensionsebene untersuchen und interpretieren zu müssen.[405] Zudem wird eine Einzelbetrachtung der Dimensionen, wie *Schwaiger* sie vollzieht, dem Einstellungscharakter der Reputation nicht vollends gerecht, da auf diese Weise kognitive und emotionale Aspekte ein- und derselben Einstellung isoliert nebeneinander gestellt werden und keine holistische Erfassung des Reputationskonstruktes erfolgt.

Konform mit dem Reputationskonzept dieser Arbeit vermag die kognitive Einstellungspsychologie die Antwort auf die Frage nach der Spezifikation eines solchen angestrebten Messmodells zweiter Ordnung zu geben:[406] Zwar existieren unterschiedliche Annahmen über die Beziehungsstruktur zwischen der affektiven und der kognitiven Dimension von Einstellungen,[407] unstrittig jedoch ist, dass es sich bei diesen um voneinander abhängige Größen handelt.[408] Ferner gelten diese keines-

---

[403] In der Literatur findet sich vermehrt der Hinweis, dass die Messung theoretischer Konstrukte mittels mindestens vier Indikatoren erfolgen sollte (vgl. Hair et al. (2006), S. 786; Loehlin (2004), S. 75; Nasser/Wisenbaker (2003), S. 752). Weitere Gründe für die Verwendung von mindestens vier Items bestehen darin, dass nur in diesen Fällen die Eindimensionalität der Konstrukte ausreichend getestet werden kann (vgl. Anderson/Gerbing (1988)) und dass die Gefahr mangelnder Beurteilbarkeit der Inhaltsvalidität bei weniger als vier Items besonders hoch ist (vgl. Hair et al. (2006), S. 786). *Hair et al.* (2006), S. 786 fassen zusammen: „*Use four indicators whenever possible.*"

[404] Zum Design der Vorstudie vgl. Kapitel D.1.

[405] Zu den Vorteilen der mehrdimensionalen Konzeptionalisierung des Reputationskonstruktes vgl. Kapitel E.1.4.

[406] Zur Spezifikation von Konstrukten zweiter Ordnung vgl. Albers/Götz (2006), S. 671.

[407] Vgl. Trommsdorff (2003), S. 154; Feldman/Lynch (1988), S. 424; Bagozzi/Burnkrant (1978). Streng genommen müsste die affektive Dimension gemäß den Annahmen der kognitionstheoretischen Psychologie, auf deren Paradigma sich die vorliegende Arbeit weitestgehend stützt, als kognitive Repräsentation der affektiven Dimension bezeichnet werden (vgl. Sämmer (1999), S. 287).

[408] Vgl. Mayer/Illmann (2000), S. 131. Die sog. Dreikomponententheorie geht davon aus, dass Einstellungen neben einer affektiven und einer kognitiven Dimension eine dritte Facette in Gestalt einer konativen Komponente umfassen (vgl. Krech/Crutchfield/Ballachey (1962), S. 149 ff.). Allerdings hat die Integration dieser unmittelbar verhaltensgerichteten Dimension in das Einstellungskonzept erhebliche Kritik erfahren, da Verhaltensabsichten nach dem heutigen Stand der

falls als hinter einer Einstellung stehende Faktoren, d.h. sie stellen keine „Bausteine"
einer Einstellung dar, sondern sind resultierende Einstellungsperspektiven oder -
interpretationen.[409] Mit anderen Worten: Die Korrespondenzbeziehung zwischen dem
Reputationskonstrukt und seinen beiden Dimensionen „[...] *are not causal forces
linking separate conceptual entities, but instead represent associations between a
general concept and the dimensions that represent [...] the construct.*"[410] Da
„Reputation" sowohl kognitiv als auch affektiv verarbeitet und interpretiert wird,[411]
bedeutet dies für die Modellierung des Messmodells zweiter Ordnung, dass die
affektive und die kognitive Dimension (erste Ordnungsebene) das Reputationskonstrukt (zweite Ordnungsebene) reflektiv abbilden und dabei Korrelationen
zwischen diesen angenommen werden müssen. Wiederum aufgrund der noch immer
vorherrschenden Imponderabilität bei der Operationalisierung des Reputationskonstruktes ist es im Rahmen der empirischen Überprüfung des Messmodells
unabdingbar, der Gütebeurteilung dieser Modellierung als reflektives Konstrukt
zweiter Ordnung besondere Aufmerksamkeit zu widmen.[412]

Tab. C-1 enthält die resultierenden Messindikatoren zur Erfassung der Krankenhausreputation. *Schwaigers* Itembatterie wurde an den Untersuchungskontext der vorliegenden Arbeit angepasst und aus dem erläuterten Grund um zwei Items ergänzt
(KH_RepuKog3 und KH_RepuAff1).

Forschung als der eigentlichen Einstellung nachgelagerte Repräsentationen verstanden werden
müssen (vgl. Kroeber-Riel/Weinberg/Gröppel-Klein (2009), S. 217 f.). Aus diesem Grund kann
sich auch bei der Operationalisierung des Reputationskonstruktes auf die Erfassung der
kognitiven und der affektiven Dimension beschränkt werden.

[409] Dies schließt eine formative Modellierung kategorisch aus. Vgl. Trommsdorff (2003), S. 155;
Mayer/Illmann (2000), S. 131; Bagozzi (1982), S. 568 ff.; Süllwold (1969), S. 475.
[410] Edwards (2001), S. 146.
[411] Vgl. Mayer/Illmann (2000), S. 131.
[412] Zu den Ergebnissen dieser Prüfung vgl. Kapitel E.1.5; Kapitel H.1.2.

Dimensionen	Items	Ankerpunkte der siebenstufigen Ratingskala
Kognitive Dimension	Soweit ich es beurteilen kann, ist das Krankenhaus insgesamt sehr anerkannt. [KH_RepuKog1$_{(1)}$][413]	Stimme gar nicht zu - Stimme voll zu
	Ich traue dem Krankenhaus insgesamt außergewöhnliche Leistungen zu. [KH_RepuKog2$_{(1)}$]	
	Das Krankenhaus insgesamt genießt ein hohes Ansehen. [KH_RepuKog3$_{(1)}$]	
	Das Krankenhaus gehört zu den Top-Krankenhäusern in dieser Region. [KH_RepuKog4$_{(1)}$]	
Affektive Dimension	Man kann sagen, dass ich das Krankenhaus schätze. [KH_RepuAff1$_{(1)}$]	
	Das Krankenhaus ist ein Krankenhaus, bei dem ich es mehr als bei anderen bedauern würde, wenn es nicht mehr bestünde. [KH_RepuAff2$_{(1)}$]	
	Das Krankenhaus ist ein Krankenhaus, mit dem ich mich mehr verbunden fühle als mit anderen Krankenhäusern. [KH_RepuAff3$_{(1)}$]	
	Man könnte sagen, dass mir das Krankenhaus sympathisch ist. [KH_RepuAff4$_{(1)}$]	

Tab. C-1: Operationalisierung des Konstruktes „Krankenhausreputation"

Tab. C-2 gibt schließlich einen Überblick über die Fragebogenitems zur Operationalisierung der Fachabteilungsreputation. Wie beschrieben, konstituiert sich der Unterschied zum Konstrukt der Krankenhausreputation lediglich durch die Verschiedenartigkeit des Bezugsobjektes.

---

[413] Bei den Bezeichnungen „KH_ RepuKog1$_{(1)}$", „KH_ RepuKog2$_{(1)}$" usw. handelt es sich um Itemkürzel, die in den folgenden Ausführungen statt der vollständigen Itemformulierung verwendet werden. „KH" steht dabei beispielsweise für das Bezugsobjekt (in diesem Fall die Krankenhausebene), „RepuKog" für das jeweilige Konstrukt bzw. die jeweilige Dimension eines Konstruktes (hier: die kognitive Dimension des Reputationskonstruktes) und die Ziffer stellt jeweils die Nummerierung des Items innerhalb der Skala dar. Der Index markiert die Erst- oder Zweitstudie dieser Arbeit, in der das jeweilige Item bzw. die Skala zum Einsatz kommt.

Dimensionen	Items	Ankerpunkte der siebenstufigen Ratingskala
Kognitive Dimension	Soweit ich es beurteilen kann, ist diese Fachabteilung des Krankenhauses sehr anerkannt. [FA_RepuKog1$_{(1)}$]	
	Ich traue dieser Fachabteilung außergewöhnliche Leistungen zu. [FA_RepuKog2$_{(1)}$]	
	Die Fachabteilung genießt ein hohes Ansehen. [FA_RepuKog3$_{(1)}$]	
	Diese Fachabteilung gehört zu den Top-Abteilungen für die entsprechenden Krankheitsbilder. [FA_RepuKog4$_{(1)}$]	
Affektive Dimension	Man kann sagen, dass ich diese Fachabteilung des Krankenhauses schätze. [FA_RepuAff1$_{(1)}$]	Stimme gar nicht zu - Stimme voll zu
	Diese Fachabteilung ist eine Abteilung, bei der ich es mehr als bei anderen bedauern würde, wenn sie nicht mehr bestünde. [FA_RepuAff2$_{(1)}$]	
	Diese Fachabteilung des Krankenhauses ist eine Abteilung, mit der ich mich mehr verbunden fühle als mit entsprechenden Fachabteilungen anderer Krankenhäuser. [FA_RepuAff3$_{(1)}$]	
	Man könnte sagen, dass mir diese Fachabteilung sympathisch ist. [FA_RepuAff4$_{(1)}$]	

Tab. C-2: Operationalisierung des Konstruktes „Fachabteilungsreputation"

3.3 Zusammenhang zwischen Krankenhaus- und Fachabteilungsreputation

Die bisherigen Ausführungen haben gezeigt, dass es sich bei der Reputation eines Krankenhauses als Ganzes und der seiner Fachabteilungen um voneinander zu unterscheidende, bezugsgruppenspezifische mentale Repräsentationen handelt. Zwar stellen diese somit distinkte Konstrukte dar, die in der soeben dargelegten Weise empirisch messbar gemacht werden können. Wie jedoch zu Beginn des Kapitels C.3 angedeutet wurde, ist anzunehmen, dass Unternehmensgesamt- und Fachabteilungsreputation nicht gänzlich unabhängig voneinander sind, sondern vielmehr miteinander interagieren.[414] Obwohl demnach keine eindeutige einseitige Abhängigkeit zwischen den beiden Konstrukten vorliegen dürfte, geht sowohl die Reputations- als auch die kognitive Einstellungstheorie davon aus, dass eine Reputation bzw. mentale Repräsentation im Rahmen von Wechselbeziehungen andere „verbundene" Repräsentationen dominieren kann.[415] Folglich sind Aussagen über den Haupteffekt in solchen Wirkungsverflechtungen möglich. Entsprechend der

---

[414] Vgl. auch Bromley (1993), S. 171.
[415] Vgl. Kroeber-Riel/Weinberg/Gröppel-Klein (2009), S. 210 ff.; Bromley (2001), S. 325; Mummendey (1988), S.16.

zweiten Zielsetzung dieser Arbeit ist deshalb zu untersuchen, ob die Krankenhaus-reputation die Fachabteilungsreputation dominiert oder vice versa.

In Kapitel C.2 wurde dargelegt, dass das Elaboration-Likelihood-Modell von *Petty/Cacioppo* in Verbindung mit dem Accessibility Diagnosticity-Framework fundierte Einblicke in Bedingungen des Zusammenspiels verbundener kognitiver Repräsentationen zu geben verspricht. Tatsächlich vermag das Elaboration-Likelihood-Modell zu erklären, unter welchen Bedingungen Unterschiede zwischen Repräsentationen hinsichtlich von Merkmalen wie Spezifität, Stabilität und mentaler Verfügbarkeit entstehen. Im Rahmen des Accessibility Diagnosticity-Frameworks wiederum begründen *Feldman/Lynch* komplementär Annahmen über Konsequenzen solcher Unterschiede für die Beziehung zwischen verbundenen Repräsentationen.

3.3.1 Definitorische Grundlagen und terminologische Relationen des Elaboration-Likelihood-Modells und des Accessibility Diagnosticity-Frameworks

Der Hauptbezugspunkt der kognitivistischen Psychologie sind Informationsverarbei-tungsprozesse von Individuen.[416] Es wird angenommen, dass diese Kern aller menschlichen Aktivitäten sind.[417] Folglich lassen sich sämtliche psychischen Phänomene entweder als Abläufe oder als Produkte der Informationsverarbeitung interpretieren. Durch die Speicherung von Informationen durch Individuen werden sog. mentale Repräsentationen von Gegebenheiten, Ereignissen und Zusammen-hängen gebildet. Dabei kann es sich sowohl um beobachtbare Sachverhalte handeln als auch um überindividuelle, abstrakte Gebilde.[418] Zu verstehen sind Repräsen-tationen nicht als Bilder, die in irgendeiner Weise Ähnlichkeit mit ihrem Repräsen-tandum haben, sondern als Zuordnungen mentaler Prozesse oder deren Ergebnisse zu den „Originalen".[419]

Repräsentationen in Gestalt von Einstellungen sind Ergebnisse von Informations-verarbeitungsprozessen, die aus der Verknüpfung affektiver und kognitiver „evaluative reactions" (also einer Bewertungskategorie) mit den Eigenschaften einer Person, eines Objektes oder persönlicher Zielvorstellungen entstehen.[420] Einstel-lungen können somit Ergebnisse kognitiver Prozesse, also Repräsentationen sein, und auch als Information in weitere Informationsverarbeitungsprozesse eingehen,

---

[416] Vgl. Homburg/Krohmer (2006), S. 54.
[417] Vgl. im Folgenden Sämmer (1999), S. 299 ff.
[418] Vgl. Herrmann (1993), S. 18 f.
[419] Vgl. Sämmer (1999), S. 299.
[420] Vgl. Keller (1987), S. 317; Petty/Cacioppo (1986), S. 127. Entsprechend definieren *Petty/Cacioppo* ((1986), S. 127) Einstellungen als „[...] *general evaluation people hold in regard to themselves, other people, objects, and issues.*"

deren Ergebnisse wiederum mentale Repräsentationen (höherer Ebene) sind.[421] Dies impliziert, dass kognitive Repräsentationen, vor allem Einstellungen, durch Informationsverarbeitungsprozesse in unterschiedlicher Weise verändert oder verknüpft, gespeichert oder aufgerufen werden. Organisiert werden Repräsentationen annahmegemäß in einem aktiven Konstruktionsprozess zu hierarchisch organisierten Wissensstrukturen.[422]

Aufgrund dieser kognitiven Abläufe können Individuen ihre inneren und äußeren Aktivitäten selbstständig so lenken, dass sie ihren persönlichen Zielen näher kommen. Solche aktiven Steuerungsprozesse können sowohl offenes Verhalten als auch innere Aktivitäten (z.B. das Problemlösen) bestimmen und bewusst oder unbewusst ablaufen. Entsprechend sind auch alle am Zustandekommen oder an der Veränderung von Einstellungen beteiligten Prozesse selbstgesteuert und zielen auf eine kohärente Integration aller beteiligten Repräsentationen.[423] Einstellungen werden schließlich als handlungsrelevant angesehen, ohne jedoch determinierend zu sein.[424]

3.3.2 Elaboration-Likelihood-Modell von Petty/Cacioppo

In Arbeiten der kognitionstheoretischen Psychologie hat das Elaboration-Likelihood-Modell (ELM) von *Petty/Cacioppo* weite Verbreitung gefunden und gehört damit zu den Grundlagenmodellen der Informationsverarbeitungstheorie.[425] Kern des ELM ist die Frage, wie Individuen Informationen verarbeiten und hieraus resultierend ihre Einstellungen verändern.[426]

Das Modell geht davon aus, dass Informationen nicht immer auf die gleiche Art verarbeitet werden, sondern Individuen aufgrund begrenzter Kapazitäten Informationen entweder aktiv und sorgfältig kognitiv verarbeiten oder eher passiv aufnehmen. Unter „Verarbeitung" bzw. „Elaboration" verstehen *Petty/Cacioppo* konsequenterweise „[...] *the extend to which a person thinks about the issue-relevant arguments contained in a message.*"[427] Das ELM zählt zu den sog. Zweiprozessmodellen.[428] Diese erfassen bzw. systematisieren Arten und Bedingungen verschiedener Informationsverarbeitungsprozesse anhand der Extrempunkte eines Kontinuums der

---

[421] Vgl. Kroeber-Riel/Weinberg/Gröppel-Klein (2009), S. 274 ff.; Feldman/Lynch (1988), S. 422.
[422] Vgl. Sämmer (1999), S. 299.
[423] Vgl. Petty/Cacioppo (1986), S. 127.
[424] Vgl. Petty/Wegener (1999); Petty/Cacioppo (1986), S. 179 ff.
[425] Vgl. Andrews/Durvasula/Akhter (1990); Andrews/Shimp (1990); Petty/Cacioppo (1986); Bitner/Obermiller (1985).
[426] Vgl. hierzu, sowie zu Folgendem Petty/Cacioppo (1986).
[427] Petty/Cacioppo (1986), S. 128.
[428] Ein weiteres verbreitetes Zweiprozessmodell stellt das Heuristic-Systematic-Modell von *Chaiken* (1980) dar.

Informationselaboration.[429] Der eine Extrempunkt wird beim ELM als zentrale Route („central route processing") bezeichnet, während der Gegenpol als periphere Route („peripheral route processing") deklariert ist. Bei der Informationsverarbeitung über die zentrale Route werden Informationen durch sorgfältige Überprüfung der Argumente mittels kognitiver Prozesse bewertet, und es kommt zu einer Einstellungsänderung primär aufgrund inhaltlicher Charakteristika bzw. der Güte der Information.[430] Demgegenüber erfolgt die Einstellungsänderung über die periphere Route durch eine oberflächliche Informationsverarbeitung. Entsprechend sind hier nicht der eigentliche Informationsinhalt und die Informationsrelevanz von Bedeutung, sondern eher periphere Hinweisreize. Hierzu zählen Eigenschaften der Informationsquelle (z.B. Glaubwürdigkeit) oder der Botschaft (z.B. Anzahl der Argumente) und Nebensächlichkeiten sowie Heuristiken und Kontextfaktoren in Gestalt bereits abgespeicherter kognitiver Repräsentationen.[431] Eine Differenzierung zwischen starken und schwachen Problemlösungsargumenten und damit eine ausführliche kognitive Evaluation des Einstellungsobjektes finden hier nicht statt.[432]

Die Wahl der Verarbeitungsroute hängt nach *Petty/Cacioppo* von der Elaborationswahrscheinlichkeit („elaboration likelihood") ab. Ist diese hoch, verarbeiten Individuen Informationen entsprechend der zentralen Route; ist sie niedrig, wird die periphere Route gewählt. Bestimmt wird die Elaborationswahrscheinlichkeit durch zwei Faktoren: der Motivation und der Fähigkeit des Individuums zur kognitiven Informationsverarbeitung.[433] Sind beide hoch ausgeprägt, führt dies zu einer hohen Elaborationswahrscheinlichkeit. Ist hingegen mindestens einer der Faktoren gering, werden Informationen nach Maßgabe der peripheren Route verarbeitet.[434]

Neben der gefühlten Verantwortung des Individuums für die zu treffende Entscheidung und dem „Need for Cognition" hängt die Motivation für eine intensive Informationsverarbeitung vornehmlich vom Involvement der jeweiligen Person ab.[435] Für diese Arbeit relevante Einflussgrößen der Fähigkeit zur Informationsverarbeitung wiederum sind das Wissen bzw. der Informationsstand des Individuums über das

---

[429] Vgl. Petty/Wegener (1999). Die Art der Informationsverarbeitung erfolgt nicht gänzlich gemäß einer der Extrempunkte, sondern es geht vielmehr um das Ausmaß, zu dem einer der Richtungen gefolgt wird (vgl. Petty/Cacioppo (1986), S. 129 f.).

[430] Vgl. Larsen/Phillips (2002), S. 349.

[431] Vgl. Schäfer (2006), S. 52; Forret/Turban (1996), S. 417.

[432] Vgl. Forret/Turban (1996), S. 417.

[433] Vgl. Petty/Cacioppo (1986), S. 126, 138. *„Motivation is defined as the [...] willingness to invest cognitive effort in information elaboration and relates to the [...] personal involvement in the subject matter. Ability refers to the [...] accessibility and skills to decode the information embedded in the message."* (Levy/Nebenzahl (2008), S. 66).

[434] Vgl. Levy/Nebenzahl (2008), S. 66.

[435] Vgl. Petty/Cacioppo (1986), S. 137 ff. Mit „Need for Cognition" wird das Bedürfnis nach kognitiver Aktivität bzw. die Freude am analytischen Durchdringen von Sachverhalten bezeichnet (vgl. ebd.).

Beurteilungsobjekt, die Zugänglichkeit entsprechender Informationen, die Häufigkeit, mit der eine Person mit objektbezogenen Informationen konfrontiert wird sowie die individuelle Verständlichkeit der Informationen über das Bezugsobjekt.[436]

(1) Involvement

Unter „Involvement" wird eine zielgerichtete Form der Aktivierung zur Suche, Aufnahme, Verarbeitung und Speicherung von Informationen verstanden.[437] Involvement entsteht, wenn vom Individuum eine Relevanz des zu beurteilenden Objektes oder Verhaltens wahrgenommen wird.[438] Gründe für die Wahrnehmung einer solchen Relevanz bzw. mögliche Determinanten des Involvements werden üblicherweise in personenspezifische, situationsspezifische und stimulsspezifische Faktoren differenziert.[439] Gerade die letztgenannte Gruppe von Faktoren erscheint für die vorliegende Arbeit von Bedeutung, da diese auf den Einfluss des involvement-auslösenden Objektes abstellen.[440] Ist ein bestimmtes Objekt für die Ziele einer Person von funktioneller, hedonistischer oder symbolischer Bedeutung, kann hohes Involvement hinsichtlich der dieses Objekt betreffende Informationen unterstellt werden.[441] *Petty/Cacioppo/Schumann* konnten in ihrer Studie nachweisen, dass im Rahmen von Informationsverarbeitungsprozessen bei geringer Motivation aufgrund niedrigem Involvements bzw. niedriger Relevanz des Beurteilungsobjektes tatsächlich die periphere Route dominiert, bei hohem hingegen der zentralen Route gefolgt wird.[442]

(2) Informationsstand/Vorwissen über das Beurteilungsobjekt

„One of the most important variables affecting information processing activity is the extent to which a person has an organized structure of knowledge (schema) concerning an issue."[443] Obwohl im Zuge des ELM das Vorwissen über ein Beurteilungsobjekt in erster Linie hinsichtlich seiner Bedeutung für die Verarbeitung von einstellungsdiskrepanten Informationen untersucht wird, ist dennoch grund-sätzlich davon auszugehen, dass der Grad des bereits vorhandenen Informations-standes die Art der Informationsverarbeitung beeinflusst.[444] Da mit geringerem Wissen über ein Beurteilungsobjekt auch die Fähigkeit sinkt, komplexe Informationen

---

[436] Vgl. Petty/Cacioppo (1986), S. 126.
[437] Vgl. Homburg/Krohmer (2006), S. 38. Zum Involvement als ein „Schlüsselkonstrukt der Marketing-forschung" vgl. exemplarisch Trommsdorff (2003), S. 55; Kapferer/Laurent (1985), sowie im Überblick Homburg/Krohmer (2006), S. 38 ff.
[438] Vgl. Zaichowsky (1985), S. 342.
[439] Für einen dezidierten Überblick vgl. Deimel (1989), S. 154 f.
[440] Vgl. Kroeber-Riel/Weinberg/Gröppel-Klein (2009), S. 412 f.
[441] Vgl. Schäfer (2006), S. 55.
[442] Vgl. Petty/Cacioppo/Schumann (1983).
[443] Petty/Cacioppo (1986), S. 165.
[444] Vgl. Petty/Cacioppo (1986), S. 165; Bobrow/Norman (1975).

über dieses Objekt zu verarbeiten, wird eine Dominanz der peripheren Route vorhergesagt.[445]

(3) Kontakthäufigkeit

Für die Wahl der Route spielt besonders bei komplexen Themen ferner die Häufigkeit, mit der sich ein Individuum aufgrund eingehender Informationen mit einem Beurteilungsobjekt beschäftigt, eine bedeutende Rolle.[446] *Petty/Cacioppo* können durch Experimente nachweisen, dass eine hohe Informationsfrequenz für eine intensive Informationsverarbeitung und somit für das „central route processing" förderlich ist.[447] Wenn Individuen also häufig mit einem Bezugsobjekt oder einer Person in Interaktion stehen, werden sie diese betreffende Informationen eher aktiv kognitiv verarbeiten – jedenfalls so lange wie sie gegenüber dem Objekt bzw. der Person zu einem gewissen Grad involviert sind.[448]

(4) Verständlichkeit der Information über das Bezugsobjekt

Die Fähigkeit einer Person, Informationen über die zentrale Route zu verarbeiten, wird des Weiteren dadurch bestimmt, wie verständlich die Informationen sind, die die Person erreichen.[449] Neben den Eigenschaften der Botschaft selbst als Informationsträger ist diesbezüglich vor allem die Kompetenz bzw. die Problemlösungsfähigkeit der jeweiligen Person entscheidend: Eine Information kann nur dann kognitiv verarbeitet werden, wenn das jeweilige Individuum (beispielsweise aufgrund seines Fachwissen) in der Lage ist, die Information inhaltlich zu erfassen. Diese Verständlichkeit wiederum ist „[...] *a prerequisite for the issue-relevant thinking featured in cognitive response theory.*"[450]

Ob Informationen nun – abhängig von den dargestellten Faktoren – über die zentrale oder die periphere Route verarbeitet werden, hat entscheidende Konsequenzen für die resultierenden Einstellungen gegenüber dem Objekt bzw. der Person, auf die sich die Informationen beziehen: „*Attitude changes that result mostly from processing issue-relevant arguments (central route) will show greater temporal persistence, greater prediction of behavior, and greater resistance to counterpersuasion than attitude changes that result mostly from peripheral cues.*"[451] Darüber hinaus sind gemäß dem ELM Einstellungen, die durch Informationsverarbeitung über die zentrale

---

[445] Vgl. Gotlieb/Swan (1990), S. 223; Srull (1983), S. 572.
[446] Vgl. Petty/Cacioppo (1986), S. 143 f.; Alba (1983), S. 577.
[447] Vgl. Petty/Cacioppo (1986), S. 143 f.
[448] Vgl. Petty/Cacioppo (1986), S. 143.
[449] Vgl. Petty/Cacioppo (1986), S. 126.
[450] Ratneshwar/Chaiken (1991), S. 52 f. Vgl. ferner Petty/Ostrom/Brock (1981).
[451] Petty/Cacioppo (1986), S. 175. Vgl. auch Forret/Turban (1996), S. 418.

110

Route entstanden oder modifiziert worden sind, konkreter und für die Person leichter abrufbar (vgl. Abb. C-3).[452] Der Hintergrund der besseren Verfügbarkeit besteht darin, dass hier vermehrt neue Informationen in das entwickelte Einstellungsschema integriert werden und es damit häufiger abgerufen, modifiziert und überprüft wird, was sich letztlich in einer höheren Konsistenz und Verfügbarkeit manifestiert.[453]

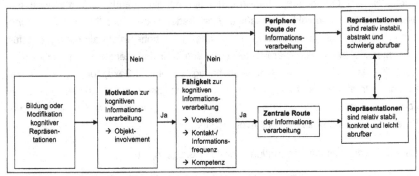

Quelle: In Anlehnung an Petty/Cacioppo (1986), S. 126.
Abb. C-3: Zentrale und periphere Route der Informationsverarbeitung im ELM

Das Verhältnis von stabilen, konkreten und leichter abrufbaren Einstellungen zu verbundenen, weniger verfügbaren Repräsentationen innerhalb des komplexen menschlichen Einstellungssystems untersuchen *Feldman/Lynch* im Rahmen ihres Accessibility Diagnosticity-Frameworks.

3.3.3 Accessibility Diagnosticity-Framework von Feldman/Lynch

In der Tradition kognitionstheoretischer psychologischer Ansätze erklären *Feldman/Lynch* mithilfe ihres Accessibility Diagnosticity-Frameworks (ADF), unter welchen Bedingungen mentale Repräsentationen („beliefs, attitudes or intentions") in ihren Ausprägungen von anderen, verbundenen Repräsentationen abhängen.[454] Im Rahmen der Theorie wird beispielsweise analysiert, welche Faktoren bestimmen, ob bzw. inwieweit eine Einstellung gegenüber einem Objekt oder einer Person als Basis zur Einstellungsbildung gegenüber entsprechenden Objektaggregationen herangezogen wird.[455] *Feldman/Lynch* gehen dabei davon aus, dass neue Repräsentationen nur dann entwickelt werden, wenn entsprechende Motive seitens des Individuums

[452] Vgl. Petty/Cacioppo (1983), S. 3 f.
[453] Vgl. Petty/Cacioppo (1986), S. 175 ff.
[454] Vgl. Feldman/Lynch (1988), S. 421; Lynch/Marmorstein/Weigold (1988). Insbesondere wird auf die Arbeiten von Hastie/Park (1986); Lichtenstein/Srull (1985); Fazio/Paul/Herr (1983); Fazio et al. (1982) und Sherman et al. (1978) rekurriert, anhand derer Experimente *Feldman/Lynch* ihre Theorie testen bzw. untermauern.
[455] „For instance, one's response to „Are politicians honest?" might be more diagnostic for "Is Ronald Reagan honest?" than one's answer about Ronald Reagan would be for judging the honesty of politicians in general" (Feldman/Lynch (1988), S. 425).

existieren, d.h. sie legen ihrer Theorie ebenfalls ein kognitives ökonomisches Prinzip zugrunde.[456]

Inwieweit zur Evaluation eines Objektes, d.h. bei der Entwicklung einer bestimmten mentalen Repräsentation auf bestehende, semantisch verbundene Repräsentationen innerhalb der Wissensstruktur des Individuums zurückgegriffen wird, hängt laut des ADFs von drei Faktoren ab:[457]

- Die Diagnostizität einer vorhandenen Repräsentation für eine andere: Dieser Faktor stellt auf die wahrgenommene Eignung z.B. einer bereits vorhandenen Einstellung ab, diese zur Bildung oder Modifikation einer anderen Repräsentation heranziehen zu können.[458]

- Die Abrufbarkeit des gespeicherten Urteils: Die Wahrscheinlichkeit, dass eine vorhandene Repräsentation als Input für weitere Informationsverarbeitungsprozesse eingesetzt wird, ist abhängig von der Leichtigkeit ihres Abrufs aus dem Wissenssystem.[459]

- Die Verfügbarkeit alternativer Informationen: Der Grad, zu dem eine bestimmte Repräsentation Eingang in die Bildung oder Modifikation einer verbundenen Einstellung findet, sinkt mit der Anzahl verfügbarer alternativer oder komplementärer Informationen für die neue Einstellungsbildung bzw. ihre Modifikation.

Betrachtet man, wie im vorliegenden Fall, isoliert die Relation zweier Repräsentationen zueinander, kann hinsichtlich der die dominierende Wirkungsrichtung bestimmenden Faktoren zunächst auf die relative Diagnostizität und die relative Abrufbarkeit abgestellt werden: Nach *Lynch/Marmorstein/Weigold* muss ein bestimmtes Mindestmaß an Sicherheit in Bezug auf die Richtigkeit eines Urteils vorliegen, damit dieses als diagnostisch für die Bildung bzw. Modifikation verbundener Repräsentationen gelten kann.[460] Diese Sicherheit wiederum steigt mit dem Konkretisierungsgrad und der Spezifität einer Einstellung, d.h. sehr abstrakte oder vage kognitive Repräsentationen weisen eine geringe Diagnostizität für andere,

[456] Vgl. Wyer/Srull (1986), S. 323 f.
[457] Vgl. Feldman/Lynch (1988), S. 424 ff. Zwar konzipieren die Autoren ihre Theorie ursprünglich zur Erklärung von Effekten der gegenseitigen Beeinflussung bei der Messung von Einstellungen, Überzeugungen und Absichten, stellen aber gleichzeitig einen generellen Geltungsanspruch heraus (vgl. Feldman/Lynch (1988), S. 422, 431). Bestätigungen der Theorie in breiteren Kontexten sprechen für dessen Angemessenheit (vgl. exemplarisch Berens/van Riel/van Bruggen (2005)).
[458] Die Diagnostizität selbst wiederum ist das Ergebnis eines Evaluationsprozesses und daher gleichfalls als spezifische Repräsentation zu verstehen (vgl. Feldman/Lynch (1988), S. 425).
[459] Vgl. Fazio et al. (1982).
[460] Vgl. Berens/van Riel/van Bruggen (2005), S. 36; Klein/Dawar (2004), S. 205; Dawar/Parker (1994), S. 82, 84; Lynch/Marmorstein/Weigold (1988), S. 171 f.

im Wissenssystem verbundene Repräsentationen auf.[461] Unter Berücksichtigung des Kriteriums der Abrufbarkeit einer Repräsentation beschreibt der ADF folglich, dass konkrete Einstellungen, die zugleich relativ leicht abrufbar und daher besser verfügbar sind, im Rahmen ihrer Wechselbeziehung zu anderen Repräsentationen weniger leicht abrufbare und abstrakte Einstellungen dominieren.

Lässt sich unter Bezug auf die ersten zwei Faktoren der Diagnostizität und der Abrufbarkeit insbesondere eine Aussage über den zwischen zwei Repräsentationen dominierenden Wirkungseffekt machen, so ermöglicht der dritte Faktor „Verfügbarkeit alternativer Informationen" vornehmlich Annahmen über die Stärke dieser Beeinflussung bzw. Dominanz:[462] Inwieweit ein gespeichertes Urteil als Input für eine andere Repräsentation dient, mithin der wahrgenommene Grad der Diagnostizität (nicht „ob", sondern „wie hoch"), ist abhängig davon, ob bzw. wie viele geeignete weitere Informationen vorliegen, die komplementär zu diesem Urteil zur Bildung oder Modifikation der anderen Repräsentation herangezogen werden können.[463] Gemäß *Feldman/Lynch* ist der Einfluss eines relativ leicht verfügbaren, als grundsätzlich diagnostisch wahrgenommenen Einstellungsurteils auf eine verbundene, schwieriger abrufbare und weniger konkrete Repräsentation umso höher, je weniger weitere Informationen zur Bildung oder Modifikation dieser Repräsentation verfügbar sind. Umgekehrt ist er umso geringer, je mehr alternative Informationen vorliegen oder je höher das Bewusstsein ist, weitere Informationen bei der Bildung/Modifikation der Repräsentation zur Sicherstellung von dessen Richtigkeit berücksichtigen zu müssen. Der Hintergrund des letzteren Aspektes besteht darin, dass sowohl dem ELM als auch dem ADF die Annahme zugrunde liegt, dass Menschen bestrebt sind, über korrekte Einstellungen bzw. Reputationsurteile zu verfügen, da nur diese es erlauben, richtige Entscheidungen zu treffen.[464]

Anknüpfend an die dargestellten Erkenntnisse, gilt es im Folgenden zu untersuchen, ob die Reputation eines Krankenhauses in den Augen niedergelassener Ärzte primär von der seiner Fachabteilungen abhängt oder ob sich die Wirkungsrichtung konträr darstellt. Konsequenterweise wird hierfür in erster Linie auf die Faktoren „Diagnostizität" und „relative Verfügbarkeit" rekurriert.[465]

---

[461] Feldman/Lynch (1988), S. 425; Ross et al. (1977); Sherman et al. (1978).
[462] Vgl. Feldman/Lynch (1988), S. 429.
[463] Vgl. Eberl (2006), S. 49.
[464] Vgl. Schäfer (2006), S. 53.
[465] Neben diesen beiden Faktoren wird dem vom ADF postulierten dritten Faktor „alternative Informationen" erst bei der Untersuchung der die Stärke des Zusammenhangs zwischen Krankenhaus- und Fachabteilungsreputation potenziell moderierenden Größen Aufmerksamkeit zukommen (vgl. Kapitel C.4).

3.3.4 *Implikationen des Elaboration-Likelihood-Modells und des Accessibility Diagnosticity-Frameworks zum Wirkungszusammenhang zwischen Krankenhaus- und Fachabteilungsreputation*

Ist es nun das Ziel, für den konkreten Fall einer Interaktion zweier bestimmter, miteinander verbundener Repräsentationen diejenige zu identifizieren, durch welche der dominierende Haupteffekt im Rahmen dieser Wechselbeziehung ausgeht, so führt die Integration des ELM und des ADF zu folgendem Prüfschema:[466]

1) Gegenüber welchem der beiden beteiligten Einstellungsobjekte besteht seitens der Beurteiler höheres Involvement?

2) Bezüglich welches der beiden beteiligten Einstellungsobjekte herrscht seitens der Beurteiler ein höherer Kenntnisstand?

3) Bezüglich welches der Einstellungsobjekte besteht ein intensiverer Informationsfluss bzw. mit welchem Einstellungsobjekt setzen sich die evaluierenden Personen häufiger auseinander?

4) Hinsichtlich der Beurteilung welches der Einstellungsobjekte weisen die Beurteiler höhere Kompetenz auf?

Für den Fall, dass in Bezug auf diese Fragen ein eindeutiges Ergebnis zugunsten eines der Einstellungsobjekte zutage tritt, ist davon auszugehen, dass die entsprechende Repräsentation durch Informationsverarbeitung über die zentrale Route entsteht und daher im direkten Vergleich mit einer verbundenen Einstellung, die der Informationsverarbeitung entlang der peripheren Route entspringt, stabiler, konkreter und für die Person leichter abrufbar ist. Gemäß dem ADF kann anschließend festgestellt werden, dass die stabile, konkrete Repräsentation aufgrund ihrer höheren Diagnostizität sowie wegen ihrer leichteren Verfügbarkeit im Wissenssystem innerhalb der untersuchten Wechselbeziehung zu der verbundenen Einstellung dominant ist.

(ad 1) Involvement

In Kapitel B.2 wurde das Verhältnis zwischen Krankenhäusern und niedergelassenen Ärzten als recht vielschichtig und komplex beschrieben. Es geht nun darum, begründete Annahmen über die Motivation niedergelassener Ärzte für eine Auseinandersetzung mit den Charakteristika der Kategorie „Krankenhaus" einerseits und

---

[466] Vgl. Kapitel C.3.3.2.

einer Fachabteilung andererseits abzuleiten.[467] Zu diesem Zweck erscheint eine Orientierung an den unterschiedlichen Rollen, die Niedergelassene in Bezug auf ein Krankenhaus einnehmen, zielführend:

Gegenüber der Fachabteilung dürfte die Motivation der Niedergelassenen, kategorie-bezogene Informationen zu suchen, aufzunehmen und zu speichern, dann beson-ders hoch sein, wenn sie in ihrer originären Rolle als Einweiser agieren. Hier ist die bereits erläuterte unmittelbare Problemlösungsrelevanz der Fachabteilung zur Erreichung der gewünschten Veränderung des Gesundheitszustandes des Patienten der aktivierende Faktor des Involvements:[468] Für die Verwirklichung der Ziele, die niedergelassene Ärzte verfolgen, ist die erfolgreiche stationäre Behandlung eines eingewiesenen Patienten von hoher Bedeutung.[469] Entsprechend ausgeprägt wird das Interesse an neuen und weiteren Informationen über beispielsweise die medizinisch-technische Ausstattung, das fachspezifische Behandlungsspektrum, die Hygienesituation auf den Stationen der Fachabteilung und an den Leistungsprofilen der Ärzte sein. Vor diesem Hintergrund sowie aufgrund der überragenden Prominenz der Einweiserrolle gegenüber den weiteren Beziehungskonstellationen (vgl. Kapitel B.2.2) ist anzunehmen, dass das Involvement niedergelassener Ärzte gegenüber dem Bezugsobjekt „Fachabteilung" relativ hoch ist.

Im Vergleich zu den Interessen, die Niedergelassene in ihrer originären Einweiser-rolle verfolgen und die primär auf die Fachabteilung gerichtet sind, erscheint die Motivation bzw. das Involvement hinsichtlich des Bezugsobjektes „Krankenhaus insgesamt" von geringerer Bedeutung zu sein: Zwar werden niedergelassene Ärzte auch ein begründetes Interesse an Informationen, die das Krankenhaus an sich betreffen, haben. Hierbei ist etwa an Personaländerungen in der Krankenhaus-leitung, Möglichkeiten der wirtschaftlichen Zusammenarbeit (z.B. im Rahmen der erläuterten §§ 121, 137f, 140 SGB V), die strategische Positionierung gegenüber den

---

[467] Vgl. Kapitel B.2.4. Im weiteren Verlauf dieser Arbeit soll die Argumentation nur noch in Bezug auf jeweils eine bestimmte Fachabteilung aus Sicht niedergelassener Ärzte erfolgen. Einerseits erleichtert dies die Lesbarkeit erheblich. Andererseits wurde bereits dargestellt, dass niederge-lassene Ärzte entsprechend ihrer fachlichen Spezialisierung in der Regel über eine Stammfach-abteilung verfügen, die ihr Einweisungsverhalten erheblich prägt (vgl. Kapitel B.2.1.2). Im Hinblick auf die Fachabteilungsreputation beziehen sich folgende Ausführungen also auf das Verhältnis zwischen niedergelassenem Arzt und derjenigen Fachabteilung, die nach dem Kriterium der Fachrichtung mit dem jeweiligen niedergelassenen Arzt korrespondiert bzw. in die die meisten Einweisungen des jeweiligen Arztes erfolgen. Dementsprechend wurden die in den Studien befragten niedergelassenen Ärzte gebeten, neben dem Krankenhaus als Ganzes ihre Stamm-fachabteilung bzw. die fachlich korrespondierende Abteilung zu beurteilen. Werden für diese jeweiligen Stammfachabteilungen die Annahmen und Hypothesen, die in dieser Arbeit getroffen bzw. aufgestellt werden, bestätigt, können die Erkenntnisse in Summe für Fachabteilungen generell als gültig gelten.
[468] Vgl. Kapitel B.2.4.
[469] Vgl. Kapitel B.2.4.

Niedergelassenen (z.B. Umsetzung der §§ 95, 115b, 116b SGB V) wie auch an den Umfang der Hotelleistungen zu denken.[470] Die unmittelbare Problemlösungsrelevanz für die täglich zu treffenden Einweisungsentscheidungen und die Behandlung der Patienten liegt hier allerdings nur bedingt vor.

Aus diesem Grund erscheint die Annahme gerechtfertigt, dass das Involvement der niedergelassenen Ärzte, also das Bestreben, relevante Informationen zu suchen, zu verarbeiten und zu speichern, gegenüber dem Einstellungsobjekt „Fachabteilung" relativ höher ist als gegenüber der Kategorie „Krankenhaus", da die Fachabteilung für die Ziele der Niedergelassenen insgesamt von höherer funktioneller Bedeutung ist als die Krankenhauskategorie.

(ad 2 und 3) Kenntnisstand und Kontakthäufigkeit

Es ist evident, dass niedergelassene Ärzte mit dem Beurteilungsobjekt „Fachabteilung" in intensiverer Interaktion stehen als mit der unspezifischeren Entität „Krankenhaus" und damit einhergehend bei der Verarbeitung neuer Informationen auf ein größeres Vorwissen zugreifen können.[471] Dies liegt darin begründet, dass die überwiegende Anzahl der Interaktionen zwischen Arzt und Krankenhaus in der Regel fallbezogen ist und dass anzunehmen ist, dass die meisten dieser fachlichen Interaktionen und der entsprechende Informationsaustausch der Fachabteilung zuge-schrieben wird bzw. diese betrifft.[472] Als Beispiel hierfür kann – neben persönlichen Kontakten – der Arztbrief, der dem Niedergelassenen für jeden eingewiesenen Patienten von der Fachabteilung zugestellt wird, genannt werden.[473] Folglich sprechen auch die Prüfkriterien des Kenntnisstandes und der Interaktionsintensität für eine Dominanz der Fachabteilungsreputation gegenüber der Krankenhaus-reputation.

(ad 4) Kompetenz

In Kapitel B.2.1.2 wurde erläutert, dass niedergelassene Ärzte aufgrund ihrer fachlichen Spezialisierung und entsprechend der relativ gleichartigen Krankheits-bilder ihrer Patienten den größten Teil ihrer Einweisungen in die ihrem Fachgebiet entsprechende Fachabteilung tätigen.[474] Ohne Frage verfügen Niedergelassene

---

[470] Vgl. Kapitel B.2.2.

[471] Vgl. Kapitel B.2.1.2.

[472] Hierfür spricht die Depersonalisierungsthese der Social-Identity-Theorie, wonach die Interaktion mit als Mitglieder bestimmter Gruppen kategorisierten Personen dieser Gruppe als Ganzes zuge-schrieben wird (vgl. Turner/Haslam (2001), S. 32 f.). Ferner zeigen Forschungsergebnisse, dass 95% der Kontakte zwischen niedergelassenen Ärzten und Krankenhäusern tatsächlich fallbe-zogen sind (vgl. Riegl (2009), S. 12).

[473] Vgl. Kapitel B.2.1.2.

[474] So weisen z.B. niedergelassene Urologen den weit überwiegenden Anteil ihrer Patienten in die Fachabteilung für Urologie eines Krankenhauses ein. Für Allgemeinmediziner darf angenommen

damit über eine ungleich höhere Kompetenz, um sich ein Urteil über die Fachabteilung zu bilden, als dies für das Krankenhaus mit seinem heterogenen Leistungsspektrum, seiner Vielzahl nicht unmittelbar die Kernleistung betreffenden Bereiche
und der hohen Anzahl dort beschäftigter Personen gilt. Informationen über beispielsweise die medizinisch-technische Ausstattung und die Qualität der Diagnose- oder
Medikationsprozesse der Fachabteilung können gemäß dem ELM von den niedergelassenen Ärzten somit leichter kognitiv verarbeitet werden, weil sie über die hierfür
erforderlichen Fähigkeiten zur inhaltlichen Erfassung und Interpretation dieser
Informationen verfügen.[475]

Das auf Basis des ELM und ADF entwickelte Prüfschema führt damit zu dem
Ergebnis, dass die Verarbeitung von Informationen, die die Fachabteilung betreffen,
auf dem von *Petty/Cacioppo* unterstellten Kontinuum tendenziell näher am Pol der
zentralen Route erfolgen dürfte, als es für die Auseinandersetzung mit Informationen
über das Krankenhaus insgesamt anzunehmen ist.[476] Demnach sind kognitive
Repräsentationen, die sich auf die Fachabteilung beziehen relativ stabiler, konkreter
und leichter abrufbar. Dies wiederum begründet, dass laut des ADFs die
Fachabteilungsreputation einen dominanten Einfluss auf die Krankenhausreputation
ausüben dürfte – infolge der wahrgenommenen Diagnostizität der Fachabteilungsreputation für die Krankenhausreputation und ihrer relativ besseren Verfügbarkeit im
Einstellungssystem.

Begibt man sich nun auf die Suche nach quantitativen empirischen Befunden zum
Zusammenhang zwischen Fachabteilungs- und Krankenhausreputation bzw.
zwischen hierarchischen Konstrukten im Allgemeinen, so leidet diese wie schon jene
zur Differenzierung dieser Konstrukte daran, dass keine Arbeiten zur Reputation

---

werden, dass die Fachabteilung für Innere Medizin den relevanten Bezugspunkt darstellt. Die
empirischen Daten dieser Arbeit bestätigen diese Annahme: 82% der Allgemeinmediziner und
praktischen Ärzte geben an, dass sie vorwiegend in die Abteilung für Innere Medizin einweisen
und zwar durchschnittlich 73% ihrer Patienten.

[475] Vgl. Gotlieb/Swan (1990), S. 221.
[476] Auch in den Fällen, für die eine Habitualisierung oder Limitierung der krankenhaus- oder fachab-
teilungsbezogenen Informationsverarbeitung angenommen werden muss, d.h. speziell für
niedergelassene Ärzte, die ihre Praxis bereits längere Zeit im geographischen Umfeld des fokalen
Krankenhauses betreiben und die sich bereits fundierte Reputationsurteile bilden konnten, ist
davon auszugehen, dass die Informationselaboration und damit die Urteilsmodifikation im Falle
neuer fachabteilungsbezogener Informationen (z.B. neuer Chefarzt in der Stammfachabteilung)
unter höherer kognitiver Beteiligung abläuft, als bei Informationen, die das Krankenhaus als
Ganzes betreffen (z.B. Erweiterung des Besucherparkplatzes). Mit anderen Worten: die
Elaborationswahrscheinlichkeit dürfte bei „alteingesessenen" niedergelassenen Ärzten im
Vergleich zu neu niedergelassenen Ärzten (mit grundsätzlich höherem Informationsbedarf) zwar
insgesamt geringer sein (z.B. aufgrund mit der Zeit gesunkenem Involvement), bei Informationen
über die Stammfachabteilung jedoch (nach wie vor) relativ höher als bei Informationen über die
Krankenhauskategorie.

117

unterhalb der Unternehmensebene bekannt sind.[477] Darüber hinaus begründet das angewandte Prüfschema eine hohe Kontextabhängigkeit der Argumentation. In Ermangelung bestehender einschlägiger Arbeiten bietet sich daher der Blick auf andere Forschungsfelder an, in denen ebenso Zusammenhänge von in hierarchischer Beziehung zueinander stehenden Konstrukten bzw. Einstellungstransfers zwischen Entitäten von Interesse sind. Insbesondere die Markenforschung stellt ein solches Forschungsfeld dar und liefert augenscheinlich zwei potentielle Ansatzpunkte zur Lösung des interessierenden Problemkomplexes:

Erstens könnten empirische Studien zu Wechselbeziehungen zwischen Marken innerhalb von Markenarchitekturen aufschlussreiche Hinweise geben; *Esch* stellt jedoch fest:

> „*Ob und wann eine Unternehmensmarke in der Realität tatsächlich einen dominanten, unterstützenden oder gar keinen Einfluss auf die Einstellung eines Konsumenten zu einer Produktmarke hat und in welcher Form dieser Einfluss stattfindet, wurde bisher nicht untersucht. Gleiches gilt umgekehrt für die Wirkung einer Produktmarke auf die Unternehmensmarke. Alle Aussagen diesbezüglich wurden auf Basis von Expertenurteilen aus der formalen Gestaltung der Markenarchitektur abgeleitet. Folglich sind Aussagen über die Synergiepotenziale oder die Eigenständigkeit der Marken kaum möglich.*"[478]

Zweitens beschäftigt sich die Markenforschung ausgiebig mit Markendehnungen oder Brand Extensions, mit deren Hilfe bereits aufgebaute Vorstellungsbilder für die Vermarktung neuer Produkte nutzbar gemacht werden sollen. Diesbezüglich zeigen *Völckner/Sattler* in ihrer mehr als 50 empirische Studien umfassenden Metastudie, dass der Einstellungstransfer der Muttermarke auf die Produkterweiterung (1.) von der Stärke der Muttermarke, (2.) vom Fit zwischen der etablierten Marke und dem neuen Produkt, (3.) von der Qualitätsunsicherheit bei der Produktbewertung, (4.) vom Produktinvolvement und (5.) von der „Marketingkraft" des Unternehmens abhängig ist.[479] Gewonnen werden diese Erkenntnisse über die Erfolgsfaktoren von Brand Extensions, indem empirisch ermittelt wird, ob die aufgeführten fünf Faktoren oder eine Auswahl dieser einen Einfluss auf den Marktanteil der Produkterweiterung oder etwa auf die kundenseitige Beurteilung der Produktqualität ausüben.[480] D.h. die Erkenntnisse werden in der Regel nicht durch eine explizite Analyse etwaiger Interaktionen zwischen etablierter Marke und Produkt in der Wahrnehmung der Kunden gewonnen, sondern die Rahmenbedingungen einer Markenerweiterung

---

[477] Vgl. Kapitel A.2.
[478] Esch (2008), S. 510.
[479] Vgl. Völckner/Sattler (2007), S. 149; Völckner/Sattler (2006).
[480] Für Reviews zu den Erfolgsfaktoren vgl. exemplarisch Keller (2003); Klink/Smith (2001).

werden mit deren Ergebnis in Beziehung gesetzt, wodurch es sich um eine „Black-Box-Betrachtung" handelt.[481]

Zumindest augenscheinlich führen aber die Faktoren Drei und Vier zu einer Parallelität der Argumentationen der vorliegenden Arbeit und der Brand-Extension-Forschung: Auch hier erweisen sich der Wissensstand und das Involvement gegenüber den Kategorien als relevante Einflussgrößen. Dieser empirische Hinweis zur Angemessenheit der konzeptionellen Überlegungen zum Innenverhältnis des Reputationskomplexes muss jedoch aus mehreren Gründen relativiert werden: Zunächst existieren kaum Forschungsbemühungen, die gezielt auf die Interaktion zwischen Marke und Produkt fokussieren.[482] Eine Ausnahme stellt die Arbeit von *Milberg/Park/McCarthy* dar.[483] Das Autorentrio ermittelt in seiner Studie, dass ein fehlender Fit zwischen der etablierten Marke und den Merkmalen des Erweiterungs-produktes eine Verwässerung des Images der Muttermarke und damit eine Rück-kopplung des Produkts auf die Marke zur Folge haben kann.[484] Aussagen darüber, ob auch eine vollständige Überlagerung der Marke durch das Produkt denkbar ist, werden aber auch hier nicht getroffen.[485] Dies ist dadurch bedingt, dass die Brand-Extension-Forschung grundsätzlich von der Dominanz der Muttermarke ausgeht und sie insofern nicht ergebnisoffen erfolgt.[486]

Die damit angesprochenen Untersuchungsvoraussetzungen stellen eine weitere Einschränkung der Übertragbarkeit auf die vorliegende Arbeit dar: Stets wird analysiert, wie ein etabliertes Markenimage auf ein neues Produkt wirkt, das zunächst nur durch seine denotativen Merkmale spezifiziert ist, also weitgehend imagelos ist.[487] Nach erfolgter Erweiterung wird ermittelt, ob sich Imagekomponenten der Marke beim Produkt wiederfinden lassen. Ist dies der Fall, gilt die Markener-weiterung als gelungen. Eine weitergehende Analyse einer etwaigen Interaktion der Imagekomponenten der Marke und des Produkts steht nicht im Fokus der Forschungsbemühungen. Konsequenterweise findet sich in der Brand-Extension-Literatur daher kein systematischer (und damit für den Zweck dieser Arbeit adaptierbarer) Zugang für die Analyse, ob die etablierte Marke das Produktimage

---

[481] Vgl. exemplarisch Dacin/Smith (1994); Smith/Park (1992). *„Previous studies have focused primarily on analyzing the effects of certain success factors on consumers' evaluations of brand extensions […]."* (Völckner/Sattler (2007), S. 152).

[482] Vgl. Völckner/Sattler/Kaufmann (2008), S. 110; Völckner/Sattler (2007), S. 149.

[483] Vgl. Milberg/Park/McCarthy (1997).

[484] Vgl. Milberg/Park/McCarthy (1997), S. 123 ff.; Keller/Aaker (1992); Romeo (1991).

[485] Vgl. hierzu auch die Arbeit von Völckner/Sattler/Kaufmann (2008).

[486] Vgl. Völckner/Sattler (2007), S. 149 ff.

[487] Im Gegensatz hierzu stehen in dieser Arbeit mit der Krankenhaus- und der Fachabteilungs-reputation zwei etablierte und bereits mit Assoziationen behaftete Urteile gegenüber. A priori kann daher auch nicht von einer Dominanz einer dieser mentalen Repräsentationen ausgegangen werden.

oder das neue Produkt das Markenimage dominierend beeinflusst.[488] Dieses Faktum wiederum mündet in *Eschs* Feststellung zur Abwesenheit empirischer Forschungsarbeiten zu Wechselbeziehungen innerhalb etablierter Markenarchitekturen als Resultat von (u.a.) Brand Extensions.[489]

Neben den quantitativen Beiträgen der Markenforschung, die als stützende Hinweise für die theoretischen Überlegungen dieser Arbeit interpretiert werden können, findet sich auch außerhalb der Markenliteratur mit der Arbeit von *Schäfer* eine empirische Untersuchung, die auf den Zusammenhang zwischen der Krankenhaus- und Fachabteilungsreputation übertragbar erscheint. In dieser analysiert die Autorin den Zusammenhang zwischen Branchenimage und Unternehmensimage.[490] Gleichfalls unter Verweis auf *Petty/Cacioppo* wird hier unter der Voraussetzung, dass hinsichtlich eines konkreten Unternehmens weniger Wissen vorhanden ist als über die jeweilige Branche insgesamt, ein kausaler Einfluss des Branchenimages auf das Unternehmensimage argumentativ hergeleitet und dieser auch empirisch bestätigt.[491]

Im Ergebnis führen die theoretischen Überlegungen sowie die empirische Befundlage zu der begründeten Annahme, dass die Fachabteilungsreputation im Rahmen ihrer Wechselbeziehung mit der Krankenhausreputation einen dominanten Einfluss ausübt. Dieser Zusammenhang lässt sich zu folgender Forschungshypothese verdichten:

H$_{2(1)}$: *Je höher die Fachabteilungsreputation ausgeprägt ist, desto besser ist die Reputation des Krankenhauses bei niedergelassenen Ärzten.*

4 Einfluss moderierender Effekte auf den Zusammenhang zwischen Fachabteilungsreputation und Krankenhausreputation

Aus den vorangegangen Ausführungen wurde ersichtlich, dass der Zusammenhang zwischen Fachabteilungsreputation und Krankenhausreputation nicht immer gleich stark ist. Vielmehr gilt es, bei der Analyse der Relation innerhalb des Reputationskomplexes Variablen bzw. Einflussgrößen zu berücksichtigen, die diesen Zusammenhang verstärken oder abschwächen. Diese Größen werden gemeinhin als Moderatoren bezeichnet. Die Untersuchung moderierender Effekte ist für die For-

---

[488] Die Erklärung des Wirkungszusammenhangs zwischen Marken- und Produktimages steht folglich nicht im Zentrum des Interesses der Brand-Extension-Literatur, sondern vielmehr die Bestimmung des Transferpotentials von Marken, um Empfehlungen zur Eignung konkreter Marken für Erweiterungen geben zu können.

[489] Vgl. Esch (2008), S. 510.

[490] Für konzeptionelle Gemeinsamkeiten und Unterschiede zwischen Reputation und Image vgl. Kapitel C.1.3.

[491] Vgl. Schäfer (2006), S. 63, 149.

schungszielsetzung dieser Arbeit relevant, da ein gezieltes Reputationsmanagement ein detailliertes Verständnis der Wirkungsbeziehung zwischen den Teilreputationen voraussetzt. Nur unter Berücksichtigung entsprechender Erkenntnisse ist eine planvolle, systematische und zielgenaue Einflussnahme möglich. Letzteres ist insbesondere dann von Wichtigkeit, falls sich herausstellen sollte, dass sich Fachabteilungs- und Krankenhausreputation hinsichtlich ihrer Wirkungen auf für das Unternehmen erfolgsrelevante Outcomes (z.B. Fallzahlen) voneinander unterscheiden.[492]

4.1 Bezugsrahmen für die Untersuchung moderierender Effekte des Zusammenhangs zwischen Fachabteilungsreputation und Krankenhausreputation

Um Willkür bei der Identifizierung potenziell moderierender Effekte im Rahmen des Zusammenhangs zwischen Fachabteilungs- und Krankenhausreputation auszuschließen, ist es erforderlich, unter Zugrundelegung von in der Literatur bewährten Kategorisierungen moderierender Größen eine Auswahl relevanter, das Innenverhältnis des Reputationskomplexes beeinflussender Variablen zu treffen. Diese Selektion konkreter Merkmale ist letztlich eine Schnittmenge aus den in Kapitel B vorgestellten Charakteristika der Beziehung zwischen niedergelassenen Ärzten und Krankenhäusern und den Annahmen der diskutierten Theorien über Einflussgrößen der Wirkungsbeziehungen zwischen miteinander verbundenen Repräsentationen.

In der wissenschaftlichen Literatur wird üblicherweise zwischen mindestens drei grundlegenden Arten moderierender Effekte von Wirkungszusammenhängen zwischen Variablen im Kontext von Beziehungen zwischen Unternehmen und ihren Bezugsgruppen unterschieden.[493] Hierbei handelt es sich um folgende:

▪ Merkmale der Austauschbeziehung (hier zwischen Krankenhaus bzw. Fachabteilung und niedergelassenem Arzt): Ziel ist es, Einflussgrößen zu berücksichtigen, die den relationalen Charakter des Austauschverhältnisses erfassen, also für Konstellationen gelten, die über punktuelle Transaktionen hinausgehen. Für die Beziehung niedergelassener Ärzte zu einem Krankenhaus bzw. seinen Fachabteilungen kann grundsätzlich ein solches relationales, d.h. auf Zeit angelegtes Charakteristikum angenommen werden.[494] Häufig wird zur Abbildung dieser Relationalität auf die bisherige **Dauer des Austauschverhältnisses** rekurriert.[495] Da nach dem ELM die Erfahrungshistorie bzw. die

---

[492] Vgl. hierzu Kapitel C.5.
[493] Vgl. Keller (2002), S. 176 f.; Giering (2000), S. 101 f.
[494] Vgl. Kapitel B.2.2; Kapitel B.2.3.
[495] Vgl. exemplarisch Keller (2002), S. 177.

Häufigkeit, mit der sich eine Person mit einem Bezugsobjekt auseinandersetzt, unmittelbar die Bildung entsprechender Repräsentationen beeinflusst, legt auch die Theorie die Relevanz dieses Merkmals für den Wirkungszusammenhang zwischen den Reputationen nahe.[496]

- Merkmale des Anbieters: Hier geht es darum zu untersuchen, inwieweit unabhängig von den eigentlichen Leistungen des Unternehmens Eigenschaften existieren, die den zur Diskussion stehenden Wirkungszusammenhang tangieren. Für den Zweck der vorliegenden Arbeit ist diesbezüglich in erster Linie an den **Handlungsspielraum einzelner Fachabteilungen** innerhalb der Gesamtorganisation „Krankenhaus" zu denken.[497] Dieses Merkmal zielt unmittelbar auf die Distinktheit der Kategorien innerhalb des Krankenhauses als Ganzes ab.[498]

- Merkmale der Kunden/der Bezugsgruppe: Gerade wenn verhaltenswissenschaftliche Konstrukte im Fokus stehen, vermag die Berücksichtigung von in der beurteilenden Person liegenden Charakteristika tiefere Einblicke in die interessierende Wirkungsbeziehung zu geben. Mitunter ist anhand dieser Merkmale eine Segmentierung innerhalb der Bezugsgruppe möglich, die sodann eine entsprechend gezielte Bearbeitung im Rahmen des Reputationsmanagements ermöglicht. Für den vorliegenden Untersuchungskontext besteht ein relevantes und für das Unternehmen leicht in Erfahrung zu bringendes Merkmal in der **fachlichen Spezialisierung** des jeweiligen beurteilenden Arztes.[499] Außerdem geben die zur Fundierung der Reputationsdifferenzierung sowie der Richtung des Wirkungszusammenhangs innerhalb des Reputationskomplexes herangezogenen Theorien ausdrücklich Anlass, den **Kenntnisstand** der niedergelassenen Ärzte hinsichtlich des Krankenhauses als Ganzes mit in die Untersuchung einzubeziehen, da der Grad an Diagnostizität der Fachabteilungsreputation für die Krankenhausreputation demnach vom Ausmaß der Verfügbarkeit alternativer Informationen über die Krankenhauskategorie abhängig sein müsste.[500]

---

[496] Vgl. Kapitel C.3.3.2.
[497] Vgl. Kapitel B.1.4.
[498] Vgl. Kapitel C.3.1.
[499] Vgl. Kapitel B.2.1.1.
[500] Vgl. Kapitel C.3.3.3.

4.2 Moderation durch die Dauer der Einweisungsbeziehung

4.2.1 Begründungszusammenhang der Moderation der Wirkungsbeziehung zwischen Fachabteilungs- und Krankenhausreputation durch die Dauer der Einweisungsbeziehung

Die Dauer von Austauschbeziehungen zwischen Wirtschaftssubjekten stellt einen expliziten Erkenntnisgegenstand der marketingwissenschaftlichen Literatur zur Analyse von Geschäftsbeziehungen dar.[501] Es wird davon ausgegangen, dass Interaktionsmuster im Rahmen von Austauschbeziehungen, die mehr als nur eine einzelne diskrete, punktuelle Transaktion umfassen, eine gewisse Zeit benötigen, um sich auszuformen.[502] Entsprechend stellen *Dwyer/Schurr/Oh* fest: *„Most important is the fact that relational exchange transpires over time [...]"*.[503] Den Ergebnissen der Geschäftsbeziehungsforschung ist dabei zu entnehmen, dass die Dauer der Beziehung maßgeblich bestimmt, welche Art von Informationen zwischen den Beteiligten ausgetauscht werden.[504] *Ganesan* wie auch *Anderson/Weitz* betonen diesbezüglich, dass es vermehrt auch zum Austausch solcher Informationen kommt, die nicht die eigentlichen Transaktionen, sondern vielmehr generelle Merkmale der Partner betreffen.[505]

Es muss also davon ausgegangen werden, dass den beteiligten Akteuren mit zunehmender Dauer einer Austauschbeziehung vermehrt Informationen vorliegen, die eine Beurteilung des Partners über die Eigenschaften der Leistungserstellung hinaus erlauben. So zeigt *Stewart*, dass im Laufe der Zeit die Erfahrungen der Geschäftsbeziehung als Ganzes und nicht mehr nur die Abwicklung einzelner Transaktionen zur Evaluation der Beziehung herangezogen werden.[506] Für den hier vorliegenden Fall der Beziehung zwischen einem Krankenhaus und niedergelassenen Ärzten bedeutet dies, dass Letzteren mit zunehmender Dauer Informationen vorliegen, welche über die originäre Leistungserstellung der Fachabteilung hinausgehen. Zu denken ist hierbei etwa an Informationen über das Leistungsspektrum des Krankenhauses als Ganzes, die (Qualität der) Abwicklung von Verwaltungsprozessen oder an Eigenschaften der Geschäftsführung des Krankenhauses.

---

[501] Vgl. exemplarisch Morgan/Hunt (1994); Moorman/Deshpandé/Zaltmann (1992).
[502] Meist bildet MacNeils Vertragstypologie den Ausgangspunkt der Autoren, die sich mit Geschäftsbeziehungsmarketing auseinandersetzen (vgl. z.B. Giering (2000); MacNeil (1980), S. 60 f.).
[503] Dwyer/Schurr/Oh (1987), S. 12.
[504] Vgl. Keller (2002), S. 181; Stewart (1998), S. 238.
[505] Vgl. Ganesan (1994), S. 5; Anderson/Weitz (1989), S. 311.
[506] Vgl. Giering (2000), S. 111; Stewart (1998), S. 238.

Da nun laut *Feldman/Lynch* der Einfluss eines als grundsätzlich diagnostisch wahrgenommenen Einstellungsurteils auf eine verbundene Repräsentation desto geringer ist, je mehr weitere Informationen zur Bildung oder Modifikation dieser Repräsentation verfügbar sind,[507] lässt sich Folgendes ableiten: Mit zunehmender Dauer der Geschäftsbeziehung zwischen einem niedergelassenen Arzt und einem Krankenhaus kann zur Bildung des Reputationsurteils über die Krankenhauskategorie vermehrt auf alternative Informationen zugegriffen werden, so dass dieses Urteil umso weniger auf Kontextfaktoren in Gestalt verbundener Repräsentationen (hier: der Fachabteilungsreputation) gestützt werden muss.[508] Aus diesem Grund soll die folgende Hypothese überprüft werden:

H$_{3(1)}$: *Je länger die Einweisungsbeziehung zwischen Krankenhaus und niedergelassenem Arzt ist, desto geringer ist der Einfluss der Fachabteilungsreputation auf die Krankenhausreputation.*

4.2.2 Empirische Erfassung der Dauer der Einweisungsbeziehung

Bei dem Merkmal „Dauer der Einweisungsbeziehung" handelt es sich nicht um ein theoretisches Konstrukt, sondern um ein direkt messbares Phänomen. Aus diesem Grund kann zur empirischen Erfassung dieses Merkmals der Austauschbeziehung zwischen Krankenhaus und niedergelassenem Arzt ein einzelnes Item zur Anwendung kommen. Dies entspricht der in der Literatur gängigen Vorgehensweise zur Operationalisierung dieses Charakteristikums einer Geschäftsbeziehung.[509] Konkret wurde die Frage formuliert: *„Seit wann weisen Sie Patienten in das zu beurteilende Krankenhaus ein?"*[510]

4.3 Moderation durch die wahrgenommene Autonomie der Fachabteilung

4.3.1 Begründungszusammenhang der Moderation der Wirkungsbeziehung zwischen Fachabteilungs- und Krankenhausreputation durch die wahrgenommene Autonomie der Fachabteilung

Die Verteilung von Entscheidungen bzw. der Zentralisierungsgrad eines Unternehmens ist neben der Spezialisierung, Standardisierung, Konfiguration und

---

[507] Vgl. Feldman/Lynch (1988), S. 429.
[508] Vgl. Brown (1998), S. 223; Forret/Turban (1996), S. 417.
[509] Vgl. exemplarisch Ganesan (1994), S. 9; Anderson/Weitz (1989), S. 317.
[510] Das Reputationskonzept dieser Arbeit verlangt, dass auch solche Fälle bei der Überprüfung des hier in Rede stehenden moderierenden Effekts einbezogen werden, die einen Zeitraum von „Null" angeben, d.h. keine Einweisungen in das fokale Krankenhaus tätigen, sondern ihr Reputationsurteil ausschließlich auf Basis erfolgter Kommunikation mit anderen niedergelassenen Ärzten treffen (vgl. Kapitel C.1.2).

124

Formalisierung eines der konstituierenden Merkmale einer Organisationsstruktur.[511] Unter der Entscheidungsautonomie einer Einheit versteht die Organisationstheorie den Grad, zu dem die betrachtete Kategorie bei der Lösung von Entscheidungsproblemen frei von Beschränkungen ist, die ihr von anderen Organisationseinheiten auferlegt werden.[512] Generell lässt sich feststellen, dass eine Kategorie dann Entscheidungsautonomie besitzt, wenn die zulässige Handlungsmenge Alternativen offen lässt.[513]

Trotz dieser fundamentalen Bedeutung, die das Merkmal der Autonomie von Organisationseinheiten für die Entscheidungsstrukturen von Unternehmen hat, finden sich kaum wissenschaftliche Beiträge, die sich unmittelbar mit der Entscheidungsautonomie einer Einheit auseinandersetzen.[514] In der Regel wird dieses Phänomen vielmehr im Rahmen von Diskussionen des (De-) Zentralisierungsgrades von Unternehmen erfasst. Folglich definieren *Menon/Jaworski/Kohli* Zentralisierung als „[...] *the lack of organization-wide delegation of decision-making participation by members of the organization.*"[515] Der Zentralisierungsbegriff bildet damit explizit die Verteilung von Entscheidungen und damit den Grad der Entscheidungsautonomie organisationaler Kategorien ab.[516]

Für den Zweck dieser Arbeit ist es nun von Bedeutung, welche Konsequenzen der Zentralisierungsgrad eines Unternehmens bzw. die Autonomie einzelner Kategorien für die Wahrnehmung dieser durch externe Bezugsgruppen (hier: der niedergelassenen Ärzte) hat. Zwar zeigen *Ruekert/Walker,* dass strukturelle Merkmale von Organisationseinheiten durch außerhalb dieser Kategorien stehende Personen wahrnehmbar und für ihre Informationsverarbeitungsprozesse grundsätzlich relevant sind;[517] Forschungsbemühungen, die sich explizit mit dem Einfluss konstituierender Organisationsmerkmale auf die Wahrnehmung der tragenden Organisationseinheiten durch externe Bezugsgruppen befassen, sind jedoch äußerst rar.[518] Im Folgenden

[511] Vgl. Pugh et al. (1968), S. 65.
[512] Vgl. Frese (2000), S. 83.
[513] Vgl. Frese (2000), S. 84.
[514] Für die Marketingliteratur vgl. exemplarisch Menon/Jaworski/Kohli (1997); Deshpandé (1982); Deshpandé/Zaltman (1982); Thomas (1982); Spekman/Stern (1979); Bonoma/Zaltman (1978).
[515] Menon/Jaworski/Kohli (1997), S. 191.
[516] „*A further analysis of centralization scores indicated the degree of autonomy of the particular organizational unit.*" (Pugh et al. (1968), S. 78). Vgl. auch Albach (1967), S. 342; Simon (1954), S. 1. Aus diesem Grund kann im Folgenden auf die Literatur zur Zentralisierung von Unternehmen rekurriert werden. Dass die organisationstheoretischen Überlegungen zu diesem Merkmal auch für Krankenhäuser als Organisationen mit relativ starren Strukturen und strenger Hierarchie gelten, zeigen u.a. Abernethy/Lillis (vgl. Abernethy/Lillis (2001) wie auch Moch/Morse (1977); Aiken/Hage (1968); vgl außerdem Haubrock/Schär (2002), S. 195 ff.; Kapitel B.1.4).
[517] Vgl. Ruekert/Walker (1987), S. 6 ff.
[518] In der überwiegenden Anzahl wissenschaftlicher Arbeiten wird das Merkmal der Zentralisierung vielmehr hinsichtlich seiner Erklärungskraft für die Effizienz verschiedener Formen der Entschei-

125

wird daher geprüft, inwieweit – konsistent mit den bisherigen Ausführungen – eine Erklärung auf Basis kognitionstheoretischer Ansätze möglich ist.

Deshpandé, John/Martin wie auch *Ruekert/Walker* argumentieren und weisen empirisch nach, dass mit steigender Dezentralisierung die Kohäsion innerhalb der Einheiten, die mit mehr Entscheidungsautonomie ausgestattet werden, zunimmt. Versteht man Kohäsion als Abbildung des Grades, zu dem sich in Bezug auf die Gruppenidentität verhalten wird, fördert diese für Außenstehende unmittelbar die Distinktheit der fokalen Kategorie gegenüber anderen.[519] *Ruekert/Walker* sprechen in diesem Zusammenhang von „psychological outcomes" der strukturellen Merkmale von Organisationen.[520] Ist in der Wahrnehmung niedergelassener Ärzte die Fachabteilung in ihren Entscheidungen und Handlungen nun weitgehend autonom und damit abgrenzbar bzw. distinkt gegenüber anderen Kategorien des Krankenhauses, können laut der Depersonalisierungsthese der Social-Identity-Theorie entsprechende Erfahrungen weitgehend eindeutig der Kategorie „Fachabteilung" zugeschrieben werden, und es besteht eine nur geringe Unsicherheit über die Richtigkeit dieser Zuordnung.[521] Umgekehrt bedeutet dies, dass im Fall geringer wahrgenommener Autonomie gewisse Entscheidungen und daraus resultierende Handlungen für die Niedergelassenen nicht sicher und eindeutig kategorisierbar sind, weil für sie nicht klar ist, ob diese Entscheidungen von der fokalen Fachabteilung oder von einer anderen Unternehmensebene oder -einheit zu verantworten sind.[522] Zu denken ist an die Anschaffung neuer medizinischer Geräte oder die Implementierung von (in der Regel abteilungsübergreifenden) Behandlungspfaden: bei derartigen Entscheidungen dürfte es stark vom vermuteten Grad der Autonomie der fokalen Fachabteilung(en) abhängen, ob diese der Abteilungs- oder Krankenhauskategorie zugeschrieben werden.[523] Bezogen auf derartige, ambivalente Situationen stellen *Herr/ Kardes/Kim* analog zur Argumentation dieser Arbeit fest: „[...] *information that is ambigous (i.e. information has multiple interpretations) or that implies multiple*

---

dungsfindung innerhalb von Unternehmen untersucht (vgl. exemplarisch Morris/Holman (1988); Möller/Laaksonen (1986); Tjosvold (1985); Stern/Reve (1980); Robinson/Faris (1967)).
[519] Eine hohe Gruppenkohäsion wird im Rahmen von Forschungsarbeiten zur Social-Identity-Theorie explizit als einhergehend mit ausgeprägten Gruppenidentitäten erachtet (vgl. exemplarisch van Knippenberg/van Schie (2000), S. 141).
[520] Vgl. Ruekert/Walker (1987), S. 6 ff.
[521] Vgl. Turner/Haslam (2001), S. 32 f.; Levinson (1965), S. 376 f.
[522] Vgl. van Dick (2004), S. 42 f.; Haubrock/Schär (2002), S. 195.
[523] *Haubrock/Schär* gehen für Krankenhäuser tendenziell davon aus, dass Entscheidungen aufgrund situativer Anlässe auf Fachabteilungsebene, Entscheidungen aus konstitutiven Anlässen auf Krankenhausebene getroffen werden (vgl. Haubrock/Schär (2002), S. 195).

possible categorizations is nondiagnostic. Hence, diagnosticity refers to the extent to which a given piece of information discriminates between [...] categorizations."[524]

In Konsequenz lässt sich feststellen, dass eine Repräsentation, die sich auf eine Fachabteilung hoher Autonomie bezieht, auf eindeutig zugerechneten, weniger unsicheren und letztlich konkreteren Informationen basieren wird.[525] Die damit einhergehende höhere Diagnostizität und leichtere Verfügbarkeit dieser Repräsentation bedingt sodann eine stärkere Dominanz gegenüber Repräsentationen, die andere Kategorien (z.B. das Krankenhaus) zum Gegenstand haben.[526] Diese Überlegungen legen folgende Hypothese nahe:

H$_{4(1)}$: *Je höher die wahrgenommene Autonomie der Fachabteilung ausfällt, desto stärker ist der Einfluss der Fachabteilungsreputation auf die Krankenhausreputation.*

4.3.2 Empirische Erfassung der wahrgenommenen Autonomie der Fachabteilung

Bei der Auswahl eines Erhebungsinstrumentes für die wahrgenommene Autonomie der Fachabteilung aus der Sicht niedergelassener Ärzte kann aus den beschriebenen Gründen auf jene zur Messung der Entscheidungszentralisation von Unternehmen rekurriert werden. Zur empirischen Erfassung der Zentralisierung hat vor allem der Ansatz von *Menon/Jaworski/Kohli* verbreitet Aufmerksamkeit erlangt.[527] Unter Rekurs auf *Aiken/Hage* messen die Autoren „Zentralisation" durch fünf Items anhand einer fünfstufigen Likert-Skala mit den Ankerpunkten „strongly disagree – strongly agree".[528] Durch die Items erfasst werden sollen „[...] *the lack of organization-wide delegation of decision-making authority and the lack of decision-making participation [...]*."[529] Im Einzelnen lauten die Items:

- *„There can be little action taken here until a supervisor approves a decision."*

- *„A person who wants to make his or her own decision would be quickly discouraged here."*

---

[524] Herr/Kardes/Kim (1991), S. 457.
[525] Vgl. Petty/Cacioppo (1983), S. 3 f.
[526] Vgl. Feldman/Lynch (1988), S. 429. *„Finally, diagnostic inputs that strongly suggest one categorization over alternative possibilities are more likely to be used than inputs that are ambiguous with respect to category membership (i.e., multiple categorizations are possible)."* (Herr/Kardes/Kim (1991), S. 457).
[527] Vgl. Giering (2000), S. 251; Menon/Jaworski/Kohli (1997). Eine Messvorschrift in Form eines Index findet sich bei *Moch/Morse* (vgl. Moch/Morse (1977) sowie Whisler (1964)). Für grundsätzliche Überlegungen zum Aufbau einer Messvorschrift für den Zentralisationsgrad von Unternehmen vgl. Frese (2000), S. 86 ff.
[528] Vgl. Menon/Jaworski/Kohli (1997), S. 196; Aiken/Hages (1968).
[529] Menon/Jaworski/Kohli (1997), S. 192.

- „Even small matters have to be referred to someone higher up for a final answer."

- „I have to ask my boss before I do almost anything."

- „Any decision I make has to have my boss's approval."

Menon/Jaworski/Kohli berichten ein Cronbachs Alpha von 0,88. Spätere Studien, die diese Skala aufgreifen, bestätigen die Reliabilität dieser Operationalisierung.[530] Für den Zweck dieser Arbeit kann die Skala jedoch nicht völlig unverändert übernommen werden. Ein Grund besteht darin, dass diese in der vorliegenden Form nicht für die Fremd-, sondern für die Selbsteinschätzung konzipiert ist, was sich in einem relativ hohen Konkretisierungsgrad der Itemformulierung niederschlägt.[531] Dieser setzt einen Anspruch an den Kenntnisstand über unternehmensinterne Strukturen seitens der Auskunftspersonen voraus, der bei niedergelassenen Ärzten als externe Bezugspersonen keinesfalls als gegeben vorausgesetzt werden kann. Um den wahrgenommenen Grad an Autonomie einer Fachabteilung durch Niedergelassene erfassen zu können, mussten die Items konsequenterweise an die spezifischen Bedingungen des Untersuchungskontextes angepasst werden.[532] Zudem wurde berücksichtigt, dass die vorliegende Arbeit nach der Messung der Autonomie einer Organisationseinheit strebt und nicht, wie in der ursprünglichen Skala, nach der einzelner Organisationsmitglieder. Die aus diesen Bemühungen resultierende Itembatterie ist der Tab. C-3 zu entnehmen.

---

[530] Vgl. exemplarisch Giering (2000), S. 251. Die Autorin weist ein Cronbachs Alpha von 0,90 aus. Die Faktorreliabilität beträgt hier 0,93, die durchschnittlich erfasste Varianz (DEV) 0,70.

[531] Dies gilt insbesondere für Item Zwei, weshalb dieses in der eigenen Messvorschrift nicht berücksichtigt wird. Die Anwendung von Selbsteinschätzungsskalen durch Umformulierung der Items für Fremdeinschätzungen ist eine gängige Vorgehensweise in marketingwissenschaftlichen Arbeiten (vgl. exemplarisch Kraus (2008), S. 135).

[532] Vgl. Kraus (2008), S. 141.

Items	Ankerpunkte der siebenstufigen Ratingskala
Die spezifische Fachabteilung kann wichtige, die Fachabteilung unmittelbar betreffende Entscheidungen weitgehend unabhängig von anderen Fachabteilungen des Krankenhauses treffen. [FA_Auto1$_{(1)}$]	
Die Fachabteilung kann ihren Aufgaben weitgehend autonom nachgehen. [FA_Auto2$_{(1)}$]	Stimme gar nicht zu - Stimme voll zu
Die Fachabteilung kann wenig unternehmen, ohne dass die Krankenhausleitung zustimmen muss.* [FA_Auto3$_{(1)}$]	
Die Fachabteilung ist eine relativ selbstständig handelnde organisatorische Einheit des Krankenhauses. [FA_Auto4$_{(1)}$]	
* Messwerte umkodiert	

Tab. C-3: Operationalisierung des Konstruktes „Wahrgenommene Autonomie der Fachabteilung"

4.4 Moderation durch den Spezialisierungsgrad der niedergelassenen Ärzte

4.4.1 Begründungszusammenhang der Moderation der Wirkungsbeziehung zwischen Fachabteilungs- und Krankenhausreputation durch den Spezialisierungsgrad niedergelassener Ärzte

Mit dem Spezialisierungsgrad ist ein in den Eigenschaften der niedergelassenen Ärzte liegendes Merkmal angesprochen, welches als Segmentierungskriterium innerhalb dieser Bezugsgruppe herangezogen werden kann. Im Fall einer Moderation des Wirkungszusammenhangs zwischen Fachabteilungs- und Krankenhausreputation könnten die Erkenntnisse für ein gezieltes Reputationsmanagement nutzbar gemacht werden.

Der Spezialisierungsgrad kann in der vorliegenden Arbeit durch die Unterscheidung zwischen Allgemeinmedizinern, Kinderärzten und Internisten ohne Schwerpunktbezeichnung einerseits und sonstigen Fachärzten andererseits abgebildet werden. Mit anderen Worten geht es um die Differenzierung von hausärztlich tätigen Ärzten und solchen, die an der spezialisierten fachärztlichen Versorgung teilnehmen.[533] Wie bereits in Kapitel B.2.1.1 erläutert, kommt den hausärztlich tätigen Ärzten eine Koordinierungs- und Steuerungsfunktion bei den zu veranlassenden Leistungen und Verordnungen zu. Im Vergleich zu Fachärzten sind Allgemeinmediziner, wie ihre Bezeichnung schon vermuten lässt, weniger stark auf ein bestimmtes medizinisches Fachgebiet fokussiert und haben daher zwar ein breites, aber weniger tief gehendes Behandlungsspektrum.[534]

---

[533] Vgl. Kapitel B.2.1.1; § 73 Abs. 1 SGB V.
[534] Streng genommen sind auch Hausärzte, mit der Ausnahme praktischer Ärzte, Fachärzte, nämlich Fachärzte für Allgemeinmedizin, Pädiatrie oder Innere Medizin. Zum Zweck der leichteren

Geht es nun darum, hinsichtlich der Stärke des Zusammenhangs zwischen Fachabteilung- und Krankenhausreputation eine Aussage für die beiden Gruppen zu treffen, muss dies konsequenterweise wiederum auf Grundlage des ADF von *Feldman/Lynch* erfolgen: Dem ADF folgend, hängt es zunächst von der wahrgenommenen Diagnostizität einer mentalen Repräsentation (der Fachabteilungsreputation) für eine verbundene andere Repräsentation (der Krankenhausreputation) ab, inwieweit diese zur Bildung der verbundenen Repräsentation herangezogen wird.[535] Die Diagnostizität wiederum ist selbst das Ergebnis eines komplexen Beurteilungsprozesses, in den u.a. Überlegungen zur Richtigkeit, zum Konkretisierungsgrad und zur Spezifität der potenziell diagnostischen Repräsentation einfließen.[536] Diese Kriterien scheinen dafür zu sprechen, dass Fachärzte die Reputation der ihrer Spezialisierung entsprechenden Fachabteilung als diagnostischer für die Krankenhausreputation wahrnehmen, als es grundsätzlich für Allgemeinmediziner mit ihrem weniger strikten Abteilungsfokus gilt. Es ist jedoch auch klar, dass für die Bildung der Repräsentation „Diagnostizität" weit mehr als die genannten drei Kriterien relevant sein dürften und vielmehr für den konkreten Fall weitere Einflussgrößen über den wahrgenommenen Grad der Diagnostizität entscheiden.[537]

Verknüpft man nun die Annahmen des ADF mit den konkreten Bedingungen des Untersuchungskontexts dieser Arbeit, ist somit eher davon auszugehen, dass mit steigendem Spezialisierungsgrad eines niedergelassenen Arztes und damit mit kleinerem Fokus auf ein Krankenhaus das Bewusstsein über die Notwendigkeit der Einbeziehung weiterer Informationen bei der Bildung des Krankenhausreputationsurteils zunimmt. Nach *Lynch/Marmorstein/Weigold* muss ein bestimmtes Mindestmaß an Sicherheit in Bezug auf die Richtigkeit eines Urteils vorliegen, damit dieses als diagnostisch für die Bildung bzw. Modifikation verbundener Repräsentationen gilt.[538] Diese Überlegungen zielen unmittelbar auf die vom ADF postulierte Relevanz alternativer Informationen im Zuge der Bildung und Modifikation mentaler Repräsentationen sowie auf die grundsätzliche Annahme, dass Individuen bestrebt sind, richtige Einstellungen zu erlangen, d.h. Einstellungen, die auf fundierten Informationen über das Beurteilungsobjekt basieren und damit geeignet sind, Entscheidungen gegenüber diesem abzusichern.

Verständlichkeit soll im Folgenden aber nur noch zwischen „Allgemeinmedizinern", stellvertretend für hausärztlich tätige Ärzte, und „Fachärzten" unterschieden werden.

[535] Vgl. Kapitel C.3.3.3.
[536] Vgl. Feldman/Lynch (1988), S. 425; Kapitel C.3.3.3.
[537] „*We should not expect to be able to specify some set of determinants of diagnosticity common to all judgments and choice tasks.*" (Feldman/Lynch (1988), S. 424.)
[538] Vgl. Lynch/Marmorstein/Weigold (1988), S. 171 f.

Wenn also unterstellt werden kann, dass sich Fachärzte ihres hohen Spezialisierungsgrades (hier: maßgeblich im Rahmen der Zusammenarbeit mit einem Krankenhaus) bewusst sind, werden sie die Eignung ihres Fachabteilungsurteils als Input zur Bildung des Reputationsurteils über das Krankenhaus insgesamt verhältnismäßig gering einschätzen. So wird beispielsweise ein Augenarzt kaum davon ausgehen, dass die Reputation der auf Augenheilkunde spezialisierten Fachabteilung die Reputation des Krankenhauses insgesamt sehr stark zu projizieren vermag, trotz des potenziell hohen Spezialisierungsgrades bzw. der potenziell hohen Spezifität dieses Fachabteilungsurteils.[539] Auf ein bestimmtes medizinisches Fachgebiet spezialisierte niedergelassene Ärzte werden daher zur Bildung ihres Urteils über die Krankenhausreputation vermehrt komplementäre Informationen heranziehen wollen und dafür eben nicht ausschließlich auf die Fachabteilungsreputation rekurrieren. Dies gilt umso mehr, je höher ihr Spezialisierungsgrad und damit je enger ihr Fokus auf das fokale Krankenhaus ist.[540] Hieraus ergibt sich folgende Hypothese zum moderierenden Effekt des Spezialisierungsgrades niedergelassener Ärzte:

$H_{5(1)}$: *Je höher der Spezialisierungsgrad niedergelassener Ärzte ist, desto geringer ist der Einfluss der Fachabteilungsreputation auf die Krankenhausreputation.*

4.4.2 Empirische Erfassung des Spezialisierungsgrades niedergelassener Ärzte

Analog zum untersuchten Merkmal der Dauer des Austauschverhältnisses bedarf es zu den Möglichkeiten der empirischen Erfassung des Spezialisierungsgrades niedergelassener Ärzte keiner sehr weitgehenden Ausführungen. Nach dem hier zugrunde gelegten Verständnis handelt es sich bei diesem ebenfalls nicht um ein latentes Konstrukt, sondern um ein objektiv messbares Merkmal.[541] Infolgedessen wird die Fachrichtung des jeweiligen Niedergelassenen abgefragt. Auf dieser Grundlage können die Ärzte sodann den Gruppen „Allgemeinmediziner" einerseits und „spezialisierte Fachärzte" andererseits zugeordnet werden.

---

[539] Vgl. Kapitel C.3.3.3.
[540] Vgl. Kapitel C.3.3.3.
[541] Selbstredend ließe sich der Spezialisierungsgrad niedergelassener Ärzte auch als latentes Konstrukt mittels eines umfassenden Iteminventars auf metrischem Skalenniveau messen. Da die empirische Untersuchung des postulierten moderierenden Effekts des Spezialisierungsgrades aus methodischen Gründen jedoch ohnehin nach einer Einteilung der Auskunftspersonen in zwei Gruppen verlangt (vgl. Kapitel E.2.1.4), eben in eine, die niedergelassene Ärzte hoher und eine, die niedergelassene Ärzte geringer Spezialisierung umfasst, erscheint die hier gewählte Vorgehensweise effizienter.

4.5 Moderation durch den Kenntnisstand bezüglich des Krankenhauses

4.5.1 *Begründungszusammenhang der Moderation der Wirkungsbeziehung zwischen Fachabteilungs- und Krankenhausreputation durch den Kenntnisstand bezüglich des Krankenhauses*

Mit der Berücksichtigung des Kenntnisstandes der niedergelassenen Ärzte bezüglich des Krankenhauses findet ein von der Theorie ausdrücklich als relevant postulierter Faktor Eingang in die Untersuchung des Zusammenhanges zwischen Fachabteilungs- und Krankenhausreputation als zwei mentale Repräsentationen:[542] Unter „Kenntnisstand" soll dabei der Umfang an Wissen niedergelassener Ärzte über die Merkmale des Krankenhauses als Ganzes verstanden werden.[543] Hierin fließen somit Attribute ein, die nicht direkt kernleistungsbezogen sind, mithin nicht die Kategorie „Fachabteilung" betreffen, sondern das Krankenhaus insgesamt, z.B. sein gesamtes Leistungsspektrum, die Existenz von Kompetenzzentren oder Auszeichnungen in Gestalt von Qualitätszertifikaten.

Der Kenntnisstand spiegelt folglich unmittelbar den Grad der Verfügbarkeit alternativer Informationen über das Krankenhaus wider und damit das Ausmaß, zu dem zur Bildung des Urteils über die Krankenhausreputation eben nicht ausschließlich auf die Fachabteilungsreputation zurückgegriffen werden muss. *Feldman/Lynch* stellen fest, „[...] *that the probability of using any particular belief, attitude, intention, or behavior as an input* [...] *is inversely related to the memorability of alternative inputs.*"[544] Mit steigender Verfügbarkeit alternativer Informationen über ein Beurteilungsobjekt, (hier: über das Krankenhaus als Ganzes), nimmt demzufolge die Bedeutung der als grundsätzlich diagnostisch wahrgenommenen Fachabteilungsreputation zur Bildung oder Modifikation des Krankenhausreputationsurteils ab.[545] Dieser Zusammenhang führt direkt zu folgender Hypothese:

> $H_{6(1)}$: *Je höher der Kenntnisstand der niedergelassenen Ärzte bezüglich des Krankenhauses als Ganzes ist, desto geringer ist der Einfluss der Fachabteilungsreputation auf die Krankenhausreputation.*

---

[542] Vgl. Kapitel C.3.3.4.

[543] Vgl. Oliver/Bearden (1985), S. 326.

[544] Feldman/Lynch (1988), S. 428; vgl. auch Berens/van Riel/van Bruggen (2005), S. 36; Herr/Kardes/Kim (1991), S. 457.

[545] In der Realität dürfte ein niedergelassener Arzt nicht über dermaßen umfangreiches Objektwissen verfügen, dass keine weiteren Informationen zur Urteilsbildung in Form der Fachabteilungsreputation herangezogen werden (vgl. von Wangenheim (2002), S. 182). Aus diesem Grund ist auch bei sehr hohem Kenntnisstand hinsichtlich der Merkmale des Krankenhauses mit einem Einfluss der Fachabteilungsreputation auf die Krankenhausreputation zu rechnen.

4.5.2 Empirische Erfassung des Kenntnisstandes bezüglich des Krankenhauses

Die Messung des Kenntnisstandes niedergelassener Ärzte bezüglich des Krankenhauses als Ganzes erfolgt in der vorliegenden Arbeit unter Verwendung der „Object Familiarity Scale" von *Oliver/Bearden*.[546] Zur Operationalisierung ziehen die Autoren drei Items in Form eines semantischen Differenzials heran, die im Ergebnis das Wissen einer Person über ein bestimmtes Objekt repräsentieren sollen:

- *„In general, would you consider yourself familiar or unfamiliar with XY?"* (familiar – unfamiliar)

- *„Would you consider yourself informed or uninformed about XY?"* (informed – uninformed)

- *„Would you consider yourself knowledgeable about XY?"* (knowledgeable – not knowledgeable)

Oliver/Bearden berichten in ihrer Studie ein *Cronbachs* Alpha von 0,85. Eine Adaption für den Zweck dieser Arbeit erscheint daher unproblematisch.[547] Diese Items wurden schließlich im Rahmen der Befragung eingesetzt (vgl. Tab. C-4).

Items	Begriffspaare an den Ankerpunkten der siebenstufigen Skala
Wie vertraut sind Sie mit dem Krankenhaus insgesamt? [KH_Kennt1$_{(1)}$]	Gar nicht vertraut – Sehr vertraut
Wie informiert sind Sie über das Krankenhaus insgesamt? [KH_Kennt2$_{(1)}$]	Gar nicht informiert – Sehr gut informiert
Wie fundiert ist Ihr Wissen über das Krankenhaus insgesamt? [KH_Kennt3$_{(1)}$]	Gar nicht fundiert – Sehr fundiert

Tab. C-4: Operationalisierung des Konstruktes „Kenntnisstand bezüglich des Krankenhauses"

4.6 Zwischenfazit

Nachdem unter Verwendung der Social-Identity-Theorie die Differenzierung des Reputationskonzeptes in eine generelle Krankenhaus- und eine spezifische Fachabteilungsreputation theoretisch fundiert werden konnte, dienten die Ausführungen der vorangegangenen Kapitel der analytischen Durchdringung des Innenverhältnisses des durch die Reputationen der beiden Ebenen definierten Reputationskomplexes.

---

[546] Vgl. Oliver/Bearden (1985), S. 326.
[547] Für Arbeiten, die ebenfalls *Oliver/Beardens* Object Familiarity Scale verwenden und die Reliabilität der Skala bestätigen vgl. exemplarisch Wirtz/Kimes (2007), sowie Faircloth (2005). Da es sich somit um eine bereits mehrfach in wissenschaftlichen Arbeiten eingesetzte und validierte Skala handelt, kann auf die Ergänzung eines vierten Items, die die Verwendung von Gütekriterien der zweiten Genration ermöglichen würde, ohne weiteres verzichtet werden.

Als Basis hierfür erwiesen sich das ELM von *Petty/Cacioppo* sowie *Feldman/Lynchs* ADF als geeignet. Hintergrund dieser Bemühungen war es, trotz des hohen Neuartigkeitsgrades des Forschungsvorhabens weitgehende Aussagen zum Wirkungszusammenhang zwischen Unternehmens- und Spartenreputation ableiten zu können und somit nicht bei der bloßen Erkenntnis der Existenz von Reputationsträgern unterhalb der Ebene des Gesamtunternehmens halt machen zu müssen.

Im Ergebnis mündeten die konzeptionellen Überlegungen in begründete Annahmen (1.) zum Kausalzusammenhang bzw. zur innerhalb des Reputationskomplexes dominierenden Wirkungsrichtung und (2.) zur Relevanz ausgewählter Einflussgrößen, die moderierend auf die postulierte Dependenz einwirken. Mit der Berücksichtigung von Moderatoren, die (1.) den Merkmalen der Austauschbeziehung zwischen Krankenhaus und niedergelassenem Arzt, (2.) den Merkmalen des Krankenhauses bzw. (3.) den die Bezugsgruppe charakterisierenden Eigenschaften zuzuschreiben sind, fanden Variablen Eingang in die Untersuchung, die für die Beschreibung und Analyse einer konkreten Geschäftsbeziehung in der Literatur als wesentlich erachtet werden.[548]

Im Sinne der dritten Zielsetzung befasst sich der nächste Schritt dieser Arbeit mit für das Unternehmen erfolgsrelevanten Konsequenzen positiver wie auch negativer Reputation. Da mit der Fachabteilungs- und Krankenhausreputation zwei relevante Ebenen des Reputationskonzeptes identifiziert wurden, wird es hierbei vorwiegend darum gehen, Unterschiede hinsichtlich ihrer Wirkungen in Form konkreten Verhaltens oder verhaltensrelevanter Prädispositionen niedergelassener Ärzte zu begründen.

Der Fokus der Erststudie ist damit ausdrücklich auf potenzielle Reputationskonsequenzen gerichtet (und zwar auf unmittelbar für das Geschäftsmodell und die Umsatzgenerierung von Krankenhäuser relevante und insoweit „harte" Erfolgsfaktoren). Zum einen wird dies damit begründet, dass „[...] *previous studies have mainly focused on identifying sources of reputation while the potential consequences and correlates of corporation reputation have received less attention.*"[549] Zum anderen gilt es zu prüfen, ob die theoretisch erarbeitete Differenzierung des Reputationskonzepts tatsächlich einen Mehrwert zur Erklärung des für Unternehmen erfolgsrelevanten Verhaltens liefert. Ist dies nicht der Fall, wäre sowohl die Unterscheidung zwischen Krankenhaus- und Fachabteilungsreputation als auch die Frage nach differenzierten Steuerungsmöglichkeiten bzw. nach

---

[548] Vgl. Kotler/Bliemel (1992), S. 15 f.
[549] Walsh/Beatty (2007), S. 128.

Determinanten der Reputationen beider Ebenen (vierte Zielsetzung) obsolet. Aus diesem Grund widmet sich die Erststudie vornehmlich der Untersuchung der Reputationsdifferenzierung, einhergehend mit Moderatoren des Innenverhältnisses des Reputationskomplexes sowie der Generierung von Erkenntnissen zu differenten Wirkungen aufseiten niedergelassener Ärzte. Die Folgestudie soll auf Basis der gewonnenen Erkenntnisse der Erststudie sodann erstens den Fokus stärker auf die Seite der Determinanten richten und zweitens Einsichten über die Wirkungen der Fachabteilungs- und Krankenhausreputation auf „weichere" Zielgrößen liefern.[550]

5 Spezifikation von Konsequenzen der Krankenhaus- und Fachabteilungsreputation

5.1 Selektion einer geeigneten Theorie zur Spezifikation ausgewählter Konsequenzen der Krankenhaus- und Fachabteilungsreputation

Petty/Cacioppo treffen im Rahmen ihres ELM neben Aussagen zur Bildung und Modifikation mentaler Repräsentationen auch Annahmen über den Zusammenhang zwischen Einstellungen und tatsächlichem Verhalten.[551] Im Ergebnis wird postuliert, dass Einstellungen, die über die zentrale Route gebildet werden, grundsätzlich stärkere Verhaltensprädiktoren sind als Einstellungen, die durch Informations-verarbeitung entlang oder Nahe der peripheren Route entstanden sind. Allerdings wird dies nicht intra-, sondern lediglich interindividuell im Rahmen von Experimenten und jeweils in Bezug auf eine ganz bestimmte Verhaltensabsicht nachgewiesen.[552] Aussagen über die intraindividuelle Relevanz verschiedener, grundsätzlich relevanter Einstellungen für differente, verschiedene Verhaltensabsichten bzw. differentes Verhalten sind damit nur schwer möglich. Es ist durchaus denkbar, dass eine weniger konkrete und schwieriger abrufbare Repräsentation eine bestimmte Verhaltensabsicht besser erklären kann als eine verbundene Repräsentation, die vergleichsweise konkret ist – abhängig vom spezifischen Verhalten, das expliziert werden soll.[553] D.h. die Frage, welche von zwei intraindividuellen, verbundenen

---

[550] Vgl. Kapitel F.1.

[551] Dies ist der Fall, obwohl der Fokus des ELM nicht auf den Zusammenhang zwischen Einstellung und Verhalten gerichtet ist, sondern auf die Bildung und Modifikation mentaler Repräsentationen (vgl. Petty/Cacioppo (1996), S. 262 ff.; Petty/Cacioppo (1986), S. 179 f., mit Verweis auf Fazio (1985); Fazio/Zanna (1981)).

[552] Vgl. Petty/Cacioppo (1986), S. 180. Es wird stets untersucht, ob bei einer Person, die eine darge-botene Information über die zentrale Route verarbeitet, ein stärkerer Zusammenhang zwischen der resultierenden Einstellung und einer einzigen, eindeutig definierten Verhaltensabsicht zu beobachten ist, als bei einer Person, die die entsprechende Information über die periphere Route verarbeitet (jeweils durch Manipulation der Motivation und/oder der Fähigkeit zur Informations-elaboration). *„In sum, when the experimental conditions or dispositional factors enhance peoples` motivation or ability to elaborate issue relevant information, attitude-behavior correlations were higher than when elaboration was low."* (Petty/Cacioppo (1986), S. 181).

[553] Vgl. Petty/Cacioppo (1996), S. 24 f.; Ajzen/Fishbein (1977).

Repräsentationen – von denen eine der peripheren und eine der zentralen Route entspringt – die entscheidende ist, wird im Rahmen des ELM nicht explizit beantwortet.

Demgegenüber scheint der ADF Hinweise auf die relative Verhaltensrelevanz zweier intraindividueller Repräsentationen unter Einbeziehung von Art und Merkmalen der zu erklärenden Verhaltensweisen bzw. -absichten zu geben. Hier wird ausdrücklich untersucht, ob eine bestimmte Verhaltensabsicht oder ein bestimmtes Verhalten eher durch die eine oder die andere mentale Repräsentation erklärt werden kann. Hierfür wird vorwiegend auf die wahrgenommene Diagnostizität der „beliefs, attitudes or intentions" für die jeweils näher am Verhalten liegende Prädisposition abgestellt.[554] Die Diagnostizität jedoch wird lediglich durch den Konkretisierungsgrad und der Spezifität der fokalen Repräsentation operationalisiert, wodurch die Praktikabilität des ADF für das Treffen konkreter Annahmen zur relativen Verhaltensrelevanz zweier Repräsentationen stark eingeschränkt ist. Dies liegt insbesondere auch darin begründet, dass die Kriterien ausschließlich an den Repräsentationen und nicht komplementär am zu erklärenden Verhalten angelegt werden können.

Begibt man sich nun auf die Suche nach kompatiblen Theorien, die die Prädiktor-qualität von Repräsentationen unter Inkludierung konkreter Merkmale der aufzu-klärenden Verhaltensabsichten bzw. des interessierenden Verhaltens zum Gegen-stand haben, stößt man unweigerlich auf *Ajzen/Fishbeins* Theorie des überlegten Handelns.[555] Hier wird postuliert, dass Einstellungen oder einstellungsähnliche Urteile konkrete Verhaltensabsichten nur dann zu explizieren vermögen, wenn diese hinsichtlich ganz konkreter Konstruktmerkmale miteinander korrespondieren.[556] Damit erscheinen fundierte Aussagen über differente Wirkungen und über die unter-schiedliche Bedeutung der Krankenhaus- und Fachabteilungsreputation für konkrete Verhaltensabsichten möglich.

---

[554] Kapitel C.3.3.3; Feldman/Lynch (1988), S. 424 f.

[555] Auch die Theorie des überlegten Handelns zählt zur kognitionstheoretischen Psychologie und steht damit im Einklang mit den Prämissen der Ansätze, auf die in dieser Arbeit bisher rekurriert wurde (vgl. Frey/Irle (2001)). Zugrunde gelegt wird, dass „[...] *humans are rational animals that systematically utilize or process the information available to them*" und dass „*the information is used in a reasonable way to arrive at a behavioral decision.*" (Fishbein (1980), S. 193). Einstellungen im Sinne der Theorie des überlegten Handelns sind somit ebenfalls das Ergebnis der kognitiven Verarbeitung von Informationen über ein Einstellungsobjekt (vgl. Petty/Cacioppo (1996), S. 194).

[556] Vgl. Ajzen/Fishbein (1977). Im Brennpunkt dieses Ansatzes stehen somit nicht die Einstellungs-bildung und -veränderung, sondern das Interesse richtet sich ausdrücklich auf die Umstände, unter denen Einstellungen als Prädiktoren spezifischen Verhaltens geeignet sind.

136

5.2 Theorie des überlegten Handelns

5.2.1 Zentrale Aussagen der Theorie des überlegten Handelns

Das Ziel der „Theory of Reasoned Action" von *Ajzen/Fishbein* ist die Erklärung von Verhaltensintentionen, also von verbalen Absichtsbekundungen zu einem Verhalten, wobei eine enge Korrelation zwischen einer Verhaltensintention und konkretem Verhalten unterstellt wird.[557] Tatsächlich zeigen zahlreiche Studien einen starken Einfluss von Intentionen auf Verhalten, so dass die Annahme, dass sich Individuen in Übereinstimmung mit ihren Absichten verhalten, als gerechtfertigt erscheint.[558] Dies gilt insbesondere für Analysen der Verhaltenswirksamkeit von Intentionen auf aggregierter Ebene, jenseits einzelner Personen, da sich hier die durch Zufallsereignisse hervorgerufenen Intentionsänderungen, die zwischen Absichts-äußerung und Handlungsausführung entstehen können, gegenseitig kompen-sieren.[559] Für Gruppen von Individuen verspricht die Theorie des überlegten Handelns somit verlässliche Aussagen zur Handlungsrelevanz von Verhaltens-absichten.[560]

Laut *Ajzen/Fishbein* stellt die Verhaltensabsicht folglich die zentrale Determinante des Verhaltens dar. Als Bestimmungsfaktoren der Intention wiederum wird neben der Einstellung gegenüber dem in Frage stehenden Verhalten die subjektive Norm identifiziert (vgl. Abb. C-4).[561] Hierunter ist der Druck oder die Meinung des sozialen Umfeldes in Gestalt bedeutsamer dritter Personen auf die Entscheidung für oder gegen ein bestimmtes Verhalten zu verstehen.[562] Als relevante Dritte zählen dabei sämtliche Personen, deren Präferenzen für eine Handlung in einem bestimmten Kontext für beachtenswert gehalten werden.[563] Ruft man sich das Reputations-konzept dieser Arbeit in Erinnerung, so wird deutlich, dass durch die Berücksichtung von Informationen anderer niedergelassener Ärzte bei der Bildung des Reputations-urteils dieser von der Theorie des überlegten Handelns als verhaltensrelevant

[557] Vgl. Ajzen (1991), S. 179; Ajzen/Fishbein (1980).
[558] Vgl. Ajzen (1985), S. 12; Frey/Stahlberg/Gollwitzer (2001), S. 373.
[559] Vgl. Eagly/Chaiken (1993), S. 168.
[560] Die Theorie des überlegten Handelns wurde in zahlreichen Untersuchungen, auch in marketing-bezogenen Settings, empirisch überprüft, wobei die postulierten Wirkungsbeziehungen vom Großteil der Studien bestätigt werden (vgl. die Metaanalysen von Randall/Wolff (1994), S. 405 ff.; van den Putte (1991); Sheppard/Hartwick/Warshaw (1988), S. 325 ff.; Farley/Lehmann/Ryan (1981), S. 597 ff.). Für Studien im Kontext marketingrelevanter Fragestellungen vgl. Braunstein (2001); Brinberg/Cummings (1984), S. 229 ff.
[561] Vgl. Ajzen/Madden (1986), S. 454; „According to our theory, the more a person perceives that other who are important to him think he should perform a behavior, the more he will intend to do so." (Ajzen/Fishbein (1980), S. 57 f.). Vgl. ferner Ajzen/Fishbein (1977), S. 888.
[562] Vgl. Ajzen/Madden (1986), S. 454.
[563] Vgl. Eagly/Chaiken (1993), S. 169; Petty/Cacioppo (1996), S. 196.

137

erachtete soziale Aspekt im Reputationskonzept ebenfalls enthalten ist.[564] Aus theoretischer Perspektive verspricht das Reputationskonstrukt demnach, Verhalten bzw. Verhaltensabsichten grundsätzlich gut erklären zu können und augenscheinlich besser als bezugsobjektbezogene Einstellungsurteile, die keine soziale Komponente umfassen.

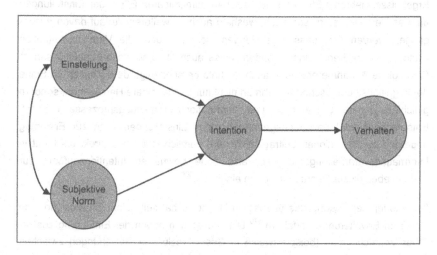

Quelle: In Anlehnung an Ajzen/Madden (1986), S. 454.

Abb. C-4: Basismodell der Theorie des überlegten Handelns

In dem hier beschriebenen Basismodell der Theorie des überlegten Handelns wird zwar der Einstellung des Individuums starke Erklärungskraft für das Verhalten unterstellt; bei dieser handelt es sich allerdings um die Einstellung gegenüber der Handlung selbst und nicht gegenüber dem Objekt, auf das sich diese beziehen. Da es sich bei einem Reputationsurteil jedoch ausdrücklich um eine objektbezogene einstellungsähnliche Bewertung handelt, scheint das Modell in dieser Form zunächst nur eingeschränkt für den Zweck der vorliegenden Arbeit geeignet. Gleichwohl belegen *Ajzen/Fishbein* selbst, dass auch die Einstellung gegenüber dem Objekt als „[...] *evaluation of the entity in question*"[565] erheblich zur Erklärung der Verhaltens-intention beiträgt.[566] Dies spricht letztlich für die Möglichkeit der Adaption des Modells in Form des Transfers der Theorieerkenntnisse auf objektbezogene Einstel-

---

[564] Vgl. Kapitel C.1.2. Der Fragebogen der Erststudie der vorliegenden Arbeit beinhaltet auch die Messung der subjektiven Norm (zur Skala vgl. Ajzen/Driver (1992)). Abgefragt wurde die Meinung anderer niedergelassener Ärzte über das eigene Einweisungsverhalten. Die Korrelation zwischen der Krankenhausreputation und der subjektiven Norm beträgt 0,76 und ist somit konform mit der Konzeptionalisierung des Reputationskonstruktes erwartungsgemäß hoch.

[565] Ajzen/Fishbein (1977), S. 889.

[566] Vgl. Morrison (1996), S. 1660 ff.; Eagly/Chaiken (1993), S. 173 ff.; Ajzen/Fishbein (1980), S. 82 ff.

lungen und damit für seine Anwendung auf Wirkungszusammenhänge von Reputationsurteilen.

Einige Forscher halten zudem die Berücksichtigung eines direkten Effektes der Einstellung auf das Verhalten in dem Modell als notwendig.[567] In der Tat weisen die Ergebnisse mehrerer Studien einen solchen unmittelbaren Effekt der Einstellungen auf das Verhalten empirisch nach, weshalb auch im weiteren Verlauf davon ausgegangen werden soll, dass Einstellungen nicht nur über die Verhaltensintention Handlungen erklären können, sondern diese auch ohne Mediation beeinflussen.[568] Eine solche Annahme erscheint auch deshalb gerechtfertigt, da Verhalten im Sinne der kognitionstheoretischen Annahmen nicht nur beobachtbare Handlungen, sondern gleichfalls innere Steuerungs- und Informationsverarbeitungsprozesse umfasst. Entsprechend wird davon ausgegangen, dass Einstellungen auch zur Erklärung anderer Repräsentationen beitragen können, nämlich indem sie direkt als Input in Informationsverarbeitungsprozesse, also ohne bewussten Intentionsaufbau, zur Bildung eben dieser Repräsentationen eingehen.[569]

Das Modell der Theorie des überlegten Handelns hat seit seiner Entwicklung eine Reihe an Erweiterungen erfahren.[570] Diese bestehen neben der Einführung zusätzlicher Verflechtungen (beispielsweise in Gestalt reziproker Beziehungen zwischen den Konstrukten) vorherrschend in der Berücksichtigung weiterer verhaltensbeeinflussender Variablen.[571] Dadurch verbessert sich zwar die Verhaltensvorhersage des Modells, vermehrte Erkenntnisse zur Prädiktorqualität von Einstellungen für Verhalten bzw. Verhaltensabsichten werden hierdurch freilich nicht gewonnen. Aus diesem Grund begnügt sich die vorliegende Arbeit mit der Diskussion des Modells in seiner ursprünglichen Form, da mit Blick auf die Wirkungen der Krankenhaus- und Fachabteilungsreputation ausschließlich die Frage interessiert, welche Repräsentationen welche Verhaltensabsichten zu begründen vermögen.[572]

In Bezug auf die Eignung bestimmter Repräsentationen für die Erklärung spezifischen Verhaltens gilt nun laut *Ajzen/Fishbein*, dass sich Einstellungs-Verhaltens-Zusammenhänge dann erhöhen, wenn Einstellungs- und Verhaltensmaße

---

[567] Vgl. exemplarisch Eagly/Chaiken (1993), S. 185: Liska (1974).
[568] Vgl. Zanna/Olson (1982), S. 75 ff.; Bem (1972), S. 1 ff.
[569] Vgl. Kapitel C.3.3.1; Feldman/Lynch (1988), S. 422.
[570] Vgl. exemplarisch Eagly/Chaiken (1993); Ajzen (1991); Ajzen/Madden (1986); Liska (1974); Bentler/Speckart (1979).
[571] In der Theorie des geplanten Verhaltens wird dem Modell beispielsweise mit der „wahrgenommenen Verhaltenskontrolle" eine weitere Prädiktorvariable hinzugefügt (vgl. Ajzen/Madden (1986), S. 458). Diese soll die von dem Individuum eingeschätzten Möglichkeiten und Fähigkeiten zur Handlungsrealisierung zum Ausdruck bringen.
[572] Das Anliegen besteht somit nicht in der möglichst vollständigen Erklärung bestimmten Verhaltens.

einen ähnlichen Spezifitätsgrad aufweisen bzw. hinsichtlich bestimmter Merkmale miteinander übereinstimmen. Konkret führen die Autoren vier Faktoren auf, anhand derer das Ausmaß, zu dem Einstellung und Verhalten miteinander korrespondieren, bestimmt werden kann und folglich Aussagen über differente Wirkungen verschiedener mentaler Repräsentationen auf spezifisches Verhalten möglich werden.

5.2.2 Korrespondenzprinzip des Einstellungs-Verhaltens-Zusammenhangs nach Ajzen/Fishbein

Der Erklärungsgehalt eines Einstellungsurteils für ein bestimmtes Verhalten wird laut Ajzen/Fishbein im Wesentlichen durch vier Kriterien determiniert:[573]

- Zielaspekt („target element"): Der Zielaspekt präzisiert das Objekt, auf das das Verhalten bzw. die Einstellung gerichtet ist.[574]

- Handlungsaspekt („action element"): Der Handlungsaspekt determiniert das konkrete Verhalten, das vorhergesagt werden soll.

- Kontextaspekt („context element"): Der Kontextaspekt erfasst die Situation, in der das Verhalten vorhergesagt werden soll.

- Zeitaspekt („time element"): Der Zeitaspekt legt den Zeitpunkt fest, zu dem die Handlung ausgeführt wird.

Die zentrale These besteht darin, dass die Prädiktorqualität der Einstellung desto höher ist, je mehr das Einstellungsurteil und das konkrete Verhalten hinsichtlich dieser Kriterien korrespondieren. Eine besondere Relevanz bei der Prognose des Verhaltens besitzen nach Auffassung des Autorengespanns dabei der Ziel- und der Handlungsaspekt beider Entitäten.[575] Demnach ist es speziell bei identischem Zielbezug wahrscheinlich, dass eine Einstellung auch dann multiple, auf das fokale Ziel gerichtete Handlungen zu erklären vermag, wenn die verbleibenden Bezüge

---

[573] Vgl. Ajzen/Fishbein (1977), S. 891 f. Angestoßen wurden Ajzen/Fishbeins Überlegungen zur Korrespondenz von Einstellung und Verhalten durch die Arbeit von Wicker (vgl. Wicker (1969)). Dieser kam in seiner Metaanalyse über 46 Einzeluntersuchungen zum Zusammenhang zwischen Einstellung und Verhalten zu einem ernüchternden Ergebnis: „Taken as a whole, these studies suggest that it is considerably more likely that attitudes will be unrelated or only slightly related to overt behaviors than that attitudes will be closely related to actions. Product-moment correlation coefficients relating the two kinds of responses are rarely above .30, and often are near zero." (Wicker (1969), S. 65). Mit diesem Befund entfachte Wicker eine grundlegende Diskussion um die Eignung von Einstellungskonstrukten für die Verhaltensprognose (vgl. Mummendey (1988), S. 2; Ajzen/Fishbein (1977), S. 888). Unter großem Zutun von Ajzen/Fishbein stand am vorläufigen Ende dieser Diskussion die Feststellung: „Der „Skandal" geringer Einstellungs-Verhaltens-Korrelationen [...] darf aufgrund der Ergebnisse entsprechender Metaanalysen als beendet gesehen werden. Das Konzept der Einstellung bleibt der wichtigste [...] Prädiktor für Verhalten." (Six/Eckes (1996), S. 8). Vgl. auch Loevenich (2002), S. 76 ff.
[574] Ajzen/Fishbein sprechen von „Entitäten", die sich durch die vier Aspekte spezifizieren lassen (vgl. Ajzen/Fishbein (1977), S. 91).
[575] Vgl. Ajzen/Fishbein (1977), S. 888, 891.

nicht definiert sind.[576] Für korrespondierende Handlungsbelange gilt, dass eine entsprechende Einstellung insbesondere dafür geeignet ist, singuläre Handlungen zu prognostizieren, gerade dann, wenn zusätzlich eine Übereinstimmung hinsichtlich des Zeit- und Kontextbezugs vorliegt. Grundsätzlich betonen die Autoren aber, dass ein Fit in Bezug auf alle vier Kriterien keine notwendige Bedingung für die Verhaltensrelevanz einer Einstellung darstellt: *„Lack of correspondence, however, does not necessarily preclude a relationship between attitude and behavior."*[577] Per se ausgeschlossen wird die Verhaltenserklärung durch ein Einstellungsurteil lediglich durch eine durchgängige Kriterienabweichung, wenngleich eine Übereinstimmung ausschließlich des Zeit- und/oder Kontextbezuges nur in Einzelfällen für eine Handlungsprognose ausreichend sein dürfte.[578]

Um nun zu untersuchen, ob spezifische Einstellungen, mithin Reputationsurteile, bestimmte Verhaltensabsichten bzw. Handlungen erklären und beeinflussen können, schlagen *Ajzen/Fishbein* einen zweistufigen Prozess vor:[579] In einem ersten Schritt sollen die Entitäten (also die konkrete Einstellung und das zu ergründende Verhalten) in Bezug auf die Spezifikationskriterien analysiert und definiert werden. Der zweite Schritt widmet sich der Bestimmung des Ausmaßes an Kongruenz der Entitäten, ebenfalls hinsichtlich der erläuterten vier Aspekte. Bevor ausgewählte, für das Unternehmen „Krankenhaus" erfolgsrelevante marktstrategische Faktoren daraufhin analysiert werden, ob diese durch die Reputationen beider Ebenen forciert werden können, gilt es, sowohl die Krankenhaus- als auch die Fachabteilungs-reputation als einstellungsähnliche Urteile hinsichtlich ihres Ziel-, Handlungs-, Kontext- und Zeitbezugs zu definieren.

5.3 Bestimmung des Ziel-, Handlungs-, Kontext- und Zeitbezugs der Krankenhaus- und Fachabteilungsreputation

Der Zielbezug der Krankenhaus- bzw. Fachabteilungsreputation ist mit dem jeweiligen Reputationsträger, dem Krankenhaus als Ganzes einerseits und der speziellen Fachabteilung andererseits, ex definitione festgelegt. Wie jedoch bereits erläutert wurde, ist es unwahrscheinlich, dass niedergelassene Ärzte jede Informa-tion über grundsätzlich reputationsrelevante Eigenschaften stets eindeutig einer der beiden Kategorien zuordnen können.[580] Demzufolge kann weder für jede beliebige Determinante beider Reputationen noch in Konsequenz für die Reputationen selbst

---

[576] „[...] *attitudes toward targets will predict multiple-act criteria, provided that the attitudinal and behavioural entities involve the same target elements."* (Ajzen/Fishbein (1977), S. 891).
[577] Ajzen/Fishbein (1977), S. 891.
[578] Vgl. Ajzen/Fishbein (1977), S. 889, 913.
[579] Vgl. Ajzen/Fishbein (1977), S. 890.
[580] Vgl. Kapitel C.4.3.

eine absolut disjunkte Beziehung vorausgesetzt werden.[581] Vielmehr erscheint es einleuchtend, dass die Fachabteilungsreputation zwar vorherrschend fachabteilungs-bezogenes Verhalten explizieren kann, aber grundsätzlich auch geeignet ist, einen gewissen Erklärungsbeitrag für generell auf das Krankenhaus oder andere Fachab-teilungen gerichtete Handlungen zu leisten (z.B. Einweisungen in eine andere als die Stammfachabteilung). Umgekehrt gilt, dass – abhängig vom Ausmaß der Korrespon-denz der drei verbleibenden Elemente – auch die Krankenhausreputation in zumindest erfassbarem Maße spezifische Handlungen gegenüber der Fachabteilung zu prognostizieren vermag. Diesbezüglich mutet es beispielsweise plausibel an, dass ein niedergelassener Arzt bei seiner Entscheidung, einen Vortrag im Rahmen eines Qualitätszirkels der fokalen Fachabteilung zu halten, in Teilen auf die Krankenhaus-reputation rekurriert.

Im Gegensatz zum Ziel- ist der Handlungsbezug der Krankenhaus- bzw. Fachabteilungsreputation konzeptionell nicht explizit spezifiziert. Da es sich bei den Reputationen beider Ebenen allerdings um Globalurteile handelt, in die die als relevant und charakteristisch erachteten Merkmale der jeweiligen Kategorie einfließen, lassen sich hierüber Rückschlüsse auf mittelbar vorhandene Handlungs-bezüge ziehen.[582] Im Grundsatz erscheint daher die Annahme gerechtfertigt, dass die Fachabteilungsreputation überwiegend für Handlungen relevant sein wird, die niedergelassene Ärzte in ihrer Rolle als Einweiser tätigen, die also einen stark medizinisch-fachlichen Bezug aufweisen.[583] Demgegenüber dürfte der Handlungs-bezug der Krankenhausreputation mehrheitlich durch nicht unmittelbar den Kern-leistungsbereich betreffende Aktivitäten konstituiert werden.[584] Zu denken ist hierbei exemplarisch an die Gründung eines MVZs durch ein Krankenhaus. Aufgrund des strategischen Charakters einer solchen Entscheidung, würde diese vermutlich der Kategorie „Krankenhaus" und weniger der Fachabteilung zugeschrieben werden und demgemäß eher die Krankenhausreputation und nicht die medizinisch-fachlich getriebene Fachabteilungsreputation tangieren.

Der Kontext ist sowohl bei der Krankenhaus- wie auch bei der Fachab-teilungsreputation unspezifisch. Dies liegt wiederum in ihrer Eigenschaft als Global-urteil begründet, wodurch sämtliche, aus Sicht niedergelassener Ärzte relevante Informationen über die jeweilige Kategorie zu einer Gesamtbewertung zusammen-geführt werden. Manche Autoren verstehen Reputation kontextabhängig. Beispiels-

---

[581] Vgl. Herr/Kardes/Kim (1991), S. 457.
[582] Fundierte Aufschlüsse hierüber liefern die Ausführungen über potenzielle Determinanten der Krankenhaus- und Fachabteilungsreputation im Kapitel C.6.
[583] Vgl. hierzu Meffert/Bierwirth/Burmann (2002), S. 177.
[584] Vgl. Kapitel C.3.1.4.

weise differenzieren *Dollinger/Golden/Saxton* zwischen der finanziellen, der Produkt- und der Managementreputation eines Unternehmens, so dass sich hier sehr wohl spezifische Kontextbedingungen ableiten ließen.[585] Die Konzeptionalisierung als domänenunabhängiges Konstrukt freilich begründet eine kontextübergreifende Relevanz der Krankenhaus- und Fachabteilungsreputation und zugleich, dass durch sie eine Erklärung multipler Handlungen in verschiedenartigen Entscheidungssituationen wahrscheinlich ist.[586]

Auch hinsichtlich des Zeitbezugs lassen sich keine basalen Unterschiede zwischen der Krankenhaus- und der Fachabteilungsreputation konstatieren. Für beide gilt, dass sie übereinstimmend mit dem Reputationskonzept dieser Arbeit zeitlich relativ stabil und daher im Allgemeinen geeignet sind, Erklärungen auch für weiter in die Zukunft gerichtete Handlungen und Handlungsabsichten zu liefern.[587] Speziell können aus ihnen als Repräsentationen höherer Ordnung bzw. höheren Abstraktionsniveaus zeitlich zuverlässigere Aussagen abgeleitet werden, als aus den Informationen und Erfahrungen, aus denen sie jeweils gebildet werden.[588] So zeigen die Studien von *Chattopadhyay/Alba, Higgins/King, Neisser* wie auch *Carlston* allgemein für Abstraktionen, dass diese zeitlich länger verhaltensbeeinflussende Wirkungen entfalten als die Informationen, aus denen sie entwickelt wurden.[589] Gleichfalls stellen Feldman/Lynch fest: „[...] *memory for overall evaluations and other summary judgements decays less rapidly than does memory for the original information on which these were based.*"[590]

Tabelle C-5 stellt die Reputationen beider Ebenen hinsichtlich ihrer für eine Verhaltensprognose relevanten Bezüge gegenüber. Es wird deutlich, dass Aussagen zur relativen Bedeutung der beiden Reputationen für unternehmerische Zielgrößen ausschließlich auf die differenten Ziel- und Handlungsbezüge gestützt werden können. Gleichzeitig zeigt das Raster, dass Wirkungen sowohl der Krankenhaus- als auch der Fachabteilungsreputation in Bezug auf differente Entscheidungs- und Handlungssituationen wie auch hinsichtlich des Zeithorizonts weitgehend uneingeschränkt sein dürften.

---

[585] Vgl. Dollinger/Golden/Saxton (1997).
[586] Vgl. Ajzen/Fishbein (1977), S. 891.
[587] Vgl. Kapitel C.1.3; Kapitel C.5.3.
[588] Vgl. Kardes/Posavac/Cronley (2004), S. 246; Sen/Bhattacharya (2001), S. 238; Brown/Dacin (1997), S. 76 f. Zur theoretischen Fundierung des Mediationscharakters des Reputationskonstruktes zwischen singulären Informationen und Verhalten vgl. ausführlich Eberl (2006a), S. 43 ff.
[589] Vgl. Chattopadhyay/Alba (1988); Higgins/King (1981); Neisser (1981); Carlston (1980).
[590] Vgl. Feldman/Lynch (1988), S. 428.

Repräsentation	Zielbezug	Handlungsbezug	Kontextbezug	Zeitbezug
Krankenhausreputation	Primär die Kategorie „Krankenhaus als Ganzes"	strategische, unternehmensweit/fachabteilungsübergreifend gültige Entscheidungen und Handlungen	unspezifisch	tendenziell langfristig
Fachabteilungsreputation	Primär die Kategorie „Fachabteilung"	vorwiegend medizinisch-fachliche Entscheidungen und Handlungen	unspezifisch	tendenziell langfristig

Tab. C-5:   Ziel-, Handlungs-, Kontext- und Zeitbezug der Krankenhaus- und Fachabteilungsreputation

Die folgenden Kapitel widmen sich der Auswahl potenzieller Reputationswirkungen aufseiten niedergelassener Ärzte. Im Anschluss an die Herausarbeitung der mittelbaren und unmittelbaren Bedeutung der jeweiligen Faktoren für den ökonomischen Erfolg von Krankenhausunternehmen sowie ihrer konzeptionellen Grundlagen gilt es, diese gemäß der von *Ajzen/Fishbein* vorgeschlagenen zweistufigen Verfahrensweise bezüglich ihres Ziel-, Handlungs-, Kontext- und Zeitbezugs zu analysieren. Durch die Überprüfung des Ausmaßes an Korrespondenz mit den Reputationen beider Ebenen können anschließend jeweils theoretisch fundierte Aussagen zum Zusammenhang zwischen Krankenhaus- bzw. Fachabteilungsreputation und den Erfolgsgrößen abgeleitet werden, die anschließend in einer entsprechenden Hypothesenformulierung münden.

In Kapitel B.5 wurde zusammenfassend beschrieben, dass niedergelassene Ärzte aus der Perspektive eines Krankenhauses zwei substanzielle, wesentliche Funktionen erfüllen, nämlich zum einen primär die des Patientenmittlers zum Zweck der Umsatzgenerierung und zum anderen nachrangig als potenzielle Kooperationspartner zur Erwirtschaftung extrabudgetärer Erlöse, Realisierung von Kosteneinsparungen oder Koproduktion von Gesundheitsleistungen. Um diese beiden Kernbereiche und Haupthandlungsfelder des Beziehungsmarketings zu niedergelassenen Ärzten abzudecken, sollen im nächsten Schritt mit dem Evoked Set bzw. dem einweiserbezogenen Patientenmarktanteil und der Kooperationsbereitschaft niedergelassener Ärzte zwei der ökonomisch bedeutsamsten potenziellen Wirkungen der Krankenhaus- und Fachabteilungsreputation bei dieser Zielgruppe untersucht werden.

5.4   Aufnahme des Krankenhauses in das Evoked Set als Konsequenz der Krankenhaus- und Fachabteilungsreputation

5.4.1   Abriss über den Forschungsgegenstand „Evoked Set"

In der Marketingliteratur wird der Analyse und dem Verständnis des Zustandekommens von Kaufentscheidungen von (potenziellen) Kunden erhebliches Interesse entgegengebracht. Eine prominente Stellung in entsprechenden Forschungsbemühungen nimmt die Bestimmung des Evoked Sets ein.[591] Hierunter wird in der Entscheidungsprozessforschung die individuell wahrgenommene, für relevant erachtete Alternativenmenge (Produkte, Marken, Leistungsanbieter etc.) verstanden, zu der generell eine positive Einstellung besteht und unter der eine Auswahl zur Lösung eines konkreten Entscheidungsproblems getroffen wird.[592] Mit der Bildung eines Evoked Sets steht fest, welche Alternativen grundsätzlich in Betracht gezogen werden, wobei diese oft durch solche Wahlmöglichkeiten definiert sind, mit denen in der Vergangenheit bereits positive Erfahrungen gemacht wurden.[593] Einschlägige Forschungsarbeiten belegen, dass die Berücksichtung des Evoked-Set-Konzepts erheblich zur realitätsgetreuen Abbildung von Auswahlprozessen beiträgt und hierdurch eine bessere Erklärung des Verhaltens von Entscheidungspersonen möglich ist.[594]

Da aus Unternehmenssicht die Zugehörigkeit zum Evoked Set eine zwingend notwendige Bedingung ist, um überhaupt als Leistungsanbieter in Betracht gezogen zu werden, haben sich Marketingforscher ausgiebig mit der Komposition und der Größe dieser Alternativenmengen auseinandergesetzt.[595] Als praktikables Vorgehen einer Evoked-Set-Analyse hat sich die Gruppierung von Alternativen in zunehmend relevante Arten von Sets erwiesen, so dass sich ein konkretes Evoked Set in einem mehrstufigen Prozess ermitteln lässt.[596] In diesem werden alle objektiv vorhandenen Alternativen (Total Set) in verschiedene Subsets gruppiert. Die erste Selektionsstufe beinhaltet gemäß *Narayana/Markin* die Abgrenzung in subjektiv bewusst wahrgenommene Alternativen, das Awareness Set, und das Unawareness Set, dessen Alternativen nicht wahrgenommen und somit auch nicht beurteilt werden.[597] Die abschließende, entscheidende Differenzierung besteht in der Unterscheidung in das beschriebene Evoked Set, das Inert Set als Menge der indifferent bewerteten

---

[591] Vgl. Carson/Louviere (2006), S. 1, und die dort genannte Literatur. Einige Autoren sprechen auch vom „Consideration Set" (vgl. exemplarisch Kardes et al. (1993); Wright/Barbour (1977)) oder von „Acceptable Brands" (vgl. Belonax (1979)). In den wissenschaftlichen Sprachgebrauch eingeführt wurde das Konzept von March/Simon (1958), S. 10.

[592] Vgl. Homburg/Krohmer (2006), S 103 f.; Trommsdorff (2003), S. 96; Howard (1977), S. 306.

[593] Vgl. Homburg/Krohmer (2006), S 103 f.; Trommsdorff (2003), S. 96.

[594] Vgl. Horowitz/Louviere (1995), S. 40, sowie für ein Überblick Shocker et al. (1991), S. 188 f.

[595] Vgl. exemplarisch Chakravarti/Janiszewski (2003); Hauser/Wernerfelt (1990); Brown/Wildt (1987); Reilly/Parkinson (1984).

[596] Vgl. Turley/LeBlanc (1995), S. 28 f.

[597] Vgl. Narayana/Markin (1975), S. 2; Mowen/Minor (2001), S. 177. Manche Autoren differenzieren das Awareness Set weiter in das Processed Set, über das sich die Entscheidungsperson Wissen gebildet hat und in das eher unbekannte, aber dennoch wahrgenommene Foggy Set (vgl. Paulssen (2000), S. 33).

145

Alternativen und das Inept Set, welches abgelehnte Alternativen umfasst (vgl. Abb. C-5).[598]

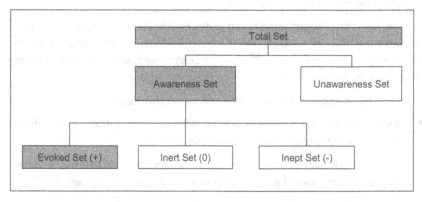

Quelle: In Anlehnung an Mowen/Minor (2001), S. 177; Narayana/Markin (1975), S. 2.
Abb. C-5: Bildung des Evoked Sets

Die Relevanz des Konzepts ist dabei keineswegs auf Produkte oder Marken in homogenen Konsumgütermärkten beschränkt; sie lässt sich ebenso bei hochtechnologischen Produkten, in Bezug auf Beschaffungsprozesse von Investitions- und Industriegütern sowie auf der Ebene von Leistungsanbietern anwenden.[599] Beispielsweise liefern u.a. *Spiggle/Murphy* auf dieser Basis eine Erklärung für die Wahl von Einkaufsstätten des Handels und *Meffert/Bruhn* erklären die Bedeutung des Evoked Sets für Dienstleistungsunternehmen.[600]

Die unmittelbare Bedeutung einer Berücksichtigung des Unternehmens im Evoked Set der Kunden und generell der absatzmarktseitigen Bezugsgruppen bzw. die Bedeutung der Beurteilungsposition im Awareness Set für die Erzielung von Umsätzen ist evident. Ein Platz im Evoked Set ist eine uneingeschränkt notwendige Bedingung, um als Alternative im Rahmen direkt erlöswirksamer Kundenentscheidungen einbezogen zu werden.[601] Aus Anbietersicht ist es somit unabdingbar,

---

[598] Vgl. Foscht/Swoboda (2007), S. 154. Für eine Unterteilung des Evoked Sets in weitere Subgruppen vgl. Spiggle/Sewall (1987), S. 99 f.
[599] Vgl. Backhaus (1999), S. 126 f.; Kardes et al. (1993); Hauser/Wernerfelt (1990); Nedungadi (1990). Entsprechend wurde für viele verschiedene Produktkategorien empirisch untersucht, aus wie vielen Produkten, Marken bzw. Leistungsanbietern das Evoked Set von Kunden durchschnittlich besteht. Für Überblicke vgl. Hauser/Wernerfelt (1990), S. 394; Schobert (1979), S. 58. Für Faktoren, die die Größe von Evoked Sets beeinflussen vgl. ferner Shapiro/MacInnes/Heckler (1997), S. 94; Sambandam/Lord (1995), S. 57; Alba/Hutchinson/Lynch (1991); Urban (1975).
[600] Vgl. Meffert/Bruhn (1997), S. 74 f.; Spiggle/Sewall (1987).
[601] Dies gilt nicht für impulsive Kaufentscheidungen, also solche, die kognitiv nicht hinterfragt werden und ohne gedankliche Kontrolle erfolgen. Derartige Entscheidungen sind für den Untersuchungskontext der vorliegenden Arbeit jedoch nicht relevant, da Einweisungsentscheidungen niedergelassener Ärzte nicht unter totaler kognitiver Entlastung ablaufen werden.

erstens überhaupt mit seinem Angebot wahrgenommenen zu werden bzw. bekannt zu sein und zweitens positiv beurteilt zu werden, um vorteilhaft im Awareness bzw. im Evoked Set Berücksichtigung zu finden.[602]

Welche bekannten Alternativen Eingang in das Evoked Set finden bzw. die Position im Awareness Set, ist abhängig von mehreren Faktoren. Im Wesentlichen zeigen einschlägige Forschungsarbeiten,[603] dass ein Leistungsanbieter dann in das Evoked Set aufgenommen wird, wenn

- generell eine positive Einstellung diesem gegenüber besteht,[604]

- damit einhergehend vorteilhafte Schlüsselinformationen und/oder bereits durch Erfahrungen entwickelte Präferenzen vorliegen[605] und

- eine Vergleichbarkeit der Alternativen hinsichtlich von Schlüsselkriterien gegeben ist bzw. hierfür auf „Comparable Aspects" rekurriert werden kann.[606]

In Abhängigkeit dieser Kriterien „verteilen" sich die bekannten Alternativen im Awareness Set und werden je nach konkreter Beurteilungsposition dem Evoked Set, dem Inert Set oder dem Inept Set zugeordnet.

Die Vorstellung über die Existenz eines Evoked Sets ist nun speziell im Rahmen von Forschungsarbeiten zu limitierten und habitualisierten Entscheidungsprozessen verankert. Hierbei handelt es sich um eine Art der Entscheidungsfindung, bei der die Entscheidungsperson bereits über Erfahrungen hinsichtlich gleich oder ähnlich gelagerter Entscheidungsprobleme verfügt und die Wahl daher auf Basis bewährter Kriterien trifft. Somit wird davon ausgegangen, dass Individuen nicht für jegliche Entscheidung sämtliche, objektiv verfügbaren externen und internen Informationen suchen bzw. heranziehen,[607] sondern in bekannten Entscheidungssituationen viel-mehr auf interne Informationen und Einstellungen zurückgreifen und auf diese Weise

---

[602] Für Einflussgrößen, die die Wahl zwischen Alternativen innerhalb des Evoked Sets bestimmen vgl. Chernev (2003); Simonson/Tversky (1992).

[603] Für Forschungsarbeiten zu Einflussgrößen der Evoked-Set-Formation vgl. Chakravarti/ Janiszewski (2003); Medin/Goldstone/Markman (1995); Roberts/Lattin (1991); Guca (1989).

[604] Vgl. Kroeber-Riel/Weinberg/Gröppel-Klein (2009), S. 475 f.; Trommsdorff (2003), S. 97.

[605] Vgl. zusammenfassend Foscht/Swoboda (2007), S. 153.

[606] Vgl. Chakravarti/Janiszewski (2003), S. 244 f., S. 246, und die dort genannte Literatur.

[607] Häufig sind ökonomische Ansätze auf solche rein extensiven Entscheidungen begrenzt, was es ermöglicht, traditionelle Kaufentscheidungsmodelle (z.B. Totalmodelle), nach denen Individuen sämtliche verfügbaren Informationen aufnehmen und rational verarbeiten, zu nutzen (vgl. Foscht/ Swoboda (2007), S. 159). Faktisch muss diese Annahme aber als äußerst reduktiv bezeichnet werden (vgl. Howard (1977), S. 86 f.), insbesondere aufgrund in realiter vorhandener begrenzter Kapazitäten zur Informationsaufnahme, -verarbeitung und -speicherung, der Anwendung subjektiver statt objektiver Logik, der Intervention von Affektionen und wegen bestimmter Abhängigkeiten von der sozialen Umwelt. Zur begrenzten Rationalität vgl. dezidiert March (1996), zur Informationsüberlastung Jacoby (1977).

ihre Alternativenmengen a priori einschränken.[608] Wie die obige Aufstellung zeigt, erlangen in diesem Zusammenhang Informationsaggregate besondere Bedeutung, mithin Globalurteile, welche den Aufwand der Entscheidungsperson zur Suche und informationellen Verarbeitung einzelner relevanter Attribute einer Alternative beschränken.[609] Im Fall von Dienstleistungsanbietern wird diese Menge überdies durch die Nichtlagerfähigkeit von Dienstleistungen bzw. der räumlichen Entfernung der Dienstleister zum Ort der Bedarfsfeststellung beschränkt, so dass der Aufwand zur Überbrückung der Entfernung zusätzlich limitierend wirkt und somit insbesondere bei Dienstleistungen von der Existenz von Evoked Sets ausgegangen werden muss.[610]

5.4.2 Begründungszusammenhang der Bedeutung der Krankenhaus- und Fachabteilungsreputation für die Formierung des Evoked Sets niedergelassener Ärzte

Bevor Aussagen zum Zusammenhang zwischen der Krankenhaus- bzw. Fachabteilungsreputation und der Formierung des Evoked Sets niedergelassener Ärzte getroffen werden können, gilt es, entsprechend der von *Ajzen/Fishbein* empfohlenen Vorgehensweise, den Ziel-, Handlungs-, Kontext- und Zeitbezug des Evoked Sets zu bestimmen. „Evoked Set" soll in dieser Arbeit spezifiziert werden als die von niedergelassenen Ärzten für relevant erachtete Menge alternativer Krankenhäuser, unter der im Rahmen einer Einweisungsentscheidung eine Auswahl getroffen wird.

Der Zielbezug des Evoked Sets als Repräsentation einer Menge akzeptabler Entscheidungsalternativen ist folglich definitorisch durch das Krankenhaus bestimmt. Hierbei muss jedoch beachtet werden, dass diese Definition insofern ambivalent ist, als dass Fachabteilungen konstitutive Bestandteile von Krankenhäusern sind.[611] Mit Blick auf die Korrespondenz des Zielaspekts dürften fachabteilungsbezogene Repräsentationen daher nicht zwangsläufig weniger für das Evoked Set relevant sein als Urteile, die das Krankenhaus als Ganzes betreffen – abhängig vom Handlungsbezug der Repräsentationen.

Der Handlungsbezug des Evoked Sets ist durch das konkrete Entscheidungsproblem, somit durch das Treffen der Wahl eines Krankenhauses für die stationäre Behandlung eines Patienten festgelegt. Damit bleiben zwar andere krankenhaus-

---

[608] Vgl. Kroeber-Riel/Weinberg/Gröppel-Klein (2009), S. 425 f.; Vakratsas/Ambler (1999), S. 27.
[609] Vgl. Turley/LeBlanc (1995), S. 28 f.
[610] Vgl. Zeithaml (1991), S. 43.
[611] Eine Einweisung in eine Fachabteilung eines Krankenhauses ist gleichbedeutend mit einer Einweisung in dieses Krankenhaus.

148

gerichtete Entscheidungen und Handlungen niedergelassener Ärzte ausgeblendet,[612] eine solche Einschränkung erscheint aber aufgrund der in der Regel dominanten Einweiserrolle niedergelassener Ärzte gerechtfertigt.[613] Daneben wird hierdurch die unmittelbare Erlösrelevanz des Evoked Sets niedergelassener Ärzte für ein Krankenhaus abgebildet.[614]

Der Kontextbezug, also die Situation, in der das konkrete Entscheidungsproblem auftritt, ist mit der Feststellung des Bedarfs an stationärer medizinischer Behandlung eines Patienten bestimmt. In dieser Situation des Praxisalltags muss der niedergelassene Arzt entscheiden, in welches Krankenhaus er den betroffenen Patienten einweist bzw. welches oder welche er diesem für eine stationäre Behandlung empfiehlt. Schließlich kann hinsichtlich des Zeitaspektes festgestellt werden, dass Evoked Sets insofern relativ stabil sind,[615] als dass ihre Modifikation – insbesondere die Aufnahme weiterer Alternativen – relativ intensiver Informations- verarbeitung in Form des Sammelns von Erfahrungen mit den neuen Alternativen und der Einstellungsbildung oder -änderung diesen gegenüber bedarf.[616]

Mit dem letzten Punkt ist eine gewisse Einschränkung des Evoked-Set-Konzepts im Hinblick auf seine Anwendung auf den vorliegenden Kontext angesprochen: Innerhalb der Evoked-Set-Forschung wird betont, dass die gewonnenen Erkennt- nisse zur Formierung und zur Entscheidungsrelevanz von Evoked Sets speziell für limitierte und habitualisierte und damit für routinebestimmte Entscheidungen gelten, nicht aber für extensive.[617] Extensive Entscheidungen zeichnen sich durch einen hohen detaillierten Informationsbedarf, eine lange Entscheidungsdauer und die Wahrnehmung aus, Bewertungskriterien erarbeiten zu müssen. Dieses Entschei- dungsverhalten liegt tendenziell desto eher vor, je weniger eine Person über bewährte Entscheidungsmuster verfügt, weil fehlende Erfahrungen Prozesse der Informationsbeschaffung auslösen.[618] Dies bedeutet, dass die im Folgenden herzuleitenden Zusammenhänge uneingeschränkt lediglich für solche niederge-

[612] Vgl. hierzu Kapitel B.2.2.
[613] Vgl. Kapitel B.2.3.
[614] Vgl. Kapitel B.2.3.
[615] Vgl. Shocker et al. (1991), S. 188.
[616] Vgl. Homburg/Krohmer (2006), S. 103 ff.
[617] Vgl. Kapitel C.5.4.1. Impulsive Entscheidungen, die ohne Rekurs auf eine Alternativenmenge und ohne jegliche kognitive Beteiligung erfolgen, können für Einweisungsentscheidungen aufgrund des persönlichen und wirtschaftlichen Risikos im Fall von Fehlentscheidungen ausgeschlossen werden (vgl. Kapitel B.2.4). Limitierung bzw. Habitualisierung bedeutet nicht, dass Entschei- dungen ohne bewusste Informationsverarbeitung getroffen werden, sondern lediglich, dass in bekannten Entscheidungssituationen weniger Detailinformationen gesucht und verarbeitet sondern vielmehr Informationsaggregate in Gestalt von bestehenden Einstellungen und Heuristiken in die Entscheidung einbezogen werden (vgl. Foscht/Swoboda (2007), S. 154 ff.).
[618] Vgl. Foscht/Swoboda (2007), S. 151.

lassenen Ärzte gültig sein dürften, die ihre Praxis bereits eine bestimmte Zeit im Einzugsgebiet des fokalen Krankenhauses betreiben und die folglich bereits einschlägige Erfahrungsmuster entwickelt haben.[619] Demgegenüber können Ärzte, die ihre Praxis erst seit kurzem in einem bestimmten geographischen Gebiet betreiben, die Entscheidung für ein bestimmtes Krankenhaus nicht auf bereits entwickelte Einstellungen und Heuristiken stützen, sondern müssen anfangs aktiv und relativ intensiv nach relevanten Informationen über Einweisungsalternativen suchen – nicht zuletzt deshalb, weil auch die Bildung von Reputationsurteilen über die Alternativen das Sammeln eigener Erfahrungen und damit Zeit bedarf.[620] Mit Blick auf das Einzugsgebiet eines Krankenhauses dürfte der Anteil neuer bzw. zugezogener niedergelassener Ärzte jedoch relativ gering sein, so dass es berechtigt erscheint, die folgende Argumentation zur Bedeutung des Reputationskonzeptes für die Formierung von Evoked Sets niedergelassener Ärzte auf die Annahme limitierter Entscheidungssituationen zu stützen.[621]

In den Ausführungen dieses Abschnittes wurde bereits implizit davon ausgegangen, dass es sich bei der Krankenhaus- bzw. Fachabteilungsreputation um kognitive Repräsentationen handelt, die einen Einfluss auf die Stellung des fokalen Krankenhauses im Awareness Set bzw. auf seine Aufnahme in das Evoked Set niedergelassener Ärzte haben. Hierfür spricht, dass es sich – wie soeben beschrieben – für die überwiegende Mehrzahl niedergelassener Ärzte bei Einweisungsentscheidungen in der Regel um bekannte Entscheidungsprobleme handelt, folglich bereits Erfahrungen hinsichtlich entsprechender Entscheidungssituationen vorliegen und die Zusammenstellung akzeptabler Alternativen somit auf Basis bewährter Schlüsselkriterien erfolgen kann.

Dass die Erklärung des Wahlverhaltens niedergelassener Ärzte, die sich nicht mehr in der Phase aktiver Informationssuche über Einweisungsalternativen befinden, in der Regel nur unter Berücksichtigung der Beurteilungsposition der Alternativen im Awareness Set möglich ist,[622] wird auch vom Dienstleistungskontext und der a priori-

---

[619] Lediglich in Ausnahmefällen außergewöhnlicher Indikationen bzw. bei geringer Erfahrung mit einem Krankheitsbild werden auch diese Niedergelassenen auf dem Wege zusätzlicher Informationssuche nach Alternativen suchen, um eine adäquate stationäre Therapie zu gewährleisten zu können.

[620] Vgl. Kapitel C.1.2; Kapitel C.1.3.

[621] In der vorliegenden Studie beträgt der Anteil niedergelassener Ärzte, die ihre Praxis kürzer als zwei Jahre im Einzugsgebiet des fokalen Krankenhauses betreiben, lediglich 6,73%. Dieser geringe Anteil „neuer" niedergelassener Ärzte schließt zudem eine gesonderte Betrachtung dieser Gruppe im Rahmen der empirischen Untersuchung dieser Arbeit aus.

[622] Dass Reputationsurteile demnach Verhalten lediglich mittelbar über die Beeinflussung des Sets akzeptabler Alternativen bestimmten, deckt sich mit Petty/Cacioppos Ansicht, dass in routinebestimmten Entscheidungssituationen Einstellungsurteile (Reputationsurteile) konkretes Verhalten

Limitierung der Alternativen anhand der geographischen Entfernung des Anbieters gestützt. Konkret für die Reputation eines Krankenhauses und der seiner Fachabteilungen als potenzielle Einflussgrößen des Evoked Sets bedeutet Letzteres, dass auch eine außerordentlich hohe Reputation dann nicht zu einer Aufnahme in das Evoked Set routinemäßiger Einweisungsentscheidungen führt, wenn die räumliche Entfernung zu weit eingeschätzt wird.[623]

Unter Bezugnahme auf die von der Theorie postulierten Kriterien fällt nun eine Begründung für die Bedeutung der Reputation für das Evoked Set niedergelassener Ärzte insofern nicht schwer, als dass sich das Reputationskonzept als einstellungsähnliches Globalurteil über eine Wahlalternative, das weitgehend durch eigene Erfahrungen sowie unter kognitiver Verarbeitung einzelner Attributinformationen gebildet wird, nahtlos in den Begründungszusammenhang von Einflussgrößen der Evoked-Set-Bildung integriert.[624] Ferner stellt „Reputation" ein Konstrukt dar, das niedergelassenen Ärzten einen Vergleich alternativer Krankenhäuser anhand eines unmittelbar relevanten Kriteriums erlaubt, so dass auch die von *Chakravarti/ Janiszewski* genannte Voraussetzung für die Alternativenaufnahme in ein Evoked Set in Gestalt der Verfügbarkeit einer alternativenübergreifenden Vergleichsgröße adressiert wird.[625]

Das Reputationskonstrukt scheint demnach grundsätzlich Einfluss auf die Evoked-Set-Bildung niedergelassener Ärzte ausüben zu können. Die relative Bedeutung der Krankenhaus- und Fachabteilungsreputation ist nun abhängig vom Ausmaß der Korrespondenz zwischen den Spezifikationskriterien der Reputationen der Krankenhaus- und Fachabteilungsebene einerseits und denen des Krankenhaus-Evoked-Sets niedergelassener Ärzte andererseits.[626] Aufgrund der Ambivalenz des Zielbezugs des Evoked Sets, scheinen hinsichtlich des Zielaspektes keine gesicherten Aussagen zu Unterschieden in der Übereinstimmung zwischen den

---

weniger gut zu prognostizieren vermögen als gewohnheitsmäßige Entscheidungsheuristiken (Evoked Sets) (vgl. Petty/Cacioppo (1996), S. 29).

[623] Allerdings scheint dies für die vorliegende Arbeit ausgeschlossen, da die Bezugsgruppe „niedergelassene Ärzte" anhand des Einzugsgebiets des Krankenhauses der Erst- und Zweitstudie abgegrenzt wurde. Die geographische Entfernung sollte aus diesem Grund kein Ausschlusskriterium für einen Wirkungszusammenhang zwischen Reputation und Evoked-Set-Formierung darstellen.

[624] Vgl. Kapitel C.5.4.1.

[625] Vgl. Chakravarti/Janiszewski (2003), S. 244 f. Dieses Kriterium stellt zudem unmittelbar auf die Eigenschaft des Reputationskonstruktes als Informationssurrogat ab (vgl. Eberl (2006a), S. 43 ff., und die dort genannte Literatur). Insbesondere vor dem Hintergrund der in Kapitel B.4.2 erarbeiteten Merkmale von Krankenhausdienstleistungen, welche eine unmittelbare Beurteilung der Leistungen durch Niedergelassene erschweren und den Erfahrungs- bzw. Vertrauensgutcharakter bedingen, wird die Bedeutung der Verfügbarkeit einer übergeordneten Vergleichsgröße in Gestalt der Reputation für die Evaluation von alternativen Gesundheitsdienstleistern deutlich.

[626] Vgl. Kapitel C.5.2.2.

Reputationen beider Ebenen und dem Evoked Set möglich. Demgegenüber muss angesichts der unmittelbaren Bedeutung der Fachabteilung für den medizinischen Behandlungserfolg bezüglich des Handlungsaspekts für die Fachabteilungsreputation ein höheres Ausmaß an Korrespondenz mit dem Evoked Set für Einweisungsentscheidungen angenommen werden als für die Krankenhausreputation.[627] Kontext- und Zeitbezug wiederum wurden in Kapitel C.5.3 für beide Reputationskonstrukte als unbestimmt deklariert, so dass sich aus diesen Spezifikationsaspekten für mentale Repräsentationen keine Schlussfolgerungen zum relativen Erklärungsbeitrag der Reputationen beider Ebenen für das Evoked Set für Einweisungsentscheidungen niedergelassener Ärzte ableiten lassen.

Empirisch können die konzeptionellen Überlegungen zum Zusammenhang zwischen der Krankenhaus- bzw. der Fachabteilungsreputation und dem Evoked Set niedergelassener Ärzte zum einen unter Rekurs auf umfassend und fundiert bearbeitete Forschungsfelder untermauert werden, nämlich unter Verweis auf Studien, die die Bedeutung positiver (Einstellungs-)Urteile für die Formation von Evoked Sets untersuchen,[628] und mit den weitgehend einhelligen Ergebnissen empirischer Forschungsbemühungen zur Einstellungs-Verhaltens-Hypothese bzw. zum Korrespondenzprinzip der Einstellungstheorie.[629] Im Übrigen können Studien herangezogen werden, die den Zusammenhang zwischen Unternehmensreputation und Absatzerfolg empirisch nachweisen. Diesbezüglich zeigen beispielsweise *Yoon/Guffey/Kijewski* für Dienstleistungsunternehmen, dass eine positive Reputation die Absicht zur Leistungsinanspruchnahme fördert, also eine auf Basis der Beurteilungsposition im Awareness Set getroffene Intention positiv beeinflusst.[630] Ferner sind die Studien von *Nguyen/Leblanc* und *Wiedmann/Meissner/Fusy* zu nennen, die einen empirischen Nachweis zum Zusammenhang zwischen Unternehmensreputation und Kundenbindung erbringen.[631] Da der Wiederkauf, der als konstitutiver Bestandteil der Kundenbindung gilt,[632] als Ausdruck einer vorteilhaften Position im Evoked Set interpretiert werden kann, scheinen auch diese Arbeiten den hier theoretisch hergeleiteten Zusammenhang zu stützen.

---

[627] Vgl. Kapitel C.5.3.
[628] Vgl. die in Kapitel C.5.4.1 genannte Evoked-Set-Literatur, insbesondere die Überblicksarbeit von Shocker et al. (1991). Ex definitione geht der Evoked-Set-Formierung gemäß sämtlicher Studien eine Evaluation der Alternativen des Awareness Set voraus.
[629] Vgl. insbesondere Ajzen/Fishbein (1977).
[630] Vgl. Yoon/Guffey/Kijewski (1993), S. 221, sowie für einen Überblick über empirisch ermittelte Positivwirkungen der Reputation Kapitel A.2 und exemplarisch Fernández Sánchez/Luna Sotorrio (2007); Walsh (2006), S. 6 ff.
[631] Vgl. Wiedmann/Meissner/Fusy (2003); Nguyen/Leblanc (2001).
[632] Vgl. Homburg (2008), S. 56.

Im Einklang mit den theoretischen Schlussfolgerungen sowie den komplementären empirischen Befunden erscheinen folgende Hypothesen zum Zusammenhang zwischen der Krankenhaus- bzw. der Fachabteilungsreputation und dem Evoked Set niedergelassener Ärzte für Einweisungsentscheidungen begründet:

$H_{7(1)}$: *Je höher die Krankenhausreputation ausgeprägt ist, desto besser ist die Beurteilungsposition des Krankenhauses im Awareness Set und desto eher berücksichtigen niedergelassene Ärzte das Krankenhaus im Evoked Set für Einweisungsentscheidungen.*

$H_{8(1)}$: *Je höher die Fachabteilungsreputation ausgeprägt ist, desto besser ist die Beurteilungsposition des Krankenhauses im Awareness Set und desto eher berücksichtigen niedergelassene Ärzte das Krankenhaus im Evoked Set für Einweisungsentscheidungen.*

$H_{9(1)}$: *Die Fachabteilungsreputation hat einen stärkeren Einfluss auf die Position des Krankenhauses im Awareness Set und damit auf die Evoked-Set-Formierung niedergelassener Ärzte als die Krankenhausreputation.*

Zur Komplettierung der von der Evoked-Set-Forschung postulierten Wirkungskette „Alternativenbeurteilung – Position im Awareness Set – Alternativenauswahl"[633] soll zur realitätsadäquaten Modellierung der Zusammenhänge der reputationszentrierten Wahrnehmungs- und Entscheidungsprozesse niedergelassener Ärzte eine weitere Hypothese in das Forschungsmodell der vorliegenden Arbeit aufgenommen werden. Diese bildet die Relation der Evoked-Set-Formierung und der tatsächlichen Auswahlentscheidung und damit den Kern des Evoked-Set-Konzepts ab.[634] Auf diese Weise ist es möglich, den durch die Position im Awareness Set mediierten Einfluss des Reputationskomplexes auf die Umsatzgenerierung und damit die Bedeutung der Reputation für finanzielle Zielgrößen zu untersuchen.[635] Die zu überprüfende Hypothese lautet daher:

---

[633] Vgl. exemplarisch Turley/LeBlanc (1995), S. 29 f.

[634] Auch in den Fällen, in denen niedergelassene Ärzte keine eindeutige Krankenhausempfehlung gegenüber ihren Patienten aussprechen, sondern mehrere Alternativen zur Wahl stellen, dürfte das Evoked Set des jeweiligen niedergelassenen Arztes für diese Alternativenmenge entscheidend sein, so dass auch in diesen Fällen ein Zusammenhang zwischen der Aufnahme eines Leistungsanbieters in das Evoked Set und der Anzahl tatsächlicher Einweisungen angenommen werden kann.

[635] Dieser mediierte Weg ist erforderlich, da die Theorie aufgrund der konstitutiven Dienstleistungsmerkmale sowie des Vorliegens limitierter Entscheidungen im konkreten Untersuchungskontext gegen einen direkten Einfluss von Reputationsurteilen auf konkretes Verhalten spricht. Zur empirischen Überprüfung dieser Annahme vgl. Kapitel E.2.3.

$H_{10(1)}$: *Die Berücksichtigung des Krankenhauses im Evoked Set niedergelassener Ärzte hat einen positiven Einfluss auf die Anzahl an Einweisungen in das Krankenhaus.*

Empirisch gestützt wird diese Hypothese exemplarisch von *Nedungadi*, der in seiner Studie nachweist, dass die Auswahlwahrscheinlichkeit einer Alternative von der Wahrscheinlichkeit der Berücksichtigung dieser Alternative im Evoked Set abhängt.[636] Dieser Zusammenhang wiederum hat unmittelbare Konsequenzen für die zu untersuchenden Positivwirkungen der Reputationsurteile. Diese manifestieren sich deduktiv in den bedingten Hypothesen H_{10a}, H_{10b} und H_{10c}:

$H_{10a(1)}$: *Die Krankenhausreputation hat einen indirekten Einfluss auf die Anzahl an Einweisungen in das Krankenhaus.*

$H_{10b(1)}$: *Die Fachabteilungsreputation hat einen indirekten Einfluss auf die Anzahl an Einweisungen in das Krankenhaus.*

$H_{10c(1)}$: *Die Fachabteilungsreputation hat einen stärkeren indirekten Einfluss auf die Anzahl an Einweisungen in das Krankenhaus als die Krankenhausreputation.*

5.4.3 Empirische Erfassung der Beurteilungsposition des Krankenhauses im Evoked Set und des einweiserbezogenen Patientenmarktanteils

Wie bereits ausgeführt, widmet sich die Evoked-Set-Forschung hauptsächlich zwei Fragestellungen. Zum einen trachten einschlägige Arbeiten nach der Ermittlung der Anzahl eingeschlossener Alternativen im Evoked Set, um anschließend Aussagen darüber treffen zu können, welche Alternativen aus Marktperspektive miteinander in Konkurrenz stehen.[637] Gemessen wird die Größe und der Inhalt eines Evoked Sets entweder durch gestützte oder ungestützte Befragungen von Probanden oder über Auskünfte über die Anzahl gekaufter Marken innerhalb eines bestimmten Zeitraumes bezogen auf eine bestimmte Leistungskategorie.[638] Da in dieser Arbeit nicht die Größe des Krankenhaus-Evoked-Sets niedergelassener Ärzte von Interesse ist, sondern Wirkungszusammenhänge ergründet werden sollen, scheiden diese Methoden zur Messung von Evoked Sets freilich aus.

---

[636] Vgl. Nedungadi (1990).
[637] Vgl. den Überblick von Hauser/Wernerfelt (1990), S. 394.
[638] Vgl. Carson/Louviere (2006), S. 1; Shapiro/MacInnes/Heckler (1997), S. 99

Zum anderen gelten die Bemühungen der Bestimmung von Einflussgrößen der Kategorisierung von Alternativen in das Evoked Set.[639] Hier wird die Zuordnung der Alternativen zum Evoked Set zumeist mithilfe von Logit-Modellen erklärt, indem die Variable „Aufnahme in das Evoked Set" mit den binären Ausprägungen „ja" und „nein" beispielsweise mit der Einstellung zum Produkt oder dem Leistungsanbieter und konkreten Produktmerkmalen als unabhängige Variablen in Beziehung gesetzt wird.[640] Diese Vorgehensweise ist für den Zweck der vorliegenden Arbeit jedoch ebenfalls ungeeignet: Erstens verlangt die angestrebte Kovarianzstrukturanalyse zur Untersuchung gerichteter Abhängigkeiten metrische Skalenniveaus der Variablen, so dass bereits aus diesem Grund nach Alternativen zur empirischen Erfassung der Beurteilungsposition im Awareness Set gesucht werden muss. Zweitens ist laut *Shocker et al.* zu berücksichtigen, dass es sich bei einem Evoked Set als Repräsentation einer Menge akzeptabler Entscheidungsalternativen um ein latentes Konstrukt handelt und somit die Annahme über lediglich binäre Ausprägungen nicht angebracht erscheint.[641]

Es ist vielmehr davon auszugehen, dass Personen keine eindeutig deterministische Zuordnung von Alternativen zum Evoked Set, Inert Set und Inept Set tätigen, sondern die Beurteilungsposition einer Alternative zumindest über Individuen hinweg durch ein Kontinuum des Awareness Set beschrieben werden muss. Dies verlangt den Einsatz einer Ratingskala zur Operationalisierung des Awareness Sets, bei der hohe Ausprägungen tendenziell für die Repräsentation der jeweiligen Alternative im Evoked Set sprechen und niedrige für das Inept Set.

Die Formulierung entsprechender Items ist insofern unproblematisch, als dass in der Evoked-Set-Forschung weitgehend Einigkeit über adäquate Fragestellungen herrscht. Stets werden die Probanden aufgefordert, anzugeben welche Produkte sie „[...] *consider for purchase or find acceptable for purchase.*"[642] Diesbezüglich zeigt *Troye*, dass die Formulierungen „akzeptable Alternative" und „Berücksichtigung bei der Entscheidung" zu identischen Ergebnissen bei Zuordnungen von Produkten zu den Sets auf individueller Ebene führen und somit im Sinne der klassischen Testtheorie ohne Weiteres als Items einer Skala eingesetzt werden können.[643] Da auch bei dieser Skala nicht auf eine rigorose Gütebeurteilung anhand globaler und

---

[639] Vgl. exemplarisch Horowitz/Louviere (1995), S. 46 f.; Parkinson/Reilly (1979).
[640] Vgl. exemplarisch Kardes et al. (1993). Die Probanden werden hier also „gezwungen", eindeutige Zuordnungen zu tätigen. Entsprechend besteht dahingehend ein Informationsverlust, dass nicht erfasst wird, ob eine Alternative hoch akzeptabel ist oder etwa lediglich eben noch dem Evoked Set zugeordnet wird.
[641] Vgl. Shocker et al. (1991), S. 188.
[642] Gruca (1989), S. 515; vgl. exemplarisch Reilly/Parkinson (1984), S. 493.
[643] Vgl. Troye (1984).

damit strengerer Gütekriterien verzichtet werden soll, wurden schließlich vier Items im Rahmen der Befragung eingesetzt, die allesamt auf den Grad der Berücksichtigung und der Akzeptanz einer Alternative abstellen (vgl. Tab. C-6).

Items	Ankerpunkte der siebenstufigen Ratingskala
Ich berücksichtige das Krankenhaus in meinen grundsätzlichen Überlegungen zur Einweisung meiner Patienten. [KH_Evoked1$_{(1)}$]	
Wenn es um die Einweisung meiner Patienten geht, beziehe ich das Krankenhaus in meine Überlegungen mit ein. [KH_Evoked2$_{(1)}$]	Stimme gar nicht zu - Stimme voll zu
Das Krankenhaus ist eine akzeptable Einweisungsalternative. [KH_Evoked3$_{(1)}$]	
Das Krankenhaus ist eines der Krankenhäuser, zwischen denen ich für gewöhnlich wähle. [KH_Evoked4$_{(1)}$]	

Tab. C-6: Operationalisierung des Konstruktes „Beurteilungsposition im Awareness Set"

Neben dem Evoked Set als Ausprägung dieser Skala fordern die zu untersuchenden Zusammenhänge gleichfalls eine Messvorschrift zur Erfassung der Anzahl an Einweisungen, die ein bestimmter niedergelassener Arzt in das fokale Krankenhaus tätigt. Da diese Größe zum Zweck einer unverzerrten Ermittlung der interessierenden Abhängigkeiten um einweiserspezifische Einflussfaktoren, insbesondere der jeweiligen Praxisgröße bzw. der Anzahl der Praxispatienten bereinigt werden muss, werden die niedergelassenen Ärzte in dem Fragebogen aufgefordert, die Verteilung ihrer Einweisungen auf verschiedene Krankenhäuser prozentual anzugeben. Dieser einweiserbezogene Patientenmarktanteil kann deshalb als valider Erfolgsindikator gelten, weil das fokale Krankenhaus einem starken regionalen Wettbewerb ausgesetzt ist und daher nicht etwa über eine regionale Monopolstellung verfügt, wie es tendenziell besonders für einige Universitätsklinika gilt.[644] Um den Probanden die Einschätzung zu erleichtern, soll als Beurteilungsanker auch der Patientenanteil angegeben werden, der das Krankenhaus betrifft, in das der jeweilige niedergelassene Arzt die häufigsten oder zweithäufigsten Einweisungen tätigt, das also nicht das fokale Krankenhaus ist. Zur Sicherstellung der Vergleichbarkeit der Angaben sollen sich diese zudem einheitlich nur auf die vergangenen zwölf Monate beziehen.

5.5 Kooperationsbereitschaft als Konsequenz der Krankenhaus- und Fachabteilungsreputation

In den Kapiteln B.2.2 und B.2.3 wurde dargelegt, dass niedergelassenen Ärzten nicht nur eine erhebliche Bedeutung als Patientenmittler zukommt, sondern dass aus Krankenhausperspektive die zweite wesentliche Funktion der Niedergelassenen in

---

[644] Vgl. Kapitel B.3. Einschränkend muss darauf hingewiesen werden, dass mit dem Erfolgsindikator „einweiserbezogener Patientenmarktanteil" lediglich quantitative, jedoch keine DRG-relevanten qualitativen Merkmale der Einweisungsfälle erfasst werden.

ihrer Rolle als potenzieller Kooperationspartner und damit als womöglich elementarer Faktor bei der Realisierung spezifischer Geschäftsmodelle oder bei der Koproduktion bestimmter Gesundheitsdienstleistungen besteht. So kann ein Krankenhaus beispielsweise nur dann zusätzliche Erlöse durch die Einrichtung einer Belegabteilung generieren, wenn sich Niedergelassene finden, die zu einer solchen Kooperation bereit sind. Ähnliches gilt für die Umsetzung sektorenübergreifender strukturvertraglicher Versorgungsformen oder für die Reduzierung von Notaufnahmen um leichte und umsatzschwache Fälle durch die Ansiedelung einer ambulanten Notfallpraxis. Die Frage, ob niedergelassene Ärzte für eine wirtschaftliche und/oder fachliche Zusammenarbeit gewonnen werden können, rückt direkt das Konstrukt der Kooperationsbereitschaft in den Fokus.

5.5.1 Abriss über den Forschungsgegenstand „Kooperationsbereitschaft niedergelassener Ärzte"

Nur sehr wenige wissenschaftliche Arbeiten beschäftigen sich tatsächlich unmittelbar mit dem Konstrukt der Kooperationsbereitschaft, also mit dieser bestimmten individuellen psychologischen Disposition im Rahmen von Kooperationsentscheidungen. Als Beispiele können die Arbeiten von *Kleer, Kreipl* und *Wojda/Herfort/Barth* genannt werden.[645] Dieser Mangel an Studien zur Kooperationsbereitschaft liegt hauptsächlich darin begründet, dass in der empirischen Kooperationsforschung meist bestehende kooperative Beziehungen zwischen Unternehmen als Untersuchungsgegenstände fungieren und somit eine Analyse der Bereitschaft, eine Kooperation einzugehen, nicht möglich ist.[646] Ein weiterer Grund mag darin bestehen, dass in der Kooperationsforschung Arbeiten deutlich überwiegen, die zur Erklärung des Kooperationsphänomens auf ökonomische Theorien (z.B. die Transaktionskostentheorie), Managementtheorien (z.B. die Ressourcentheorie) oder gar auf mikroökonomische Theorien, die Unternehmen gänzlich als „Black Box" betrachten, zurückgreifen,[647] so dass in den Analysemodellen für einen am Individuum ansetzenden Faktor bzw. für eine außerhalb des rein rational geprägten Menschenbildes liegende Erklärungsvariable wie „Bereitschaft" als mitunter emotionenbehaftete Größe, konzeptionell kein Platz ist.

Wie jedoch bereits in den Kapiteln A.4 und C.2 erläutert wurde, verlangt das Forschungsvorhaben dieser Arbeit eine verhaltenswissenschaftliche Perspektive, da nach einer möglichst realitätsnahen Erklärung individuellen Verhaltens getrachtet

---

[645] Vgl. Wojda/Herfort/Barth (2006); Kreipl (2004); Kleer (1991). Beispielsweise untersucht *Kleer* Determinanten und Konsequenzen der Kooperationsbereitschaft im Kontext der Zusammenarbeit von Industrie- und Logistikunternehmen (vgl. Kleer (1991), S. 145 ff.).

[646] Vgl. Schwerk (2000), S. 181 ff., sowie exemplarisch Fontanari (1995); Hagedoorn (1993).

[647] Vgl. Schwerk (2000), S. 22.

wird. Daher soll – konsistent mit den bisherigen theoretischen Überlegungen – das Kooperationsphänomen anhand einer mentalen, im Individuum verankerten Repräsentation, namentlich der Kooperationsbereitschaft, expliziert werden. Damit reiht sich diese Arbeit in die wenigen Forschungsbemühungen ein, die Kooperationen ausdrücklich von einer behavioristischen Warte her beleuchten.[648]

Der Begriff der Bereitschaft beschreibt eine Grundlage der Handlungsinitiierung. Dabei wird die Handlungsbereitschaft der Intentionsbildung im Sinne *Ajzen/Fishbeins* zugeordnet, unterscheidet sich jedoch von der Verhaltensabsicht durch das Fehlen konkreter handlungsvorbereitender mentaler Prozesse bzw. Aktivitäten und steht somit modelltheoretisch zwischen der Einstellung und der Verhaltensabsicht.[649] Die Analyse der Handlungsbereitschaft von Individuen erlaubt folglich die Erfassung der inneren Denkhaltung gegenüber einem Verhalten, ohne dass ein konkreter Anlass zu diesem Verhalten vorliegen muss bzw. ohne dass bereits handlungsvorbereitende Schritte eingeleitet wurden.[650] Im Fall der Kooperationsbereitschaft kann also von der Existenz bzw. dem Angebot konkreter Kooperationsmöglichkeiten abgesehen und dennoch die generelle Bereitschaft von Individuen, Kooperationen mit einem bestimmten Marktpartner einzugehen, untersucht werden. Weil die Handlungsbereitschaft als eine Vorstufe der Handlungsabsicht zu verstehen ist,[651] sind für die Bereitschaft gemäß der Theorie des überlegten Handelns die gleichen Einflussgrößen relevant wie für konkrete Intentionen, die letztlich zu Verhalten führen.[652] Die Bereitschaft zur Kooperation mit einem bestimmten Akteur kann folglich primär mit der Einstellung des Individuums gegenüber diesem Akteur und der Einstellung gegenüber der Kooperationshandlung erklärt werden.[653]

Der Kooperationsbegriff, also die Spezifikation der Handlungen, gegenüber denen in dieser Arbeit der Grad an Teilnahmebereitschaft untersucht werden soll, findet in der betriebswirtschaftlichen Literatur keine einheitliche Definition.[654] *Parkhe*, der neben *Gulati* einen umfassenden Überblick über die Kooperationsforschung gibt, spricht in

---

[648] Vgl. Doney/Cannon (1997); Doz (1996); Ganesan (1994); Lewis/Weigert (1985).

[649] Vgl. Eagly/Chaiken (1993), S. 168; Ajzen (1991), S. 179.

[650] Entsprechend versteht *Klemann* ((2007), S. 195) unter der Kooperationsbereitschaft „[...] *die unabhängig von einem konkreten Kooperationsprojekt gegebene Motivation der Partner [...], eine Zusammenarbeit als Handlungsalternative zu erwägen und gegebenenfalls auch zu realisieren.*" Vgl. ferner Ringle (2004), S. 155; Schäper (1997), S. 141.

[651] Vgl. Kreipl (2004), S. 57 f.; Heckhausen (1989), S. 189, 212 ff.

[652] Vgl. Kreipl (2004), S. 58; Ajzen/Fishbein (1975).

[653] Vgl. Wojda/Herfort/Barth (2006), S. 33; Kreipl (2004), S. 60; Eagly/Chaiken (1993), S. 168. Für ein Erklärungsmodell der Kooperationsbereitschaft auf Basis der Theorie von *Ajzen/Fishbein* vgl. Wojda/Herfort/Barth (2006). *Linn* bezeichnet Kooperationsbereitschaft als Ausdruck einer positiven Einstellung der potenziellen Kooperationspartner gegenüber einer Kooperation (vgl. Linn (1989), S. 40).

[654] Vgl. Hammes (1994), S. 31.

diesem Zusammenhang von einem „sehr ungeordneten" und *Oliver* komplementär von einem „stark fragmentierten" Forschungsfeld.[655] Zurückgeführt werden kann die von den Autoren beschriebene Heterogenität hauptsächlich darauf, dass die Kooperationsliteratur unterschiedlichste Theorien und Ansätze heranzieht und außerdem verschiedenste Terminologien verwendet.[656] Nach *Aschoff* kann „Kooperation" jedoch allgemein als vertraglich vereinbarte, zielorientierte Zusammenarbeit zweier (oder mehrerer) rechtlich und wirtschaftlich selbstständiger Unternehmen bezeichnet werden. Dabei greifen einzelne Forschungsarbeiten dieses Verständnis auf und explizieren bzw. konkretisieren dieses für ihren Zweck.[657] Neben einer Zielkompatibilität der Kooperationspartner zeichnen sich Kooperationen demnach durch einen Mindestgrad an Verhaltensabstimmung und eine über eine einzelne Transaktion hinausgehende Bindung aus, deren Ausmaße je nach Kooperationsintensität stark variieren können.[658] Letzteres Merkmal bedingt zudem eine mehr als nur zeitlich punktuelle Zusammenarbeit.[659] Gegenstand einschlägiger Arbeiten ist schließlich die Erklärung hauptsächlich der Motive und Gestaltungsformen, des Kooperationspartner-Fits und Kooperationsmanagements sowie der Stabilitäts- und Erfolgsfaktoren von Kooperationen.[660]

Eine erschöpfende Aufbereitung der allgemeinen Kooperationsforschung kann aufgrund ihrer Komplexität an dieser Stelle gewiss nicht erfolgen.[661] Sie ist auch nicht erforderlich, da zur Konzeptionalisierung des Konstruktes „Kooperationsbereitschaft" neben der bereits erfolgten theoretischen Verortung des Bereitschaftskonzeptes lediglich Klarheit über den Kooperationsbegriff an sich vonnöten ist – eben die Spezifizierung der Handlungen, gegenüber denen das Ausmaß an Bereitschaft in dieser Arbeit von Interesse ist. Vielmehr soll daher der Fokus gewahrt bleiben und

---

[655] Vgl. Gulati (1998); Parkhe (1993a), S. 227; Oliver (1990), S. 241.

[656] Vgl. Schwerk (2000), S. 21, sowie den Überblick von Auster (1994), S. 4 ff. Für einen dezidierten Versuch der Systematisierung von Arbeiten der Kooperationsforschung, ihrer theoretischen Basis und Termini vgl. Schwerk (2000).

[657] Vgl. Vornhusen (1994) S. 29 f.; Aschoff (1965), S. 202.

[658] Vgl. Jansen (2008), S. 177; Kronhardt (2004), S. 29 f.; Hamm (2002), S. 157 ff.; Kleer (1991), S. 60 f., und die dort genannte Literatur.

[659] Vgl. Kleinaltenkamp/Wolters (1997), S. 69 f.; Porter/Fuller (1989), S. 364.

[660] Dementsprechend vielfältig sind die theoretischen Ansätze, die zur Ergründung der verschiedenen Kooperationskohärenzen herangezogen werden. Zur Anwendungen kommen vermehrt der Transaktionskostenansatz (vgl. Hennart (1988); Kogut (1988), S. 320 f.), die Industrieökonomik (vgl. Parkhe (1993b)), der Resource-Dependence-Ansatz (vgl. Eisenhardt/Schoonhoven (1996)), Netzwerktheorien (vgl. Smith/Caroll/Ashford (1995), S. 19; Granovetter (1992)) und nachrangig lerntheoretische Ansätze (vgl. Doz (1996); Kogut (1988), S. 322 f.) und Ansätze, die die Bedeutung von Vertrauen betonen (vgl. Wojda/Herfort/Barth (2006); Luhmann (1988); Lewis/Weigert (1985), S. 967).

[661] Es sei daher auf Arbeiten verwiesen, die den Status quo der Kooperationsforschung umfassend beleuchten bzw. sich eingehend mit konkreten Erscheinungsformen von Kooperationen, deren Merkmalen und Systematisierungsmöglichkeiten befassen (vgl. exemplarisch Jansen (2008); Child/Faulkner/Tallman (2005); Gulati (1998); Smith/Carroll/Ashford (1995); Parkhe (1993a)).

der Blick umgehend zielführend auf die für diese Arbeit relevanten Kooperationsformen zwischen Krankenhäusern und niedergelassenen Ärzten als in wirtschaftlich
eigenständigen Praxen tätige Akteure gerichtet werden.[662]

Im Sinne des dargelegten Kooperationsverständnisses ist diesbezüglich grundsätzlich jede Form der vertraglich vereinbarten, längerfristigen Zusammenarbeit
zwischen einem Krankenhaus und einem niedergelassenen Arzt als Kooperation zu
verstehen. Nur durch eine solch weite Konzeptionalisierung ist es möglich,
tatsächlich das in der Praxis existierende Spektrum an Erscheinungsformen der
Zusammenarbeit zwischen Krankenhäusern und niedergelassenen Ärzten zu
erfassen, also sämtliche, über das originäre Zuweisungsverhältnis der Parteien
hinausgehende kooperative Beziehungskonstellationen. Eine Aufstellung sowohl der
aus der Praxis hervorgegangenen als auch der durch die Gesetzgebung der
jüngeren Vergangenheit initiierten Kooperationsformen, die dem soeben dargelegten
Kooperationsverständnis genügen, findet sich in Kapitel B.2.2.

Das erarbeitete Konzept der Kooperationsbereitschaft niedergelassener Ärzte als
psychologische Voraussetzung der Intentionsbildung und als Grundlage der
Initiierung kooperativer Tätigkeiten im Sinne einer vertraglich vereinbarten, abgestim-
mten, längerfristigen und zielkompatiblen Zusammenarbeit mit einem Krankenhaus,
die in der Praxis die in Kapitel B.2.2 erläuterten konkreten Formen annehmen kann,
erlaubt nun die Herleitung eines Begründungszusammenhangs des Einflusses der
Reputation auf die Kooperationsbereitschaft.

5.5.2 Begründungszusammenhang der Bedeutung der Krankenhaus- und Fachabteilungsreputation für die Kooperationsbereitschaft niedergelassener Ärzte

Reputation als einstellungsähnliches Globalurteil liefert gemäß der Theorie des
überlegten Handelns einen unmittelbaren Erklärungsbeitrag für Verhaltensabsichten.[663] Da die Verhaltensbereitschaft als konzeptioneller Bestandteil der
Intentionsbildung zu verstehen ist, kann in Konsequenz auch für diese eine Beeinflussung durch das Reputationsurteil unterstellt werden. Eine positive innere Denkhaltung niedergelassener Ärzte gegenüber einem Krankenhaus als potenziellen
Kooperationspartner dürfte demnach dazu führen, dass eine Zusammenarbeit als

---

[662] Für Überblicke über Arten von Kooperationen im deutschen Krankenhausmarkt vgl. Kapitel B.2.2;
      Nissen (2007), S. 128 ff.; Vera (2006), S. 839 ff.; Kreipl (2004), S. 10 ff.
[663] Vgl. Kapitel C.5.2.1.

Handlungsalternative zumindest grundsätzlich in Erwägung gezogen und gegebenenfalls im Sinne der Intentions-Verhaltens-Relation auch realisiert wird.[664]

Neben dieser generellen Eignung von Einstellungen und einstellungsähnlichen Urteilen für die Prädiktion von Verhaltensbereitschaften sprechen auch die inhaltlichen Analogien zwischen den Konzeptionen von „Reputation" und „Kooperation" für den postulierten Wirkungszusammenhang – besonders der korrespondierende zeitliche Bezug: Es ist unmittelbar einsichtig, dass die Reputation als zeitlich relativ verlässliche Beurteilungsgröße bei der Auswahl von Partnern für eine langfristige Zusammenarbeit, die zudem spezifische Investitionen verlangt, von Bedeutung ist – etwa als Indikator für das Erfolgspotenzial der Kooperation.[665] Dieser Argumentation folgend, versteht auch *Ganesan* die Reputation von Unternehmen als Grundlage der „long-term orientation" innerhalb von Geschäftsbeziehungen und *Curran/Rosen/Surprenant* halten deshalb den Aufbau von langfristigen Geschäftsbeziehungen nur in den Fällen für möglich, in denen die potenziellen Partner über positive Reputationen verfügen.[666] Ein niedergelassener Arzt wird folglich eher eine vertragliche Bindung mit einem Krankenhaus z.B. als Konsiliararzt eingehen, wenn dieses über eine hohe Reputation verfügt.[667] Anderenfalls müsste er im Vorfeld befürchten, dass sich die Zusammenarbeit problembehaftet gestalten könnte, da bestimmte, für ihn bedeutsame, also reputationsrelevante Leistungsmerkmale des Krankenhauses nicht optimal ausgeprägt sind.[668]

Empirische Bestätigung findet der konzeptionell hergeleitete Zusammenhang zwischen der Reputation und der Kooperationsbereitschaft niedergelassener Ärzte durch eine handvoll einschlägiger Arbeiten. Insbesondere die Untersuchungen von *Dollinger/Golden/Saxton*, *Dukerich/Golden/Shortell* und *Kreipl* rücken hierbei in das

---

[664] Neben der Theorie des überlegten Handelns spricht auch die bereits zurate gezogene Self-Identity-Theorie für einen Einfluss der Reputation auf die Kooperationsbereitschaft. Laut dieser ist deshalb von einem positiven Effekt auszugehen, weil eine Zusammenarbeit mit einem hoch reputablen Unternehmen positiv zum Selbstkonzept kooperierender Individuen beiträgt bzw. weil eine Kooperation mit einem Krankenhaus schlechter Reputation negative Auswirkungen auf die Identität und in Konsequenz auf die eigene Reputation hat (vgl. exemplarisch Dukerich/Golden/ Shortell (2002), S. 511 f.). Für einen niedergelassenen Arzt könnte demnach eine Zusammenarbeit (z.B. eine belegärztliche Tätigkeit) mit einem Krankenhaus niedriger Reputation eine Schädigung der eigenen Reputation nach sich ziehen.

[665] Vgl. Kapitel C.1.3; Kapitel C.5.3; Ferguson/Deephouse/Ferguson (2000), S. 1196.

[666] Vgl. Ganesan (1994), S. 2; Curran/Rosen/Surprenant (1998); Alchian/Demsetz (1972).

[667] In praxi dürfte es sich bei einer positiven Reputation aber weder um eine notwendige noch um eine hinreichende Bedingung handeln. Da niedergelassene Ärzte wie auch Krankenhäuser als Dienstleister weitgehend standortgebunden sind, ist es denkbar, dass Niedergelassene im Einzelfall lediglich mangels Alternativen (z.B. aufgrund wirtschaftlicher Zwänge) gegenüber einem Krankenhaus kooperationsbereit sind. Im Fall der beiden Krankenhäuser, die als Untersuchungsgegenstände für die Erst- bzw. Zweitstudie fungieren, kann dies jedoch aufgrund der jeweils vorhandenen Wettbewerbssituationen weitgehend ausgeschlossen werden.

[668] Vgl. Kapitel C.1.2.

Blickfeld:[669] Das erstgenannte Autorengespann findet in seiner Studie quantitative Bestätigung für den Effekt der Unternehmensreputation auf die Entscheidung, Joint Ventures einzugehen.[670] *Dukerich/Golden/Shortell* fördern für den Krankenhausmarkt zutage, dass die Reputation eines integrierten Anbieters von Gesundheitsleistungen das kooperative Verhalten von Ärzten diesem gegenüber fördert.[671] Schließlich zeigt *Kreipl* u.a. auf Basis der Einstellungstheorie, dass eine positive innere Grundhaltung und Einstellung gegenüber dem potenziellen Kooperationspartner die Bereitschaft zur Kooperation erhöht.[672]

Um Aussagen zur relativen Bedeutung der Krankenhaus- und Fachabteilungs-reputation für die Kooperationsbereitschaft niedergelassener Ärzte treffen zu können, gilt es, die Aufmerksamkeit auf den Ziel- und Handlungsaspekt des Konstruktes „Kooperationsbereitschaft" zu richten:[673] Da „Kooperation" ex definitione wirtschaft-liche und rechtliche Selbstständigkeit der Beteiligten verlangt, lässt sich der Ziel-bezug zunächst eindeutig durch die Krankenhauskategorie spezifizieren. Formal betrachtet, werden niedergelassene Ärzte keine Kooperationsverträge mit einzelnen Fachabteilungen abschließen können, sondern lediglich mit dem Krankenhaus als Ganzes, vertreten durch dessen Geschäftsführung. Dies gilt unabhängig vom Kooperationszweck, auch wenn dieser in einer medizinisch-fachlichen Zusammen-arbeit mit einer einzelnen Fachabteilung besteht, wie es beispielsweise für konsiliar-ärztliche Tätigkeiten unterstellt werden kann. Das Korrespondenzprinzip der Theorie des überlegten Handelns spricht demnach hinsichtlich des Zielbezugs für einen höheren Erklärungsbeitrag der Krankenhausreputation im Vergleich zur Fachab-teilungsreputation. Weil der konkrete Kooperationsgegenstand in der vorliegenden Arbeit (zunächst) offen gelassen werden soll, um das in der Praxis vorhandene Spektrum an Kooperationsformen zwischen Krankenhäusern und niedergelassenen Ärzte nicht einschränken zu müssen, ist der Handlungsbezug der Kooperations-bereitschaft unspezifiziert. D.h. es ist an dieser Stelle nicht möglich, Implikationen des Kooperationsgegenstandes für die relative Bedeutung der Reputation beider Ebenen ableiten zu können.[674] Prinzipiell wäre es jedoch denkbar, dass eine

---

[669] Vgl. Dukerich/Golden/Shortell (2002); Dollinger/Golden/Saxton (1997); Kreipl (2004). Vgl. ergän-zend Houston (2003); Stuart (1998); Kim/Lin/Slovin (1997).
[670] Vgl. Dollinger/Golden/Saxton (1997), S. 127.
[671] Vgl. Dukerich/Golden/Shortell (2002), S. 522.
[672] Vgl. Kreipl (2004), S. 186.
[673] Da sich Zeit- und Kontextbezug der Krankenhaus- und Fachabteilungsreputation nicht unterschei-den (vgl. Kapitel C.5.3), kann bei der Ermittlung der Korrespondenz auf die Spezifikation dieser Kriterien für die Kooperationsbereitschaft verzichtet werden.
[674] In der Zweitstudie der vorliegenden Arbeit wird eine Differenzierung des Kooperationsgegen-standes vollzogen. Ziel wird es sein, den relativen Erklärungsgehalt der Krankenhaus- und Fachabteilungsreputation für eine nach dem Kriterium des Kooperationszwecks differenzierte

Zusammenarbeit mit stark medizinisch-fachlichem Schwerpunkt eine höhere Korrespondenz zwischen Fachabteilungsreputation und Kooperationsbereitschaft nach sich zieht, während eine strukturvertragliche und durch wirtschaftliche Motive der Niedergelassenen getriebene Kooperation für einen besseren Fit der Krankenhausreputation spricht.

Im Ergebnis führen sowohl die theoretischen als auch die zusammengetragenen empirischen Befunde zu der begründeten Annahme, dass die Reputation eines Krankenhauses bzw. die seiner Fachabteilungen die Bereitschaft niedergelassener Ärzte fördert, mit diesem Krankenhaus zu kooperieren, wobei für die Krankenhausreputation ein stärkerer Einfluss auf die generelle Kooperationsbereitschaft angenommen werden muss. Diese Zusammenhänge lassen sich zu folgenden Forschungshypothesen verdichten:

$H_{11(1)}$: *Je höher die Krankenhausreputation ausgeprägt ist, desto höher ist die Kooperationsbereitschaft niedergelassener Ärzte.*

$H_{12(1)}$: *Je höher die Fachabteilungsreputation ausgeprägt ist, desto höher ist die Kooperationsbereitschaft niedergelassener Ärzte.*

$H_{13(1)}$: *Die Krankenhausreputation hat einen stärkeren Einfluss auf die Kooperationsbereitschaft niedergelassener Ärzte als die Fachabteilungsreputation.*

5.5.3 Empirische Erfassung der Kooperationsbereitschaft

Zur Auswahl einer geeigneten Operationalisierung der Kooperationsbereitschaft liegt der Blick auf solche Arbeiten nahe, die sich mit diesem Konstrukt im Rahmen empirischer Studien auseinandersetzen. Wie bereits erwähnt, finden sich entsprechende Ansätze bei *Kleer* und *Kreipl*.[675] *Kleer* misst die Kooperationsbereitschaft von Konsumgüterherstellern und Logistikunternehmen über drei kategoriale Items mit den dichotomen Ausprägungen „ja" und „nein". Im Einzelnen wird abgefragt, ob die Auskunftspersonen „Kooperationsüberlegungen angestellt", „einen detaillierten Kooperationsentscheidungsprozess durchlaufen" oder bereits „eine Kooperation realisiert" haben. Diese Aussagen über das Stadium der Kooperationsentscheidung erlauben nach Ansicht des Forschers die Einteilung der Probanden in Gruppen niedriger bzw. hoher Kooperationsbereitschaft. Die Messvorschrift erscheint jedoch nicht nur zu undifferenziert und wenig aussagekräftig; sie wird darüber hinaus

---

Kooperationsbereitschaft niedergelassener Ärzte theoretisch und empirisch zu untersuchen (vgl. Kapitel F.2.1).
[675] Vgl. im Folgenden Kreipl (2004), S. 52 ff.; Kleer (1991), S. 149 f.

nicht der Forderung dieser Arbeit nach metrischen Skalenniveaus der Operationalisierungen gerecht. Zudem wird kritisiert, dass die (indirekte) Abfrage von Teilbereitschaften nicht zwangsläufig Rückschlüsse auf eine generelle Kooperationsbereitschaft zulässt.[676]

Da *Kleers* Ansatz für den Zweck dieser Arbeit ungeeignet erscheint, soll sich bei der Konstruktion einer Itembatterie zur Erfassung der Kooperationsbereitschaft niedergelassener Ärzte an der Vorgehensweise *Kreipls* orientiert und auf die theoretischen Überlegungen zum Konstrukt zurückgegriffen werden: Die Autorin entwickelt eine Skala zur Messung der Efficient-Consumer-Response-Bereitschaft (ECR-Bereitschaft) von Krankenhausentscheidern, indem sie in einem ersten Schritt auf die Itemformulierungen der Theorie des überlegten Handelns zur Erfassung von Absichten („intention") bzw. der Bereitschaft („willingness") rekurriert und diese anschließend inhaltlich durch ECR-charakterisierende Merkmale konkretisiert.[677] Aus dem resultierenden, sehr umfassenden Iteminventar seien beispielhaft folgende Indikatoren genannt:

- *„Ich bin bereit, mit dem Medizinprodukte-Hersteller zu kooperieren, um die Kosten für Betriebsmittel zu senken."*

- *„Ich bin bereit, mit dem gewählten Unternehmen zu kooperieren, um Möglichkeiten zur Spezialisierung auf ausgewählte Indikationen aufzuspüren."*

- *„Ich bin einer Kooperation mit dem gewählten Unternehmen zur Sicherung einer optimalen Zusammenarbeit von Abteilungen und Funktionsbereichen nicht abgeneigt."*

- *„Wir sind bereit zu einer Nutzung von elektronischen Kommunikationsmitteln, wie z.B. Internet und Intranet, zur Kommunikation mit dem Medizinprodukte-Hersteller."*

- *„Wir sind bereit für eine Anbindung an das Bestellsystem des Medizinprodukte-Herstellers."*

Die berichteten Gütekriterien für das so konstruierte Messmodell sprechen für die Eignung des beschriebenen Vorgehens bei der Itemselektion.[678] Für die eigene Skala bedeutet dies, dass unter Berufung auf *Ajzen/Fishbeins* Theorie „Bereitschaft" ebenfalls direkt abgefragt werden kann, wobei in dieser Arbeit durch das Erfassen

---

[676] Vgl. Kreipl (2004), S. 52.
[677] Vgl. Kreipl (2004), S. 53 f.
[678] Für die Faktoren des mehrdimensionalen Konstruktes "ECR-Bereitschaft" weist die Autorin *Cronbachs* Alphas von 0,82 bis 0,89 aus, für das Konstrukt zweiter Ordnung liegen die globalen Gütekriterien durchweg über den geforderten Mindestniveaus (vgl. Kreipl (2004), S. 152).

der „grundsätzlichen Bereitschaft" eine klare Abgrenzung zu näher am Verhalten liegenden Verhaltensintentionen sichergestellt werden soll.[679] Ferner soll zwecks Vermeidung etwaiger Antwortverzerrungen auf die Vorgabe von Kooperationsmotiven, wie z.b. „Kostensenkung", verzichtet werden, da, wie erläutert, in der Erststudie keine Einschränkung des Kooperationszwecks erfolgen soll. Der konkrete Inhalt der Items ergibt sich konsequenterweise aus den konzeptionellen Merkmalen von Kooperationen (z.b. der Langfristigkeit, Zielkompatibilität, Verhaltensabstimmung und Bindung).[680] Indem etwa die grundsätzliche Bereitschaft, eine längerfristige Zusammenarbeit mit dem fokalen Krankenhaus einzugehen, abgefragt wird, wird die hinter dieser Aussage stehende generelle Kooperationsbereitschaft niedergelassener Ärzte erfasst.[681] Eine Übersicht über die schließlich eingesetzten Items findet sich in folgender Tab. C-7.

Items	Ankerpunkte der siebenstufigen Ratingskala
Ich bin grundsätzlich bereit, mit dem Krankenhaus zur Erreichung gemeinsamer Ziele kooperativ zusammenzuarbeiten. [KH_Koop1$_{(1)}$]	Stimme gar nicht zu - Stimme voll zu
Ich bin grundsätzlich bereit, die Geschäftsbeziehung mit dem Krankenhaus langfristig auszurichten. [KH_Koop2$_{(1)}$]	
Ich bin grundsätzlich bereit, Aktivitäten zur Verfolgung gemeinsamer Interessen mit dem Krankenhaus abzustimmen. [KH_Koop3$_{(1)}$]	
Ich bin grundsätzlich bereit, für die Zusammenarbeit mit dem Krankenhaus spezifische Maßnahmen zu tätigen. [KH_Koop4$_{(1)}$]	

Tab. C-7: Operationalisierung des Konstruktes „Kooperationsbereitschaft"

5.6 Zwischenfazit

Die konzeptionellen Überlegungen der vorangegangenen Kapitel haben gezeigt, dass die theoretisch erarbeitete Differenzierung des Reputationskonzepts tatsächlich einen Mehrwert für die Erklärung unternehmerischer Zielgrößen liefert. So ließ sich begründen, dass zur Vorhersage der Leistungsinanspruchnahme bzw. der Evoked-Set-Formierung und des einweiserbezogenen Patientenmarktanteils nicht nur – wie es im Schrifttum üblich ist – der generellen Unternehmensreputation, sondern komplementär der Sparten- bzw. Fachabteilungsreputation Beachtung geschenkt werden muss. Diesbezüglich scheint der Fachabteilungsreputation sogar höherer Erklärungswert innezuwohnen als der Krankenhausreputation.

Neben der Bedeutung niedergelassener Ärzte für die Fallzahl- und damit Umsatzgenerierung besteht die zweite substantielle, maßgebende Funktion nieder-

---

[679] Vgl. exemplarisch Ajzen/Driver (1992), S. 303; Ajzen/Fishbein (1980), S. 261 ff.
[680] Vgl. Kapitel C.5.5.1.
[681] Vgl. Churchill (1979), S. 64 ff. Auch bei dieser Skala soll durch den Einsatz von vier Items eine Beurteilung der Messvorschrift anhand globaler Gütekriterien ermöglicht werden.

gelassener Ärzte aus Krankenhausperspektive in ihrer Rolle als potenzielle Kooperationspartner – zum einen bei der Realisierung spezifischer Geschäfts-modelle (z.B. Belegarztmodelle oder strukturvertragliche Versorgungsmodelle), zum anderen bei der Koproduktion bestimmter Gesundheitsdienstleistungen (z.B. der Notfallversorgung). Auch für die in diesem Zusammenhang in das Blickfeld rückende Kooperationsbereitschaft niedergelassener Ärzte gibt die Theorie deutliche Hinweise auf die Bedeutung der Fachabteilungsreputation, wenngleich die Unternehmens-reputation aufgrund ihrer höheren Korrespondenz mit dem Kooperationsbereit-schaftskonstrukt bei fehlender Spezifikation des Kooperationszwecks stärkeren Erklärungsgehalt zu haben scheint.

Da somit auch die spezifische Fachabteilungsreputation das Verhalten niederge-lassener Ärzte als Marktpartner von Krankenhäusern zu explizieren vermag, stellt sich die Frage, welche Leistungsmerkmale von Krankenhäusern reputationsrelevant sind, und zwar einerseits bezogen auf die Fachabteilung und anderseits hinsichtlich des Krankenhauses als Ganzes. Die Beantwortung dieser Frage führt unmittelbar zu der Identifizierung spezifischer Steuerungsmöglichkeiten für die Reputationen beider Ebenen und damit zu Ansatzpunkten für ein gezieltes und differenziertes Reputa-tionsmanagement.

6 Spezifikation ausgewählter Einflussgrößen der Krankenhaus- und Fachabteilungsreputation

6.1 Selektion einer geeigneten Theorie zur Spezifikation ausgewählter Einflussgrößen der Krankenhaus- und Fachabteilungsreputation

In Kapitel C.1.3 wurde „Reputation" als einstellungsähnliches Globalurteil konzeptionalisiert, in das die aus der Perspektive einer spezifischen Bezugsgruppe zentralen Eigenschaften des Reputationsträgers eingehen. Welche Eigenschaften und Merkmale des Reputationsträgers als zentral und damit als für das Urteil relevant wahrgenommen werden, ist demnach abhängig von der beurteilenden Personengruppe, genauer gesagt von den Zielen, die diese gegenüber dem Unternehmen verfolgt und weitergehend von ihrem Wertesystem.[682] Ein Unter-nehmen hat somit dann eine positive Reputation bei einer bestimmten Bezugs-gruppe, wenn erstens seine Leistungsmerkmale der Erfahrung nach dazu geeignet sind, zur Erreichung spezifischer Ziele dieser Personengruppe beizutragen und/oder zweitens dieser funktionale Nutzen innerhalb der Bezugsgruppe kommuniziert

---

[682] Vgl. Bromley (1993), S. 64 ff. Hiermit wurde zudem die Notwendigkeit einer stakeholder-spezifischen Perspektive auf das Reputationskonstrukt begründet (vgl. Kapitel C.1.2).

wird.[683] Dieser Betrachtungsweise liegt die sog. Ziel-Mittel-Analyse der Einstellungs-theorie zugrunde.[684] Untersuchungen von Ziel-Mittel-Beziehungen im Rahmen marktlicher Beziehungskonstellationen erfolgen im Schrifttum regelmäßig auf Basis der Means-End-Chain-Theorie.[685] Diese erlaubt es, konkrete Aussagen zur Reputationsrelevanz bestimmter Merkmale eines Leistungsanbieters abzuleiten.

6.2 Kernaussagen der Means-End-Chain-Theorie

Die Grundidee der Means-End-Chain-Theorie besteht in der Annahme, dass Menschen Leistungen nicht primär anhand ihrer Merkmale beurteilen, sondern unter Rekurs auf die erwarteten Konsequenzen ihrer Inanspruchnahme und damit hinsichtlich ihres Beitrags zur Erreichung persönlicher, z.B. wirtschaftlicher Ziele.[686]

Die große Bedeutung der Zielorientierung für individuelles Verhalten zeigte erstmals der Sozialpsychologe *Tolman* in den 1930er Jahren, indem er in seinen Arbeiten eine Verknüpfung zwischen Zielen von Individuen und deren jeweiligen Handlungen herstellte.[687] Laut der Means-End-Chain-Theorie entwickelt ein Individuum im Rahmen eines Informationsverarbeitungsprozesses eine spezifische Vorstellung über die Tauglichkeit des betrachteten Gutes (Mittel bzw. Mean) zur Herbeiführung bestimmter Zustände (Ziel bzw. End) in Gestalt von persönlichen Werten.[688]

Ein weiteres Fundament der Means-End-Chain-Theorie geht auf *Rosenbergs* Expectancy-Value-Theorie zurück.[689] Der Forscher fand heraus, dass die Richtung und die Intensität der Einstellung gegenüber einem Objekt von kognitiven Strukturen bestimmt werden, welche sich aus Überzeugungen hinsichtlich der Förderung oder Behinderung von Werten durch dieses Objekt zusammensetzen.[690] Hinsichtlich dieser Wissensstrukturen geht die Means-End-Chain-Theorie davon aus, dass sich Ziel-Mittel-Beziehungen als hierarchische Ketten verstehen lassen.[691] Entsprechend werden Means-End-Ketten definiert als

---

[683] Vgl. Kapitel C.1.2.
[684] Vgl. Foscht/Swoboda (2007), S. 61.
[685] Vgl. Kuß/Tomczak (2004), S. 19.
[686] Vgl. Herm/Gall (2008), S. 163; Pieters/Baumgarten/Allen (1995).
[687] Vgl. Hofstede et al. (1998), S. 37; Tolman (1932), S. 18 ff. An dieser Stelle sei dem Leser nochmals in Erinnerung gerufen, dass „Verhalten" gemäß dem kognitionspsychologischen Verständnis nicht auf beobachtbare Handlungen beschränkt ist, sondern dass hiermit auch innere Informationsverarbeitungsprozesse, an deren Ende mentale Repräsentationen stehen, zu verstehen sind (vgl. Kapitel C.3.3.1).
[688] Vgl. Kraus (2008), S. 97.
[689] Vgl. Wriggers (2006), S. 57.
[690] Vgl. Rosenberg (1956), S. 368 ff.
[691] Vgl. Olson (1989), S. 174.

167

„[...] hierarchical structures of meanings that represent products, self relevant consequences and the connection between them. The attribute, consequences and value concepts in a means-end-chain represent meanings at different levels of abstraction. A means-end-chain is a memory schema that represents a particular form of product knowledge based on perceived causal relationship between meanings at different levels of abstraction."[692]

Auf dieser Basis wurde in den 1970er und 1980er Jahren eine Vielzahl von Means-End-Modellen entwickelt, welche verschiedene Leistungsmerkmale, Ziele, Antriebskräfte, Werthaltungen und Nutzenkomponenten miteinander verzahnten und analysierten.[693] Als Integrationsversuch dieser Arbeiten lässt sich das Konzept von *Gutman/Olson/Reynolds* verstehen,[694] in dem allgemein zwischen den drei Kettengliedern „Leistungseigenschaft", „Nutzen", und „Werthaltung" unterschieden wird und die aufeinander aufbauend Verhalten erklären sollen (vgl. Abb. C-6).

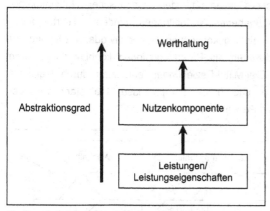

Quelle: In Anlehnung an Gutman (1982), S. 62.
Abb. C-6:   Grundstruktur des Means-End-Chain-Konzepts

Bei den Leistungseigenschaften können konkrete und abstrakte Merkmale unterschieden werden.[695] Während konkrete Eigenschaften objektiv messbar sind, werden abstrakte Merkmale durch subjektives Empfinden des Individuums bedingt. Laut der Nutzentheorie *Vershofens* stiftet eine Leistung neben einem funktionalen (Grund-) Nutzen, der die Zweckdienlichkeit des Gutes umfasst, auch einen sozialen bzw. psychischen (Zusatz-) Nutzen,[696] welcher „[...] reflect the personal and social outcomes of product usage [...]".[697] Zuweilen findet man in einschlägigen Arbeiten ergänzend eine ökonomische Nutzenkomponente, mit der wirtschaftliche Konse-

[692] Olson (1989), S. 174.
[693] Vgl. Wriggers (2006), S. 57; Olson/Reynolds (2001), S. 11 ff.; Herrmann (1996), S. 7 ff.
[694] Vgl. Gutman (1982), S. 60 ff.
[695] Vgl. Grunert/Grunert (1995), S. 210.
[696] Vgl. Vershofen (1959), S. 89 ff.
[697] Reynolds/Gengler/Howard (1995), S. 258.

168

quenzen einer Leistungsinanspruchnahme erfasst werden sollen (z.B. Folge-
kosten).[698] Bei Werthaltungen handelt es sich schließlich um dauerhafte Vorstellungen und Wünsche eines Individuums, die verantwortlich sind für die Generierung
von Lebenszielen.[699] Nach *Rokeach* können sie in instrumentale Werthaltungen als
wünschenswerte Verhaltensformen (z.B. Hilfsbereitschaft) und persönlich und sozial
geprägte terminale Werte (z.B. Anerkennung) eingeteilt werden.[700]

Reynolds/Olson erweitern *Gutmans* Grundmodell entsprechend dieser
Differenzierung von Merkmalen, Nutzen und Werthaltungen (vgl. Abb. C-7). Ihr
Ansatz stellt ein assoziatives Netzwerk dar, in dem die drei Abstraktionsebenen
hierarchisch in Beziehung zueinander gesetzt werden.[701] Die konkreten und
abstrakten Eigenschaften erhalten ihre Relevanz durch die ihnen vom Individuum
beigelegten funktionalen, psycho-sozialen und/oder ökonomischen Nutzenkomponenten, welche final in die beschriebenen Werthaltungen münden.[702] Hierbei bilden
die Werte den Maßstab, ob die Leistungskonsequenzen negativ oder positiv beurteilt
werden.[703] Solche Means-End-Ketten als Repräsentationen kognitiver Strukturen
bzw. das Wissen um diese Ziel-Mittel-Beziehungen entstehen durch logisches
Schließen, durch Erfahrungen und durch Lernprozesse, die stark von der
Interessenlage der beurteilenden Personen geprägt werden.[704]

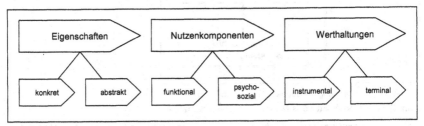

Quelle: Peter/Olson (1996), S. 95.

Abb. C-7: Struktur des erweiterten Means-End-Chain-Modells

Obwohl die Means-End-Chain-Theorie ohne Zweifel einen Fortschritt gegenüber
klassischen multiattributiven Modellen kognitiver Strukturen darstellt und sie sich

---

[698] Vgl. exemplarisch Sweeney/Soutar (2001), S. 211; Sheth/Newman/Gross (1991).
[699] Vgl. Kroeber-Riel/Weinberg/Gröppel-Klein (2009), S. 265; Wriggers (2006), S. 59.
[700] Vgl. Rokeach (1973), S. 5 ff.
[701] Vgl. Kraus (2008), S. 99.
[702] Vgl. Peter/Olson (1996), S. 94 ff.
[703] Vgl. Kuß (1996), S. 63.
[704] Vgl. Kroeber-Riel/Weinberg/Gröppel-Klein (2009), S. 176.

durch zahlreiche Anwendungsfelder auszeichnet,[705] müssen im Rahmen einer kritischen Aufbereitung jedoch einige Punkte berücksichtigt werden:[706]

- Zunächst erscheint die Annahme hierarchisch geordneter Wissensstrukturen im Widerspruch zur kognitionstheoretischen Psychologie zu stehen, die von netzwerkartigen kognitiven Strukturen ausgeht. Dem kann entgegengehalten werden, dass die sog. Hierarchical Value Maps,[707] die im Rahmen des Means-End-Chain-Ansatzes zur Anwendung kommen, durchaus Ansatzpunkte für ein netzwerkartiges Verständnis kognitiver Strukturen bieten.[708]

- Zudem wird kritisiert, dass die Means-End-Chain-Theorie lediglich ein Modell kognitiver Strukturen ist und keine Aussagen über die tatsächliche Verhaltenswirksamkeit getroffen werden.[709] Da sich die Anwendung des Means-End-Chain-Ansatzes in dieser Arbeit jedoch auf die Analyse der Bedeutung spezifischer Krankenhausleistungen für die Zielerreichung niedergelassener Ärzte beschränkt, um so die Reputationsrelevanz aufzuzeigen und somit nicht nach der Erklärung beobachtbaren Verhaltens getrachtet wird, kann dieser Kritikpunkt umgangen werden.

- Implizit geht die Theorie davon aus, dass die kognitiven Strukturen der Befragten, vor allem die Ziele und deren Verknüpfungen zu Mitteln, homogen sind.[710] Indem im vorliegenden Fall ausschließlich niedergelassene Ärzte betrachtet werden und im Rahmen der Argumentation ausnahmslos auf weitgehend allgemeingültige Ziel- und Anreizstrukturen dieser Personengruppe abgestellt wird, soll dieser Einschränkung der Means-End-Chain-Theorie genüge getan werden.

Zur Ableitung von Aussagen über Einflussgrößen der Reputation(en) von Unternehmen kann nun davon ausgegangen werden, dass Leistungen, die gemäß der Means-End-Chain-Theorie zur individuellen Zielerreichung beitragen, aus der

---

[705] Vgl. Grunert (1991), S. 11. Einen Überblick über Anwendungsfelder der Means-End-Chain-Theorie liefern *Wriggers* sowie *Reynolds/Olson* (vgl. Wriggers (2006), S. 60 ff.; Reynolds/Olson (2001)).

[706] Vgl. Kraus (2008), S. 100 f.; Grunert (1994), S. 219 ff.

[707] Bei „Hierarchical Value Maps" handelt es sich um graphische Darstellungen verschiedener Means-End-Ketten als Ergebnis einer Means-End-Studie (vgl. Olson/Reynolds (1983), S. 85 f.). Eine Alternative hierzu stellen Implikationsmatrizen dar (vgl. Wriggers (2006), S. 63). Während zur Attributermittlung insbesondere Verfahren des Sorting zur Anwendung kommen, basieren Rekonstruktionen der Means-End-Ketten auf dem sog. Laddering-Verfahren (vgl. ebd.). Hierbei handelt es sich um eine spezielle Interviewtechnik, durch die mit Hilfe von „Warum-Fragen" Assoziationen von Individuen zu bestimmten Merkmalen sowie allgemeinen Nutzenkomponenten aufgedeckt werden (vgl. Reynolds/Gutman (1988), S. 12 f.).

[708] Vgl. Gengler/Klenosky/Mulvey (1995), S. 254.

[709] Vgl. Grunert (1994), S. 534.

[710] Vgl. Manyiwa (2005), S. 7 f.; Grunert/Grunert/Sörensen (1995), S. 15 ff.

Perspektive der beurteilenden Bezugsgruppe auch reputationsrelevant sind. Diese Annahme steht sowohl im Einklang mit Arbeiten der Reputationsforschung, wonach das Zustandekommen von Reputationsurteilen grundsätzlich von den Ziel- und Wertesystemen der beurteilenden Personen abhängig ist,[711] als auch mit den theoretischen Wurzeln der Means-End-Chain-Theorie selbst, die für die Bildung objektbezogener Einstellungen (also z.B. eines Reputationsurteils) die Bedeutung von Zielen und Werten betonen, welche durch dieses Objekt (z.B. ein Unternehmen) tangiert werden.[712] Der Means-End-Chain-Ansatz liefert somit das theoretische Rüstzeug für die Untersuchung, ob bestimmte Leistungen aus der Perspektive homogener Personengruppen, die sich also durch ein weitgehend einheitliches Zielsystem auszeichnen, reputationsrelevant sind und damit in das Reputationsurteil Eingang finden.

Mit der Ergebnisqualität und der Kundenorientierung sollen in den folgenden Kapiteln zwei konkrete Leistungsmerkmale eines Krankenhauses auf ihre reputationsdeterminierenden Wirkungen hin untersucht werden. Der Grund dieser Auswahl besteht darin, dass laut *Stock* sowohl die Theorie als auch die Praxis erkannt hat, dass der Markterfolg und damit die Existenzsicherung speziell von Dienstleistungsunternehmen in erster Linie von zwei Faktoren abhängig sind:[713]

1. Von der Qualität der angebotenen Kernleistungen.

2. Flankierend von der weitergehenden Berücksichtigung geäußerter und latenter Kundenbedürfnisse und damit von der Ausrichtung des Unternehmens auf die Erfordernisse des Marktes – ausdrücklich in Gestalt der Kundenorientierung.[714]

Während mit der Ergebnisqualität also ein unmittelbar kernleistungsbezogener Faktor Eingang in die Untersuchung findet und der ausschließlich auf die medizinisch-pflegerischen Krankenhausdienstleistungen rekurriert, stellt das Konstrukt der Kundenorientierung ein Unternehmensmerkmal dar, auf das vorwiegend mit den Instrumenten des Krankenhausmarketings Einfluss genommen werden kann und die prozessuale und leistungsmäßige Ausgestaltung der Beziehung zu den Marktpartnern des Krankenhauses jenseits der eigentlichen Kernleistung zum Gegenstand hat.[715]

---

[711] Vgl. exemplarisch Walsh/Beatty (2007), S. 127; Bromley (2001), S. 137; Bromley (1993), S. 64 ff.
[712] Vgl. Rosenberg (1956), S. 368 ff.
[713] Vgl. Stock (2002), S. 60.
[714] Vgl. Stock (2002), S. 60, und die dort genannte Literatur.
[715] Vgl. Kapitel C.6.4.1. Da sich das medizinisch-pflegerische Leistungsspektrum eines Krankenhauses – zumindest im GKV-Bereich – weitgehend dem Einfluss des Krankenhausmarketings entzieht, soll der Ergebnisqualität mit dem Konzept der Kundenorientierung ein

6.3 Ergebnisqualität als Determinante der Krankenhaus- und Fachabteilungsreputation bei niedergelassenen Ärzten

6.3.1 Abriss über den Forschungsgegenstand „Ergebnisqualität" im Kontext marketingrelevanter Fragestellungen von Krankenhäusern

Bei den medizinisch-pflegerischen Leistungen eines Krankenhauses handelt es sich um ergebnisorientierte Dienstleistungen, d.h. um solche, bei denen in der Regel das Ergebnis des Dienstleistungserstellungsprozesses und nicht der Prozess selbst für die Nachfrager (z.B. Patienten und niedergelassene Ärzte) von Interesse ist.[716] Aus diesem Grund ist es nahe liegend, die Bedeutung der kernleistungsbezogenen Dienstleistungsqualität für die Reputation eines Krankenhauses und seiner Fachabteilungen anhand der Ergebnisqualität zu untersuchen.

Das Konstrukt der Ergebnisqualität im Kontext medizinischer Leistungserbringung geht auf das Qualitätskonzept von *Donabedian* zurück,[717] dessen originär für Gesundheitsdienstleistungen entwickelter Ansatz „[...] *das Referenzmodell zur Beschreibung und Operationalisierung klinischer Dienstleistungen* [...]"[718] darstellt.[719] Neben der Ergebnisqualität („outcome") finden komplementär die Dimensionen „Strukturqualität" („structure") sowie „Prozessqualität" („process") Berücksichtigung in dem Modell, wobei eine funktionale Beziehung derart unterstellt wird, dass die Struktur- die Prozessqualität bedingt und diese wiederum Einfluss auf die

---

originäres Handlungsfeld des Marketings als potenzielle Einflussgröße der Reputation gegenüber-gestellt werden. Es ist jedoch darauf hinzuweisen, dass zwischen der Kundenorientierung und der medizinisch-pflegerischen Leistungsqualität eines Krankenhauses insofern Überschneidungen bestehen, als dass die Kundenorientierung gegenüber Patienten von einigen Forschern als Bestandteil der Prozessqualität, und zwar in Gestalt insbesondere der sog. Interaktions- oder interpersonellen Qualität verstanden wird (vgl. exemplarisch Dagger/Sweeney/Johnson (2007), S. 125; Wolf (2004), S. 51 ff.). Ferner finden sich Konzepte, die die Patientenzufriedenheit als Dimension der Ergebnisqualität verstehen, so dass auch hier von der Kundenorientierung der im Kontakt zu den Patienten stehenden Mitarbeiter ein Effekt auf die Ergebnisqualität anzunehmen ist (vgl. Olandt (1998), S. 35 ff.).

[716] Die Leistungen eines Krankenhauses werden nicht um ihrer selbst willen in Anspruch genommen, sondern um den Gesundheitszustand zu erhalten oder zu verbessern (vgl. Kapitel B.4.2; Meffert/ Bruhn (1997), S. 29).

[717] Vgl. Donabedian (1980). Avedis Donabedian (1919-2000), Mediziner und Professor der Präventiv-medizin, veröffentlichte sein Modell bereits 1966. Aufmerksamkeit in der Literatur gewann es allerdings erst nach der erneuten Veröffentlichung 1980 (vgl. Keller (2002), S. 130).

[718] Olandt (1998), S. 32.

[719] Zur Begründung der Wahl des Qualitätsmodells von Donabedian für die vorliegende Arbeit vgl. ferner Kapitel B.4.3. So fordern beispielsweise auch Helmig/Dietrich und Homburg/Garbe explizit, dass in Studien zur Qualität medizinischer Dienstleistungen das Modell von Donabedian eingesetzt werden sollte, da es aufgrund seiner abstrahierten Struktur am ehesten eine Verallge-meinerung der Untersuchungsergebnisse zulässt (vgl. Keller (2002), S. 130; Helmig/Dietrich (2001), S. 328; Homburg/Garbe (1999), S. 59). Für alternative Qualitätsmodelle und deren Kritik vgl. Kapitel B.4.3; Wolf (2005), S. 46 ff.; Storcks (2003), S. 22 ff.; Keller (2002), S. 117 ff.; Olandt (1998), S. 31 ff.

Ergebnisqualität nimmt.[720] Während die Strukturdimension die internen Produktionsfaktoren des Leistungserbringers umfasst und sich die Prozessqualität vorwiegend auf die diagnostischen und therapeutischen Maßnahmen bezieht, steht die hier fokussierte Ergebnisqualität für das Ausmaß an Kongruenz zwischen Behandlungsziel und Behandlungsergebnis.[721] Aus der Perspektive niedergelassener Ärzte stellt die Ergebnisdimension damit die exakteste Bezugsbasis für eine Qualitätsbewertung dar – jede Maßnahme muss sich letztlich daran messen lassen, ob sie zu einer Gesundheitsverbesserung beigetragen hat oder nicht.[722]

Die Ergebnisqualität eines Krankenhauses als Ausmaß der Erreichung der medizinischen Behandlungsziele ist Thema in einer Reihe von Forschungsarbeiten innerhalb der Marketingdisziplin.[723] Die Bemühungen gelten dabei sowohl der Identifikation von Einflussgrößen der Ergebnisqualität als auch der Ermittlung kunden- bzw. patientenseitiger Konsequenzen. An dieser Stelle seien exemplarisch folgende wesentlichen Forschungsergebnisse genannt:[724]

- *Helmig/Dietrich* adaptieren das dreigliedrige Modell von *Donabedian* auf die ambulante pädiatrische Krankenhausbehandlung. Dabei decken die Autoren in ihrer Studie einen Einfluss der Ergebnisqualität eines Krankenhauses auf die Kundenzufriedenheit, das Kundenvertrauen und die Weiterempfehlungsabsicht der Eltern der behandelten Kinder auf.[725]

- Die Ergebnisqualität ist ebenfalls Gegenstand der Arbeit von *Dagger/Sweeney/ Johnson*. Hier geht sie als Komponente der erhobenen „technischen Qualität" in die Untersuchung ein.[726] Das Autorengespann findet heraus, dass die Ergebnisqualität einen starken Einfluss auf die von den Patienten wahrgenommene

---

[720] Vgl. Donabedian (1980), S. 77 ff. Zur Kritik der Annahme eines eindeutigen funktionalen Zusammenhangs vgl. Olandt (1998), S. 35 ff.

[721] *Donabedian* rechnet auch die Patientenzufriedenheit dem Bereich der Ergebnisqualität zu (vgl. Donabedian (1980), S. 83). Hiervon soll in der vorliegenden Arbeit jedoch abgesehen werden, da mit der Untersuchung der Patientenorientierung als konkrete Ausprägung der Kundenorientierung eines Krankenhauses der subjektiven Qualitätswahrnehmung der Patienten an anderer Stelle Aufmerksamkeit gewidmet werden soll (vgl. Kapitel C.6.4.2). Zur Kritik der Aufnahme der Patientenzufriedenheit in die Ergebnisqualität vgl. außerdem Olandt (1998), S. 35 ff.

[722] Vgl. Keller (2002), S. 132.

[723] Dennoch dominieren in marketingwissenschaftlichen Arbeiten nach wie vor Anwendungen des SERVQUAL-Ansatzes (vgl. Parasuraman/Zeithaml/Berry (1988)) und seiner Modifikationen (vgl. Asubonteng/McCleary/Swan (1996), S. 63 f.; Cronin/Taylor (1994)). Zu den Gründen vgl. Kapitel B.4.3; Asubonteng/McCleary/Swan (1996), S. 64. Obwohl es sich bei Gesundheitsleistungen also um ergebnisorientierte Dienstleistungen handelt, wird sich mit dem SERVQUAL-Modell oft auf die Analyse von Leistungsattributen konzentriert, die „[are] associated with the process of health service delivery [...]" und damit auf „'How' the service is delivered [...]" und nicht auf „'What' the service delivers [...]." (Asubonteng/McCleary/Swan (1996), S. 63 f.).

[724] Für eine weitergehende Übersicht über Arbeiten zur Qualitätsbewertung in Gesundheitseinrichtungen vgl. Keller (2002), S. 56 f.

[725] Vgl. Helmig/Dietrich (2001), S. 327.

[726] Vgl. Dagger/Sweeney/Johnson (2007).

globale Dienstleistungsqualität bewirkt und die Zufriedenheit der Befragten sowie ihre Loyalität indirekt fördert.[727]

- *Lytle/Mokwa* beleuchten den Zusammenhang zwischen der Prozessqualität und der Patientenzufriedenheit, wobei sie von einer moderierenden Rolle der Ergebnisqualität ausgehen.[728] Indem sie die Probanden anhand eines objektiven, medizinischen Kriteriums in zwei Gruppen (Behandlungserfolg eingetreten/nicht eingetreten) einteilen, umgehen sie die problembehaftete Erhebung der Ergebnisqualität durch Patientenbefragung. *Lytle/Mokwa* stellen so in ihrer Studie fest, dass die Prozessqualität dann von höherer Relevanz für die Zufriedenheit ist, wenn die Ergebnisqualität gering ist bzw. der Behandlungserfolg ausbleibt und vice versa.

- Schließlich zeigt *Keller* empirisch, dass die Ergebnisqualität ärztlicher Dienstleistungen tatsächlich von der Struktur- und Prozessqualität abhängig ist.[729] Letztere hat diesbezüglich eine ungleich höhere Bedeutung als die Faktorausstattung einer Arztpraxis. Ferner weist der Forscher sowohl für die Struktur- und Prozessqualität als auch für die Ergebnisqualität einen signifikanten Einfluss auf die Patientenzufriedenheit nach. Die Ergebnisqualität fördert zudem zusätzlich die Patientenbindung.

Der Blick in die einschlägigen Forschungsarbeiten zum Konstrukt der Ergebnisqualität verdeutlicht, dass das bisherige Interesse vorwiegend der Analyse der Wirkungszusammenhänge mit klassischen Marketingzielgrößen wie der Kundenzufriedenheit, Kundenbindung und Weiterempfehlungsbereitschaft gilt. Nach Wissen des Autors dieser Arbeit liegt die Erforschung der Bedeutung der Ergebnisqualität für die Reputation eines Anbieters medizinischer Leistungen bis dato somit außerhalb der Forschungsbemühungen.

6.3.2 Begründungszusammenhang der Bedeutung der Ergebnisqualität für die Krankenhaus- und Fachabteilungsreputation

Auf den ersten Blick könnte vermutet werden, dass es einem niedergelassenen Arzt gleichgültig sein kann, ob ein von ihm eingewiesener Patient in einem Krankenhaus eine hohe oder niedrige Ergebnisqualität erfährt – liegt doch der Behandlungserfolg außerhalb des Verantwortungsbereichs des Niedergelassenen und trägt dieser doch nicht das Risiko der Krankenhausbehandlung.[730] Wendet man jedoch das Instrumentarium an, welches dem Forscher durch die Means-End-Chain-Theorie an die

---

[727] Vgl. Dagger/Sweeney/Johnson (2007), S. 132.
[728] Vgl. Lytle/Mokwa (1992).
[729] Vgl. Keller (2002), S. 194.
[730] Vgl. Kapitel B.4.3.

Seite gestellt wird, wird unmittelbar deutlich, dass auch der einweisende Arzt ein Interesse an einer hohen Ergebnisqualität der Krankenhausleistung haben muss (vgl. Abb. C-8).

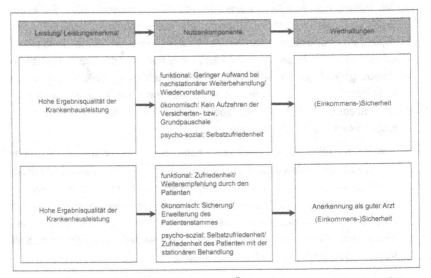

Abb. C-8: Means-End-Ketten für niedergelassene Ärzte am Beispiel der Ergebnisqualität von Krankenhäusern

Eine hohe Ergebnisqualität erscheint zum einen funktional für die Erreichung ökonomischer Ziele.[731] Da die Ergebnisqualität der medizinischen Leistungen des Krankenhauses den Ausgangspunkt für die poststationäre Behandlung durch den einweisenden niedergelassenen Arzt darstellt, beeinflusst sie wesentlich den medizinischen Aufwand bei der Wiedervorstellung des Patienten. So würden beispielsweise sog. blutige Entlassungen höheren Behandlungsaufwand bedingen als solche von genesenen Patienten. Die Wiedervorstellung des Patienten nach der initiierten stationären Behandlung ist jedoch mit der Versicherten- bzw. Grundpauschale, die der Arzt bei erstmaliger Vorstellung des Patienten in der Praxis berechnen konnte, bereits abgegolten.[732] D.h. medizinische Maßnahmen des Niedergelassenen innerhalb des gleichen Behandlungsfalles im Anschluss an einen stationären Aufenthalt verursachen Kosten, aber keine zusätzlichen Erlöse. In letzter Konsequenz wirkt eine hohe Ergebnisqualität auf die Einkommenssicherheit des niedergelassenen Arztes als eine dem ökonomischen Ziel zugrunde liegende Werthaltung.

---

[731] Zum Zielsystem niedergelassener Ärzte als wirtschaftliche Akteure vgl. Kapitel B.2.4.
[732] Vgl. Kapitel B.2.1.1.

Hält man sich zum anderen vor Augen, dass Patienten bei der Krankenhauswahl überwiegend der Empfehlung ihres Arztes folgen,[733] ist es wahrscheinlich, dass eine mangelnde Ergebnisqualität der stationären Behandlung auch dem einweisenden niedergelassenen Arzt angelastet wird,[734] da sich seine Empfehlung als schlecht herausgestellt hat.[735] Die resultierende Unzufriedenheit mit der Wahl durch den Niedergelassenen könnte dann zum Verlust dieses Patienten führen. Umgekehrt kann im Fall hoher Ergebnisqualität Zufriedenheit und eine hohe Weiterempfehlungs- bereitschaft bezüglich des Einweisers vermutet werden, mit entsprechend günstigen Wirkungen für die Entwicklung des Patientenstammes des niedergelassenen Arztes als Grundlage seiner Erlöserzielung. Diese Means-End-Kette stellt somit sowohl auf die psycho-sozialen als auch sekundär auf die ökonomischen Nutzenkomponenten einer hohen Ergebnisqualität ab und adressiert letztlich Wertschätzungsbedürfnisse sowie Sicherheitswerte des niedergelassenen Arztes.[736]

Konsequenterweise gilt es, analog zur Differenzierung des Reputationskonzeptes, auch bei der Ergebnisqualität zwischen der des Krankenhauses als Ganzes und jener der Fachabteilung zu differenzieren, da grundsätzlich nicht von einem qualitativ einheitlichen Niveau der Leistungserbringung über alle Fachabteilungen eines Krankenhauses hinweg ausgegangen werden kann (z.B. aufgrund der zwangsläufig differierenden Faktorausstattungen bzw. Strukturqualitäten).[737] Die beschriebenen Means-End-Ketten, mittels derer die Relevanz der Ergebnisqualität für die Ziel- erreichung der niedergelassenen Ärzte aufgezeigt wurde, besitzen dabei sowohl für die Ergebnisqualität des Krankenhauses als Ganzes wie auch für die der Fachab- teilung gleichermaßen Gültigkeit: Zwar weisen Niedergelassene üblicherweise den größeren Anteil ihrer Patienten je nach ihrer Fachrichtung in eine bestimmte Stammfachabteilung ein,[738] der jeweiligen Diagnose entsprechend sind jedoch bei anderen Patienten auch Behandlungen durch andere Abteilungen des Kranken- hauses notwendig. Mit anderen Worten: Sowohl die Ergebnisqualität der (Stamm-) Fachabteilung als auch die des Krankenhauses im Sinne eines fachabteilungs- übergreifenden Qualitätsurteils beeinflusst die Zielerreichung der niedergelassenen Ärzte in der erläuterten Art und Weise.

Aus der Perspektive niedergelassener Ärzte ist folglich neben der Ergebnisqualität der Fachabteilung auch die des gesamten Krankenhauses ziel- und damit reputa-

---

[733] Vgl. Kapitel B.2.3.
[734] Vgl. Thill (1999), S. 168.
[735] Vgl. Gorschlüter (1999), S. 27.
[736] Vgl. Thill (1999), S. 168.
[737] Vgl. Kapitel B.1.4; Kapitel C.6.3.1. Nur in diesem Fall wäre eine Unterscheidung zwischen der Ergebnisqualität einer Fachabteilung und der des Krankenhauses als Ganzes obsolet.
[738] Vgl. Kapitel B.2.1.2.

tionsrelevant. Es stellt sich die Frage, welche der beiden Qualitätsebenen für welche der beiden Reputationsebenen Bedeutung hat. Diesbezüglich spricht die Organisationsstruktur von Krankenhäusern zunächst dafür,[739] dass die Ergebnisqualität beider Bezugsgrößen grundsätzlich für beide Reputationsebenen, also für die generelle Krankenhausreputation und für die spezifische Fachabteilungsreputation, relevant ist. Der Grund liegt darin, dass einerseits die Ergebnisqualität der Fachabteilung zwangsläufig in Teilen Eingang in das Ergebnisqualitätsurteil des Krankenhauses findet und andererseits die medizinischen Leistungen einer Fachabteilung nicht unabhängig von denen des Krankenhauses als Ganzes verstanden werden können.[740] Die Qualitätsurteile sind dementsprechend nicht vollends disjunkt und können somit auch nicht eindeutig einer der beiden Reputationsebenen zugeordnet werden, so dass davon ausgegangen werden muss, dass letztendlich beide Ergebnisqualitätsurteile in beide Reputationsurteile eingehen.

Richtet man den Blick nun auf die jeweilige relative Erklärungskraft der Qualitätsurteile für die Krankenhaus- und Fachabteilungsreputation, vermag das bereits mehrfach zurate gezogene Korrespondenzprinzip von *Ajzen/Fishbein* Hilfestellung zu geben:[741] Der den vier Konstrukten jeweils innewohnende Objektbezug spricht unzweifelhaft dafür, dass die Ergebnisqualität der Fachabteilung die Fachabteilungsreputation in höherem Maße zu explizieren vermag, als es für die Ergebnisqualität des Krankenhauses als Ganzes gilt. Auf der anderen Seite scheint die Ergebnisqualität des Krankenhauses ein stärkerer Prädiktor für die Krankenhausreputation zu sein, als die Ergebnisqualität auf Fachabteilungsebene.

Sucht man nun nach Studien, die sich mit dem Einfluss der Leistungsqualität eines Anbieters auf seine Reputation beschäftigen, so liefert die empirische Untersuchung von *Walsh/Beatty* interessante Befunde:[742] Durch eine Kundenbefragung erheben die Forscher die Servicequalität verschiedener Dienstleistungsunternehmen wie auch die Reputation dieser Anbieter und untersuchen anschließend ihren Zusammenhang mittels einer Regressionsanalyse. Es stellt sich heraus, dass die Servicequalität als „customers' perceptions that company offers innovative, high-quality products and

---

[739] Vgl. Kapitel B.1.4.

[740] Beispielsweise ist die Ergebnisqualität einer Fachabteilung mitunter abhängig von der Ergebnisqualität, die andere Leistungseinheiten erbringen. Zu denken ist hierbei exemplarisch an radiologische Abteilungen, die über keine „eigenen" Betten verfügen, sondern Leistungen für andere Fachabteilungen zur Verfügung stellen.

[741] Vgl. Kapitel C.5.2.2; Ajzen/Fishbein (1977), S. 891. Da es sich bei Qualitäts- und Reputationsurteilen gleichfalls um mentale Repräsentationen im Sinne der kognitionstheoretischen Psychologie handelt, erscheint die Anwendung des Korrespondenzprinzips auch an dieser Stelle gerechtfertigt (vgl. Kapitel C.3.3.1; Kapitel C.5.2.2). Wenn das Korrespondenzprinzip also Gültigkeit für die Einstellungs-Verhaltens-Relation hat, dürfte es auch für den Zusammenhang zwischen Einstellungen und ihren potenziellen Einflussgrößen gelten.

[742] Vgl. Walsh/Beatty (2007), S. 134 ff.

services [...]"[743] im Vergleich zu den weiteren, in die Untersuchung einbezogenen Prädiktorvariablen (z.B. der Kundenorientierung), den höchsten Erklärungsbeitrag für das Reputationsurteil liefert. Bestätigt wird dieser Befund von *Eberl*, der ebenfalls für Dienstleistungsunternehmen im Rahmen einer Partial-Least-Square (PLS)-Analyse einen signifikanten Einfluss der Qualität der am Markt angebotenen Leistungen auf die Reputation der Anbieter empirisch nachweist.[744]

Freilich muss zu diesen quantitativen Befunden einschränkend bemerkt werden, dass sie nur die grundsätzliche Bedeutung der von einem Unternehmen geleisteten Qualität für dessen Reputation empirisch untermauern. Aufgrund des hohen Neuigkeitsgrades der in dieser Arbeit vollzogenen Differenzierung zwischen der Gesamtunternehmens- und Fachabteilungsebene, können für die konzeptionell hergeleiteten spezifischen, multiplen Zusammenhänge zwischen den beiden Konstrukten der Ergebnisqualität und den beiden Konstrukten des Reputationskomplexes keine bestehenden empirischen Befunde bereitgestellt werden.

Dennoch legen die theoretischen Kontemplationen gemeinsam mit den komplementären Ergebnissen der empirischen Studien nahe, folgende positive Zusammenhänge zwischen „Ergebnisqualität" und „Reputation" zu unterstellen:

H14(1): *Je höher die Ergebnisqualität des Krankenhauses als Ganzes ausfällt, desto besser ist die Krankenhausreputation bei niedergelassenen Ärzten.*

H15(1): *Je höher die Ergebnisqualität des Krankenhauses als Ganzes ausfällt, desto besser ist die Fachabteilungsreputation bei niedergelassenen Ärzten.*

H16(1): *Je höher die Ergebnisqualität der Fachabteilung ausfällt, desto besser ist die Krankenhausreputation bei niedergelassenen Ärzten.*

H17(1): *Je höher die Ergebnisqualität der Fachabteilung ausfällt, desto besser ist die Fachabteilungsreputation bei niedergelassenen Ärzten.*

Die konzeptionellen Überlegungen zu den Konsequenzen der differierenden Objektbezüge der in Rede stehenden Konstrukte, also zu den jeweils relativen Erklärungsgehalten der Ergebnisqualitätsurteile für die Reputationsurteile, lassen sich ferner zu folgenden Hypothesen verdichten:

---

[743] Walsh/Beatty (2007), S. 133.
[744] Vgl. Eberl (2006a), S. 178.

178

H$_{18(1)}$: *Die Ergebnisqualität des Krankenhauses als Ganzes hat einen stärkeren Einfluss auf die Krankenhausreputation bei niedergelassenen Ärzten als die Ergebnisqualität der Fachabteilung.*

H$_{19(1)}$: *Die Ergebnisqualität der Fachabteilung hat einen stärkeren Einfluss auf die Fachabteilungsreputation bei niedergelassenen Ärzten als die Ergebnisqualität des Krankenhauses als Ganzes.*

6.3.3 Empirische Erfassung der Ergebnisqualität

Bedauerlicherweise liefert *Donabedian* mit seinem Qualitätsmodell keinen Operationalisierungsansatz im Sinne einer konkreten Messvorschrift für die Ergebnisqualität, sondern lediglich ein Strukturierungsmodell, das einer praktischen Messung als Orientierungsrahmen dienen soll.[745] Dementsprechend findet sich in seinen Arbeiten auch keine Skala, wie sie hier benötigt wird, vielmehr sehr umfangreiche Aufzählungen von Merkmalen medizinischer Einrichtungen, die insgesamt deren medizinische Ergebnis- bzw. Struktur- und Prozessqualität bedingen sollen.[746] Hierauf Bezug nehmend entwickelt jedoch *Keller* eine Itembatterie zur Erfassung des Ergebnisqualitätskonstruktes, die als Ausgangspunkt für die Konstruktion einer eigenen Skala dienen kann. Im Einzelnen verwendet der Autor folgende Items:[747]

- *„Verbesserung der Krankheitssituation"*
- *„Geringes Auftreten von Nebenwirkungen der Behandlung"*
- *„Erkennbare Bemühungen des Arztes, Nebenwirkungen in der Therapie zu vermeiden"*
- *„Dauer der Behandlung bis zur Verbesserung des Krankheitszustandes"*
- *„Verminderung der persönlichen Unsicherheit über den Gesundheitszustand"*

Trotz der guten Gütekriterien, die für das so gemessene Konstrukt berichtet werden,[748] sind für den Zweck dieser Arbeit Modifikationen der Skala vonnöten. Zunächst intendiert *Keller* nicht nur die Messung der objektiv-medizinischen, sondern zusätzlich die der subjektiven Ergebnisqualität.[749] Letzteres kommt deutlich in den Items Drei und Fünf zum Ausdruck und scheint der Tatsache geschuldet zu sein,

---

[745] Vgl. Olandt (1998), S. 32.
[746] Vgl. Donabedian (1980), S. 129 ff.
[747] Vgl. Keller (2002), S. 170.
[748] Cronbachs Alpha beträgt 0,86, und die globalen Gütekriterien liegen durchweg über den geforderten Mindestwerten (vgl. Keller (2002), S. 170).
[749] Vgl. hierfür, sowie zu Folgendem Keller (2002), S. 168 ff.

dass der Forscher in seiner Studie auf die Erhebung der Ergebnisqualität bei Patienten abzielt, also Personen betreffend, die in der Regel nicht über das für eine rein medizinische Beurteilung notwendige Fachwissen verfügen. Daneben erscheint das Item „Dauer der Behandlung" eher als Indikator der Prozessqualität gezählt werden zu müssen, jedenfalls wenn keine Relativierung anhand der üblichen Behandlungsdauer eines Krankheitsbildes erfolgt. Die Verbesserung der Krankheitssituation wie auch das Auftreten von Komplikationen hingegen werden auch von *Donabedian* explizit als Indikatoren der Ergebnisqualität eines Krankenhauses genannt.[750]

Da die vorliegende Arbeit nach der Operationalisierung der objektiv-medizinischen Ergebnisqualität trachtet und für niedergelassene Ärzte aufgrund ihres Expertenwissens eine solche Beurteilung auch möglich erscheint (etwa anhand des Arztbriefes oder im Zuge der poststationären Weiterbehandlung des Patienten), soll die zur Anwendung kommende Messvorschrift ausschließlich Indikatoren beinhalten, die auf den tatsächlichen medizinischen Behandlungserfolg abstellen.[751] Tab. C-8 gibt die resultierende Itembatterie zur Messung der Ergebnisqualität des Krankenhauses als Ganzes wieder, abermalig bestehend aus vier Items zum Zweck einer umfassenden Überprüfung der Konstruktgüte.

Items	Ankerpunkte der siebenstufigen Ratingskala
Der Grad der Erreichung einer Heilung oder Besserung von Erkrankungen ist in dem Krankenhaus... [KH_EQ1$_{(1)}$]	
Der gesundheitliche Zustand der Patienten bei Entlassung aus dem Krankenhaus ist... [KH_EQ2$_{(1)}$]	Sehr schlecht
Die Mortalitäts-/Morbiditätsrate dieses Krankenhauses ist im Vergleich zu anderen Krankenhäuser dieser Versorgungsstufe ... [KH_EQ3$_{(1)}$]	- Sehr gut
Die gesundheitliche Verfassung der Patienten bei Rücküberweisung an die Niedergelassenen ist... [KH_EQ4$_{(1)}$]	

Tab. C-8: Operationalisierung des Konstruktes „Ergebnisqualität des Krankenhauses als Ganzes"

Wie im vorangegangenen Abschnitt erläutert, ist es erforderlich, neben der Ergebnisqualität der Kategorie „Krankenhaus" im Sinne eines fachabteilungsübergreifenden Gesamteindrucks niedergelassener Ärzte auch die Ergebnisqualität der einzelnen Fachabteilung mit einem Indikatorinventar empirisch zu erfassen, um differenzierte Aussagen zur Einflussnahme auf die Krankenhaus und Fachab-

---

[750] Vgl. Donabedian (1980), S. 136 f.
[751] Auf diese Weise soll dem Faktum Rechnung getragen werden, dass die Krankenhausbeurteilung niedergelassener Ärzte „[...] *stärker auf die Einschätzung der medizinischen Leistung des Krankenhauses ausgerichtet [ist]*." (Töpfer (2006), S. 277).

teilungsreputation treffen zu können. Die Skalen unterscheiden sich konsequenterweise lediglich durch das Bezugsobjekt, auf das sich die einzelnen Items beziehen (vgl. Tab. C-9).

Items	Ankerpunkte der siebenstufigen Ratingskala
Der Grad der Erreichung einer Heilung oder Besserung von Erkrankungen ist in der spezifischen Fachabteilung... [FA_EQ1$_{(1)}$]	
Der gesundheitliche Zustand der Patienten bei Entlassung aus der Fachabteilung ist... [FA_EQ2$_{(1)}$]	Sehr schlecht
Die Mortalitäts-/Morbiditätsrate dieser Fachabteilung ist im Vergleich zu entsprechenden Fachabteilungen anderer mir bekannter Krankenhäuser... [FA_EQ3$_{(1)}$]	- Sehr gut
Die gesundheitliche Verfassung der Patienten bei Rücküberweisung an die Niedergelassenen ist... [FA_EQ4$_{(1)}$]	

Tab. C-9:   Operationalisierung des Konstruktes „Ergebnisqualität der Fachabteilung"

6.4 Kundenorientierung als Determinante der Krankenhaus- und Fachabteilungsreputation bei niedergelassenen Ärzten

6.4.1 Abriss über den Forschungsgegenstand „Kundenorientierung"

Die marketingwissenschaftliche Literatur beschäftigt sich in den letzten Jahren zunehmend mit dem Konstrukt der Kundenorientierung,[752] wobei in den einschlägigen Arbeiten die konzeptionelle Abgrenzung zum Konstrukt der Marktorientierung nicht immer ersichtlich ist. Weitgehend Einigkeit besteht in der Literatur zunächst über das elementare Verständnis von Kundenorientierung generell als Berücksichtigung der Kundenbedürfnisse, entweder auf individueller Ebene oder verankert in der Unternehmenskultur. „Marktorientierung" hingegen wird von Forschern entweder mit dieser Konzeptionalisierung der Kundenorientierung gleichgesetzt[753] oder als umfassenderes Konzept verstanden, das meist neben der Kundenorientierung auch den Blick auf die Wettbewerber einschließt.[754] Andere Arbeiten zur Marktorientierung wiederum berücksichtigen hierin die Kundenorientierung nur implizit.[755] Darüber hinaus finden sich Meilensteine der Forschung zur Marktorientierung, die zwar diesen Terminus verwenden, jedoch Marktorientierung im dargelegten Sinne von Kundenorientierung konzeptionalisieren.[756]

---

[752] Vgl. Stock/Hoyer (2005), S. 536 f.; Stock (2002), S. 59.
[753] Vgl. exemplarisch Deshpandé/Farley/Webster (1993).
[754] Vgl. exemplarisch Voss/Voss (2000).
[755] Vgl. exemplarisch Raju/Lonial/Gupta (1995).
[756] Vgl. z.B. Kohli/Jaworski (1990).

Um trotz dieser Heterogenität und der Vielzahl[757] an Arbeiten zu diesem Themenkomplex einen für den Zweck dieser Arbeit adäquaten Überblick über den Forschungsgegenstand „Kundenorientierung" geben zu können, bezieht sich die vorliegende Arbeit auf Studien, die ausschließlich auf das Kundenorientierungskonstrukt rekurrieren, bzw. die zwar den Begriff der Marktorientierung verwenden, diesem aber das Verständnis von Kundenorientierung beilegen.[758] Komplementär wird auf Forschungsbeiträge zur Marktorientierung zugegriffen, deren Konzeptionalisierung der Marktorientierung ausdrücklich eine Dimension „Kundenorientierung" beinhaltet.[759] Dies ist notwendig, da sich Arbeiten zur Kundenorientierung häufig auf diese Arbeiten beziehen.[760]

Die existierenden Forschungsbeiträge zum Kundenorientierungskonstrukt lassen sich zwei verschiedenen Betrachtungsebenen zuordnen. Zum einen der organisationalen oder kulturellen, zum anderen der individuellen Perspektive. Die kulturelle Sichtweise konzentriert sich in erster Linie auf ganze Organisationen und untersucht die Bedingungen, das Ausmaß und die Folgen einer unternehmensweiten Ausrichtung der unternehmerischen Aktivitäten auf die Bedürfnisse der Kunden.[761] Demgegenüber liegt in den Arbeiten zur Kundenorientierung auf individueller Ebene der Fokus auf den Verhaltensweisen einzelner Mitarbeiter im Kundenkontakt.[762]

Betrachtet man zunächst die individuelle Perspektive näher, so wird deutlich, dass hier „Kundenorientierung" als konkrete Implementierung des Marketingkonzeptes verstanden wird, welche sich in bestimmten Verhaltensweisen der Kundenkontaktmitarbeiter manifestiert.[763] Entsprechend definieren *Saxe/Weitz* Kundenorientierung als „[...] *the ability of the salespeople to help their customers and the quality of the customer-salesperson relationship.*"[764] Neben der Arbeit von *Saxe/Weitz* ist als weiterer bedeutender Beitrag zur individuellen Perspektive jene von *Kohli/Jaworski* hervorzuheben.[765] Die Autoren verstehen Kundenorientierung als individuelle

---

[757] So zählt die Synopse von *Kraus* mehr als 70 empirische Studien dieses Forschungsfeldes (vgl. Kraus (2008), S. 325 ff.).

[758] Vgl. exemplarisch Homburg/Stock (2000); Kohli/Jaworski (1990); Deshpandé/Farley/Webster (1993); Saxe/Weitz (1982).

[759] Vgl. z.B. Narver/Slater (1990).

[760] Vgl. exemplarisch Deshpandé/Farley/Webster (1993). Für einen dezidierten Überblick über den Forschungsgegenstand der Marktorientierung vgl. Kraus (2008); Pflesser (1999).

[761] Vgl. Narver/Slater (1990), S. 21.

[762] Vgl. Cadogan/Diamantopoulos (1995), S. 42.

[763] Vgl. Pflesser (1999), S. 34.

[764] Saxe/Weitz (1982), S. 343.

[765] Vgl. Kohli/Jaworski (1990). Zwar verwenden die Autoren in ihrer Arbeit den Begriff der Marktorientierung, das hinter diesem Begriff stehende Verständnis entspricht jedoch dem Konzept der Kundenorientierung der vorliegenden Arbeit. Aus diesem Grund wird ihr Forschungsbeitrag mit in den zu gebenden Überblick über das Kundenorientierungskonstrukt aufgenommen. Im Übrigen verfahren *Deshpandé/Farley/Webster* analog (vgl. Deshpandé/Farley/Webster (1993), S. 27).

Reagibilität auf unternehmensweit gesammelte und den Mitarbeitern zugänglich gemachte Informationen über artikulierte, zukünftige und latente Kundenbedürfnisse.[766] Der überwiegende Anteil der Studien dieses Forschungsstranges widmet sich sodann der Identifikation von Auswirkungen dieser individuellen Kundenorientierung.[767] Die am häufigsten empirisch nachgewiesene Wirkung der Kundenorientierung von Kundenkontaktmitarbeitern ist die Kundenzufriedenheit.[768] Des Weiteren konnte ein positiver Einfluss auf die Kundenloyalität nachgewiesen werden sowie auf die Qualität der Beziehung zwischen Mitarbeiter und Kunde.[769]

Das Verständnis von Kundenorientierung als Unternehmenskultur wurde insbesondere durch die Arbeiten von *Narver/Slater* sowie *Deshpandé/Webster* geprägt.[770] Die kulturelle Perspektive begreift „Orientierung" zunächst allgemein als Philosophie, als „[...] *the pattern of shared values and beliefs that help individuals understand organizational functioning and thus provide them norms for behavior in the organization.*"[771] Speziell Kundenorientierung wird darauf aufbauend verstanden als eine bestimmte Menge von Normen und Werten, die das Verhalten der Mitarbeiter und schließlich das der gesamten Organisation steuert, und zwar im Sinne einer Ausrichtung der Aktivitäten an den Bedürfnissen der Kunden.[772] Hauptsächlich umfasst das so verstandene Konzept die gezielte und systematische Integration der Kundenpräferenzen in die Leistungsentwicklung und generell in den Marketingprozess.[773] Konkrete Ausprägung einer solchen kulturinhärenten Kundenorientierung ist somit nicht nur die individuelle und situative Berücksichtigung der Kundenwünsche im Rahmen einzelner Mitarbeiter-Kunden-Interaktionen, sondern deutlich darüber hinausgehend z.B. das Angebot bedürfnisgerechter (Zusatz-) Leistungen

---

[766] Vgl. Kohli/Jaworski (1990), S. 5 f. Es wird deutlich, dass die beiden hier differenzierten Perspektiven auf das Kundenorientierungskonstrukt nicht unabhängig voneinander verstanden werden dürfen: Einerseits können Verhaltensmuster von Organisationsmitgliedern, wie z.B. das Sammeln und Verbreiten von Kundeninformationen, nicht losgelöst von der Unternehmenskultur als Manifestation geteilter Überzeugungen und Annahmen verstanden werden, andererseits wird die Kultur eines Unternehmens langfristig vom Verhalten seiner Mitarbeiter geprägt (vgl. Farrell (2000), S. 207).

[767] Vgl. Stock (2002), S. 61. Als Einflussgröße der individuellen Kundenorientierung wurde hingegen vielfach die Mitarbeiterzufriedenheit ermittelt (vgl. Haas (2009), S. 8 f., sowie die Metaanalyse von Franke/Park (2006)). Weitere Arbeiten untersuchen die Bedingungen, unter denen kundenorientiertes Verhalten von Individuen entsteht (vgl. Stock (2002), S. 61, sowie exemplarisch Homburg/Stock (2000); Walker/Churchill/Ford (1977)).

[768] Vgl. exemplarisch Bettencourt/Brown (1997); Goff et al. (1997); Ramsey/Sohi (1997); Spreng/ Harrell/Mackoy (1995).

[769] Vgl. exemplarisch Pieters/Bottschen/Thelen (1998); Williams/Attaway (1996); Howe/Hoffmann/ Hardigree (1994). Für eine Kritik der individuellen Perspektive vgl. Narver/Slater/Tietje (1998), S. 243; Narver/Slater (1998), S. 235.

[770] Vgl. Narver/Slater (1990); Deshpandé/Webster (1989).

[771] Deshpandé/Webster (1989), S. 4. Für einen Überblick über die Unternehmenskulturforschung vgl. Steinmann/Schreyögg (2005), S. 623 ff.

[772] Vgl. Deshpandé/Farley/Webster (1993), S. 27; Narver/Slater (1990), S. 21.

[773] Vgl. Narver/Slater (1990), S. 21.

durch Einbindung der Kunden in den Entwicklungsprozess. Dieses kann durch Kundenbefragungen geschehen oder generell durch die Berücksichtigung der Kundeninteressen und -ziele im Rahmen aller Entscheidungen – jedoch ausdrücklich ohne die Interessen weiterer Bezugsgruppen des Unternehmens zu vernachlässigen.[774] Folglich verstehen *Deshpandé/Farley/Webster* unter Kundenorientierung „[...] *the set of beliefs that puts the customer's interest first, while not excluding those of all other stakeholders such as owners, managers, and employees, in order to develop a long-term profitable enterprise.*"[775]

Deshpandé/Farley/Websters Konzept der Kundenorientierung ist das Ergebnis ihrer Analyse der in der Literatur bis dahin einflussreichsten Arbeiten zu diesem Konstrukt. Das Autorengespann untersucht zunächst *Kohli/Jaworskis* Implementationsansatz, um anschließend *Narver/Slaters* Konzept, verstanden als „Reinforcement" des Forschungsbeitrags von *Kohli/Jaworski*, als Basis für die Deduktion des eigenen Konzeptes heranzuziehen.[776] Ausgangspunkt bildet *Narver/Slaters* Verständnis von Marktorientierung als „[...] *the organization culture that most effectively and efficiently creates the necessary behaviors for the creation of superior value for buyers*, [...]"[777] Die beiden Autoren unterscheiden weiter zwischen drei Komponenten dieser Marktorientierung in Gestalt der eigentlichen Kundenorientierung, der Konkurrenzorientierung und der interfunktionalen Koordination. Die Konkurrenzorientierung umfasst dabei das Verständnis der kurzfristigen Stärken und Schwächen sowie der langfristigen Fähigkeiten der wichtigsten momentanen und potenziellen Wettbewerber.[778] Unter „interfunktionale Koordination" versteht das Autorengespann die koordinierte Nutzung und das Zusammenspiel aller Unternehmensressourcen.[779] Hintergrund ist, dass laut *Porter* jede unternehmerische Funktion einen potenziellen Ansatzpunkt für die Generierung eines Wettbewerbsvorteils durch die Schaffung von zusätzlichem Kundennutzen darstellt.[780] Diese Werterzeugung für den Kunden ist daher Aufgabe bzw. das Resultat der Interaktion aller Funktionsbereiche und Abteilungen des Unternehmens.

Deshpandé/Farley/Webster kritisieren an *Narver/Slaters* dreidimensionaler Konzeptionalisierung, dass „Marktorientierung" und „Kundenorientierung" nicht als differierende Konzepte verstanden werden dürfen, da dies sowohl ein Widerspruch zu *Kohli/Jaworskis* originärer Definition der Kundenorientierung darstelle als auch

---

[774] Vgl. Deshpandé/Farley/Webster (1993), S. 27.
[775] Deshpandé/Farley/Webster (1993), S. 27.
[776] Vgl. Deshpandé/Farley/Webster (1993), S. 27; Narver/Slater (1990); Kohli/Jaworski (1990).
[777] Narver/Slater (1990), S. 21.
[778] Vgl. Narver/Slater (1990), S. 21 f.
[779] Vgl. Narver/Slater (1990), S. 22.
[780] Vgl. Porter (1992), S. 65.

unvereinbar sei mit dem „üblichen" Verständnis, was unter dem Begriff „Markt" zu fassen sei, nämlich gemäß *Kotler* „[...] *the set of all potential customers of a firm*"[781]. Kundenorientierung und Marktorientierung müssten daher als Synonyme gelten und strikt von der Konkurrenzorientierung getrennt werden.[782] Die dritte Komponente „interfunktionale Koordination" wiederum sehen auch *Deshpandé/Farley/Webster* uneingeschränkt im Einklang mit dem ursprünglichen Kundenorientierungskonzept von *Kohli/Jaworski* und müsse daher in seiner Bedeutung und letztlich auch bei der Operationalisierung des Konstruktes berücksichtigt werden.[783] *Deshpandé/Farley/ Websters* konzeptionelle Überlegungen münden schließlich in dem bereits dargelegten Verständnis von Kundenorientierung: Die Forscher adaptieren die kulturbasierte Perspektive von *Narver/Slater*, ohne sich jedoch durch eine Inkludierung der Konkurrenzorientierung konzeptionell von *Kohli/Jaworskis* Ursprungskonzept zu weit zu entfernen. Mit anderen Worten: Angestoßen durch die Arbeit von *Narver/Slater* stellen sie die „Kundenorientierung" im Sinne von *Kohli/Jaworski* auf eine kulturelle Basis und verstehen das Konzept somit nicht länger als individuelles Phänomen, sondern umfassender als „[...] *part of an overall, but much more fundamental, corporate culture.*"[784]

Während sich empirische Forschungsarbeiten zur individuellen Perspektive vornehmlich der Ergründung der Wirkungen auf Kundenebene widmen,[785] entfällt der zweifellos größte Teil der Studien, die dem kulturellen Verständnis entsprechen, auf Arbeiten zur Messung des Zusammenhangs von Kundenorientierung und Indikatoren des Unternehmenserfolgs – mithin wird nach Wirkungen auf Unternehmensebene gesucht.[786] So wurde beispielsweise ein Einfluss der Kundenorientierung auf die Rentabilität, Wachstumsrate und den Marktanteil von Unternehmen empirisch nachgewiesen.[787] Als Determinanten der Kundenorientierung konnten hauptsächlich die Lernorientierung der Organisation sowie die Berücksichtigung marktbezogener Zielgrößen im Vergütungssystem identifiziert werden.[788]

---

[781] Vgl. Deshpandé/Farley/Webster (1993), S. 27; Kohli/Jaworski (1990), S. 5 f.; Kotler (1991).
[782] „[...] *we argue that a competitor orientation can be almost antithetical to a customer orientation* [...]" (Deshpandé/Farley/Webster (1993), S. 27).
[783] Vgl. Deshpandé/Farley/Webster (1993), S. 27.
[784] Deshpandé/Farley/Webster (1993), S. 27. Für eine Kritik des kulturellen Ansatzes der Kundenorientierung vgl. Harris/Ogbonna (1999), S. 189 ff.
[785] Vgl. Stock (2002), S. 62.
[786] Vgl. Kraus (2008), S. 5; Pflesser (1999), S. 43 ff., sowie die in diesen Arbeiten zu findenden Synopsen.
[787] Vgl. Deshpandé/Farley/Webster (1997); Deshpandé/Farley/Webster (1993).
[788] Vgl. Pflesser (1999), S. 43 ff., und die dort genannte Literatur.

185

6.4.2 *Begründungszusammenhang der Bedeutung der Einweiser- und Patientenorientierung für die Krankenhaus- und Fachabteilungsreputation*

Trotz der Beachtung, die der individuelle Ansatz der Kundenorientierung in der Literatur erfahren hat,[789] erscheint dieser für den Zweck der vorliegenden Arbeit aus zwei Gründen ungeeignet: Auf der einen Seite lassen sich Wirkungen auf der Beziehungsebene zwischen Krankenhaus und niedergelassenem Arzt nicht auf solche persönlicher Interaktionen reduzieren (z.B. in Gestalt telefonischer, fallbezogener Kommunikation). Vielmehr zeichnet sich die Beziehung durch ein heterogenes Spektrum an Merkmalen aus, beginnend bei der Schnelligkeit der Übersendung des Arztbriefes über das Angebot von Hospitationsmöglichkeiten bis hin zur Berücksichtigung der Einweiserinteressen bei strategischen Entscheidungen des Krankenhauses (beispielsweise der Gründung eines MVZs oder der Einrichtung von Belegabteilungen).[790] Eine Analyse nur der individuellen Kundenorientierung von Krankenhausmitarbeitern, die in regelmäßigen persönlichen Kontakt zu den niedergelassenen Ärzten stehen, würde dieser Beziehungskomplexität nicht gerecht werden.

Auf der anderen Seite lässt die wissenschaftliche Literatur unzweifelhaft erkennen, dass der kulturelle Ansatz dem individuellen überlegen ist, wenn es weniger um die Erklärung von Wirkungen auf spezifische Kundenkontaktmitarbeiter-Kunden-Beziehungen geht, als um Konsequenzen, die das gesamte Unternehmen betreffen, wie dem Unternehmenserfolg oder eben der Reputation.[791] Dies leuchtet auf Anhieb ein, versteht die kulturelle Perspektive „Kundenorientierung" doch nicht als individuelles Phänomen, sondern als eine die gesamte Organisation prägende Philosophie, so dass auch die Konsequenzen einer so verstanden Kundenorientierung auf einer höher aggregierten Ebene zu suchen sind, als die direkten Folgen der individuellen Kundenorientierung.

Konsequenterweise muss sich vor dem Hintergrund des Forschungsvorhabens dieser Arbeit die Frage gestellt werden, ob davon ausgegangen werden muss, dass Fachabteilungen gegenüber dem Krankenhaus als Ganzes über spezifische Kundenorientierungskulturen verfügen, die dann – analog zur Differenzierung der Ergebnisqualität für die beiden Betrachtungsebenen – separat in die Analyse potenzieller Einflussgrößen des Reputationskomplexes Eingang finden müssten. Einerseits könnte in der herausragenden und mitunter verhaltensprägenden Rolle der Chefärzte

---

[789] Vgl. Stock (2002), S. 61 f.
[790] Gleiches ist im Übrigen für die Kundengruppe der Patienten anzunehmen, wenngleich hier der Qualität der Interaktion mit den Krankenhausmitarbeitern eine vergleichsweise hohe Bedeutung zukommt (vgl. Keller (2002), S. 133 ff.).
[791] Vgl. Kapitel C.6.4.1.

der einzelnen Fachabteilungen eine Begründung für die Existenz abteilungs-spezifischer Kundenorientierungskulturen liegen.[792] Andererseits spricht die traditionelle, historisch gewachsene dreigliedrige Organisation mit ärztlichem Dienst, Pflegedienst und administrativen Bereichen augenscheinlich weniger für abteilungsbezogene als für berufsgruppenspezifische Subkulturen, die dann alle Fachabteilungen gleichermaßen – mithin vertikal – durchziehen.[793] Es wird deutlich, dass die Begründung einer Differenzierung des komplexen Kundenorientierungskonstruktes gewiss ein eigenes, noch anzugehendes Forschungsproblem innerhalb der Unternehmenskulturforschung darstellt – insbesondere in Bezug auf den speziellen Untersuchungskontext dieser Arbeit.[794] Von einer Differenzierung des Kundenorientierungskonstruktes soll aus diesen Gründen abgesehen und die Prämisse zugrunde gelegt werden, dass sich vorhandene kundenorientierte Werte und Normen durch die gesamte Krankenhausorganisation ziehen.[795]

Während von einer Unterscheidung des Kundenorientierungskonzeptes nach Unternehmensebenen abzusehen ist, birgt die Berücksichtigung unterschiedlicher Kundengruppen bei der Konzeptionalisierung des Konstruktes zusätzliches Erkenntnispotenzial in sich: Bereits die Überlegungen zur Reputationsrelevanz der Ergebnisqualität haben hervorgebracht, dass niedergelassene Ärzte aus Wertschätzungs- und Sicherheitsbedürfnissen heraus Interesse daran haben müssen, wie es den von ihnen eingewiesenen Patienten während ihres Krankenhausaufenthaltes ergeht.[796] Aufgrund dieses Umstandes soll nicht nur die Kundenorientierung eines Krankenhauses gegenüber den niedergelassenen Ärzten, namentlich die Einweiserorientierung, Berücksichtigung in der Untersuchung finden, sondern komplementär das Ausmaß, zu dem die niedergelassenen Ärzte die Belange und Bedürfnisse der Patienten durch das Krankenhaus berücksichtigt sehen.[797] Die damit umrissene

---

[792] Vgl. Otte/Röhßen (2009), S. 146.

[793] Vgl. Salfeld/Hehner/Wichels (2008), S. 34 f.; Callan et al. (2007), S. 452.

[794] Bisherige Arbeiten gehen stets davon aus, dass es sich bei der Kundenorientierung um eine spezielle Ausprägung der Unternehmenskultur handelt, die organisationsweit das Denken und Handeln der Mitarbeiter prägt. Entsprechend finden sich keine Hinweise auf die Angemessenheit einer Differenzierung des Konzepts nach Organisationseinheiten eines Unternehmens. Auch Forscher, die sich mit der Kundenorientierung speziell von Krankenhausunternehmen auseinandersetzen, sehen keinen Anlass, das Konzept nach unterschiedlichen Betrachtungsebenen zu unterscheiden. Auf Basis des aktuellen Forschungsstandes kann folglich keine fundierte Entscheidung für eine Differenzierung des Kundenorientierungskonzeptes getroffen werden (vgl. Raju et al. (2000), S. 241; Wood/Bhuian/Kiecker (2000), S. 221; Raju/Lonial/Gupta (1995), S. 40).

[795] In der Kundenorientierungsforschung finden sich überdies keine Arbeiten, die der möglichen Koexistenz von Kundenorientierungssubkulturen innerhalb eines Unternehmens nachgehen (vgl. Kraus (2008), S. 325 ff.).

[796] Vgl. Kapitel C.6.3.2.

[797] Der Stakeholderansatz geht davon aus, dass Unternehmen ihre Kunden- bzw. Bezugsgruppen gemäß ihrer Wichtigkeit für die Erreichung der Unternehmensziele priorisieren (vgl. Freeman (1984), S. 46). Aus diesem Grund ist nicht zu erwarten, dass ein Unternehmen im gleichen

Patientenorientierung aus Einweisersicht basiert folglich überwiegend auf Erfahrungen stationär behandelter Patienten, die diese im Anschluss an den Krankenhausaufenthalt berichten.[798] Die Differenzierung des Kundenorientierungskonzeptes in die Einweiserorientierung und die Patientenorientierung aus Ärztesicht verspricht insofern einen Erkenntnismehrwert, als dass der relative Erklärungsbeitrag dieser beiden Konstrukte für den Reputationskomplex – zumindest empirisch – ermittelt werden kann und damit, ob die Berücksichtigung der Patientenbedürfnisse für niedergelassene Ärzte etwa von höherer Reputationsrelevanz ist als die der eigenen Belange gegenüber dem Krankenhaus.

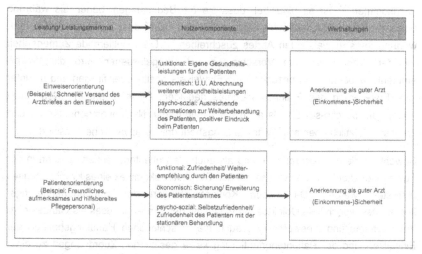

Quelle: In Anlehnung an Töpfer (2006), S. 280.

Abb. C-9: Means-End-Ketten für niedergelassene Ärzte am Beispiel der Einweiser- und Patientenorientierung von Krankenhäusern

Die Ziel- bzw. die Bedürfnis- und damit die Reputationsrelevanz der Einweiserorientierung aus der Perspektive niedergelassener Ärzte ergibt sich nun unmittelbar aus der Konzeptionalisierung des Kundenorientierungskonstruktes als Grad der unternehmensweiten Befriedigung der artikulierten und latenten Bedürfnisse der Kunden.[799] Abb. C-9 kann eine mögliche Means-End-Kette für das Leistungsmerkmal „schneller Versand des Arztbriefes" als eine denkbare Ausprägung der Einweiserorientierung entnommen werden. Ein solcher ermöglicht aufgrund der rechtzeitig vorliegenden Informationen die Weiterbehandlung des

---

Ausmaß einweiserorientiert ist, wie es patientenorientiert ist. Gleichzeitig begründet dieses Faktum die Notwendigkeit einer Differenzierung der Kundenorientierung gegenüber verschiedenen Kundengruppen.

[798] Vgl. Kapitel B.2.1.2.
[799] Vgl. Kapitel C.6.4.1.

Patienten bei dessen Wiedervorstellung in der Praxis. Gleichzeitig wird hierdurch ein „Bloßstellen" durch Unkenntnis des Arztes über die erfolgte stationäre Therapie vermieden. Womöglich kann der Niedergelassene aufgrund der vorliegenden Informationen zusätzliche, einen neuen Abrechnungsfall generierende Leistungen anbieten, so dass neben der Anerkennung durch den Patienten auch eine höhere Einkommenssicherheit resultiert.

Auch die Reputationsrelevanz der Patientenorientierung kann unter Rekurs auf die Means-End-Chain-Theorie begründet werden (vgl. Abb. C-9): Vor dem Hintergrund, dass Patienten bei der Krankenhauswahl überwiegend der Empfehlung ihres Arztes nachkommen,[800] ist es plausibel, dass sie die Bedingungen, denen sie während eines Krankenhausaufenthaltes ausgesetzt sind, zumindest in Teilen der Verantwortung ihres einweisenden Arztes zuschreiben.[801] Die resultierende Zufriedenheit mit der Wahl bzw. dem Vorschlag des Niedergelassenen wird die Weiterempfehlungsbereitschaft bezüglich des Einweisers positiv beeinflussen und mitunter eine Erweiterung des Patientenstammes bedingen. Diese Means-End-Kette stellt sowohl auf psycho-soziale als auch auf ökonomische Nutzenkomponenten ab und adressiert letztlich ebenfalls Wertschätzungsbedürfnisse sowie Sicherheitswerte.

Sowohl für die Einweiserorientierung als auch die Patientenorientierung kann in der Folge theoriekonform ein Einfluss auf den Reputationskomplex eines Krankenhauses unterstellt werden. Da diesen Konkretisierungen des Kundenorientierungskonstruktes jedoch kein Objektbezug in Gestalt des Krankenhauses als Ganzes oder der Fachabteilung innewohnt und auch die verschiedenen Handlungsbezüge der Einweiser- und der Patientenorientierung keine gesicherten Zuordnungen zu einer der beiden Ebenen erlauben, sind Aussagen über ihre jeweils relative Relevanz für die Krankenhaus- bzw. die Fachabteilungsreputation nicht möglich. Es muss daher unterstellt werden, dass Einweiser- und Patientenorientierung die Krankenhausreputation wie auch die Fachabteilungsreputation jeweils gleichermaßen zu explizieren vermögen. Die Herleitung von Hypothesen zum relativen Erklärungsbeitrag der beiden Erscheinungsformen der Kundenorientierung für die Krankenhaus- wie auch für die Fachabteilungsreputation ist im Rahmen des Theoriegebäudes dieser Arbeit somit nicht möglich.

Richtet man den Blick auf die empirische Befundlage, so liefern die vorliegenden Studien zunächst Hinweise darauf, dass auch für Krankenhäuser in der Kundenorientierung ein marktrelevantes Unternehmensmerkmal gesehen werden muss. Die

---

[800] Vgl. Kapitel B.2.3.
[801] Vgl. Gorschlüter (1999), S. 27; Thill (1999), S. 168.

existierenden Erkenntnisse werden zwar meist durch Untersuchungen im US-Amerikanischen Markt gewonnen, allerdings können diese als Hinweise verstanden werden, dass die Kundenorientierung auch im deutschen Krankenhausmarkt ein für verschiedene Bezugsgruppen relevantes Leistungsmerkmal darstellt. So ermitteln *Raju/Lonial/Gupta* in ihrer 176 Krankenhäuser umfassenden Studie einen Einfluss der Kundenorientierung auf das finanzielle Ergebnis wie auch auf den Innovationsgrad der befragten Einrichtungen.[802] Zu einem ähnlichen Resultat kommen *Kumar/Subramanian*, die auf der Basis von 159 auswertbaren Fragebögen signifikante Effekte der Kundenorientierung auf das Gewinnwachstum, den „Return on Capital" sowie den „Return on new Services" empirisch nachweisen.[803] Weiterhin kommen *Raju et al.* und *Wood/Bhuian/Kiecker* in ihren Studien zur konzeptionell weiter gefassten Marktorientierung von Krankenhäusern zu analogen Ergebnissen.[804] Einschränkend muss jedoch bemerkt werden, dass die genannten Studien erstens implizit ausschließlich auf Patienten als Kundengruppe fokussieren und sie zweitens ihre Daten durchweg durch Selbstauskünfte von Repräsentanten der befragten Einrichtungen gewonnen haben, so dass unklar bleibt, ob die Kundenorientierung tatsächlich von den Patienten als solche wahrgenommen wird.[805]

Nähert man sich den interessierenden Zusammenhängen komplementär von Seiten der Reputationsforschung, so sprechen auch die hier empirisch gewonnenen Erkenntnisse für die theoretisch hergeleitete Bedeutung der Kunden- bzw. Einweiser- und Patientenorientierung für das Reputationskonzept. Wenngleich sich die Befundlage eher spärlich darstellt, kann der Forschungsbeitrag von *Walsh/Beatty* genannt werden, in der die Autoren einen empirischen Nachweis der Kundenorientierung verschiedener Dienstleistungsunternehmen für deren Reputation erbringen.[806]

Trotz dieser einschlägigen Erkenntnisse kann von einer eindeutigen empirischen Bestätigung der hier postulierten multiplen Zusammenhänge zwischen den beiden Erscheinungsformen der Kundenorientierung und den beiden Elementen des Reputationskomplexes zwangsläufig nur bedingt die Rede sein. Die Gründe hierfür sind folgende:

- Empirische Studien zur simultanen Untersuchung der Kundenorientierung gegenüber mehr als einer Bezugsgruppe sind nicht bekannt, so dass die in der vorliegenden Arbeit vollzogene Differenzierung in die Einweiser- und Patienten-

---

[802] Vgl. Raju/Lonial/Gupta (1995), S. 40.
[803] Vgl. Kumar/Subramanian (2000), S. 28.
[804] Vgl. Wood/Bhuian/Kiecker (2000), S. 221; Raju et al. (2000), S. 241.
[805] Zur Kritik der Erhebung der Kundenorientierung durch Selbstauskünfte vgl. Deshpandé/Farley/Webster (1993), S. 32.
[806] Vgl. Walsh/Beatty (2007), S. 137.

orientierung – insbesondere auch vor dem Hintergrund des Untersuchungskontextes – als innovatives Element zu verstehen ist.

- Der Neuigkeitsgrad der Differenzierung zwischen einer generellen
  Unternehmens- und einer spezifischen Spartenreputation führt dazu, dass ein
  Rückgriff auf empirische Studien zur Untermauerung entsprechend
  differenzierter Zusammenhänge mit potenziellen Reputationsdeterminanten
  nicht möglich ist.

Demzufolge ist eine eindeutig kongruierende quantitative Bestätigung der aus den
Konstruktdifferenzierungen resultierenden, spezifischen Zusammenhänge nicht
verfügbar. Dennoch scheinen vor dem Hintergrund der zumindest rudimentären
empirischen Hinweise sowie der angestellten theoretischen Überlegungen folgende
Hypothesen begründet:

$H_{20(1)}$: *Je stärker die Einweiserorientierung ausfällt, desto besser ist die Krankenhausreputation bei niedergelassenen Ärzten.*

$H_{21(1)}$: *Je stärker die Einweiserorientierung ausfällt, desto besser ist die Fachabteilungsreputation bei niedergelassenen Ärzten.*

Für die Patientenorientierung aus Sicht der niedergelassenen Ärzte stellen sich die
erläuterten Zusammenhänge analog dar:

$H_{22(1)}$: *Je stärker die Patientenorientierung ausfällt, desto besser ist die Krankenhausreputation bei niedergelassenen Ärzten.*

$H_{23(1)}$: *Je stärker die Patientenorientierung ausfällt, desto besser ist die Fachabteilungsreputation bei niedergelassenen Ärzten.*

6.4.3 Empirische Erfassung der Einweiser- und Patientenorientierung

Die Mehrzahl von Arbeiten, die sich der Messung der Kunden- wie auch der
Marktorientierung widmen, basieren auf den Meilensteinen von *Narver/Slater* oder
Kohli/Jaworski.[807] Da von diesen beiden Forscherteams jedoch nur Ersteres der
kulturellen Perspektive auf das Kundenorientierungskonzept zuzurechnen ist, soll
sich im Folgenden auf den Messansatz von *Narver/Slater* konzentriert werden. Die
Messung der Kundenorientierung erfolgt hier verhaltensbezogen,[808] d.h. in der Skala

---

[807] Vgl. Kraus (2008), S. 63.
[808] Vgl. Homburg/Pflesser (2000a), S. 449.

werden unternehmensweite Verhaltensweisen oder Aktivitäten abgefragt, die als Indikatoren einer hinter diesen stehenden Kundenorientierungskultur fungieren.

Narver/Slater messen den Faktor „Kundenorientierung", der zur Erfassung der Marktorientierung gleichgewichtig neben den Faktoren „Konkurrenzorientierung" und „Interfunktionale Koordination" steht, anhand von sechs Items auf einer siebenstufigen Likert-Skala:[809]

- *„Our business objectives are driven primarily by customer satisfaction."*

- *„We constantly monitor our level of commitment and orientation to serving customers needs."*

- *„Our strategy for competitive advantage is based on our understanding of customers needs."*

- *„Our business strategies are driven by our beliefs about how we can create greater value for our customers."*

- *„We measure customer satisfaction systematically and frequently."*

- *„We give close attention to after-sales service."*

Die Realibilität des so gemessenen Faktors „Kundenorientierung" liegt mit einem *Cronbachs* Alpha von 0,85 deutlich über dem von *Nunally/Bernstein* geforderten Mindestwert von 0,65. Die Kundenorientierung eines Unternehmens kann folglich grundsätzlich mit diesen Indikatoren empirisch erfasst werden. *Kohli/Jaworski/Kumar* allerdings kritisieren die verwendeten Items als zu allgemein formuliert.[810] Ferner müssten weitere Indikatoren berücksichtigt werden, die sich auf die Kundener-wartungen und -bedürfnisse beziehen.[811]

Aus diesen Gründen soll der Blick auf die von *Deshpandé/Farley/Webster* entwickelte Itembatterie gerichtet werden. Die vom Forschergespann zusammen-getragenen Indikatoren sind zwar denen von *Narver/Slater* sehr ähnlich,[812] jedoch konzentriert es sich umfassender und ausschließlich auf die Entwicklung einer Messvorschrift für das Kundenorientierungskonstrukt, mit dem Ergebnis, dass ihre Skala mit neun Items deutlich mehr Indikatoren zur Erfassung der kulturbasierten Kundenorientierung aufweist als jene von *Narver/Slater*. Insoweit begegnen die Forscher der Kritik von *Kohli/Jaworski/Kumar*. Im Einzelnen wird die Kunden-orientierung mithilfe folgender Items operationalisiert:

---

[809] Vgl. Narver/Slater (1990), S. 24.
[810] Vgl. Kohli/Jaworski/Kumar (1993), S. 467.
[811] Vgl. Kohli/Jaworski/Kumar (1993), S. 467.
[812] Vgl. Deshpandé/Farley/Webster (1993), S. 29.

- „*The company has routine or regular measures of customer service.*"

- „*The product and service development is based on good market and customer information.*"

- „*The company knows its competitors well.*"

- „*The company has a good sense of how customers value its products and services.*"

- „*The company is more customer focused than its competitors.*"

- „*The company competes primarily based on product and service differentiation.*"

- „*The customer's interest always come first, ahead of the owner's.*"

- „*The products/services are the best in the business.*"

- „*The company believes this business exists primarily to serve customers.*"

Für die Adaption dieser Skala in der vorliegenden Arbeit spricht neben dem *Cronbachs* Alpha von 0,83, dass *Deshpandé/Farley/Webster* die Ansicht vertreten, dass „[...] *the evaluation of how customer oriented an organization is should come from its customers rather than merely from the company itself.*"[813] und sie die Itembatterie entsprechend nicht für eine Selbsteinschätzung konzipieren, sondern für die Fremdeinschätzung durch die Kunden.[814] Die Skala erscheint daher für den Zweck dieser Arbeit, in der die Kundenorientierung gegenüber niedergelassenen Ärzten und die Kundenorientierung gegenüber Patienten nicht durch die Krankenhausmitarbeiter selbst, sondern durch die Niedergelassenen evaluiert werden sollen, hochgradig geeignet.[815] Ferner wird der Messvorschrift nicht nur eine konsequente und dezidierte Ausrichtung auf kundenorientierte Aspekte attestiert;[816] sie hält auch vergleichenden Reliabilitäts- und Validitätsanalysen mit den zentralen Messansätzen von *Kohli/Jaworski/Kumar* und *Narver/Slater* stand.[817] Dieses empirisch bewährte Iteminventar kann daher vorbehaltlos als Grundlage für eigene Skalen zur Erfassung

---

[813] Deshpandé/Farley/Webster (1993), S. 29.

[814] Dennoch erheben die Autoren zusätzlich die Kundenorientierung durch Selbsteinschätzung der Manager der fokalen Unternehmen in ihrer Studie. Dabei stellt sich heraus, dass die auf Basis der Kundenurteile ermittelte Kundenorientierung den Unternehmenserfolg zu explizieren vermag, während die Kundenorientierung der Selbsteinschätzung keinen signifikanten Einfluss ausübt (nomologische Validität). Die Forscher stellen daher fest, dass Selbsteinschätzungen bei Konstrukten wie der Kundenorientierung potenziell unzureichend sind und daher Kundendaten benötigt werden (vgl. Deshpandé/Farley/Webster (1993), S. 32).

[815] Allerdings liegen dem Autor keine empirischen Erfahrungswerte über Fremdeinschätzungen der Kundenorientierung durch Dritte vor. Eine solche jedoch wird in dieser Arbeit mit der Beurteilung der Patientenorientierung eines Krankenhauses durch niedergelassene Ärzte auf Basis der von den Patienten kommunizierten Erfahrungen angestrebt (vgl. Kapitel C.6.4.2).

[816] Vgl. Kraus (2008), S. 67; Deshpandé/Farley (1999), S. 221 ff.; Deshpandé/Farley (1998), S. 216 ff.

[817] Vgl. Deshpandé/Farley (1998).

der Kundenorientierung eines Krankenhauses gegenüber niedergelassenen Ärzten, namentlich der Einweiserorientierung sowie zur Operationalisierung der Patientenorientierung herangezogen werden. Für diesen Zweck wurden die Items an den Untersuchungskontext dieser Arbeit angepasst und entsprechend der fokussierten Kundengruppe entweder auf niedergelassene Ärzte oder auf Patienten ausgerichtet.[818] Die letztendlich resultierenden Skalen können den Tab. C-10 und C-11 entnommen werden.

Items	Ankerpunkte der siebenstufigen Ratingskala
Die Entwicklung von Leistungen des Krankenhauses für niedergelassene Ärzte basiert auf guten Informationen über die Bedürfnisse der Niedergelassenen. [KH_EO1$_{(1)}$]	
Das Krankenhaus weiß, wie die niedergelassenen Ärzte seine Leistungen beurteilen. [KH_EO2$_{(1)}$]	
Das Krankenhaus evaluiert regelmäßig die Qualität der Services für niedergelassene Ärzte. [KH_EO3$_{(1)}$]	
Das Krankenhaus orientiert sich mehr an den Bedürfnissen der niedergelassenen Ärzte als seine Wettbewerber. [KH_EO4$_{(1)}$]	Stimme gar nicht zu
Das Krankenhaus versucht, sich durch besondere Leistungen für niedergelassene Ärzte positiv von seinen Wettbewerbern abzuheben. [KH_EO5$_{(1)}$]	- Stimme voll zu
Für das Krankenhaus haben die Bedürfnisse und Interessen der niedergelassenen Ärzte Vorrang vor denen des Krankenhausträgers. [KH_EO6$_{(1)}$]	
Die Leistungen des Krankenhauses für die niedergelassenen Ärzte sind die besten im Vergleich mit den Wettbewerbern. [KH_EO7$_{(1)}$]	
Das Krankenhaus handelt nach dem Grundsatz, seinen Einweisern bestmöglich zu dienen. [KH_EO8$_{(1)}$]	

Tab. C-10:   Operationalisierung des Konstruktes „Einweiserorientierung"

---

[818] Kontextbedingt wurde das Item „The company knows his competitors well." nicht mit in das Iteminventar aufgenommen. Während die übrigen Indikatoren im Erfahrungsbereich der Probanden liegen, erscheint die Möglichkeit der Beurteilung dieses Items durch niedergelassene Ärzte und Patienten abwegig. Zudem liegt diesem „Wettbewerbsitem" die Gefahr inne, dass sich – im Zweifel markttheoretisch unvorbelasteten – niedergelassenen Ärzten und Patienten der Bezug zur Kundenorientierung nicht erschließt. Da es sich um reflektiv spezifizierte Konstrukte mit deutlich mehr als vier Items handelt, ist diese Eliminierungsentscheidung auch aus methodischen Gesichtspunkten unproblematisch.

Items	Ankerpunkte der siebenstufigen Ratingskala
Die Entwicklung von Leistungen des Krankenhauses für Patienten basiert auf guten Informationen über die Bedürfnisse der Patienten. [KH_PO1$_{(1)}$]	
Das Krankenhaus hat ein gutes Gespür dafür, wie die Patienten die Leistungen beurteilen. [KH_PO2$_{(1)}$]	
Das Krankenhaus evaluiert regelmäßig die Qualität der Services für Patienten. [KH_PO3$_{(1)}$]	
Das Krankenhaus orientiert sich mehr an den Bedürfnissen der Patienten als seine Wettbewerber. [KH_PO4$_{(1)}$]	Stimme gar nicht zu
Das Krankenhaus versucht, sich durch besondere Leistungen für Patienten positiv von seinen Wettbewerbern abzuheben. [KH_PO5$_{(1)}$]	- Stimme voll zu
Für das Krankenhaus haben die Bedürfnisse und Interessen der Patienten Vorrang vor denen des Krankenhausträgers. [KH_PO6$_{(1)}$]	
Die Leistungen des Krankenhauses für die Patienten sind die besten im Vergleich mit den Wettbewerbern. [KH_PO7$_{(1)}$]	
Das Krankenhaus handelt nach dem Grundsatz, seinen Patienten bestmöglich zu dienen. [KH_PO8$_{(1)}$]	

Tab. C-11: Operationalisierung des Konstruktes „Patientenorientierung"

7 Verzahnung der entwickelten Forschungshypothesen der Erststudie zu einem Untersuchungsmodell

Die Ausführungen der vorangegangenen Abschnitte dienten der theoretischen Durchdringung des Reputationsphänomens unter expliziter Berücksichtigung seines Multilevel-Charakters. Wie die bisherige Diskussion gezeigt hat, resultieren auf Basis dieser Überlegungen sowie einschlägiger Befunde früherer Studien insgesamt 26 Hypothesen, davon drei bedingte. Unter Anwendung eines eklektischen Ansatzes, dessen Elemente ausnahmslos auf den Annahmen der kognitionstheoretischen Psychologie fußen, konnten entsprechend dezidierte Aussagen über reputationszentrierte komplexe Ursache-Wirkungszusammenhänge aufgestellt werden. Im Fokus der Entwicklung des Hypothesensystems der Erststudie standen dabei ausdrücklich

- die Fundierung der Differenzierung des Reputationskonzeptes in eine Krankenhaus- und eine Fachabteilungsreputation,

- der Aufbau eines umfassenden Verständnisses über die Relation der differenzierten Reputationen bzw. über Einflussgrößen ihres Zusammenhangs und

- die theoriebasierte Erklärung differenzierter Wirkungen des Reputationskomplexes auf ökonomische und vorökonomische Erfolgsgrößen von Krankenhäusern.

195

Das bedeutendste Ziel der Erststudie dieser Arbeit besteht somit darin, neben der analytischen Durchdringung des Innenverhältnisses des Reputationskomplexes die Sinnhaftigkeit der Reputationsdifferenzierung durch das Aufzeigen des unterschiedlichen Erklärungsgehaltes der Krankenhaus- und Fachabteilungsreputation für unternehmerische Erfolgsgrößen aufzuzeigen. Komplementär galt die Aufmerksamkeit abschließend potenziellen Determinanten des Reputationskomplexes, um Anhaltspunkte für eine gezielte Einflussnahme auf die Reputationsbildung auf beiden Ebenen zu erlangen. Tab. C-12 fasst die hergeleiteten Hypothesen zusammen, die im Rahmen der Erststudie der vorliegenden Arbeit mit empirischem Datenmaterial konfrontiert werden sollen.

Das zentrale Anliegen dieser Arbeit ist jedoch nicht die isolierte Prüfung der einzelnen, in Tab. C-12 zusammengetragenen Hypothesen. Abgesehen von den Hypothesen $H_{1(1)}$ und $H_{2(1)}$, die aus noch darzulegenden, methodischen Gründen eine Einzelprüfung verlangen,[819] erscheint es vielmehr aufschlussreicher, das komplexe reputationszentrierte Beziehungsgeflecht in Gänze zu testen, indem es durch eine Gegenüberstellung mit empirischen Daten einer simultanen Analyse unterzogen wird – nicht zuletzt deshalb, um dem in Kapitel C.2 dargestellten theoriepluralistischen Forschungsansatz adäquat Rechnung tragen zu können.

Erste Forschungszielsetzung dieser Arbeit	
Bezeichnung	Hypothese
$H_{1(1)}$	Krankenhausreputation und Fachabteilungsreputation sind aus der Perspektive niedergelassener Ärzte distinkte Konstrukte.
Zweite Forschungszielsetzung dieser Arbeit	
Bezeichnung	Ursache-Wirkungszusammenhang
$H_{2(1)}$	Je höher die Fachabteilungsreputation ausgeprägt ist, desto besser ist die Reputation des Krankenhauses bei niedergelassenen Ärzten.
$H_{3(1)}$	Je länger die Einweisungsbeziehung zwischen Krankenhaus und niedergelassenem Arzt ist, desto geringer ist der Einfluss der Fachabteilungsreputation auf die Krankenhausreputation.
$H_{4(1)}$	Je höher die wahrgenommene Autonomie der Fachabteilung ausfällt, desto stärker ist der Einfluss der Fachabteilungsreputation auf die Krankenhausreputation.
$H_{5(1)}$	Je höher der Spezialisierungsgrad niedergelassener Ärzte ist, desto geringer ist der Einfluss der Fachabteilungsreputation auf die Krankenhausreputation.
$H_{6(1)}$	Je höher der Kenntnisstand der niedergelassenen Ärzte bezüglich des Krankenhauses als Ganzes ist, desto geringer ist der Einfluss der Fachabteilungsreputation auf die Krankenhausreputation.
Dritte Forschungszielsetzung dieser Arbeit	
Bezeichnung	Ursache-Wirkungszusammenhang
$H_{7(1)}$	Je höher die Krankenhausreputation ausgeprägt ist, desto besser ist die Beurteilungsposition des Krankenhauses im Awareness Set und desto eher berücksichtigen niedergelassene Ärzte das Krankenhaus im Evoked Set für Einweisungsentscheidungen.
$H_{8(1)}$	Je höher die Fachabteilungsreputation ausgeprägt ist, desto besser ist die Beurteilungsposition des Krankenhauses im Awareness Set und desto eher berücksichtigen niedergelassene Ärzte das Krankenhaus im Evoked Set für Einweisungsentscheidungen.

---

[819] Vgl. Kapitel E.1.9; Kapitel E.2.2.

$H_{9(1)}$	Die Fachabteilungsreputation hat einen stärkeren Einfluss auf die Position des Krankenhauses im Awareness Set und damit auf die Evoked-Set-Formierung niedergelassener Ärzte als die Krankenhausreputation.
$H_{10(1)}$	Die Berücksichtigung des Krankenhauses im Evoked Set niedergelassener Ärzte hat einen positiven Einfluss auf die Anzahl an Einweisungen in das Krankenhaus.
$H_{10a(1)}$	Die Krankenhausreputation hat einen indirekten Einfluss auf die Anzahl an Einweisungen in das Krankenhaus.
$H_{10b(1)}$	Die Fachabteilungsreputation hat einen indirekten Einfluss auf die Anzahl an Einweisungen in das Krankenhaus.
$H_{10c(1)}$	Die Fachabteilungsreputation hat einen stärkeren indirekten Einfluss auf die Anzahl an Einweisungen in das Krankenhausreputation.
$H_{11(1)}$	Je höher die Krankenhausreputation ausgeprägt ist, desto höher ist die Kooperationsbereitschaft niedergelassener Ärzte.
$H_{12(1)}$	Je höher die Fachabteilungsreputation ausgeprägt ist, desto höher ist die Kooperationsbereitschaft niedergelassener Ärzte.
$H_{13(1)}$	Die Krankenhausreputation hat einen stärkeren Einfluss auf die Kooperationsbereitschaft niedergelassener Ärzte als die Fachabteilungsreputation.
Vierte Forschungszielsetzung dieser Arbeit	
Bezeichnung	**Ursache-Wirkungszusammenhang**
$H_{14(1)}$	Je höher die Ergebnisqualität des Krankenhauses als Ganzes ausfällt, desto besser ist die Krankenhausreputation bei niedergelassenen Ärzten.
$H_{15(1)}$	Je höher die Ergebnisqualität des Krankenhauses als Ganzes ausfällt, desto besser ist die Fachabteilungsreputation bei niedergelassenen Ärzten.
$H_{16(1)}$	Je höher die Ergebnisqualität der Fachabteilung ausfällt, desto besser ist die Krankenhausreputation bei niedergelassenen Ärzten.
$H_{17(1)}$	Je höher die Ergebnisqualität der Fachabteilung ausfällt, desto besser ist die Fachabteilungsreputation bei niedergelassenen Ärzten.
$H_{18(1)}$	Die Ergebnisqualität des Krankenhauses als Ganzes hat einen stärkeren Einfluss auf die Krankenhausreputation bei niedergelassenen Ärzten als die Ergebnisqualität der Fachabteilung.
$H_{19(1)}$	Die Ergebnisqualität der Fachabteilung hat einen stärkeren Einfluss auf die Fachabteilungsreputation bei niedergelassenen Ärzten als die Ergebnisqualität des Krankenhauses als Ganzes.
$H_{20(1)}$	Je stärker die Einweiserorientierung ausfällt, desto besser ist die Krankenhausreputation bei niedergelassenen Ärzten.
$H_{21(1)}$	Je stärker die Einweiserorientierung ausfällt, desto besser ist die Fachabteilungsreputation bei niedergelassenen Ärzten.
$H_{22(1)}$	Je stärker die Patientenorientierung ausfällt, desto besser ist die Krankenhausreputation bei niedergelassenen Ärzten.
$H_{23(1)}$	Je stärker die Patientenorientierung ausfällt, desto besser ist die Fachabteilungsreputation bei niedergelassenen Ärzten.

Tab. C-12:   Forschungshypothesen der Erststudie dieser Arbeit

Im Rahmen der Auswertung kommt insbesondere die Kovarianzstrukturanalyse zum Einsatz. Als Grundlage hierfür dient das in Abb. C-10 skizzierte Forschungsmodell, welches das Hypothesensystem in einer für die Anwendung der Kovarianzstrukturanalyse kompatiblen Form repräsentiert.[820]

---

[820] Mangels visueller Darstellbarkeit sind hier die Hypothese $H_{1(1)}$, die bedingten Hypothesen $H_{10a(1)}$-$H_{10c(1)}$ und jene zu den relativen Einflussstärken nicht berücksichtigt. Letztere sollen aber durch die unterschiedlich starken Kanten zumindest angedeutet werden.

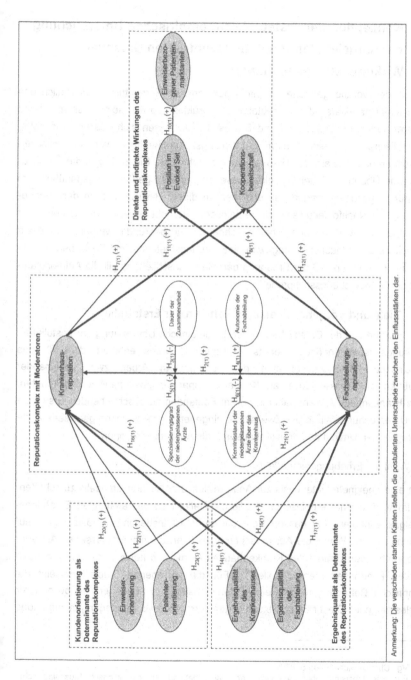

Abb. C-10: Das entwickelte Forschungsmodell der Erststudie

Anmerkung: Die verschieden starken Kanten stellen die postulierten Unterschiede zwischen den Einflussstärken dar.

D Konzeption der Erststudie zur empirischen Untersuchung der hergeleiteten reputationszentrierten Ursache-Wirkungszusammenhänge

Die in den vorangegangenen Kapiteln gewonnenen Erkenntnisse hinsichtlich des Multilevel-Charakters des Reputationskonstruktes sowie seiner entsprechend differenzierten Konsequenzen und Einflussgrößen lassen sich aus wissenschaftstheoretischer Perspektive dem Entdeckungszusammenhang von theoretischen Aussagen und insofern der Theoriebildung zuschreiben. Die im Folgenden durchzuführende Überprüfung der Gültigkeit dieser Hypothesen gehört demgegenüber dem Begründungszusammenhang an und dient in dieser Hinsicht letztlich der Theorieprüfung.[821] Nachfolgend soll die empirische Vorgehensweise im Rahmen der Erststudie der vorliegenden Arbeit beschrieben und begründet werden. Zu diesem Zweck werden zunächst die angewandte Erhebungsmethodik und die vorbereitenden Maßnahmen im Vorfeld der Erhebung dargelegt. Anschließend gilt die Aufmerksamkeit der Untersuchungsstichprobe.

1 Ziele und Vorgehensweise im Rahmen der Erststudie

Das primäre Ziel der Datenerhebung ist die empirische Überprüfung der postulierten Wirkungszusammenhänge. Bereits in Kapitel B wurde erläutert, dass für das empirische Forschungsvorhaben der vorliegenden Arbeit zwei voneinander unabhängige Krankenhäuser als Kooperationspartner gewonnen werden konnten. Das Krankenhaus A dient dabei in der im Folgenden zu beschreibenden Erststudie als Untersuchungsfall. In der Zweitstudie hingegen fungieren niedergelassene Ärzte im regionalen Umfeld des Krankenhauses B als Auskunftspersonen.

(1) Wahl der Erhebungsmethode

Um eine geeignete Datenbasis zur Analyse des Untersuchungsmodells zu schaffen, ist im Vorfeld einer empirischen Studie die Definition eines adäquaten Erhebungsdesigns vonnöten. Bei dessen Konkretisierung ist insbesondere festzulegen, auf welche Art und Weise die Auskunftspersonen (hier: die niedergelassenen Ärzte im geographischen Umfeld des Krankenhauses A) mit den Items der anzuwendenden Skalen konfrontiert werden sollen.[822] Für die vorliegende Studie erscheint die schriftliche Befragung mithilfe eines standardisierten Fragebogens in besonderer Weise geeignet. Dieser Einschätzung liegen vorrangig zwei Überlegungen zugrunde:

---

[821] Vgl. Chmielewicz (1979), S. 87 ff.
[822] Für eine Übersicht über Methoden der Datenerhebung vgl. exemplarisch Nieschlag/Dichtl/Hörschgen (2002), S. 442 ff.; Berekoven/Eckert/Ellenrieder (2004), S. 106 ff.

- Zur Überprüfung der theoretisch hergeleiteten Ursache-Wirkungsbeziehungen zwischen komplexen Konstrukten müssen diese latenten Variablen in Messkonzepte gegossen und anschließend einer Güteprüfung hinsichtlich Reliabilität und Validität unterzogen werden. Dies erfordert eine Standardisierung des Fragebogens.

- Der entscheidende Vorteil der schriftlichen Befragung für den Anwendungskontext der vorliegenden Arbeit besteht darin, dass die Probanden aufgrund des geringeren Zeitdrucks in der Befragungssituation sowie der Selbstbestimmung des konkreten Zeitpunkts der Fragebogenbeantwortung in aller Regel reflektiertere und folglich präzisere Auskünfte mit entsprechend positiven Konsequenzen für die Datengenauigkeit geben können.[823] Speziell bei niedergelassenen Ärzten als Auskunftspersonen ist die schriftliche Befragung zu präferieren, weil diese das Ausfüllen des Fragebogens in zeitliche Freiräume ihres Praxisalltags legen können. Gegen eine mündliche (z.B. telefonische oder persönliche Befragung) spricht zudem die bei reflektiven Skalen häufig vorzufindenden sehr ähnlichen Formulierungen verschiedener Items innerhalb einer Skala, was bei einer mündlichen Abfrage bei den Probanden zu Irritationen führen könnte.

(2) Ablauf der Datenerhebung

Die Vorgehensweise bei der empirischen Untersuchung der Erststudie kann Abb. D-1 entnommen werden. Da die Marketingdisziplin über vergleichsweise geringe Erfahrungen mit niedergelassenen Ärzten als Zielgruppe bzw. als Auskunftspersonen im Rahmen von Marktforschungsstudien verfügt, die ihr vorliegenden Skalen zur Erfassung hypothetischer Konstrukte in der Regel nicht für diese spezifische Personengruppe entwickelt worden sind und in Konsequenz die Gefahr besteht, bestimmte berufsgruppenspezifische Besonderheiten bei entsprechenden Befragungen zu vernachlässigen, wurden der eigentlichen Datenerhebung mehrere Maßnahmen vorgeschaltet, die u.a. die Adäquanz der verwendeten Items des Fragebogens sicherstellen sollten.

---

[823] Vgl. z.B. Berekoven/Eckert/Ellenrieder (2004), S. 115; Hammann/Erichson (1994), S. 89.

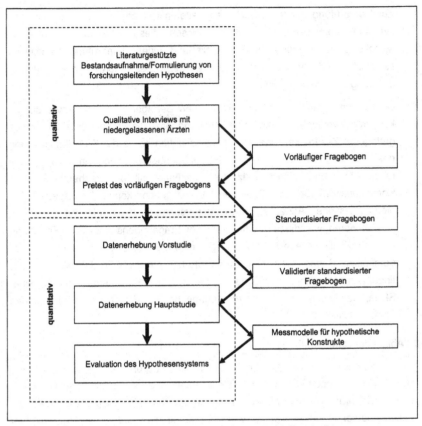

Abb. D-1: Vorgehensweise der empirischen Untersuchung der Erststudie

Im Mai 2007 wurden zunächst qualitative Interviews mit 26 niedergelassenen Ärzten im näheren Einzugsgebiet des Krankenhauses A durchgeführt, in erster Linie um die Relevanz des Reputationskonzepts und weitere potenziell bedeutsame Einflussgrößen der Beziehungsqualität zwischen Krankenhaus und Niedergelassenem zu sondieren. Die Erkenntnisse aus diesen Interviews flossen gemeinsam mit dem Ergebnis der Literatursichtung hinsichtlich der in Kapitel A.2 aufgezeigten bestehenden Forschungsbedarfe innerhalb der Reputationsforschung in die Entwicklung eines Fragebogens ein, der die interessierenden, forschungsrelevanten Konstrukte erfassen sollte. Da die verwendeten Items zwangsläufig zum Teil medizinische Fachtermini enthalten bzw. auf medizinische Zusammenhänge sowie auf das spezifische Verhältnis zwischen Krankenhaus und niedergelassenem Arzt abstellen, wurde dieser Fragebogen im Rahmen eines Pretests von elf niedergelassenen Ärzten verschiedener Fachrichtungen in Bezug auf die Sinnhaftigkeit und die Formulierungen der Items überprüft.

Der resultierende, bezüglich einiger Formulierungen modifizierte Fragebogen ging anschließend in eine Vorstudie ein, die der Überprüfung der Reliabilität und Validität der eingesetzten Skalen diente. Versendet wurde dieser Fragebogen im Juli 2007 an 268 niedergelassene Ärzte im regionalen Umfeld des Krankenhauses, wobei ein Rücklauf von 80 Fragebögen festgestellt werden konnte, was einer Quote von 29,9% entspricht. Die Gütebeurteilung der Konstruktoperationalisierungen gab nur geringfügigen Anlass zur Modifikation der verwendeten Skalen nach Maßgabe der üblichen Kriterien.[824]

Um die Wahrscheinlichkeit einer hohen Rücklaufquote der Haupterhebung zu erhöhen, wurde die Versendung der Fragebögen bei den anzuschreibenden niedergelassenen Ärzten vorab telefonisch angekündigt. Im Anschluss daran erfolgte im November 2007 die postalische Versendung der standardisierten Fragebögen an 1.276 niedergelassene Ärzte durch den *Lehrstuhl für Allgemeine Betriebswirtschaftslehre, insbesondere Marketing und Handelsbetriebslehre der Philipps-Universität Marburg*. Die Basis der Stichprobenauswahl bildete das Adressenverzeichnis der zuständigen Kassenärztlichen Vereinigung, so dass der Fragebogen an alle niedergelassenen Ärzte, die an der vertragsärztlichen Patientenversorgung teilnehmen und die ihre Praxis in einem Radius von 50 Kilometern um das fokale Krankenhaus betreiben, versendet wurde. Die Bestimmung dieses Radius erfolgte durch einen Abgleich mit der internen Einweiserstatistik des Krankenhauses. Dieser ergab, dass innerhalb dieses geographischen Bereichs Einweisungen durch niedergelassene Ärzte in das fokale Krankenhaus erfolgen, woraus geschlossen wurde, dass innerhalb dieses Radius eine Bekanntheit des Krankenhauses bei den Niedergelassenen als logische Voraussetzung für die Beantwortung des Fragebogens angenommen werden kann.

Neben einem Anschreiben, in dem das Anliegen und das Ziel der anonymisierten Erhebung erläutert wurden, enthielten die Unterlagen ein an den Lehrstuhl adressiertes, frankiertes Antwortkuvert. Zum Zweck einer zusätzlichen Rücklaufstimulierung wurden zudem Einkaufsgutscheine unter den Teilnehmern der Erhebung verlost sowie für jeden zurückgesandten Fragebogen eine Spende an eine gemeinnützige Organisation getätigt. In einer telefonischen Nachfassaktion wurden schließlich sämtliche der angeschriebenen niedergelassenen Ärzte, die nach zwei Wochen den Fragebogen noch nicht zurückgesandt hatten, nochmals gebeten, an der Erhebung teilzunehmen. Letztlich umfasste der auf diese Weise generierte Rücklauf 342 auswertbare Fragebögen bzw. 26,8% der definierten Grundgesamtheit.

---

[824] Vgl. Kapitel E.1.

2 Beschreibung der Untersuchungsstichprobe der Erststudie

Üblicherweise hat im Rahmen der Durchführung schriftlicher Befragungen eine Analyse auf systematische Unterschiede in der Struktur der antwortenden und der nicht antwortenden Personen zu erfolgen. Das Phänomen von Differenzen zwischen den im Rücklauf erfassten Auskunftspersonen und den zwar kontaktierten, aber nicht antwortenden Personen wird in der einschlägigen Literatur als Non-Response-Bias bezeichnet.[825]

Um einem möglichen Non-Response-Bias auf den Grund zu gehen, soll auf die Methode von *Armstrong/Overton* rekurriert werden. Demzufolge unterzieht man diejenigen Probanden, die umgehend antworten, einem Vergleich mit denjenigen, die den Fragebogen nicht postwendend zurückschicken.[826] Sollten sich hierbei Unterschiede zwischen den Gruppen ergeben, würde dies die Generalisierbarkeit der empirisch gewonnenen Erkenntnisse gefährden, da davon ausgegangen wird, dass die spät antwortenden Befragten den zwar kontaktierten, aber nicht an der Befragung teilnehmenden Personen, gleichen.

Um die vorliegenden Daten auf diese Verzerrung hin zu überprüfen, werden die Datensätze der schriftlichen Befragung anhand des Rücklaufdatums unterteilt und die Werte der Variablen zwischen dem ersten Quartil („Frühantworter") und dem letztem Quartil („Spätantworter") anhand von t-Tests miteinander verglichen. Wie sich herausstellt, weisen keine der Variablen signifikante Mittelwertunterschiede auf dem 5%-Niveau auf. Dieses Faktum deutet darauf hin, dass im Rahmen der Erststudie der vorliegenden Arbeit kein Non-Response-Bias vorliegt.

Eine detaillierte Darstellung der Struktur des Rücklaufs der Erststudie zeigt Tab. D-1. Da es mit Blick auf die Verallgemeinerbarkeit der Befunde dieser Arbeit nicht nur von Belang ist, dass die beiden als Untersuchungsfälle fungierenden Krankenhäuser als prototypisch für den deutschen Krankenhausmarkt gelten,[827] sondern zudem die Frage zu klären ist, ob komplementär auch die Struktur des Rücklaufs stellvertretend für die Gesamtheit aller niedergelassenen (Vertrags-) Ärzte herangezogen werden kann, sind in Tab. D-1 zusätzlich Strukturdaten der Kassenärztlichen Bundesvereinigung aufgeführt. Durch den Vergleich der Stichprobe der vorliegenden Untersuchung mit diesen Daten wird deutlich, dass sich diese hinsichtlich der

---

[825] Vgl. Armstrong/Overton (1977).

[826] Vgl. Armstrong/Overton (1977), S. 396 ff. Für eine Anwendung der Methode vgl. Hult/Ketchen (2001), S. 903.

[827] In Kapitel B.3 wurde festgestellt, dass die wesentlichen, in den Kapiteln B.1 und B.2 diskutierten Facetten des deutschen Krankenhausmarktes sowohl durch das Krankenhaus A als auch durch das Krankenhaus B widergespiegelt werden und daher beide Fälle für die Generierung von Erkenntnissen für die deutsche Krankenhauslandschaft insgesamt geeignet erscheinen.

Fachrichtungen der Ärzte tendenziell entsprechen.[828] Gleiches gilt für das soziodemographische Merkmal der Altersstruktur, wobei die vorliegende Stichprobe eine leichte Verschiebung in Richtung eines höheren Durchschnittsalters aufweist. Lediglich hinsichtlich der Geschlechteranteile entspricht die Stichprobe offenkundig nicht dem Bundesdurchschnitt aller niedergelassenen Vertragsärzte und es muss eine Überrepräsentation von Ärztinnen in dieser Untersuchung konstatiert werden. Allerdings ist es vor dem Hintergrund der Fragestellungen der vorliegenden Arbeit bzw. des entwickelten Forschungsmodells nicht ersichtlich, warum eine vom Durchschnitt abweichende Geschlechterstruktur Einschränkungen bei der Interpretation der empirischen Daten nach sich ziehen müsste. Aus diesem Grund kann davon ausgegangen werden, dass die verfügbare Stichprobe eine geeignete Datenbasis für die weiteren Analysen bildet und aus den Untersuchungsergebnissen angemessen generalisierbare Schlussfolgerungen bezüglich der interessierenden Zusammenhänge gegeben werden können.

	Struktur des Rücklaufs	Vertragsärzte im gesamten Bundesgebiet (Stichtag: 31.12.2007)
Administrierte Fragebögen	1.276	Basis der KBV-Altersstatistik: 120.232
Rücklauf	342	Basis der KBV-Geschlechter- und
Quote	26,8%	Fachrichtungsstatistik: 118.830
Alter		
unter 30	1 (<0,1%)	2 (<0,1%)
30 bis 39	20 (5,8%)	7.442 (6,2%)
40 bis 49	101 (29,53%)	44.219 (36,8%)
50 bis 59	125 (36,5%)	47.484 (39,5%)
60 bis 69	88 (25,7%)	20.695 (17,2%)
über 70	7 (2,0%)	390 (<0,1%)
Geschlecht		
weiblich	183 (53,5%)	41.709 (35,1%)
männlich	159 (46,5%)	77.121 (64,9%)
Fachrichtung		
Allgemeinärzte/Praktische Ärzte	160 (46,8%)	41.438 (34,9%)
Anästhesisten	0 (0,0%)	2.751 (2,3%)
Ärztliche Psychotherapeuten	10 (2,9%)	4.496 (3,8%)
Augenärzte	21 (6,1%)	5.183 (4,4%)
Chirurgen	12 (3,5%)	3.769 (3,2%)
Frauenärzte	28 (8,2%)	9.676 (8,1%)
Hautärzte	7 (2,0%)	3.283 (2,8%)
HNO-Ärzte	14 (4,1%)	3.920 (3,3%)
Internisten	29 (8,5%)	18.942 (15,9%)
Kinderärzte	19 (5,6%)	5.673 (4,8%)
Nervenärzte	3 (0,9%)	4.792 (4,0%)
Orthopäden	10 (2,9%)	5.062 (4,3%)
Radiologen	3 (0,9%)	2.708 (2,3%)
Sonstige	14 (4,1%)	4.527 (3,8%)
Urologen	12 (3,5%)	2.611 (2,2%)

Tab. D-1: Struktur des Rücklaufs der schriftlichen Befragung der Erststudie

---

[828] Vgl. KBV (2009).

E Hergeleitete reputationszentrierte Ursache-Wirkungszusammenhänge im Spiegel empirischer Befunde der Erststudie

Das zentrale Ziel dieses Kapitels ist die Konfrontation der postulierten Forschungshypothesen mit dem im Rahmen der Erststudie der vorliegenden Arbeit gewonnenen empirischen Datenmaterial. Aufgrund der Komplexität eines solchen Modelltests soll sich die Vorgehensweise an dem von *Anderson/Gerbing* vorgeschlagenen und mittlerweile gängigen „Two-Step Approach" orientieren.[829] Demnach wird in einem ersten Schritt die Angemessenheit der postulierten Messmodelle für die latenten Konstrukte geprüft (in Kapitel E.1), bevor anschließend das Strukturmodell und damit das angenommene Wirkungsgeflecht zwischen den latenten Konstrukten getestet wird (in Kapitel E.2). Während im Rahmen der Überprüfung der Konstruktoperationalisierungen einer der Schwerpunkte auf der Untersuchung der postulierten Dimensionalität der Reputationskonstrukte als Konstrukte zweiter Ordnung liegen wird, muss sich im Zuge der Analyse der Ursache-Wirkungszusammenhänge auch mit der Prüfung der zwischen den Konstrukten der Krankenhausreputation und der Fachabteilungsreputation angenommenen dominanten Wirkungsrichtung auseinandergesetzt werden. Die Analyse der moderierenden Effekte des Innenverhältnisses des Reputationskomplexes bildet ebenfalls einen Baustein der Untersuchung des Strukturmodells.

Als Resultat der Bemühungen dieses Kapitels E stehen Aussagen über das Ausmaß, zu dem sich die von der Theorie insistierten Ursache-Wirkungszusammenhänge tatsächlich in der empirischen Datenlage als Spiegelbild der Realität wiederfinden lassen.

1 Überprüfung der Konstrukte des Forschungsmodells der Erststudie

1.1 Vorgehensweise bei der Analyse der Konstrukte des Forschungsmodells der Erststudie

Da es sich bei den meisten Konstrukten des Forschungsmodells um latente, d.h. nicht unmittelbar beobachtbare Phänomene handelt, die folglich nur indirekt über Indikatoren gemessen werden können, ist es notwendig, die Qualität der gewählten Operationalisierungen anhand geeigneter Kriterien zu überprüfen. Die Güte eines

---

[829] Vgl. Anderson/Gerbing (1982), S. 453.

Messmodells manifestiert sich dabei in erster Linie in seiner Reliabilität und Validität.[830]

Die Reliabilität drückt die Zuverlässigkeit der Messung einer latenten Variablen aus und spiegelt den Grad wider, zu dem eine Messung frei von zufälligen Messfehlern ist, d.h. zu dem eine Übereinstimmung verschiedener unabhängiger, aber vergleichbarer Messungen ein und derselben Variable erzielt wird.[831] Im Rahmen der Reliabilitätsbestimmung wird in der Regel auf interne Konsistenztests zurückgegriffen.[832] Die Reliabilität einer Messung ist zwar keine hinreichende, jedoch eine notwendige Bedingung für die Validität einer Messung.[833]

Die Validität ist ein Maß für die konzeptionelle Korrektheit einer Messung und ist gewährleistet, wenn die gemessenen Werte mit den unbekannten wahren Werten korrelativ übereinstimmen bzw. wenn von den Unterschieden zwischen den gemessenen Werten auf die Differenzen zwischen den wahren unbekannten Werten geschlossen werden kann.[834] Ein Messmodell ist somit dann valide, wenn es das misst, was es zu messen vorgibt.[835] Dies setzt neben dem Fehlen zufälliger auch einen Ausschluss systematischer Messfehler voraus.[836] Wie bereits in Kapitel C.3.2 erläutert, lassen sich mit der Inhaltsvalidität, der Kriteriumsvalidität und der Konstruktvalidität drei verschiedene Validitätskonzepte unterscheiden.[837] Dabei ist insbesondere die Konstruktvalidität für eine quantitative Beurteilung anhand spezieller Kriterien, die im Folgenden zu beschreiben sind, zugänglich.

Neben der Diskussion der Gütebeurteilung der Konstruktmessungen mittels Reliabilitäts- und Validitätsmaßen der ersten und zweiten Generation gilt es, in den anstehenden Ausführungen mit Blick auf das Reputationskonstrukt auf Verfahrensweisen zur Überprüfung des Ordnungsranges latenter Variablen einzugehen.[838] Hierbei wird sich im Kern der Methodik der konfirmatorischen Faktorenanalyse bedient, allerdings kommt diese vor dem speziellen Hintergrund eines Vergleichs zwischen einfaktorieller und mehrfaktorieller Modelllösung ein und desselben Konstruktes zur Anwendung.[839]

---

[830] Vgl. Homburg (2000), S. 73. Zur Objektivität als weiteres Beurteilungskriterium vgl. Kapitel C.3.2.
[831] Vgl. Hildebrandt (1984), S. 45 ff.; Churchill (1979), S. 65.
[832] Vgl. Kapitel C.3.2; Berekoven/Eckert/Ellenrieder (2004), S. 89 f.
[833] Vgl. Hair et al. (2006), S. 712; Churchill (1979), S. 65.
[834] Vgl. Bühner (2006), S. 36 ff.; Homburg (2000), S. 73; Peter (1981), S. 134.
[835] Vgl. Rost (2004), S. 33; Homburg/Giering (1996).
[836] Vgl. Kinnear/Taylor (1991), S. 830; Churchill (1979), S. 65.
[837] Zu den Validitätskonzepten vgl. Kapitel C.3.2.
[838] Zur Vorgehensweise der Überprüfung von Konstruktoperationalisierungen vgl. Giering (2000); Becker (1999); Homburg (1998); Homburg/Giering (1996).
[839] Vgl. Kapitel E.1.4.

1.2 Prüfung der Messvorschriften mittels Reliabilitäts- und Validitätskriterien der ersten Generation

Zu den Reliabilitäts- und Validitätskriterien der ersten Generation werden in der Marketingforschung üblicherweise die exploratorische Faktorenanalyse, das *Cronbachs* Alpha sowie die Item-to-Total-Korrelation gezählt. Durch diese ist es möglich, den Indikatoren zugrunde liegende Faktorenstrukturen zu entdecken, Konstruktoperationalisierungen zu überprüfen und ggf. Maßnahmen zur Erhöhung der Güte der Messungen abzuleiten.

(1) Exploratorische Faktorenanalyse

Die exploratorische Faktorenanalyse analysiert eine Gruppe von Indikatoren auf die hinter ihr stehende Faktorenstruktur.[840] Gegenüber der konfirmatorischen Faktorenanalyse liegen hier keine vorab formulierten Hypothesen zu dieser Struktur vor. Vielmehr handelt es sich um ein strukturentdeckendes, nicht um ein -prüfendes Verfahren. Das Ziel besteht in der Verdichtung der vorliegenden Indikatoren auf möglichst wenige Faktoren, wobei die Zuordnung der Items zu einer latenten Dimension aufgrund der Ähnlichkeit der Itemantworten erfolgt. Von einer ausreichenden Konvergenz- und Diskriminanzvalidität kann dann gesprochen werden, wenn die Faktorladung als Korrelation eines Indikators mit einem Faktor über dem Wert von 0,5 liegt und der erklärte Varianzanteil aller Indikatoren eines Faktors mindestens 50% beträgt.[841]

Um eine bessere Zuordnung der Indikatoren zu den Faktoren zu erreichen, können verschiedene sog. Rotationstechniken zur Anwendung kommen.[842] Diese führen dazu, dass Items mit einem Faktor besonders hoch und mit anderen besonders niedrig korrelieren – hierbei ist es durch die Wahl der Art der Rotation möglich, unabhängige (orthogonale) oder korrelierte (oblique) Faktoren zu erzeugen. Die Auswahl der Rotationstechnik hat sich an theoretischen Überlegungen zu orientieren. Da speziell für das Reputationskonstrukt keine Unabhängigkeit von kognitiver und affektiver Dimension angenommen werden darf, da es sich lediglich um zwei verschiedene Interpretationen ein und desselben Phänomens handelt, wird in diesem Fall eine schiefwinklige Rotationstechnik angewendet werden müssen.

---

[840] Vgl. Bühner (2006), S. 180 ff.
[841] Vgl. Backhaus et al. (2006), S 292; Giering (2000), S. 77.
[842] Vgl. hierzu Bühner (2006), S. 182.

(2) *Cronbachs* Alpha

Die Ermittlung der Reliabilität einer Batterie von Indikatorvariablen, die auf einen Faktor laden, erfolgt mithilfe des *Cronbachs* Alpha.[843] Die Werte dieser Kennzahl für die interne Konsistenz eines Faktors haben einen Wertebereich von Null bis Eins. Dabei signalisieren hohe Werte ein hohes Maß an Reliabilität, wobei in der Literatur keine eindeutige Meinung über den zu fordernden Mindestwert herrscht. In der Regel wird jedoch auf den von *Nunnally/Bernstein* vertretenen Wert von 0,65 rekurriert.[844] Für stark explorative Studien wird mitunter auch ein Wert von 0,6 als akzeptabel angesehen.[845]

(3) Item-to-Total-Korrelation

Die Item-to-Total-Korrelation erlaubt die Bewertung einzelner Indikatoren und kann als Eliminationskriterium im Fall eines zu geringen Wertes des *Cronbachs* Alpha herangezogen werden.[846] Zu diesem Zweck wird die Korrelation zwischen einem Item und der Summe aller dem jeweiligen Faktor zugeordneten Indikatoren ermittelt.[847] Die sog. korrigierte Item-to-Total-Korrelation erhält man, wenn der betreffende Indikator vor der Korrelationsberechnung vom Gesamtfaktor ausgeschlossen wird, wodurch die Unabhängigkeit dieser Korrelation vom Faktor erreicht wird.[848]

Unter anderem aufgrund der restriktiven Prämissen, die der Anwendung dieser Gütekriterien zugrunde liegen,[849] empfiehlt sich zur Evaluation der Reliabilität und Validität von Messmodellen die komplementäre Einbeziehung von Gütekriterien der zweiten Generation, deren Grundlage das Verfahren der konfirmatorischen Faktorenanalyse bildet und die damit weniger auf Faustregeln als auf induktiv statistischen Prüfungen beruhen.[850]

---

[843] Zu *Cronbachs* Alpha vgl. ausführlich Bühner (2006), S. 132 ff.
[844] Vgl. Nunnally/Bernstein (1994), S. 265.
[845] Vgl. Malhotra (2007), S. 285.
[846] Hierbei wird jeweils der Indikator mit der geringsten Item-to-Total-Korrelation vom Messmodell ausgeschlossen.
[847] Vgl. Homburg (1998), S. 86.
[848] Vgl. Homburg/Giering (1996), S. 8.
[849] Für einen Überblick über Stärken und Schwächen der Gütekriterien der ersten Generation vgl. Litfin (2000), S. 116 f.
[850] Vgl. Gerbing/Anderson (1988), S. 189.

1.3 Konfirmatorische Überprüfung der Anpassungsgüte komplexer Konstrukte mithilfe der Reliabilitäts- und Validitätskriterien der zweiten Generation

Aufgrund der Schwachpunkte der zuvor genannten Kriterien wird bei der Beurteilung von Konstruktoperationalisierungen mittlerweile weit verbreitet auf die Gütekriterien der zweiten Generation zurückgegriffen, welche auf Basis inferenzstatistischer Tests eine strengere Untersuchung von Reliabilitäts- und Validitätsaspekten erlauben. Die Gütekriterien der zweiten Generation basieren ausnahmslos auf dem Verfahren der konfirmatorischen Faktorenanalyse, bei der im Gegensatz zu ihrem exploratorischen Pendant vorab Hypothesen zur Faktorenstruktur zu formulieren sind. In Abhängigkeit davon, ob die Gütemaße nur einen bestimmten Ausschnitt des zu testenden Modells betrachten (einzelne Konstrukte und Indikatoren) oder sie sich auf das Gesamtmodell beziehen, wird unter den Kriterien der zweiten Generation zwischen globalen und lokalen Gütekriterien differenziert.[851]

(1) Globale Gütekriterien

Globale Güterkriterien bieten in erster Linie Anhaltspunkte dafür, inwieweit theoriebasierte Modelle in ihrer Gesamtheit die Realität widerspiegeln.[852] Es existiert eine ganze Fülle globaler Gütemaße, was zur Folge hat, dass die Suche nach einer allgemein anerkannten Vorgabe für zu verwendende Kriterien vergebens ist.[853] In Bezug auf die Mindestanforderungen für einen akzeptablen Modellfit wird vielfach ein Mindestwert von 0,9 für die meisten der verfügbaren Maßzahlen gefordert. Dabei gilt es jedoch zu beachten, dass derartige sog. Cut-off-Werte nicht losgelöst vom jeweils zu beurteilenden Modell angewendet werden sollten – theoretische und logische Überlegungen bei der Anpassungsbeurteilung infolgedessen unverzichtbar sind.[854] Dementsprechend können bei stark explorativen Forschungsvorhaben einzelne Fit-Indizes auch dann akzeptiert werden, wenn diese den geforderten Mindestwert nicht erreichen.[855] Ferner verweisen verschiedene Metaanalysen darauf, dass die Ausprägung der einzelnen Gütemaße von einer Vielzahl weiterer Faktoren abhängt, so z.B. von dem verwendeten Schätzverfahren, der Stichprobengröße und der jeweiligen Modellspezifikation.[856]

Für die vorliegende Arbeit muss an dieser Stelle eine Auswahl globaler Gütekriterien getroffen werden, die bestmöglich geeignet ist, eine Beurteilung des Anpassungs-

---

[851] Vgl. Homburg/Pflesser (2000b), S. 430.
[852] Vgl. hierzu Kraus (2008), S. 159 ff.
[853] Vgl. Hair et al. (2006), S. 750.
[854] Vgl. Bühner (2006), S. 252.
[855] Vgl. Wieseke (2004), S. 197; Peter (1997), S. 142.
[856] Vgl. Fan/Thompson/Wang (1999), S. 56 ff.

grades der modelltheoretisch reproduzierten Kovarianzmatrix an die empirischen Daten zu vollziehen. Zur Evaluation der globalen Anpassung sollte stets eine Auswahl mehrerer Indizes herangezogen werden, da jede einzelne Kennzahl sich lediglich auf bestimmte Aspekte eines Modells bezieht und ferner mit spezifischen Vor- und Nachteilen behaftet ist.[857] Bei der Entscheidung für eine Kombination globaler Gütemaße rekurriert diese Arbeit auf die Empfehlungen der einschlägigen Literatur. Auf Basis einer umfassenden Analyse der Eignung verfügbarer Kriterien im Rahmen einer Simulationsstudie empfehlen *Beauducel/Wittmann* die folgende Kombination von Gütekriterien:[858]

- **Normierter χ^2-Wert:** Der χ^2-Anpassungstest prüft die Hypothese, ob die empirische Kovarianzmatrix der modelltheoretischen Kovarianzmatrix entspricht, dass also das postulierte Modell zur Datenstruktur passt.[859] Allerdings wird im Schrifttum auf einige Nachteile dieses Tests hingewiesen,[860] aufgrund derer empfohlen wird, den χ^2-Wert anhand der Anzahl der im jeweiligen Messmodell vorhandenen Freiheitsgrade (df) zu normieren. Die vorgeschlagenen Cut-off-Werte reichen von 2,5[861] bis maximal zehn,[862] so dass in der vorliegenden Arbeit ein Grenzwert von sechs angesetzt werden soll. Grundsätzlich gilt jedoch, dass die Modellanpassung umso besser ist, je geringer der χ^2/df-Quotient ausfällt. Der χ^2-Wert wird mithilfe der χ^2-Verteilung zusätzlich auf Signifikanz getestet, so dass der entsprechende p-Wert in Kombination anzugeben ist.

- **Comparative-Fit-Index (CFI):** Der CFI zählt zu den sog. inkrementellen oder komparativen Fit-Indizes, die einen Vergleich mit einem Null-Modell vornehmen, in dem also alle Parameter auf Null fixiert sind.[863] Der CFI zeigt damit die proportionale Verbesserung der Anpassung gegenüber einem restriktiveren Modell an und gehört zu den strengen Typ-3-Indizes dieser Klasse von Gütekriterien.[864]

- **Root-Mean-Square-Error of Approximation (RMSEA):** Der RMSEA gibt an, wie schlecht ein Modell die empirischen Daten beschreibt, so dass hier im Gegensatz zum CFI ein hoher Wert für einen schlechten Modell-Fit steht.[865] Damit gehört der RMSEA zu den „absolute Fit-Indizes", die einen Vergleich mit

---

[857] Vgl. Kline (2005), S. 134.
[858] Vgl. Beauducel/Wittmann (2005), S. 141 ff.
[859] Vgl. Hildebrandt (1983), S. 95 ff.
[860] Vgl. exemplarisch Hair et al. (2006), S. 747; Homburg/Baumgartner (1998), S. 353.
[861] Vgl. exemplarisch Homburg/Baumgartner (1998), S. 363.
[862] Vgl. exemplarisch Hildebrandt (1983), S. 105.
[863] Vgl. hierzu, sowie zu Folgendem Bühner (2006), S. 254 ff.
[864] Vgl. Bentler (1990), S. 241 ff.
[865] Vgl. Backhaus et al. (2006), S. 375.

dem „saturated" Modell vornehmen, das die Stichprobenkovarianz exakt repliziert. Werte bis 0,08 sprechen hier für eine gute Modellanpassung.[866]

- **Standardized-Root-Mean-Square-Residual (SRMR):** Die mittlere Abweichung der Residualkorrelationsmatrix wird durch den SRMR gekennzeichnet, der ebenso wie der RMSEA zu den „absolute Fit-Indizes" zählt, gegenüber diesem aber nicht die Freiheitsgrade und damit nicht die Modellkomplexität berücksichtigt. Der Cut-off-Wert wird hier in der Regel mit 0,11 benannt.[867]

- **Tucker-Lewis-Index (TLI) und Incremental-Fit-Index (IFI):** TLI und IFI werden häufig als Ergänzung neben den bisher genannten Indizes zur Überprüfung der Modellgüte empfohlen.[868] Beide zählen zu den inkrementellen Fit-Indizes, wobei sie gegenüber der Stichprobengröße vergleichsweise robust sind.[869] Bei diesen Indizes gilt ebenso wie beim CFI ein Grenzwert von 0,9.[870]

(2) Lokale Gütekriterien

Teilstrukturen von Modellen können mit lokalen Gütekriterien evaluiert werden.[871] Bei diesen wird zwischen Anpassungsmaßen unterschieden, die zur Beurteilung einzelner Indikatoren herangezogen werden und solchen, die der Evaluation mehrerer Indikatoren, also von Faktoren dienen. Auf der Ebene einzelner Indikatoren kommen die Indikatorreliabilität und der Critical Ratio zum Einsatz, während Faktorreliabilität und durchschnittlich erfasste Varianz zur zweiten Gruppe gehören.

- Die **Indikatorreliabilität** gibt das Ausmaß wieder, zu dem sich die Varianz eines Indikators durch den hinter diesem stehenden Faktor erklären lässt.[872] Der Wertebereich dieses Gütekriteriums liegt zwischen Null und Eins, wobei hohe Werte auf eine hohe Reliabilität schließen lassen und der nicht erklärte Varianzanteil auf Messfehlereinflüsse zurückgeführt werden kann.[873] Der in der wissenschaftlichen Literatur geforderte Schwellenwert liegt üblicherweise bei

[866] Vgl. Homburg/Baumgartner (1998), S. 354.
[867] Vgl. Bühner (2006), S. 256.
[868] Vgl. Hulland/Chow/Lam (1996), S. 186.
[869] Vgl. Homburg/Baumgartner (1995), S. 167 ff.
[870] Vgl. Bollen/Curran (2006), S. 46. Hinsichtlich der globalen Gütekriterien erscheint folgende Anmerkung notwendig: Häufig werden in der Literatur der Goodness-of-Fit-Index (GFI) und der Adjusted-Goodness-of-Fit-Index (AGFI) zur Modellevaluation herangezogen. Der Gebrauch dieser Gütekriterien erweist sich für die hier durchzuführende empirische Untersuchung jedoch deshalb als ungeeignet, da sie den Fit bei kleineren Stichproben und/oder komplexen Modellen stark unterschätzen (vgl. Shevlin/Miles/Lewis (2000), S. 182; vgl. Hu/Bentler (1998), S. 5). *Hu/Bentler* empfehlen dementsprechend nach umfangreichen Simulationsstudien keinen der beiden Indizes zur Modellevaluation einzusetzen (vgl. Bühner (2006), S. 254; Hu/Bentler (1998), S. 5).
[871] Vgl. Homburg/Pflesser (2000b), S. 430.
[872] Vgl. Bagozzi (1982), S. 156.
[873] Vgl. Backhaus et al. (2006), S. 378.

0,4 oder 0,5.[874] Mitunter werden aber auch Werte bis 0,2 als akzeptabel angesehen.[875] Für die vorliegende Arbeit soll mit der Forderung, dass mindestens 40% einer Messvariablen durch den dahinter stehenden Faktor erklärt werden müssen, ein strengerer Maßstab angelegt werden.

- Der **Critical Ratio** spiegelt das Verhältnis des geschätzten unstandardisierten Parameterwerts und dem Standardfehler der Schätzung wider. Liegt der Wert über 1,96, so weist dies darauf hin, dass sich der Wert der Faktorladung auf einem 5%-Niveau bei zweiseitigem Test signifikant von Null unterscheidet.[876] In diesem Fall liefert der entsprechende Indikator einen gewichtigen Beitrag zur Bildung der Modellstruktur.[877] Damit stellt der Critical Ratio das Pendant zu dem oft berichteten t-Wert der Faktorladung dar, dessen Ermittlung auf einem einseitigen Test basiert.[878]

- Zur Beurteilung der Güte der Konstruktmessung eines Faktors durch die Gesamtheit seiner Messvariablen kommen landläufig die **Faktorreliabilität** und die **durchschnittlich erfasste Varianz (DEV)** zur Anwendung.[879] Beide ermöglichen Aussagen darüber, wie gut sich ein Faktor durch die Indikatoren messen lässt und folglich über seine Reliabilität und Konvergenzvalidität.[880] Der Wertebereich dieser lokalen Gütekriterien liegt zwischen Null und Eins, wobei Werte nahe Eins von einem guten Modellfit zeugen. Da die von der Itembatterie erfasste Varianz größer sein soll als der auf den Messfehlern basierende Varianzanteil, wird für die DEV ein Mindestwert von 0,5 gefordert.[881] Für die Faktorreliabilität gilt demgegenüber ein Mindestwert von 0,6 als ausreichend.[882]

Zusammenfassend können die in der vorliegenden Arbeit zur Anwendung kommenden globalen und lokalen Gütekriterien sowie der jeweils gültige Cut-off-Wert Tab. E-1 entnommen werden.[883]

---

[874] Vgl. Backhaus et al. (2006), S. 378; Homburg/Baumgartner (1995), S. 170.
[875] Vgl. Peter (1997), S. 144 ff.
[876] Vgl. Arbuckle/Wothke (1999), S. 317 f.
[877] Vgl. Backhaus et al. (2006), S. 384.
[878] Vgl. Bagozzi/Yi/Phillips (1991), S. 434.
[879] Vgl. Bagozzi/Baumgartner (1994), S. 402.
[880] Vgl. Giering (2000), S. 86 ff.
[881] Vgl. Homburg/Baumgartner (1998), S. 361.
[882] Vgl. Homburg/Baumgartner (1995), S. 172.
[883] An dieser Stelle sei nochmals betont, dass bei der Gütebeurteilung von Modellen keine unreflektierte, starre Anwendung dieser Kriterien zu erfolgen hat, sondern stets das Gesamtbild, das alle Gütekriterien gemeinsam erzeugen, komplementär mit inhaltlichen Überlegungen für die Annahme oder Ablehnung von Mess- oder Strukturmodellen entscheidend ist. Insbesondere sollte nach *Homburg/Pflesser* das Unterschreiten einzelner lokaler wie auch globaler Anpassungsmaße nicht zur Verwerfung eines Modells führen (vgl. Homburg/Pflesser (2000a), S. 650). Gestützt wird dieses Vorgehen zudem durch einen Blick in die A-Journals der Marketingdisziplin, der offenbart,

	Bezeichnung	Anforderung
Globale Gütekriterien	χ^2/df	≤ 6,00
	CFI	≥ 0,90
	RMSEA	≤ 0,08
	SRMR	≤ 0,11
	TLI	≥ 0,90
	IFI	≥ 0,90
Lokale Gütekriterien	Indikatorreliabilität	≥ 0,40
	Faktorreliabilität	≥ 0,60
	Durchschnittlich erfasste Varianz je Faktor (DEV)	≥ 0,50
	Critical Ratio	≥ 1,96

Tab. E-1: Globale und lokale Gütekriterien zur Beurteilung der Anpassungsgüte von Mess- und Strukturmodellen

1.4 Analyse des Ordnungsranges komplexer Konstrukte

Latente Konstrukte lassen sich nach Maßgabe ihrer Struktur in eindimensionale und mehrdimensionale Konstrukte differenzieren.[884] Von einem mehrdimensionalen Konstrukt wird gesprochen, wenn differente, jedoch verwandte Dimensionen als ein einheitliches Konzept verstanden werden müssen.[885] Während somit ein eindimensionales Konstrukt direkt mit einer Gruppe von Indikatoren gemessen wird, erfolgt im mehrdimensionalen Fall zuvor eine Zerlegung des Konstruktes in mindestens zwei latente Dimensionen. Mehrdimensionale Konstrukte werden üblicherweise als Konstrukte zweiter Ordnung bezeichnet, da sie sich nicht unmittelbar in Indikatoren manifestieren, sondern mit den Dimensionen eine weitere Konstruktebene zwischengeschaltet ist.[886] Die Dimensionen, die konsequenterweise als Konstrukte erster Ordnung deklariert werden, stellen somit spezifische Ausprägungen dar, die durch das Konstrukt zweiter Ordnung erklärt werden.[887]

---

dass *„[...] mitunter in Studien Kausalmodelle nicht abgelehnt werden, obwohl ihre globalen Gütemaße nicht allen Gütekriterien vollauf genügen.“* (Loevenich (2002), S. 179; vgl. exemplarisch Kraus (2008), S. 171). Daher sind die kritischen Werte der Gütekriterien nicht als strenge Falsifikationskriterien, sondern vielmehr als Grad der Anpassung des Modells an den empirischen Datensatz zu verstehen (vgl. Loevenich (2002), S. 179).

884 Zu den folgenden Ausführungen über die konzeptionellen Grundlagen mehrdimensionaler Konstrukte vgl. Schilke (2007), S. 80 f.; Giere/Wirtz/Schilke (2006), S. 678 ff.; Mathieu (2004).

885 Vgl. Edwards (2001), S. 144; Law/Wong/Mobley (1998), S. 741.

886 Vgl. Jarvis/MacKenzie/Podsakoff (2003), S. 204 f.

887 Vgl. Law/Wong/Mobley (1998), S. 743. Neben den hier fokussierten reflektiven mehrdimensionalen Messmodellen sind auch formative Konstrukte zweiter Ordnung denkbar. Für einen Überblick über Formen mehrdimensionaler Messmodelle vgl. Albers/Götz (2006), S. 670 f.; Jarvis/MacKenzie/Podsakoff (2003), S. 205.

In der Literatur werden der mehrdimensionalen Konzeptionalisierung von Konstrukten diverse Vorteile bzw. bisweilen ein erhöhter Nutzen gegenüber Konstrukten erster Ordnung zugesprochen.[888] Zum einen erlauben sie eine holistische Abbildung komplexer Phänomene und dadurch in vielen Fällen Fortschritte in der Theorieentwicklung.[889] Es wird möglich, eine Vielzahl von Einflussgrößen eine Menge von Ergebnisgrößen gegenüberzustellen und dadurch latente Konstrukte auf einer korrespondierenden Abstraktionsstufe zusammen in einem nomologischen Netzwerk zu analysieren.[890] Zum anderen ermöglichen mehrdimensional konzeptionalisierte Konstrukte, Kovarianzen unter den Konstrukten erster Ordnung zu erklären und damit die durch das Modell erklärte Varianz in den Dimensionen zu erhöhen.[891] Aufgrund dieser Vorteile finden Konstrukte zweiter Ordnung in der marketingwissenschaftlichen Forschung bei der Konzeptionalisierung und Operationalisierung theoretischer Sachverhalte immer häufiger Verwendung.[892] In der Literatur sind Weiterentwicklungen von einfachen, unidimensionalen Konstrukten hin zu komplexeren, mehrdimensionalen Konstrukten im Zuge tieferer theoretischer Erschließungen der entsprechenden Konzepte zu beobachten.[893] Als eine solche versteht sich auch die vorliegende Arbeit in Bezug auf das fokussierte Reputationskonstrukt.[894]

Zwar unterscheidet sich die Analyse der Anpassungsgüte von Konstrukten zweiter Ordnung nicht grundlegend von der Überprüfung eindimensionaler Konstrukte – auch im mehrdimensionalen Fall kommen die diskutierten Gütekriterien der ersten und zweiten Generation zur Anwendung. Jedoch sind einige Besonderheiten hinsichtlich des Ablaufs der Analyse sowie der kombinierten Anwendung der verfügbaren Methoden zu beachten. Aus diesem Grund soll die formale Vorgehensweise bei der Messmodellprüfung von Konstrukten zweiter Ordnung im Folgenden erläutert werden.[895]

---

[888] Für eine ausführliche Diskussion vgl. Edwards (2001), S. 148 ff.

[889] Vgl. Pavlou (2004), S. 34 f.; Edwards (2001), S. 148; Ones/Viswesvaran (1996).

[890] Vgl. Chin (1998), S. X; Kapitel C.3.2.2.

[891] Vgl. Edwards (2001), S. 145.

[892] Vgl. Schilke (2007), S. 81; Edwards (2001), S. 144. Beispiele für die Anwendung mehrdimensionaler Konzeptionalisierungen von Konstrukten finden sich bei Luo/Slotegraaf/Pan (2006); Pavlou/Fygenson (2006); Tanriverdi (2006); Cui/Griffith/Cavusgil (2005); Fritz/Dees (2005); Wirtz/Mathieu (2005); Yi/Davis (2003).

[893] Vgl. Giere/Wirtz/Schilke (2006), S. 679.

[894] Die Entscheidung, ein theoretisches Konstrukt ein- oder mehrdimensional zu konzeptionalisieren und zu operationalisieren, ist letztlich davon abhängig, ob ein spezifischer Sachverhalt mehr oder weniger differenziert im Rahmen eines Forschungsvorhabens erfasst werden soll, d.h. sie wird insbesondere dadurch beeinflusst, ob das fokale Konstrukt im Zentrum der Untersuchung steht oder lediglich ein Nebenaspekt abbildet (vgl. Giere/Wirtz/Schilke (2006), S. 679).

[895] Vgl. hierzu Schilke (2007), S. 158 ff.; Giere/Wirtz/Schilke (2006), S. 685 f.; Mathieu (2004), S. 252.

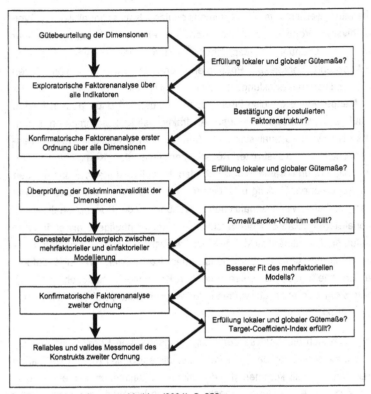

Quelle: In Anlehnung an Mathieu (2004), S. 252.

Abb. E-1:   Vorgehensweise bei der Überprüfung des Gesamtmessmodells von Konstrukten zweiter Ordnung

Zunächst hat eine gedankliche Zerlegung des Gesamtmodells in die Messmodelle erster Ordnung und das Messmodell zweiter Ordnung zu erfolgen. Im nächsten Schritt werden die Konstrukte erster Ordnung isoliert einer Güteprüfung unterzogen, und zwar entsprechend der üblichen Vorgehensweise bei der Analyse eindimensionaler Konstrukte unter Anwendung der bereits beschriebenen Gütekriterien. Erweisen sich die Dimensionen als ausreichend reliable und valide Konstrukte, kann sich der Überprüfung des Gesamtmessmodells zugewendet werden. Die hierfür erforderlichen Prüfschritte gehen aus Abb. E-1 hervor.

Weitergehender Erläuterung bedürfen an dieser Stelle die Überprüfung der Diskriminanzvalidität der Dimensionen anhand des *Fornell/Larcker*-Kriteriums, die Durchführung des genesteten Modellvergleichs und die Berechnung des sog. Target-

Coefficient-Index, da diese Schritte über die bisher beschriebenen Methoden der Überprüfung von Konstruktmessungen hinausgehen.[896]

- Das **Fornell/Larcker-Kriterium** dient der Bestimmung der Diskriminanzvalidität von Konstrukten, also des Ausmaßes, zu dem die Messungen unterschiedlicher Konstrukte voneinander differieren.[897] *Fornell/Larcker* schlagen vor, für jedes Paar von Faktoren eines Messmodells die jeweils durchschnittlich erfasste Varianz mit der quadrierten Korrelation zwischen den beiden Faktoren (hier: der Dimensionen) zu vergleichen.[898] Von der Diskriminanzvalidität eines Modells kann dann gesprochen werden, wenn die durchschnittlich erfasste Varianz eines Faktors stets größer ist als die quadrierte Korrelation dieses Faktors mit allen anderen Faktoren des Modells.[899]

- Unter einem **genesteten Modellvergleich** versteht man die Gegenüberstellung zweier Alternativmodelle, die dieselben Variablen beinhalten.[900] Dabei wird die Methode der konfirmatorischen Faktorenanalyse dazu verwendet, konkurrierende Vorstellungen über die Dimensionalität eines potenziell mehrdimensionalen Konstruktes systematisch zu vergleichen. Im vorliegenden Fall gilt es, das mehrfaktorielle Modell, also das postulierte Messmodell zweiter Ordnung, anhand des χ^2-Differenztests mit der einfaktoriellen Variante des Modells, also ohne Zwischenschaltung der Dimensionen, zu vergleichen.[901] Dieser Prüfschritt für Messmodelle von Konstrukten zweiter Ordnung wird dadurch begründet, dass *„Even if theory is more precise about the number of factors [...], it should be determined whether the fit of a simpler, one-factor model is comparable. The inability to reject a single-factor model in this context would mean the same thing as in CFA: the observed variables do not show discriminant validity."*[902] Die Anpassung des mehrdimensionalen Modells sollte folglich besser sein als

---

[896] Vgl. Kapitel E.1.2; Kapitel E.1.3.

[897] Vgl. Bagozzi/Phillips (1982), S. 469.

[898] Vgl. Fornell/Larcker (1981), S. 46.

[899] Vgl. ebd. Alternativ zum *Fornell/Larcker*-Test kann die Diskriminanzvalidität eines Modells anhand des χ^2-Differenztests bestimmt werden. Bei diesem wird in einem ersten Schritt der χ^2-Wert des unterstellten Messmodells berechnet, bevor anschließend in einem separaten Modell die Korrelation zwischen jeweils zwei Faktoren auf Eins restringiert und damit eine perfekte Korrelation unterstellt wird (vgl. Homburg/Giering (1996), S. 16). Übersteigt die Differenz der χ^2-Werte beider Modelle den kritischen Wert von 3,84, so kann von Diskriminanzvalidität zwischen diesen beiden Faktoren ausgegangen werden, weil die Parameterfixierung in diesem Fall zu einer signifikanten Verschlechterung des Modell-Fits geführt hat (vgl. Homburg/Giering (1996), S. 16). Da der *Fornell/Larcker*-Test jedoch ungleich strengere Ansprüche an die Diskriminanzvalidität stellt, soll primär dieses Kriterium in der vorliegenden Arbeit zur Anwendung kommen (vgl. Homburg/Giering (1996), S. 11).

[900] *„A Model is nested within another model if it contains the same number of constructs and can be formed from the other model by altering the relationships."* (Hair et al. (2006), S. 709).

[901] Vgl. Kline (2005), S. 182 f.

[902] Kline (2005), S. 180 f.

der Fit des Modells, bei dem keine Zusammenfassung von Indikatoren zu Dimensionen erfolgt. In diesem Fall wäre der Nachweis, dass sich die Interkorrelationen zwischen den Konstrukten erster Ordnung auf das übergeordnete Konstrukt zweiter Ordnung zurückführen lassen, erbracht.

- Der **Target-Coefficient-Index** ist ein Gütemaß zur Beurteilung von Konstrukten höherer Ordnung.[903] Der Index reflektiert den Grad, zu dem die Modellierung als Konstrukt zweiter Ordnung die Kovariationen zwischen den Konstrukten erster Ordnung widerspiegelt und wird als Anteil der Varianz in den Konstrukten erster Ordnung, der durch das Konstrukt zweiter Ordnung erklärt wird, interpretiert.[904] Berechnet wird der Target-Coefficient-Index als Quotient aus dem χ^2-Wert des Messmodells der Konstrukte erster Ordnung und dem χ^2-Wert des Messmodells zweiter Ordnung.[905] Der Wertebereich dieses Gütekriteriums liegt zwischen Null und Eins, wobei Werte größer oder gleich 0,9 als akzeptabel für den Nachweis der Existenz eines Modells zweiter Ordnung angesehen werden.[906]

Mit diesen Ausführungen schließlich sind die methodischen Grundlagen für eine dezidierte und nachvollziehbare Güteprüfung der Messmodelle der theoretischen Konstrukte dieser Arbeit gelegt. Dabei soll das Augenmerk zunächst auf die Güteprüfungen der Konstrukte „Krankenhausreputation" und „Fachabteilungsreputation" als Konstrukte zweiter Ordnung gerichtet werden, bevor anschließend den Moderatoren des Innenverhältnisses des Reputationskomplexes, den postulierten Reputationskonsequenzen und schließlich der Kundenorientierung und der Ergebnisqualität Aufmerksamkeit zukommt.

1.5 Überprüfung der Konstruktmessungen der Krankenhaus- und Fachabteilungsreputation (Erststudie)

1.5.1 Überprüfung der Konstruktmessung der Krankenhausreputation (Erststudie)

Das Konstrukt der Krankenhausreputation wurde ebenso wie das der Fachabteilungsreputation als zweidimensionales Konstrukt mit einer kognitiven und einer affektiven Dimension konzeptionalisiert.[907] Entsprechend der von der einschlägigen

---

[903] Vgl. Schilke (2007), S. 156; Marsh/Hocevar (1985), S. 570.
[904] Vgl. Doll/Xia/Torkzadeh (1994), S. 456.
[905] Vgl. Marsh/Hocevar (1985), S. 571.
[906] Vgl. Spence/Barrett/Turner (2003), S. 615. Für die in dieser Arbeit zu untersuchenden Reputationskonstrukte wird der Target-Coefficient-Index zwangsläufig Eins betragen. Der Grund hierfür besteht darin, dass korrelierte zwei- und dreifaktorielle Modelle zu ihren hierarchischen Pendants zweiter Ordnung nach Maßgabe des Modellfits äquivalent sind (vgl. Bühner (2006), S. 270).
[907] Vgl. Kapitel C.3.2.2.

Literatur vorgeschlagenen Vorgehensweise sollen die Messkonzepte dieser Dimensionen in einem ersten Schritt isoliert einer Analyse unterzogen werden.[908]

(1) Überprüfung der kognitiven Dimension der Krankenhausreputation

Die kognitive Dimension der Krankenhausreputation umfasst die rationale, vernunftgeleitete Evaluation der zur Verfügung stehenden reputationsrelevanten Informationen über das Krankenhaus als Ganzes. Tab. E-2 dokumentiert die Gütekriterien für diesen Faktor. Die Prüfung des Messansatzes ergibt einen Wert von 0,94 für das *Cronbachs* Alpha, welcher damit deutlich über dem geforderten Mindestwert liegt, so dass eine ausreichend hohe Reliabilität vorausgesetzt werden kann. Zudem erklärt der auf explorativem Weg identifizierte Faktor 84,70% der den Variablen innewohnenden Varianz. Auch die Ergebnisse der konfirmatorischen Faktorenanalyse sprechen für die Eignung dieser Skala. Zwar fallen mit dem χ^2/df und RMSEA zwei der insgesamt 22 Beurteilungskriterien aus den jeweils geforderten Wertebereichen heraus, das Gesamtbild der globalen und lokalen Gütekriterien spricht jedoch eindeutig für die Adäquanz dieser Itembatterie.[909]

Informationen zum Faktor „Kognitive Dimension der Krankenhausreputation" (Erststudie)			
Cronbachs Alpha:	0,94	DEV:	0,79
χ^2-Wert (Freiheitsgrade):	29,69 (2)	CFI:	0,98
χ^2/df:	14,85	RMSEA:	0,20
p-Wert:	0,00	SRMR:	0,02
Faktorreliabilität:	0,94	TLI:	0,94
Erklärter Varianzanteil:	84,70%	IFI:	0,98

Informationen zu den Indikatoren des Faktors „Kognitive Dimension der Krankenhausreputation" (Erststudie)			
Kurzbezeichnung des Indikators	Item-to-Total-Korrelation	Indikator-reliabilität	Critical Ratio der Faktorladung
KH_RepuKog1(1)	0,84	0,79	*
KH_RepuKog2(1)	0,83	0,71	21,77
KH_RepuKog3(1)	0,91	0,92	29,88
KH_RepuKog4(1)	0,85	0,76	23,19
* Eine Berechnung des Wertes ist nicht möglich, da die Variable als Referenzindikator zur Standardisierung der Varianz des betreffenden hypothetischen Konstruktes fungiert.			

Tab. E-2: Reliabilität und Validität des Konstruktes „Kognitive Dimension der Krankenhausreputation" (Erststudie)

(2) Überprüfung der affektiven Dimension der Krankenhausreputation

Die affektive Dimension bezeichnet die emotionale Interpretation des Reputationsurteils über das Krankenhaus als Ganzes. Wie aus Tab. E-3 ersichtlich, beträgt der Wert für *Cronbachs* Alpha 0,95, so dass keinerlei Anlass besteht, Indikatoren aus dem Messmodell zu entfernen. Die durchgeführte exploratorische Faktorenanalyse extrahiert einen Faktor, der 86,48% der Varianz der Indikatoren erklärt. Die zur

---

[908] Vgl. Kapitel E.1.4.

[909] Ein Grund für den Wert des RMSEA jenseits von 0,08 mag darin bestehen, dass dieses Gütekriterium bei kleineren Stichproben richtige Modelle oft verwirft (vgl. Bühner (2006), S. 258). Auch die vergleichsweise geringe Zahl an Freiheitsgraden (das später zu untersuchende Strukturmodell wird über 1.500 Freiheitsgrade haben) führt häufig zu einem zu hohen RMSEA (vgl. Bühner (2006), S. 256). Zum RMSEA vgl. ferner Browne/Cudeck (1993), S. 144.

Beurteilung des Faktors im Zuge der konfirmatorischen Faktorenanalyse heranzuziehenden Gütemaße erfüllen alle lokalen und – abgesehen vom RMSEA – alle
globalen Anforderungskriterien und zeugen demzufolge von einer hohen Reliabilität
und Validität des Messmodells.

Informationen zum Faktor „Affektive Dimension der Krankenhausreputation" (Erststudie)

Cronbachs Alpha:	0,95	DEV:	0,82
χ^2-Wert (Freiheitsgrade):	10,25 (2)	CFI:	0,99
χ^2/df:	5,12	RMSEA:	0,11
p-Wert:	0,01	SRMR:	0,10
Faktorreliabilität:	0,95	TLI:	0,98
Erklärter Varianzanteil:	86,48%	IFI:	0,99

Informationen zu den Indikatoren des Faktors „Affektive Dimension der Krankenhausreputation" (Erststudie)

Kurzbezeichnung des Indikators	Item-to-Total-Korrelation	Indikator-reliabilität	Critical Ratio der Faktorladung
KH_RepuAff1$_{(1)}$	0,88	0,83	*
KH_RepuAff2$_{(1)}$	0,88	0,85	27,79
KH_RepuAff3$_{(1)}$	0,86	0,79	25,71
KH_RepuAff4$_{(1)}$	0,87	0,81	26,38

* Eine Berechnung des Wertes ist nicht möglich, da die Variable als Referenzindikator zur Standardisierung der Varianz des betreffenden hypothetischen Konstruktes fungiert.

Tab. E-3: Reliabilität und Validität des Konstruktes „Affektive Dimension der Krankenhausreputation" (Erststudie)

(3) Exploratorische Faktorenanalyse über alle Indikatoren

Im Anschluss an die isolierte Überprüfung der Dimensionen erfolgt nun die Analyse
des Gesamtmessmodells des Konstruktes der Krankenhausreputation. Ausgangspunkt hierfür bildet eine exploratorische Faktorenanalyse über alle acht Indikatoren
der beiden Dimensionen, um das Krankenhausreputationskonstrukt auf diese Weise
auf seine zugrunde liegende Faktorenstruktur zu untersuchen. Hierbei gilt es zu
testen, ob die zwei postulierten Dimensionen im vorliegenden Datensatz wiedererkannt werden. Die Interpretation der durch Anwendung der Hauptkomponentenmethode extrahierten, obliquen Faktoren basiert auf der sich durch eine PROMAX-
Rotation ergebende Faktorladungsmatrix. Dieses schiefwinklige Rotationsverfahren
kommt, wie bereits in Kapitel E.1.2 erläutert, zum Einsatz, da von einer Korrelation
der beiden Dimensionen ausgegangen werden muss, welche durch das hinter diesen
stehende Reputationskonstrukt erklärt wird. Zur Bestimmung der Anzahl der zu
extrahierenden Faktoren kommen das Kaiser-Kriterium und der Scree-Test zur
Anwendung.[910] Nach Maßgabe dieser beiden Kriterien ergibt sich eine Zwei-Faktor-
Lösung des Konstruktes der Krankenhausreputation (vgl. Tab. E-4).

---

[910] Vgl. Nieschlag/Dichtl/Hörschgen (2002), S. 823; Tabachnick/Fidell (1996), S. 673.

Faktor	Eigenwert	Mit diesem Faktor erklärter Varianzanteil (%)	Kumulierte erklärte Varianz (%)
1	5,76	71,96	71,96
2	1,12	14,01	85,98

Tab. E-4: Eigenwerttableau der Faktorenanalyse zum Konstrukt „Krankenhausreputation" (Erststudie)

Zur Interpretation der Faktoren gibt Tab. E-5 eine Übersicht über die Faktorladungen der Variablen und deren Kommunalität. Es offenbart sich eine eindeutige Zwei-Faktor-Lösung, die insgesamt 85,98% der Varianz erklärt, so dass die theoretisch postulierte Faktorenstruktur anhand des Datenmaterials der Erststudie dieser Arbeit insoweit explorativ bestätigt werden kann. Sämtliche Kommunalitäten wie auch Faktorladungen der einzelnen Items übertreffen den geforderten Wert von 0,5 deutlich.

Variable	Kommunalität	Faktor 1	Faktor 2
KH_RepuAff1$_{(1)}$	0,85	0,85	
KH_RepuAff2$_{(1)}$	0,81	0,87	
KH_RepuAff3$_{(1)}$	0,91	0,99	
KH_RepuAff4$_{(1)}$	0,84	0,86	
KH_RepuKog1$_{(1)}$	0,87		0,94
KH_RepuKog2$_{(1)}$	0,87		0,86
KH_RepuKog3$_{(1)}$	0,88		0,94
KH_RepuKog4$_{(1)}$	0,86		0,79

Anmerkung: Werte unter 0,30 werden zugunsten einer besseren Übersichtlichkeit nicht aufgeführt.

Tab. E-5: Ergebnisse der exploratorischen Faktorenanalyse über alle Dimensionen der Krankenhausreputation (Erststudie)

(4) Konfirmatorische Faktorenanalyse erster Ordnung über alle Dimensionen

Im Weiteren wird zur Überprüfung der vermuteten Faktorenstruktur des Konstruktes der Krankenhausreputation das Verfahren der konfirmatorischen Faktorenanalyse angewendet. Um die Konvergenzvalidität des Modells zu untersuchen, hat sich diese zunächst auf die erste Konstruktebene zu beschränken, d.h. die Messmodelle der beiden Dimensionen werden hier einer simultanen Prüfung unterzogen.[911] Tab. E-6 zeigt die Ergebnisse der konfirmatorischen Faktorenanalyse erster Ordnung für das zwei Dimensionen umfassende Krankenhausreputations-Messmodell.

---

[911] Vgl. Homburg/Giering (1996), S. 13.

Ergebnisse der konfirmatorischen Faktorenanalyse erster Ordnung zum Konstrukt „Krankenhausreputation" (Erststudie)			
Cronbachs Alpha:	0,94	DEV:	0,81
χ^2-Wert (Freiheitsgrade):	102,70 (19)	CFI:	0,97
χ^2/df:	5,41	RMSEA:	0,11
p-Wert:	0,00	SRMR:	0,04
Faktorreliabilität:	0,97	TLI:	0,96
Erklärter Varianzanteil:	85,98%	IFI:	0,97

Ergebnisse der konfirmatorischen Faktorenanalyse erster Ordnung zu den Dimensionen des Konstruktes „Krankenhausreputation" (Erststudie)			
Faktorreliabilität (Kognitive Dimension):	0,94	DEV (Kognitive Dimension):	0,80
Faktorreliabilität (Affektive Dimension):	0,95	DEV (Affektive Dimension):	0,82

Ergebnisse der konfirmatorischen Faktorenanalyse erster Ordnung zu den Indikatoren des Konstrukts „Krankenhausreputation" (Erststudie)			
Kurzbezeichnung des Indikators	Item-to-Total-Korrelation	Indikator-reliabilität	Critical Ratio der Faktorladung
Kognitive Dimension			
KH_RepuKog1$_{(1)}$	0,74	0,79	*
KH_RepuKog2$_{(1)}$	0,76	0,72	22,20
KH_RepuKog3$_{(1)}$	0,80	0,90	27,20
KH_RepuKog4$_{(1)}$	0,82	0,77	23,40
Affektive Dimension			
KH_RepuAff1$_{(1)}$	0,84	0,83	*
KH_RepuAff2$_{(1)}$	0,83	0,85	28,32
KH_RepuAff3$_{(1)}$	0,76	0,77	25,46
KH_RepuAff4$_{(1)}$	0,83	0,83	26,83
* Eine Berechnung des Wertes ist nicht möglich, da die Variable als Referenzindikator zur Standardisierung der Varianz des betreffenden hypothetischen Konstruktes fungiert.			

Tab. E-6: Konvergenzvalidität des Messmodells erster Ordnung der Krankenhausreputation (Erststudie)

Die lokalen und globalen Anpassungsmaße erfüllen bei allen Gütekriterien die gestellten Anforderungen – wiederum lediglich mit Ausnahme des RMSEA. Auf der Konstruktebene überschreiten alle Faktorreliabilitäten sowie sämtliche Werte für die durchschnittlich erfasste Varianz die geforderten Ausprägungen deutlich. Alles in allem deutet dies auf eine beachtliche Anpassungsgüte der Modellstruktur hin.

(5) Überprüfung der Diskriminanzvalidität der Dimensionen

Zur Überprüfung der Diskriminanzvalidität der Krankenhausreputations-Dimensionen wird nach Maßgabe des bereits diskutierten Fornell/Larcker-Kriteriums die quadrierte Korrelation zwischen den beiden Dimensionen mit ihren jeweiligen durchschnittlich erfassten Varianzen verglichen.[912] Die Analyse zeigt, dass bei einer quadrierten Korrelation von 0,50, einer DEV der kognitiven Dimension von 0,79 und einer DEV der affektiven Dimension von 0,82 uneingeschränkt von diskriminanzvaliden Messungen gesprochen werden kann.

(6) Genesteter Modellvergleich zwischen mehr- und einfaktorieller Modellierung

Der vorletzte Prüfschritt bei der Analyse von Messkonzepten höherer Ordnung besteht in einem genesteten Modellvergleich zwischen mehrfaktorieller und ein-

---

[912] Vgl. Kapitel E.1.4.

faktorieller Modellierung des Messansatzes. Die Anpassung des einfaktoriellen Modells sollte dabei im Rahmen eines χ^2- Differenztests signifikant schlechter sein als die des mehrfaktoriellen Modells. Um dies zu überprüfen, wird zur Spezifizierung eines einfaktoriellen Modells die Korrelation zwischen kognitiver und affektiver Dimension auf Eins gesetzt.[913] Der χ^2- Differenztest zeigt, dass die Anpassung des Einfaktormodells (χ^2-Wert: 106,17) schlechter ist als die Zwei-Faktor-Lösung (χ^2-Wert: 102,70). Bei dem daraus resultierenden $\Delta\chi^2$ von 3,47 und einem Δdf von Eins ergibt sich eine Signifikanz auf 10%-Niveau.[914] Dieses Ergebnis spricht dafür, dass sich die Interkorrelationen zwischen kognitiver und affektiver Dimension auf das übergeordnete Reputationskonstrukt zurückführen lassen.[915]

(7) Konfirmatorische Faktorenanalyse des Konstruktes zweiter Ordnung

Um abschließend zu überprüfen, ob die identifizierten Dimensionen tatsächlich Bestandteil eines übergeordneten Krankenhausreputationskonstruktes sind, gilt es zu testen, ob auch die konfirmatorische Faktorenanalyse zweiter Ordnung, also die Testung des hierarchischen Modells mit einem Faktor zweiter Ordnung und den zwei Faktoren erster Ordnung (den Dimensionen), zu einem positiven Ergebnis führt. Der Blick in Tab. E-7 offenbart, dass das postulierte zweidimensionale Messmodell für das Krankenhausreputationskonstrukt nicht abgelehnt werden kann.[916] Es ergibt sich ein Cronbachs Alpha von 0,94 und es besteht eine Varianzaufklärung von 85,98%. Der konfirmatorischen Prüfung des Modells zufolge liegen die einschlägigen globalen Gütekriterien über den geforderten Schwellenwerten. Lediglich der RMSEA vermag wiederum den Richtwert nicht zu erfüllen, was aber der bereits erwähnten Eigenschaft dieses Gütekriteriums geschuldet sein könnte, dass es Modelle kleinerer Stichprobengröße und geringer Freiheitsgrade trotz Korrektheit häufig ablehnt.[917] Hierauf weist auch die Tatsache hin, dass die stichprobenunabhängigen Werte des CFI, TLI und SRMR höchst akzeptable Fitwerte ergeben. Auch die lokalen Anpassungsmaße, die durchweg und deutlich in den empfohlenen Wertebereichen liegen sowie die hohen Faktorreliabilitäten und durchschnittlich erfassten Varianzen der Dimensionen rechtfertigen das Festhalten an der gewählten zweidimensionalen Operationalisierung.

---

[913] Vgl. Kline (2005), S. 183.
[914] Vgl. Backhaus et al. (2006), S. 818.
[915] Vgl. Giere/Wirz/Schilke (2006), S. 686 f.
[916] Da korrelierte zwei- und dreifaktorielle Modelle zu ihren hierarchischen Pendants zweiter Ordnung nach Maßgabe des Modellfits äquivalent sind, entsprechen die Gütekriterien des Messmodells zweiter Ordnung denen der in Tab. E-6 dokumentierten (vgl. hierzu Kapitel E.1.4).
[917] Vgl. Bühner (2006), S. 258.

Informationen zum Konstrukt „Krankenhausreputation" (Erststudie)			
Cronbachs Alpha:	0,94	DEV:	0,81
χ²-Wert (Freiheitsgrade):	102,70 (19)	CFI:	0,97
χ²/df:	5,41	RMSEA:	0,11
p-Wert:	0,00	SRMR:	0,04
Faktorreliabilität:	0,97	TLI:	0,96
Erklärter Varianzanteil:	85,98%	IFI:	0,97

Informationen zu den Dimensionen des Konstruktes „Krankenhausreputation" (Erststudie)			
Faktorreliabilität (Kognitive Dimension):	0,94	DEV (Kognitive Dimension):	0,80
Faktorreliabilität (Affektive Dimension):	0,95	DEV (Affektive Dimension):	0,82

Informationen zu den Indikatoren des Konstruktes „Krankenhausreputation" (Erststudie)			
Kurzbezeichnung des Indikators	Item-to-Total-Korrelation	Indikator-reliabilität	Critical Ratio der Faktorladung
Kognitive Dimension			
KH_RepuKog1(1)	0,74	0,79	*
KH_RepuKog2(1)	0,76	0,72	22,20
KH_RepuKog3(1)	0,80	0,90	27,20
KH_RepuKog4(1)	0,82	0,77	23,40
Affektive Dimension			
KH_RepuAff1(1)	0,84	0,83	*
KH_RepuAff2(1)	0,83	0,85	28,32
KH_RepuAff3(1)	0,76	0,77	25,46
KH_RepuAff4(1)	0,83	0,83	26,83
* Eine Berechnung des Wertes ist nicht möglich, da die Variable als Referenzindikator zur Standardisierung der Varianz des betreffenden hypothetischen Konstruktes fungiert.			

Tab. E-7: Reliabilität und Validität des Konstruktes zweiter Ordnung „Krankenhausreputation" (Erststudie)

Folglich führt auch dieser letzte Prüfschritt zu einem positiven Ergebnis. In Konsequenz lässt sich konstatieren, dass sich das Krankenhausreputationskonstrukt in der postulierten Form mithilfe von insgesamt acht Indikatoren, verteilt auf eine kognitive und eine affektive Dimension, reliabel und valide messen lässt.

1.5.2 Überprüfung der Konstruktmessung der Fachabteilungsreputation (Erststudie)

Die Überprüfung der Konstruktmessung der Fachabteilungsreputation hat nach dem gleichen Muster zu erfolgen wie die der Krankenhausreputation, da sich die Konstrukte lediglich hinsichtlich ihres Objektbezugs unterscheiden und somit auch die Fachabteilungsreputation einstellungsähnlich zweidimensional konzeptionalisiert und operationalisiert wurde.[918] Beginnend mit der isolierten Analyse der Konstrukte erster Ordnung sind wiederum sieben Prüfschritte vonnöten, an deren Ende fundierte Aussagen über die Adäquanz der postulierten Messvorschrift für das Fachabteilungsreputationskonstrukt stehen.

(1) Überprüfung der kognitiven Dimension der Fachabteilungsreputation

Für das Messkonzept des kognitiven Faktors der Fachabteilungsreputation ergibt sich ein Wert für das Cronbachs Alpha von 0,93 (vgl. Tab. E-8). Demnach bedarf es dieser Kenngröße zufolge keiner Elimination von Indikatoren. Die exploratorische

---

[918] Vgl. Kapitel C.3.2.2.

Faktorenanalyse klärt zu 83,62% die in den Variablen enthaltene Varianz auf. Auch die von der konfirmatorischen Faktorenanalyse hervorgebrachten globalen und lokalen Gütemaße zeugen von einer hohen Reliabilität und Validität des Messansatzes. Abgesehen wiederum vom RMSEA, der den geforderten Richtwert nicht erfüllt, überspringen die Anpassungsmaße die geforderten Hürden bzw. unterschreitet der SRMR den Höchstwert von 0,11. Aufgrund dessen kann dem Messmodell insgesamt eine ausreichend hohe Modellgüte bescheinigt werden.

Informationen zum Faktor „Kognitive Dimension der Fachabteilungsreputation" (Erststudie)			
Cronbachs Alpha:	0,93	DEV:	0,79
χ^2-Wert (Freiheitsgrade):	9,11 (2)	CFI:	0,99
χ^2/df:	4,55	RMSEA:	0,10
p-Wert:	0,01	SRMR:	0,01
Faktorreliabilität:	0,94	TLI:	0,98
Erklärter Varianzanteil:	83,62%	IFI:	0,99

Informationen zu den Indikatoren des Faktors „Kognitive Dimension der Fachabteilungsreputation" (Erststudie)			
Kurzbezeichnung des Indikators	Item-to-Total-Korrelation	Indikator-reliabilität	Critical Ratio der Faktorladung
FA_RepuKog1$_{(1)}$	0,80	0,72	*
FA_RepuKog2$_{(1)}$	0,83	0,74	20,41
FA_RepuKog3$_{(1)}$	0,91	0,92	25,38
FA_RepuKog4$_{(1)}$	0,84	0,76	21,05
* Eine Berechnung des Wertes ist nicht möglich, da die Variable als Referenzindikator zur Standardisierung der Varianz des betreffenden hypothetischen Konstruktes fungiert.			

Tab. E-8: Reliabilität und Validität des Konstruktes „Kognitive Dimension der Fachabteilungsreputation" (Erststudie)

(2) Überprüfung der affektiven Dimension der Fachabteilungsreputation

Wie aus Tab. E-9 hervorgeht, konnte für die Indikatoren der Messvorschrift des Konstruktes der affektiven Dimension der Fachabteilungsreputation ein Cronbachs Alpha von 0,95 ermittelt werden. Der von Nunally/Bernstein geforderte Mindestwert von 0,65 wird folglich klar erfüllt. Der mittels exploratorischer Faktorenanalyse extrahierte Faktor erreicht einen Anteil an erklärter Varianz der auf ihn ladenden Variablen von 86,76%. Eine Überarbeitung der Itembatterie ist somit nicht erforderlich. Mit der wiederkehrenden, aber bereits relativierten Ausnahme des RMSEA sowie des χ^2/df-Wertes vermitteln die Gütekriterien der zweiten Generation durchweg ein sehr zufrieden stellendes Bild, so dass eine gute Anpassung der modelltheoretischen an die empirische Kovarianzmatrix festgestellt werden und das Messkonzept in dieser Form Eingang in die Untersuchung des Modells zweiter Ordnung finden kann. Entsprechend soll sich nun der exploratorischen Analyse der Faktorenstruktur der zur Messung des Fachabteilungsreputationskonstruktes verwendeten Indikatoren gewidmet werden.

Informationen zum Faktor „Affektive Dimension der Fachabteilungsreputation" (Erststudie)			
Cronbachs Alpha:	0,95	DEV:	0,82
χ^2-Wert (Freiheitsgrade):	36,01 (2)	CFI:	0,98
χ^2/df:	18,00	RMSEA:	0,22
p-Wert:	0,00	SRMR:	0,02
Faktorreliabilität:	0,95	TLI:	0,93
Erklärter Varianzanteil:	86,76%	IFI:	0,98

Informationen zu den Indikatoren des Faktors „Affektive Dimension der Fachabteilungsreputation" (Erststudie)			
Kurzbezeichnung des Indikators	Item-to-Total-Korrelation	Indikator-reliabilität	Critical Ratio der Faktorladung
FA_RepuAff1$_{(1)}$	0,87	0,83	*
FA_RepuAff2$_{(1)}$	0,90	0,88	30,85
FA_RepuAff3$_{(1)}$	0,83	0,72	23,04
FA_RepuAff4$_{(1)}$	0,90	0,85	28,13
* Eine Berechnung des Wertes ist nicht möglich, da die Variable als Referenzindikator zur Standardisierung der Varianz des betreffenden hypothetischen Konstruktes fungiert.			

Tab. E-9: Reliabilität und Validität des Konstruktes „Affektive Dimension der Fachabteilungsreputation" (Zweitstudie)

(3) Exploratorische Faktorenanalyse über alle Indikatoren

Analog zum Konstrukt der Krankenhausreputation gilt es zu überprüfen, ob die im theoretischen Teil dieser Arbeit postulierten Dimensionen der Fachabteilungsreputation im vorliegenden Datensatz der Erststudie wiedererkannt werden. Zu diesem Zweck wird eine exploratorische Faktorenanalyse durchgeführt, in die alle acht Items des Messmodells eingehen. Aus dem bereits erläuterten Grund liegt der Interpretation der extrahierten Faktoren wiederum eine Faktorladungsmatrix nach der PROMAX-Rotation zugrunde.[919] Nach Maßgabe des Kaiser-Kriteriums und des Scree-Tests ergibt sich eine Lösung mit zwei Faktoren, die in Tab. E-10 dargestellt ist.

Faktor	Eigenwert	Mit diesem Faktor erklärter Varianzanteil (%)	Kumulierte erklärte Varianz (%)
1	5,75	71,91	71,91
2	1,12	14,04	85,95

Tab. E-10: Eigenwerttableau der Faktorenanalyse zum Konstrukt „Fachabteilungsreputation" (Erststudie)

Gemäß dem in der Literatur vorherrschenden Grenzwert fließen in die Interpretation der Faktoren ausnahmslos nur solche Variablen ein, die einen Wert von 0,5 überschreiten.[920] Ferner wird die Höhe der Kommunalitäten der Indikatoren berücksichtigt, für die ebenfalls ein Mindestwert von 0,5 gefordert wird.[921] Wie aus der in Tab. E-11 abgebildeten Faktorladungsmatrix hervorgeht, bestätigen die Ergebnisse der exploratorischen Faktorenanalyse die postulierte Faktorenstruktur uneingeschränkt: Während die Items FA_RepuKog1$_{(1)}$ bis FA_RepuKog4$_{(1)}$ ausschließlich auf Faktor Eins laden, können die Variablen FA_RepuAff1$_{(1)}$ bis

---

[919] Vgl. Kapitel E.1.2.
[920] Vgl. Backhaus et al. (2006), S. 292.
[921] Vgl. Kraus (2008), S. 172.

FA_RepuAff4$_{(1)}$ auf den Faktor Zwei verdichtet werden. Zusammengenommen erklären die identifizierten Faktoren 85,95% der Gesamtvarianz der Indikatoren.

Variable	Kommunalität	Faktor 1	Faktor 2
FA_RepuKog1$_{(1)}$	0,80	0,85	
FA_RepuKog2$_{(1)}$	0,82	0,86	
FA_RepuKog3$_{(1)}$	0,91	0,89	
FA_RepuKog4$_{(1)}$	0,82	0,80	
FA_RepuAff1$_{(1)}$	0,87		0,77
FA_RepuAff2$_{(1)}$	0,90		0,76
FA_RepuAff3$_{(1)}$	0,88		0,96
FA_RepuAff4$_{(1)}$	0,89		0,87

Anmerkung: Werte unter 0,30 werden zugunsten einer besseren Übersichtlichkeit nicht aufgeführt.

Tab. E-11: Ergebnisse der exploratorischen Faktorenanalyse über alle Dimensionen der Fachabteilungsreputation (Erststudie)

(4) Konfirmatorische Faktorenanalyse erster Ordnung über alle Dimensionen

Anknüpfend an die Überprüfung der Messmodelle der Fachabteilungsreputations-Dimensionen und der exploratorischen Analyse der Faktorenstruktur steht als nächster Schritt die Gütebeurteilung des Gesamtmessmodells mit Blick auf die Konvergenzvalidität an, d.h. die kognitive und die affektive Dimension werden einer simultanen Überprüfung unterzogen. Zur Überprüfung der Modellgüte dienen nun die Resultate der konfirmatorischen Faktorenanalyse. Von der Güte des Modells zeugen vorherrschend der CFI und der IFI, die Nahe an dem optimalen Wert von 1,0 liegen. Der χ^2/df-Wert überschreitet den akzeptablen Höchstwert von 6,0 mit 6,02 nur äußerst knapp. Während der RMSEA ein weiteres Mal aus dem Gesamtbild aller Kriterien fällt, signalisieren die Critical-Ratio-Werte, die Indikatorreliabilitäten und die Item-to-Total-Korrelationen eine ansonsten gute Anpassung des Modells. Auch die Faktorreliabilitäten und die durchschnittlich erfassten Varianzen übersteigen die gesetzten Standards deutlich. Der positive Gesamteindruck erlaubt somit, dem Modell eine akzeptable Anpassung zu attestieren. Tab. E-12 gibt einen Überblick über die berechneten lokalen und globalen Gütekriterien.

Ergebnisse der konfirmatorischen Faktorenanalyse erster Ordnung zum Konstrukt „Fachabteilungsreputation" (Erststudie)			
Cronbachs Alpha:	0,94	DEV:	0,80
χ^2-Wert (Freiheitsgrade):	114,38 (19)	CFI:	0,97
χ^2/df:	6,02	RMSEA:	0,12
p-Wert:	0,00	SRMR:	0,04
Faktorreliabilität:	0,97	TLI:	0,95
Erklärter Varianzanteil:	85,95%	IFI:	0,97

Ergebnisse der konfirmatorischen Faktorenanalyse erster Ordnung zu den Dimensionen des Konstruktes „Fachabteilungsreputation" (Erststudie)			
Faktorreliabilität (Kognitive Dimension):	0,94	DEV (Kognitive Dimension):	0,79
Faktorreliabilität (Affektive Dimension):	0,95	DEV (Affektive Dimension):	0,82

Ergebnisse der konfirmatorischen Faktorenanalyse erster Ordnung zu den Indikatoren des Konstruktes „Fachabteilungsreputation" (Erststudie)			
Kurzbezeichnung des Indikators	Item-to-Total-Korrelation	Indikator-reliabilität	Critical Ratio der Faktorladung
Kognitive Dimension			
FA_RepuKog1$_{(1)}$	0,73	0,72	*
FA_RepuKog2$_{(1)}$	0,75	0,74	22,37
FA_RepuKog3$_{(1)}$	0,82	0,92	27,68
FA_RepuKog4$_{(1)}$	0,80	0,77	21,26
Affektive Dimension			
FA_RepuAff1$_{(1)}$	0,86	0,83	*
FA_RepuAff2$_{(1)}$	0,89	0,92	32,32
FA_RepuAff3$_{(1)}$	0,70	0,69	22,48
FA_RepuAff4$_{(1)}$	0,82	0,83	28,18
* Eine Berechnung des Wertes ist nicht möglich, da die Variable als Referenzindikator zur Standardisierung der Varianz des betreffenden hypothetischen Konstruktes fungiert.			

Tab. E-12: Konvergenzvalidität des Messmodells erster Ordnung der Fachabteilungsreputation (Erststudie)

(5) Überprüfung der Diskriminanzvalidität der Dimensionen

Wiederum soll zur Überprüfung der Diskriminanzvalidität der beiden Dimensionen ein Vergleich der durchschnittlich erfassten Varianzen mit der quadrierten Korrelation zwischen der kognitiven und der affektiven Dimension durchgeführt werden. Während Letztere einen Wert von 0,55 annimmt kann für die kognitive Dimension eine DEV von 0,79 festgestellt werden, für die affektive eine solche von 0,82. Aus diesem Grund kann Diskriminanzvalidität der Dimensionen unterstellt werden.

(6) Genesteter Modellvergleich zwischen mehr- und einfaktorieller Modellierung

Die Gegenüberstellung des postulierten zweidimensionalen Reputationsmodells mit einem eindimensionalen Alternativmodell verfolgt das Ziel, die Überlegenheit des Konstruktes zweiter Ordnung hinsichtlich der empirischen Erfassung des Reputationskonstruktes zu überprüfen. Wiederum wird zu diesem Zweck im Rahmen der Spezifizierung des einfaktoriellen Modells die Korrelation zwischen den beiden Dimensionen auf Eins restringiert und anschließend der berechnete χ^2-Wert mit dem des hierarchischen, zweifaktoriellen Modells verglichen.[922] Analog zur Überprüfung des Konstruktes der Krankenhausreputation zeigt auch hier der χ^2-Differenstest, dass die Anpassung des Einfaktormodells (χ^2-Wert: 118,50) schlechter ist als die

---

[922] Vgl. Kline (2005), S. 183.

Zwei-Faktor-Lösung (χ^2-Wert: 114,38). Bei dem daraus resultierenden $\Delta\chi^2$ von 4,12 und einem Δdf von Eins ergibt sich eine Signifikanz auf 5%-Niveau.[923] Auch im Fall der Fachabteilungsreputation lassen sich somit die Interkorrelationen zwischen kognitiver und affektiver Dimension auf das übergeordnete Reputationskonstrukt zurückführen.

(7) Konfirmatorische Faktorenanalyse des Konstruktes zweiter Ordnung

Die empirische Analyse des gesamten Konstruktes zweiter Ordnung der Fachabteilungsreputation bestätigt schließlich die hergeleitete Konzeptionalisierung und Operationalisierung dieser latenten Variable. Wie aus Tab. E-13 hervorgeht, ergibt sich ein *Cronbachs* Alpha von äußerst zufrieden stellenden 0,94 und es besteht eine Varianzaufklärung von 85,95%. Ebenso signalisieren die Gütekriterien der zweiten Generation die hohe Validität und Reliabilität des Messmodells: Alle Critical-Ratio-Werte sind signifikant, die Faktorreliabilitäten von 0,94 bzw. 0,95 übersteigen den Normwert von 0,6 bei Weitem. Gleiches gilt für die durchschnittlich erfassten Varianzen sowie die lokalen Gütekriterien, die deutlich über den geforderten Werten liegen.[924] Einschränkend muss lediglich auf den χ^2/df-Wert hingewiesen werden, der den Richtwert knapp um 0,02 verfehlt, wie auch auf die neuerlich problematische Ausprägung des RMSEA. Jedoch vermögen diese beiden Makel das positive Gesamtbild der Anpassungsgüte des vorliegenden Operationalisierungsansatzes nicht zu trüben.

Auch für das Konstrukt der Fachabteilungsreputation zeigt sich nach der erfolgreichen Absolvierung aller sieben Prüfschritte die hohe Eignung des in dieser Arbeit zugrunde gelegten zweidimensionalen Operationalisierungsansatzes. Demzufolge können beide Reputationskonstrukte in der postulierten Form vorbehaltlos in das Strukturmodel zur empirischen Analyse der Forschungshypothesen eingehen. Angesichts der vorliegenden Prüfergebnisse erscheint es überdies gelungen, einen Beitrag zur Auflösung der in der Literatur nach wie vor herrschenden Imponderabilität bei der Operationalisierung des Reputationskonstruktes erbracht zu haben.[925]

---

[923] Vgl. Backhaus et al. (2006), S. 818.
[924] Vgl. Tab. E-1.
[925] Vgl. Kapitel C.3.2.2.

Informationen zum Konstrukt „Fachabteilungsreputation" (Erststudie)				
Cronbachs Alpha:	0,94	DEV:		0,80
χ²-Wert (Freiheitsgrade):	114,38 (19)	CFI:		0,97
χ²/df:	6,02	RMSEA:		0,12
p-Wert:	0,00	SRMR:		0,04
Faktorreliabilität:	0,97	TLI:		0,95
Erklärter Varianzanteil:	85,95%	IFI:		0,97
Informationen zu den Dimensionen des Konstruktes „Fachabteilungsreputation" (Erststudie)				
Faktorreliabilität (Kognitive Dimension):	0,94	DEV (Kognitive Dimension):		0,79
Faktorreliabilität (Affektive Dimension):	0,95	DEV (Affektive Dimension):		0,82

Informationen zu den Indikatoren des Konstruktes „Fachabteilungsreputation" (Erststudie)			
Kurzbezeichnung des Indikators	Item-to-Total-Korrelation	Indikator-reliabilität	Critical Ratio der Faktorladung
Kognitive Dimension			
FA_RepuKog1(1)	0,73	0,72	*
FA_RepuKog2(1)	0,75	0,74	22,37
FA_RepuKog3(1)	0,82	0,92	27,68
FA_RepuKog4(1)	0,80	0,77	21,26
Affektive Dimension			
FA_RepuAff1(1)	0,86	0,83	*
FA_RepuAff2(1)	0,89	0,92	32,32
FA_RepuAff3(1)	0,70	0,69	22,48
FA_RepuAff4(1)	0,82	0,83	28,18
* Eine Berechnung des Wertes ist nicht möglich, da die Variable als Referenzindikator zur Standardisierung der Varianz des betreffenden hypothetischen Konstruktes fungiert.			

Tab. E-13: Reliabilität und Validität des Konstruktes zweiter Ordnung „Fachabteilungsreputation" (Erststudie)

1.6 Überprüfung der Konstruktmessungen der den Zusammenhang zwischen Krankenhaus- und Fachabteilungsreputation moderierenden Variablen

Das Kapitel C.4 widmete sich der Identifikation einer Reihe von Variablen, die einen verstärkenden oder abschwächenden Einfluss auf den postulierten Zusammenhang zwischen Fachabteilungs- und Krankenhausreputation ausüben. Unter diesen finden sich mit der wahrgenommenen Autonomie der Fachabteilung und dem Kenntnisstand über das Krankenhaus auch zwei latente, d.h. nicht direkt beobachtbare Konstrukte, die für ihre empirische Erfassung einen geeigneten Operationalisierungsansatz verlangen.

1.6.1 Überprüfung der Konstruktmessung der wahrgenommenen Autonomie der Fachabteilung

Die von niedergelassenen Ärzten wahrgenommene Autonomie der Fachabteilung beschreibt das Ausmaß, zu dem eine spezifische Fachabteilung aus der Perspektive der Niedergelassenen eine eigenständig entscheidende und handelnde Einheit innerhalb des Gesamtgefüges „Krankenhaus" darstellt.[926] Die Operationalisierung dieses Konstruktes erfolgt mit insgesamt vier Items, wobei für die resultierende Skala ein *Cronbachs* Alpha von 0,91 festgestellt werden kann. Die exploratorische Faktorenanalyse führt nach dem Eigenwertkriterium zur Extraktion eines Faktors, der

---

[926] Vgl. Kapitel C.4.3.

78,53% der Varianz bei gleichzeitig hohen Faktorladungen erklärt. Auch die der Tab. E-14 zu entnehmenden Ergebnisse der konfirmatorischen Analyse signalisieren weitgehend eine gute Reliabilität und Validität des Messansatzes. Hinzuweisen ist insbesondere auf den IFI, der mit einem Wert von 0,98 äußerst nahe an jenem für eine perfekte Anpassung liegt. Auch bei dieser Messvorschrift tritt jedoch das bereits diskutierte Problem des RMSEA in Kombination mit dem χ^2/df-Wert hervor. Da freilich nur diese zwei der insgesamt 22 Beurteilungskriterien ihren Richtwert nicht erfüllen, erscheint ein Festhalten an der gewählten Operationalisierung aber gerechtfertigt.

Informationen zum Konstrukt „Autonomie der Fachabteilung"

Cronbachs Alpha:	0,91	DEV:	0,71
χ^2-Wert (Freiheitsgrade):	18,39 (2)	CFI:	0,98
χ^2/df:	9,19	RMSEA	0,16
p-Wert:	0,00	SRMR:	0,03
Faktorreliabilität:	0,91	TLI:	0,95
Erklärter Varianzanteil:	78,53%	IFI:	0,98

Informationen zu den Indikatoren des Konstruktes „Autonomie der Fachabteilung"

Kurzbezeichnung des Indikators	Item-to-Total-Korrelation	Indikator-reliabilität	Critical Ratio der Faktorladung
FA_Auto1$_{(1)}$	0,81	0,79	*
FA_Auto2$_{(1)}$	0,87	0,90	27,78
FA_Auto3$_{(1)}$	0,70	0,50	16,02
FA_Auto4$_{(1)}$	0,79	0,66	19,93

* Eine Berechnung des Wertes ist nicht möglich, da die Variable als Referenzindikator zur Standardisierung der Varianz des betreffenden hypothetischen Konstruktes fungiert.

Tab. E-14: Reliabilität und Validität des Konstruktes „Autonomie der Fachabteilung"

1.6.2 Überprüfung der Konstruktmessung des Kenntnisstandes bezüglich des Krankenhauses

Die empirische Messung des Kenntnisstandes der niedergelassenen Ärzte in Bezug auf das Krankenhaus erweist sich ebenfalls als unproblematisch.[927] Für dieses Messkonzept ergibt sich ein Wert für das Cronbachs Alpha von 0,95, was für eine sehr hohe interne Konsistenz spricht. Folgerichtig bedarf es auf dieser Grundlage keiner Elimination von Indikatoren. Zudem klärt die explorative Faktorenanalyse 91,23% der in den Variablen enthaltenen Varianz auf. Da bei einem Operationalisierungsansatz mit lediglich drei Indikatoren aufgrund fehlender Freiheitsgrade des Modells eine Berechnung globaler Anpassungswerte nicht möglich ist, gilt es, die lokalen Gütemaße umso kritischer zu betrachten. Diese zeugen schließlich ebenfalls von einer hinreichenden Datenanpassung: Die Faktorreliabilität liegt mit 0,95 deutlich über dem zugrunde gelegten Normwert von 0,60, und auch die DEV belegt mit einem Wert von 0,87 die Reliabilität und Validität dieses Messmodells (vgl. Tab. E-15).

---

[927] Vgl. Kapitel C.4.5.

Informationen zum Konstrukt „Kenntnisstand bezüglich des Krankenhauses"			
Cronbachs Alpha:	0,95	DEV:	0,87
χ²-Wert (Freiheitsgrade):	-**	CFI:	-**
χ²/df:	-**	RMSEA	-**
p-Wert:	-**	SRMR:	-**
Faktorreliabilität:	0,95	TLI:	-**
Erklärter Varianzanteil:	91,23%	IFI:	-**

Informationen zu den Indikatoren des Konstruktes „Kenntnisstand bezüglich des Krankenhauses"			
Kurzbezeichnung des Indikators	Item-to-Total-Korrelation	Indikator-reliabilität	Critical Ratio der Faktorladung
KH_Kennt1$_{(1)}$	0,88	0,83	*
KH_Kennt2$_{(1)}$	0,89	0,85	29,02
KH_Kennt3$_{(1)}$	0,92	0,92	31,79
* Eine Berechnung des Wertes ist nicht möglich, da die Variable als Referenzindikator zur Standardisierung der Varianz des betreffenden hypothetischen Konstruktes fungiert.			
** Da ein konfirmatorisches Modell mit lediglich drei Indikatoren keine Freiheitsgrade aufweist, ist die Berechnung dieser Gütemaße nicht möglich.			

Tab. E-15: Reliabilität und Validität des Konstruktes „Kenntnisstand bezüglich des Krankenhauses"

1.7 Überprüfung der Konstruktmessungen der postulierten Konsequenzen des Reputationskomplexes (Erststudie)

Die theoretischen Grundlagen der postulierten Hypothesen über die differenzierten Erfolgswirkungen der Krankenhaus- und Fachabteilungsreputation bildeten den Gegenstand des Kapitels C.5. Der einweiserbezogene Patientenmarktanteil als einer der herangezogenen unternehmerischen Erfolgsindikatoren ließ sich dabei direkt als prozentualer Wert der auf das fokale Krankenhaus entfallenden Patienteneinweisungen erfassen. Die Bedeutung, die diesem im Entscheidungsprozess der niedergelassenen Ärzte im Rahmen ihrer Krankenhauswahl zukommt, wurde hingegen als hypothetisches Konstrukt in Gestalt der Position im Evoked Set konzeptionalisiert. Auch bei der Kooperationsbereitschaft niedergelassener Ärzte handelt es sich um ein psychologisches Phänomen, welches sich nicht unmittelbar, sondern nur mittels geeigneter Indikatoren empirisch messen lässt.

1.7.1 Überprüfung der Konstruktmessung der Position im Evoked Set

Zur Messung der Position des Krankenhauses im Awareness bzw. Evoked Set der niedergelassenen Ärzte dienen abermals vier Items, deren Auswahl und Formulierungen auf den in Kapitel C.5.4.3 angestellten Überlegungen beruhen. Die sehr hohe Eignung der ausgewählten Indikatoren für dieses Konstrukt spiegelt sich im Ergebnis der Güteprüfung dieser Operationalisierung wider, das in Tab. E-16 dargestellt ist. Sowohl die Gütemaße der ersten Generation als auch die globalen und lokalen Kriterien der zweiten Generation erfüllen die Anforderungen deutlich. Es kann von einer nahezu perfekten Anpassung dieses Operationalisierungsansatzes gesprochen werden.

Informationen zum Konstrukt „Position im Evoked Set"			
Cronbachs Alpha:	0,93	DEV:	0,79
χ^2-Wert (Freiheitsgrade):	4,6 (2)	CFI:	0,99
χ^2/df:	2,32	RMSEA	0,06
p-Wert:	0,09	SRMR:	0,01
Faktorreliabilität:	0,94	TLI:	0,99
Erklärter Varianzanteil:	84,08%	IFI:	0,99

Informationen zu den Indikatoren des Konstruktes „Position im Evoked Set"			
Kurzbezeichnung des Indikators	Item-to-Total-Korrelation	Indikator-reliabilität	Critical Ratio der Faktorladung
KH_Evoked1$_{(1)}$	0,90	0,90	*
KH_Evoked2$_{(1)}$	0,91	0,94	40,40
KH_Evoked3$_{(1)}$	0,75	0,59	19,99
KH_Evoked4$_{(1)}$	0,84	0,74	26,54

* Eine Berechnung des Wertes ist nicht möglich, da die Variable als Referenzindikator zur Standardisierung der Varianz des betreffenden hypothetischen Konstruktes fungiert.

Tab. E-16: Reliabilität und Validität des Konstruktes „Position im Evoked Set"

1.7.2 Überprüfung der Konstruktmessung der Kooperationsbereitschaft

Die Aufnahme der Kooperationsbereitschaft in das Forschungsmodell diente dem Zweck, neben der Bedeutung niedergelassener Ärzte für die Fallzahl- und damit Umsatzgenerierung auch die aus Krankenhaussicht zweite, substanzielle Funktion der Niedergelassenen zu berücksichtigen, nämlich jene als potenzielle Kooperationspartner. Die Ausprägungen der Gütekriterien der Konstruktmessung sind Tab. E-17 zu entnehmen. Diese zeigt, dass sich der gewählte Operationalisierungsansatz als zuverlässig erweist. Cronbachs Alpha liegt ebenso in der Norm, wie die vom explorativ extrahierten Faktor erklärte Varianz der Variablen von 91,55%. Ein Blick auf die Kriterien der zweiten Generation bestätigt die positive Evaluation der Skala. CFI, SRMR, TLI wie auch IFI liegen nahe an ihrem jeweils optimalen Wert von Eins bzw. Null. Lediglich der RMSEA verfehlt den Zielwert um 0,01. Angesichts der Tatsache, dass auch die lokalen Anpassungsmaße äußerst zufrieden stellende Werte aufweisen und auch die Faktorladungen hoch signifikant sind, bedarf das Messmodell jedoch keiner Modifikation und kann unverändert in die Analyse des Strukturmodells eingehen.

Informationen zum Konstrukt „Kooperationsbereitschaft"			
Cronbachs Alpha:	0,97	DEV:	0,89
χ^2-Wert (Freiheitsgrade):	8,17 (2)	CFI:	0,99
χ^2/df:	4,09	RMSEA	0,09
p-Wert:	0,02	SRMR:	0,01
Faktorreliabilität:	0,97	TLI:	0,99
Erklärter Varianzanteil:	91,55%	IFI:	0,99

Informationen zu den Indikatoren des Konstruktes „Kooperationsbereitschaft"			
Kurzbezeichnung des Indikators	Item-to-Total-Korrelation	Indikator-reliabilität	Critical Ratio der Faktorladung
KH_Koop1$_{(1)}$	0,89	0,93	*
KH_Koop2$_{(1)}$	0,93	0,90	32,06
KH_Koop3$_{(1)}$	0,85	0,96	34,71
KH_Koop4$_{(1)}$	0,91	0,86	30,18

* Eine Berechnung des Wertes ist nicht möglich, da die Variable als Referenzindikator zur Standardisierung der Varianz des betreffenden hypothetischen Konstruktes fungiert.

Tab. E-17: Reliabilität und Validität des Konstruktes „Kooperationsbereitschaft"

1.8 Überprüfung der Konstruktmessungen der postulierten Einflussgrößen des Reputationskomplexes (Erststudie)

Zur Identifizierung spezifischer Steuerungsmöglichkeiten der Reputationen beider Ebenen galt die Aufmerksamkeit in Kapitel C.6 ausgewählten potenziellen Einflussgrößen des Reputationskomplexes. Speziell wurden die Ergebnisqualität des Krankenhauses als Ganzes und die Ergebnisqualität der Fachabteilung sowie die Einweiser- und Patientenorientierung als zielgruppenspezifische Ausprägungen einer kundenorientierten Unternehmenskultur auf ihre reputationsdeterminierenden Eigenschaften hin untersucht.

1.8.1 Überprüfung der Konstruktmessungen der Ergebnisqualität des Krankenhauses und der Ergebnisqualität der Fachabteilung

Auch die Operationalisierung des Konstruktes der Ergebnisqualität des Krankenhauses aus Sicht niedergelassener Ärzte erfolgte zum Zweck der Überprüfung des Messansatzes anhand der strengen globalen Anpassungsmaße mit insgesamt vier Items. *Cronbachs* Alpha attestiert dem Messmodell mit einem Wert von 0,92 eine sehr gute Reliabilität und damit ein weitgehendes Ausbleiben von Zufallsfehlern in der Messung. Auf dieser Basis besteht kein Anlass, einzelne Indikatoren aus der Itembatterie zu entfernen. Der auf explorativem Wege identifizierte Faktor spricht ebenfalls für die Eignung des Messmodells, erklärt dieser doch 81,38% der in den Variablen liegenden Varianz. Die Tab. E-18 zu entnehmenden Kriterien der zweiten Generation deuten mit Werten des CFI und TLI von 0,97 und des SRMR von 0,02 ebenso auf einen hochakzeptablen Fit hin. Auch angesichts der lokalen Gütekriterien, die den Normwerten durchweg gerecht werden und von einer entsprechend hohen Reliabilität und Validität zeugen, werden der erhöhte χ^2- und RMSEA-Wert in Kauf genommen.

Informationen zum Konstrukt „Ergebnisqualität des Krankenhauses"			
Cronbachs Alpha:	0,92	DEV:	0,78
χ^2-Wert (Freiheitsgrade):	31,89 (2)	CFI:	0,97
χ^2/df:	15,94	RMSEA	0,21
p-Wert:	0,00	SRMR:	0,02
Faktorreliabilität:	0,93	TLI:	0,97
Erklärter Varianzanteil:	81,38%	IFI:	0,92

Informationen zu den Indikatoren des Konstruktes „Ergebnisqualität des Krankenhauses"			
Kurzbezeichnung des Indikators	Item-to-Total-Korrelation	Indikator-reliabilität	Critical Ratio der Faktorladung
KH_EQ1(1)	0,83	0,77	*
KH_EQ2(1)	0,87	0,90	26,60
KH_EQ3(1)	0,74	0,56	17,11
KH_EQ4(1)	0,84	0,79	22,83
* Eine Berechnung des Wertes ist nicht möglich, da die Variable als Referenzindikator zur Standardisierung der Varianz des betreffenden hypothetischen Konstruktes fungiert.			

Tab. E-18: Reliabilität und Validität des Konstruktes „Ergebnisqualität des Krankenhauses"

Schließlich liefert Tab. E-19 eine Übersicht über die Ausprägungen der Anpassungskriterien des Messmodells für das Konstrukt der Ergebnisqualität der Fachabteilung.
Da sich die Items dieser Skala von den soeben beschriebenen lediglich hinsichtlich
des Objektbezugs unterscheiden, sind keine wesentlichen Unterschiede zu den
Ergebnissen der in Tab. E-18 zusammengefassten Güteprüfung zu erwarten. In der
Tat kann auch hier eine ausreichend akzeptable Anpassung des Modells festgestellt
werden.

Informationen zum Konstrukt „Ergebnisqualität der Fachabteilung"			
Cronbachs Alpha:	0,91	DEV:	0,73
χ²-Wert (Freiheitsgrade):	21,82 (2)	CFI:	0,98
χ²/df:	10,91	RMSEA	0,17
p-Wert:	0,00	SRMR:	0,02
Faktorreliabilität:	0,92	TLI:	0,94
Erklärter Varianzanteil:	79,45%	IFI:	0,98

Informationen zu den Indikatoren des Konstruktes „Ergebnisqualität der Fachabteilung"			
Kurzbezeichnung des Indikators	Item-to-Total-Korrelation	Indikator-reliabilität	Critical Ratio der Faktorladung
FA_EQ1$_{(1)}$	0,82	0,74	*
FA_EQ2$_{(1)}$	0,85	0,88	24,68
FA_EQ3$_{(1)}$	0,69	0,50	15,24
FA_EQ4$_{(1)}$	0,85	0,81	22,38
* Eine Berechnung des Wertes ist nicht möglich, da die Variable als Referenzindikator zur Standardisierung der Varianz des betreffenden hypothetischen Konstruktes fungiert.			

Tab. E-19: Reliabilität und Validität des Konstruktes „Ergebnisqualität der Fachabteilung"

1.8.2 Überprüfung der Konstruktmessungen der Einweiserorientierung und der Patientenorientierung

„Kundenorientierung" wurde in Kapitel C.6.4 beschrieben als das Ausmaß, zu dem
ein Unternehmen seine Entscheidungen und Aktivitäten an den Bedürfnissen seiner
Kunden- bzw. Bezugsgruppen ausrichtet. Gemäß dem Stakeholder-Ansatz ist jedoch
davon auszugehen, dass Unternehmen ihre Bezugsgruppen nach Maßgabe ihrer
Relevanz für das Erreichen der Unternehmensziele priorisieren, womit die Notwendigkeit einer Differenzierung zwischen der Kundenorientierung gegenüber den
niedergelassenen Ärzten und der Kundenorientierung gegenüber den Patienten
begründet wurde.

Die Operationalisierung des Konstruktes der Einweiserorientierung basiert auf
insgesamt acht Indikatoren. Wie Tab. E-20 wiedergibt, errechnet sich ein *Cronbachs
Alpha* von 0,86, so dass die Elimination von Items nicht angezeigt ist und von einer
sehr guten Zuverlässigkeit dieser Skala ausgegangen werden kann. Der in der
exploratorischen Faktorenanalyse auf Basis des Eigenwertkriteriums ermittelte
Faktor erklärt 76,01% der in den Variablen enthaltenen Varianz. Auch die Faktorreliabilität von 0,96, die durchschnittlich erfasste Varianz von 0,73 sowie die
Indikatorreliabilitäten als lokale Gütekriterien der zweiten Generation liegen
durchweg über den Richtwerten. Ferner überschreiten auch die durch die konfirmatorische Faktorenanalyse zutage geförderten globalen Gütekriterien die

postulierten Grenzwerte. Lediglich der RMSEA vermag seinen Richtwert von 0,08 nicht wie gefordert zu unterschreiten. Da sich jedoch für die stichproben- und freiheitsgradunabhängigen Werte des CFI, SRMR, TLI und IFI höchst akzeptable Fitwerte ergeben, wäre eine Ablehnung dieser Itembatterie ungerechtfertigt.

Informationen zum Konstrukt „Einweiserorientierung"			
Cronbachs Alpha:	0,86	DEV:	0,73
χ^2-Wert (Freiheitsgrade):	119,37 (20)	CFI:	0,96
χ^2/df:	5,97	RMSEA	0,12
p-Wert:	0,00	SRMR:	0,03
Faktorreliabilität:	0,96	TLI:	0,95
Erklärter Varianzanteil:	76,01%	IFI:	0,96

Informationen zu den Indikatoren des Konstruktes „Einweiserorientierung"			
Kurzbezeichnung des Indikators	Item-to-Total-Korrelation	Indikator-reliabilität	Critical Ratio der Faktorladung
KH_EO1$_{(1)}$	0,81	0,67	*
KH_EO2$_{(1)}$	0,80	0,66	18,01
KH_EO3$_{(1)}$	0,84	0,74	19,50
KH_EO4$_{(1)}$	0,87	0,81	20,72
KH_EO5$_{(1)}$	0,86	0,79	20,36
KH_EO6$_{(1)}$	0,80	0,67	18,19
KH_EO7$_{(1)}$	0,85	0,76	19,87
KH_EO8$_{(1)}$	0,83	0,72	19,05

* Eine Berechnung des Wertes ist nicht möglich, da die Variable als Referenzindikator zur Standardisierung der Varianz des betreffenden hypothetischen Konstruktes fungiert.

Tab. E-20: Reliabilität und Validität des Konstruktes „Einweiserorientierung"

Auch die Anpassungsmaße der Messvorschrift für das Konstrukt der Patienten-orientierung liefert keinen Anlass, nicht an der gewählten Operationalisierung festzuhalten. Aus Tab. E-21 geht hervor, dass sich die Indikatorengruppe mit einem Cronbachs Alpha von 0,97 durch eine sehr hohe interne Konsistenz auszeichnet. Die exploratorische Faktorenanalyse führt zu der Extraktion eines Faktors, der 80,34% der Indikatorvarianz aufklärt. Die lokalen Gütekriterien der zweiten Generation bestätigen die positive Beurteilung des Messansatzes: Die hoch signifikanten Indikatorreliabilitäten überschreiten den Mindestwert von 0,40 durchweg deutlich und auch die Item-to-Total-Korrelationen ergeben ein positives Bild. Unter den globalen Fitwerten finden sich lediglich zwei Ausprägungen, die nicht in den jeweils geforderten Wertebereich fallen. Demgegenüber zeugen CFI, SRMR, TLI sowie IFI von einer guten Anpassung des Modells an das empirische Datenmaterial. Insgesamt verbleibt ein sehr positiver Gesamteindruck, so dass eine ausreichend akzeptable Anpassungsgüte des gewählten Messmodells unterstellt werden kann.

Informationen zum Konstrukt „Patientenorientierung"			
Cronbachs Alpha:	0,97	DEV:	0,78
χ^2-Wert (Freiheitsgrade):	156,96 (20)	CFI:	0,96
χ^2/df:	7,85	RMSEA	0,14
p-Wert:	0,00	SRMR:	0,03
Faktorreliabilität:	0,97	TLI:	0,94
Erklärter Varianzanteil:	80,34%	IFI:	0,96

Informationen zu den Indikatoren des Konstruktes „Patientenorientierung"			
Kurzbezeichnung des Indikators	Item-to-Total-Korrelation	Indikator-reliabilität	Critical Ratio der Faktorladung
KH_PO1$_{(1)}$	0,84	0,72	*
KH_PO2$_{(1)}$	0,87	0,79	22,56
KH_PO3$_{(1)}$	0,85	0,76	21,52
KH_PO4$_{(1)}$	0,89	0,85	23,59
KH_PO5$_{(1)}$	0,87	0,79	22,14
KH_PO6$_{(1)}$	0,85	0,76	21,41
KH_PO7$_{(1)}$	0,88	0,81	22,77
KH_PO8$_{(1)}$	0,85	0,74	21,22
* Eine Berechnung des Wertes ist nicht möglich, da die Variable als Referenzindikator zur Standardisierung der Varianz des betreffenden hypothetischen Konstruktes fungiert.			

Tab. E-21: Reliabilität und Validität des Konstruktes „Patientenorientierung"

1.9 Überprüfung der Konvergenz- und Diskriminanzvalidität der Konstrukte der Erststudie

Im Anschluss an die isolierte Beurteilung des Messinventars der einzelnen Konstrukte gilt es schließlich, diese simultan und somit das Messmodell in Gänze zu evaluieren und auf ausreichende Güte hin zu überprüfen.[928] Dabei wird die **Konvergenzvalidität** des Gesamtmessmodells neuerlich mittels der bereits bekannten globalen und lokalen Gütekriterien der konfirmatorischen Faktorenanalyse beurteilt. Tab. E-22 zeigt die Ergebnisse dieser Analyse und belegt eine beachtliche Anpassungsgüte der Modellstruktur. Ausnahmslos erfüllen sowohl die globalen als auch die lokalen Gütekriterien die gesteckten Anforderungen. In Konsequenz besteht kein Anlass zur Beanstandung des Gesamtmessmodells.

Globale Gütekriterien						
Gütemaß	χ^2/df	CFI	RMSEA	SRMR	TLI	IFI
Wert	2,26	0,92	0,06	0,04	0,92	0,92

Lokale Gütekriterien					
Konstrukt	Faktorladung	Critical Ratio	Indikatorreliabilität	Faktorreliabilität	DEV
Krankenhausreputation (kognitive Dimension)					
KH_RepuKog1$_{(1)}$	0,89	*	0,79	0,94	0,80
KH_RepuKog2$_{(1)}$	0,86	22,19	0,74		
KH_RepuKog3$_{(1)}$	0,95	29,09	0,90		
KH_RepuKog4$_{(1)}$	0,88	23,57	0,77		
Krankenhausreputation (affektive Dimension)					
KH_RepuAff1$_{(1)}$	0,91	*	0,91	0,95	0,82
KH_RepuAff2$_{(1)}$	0,92	27,92	0,92		
KH_RepuAff3$_{(1)}$	0,88	25,26	0,88		
KH_RepuAff4$_{(1)}$	0,91	27,16	0,91		

---

[928] Vgl. Homburg/Giering (1996), S. 13.

Fachabteilungsreputation (kognitive Dimension)					
FA_RepuKog1(1)	0,85	*	0,72	0,94	0,78
FA_RepuKog2(1)	0,86	20,84	0,74		
FA_RepuKog3(1)	0,95	25,70	0,90		
FA_RepuKog4(1)	0,88	21,78	0,77		
Fachabteilungsreputation (affektive Dimension)					
FA_RepuAff1(1)	0,91	*	0,83	0,95	0,82
FA_RepuAff2(1)	0,95	32,42	0,90		
FA_RepuAff3(1)	0,84	23,11	0,71		
FA_RepuAff4(1)	0,92	28,59	0,85		
Autonomie der Fachabteilung					
FA_Auto1(1)	0,90	*	0,81	0,91	0,72
FA_Auto2(1)	0,95	21,31	0,90		
FA_Auto3(1)	0,71	14,62	0,50		
FA_Auto4(1)	0,81	20,12	0,66		
Kenntnisstand bezüglich des Krankenhauses					
KH_Kennt1(1)	0,92	*	0,85	0,95	0,87
KH_Kennt2(1)	0,92	29,34	0,85		
KH_Kennt3(1)	0,96	32,45	0,92		
Position im Evoked Set					
KH_Evoked1(1)	0,95	*	0,90	0,94	0,79
KH_Evoked2(1)	0,97	27,52	0,94		
KH_Evoked3(1)	0,77	17,78	0,59		
KH_Evoked4(1)	0,86	26,81	0,74		
Kooperationsbereitschaft					
KH_Koop1(1)	0,91	*	0,83	0,97	0,88
KH_Koop2(1)	0,95	36,08	0,90		
KH_Koop3(1)	0,97	40,43	0,94		
KH_Koop4(1)	0,93	30,31	0,86		
Ergebnisqualität des Krankenhauses					
KH_EQ1(1)	0,88	*	0,77	0,93	0,78
KH_EQ2(1)	0,94	26,44	0,88		
KH_EQ3(1)	0,76	17,57	0,58		
KH_EQ4(1)	0,89	23,14	0,79		
Ergebnisqualität der Fachabteilung					
FA_EQ1(1)	0,87	*	0,76	0,92	0,73
FA_EQ2(1)	0,93	24,90	0,86		
FA_EQ3(1)	0,71	15,63	0,50		
FA_EQ4(1)	0,90	22,81	0,81		
Einweiserorientierung					
KH_EO1(1)	0,82	*	0,67	0,95	0,73
KH_EO2(1)	0,81	20,22	0,66		
KH_EO3(1)	0,85	22,32	0,72		
KH_EO4(1)	0,89	20,58	0,79		
KH_EO5(1)	0,88	24,36	0,77		
KH_EO6(1)	0,82	20,70	0,67		
KH_EO7(1)	0,88	23,63	0,77		
KH_EO8(1)	0,86	22,43	0,74		
Patientenorientierung					
KH_PO1(1)	0,86	*	0,74	0,97	0,78
KH_PO2(1)	0,89	26,31	0,79		
KH_PO3(1)	0,87	25,06	0,76		
KH_PO4(1)	0,91	23,74	0,83		
KH_PO5(1)	0,89	26,27	0,79		
KH_PO6(1)	0,86	24,44	0,74		
KH_PO7(1)	0,90	27,14	0,81		
KH_PO8(1)	0,87	24,55	0,76		

* Eine Berechnung des Wertes ist nicht möglich, da die Variable als Referenzindikator zur Standardisierung der Varianz des betreffenden hypothetischen Konstruktes fungiert.

Tab. E-22: Globale und lokale Gütekriterien des Gesamtmessmodells (Erststudie)

Der abschließende Schritt im Rahmen der Überprüfung der Qualität der gewählten Messmodelle für die verschiedenen Konstrukte besteht in der Untersuchung ihrer

Diskriminanzvalidität. Diese erfolgt, wie schon jene im Zuge der Analyse der Dimensionen der einzelnen Reputationskonstrukte, nach Maßgabe des *Fornell/ Larcker*-Kriteriums.[929]

Mit Blick auf die Hypothese $H_{1(1)}$, die unterstellt, dass es sich bei der Krankenhausreputation und der Fachabteilungsreputation um distinkte Konzepte handelt, soll zunächst das Ergebnis der Diskriminanzvaliditätsprüfung der insgesamt vier Dimensionen der Reputationen beider Ebenen diskutiert werden. Dieses zeigt, dass die verschiedenen paarweisen Korrelationen zwischen den Konstrukten zwischen 0,36 und maximal 0,59 liegen, demgegenüber die geringste DEV 0,79 beträgt. Insbesondere weist die Korrelation zwischen der kognitiven Dimension der Krankenhausreputation und jene der Fachabteilung lediglich einen Wert von 0,52 auf, während die durchschnittlich erfassten Varianzen jeweils mit 0,79 deutlich höher liegen (vgl. Tab. E-23). Für die affektiven Dimensionen errechnet sich ein Wert von 0,59 für die Korrelation und von 0,82 für beide DEV. Demzufolge kann laut der Methode von *Fornell/Larcker* für alle Dimensionen und folglich für die beiden Reputationskonstrukte Diskriminanzvalidität als erwiesen gelten.

Die Diskriminanzvalidität zeigt das Ausmaß an, in dem die Messungen unterschiedlicher Konstrukte zu unterschiedlichen Ergebnissen führen.[930] Daher können differierende Resultate einer Messung entweder dem Messinstrument zugeschrieben werden oder der konzeptionellen Verschiedenartigkeit der fokalen Konstrukte.[931] In den Fällen, bei denen das Messinstrumentarium konstant gehalten wird und die Messungen potenziell unterschiedlicher Konstrukte dennoch hoch miteinander korrelieren, muss demnach die konzeptionelle Differenzierbarkeit der Konstrukte bezweifelt werden. Wenn jedoch mit dem gleichen Messinstrumentarium bei postuliert-differierenden Konzepten unterschiedliche Ergebnisse nach Maßgabe des *Fornell/Larcker*-Kriteriums erzielt werden, ist davon auszugehen, dass es sich bei den betrachteten Konstrukten tatsächlich um distinkte Konzepte handelt.[932]

---

[929] Vgl. Kapitel E.1.4; Kapitel E.1.5.

[930] Vgl. Balderjahn (2003), S. 132; Peter (1981), S. 136.

[931] Vgl. Bagozzi/Phillips (1982), S. 469.

[932] „The most stringent test of discriminant validity occurs when similar methods are employed, because if a difference is found we can be sure that this is due to an actual distinction between concepts rather than to the methods employed." (Bagozzi/Phillips (1982), S. 469).

	DEV	Krankenhaus-reputation (kog. Dimension)	Krankenhaus-reputation (aff. Dimension)	Fachab-teilungsrepu-tation (kog. Dimension)	Fachab-teilungsrepu-tation (aff. Dimension)	Autonomie der Fachabteilung	Kenntnisstand bezüglich des Krankenhauses	Position im Evoked Set	Kooperations-bereitschaft	Ergebnis-qualität des Krankenhauses	Ergebnis-qualität der Fachabteilung	Einweiser-orientierung
DEV		0,79	0,82	0,79	0,82	0,71	0,87	0,79	0,89	0,78	0,73	0,73
Krankenhaus-reputation (aff. Dimension)	0,82	0,50										
Fachab-teilungsreputation (kog. Dimension)	0,79	0,52	0,36									
Fachab-teilungsreputation (aff. Dimension)	0,82	0,38	0,59	0,55								
Autonomie der Fachabteilung	0,71	0,10	0,20	0,15	0,20							
Kenntnisstand bezüglich des Krankenhauses	0,87	0,06	0,27	0,10	0,19	0,07						
Position im Evoked Set	0,79	0,09	0,34	0,12	0,27	0,10	0,52					
Kooperations-bereitschaft	0,89	0,10	0,22	0,08	0,18	0,07	0,15	0,20				
Ergebnis-qualität des Krankenhauses	0,78	0,35	0,19	0,22	0,17	0,07	0,07	0,08	0,04			
Ergebnis-qualität der Fachabteilung	0,73	0,21	0,18	0,27	0,22	0,12	0,07	0,05	0,05	0,56		
Einweiser-orientierung	0,73	0,52	0,44	0,34	0,33	0,07	0,15	0,06	0,09	0,27	0,22	
Patienten-orientierung	0,78	0,61	0,36	0,36	0,29	0,07	0,07	0,07	0,05	0,36	0,28	0,71

Tab. E-23: Untersuchung der Diskriminanzvalidität der Konstrukte auf Basis des *Fornell/Larcker*-Kriteriums (Erststudie)

Für die hier fokussierten Konstrukte der Krankenhaus- und Fachabteilungsreputation bedeutet dies den Nachweis ihrer konzeptionellen Distinktheit: Da die fokalen Daten mit derselben Erhebungsmethode und zeitgleich erhoben wurden und sich die Messinstrumente der beiden Reputationskonstrukte lediglich hinsichtlich des in den Items enthaltenen Objektbezugs unterscheiden, sie ansonsten also völlig identisch sind, ist die Abweichung der Messergebnisse gemäß dem Konzept der Diskriminanzvalidität auf die Unterschiedlichkeit der Konstrukte zurückzuführen.[933] Somit findet sich die in Kapitel C.3.1.4 theoretisch hergeleitete Distinktheit der Konstrukte „Krankenhausreputation" und „Fachabteilungsreputation" auch im Datenmaterial wieder.

Die weiteren Ergebnisse des Fornell/Larcker-Tests können Tab. E-23 entnommen werden. Es stellt sich heraus, dass bei sämtlichen Paarvergleichen die quadrierte Korrelation zwischen den Konstrukten einen geringeren Wert annimmt als die jeweils durchschnittlich erfassten Varianzen. Aus diesem Grund kann von ausreichend diskriminanzvaliden Messungen ausgegangen werden, was einen weiteren Hinweis auf die hohe Güte des Gesamtmessmodells darstellt. Insgesamt scheint es somit gelungen, der empirischen Untersuchung der interessierenden Ursache-Wirkungszusammenhänge ein zuverlässiges Messinstrumentarium zugrunde gelegt zu haben, was letztlich auch als Beleg für die Qualität der entsprechenden theoretisch-konzeptionellen Überlegungen dieser Arbeit gewertet werden darf.

2 Überprüfung der Forschungshypothesen der Erststudie

2.1 Vorgehensweise bei der Überprüfung der Forschungshypothesen im Rahmen der Erststudie

Im Vorfeld der detaillierten Überprüfung der Forschungshypothesen ist es notwendig, eine Entscheidung über das heranzuziehende analytische Verfahren zu treffen, das den spezifischen Anforderungen dieser Arbeit gerecht wird. Um die Interpretierbarkeit der Ergebnisse, die von der letztlich gewählten Methodik generiert werden und damit deren Qualität einschätzen zu können, hat ergänzend eine Beschreibung von Alternativen einer Gütebeurteilung der erzeugten Modelllösung zu erfolgen.

Ferner verlangen die spezifischen Fragestellungen dieser Arbeit erstens eine Diskussion methodischer Möglichkeiten der Identifikation von Hinweisen über die korrekte Spezifikation der Wirkungsrichtung im Verhältnis zweier Konstrukte (in Kapitel E.2.1.3) und zweitens die Erläuterung der anzuwendenden Methodik zur Untersuchung von moderierenden Effekten (in Kapitel E.2.1.4).

---

[933] Vgl. Hildebrandt (1984), S. 42.

2.1.1 Auswahl eines geeigneten Verfahrens zur Überprüfung der postulierten Ursache-Wirkungszusammenhänge der Erststudie

Die angestrebte empirische Überprüfung des konstruierten Modells zur Erklärung der reputationszentrierten Ursache-Wirkungszusammenhänge wirft die Frage nach einem geeigneten Analyseverfahren auf, welches die Möglichkeit bietet, das entwickelte Hypothesensystem anhand der erhobenen Daten einem empirischen Test zu unterziehen und es damit kritisch mit der Realität zu konfrontieren.

Ohne an dieser Stelle das breite Spektrum der prinzipiell in Frage kommenden Analyseverfahren auf ihre Eignung für den Zweck der vorliegenden Arbeit überprüfen zu wollen, offenbart ein Blick in die einschlägige Literatur, dass zur Evaluierung eines Beziehungsgeflechts zwischen hypothetischen Konstrukten regelmäßig lineare Strukturgleichungsmodelle zur Anwendung kommen.[934]

Strukturgleichungsmodelle stellen eine leistungsfähige Weiterentwicklung einfacher Pfadanalysen dar, die durch deren Kombination mit der bereits bekannten konfirmatorischen Faktorenanalyse die explizite Berücksichtigung von Messfehlern zulassen.[935] Vor allem ermöglichen sie die Messung von latenten Variablen mithilfe mehrerer Indikatoren und erlauben eine simultane Überprüfung mehrerer kausaler Beziehungen zwischen Variablen, wobei eine abhängige Variable im Rahmen eines mehrstufigen Beziehungsgeflechts gleichzeitig eine unabhängige Variable sein kann.[936] Die Anwendung linearer Strukturgleichungsmodelle wird vornehmlich dann empfohlen, wenn latente Konstrukte innerhalb komplexer Strukturen von Ursache-Wirkungsbeziehungen untersucht werden sollen und der Theorietest dieser Zusammenhänge angestrebt wird.[937] Dementsprechend ist das Verfahren konfirmatorischer Natur. Im Einzelnen fällt die Wahl des Hauptanalyseinstruments dieser Arbeit aus folgenden Gründen auf die Methode der Kovarianzstrukturanalyse:[938]

---

[934] Vgl. exemplarisch Loevenich (2002), S. 160 ff.

[935] Vgl. Kline (2005), S. 9; Reinecke (2005), S. 226. Alternative Terminologien für den Begriff des Strukturgleichungsmodells sind „Kovarianzstrukturanalyse" und „Kovarianzstrukturmodell" (vgl. Reinecke (2005), S. 3). Pfadanalysen untersuchen gerichtete Zusammenhänge zwischen manifesten Variablen (vgl. Bühner (2006), S. 237).

[936] Vgl. Homburg/Dobratz (1998), S. 450; Bollen (1989), S. 20.

[937] Vgl. Hair et al. (2006), S. 706.

[938] Da die Kovarianzstrukturanalyse (häufig auch unter ihrem Synonym „Kausalanalyse") heute zum State of the Art der empirischen Marketingforschung zählt und in der einschlägigen Literatur bereits entsprechend häufig und umfangreich diskutiert worden ist, wird nicht zuletzt aus Platzgründen in der vorliegenden Arbeit auf eine Darstellung der Grundlagen dieses Verfahrens verzichtet. Vielmehr soll sich auf die für den Zweck dieser Arbeit besonders relevanten und spezifischen Anwendungsformen dieser Methodik, wie der Testung hierarchischer Modelle (in Kapitel E.2.1.3) sowie multipler Gruppenvergleiche (in Kapitel E.2.1.4) konzentriert werden. Für eingehende Auseinandersetzungen mit den Grundlagen der Kovarianzstrukturanalyse vgl. z.B.

- Die Ausführungen des Kapitels E.1 haben verdeutlicht, dass es sich bei der überwiegenden Anzahl der im Rahmen des reputationszentrierten Ursache-Wirkungsgeflechts interessierenden Variablen um latente, d.h. sich einer unmittelbaren Messung entziehender Konstrukte handelt. Als Folge ist von der Methode der Wahl zu fordern, dass sie sowohl direkt messbare als auch hypothetische Konstrukte in die Analyse einzubeziehen und diese zu unterscheiden vermag.

- Die Berücksichtigung latenter Konstrukte macht es unabdingbar, im Zuge der Modellschätzung Messfehler dieser Variablen zu berücksichtigen.[939] Mit der Annahme des Vorliegens perfekter Messwerte, würde man Gefahr laufen, verzerrte Schätzwerte zu erhalten bzw. würden die Koeffizienten des Strukturmodells systematisch unterschätzt werden.[940]

- Weiterhin verlangen insbesondere die zu prüfenden Hypothesen über die relativen Erklärungsgehalte einzelner Konstrukte für nachgelagerte Variablen eine Quantifizierung dieser Effekte. Im Rahmen der Kovarianzstrukturanalyse erfolgt die Berechnung dieser Parameter über die Anpassung der empirischen Kovarianzen der manifesten Variablen mit einer sog. implizierten Kovarianzmatrix, die aus dem spezifizierten Modell errechnet wird.[941] Hierfür steht eine Reihe verschiedener Schätzverfahren zur Verfügung, die in Abhängigkeit der vorliegenden Datenverteilung, der Stichprobegröße, der Verfügbarkeit von Inferenzstatistiken und weiterer Kriterien zur Anwendung kommen.[942] Ihnen allen ist jedoch gemeinsam, dass sie die Parameter nach Maßgabe einer Diskrepanzfunktion schätzen, die danach strebt, die Abweichungen zwischen der beobachteten und der modelltheoretischen Kovarianzmatrix zu minimieren.

- Mit Blick auf die Untersuchung des gerichteten Zusammenhangs zwischen den Konstrukten der Krankenhaus- und der Fachabteilungsreputation wird es notwendig sein, alternative Modelle zu testen und einander gegenüberzustellen. In diesem Zusammenhang stellt sich auch die Anforderung, nicht-rekursive Ursache-Wirkungsbeziehungen modellieren und analysieren zu können.[943] Beiden Leistungsanforderungen wird die Kovarianzstrukturanalyse gerecht.[944]

Kline (2005), Reinecke (2005), sowie überblicksartig Backhaus et al. (2006), S. 337 ff.; Riekeberg (2002a, 2002b); Homburg/Pflesser (2000a); Hildebrandt/Homburg (1998).
[939] Vgl. Reinecke (2005), S. 100.
[940] Vgl. Reinecke (2005), S. 4.
[941] Vgl. Bühner (2006), S. 237 ff.
[942] Vgl. Backhaus et al. (2003), S. 344 ff.
[943] Vgl. Kapitel E.2.1.3.
[944] Vgl. Kline (2005), S. 145 ff., 237 ff.

- Werden im Rahmen von Kovarianzstrukturanalysen über Kovariaten, also Variablen, von denen vermutet wird, dass sie als Drittvariable den Zusammenhang zwischen anderen Variablen beeinflussen, Gruppen gebildet, dann können Unterschiede zwischen den Modellparametern zwischen den Gruppen ermittelt und getestet werden.[945] Diese Möglichkeit erlaubt die empirische Überprüfung der Hypothesen zu den moderierenden Effekten der Wirkungsbeziehung zwischen den Konstrukten der Krankenhaus- und der Fachabteilungsreputation.

In Konsequenz stellt die Kovarianzstrukturanalyse für die vorliegende Arbeit die Methode der Wahl dar. Dennoch dürfen die vom Verfahren erzeugten Ergebnisse nicht ohne Reflektion ihrer Qualität und damit naiv in die Ableitung von Handlungsempfehlungen und Rückschlüssen über die Realität müden, sondern bedürfen einer Gütebeurteilung mittels geeigneter Kriterien.

2.1.2 Gütebeurteilung des Strukturmodells der Erststudie

Nachdem die Entwicklung eines reliablen und validen Gesamtmessmessmodells bereits abgeschlossen ist, gilt es, auch die Anpassung des Strukturgleichungsmodells der postuliert-kausalen Zusammenhänge zwischen den Konstrukten zu überprüfen.[946] Da das Verfahren der konfirmatorischen Faktorenanalyse als Spezialfall der Kovarianzstrukturanalyse zu verstehen ist (mit dem einzigen Unterschied, dass bei der Faktorenanalyse keine Abbildung von Kovarianzmatrizen zwischen endogenen Variablen erfolgt), kann zur Gütebeurteilung des Strukturmodells auf die gleichen globalen und lokalen Fitwerte wie bei der Evaluation der Anpassungsgüte der Messmodelle zurückgegriffen werden. Komplementär kann für jede endogene Variable des Strukturmodells die quadrierte multiple Korrelation berechnet werden.[947] Bei dieser handelt es sich um ein lokales Anpassungskriterium, welches den Anteil der Varianz einer endogenen Variablen wiedergibt, der durch diejenigen Variablen erklärt wird, die im Rahmen des spezifizierten Modells einen Einfluss ausüben.[948]

Hinsichtlich der geforderten Ausprägungen der bei der Beurteilung von Strukturmodellen heranzuziehenden Fitmaße gelten dieselben Schwellenwerte wie bei der

---

[945] Vgl. Kapitel E.2.1.4.
[946] Vgl. Anderson/Gerbing (1982), S. 453.
[947] Vgl. Hair et al. (2006), S. 237.
[948] Vgl. Homburg/Pflesser (2000a), S. 635. Die Forderung nach einem Mindestwert für die quadrierte multiple Korrelation ist nur in solchen Fällen sinnvoll, in denen das Erkenntnisziel der Untersuchung darin besteht, die endogenen Variablen möglichst vollständig zu erklären (vgl. ebd. S. 651 f.). Da es in der vorliegenden Untersuchung jedoch um die Prüfung bestimmter vermuteter Zusammenhänge geht, ist die Berücksichtigung eines entsprechenden Mindestwerts nicht zweckdienlich.

isolierten Überprüfung einzelner Messmodelle.[949] Allerdings werden bei sehr komplexen Modellen üblicherweise auch etwas weniger restriktive Grenzwerte akzeptiert.[950] Dessen ungeachtet kann jedoch im Fall einer nicht ausreichend beurteilten Anpassung des spezifizierten Modells an die empirischen Daten nach einem Vorschlag von *Homburg/Dobratz* im Zuge einer Modellmodifikation eine Parameterexpansion vorgenommen werden, an die sich – falls erforderlich – eine Parameterkontraktion anschließt.[951]

Der Schritt der Parameterexpansion erfolgt auf Basis sog. Modification Indices, welche bei den meisten EDV-Programmen, die zur Berechnung von Strukturgleichungsmodellen zum Einsatz kommen,[952] standardmäßig ausgegeben werden. Die Expansionen umfassen die Aufnahme neuer Ursache-Wirkungs-beziehungen und damit weiterer Parameter in das Modell, sofern dadurch nach Maßgabe des χ^2-Wertes eine signifikante Verbesserung des Modellfits erreicht wird.[953] Um einer rein explorativen, datengetriebenen Auswertung vorzubeugen, ist jedoch darauf zu achten, dass sämtliche Modellmodifikationen mit theoretischen Überlegungen hinterlegt werden.

Im anschließenden Schritt wird eine Parameterkontraktion derart durchgeführt, dass solche Kausalbeziehungen vom Modell ausgeschlossen werden, die im Vergleich zu einem sparsameren Modell keinen signifikanten Erklärungsbeitrag leisten, d.h. deren Eliminierung lediglich zu einer Verschlechterung des χ^2-Wertes von unter 2,71 führt.[954] Den Ausgangspunkt des Eliminationsprozesses bildet dabei der Parameter mit dem kleinsten Critical-Ratio-Wert.[955]

Nach der auf diese Weise erfolgten Modellmodifikation werden für das resultierende Modell abermals die einschlägigen Anpassungsmaße berechnet und den geforderten Richtwerten gegenübergestellt. Das Untersuchungsmodell ist schließlich nur dann zu

---

[949] Vgl. Tab. E-1.
[950] Vgl. Hair et al. (2006), S. 753; Marsh/Hau/Grayson (2005), S. 325; Bollen (1989), S. 274. In Anlehnung an *Homburg*, der Modelle, die vier bis sechs latente Variablen sowie acht bis zwölf Indikatorvariablen umfassen, als Modelle mittlerer Komplexität bezeichnet, kann das Struktur-modell der Erststudie dieser Arbeit als hochkomplex bezeichnet werden (vgl. Homburg (1992), S. 506).
[951] Vgl. Homburg/Dobratz (1991), S. 219.
[952] In der vorliegenden Arbeit kommt zur Lösung der Strukturgleichungsmodelle das Programm AMOS (Analysis of Moment Structures) Version 7.0 zum Einsatz.
[953] Die Reihenfolge der Parameterexpansionen ergibt sich nach der Höhe der berechneten Modi-fikationsindizes. Von einer signifikanten Modellverbesserung kann gesprochen werden, wenn der χ^2-Wert bei einem Δdf von Eins eine Verringerung von mindestens 2,71 aufweist (vgl. Backhaus et al. (2006), S. 818).
[954] Vgl. Tabachnick/Fidell (1996), S. 758. Legt man ein Signifikanzniveau von 5% als Maßstab an, so sind auch χ^2-Differenzen von unter 3,84 akzeptabel (vgl. Backhaus et al. (2006), S. 818).
[955] Vgl. Gruen/Summers/Acito (2000), S. 44.

akzeptieren, wenn sowohl hinreichend ausgeprägte Gütekriterien vorliegen als auch signifikante Pfadbeziehungen nachgewiesen sind.

2.1.3 Untersuchung der Wirkungsrichtung im Verhältnis zweier Konstrukte

Im Rahmen der Herleitung des Hypothesensystems – mit Ausnahme der Hypothese $H_{1(1)}$ – war stets von Ursache-Wirkungsbeziehungen, also von Kausalitäten innerhalb der interessierenden Konstruktbeziehungen die Rede.[956] Tatsächlich aber kann die Kausalität einer Variablenbeziehung durch eine kovarianzbasierte statistische Modellprüfung, wie sie angestrebt wird, alleine nicht nachgewiesen werden, da diese lediglich eine Struktur bietet, die hinsichtlich ihrer kausalen Interpretation neutral ist.[957] Derartige Verfahren prüfen alleinig, ob aufgrund der theoretisch postulierten Hypothesen und der zugrunde liegenden Prämissen eine kausale Beziehung statistisch zurückzuweisen ist oder nicht.[958]

Dennoch finden sich in der einschlägigen Literatur vereinzelte Beiträge, die Möglichkeiten aufzeigen, auch mit Querschnittsdaten im Rahmen von Strukturgleichungsmodellen statistische Hinweise über die tatsächliche Wirkungsrichtung zwischen Variablen aufzudecken, die stärker sind als der bloße Nachweis, dass die modellierte Ursache-Wirkungsbeziehung anhand der errechneten Ergebnisse zumindest nicht abgelehnt werden kann. Da einer der Forschungsschwerpunkte der vorliegenden Arbeit ausdrücklich in der Aufdeckung des Innenverhältnisses des Reputationskomplexes besteht, soll für die empirische Untermauerung des theoretisch hergeleiteten Einflusses der Fachabteilungsreputation auf die Krankenhausreputation diesen Möglichkeiten nachgegangen werden – nicht zuletzt, um eine (in empirischen Forschungsbeiträgen häufig vorzufindende)[959] unreflektierte Handhabung der Kausalitätsfrage zu vermeiden.

---

[956] Für eine Genese des Kausalitätsbegriffs vgl. Hodapp (1984), S. 10 ff.

[957] Vgl. Reinecke (2005), S. 12; Homburg/Hildebrandt (1998), S. 42.

[958] Vgl. Balderjahn (1998), S. 373. „[...] data do not confirm a model, they only fail to disconfirm it." (Cliff (1983), S. 117). Der Nachweis einer Ursache-Wirkungsbeziehung ist vielmehr an vier Bedingungen geknüpft (vgl. Reinecke (2005), S. 12): (1.) Die Hypothesen bzw. die postulierten Wirkungsrichtungen müssen sich theoretisch begründen lassen, (2.) es muss ein substantieller empirischer Zusammenhang zwischen den Variablen nachgewiesen werden, (3.) es kann der Einfluss von Drittvariablen ausgeschlossen werden, und (4.) es herrscht eine zeitliche Asymmetrie zwischen Ereignis und Wirkung bzw. zwischen den Variablen. Während den beiden ersten Bedingungen in dieser Arbeit problemlos sowie der dritten per Annahme entsprochen werden kann, bleibt die zeitliche Asymmetrie zwischen den Variablen und damit die vierte Bedingung zwangsläufig, d.h. dem Erhebungsdesign schuldend, unberücksichtigt.

[959] Für eine Grundsatzkritik am verbreiteten Umgang mit der Kausalitätsfrage im Rahmen der Überprüfung von Strukturgleichungsmodellen vgl. Kline (2005), S. 99.

Zur empirischen Fundierung theoretisch postulierter Wirkungsrichtungen zwischen Variablen führt *Kline* drei grundsätzliche Optionen an:[960]

1. Verzicht auf eine Pfad- bzw. Kovarianzstrukturanalyse und Rückgriff auf weniger restriktive Methoden wie der multiplen Regressionsanalyse.

2. Spezifizierung und Test alternativer Modelle mit different spezifizierten Wirkungsrichtungen zwischen den in Rede stehenden Konstrukten.

3. Modellierung reziproker Effekte zwischen den interessierenden Variablen, um beide Möglichkeiten der Kausalität modelltechnisch abzudecken.

Während die erste Alternative als methodischer Rückschritt gewertet werden muss, etwa aufgrund der Negierung des latenten Charakters hypothetischer Konstrukte und der mangelnden Berücksichtigung von Fehlern in den Konstruktmessungen, weist *Kline* hinsichtlich der zweiten Option darauf hin, dass verschiedene Modelle gleich gute Anpassungen an die Daten aufweisen können, was dazu führt, dass auf statistischer Basis keine Aussage über die Überlegenheit eines Modells gegenüber einem anderen getroffen werden kann.[961] Auch die Spezifizierung nicht-rekursiver Modelle als dritte Lösungsoption ist laut *Kline* nicht frei von Problemen. Diesbezüglich begründet der Autor seine Skepsis mit dem Hinweis auf die erhöhte Komplexität bei der Analyse und Interpretation dieser Modelle mit reziproken Wirkungsbeziehungen.

Unbefriedigend muten die Einwände gegenüber den beiden letztgenannten methodischen Alternativen deshalb an, da der bloße Hinweis auf womöglich auftretende statistische Probleme (im Fall der Konstruktion äquivalenter Modelle) sowie auf Schwierigkeiten bei der „handwerklichen" Durchführung und Interpretation der Ergebnisse (bei der Spezifizierung nicht-rekursiver Modelle) nicht stichhaltig genug erscheinen, um per se auf die Anwendung der Methoden im Rahmen eines konkreten Untersuchungsproblems, wie das der vorliegenden Arbeit, zu verzichten.

Dass diese beiden Möglichkeiten für den konkreten Untersuchungsfall tatsächlich Hinweise auf kausale Wirkungsrichtungen zu geben vermögen, zeigt *Bentler* auf. Der Forscher bedient sich den methodischen Mitteln der Modellierung nicht-rekursiver

---

[960] Vgl. Kline (2005), S. 99. Grundsätzlich hat die Suche nach Hinweisen über die „richtige" Spezifikation der Wirkungsrichtung zwischen den interessierenden Konstrukten am denkbar sparsamsten Modell zu erfolgen, da ansonsten die Gefahr besteht, dass die wahre Natur der fokalen Konstruktbeziehung von den Wirkungen von Drittvariablen verzerrt wird (vgl. Kline (2005), S. 145 f.; Bentler (2001), S. 84 f.).

[961] Man bezeichnet solche Modelle als äquivalent, bei denen die Analysen der Kovarianzmatrizen zu identischen Modell-Fits führen (vgl. Bühner (2006), S. 270; Kline (2005), S. 192 ff.).

Wirkungsbeziehungen und schlägt vor, zwei Alternativmodelle, die sich hinsichtlich der spezifizierten Wirkungsrichtung zwischen den beiden interessierenden Konstrukten unterscheiden, in ein umfassenderes Modell einzunisten.[962] Anstatt zwei Modelle mit jeweils gegenläufig definierter Kausalität im Verhältnis der beiden Konstrukte zu analysieren – was die von *Kline* aufgezeigte Gefahr der Produktion äquivalenter Modelle in sich bürgte – wird also ein nicht-rekursives Modell mit reziproker Konstruktbeziehung spezifiziert. Allerdings verlangt die Identifizierbarkeit eines solchen Modells das Hinzufügen einer weiteren Variablen, von der ein Effekt auf eine (und nur eine) der beiden interessierenden Konstrukte ausgeht.[963] Diesbezüglich besteht die Schwierigkeit folglich darin, eine Variable auszuwählen, für die vom theoretischen Standpunkt aus ein Einfluss auf tatsächlich nur eine der beiden interessierenden Variablen angenommen werden kann.

Gelingt die Konstruktion eines solchen, letztlich drei Konstrukte umfassenden Modells, so gilt es, Hypothesen über die relative Stärke der beiden, zwischen den interessierenden Konstrukten spezifizierten Pfade zu testen.[964] Unterscheiden sich die Effektstärken signifikant voneinander, ist gemäß *Bentler* davon auszugehen, dass der stärkere Pfad derjenige ist, der im Rahmen der Interdependenz der beiden Konstrukte dominant ist.[965] Im Extrem weist die Parameterschätzung eines der Pfade im Rahmen der potenziell reziproken Konstruktbeziehung einen nicht-signifikanten Wert auf. In diesem Fall kann vom Hypothesentest über die relativen Effektstärken abgesehen und unmittelbar am genesteten Modell abgelesen werden, welche der spezifizierten Wirkungsrichtungen sich tatsächlich in den Daten wiederfindet.[966]

Bentlers Schlussfolgerung basiert auf den Erkenntnissen zur Analyse nicht-rekursiver Strukturmodelle. Während rekursive Modelle unterstellen, dass sämtliche kausalen Effekte unidirektional sind und keine Korrelationen zwischen endogenen Variablen vorliegen, kann mit der Spezifizierung nicht-rekursiver Modelle berücksichtigt werden, dass „[...] *many "real world" causal processes are based on cycles of*

---

[962] Vgl. Bentler (2001), S. 84. Von genesteten Modellen wird gesprochen, wenn ein Modell eine Untermenge eines anderen Modells darstellt. Synonym findet auch der Terminus „hierarchische Modelle" Verwendung (vgl. Kline (2005), S. 145).

[963] Ein nicht-rekursives Modell, bestehend aus zwei latenten Konstrukten ist unteridentifiziert und kann folglich nicht getestet werden, da mehr Parameter geschätzt werden müssen, als bekannte Parameter (Kovarianzen) verfügbar sind.

[964] Dieser Test erfolgt durch Gleichsetzen der Parameter innerhalb der reziproken Konstruktbeziehung. Stellt sich heraus, dass der Modell-Fit dieses restringierten Modells signifikant schlechter ist als die Anpassung des Modells mit freien Parametern, so unterscheiden sich die Parameter voneinander (vgl. hierzu auch Kapitel E.2.1.4).

[965] Vgl. Bentler (2001), S. 84.

[966] Dass die von *Bentler* vorgeschlagene Vorgehensweise stark innovativen Charakter aufweist, wird in seinem abschließenden Hinweis deutlich, dass „*As far as I know, this proposed solution [...] has not appeared previously in the literature.*" (Bentler (2001), S. 84). Aus diesem Grund sollen im Folgenden die methodischen Hintergründe seines Vorschlags näher beleuchtet werden.

mutual influence, that is, feedback."[967] Bei ihrer Analyse ist jedoch zu bedenken, dass die Abbildung nicht-rekursiver Beziehungen mittels Querschnittsdaten lediglich eine Momentaufnahme der zwangsläufig dynamischen Interdependenz der interessierenden Konstrukte darstellt, so dass den gewonnenen Erkenntnissen stets die Prämisse zugrunde liegt, dass sich die reziproken Effekte zwischen den Variablen zum Zeitpunkt ihrer Erfassung bereits im Gleichgewicht befinden – die Feedback-Schleifen also abgeschlossen und die beobachteten Effektstärken somit unabhängig vom Erhebungszeitpunkt sind.[968] Nur unter dieser Annahme, auf die sich im weiteren Verlauf auch die vorliegende Arbeit beruft, ist *Bentlers* Schlussfolgerung hinsichtlich der Identifikation des dominanten Effekts im Rahmen einer (potenziell) reziproken Konstruktbeziehung zulässig.

Der Vollständigkeit halber sei an dieser Stelle komplementär eine weitere Möglichkeit zur Identifizierung datenkonformer hierarchischer Strukturmodelle genannt:[969] Im Zuge einer sukzessiven Restringierung eines genesteten Modells können zur Suche nach dem sparsamsten Modell nach Maßgabe theoretischer Überlegungen Parameter nach und nach auf Null restringiert werden und im Fall keiner signifikanten Anpassungsverschlechterung entsprechende Parameter aus dem hierarchischen Modell entfernt werden.[970] Bei der vorliegenden Fragestellung würde die Anwendung dieser Methodik bedeuten, im nicht-rekursiven Modell den Pfad, der vom Konstrukt der Krankenhausreputation auf das der Fachabteilungsreputation gerichtet ist, auf Null zu restringieren und dieses Modell anschließend mittels eines χ^2-Differenztests gegen ein Modell mit freien Parametern zu testen.[971] Läge keine signifikante Modellverschlechterung vor, würde dies die Hypothese über die Dominanz der Fachabteilungsreputation im Rahmen des Innenverhältnisses des Reputationskomplexes stützen.[972] Allerdings führt dieses Verfahren mitunter zur Eliminierung auch signifikanter Parameter, so dass durch die sukzessive Restringierung eines Modells

[967] Kline (2005), S. 237. Auch für das Verhältnis zwischen den Konstrukten der Fachabteilungs- und Krankenhausreputation muss erinnerlich eine solche Interdependenz angenommen werden (vgl. Kapitel C.3.3).

[968] Kaplan/Harik/Hotchkiss (2001), S. 315 ff.; Schmidt (1977), S. 195 f. „[Equilibrium] *means that a dynamic system has completed its cycles of response to a set of inputs and that the inputs do not vary over time; in other words, estimation of the reciprocal effects with cross-sectional data requires that the causal process has basically dampened out and is not just beginning.*" (Kline (2001), S. 239 in Anlehnung an Kenny (1979); Heise (1975)).

[969] Vgl. Kline (2005), S. 145 ff.

[970] In der einschlägigen Literatur wird diese Methodik zur Modellmodifikation als „Model Trimming" bezeichnet.

[971] Vgl. hierzu auch Kapitel E.2.1.4.

[972] Vgl. Kline (2005), S. 146.

lediglich sehr schwache empirische Hinweise auf die richtige Wirkungsrichtung zwischen Variablen gefunden werden können.[973]

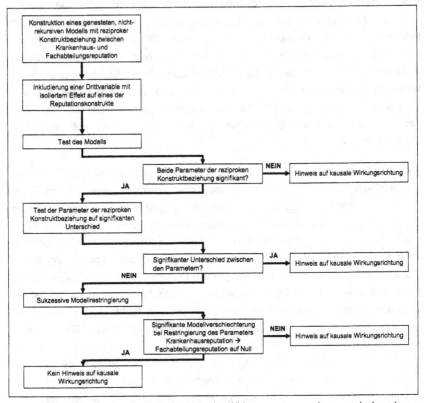

Abb. E-2: Prüfschema zur Analyse des Ursache-Wirkungszusammenhangs zwischen der Krankenhaus- und der Fachabteilungsreputation

Zwar kann ein endgültiger Nachweis kausaler Strukturen mit Querschnittsdaten nicht erfolgen, jedoch erlauben die dargestellten Ansätze zumindest das Aufspüren von Hinweisen darüber, ob sich die theoretisch hergeleitete Dominanz des Konstruktes der Fachabteilungsreputation gegenüber jenem der Krankenhausreputation in den empirischen Daten wiederfindet. Aufgrund der zentralen Stellung, die diese Frage in der vorliegenden Arbeit einnimmt, soll daher das in Abb. E-2 dargestellte Prüfschema zur Untermauerung der konzeptionellen Überlegungen zum kausalen Zusammenhang der Reputationskonstrukte beider Ebenen Anwendung finden.

---

[973] Vgl. Kline (2005), S. 146.

2.1.4 Multiple Gruppenanalyse zur Untersuchung moderierender Effekte im Rahmen der Kovarianzstrukturanalyse

Die vorliegende Untersuchung beschäftigt sich u.a. mit der Analyse von moderierenden Effekten auf den Zusammenhang zwischen Krankenhaus- und Fachabteilungsreputation.[974] Eine Variable übt dann einen moderierenden Effekt auf den Zusammenhang zweier Größen aus, wenn ihre Ausprägung die Stärke der Dependenz zwischen der exogenen und der endogenen Variable beeinflusst.[975] Von einem positiven moderierenden Effekt wird gesprochen, wenn der Einfluss der exogenen auf die endogene Variable bei hohen Werten der Kovariate stärker ausfällt als bei niedrigen Ausprägungen des Moderators. Umgekehrt liegt ein negativer moderierender Effekt vor, wenn sich der Zusammenhang zwischen exogener und endogener Variable mit steigenden Werten des Moderators abschwächt.

Zur Untersuchung derartiger Interaktionen von Variablen findet in der Marketingforschung die moderierte Regressionsanalyse am häufigsten Anwendung.[976] Allerdings sieht sich diese speziell in den Fällen scharfer Kritik ausgesetzt, in denen moderierende Effekte auf Beziehungen zwischen latenten Variablen analysiert werden sollen,[977] denn die Regressionsanalyse bietet keine Möglichkeit, Fehlervariablen in den Messmodellen der Konstrukte zu berücksichtigen. Die Folge ist, dass es bei der Anwendung dieser Methode zwangsläufig zu verzerrten Schätzergebnissen kommt. Des Weiteren können hier moderierende Effekte nicht adäquat modelliert werden, wenn – wie in der vorliegenden Arbeit – mehrfaktorielle Konstrukte untersucht werden sollen.[978] Aus diesen Gründen erweist sich für die Untersuchung moderierender Effekte zwischen latenten, mehrdimensionalen Konstrukten das Verfahren der multiplen Gruppenanalyse im Rahmen der Kovarianzstrukturanalyse als überlegen.

---

[974] Vgl. Kapitel C.4.

[975] Vgl. Frazier/Barron/Tix (2004), S. 116. Als einen weiteren Typ von Einflussvariablen lassen sich sog. Mediatoren unterscheiden (vgl. hierzu Sharma/Durand/Gur-Arie (1981), S. 291 ff.). Diese Variablen transferieren den Einfluss einer Prädiktorvariable auf eine Kriteriumsvariable, so dass die Zielvariable lediglich einem indirekten Einfluss der Prädiktorvariable unterliegt (vgl. Baron/ Kenny (1986)). Zu den Unterschieden zwischen Mediatoren und Moderatoren vgl. exemplarisch Sauer/Dick (1993), S. 637. Zur Diskussion und Analyse moderierender Effekte vgl. eingehend Reinecke (2005), S. 238 ff.; Bollen (1989), S. 357 ff. Neben reinen Moderatoren lassen sich sog. Quasi-Moderatoren identifizieren. Eine Quasi-Moderation liegt vor, wenn eine Variable nicht nur Einfluss auf den Zusammenhang zwischen einer exogenen und einer endogenen Variable hat, sondern zusätzlich einen direkten Effekt auf die endogene Variable ausübt (vgl. hierzu Darrow/Kahl (1982), S. 37; Sharma/Durand/Grur-Arie (1981), S. 293).

[976] Vgl. Kraus (2008), S. 218. Zurück geht diese Methode auf die Arbeiten von *Saunders* (vgl. Saunders (1956)). Für eine dezidierte Erläuterung der moderierten Regressionsanalyse vgl. Aiken/West (1991), S. 49 ff. Für eine Anwendung des Verfahrens vgl. Kraus (2008).

[977] Vgl. Giering (2000), S. 95; Ping (1995), S. 336.

[978] Vgl. Giering (2000), S. 95; Steenkamp/Baumgartner (1998), S. 78.

Bei Mehrgruppenanalysen, die sich der Methodik der Kovarianzstrukturanalyse bedienen, werden in einem ersten Schritt nach Maßgabe der Ausprägungen der Kovariaten, also der Variablen, für die moderierende Einflüsse vermutet werden, Gruppen definiert.[979] Liegen diskrete oder kategoriale Moderatorvariablen vor, erfolgt die Gruppenformierung unmittelbar anhand der jeweiligen Ausprägungen bzw. können anknüpfend an inhaltliche Überlegungen Fälle mit bestimmten Werten zu höher aggregierten Gruppen zusammengefasst werden. Bei metrisch skalierten Variablen hingegen gelangt man durch Median- oder Quartilsplits zu der benötigten Aggregation der einzelnen Fälle. Im Anschluss an die Gruppenbildung wird ein restringiertes Strukturgleichungsmodell, bei dem der Parameter des interessierenden Zusammenhangs zwischen den (in der Regel zwei) Gruppen gleichgesetzt wird, mit einem χ^2-Differenztest gegen ein Modell mit freien Parametern getestet.[980] Führt die Gleichsetzung des Parameters zu einer signifikanten Modellverschlechterung, also zu einer Erhöhung des χ^2-Wertes um mindestens 2,71 auf dem 10%-Niveau bzw. um mindestens 3,84 auf dem 5%-Niveau, so bedeutet dies, dass der festgesetzte Parameter in beiden Gruppen nicht gleich ist, also ein moderierender Effekt der Gruppierungsvariablen vorliegt.[981] Die Richtung der Moderation wird schließlich identifiziert über die Differenz der standardisierten Werte des fokalen Parameters, die sich im Rahmen der Schätzung des unrestringierten Modells ergeben.[982]

2.2 Analyse des Wirkungszusammenhangs zwischen Krankenhaus- und Fachabteilungsreputation mithilfe einer nicht-rekursiven Modellspezifikation

Für die Anwendung des in Kapitel E.2.1.3 dargelegten Prüfschemas zur Entdeckung des dominanten Effektes im Rahmen der Beziehung der beiden Konstrukte des Reputationskomplexes ist es unerlässlich, vorab eine Variable in das Untersuchungsmodell zu inkludieren, von der ein Einfluss auf nur eines der beiden Konstrukte begründbar ist. Aufgrund der Tatsache, dass wegen der hierarchischen Beziehung der Kategorien „Krankenhaus" und „Fachabteilung" sämtliche Einflussgrößen der

---

[979] Vgl. hierzu Scholderer/Balderjahn/Paulssen (2006), S. 644 f.; Mackenzie (2001), S. 161 f.; Baumgartner/Steenkamp (1998); Byrne (2001), S. 173 ff.

[980] Voraussetzung für den Modellvergleich ist das Vorliegen der Vergleichbarkeit der Konstrukte zwischen den Gruppen (tau-Äquivalenz), d.h. diese dürfen sich nur hinsichtlich ihrer Messfehler, nicht aber in Bezug auf die Beziehung zwischen den Indikatoren und dem zugrunde liegenden Konstrukt unterscheiden (vgl. Temme/Hildebrandt (2009), S. 139; Bollen (1989), S. 357 ff.). Mangelnde Äquivalenz von Messmodellen zwischen verschiedenen Gruppen stellen jedoch hauptsächlich in der interkulturellen Forschung ein Problem dar, so dass für die vorliegende Studie tau-Äquivalenz unterstellt werden kann (vgl. Temme/Hildebrandt (2009), S. 140).

[981] Vgl. Yang-Wallentin/Schmidt/Bamberg (2001).

[982] Eine Einschränkung erfährt das Verfahren der multiplen Gruppenanalyse dadurch, dass zwar festgestellt werden kann, ob eine Variable einen moderierenden Effekt ausübt, jedoch kann dieser weder quantifiziert noch können gesicherte Aussagen zur funktionalen Form der Interaktion getroffen werden (vgl. Ping (1995)).

Fachabteilungsreputation auch potenzielle Determinanten der Krankenhaus-reputation darstellen, kommen hierfür alleinig Merkmale in Frage, die der Ebene des Krankenhauses als Ganzes zuzuordnen, bildlich gesprochen, oberhalb einzelner Fachabteilungen zu finden sind.[983] Folglich ist der Blick auf solche Eigenschaften bzw. Aktivitäten von Krankenhäusern zu richten, die einen stark strategischen, d.h. von einzelnen Fachabteilungen bzw. deren Tagesgeschäft losgelösten Charakter aufweisen.

Diesbezüglich ist besonders an die in Kapitel B.3 beschriebene Entscheidung des in der Erststudie als Untersuchungsfall dienenden Krankenhauses zu denken, ein Medizinisches Versorgungszentrum zu betreiben und damit in den Markt der ambulanten Patientenversorgung zu diversifizieren.[984] Es erscheint plausibel, dass eine derartige Tätigkeit (negativen) Einfluss auf die Reputation des Krankenhauses als Ganzes ausübt, da auf diese Weise eine unmittelbare Wettbewerbsbeziehung zu niedergelassenen Ärzten hergestellt und damit potenziell ihre Zielerreichung tangiert wird.[985] Hingegen dürfte die Reputation der einzelnen Fachabteilung hiervon weitgehend unberührt bleiben – erstens, weil es sich um eine Entscheidung handelt, die augenscheinlich keine Konsequenzen für die Tätigkeitsfelder der meisten Fachabteilungen hat, insbesondere nicht für solche, die nur geringe fachliche Anknüpfungspunkte mit den durch das MVZ angebotenen Leistungen aufweisen und zweitens, weil es sich um eine vom Management getroffene, strategische Entscheidung handelt, die also wahrnehmbar außerhalb der Entscheidungs- und Handlungskompetenz der Fachabteilungen liegt. Es erscheint daher unwahr-scheinlich, dass ein vom fokalen Krankenhaus betriebenes MVZ einen nachweis-baren Einfluss auf die operativ, d.h. medizinisch-fachlich getriebene Reputation der Fachabteilungen ausübt.[986] Um die Identifizierbarkeit des nicht-rekursiven Modells zur Analyse des Wirkungszusammenhangs zwischen Krankenhaus- und Fachab-teilungsreputation sicherzustellen, wurde daher das Konstrukt der Einstellung niedergelassener Ärzte gegenüber dem MVZ-Betrieb des fokalen Krankenhauses mit in das Modell aufgenommen.[987]

---

[983] Dass die Identifikation einer solchen Drittvariable mitunter ein schwieriges Unterfangen ist, wird dadurch deutlich, dass „[...] *if variables are presumed to mutually cause each other, then it seems plausible to expect that they may have common omitted causes.*" (Kline (2005), S. 239).
[984] Vgl. Kapitel B.3.
[985] Vgl. hierzu auch Kapitel F.3.3.2.
[986] Vgl. Kapitel C.5.4.2.
[987] Für die Indikatoren dieses Konstruktes und seine Gütebeurteilung vgl. Anhang III.

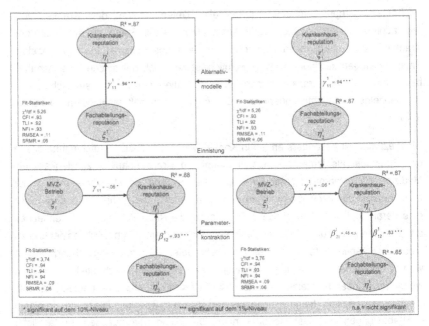

Abb. E-3: Ergebnis des Prüfschemas zur Analyse des dominanten Effekts im Rahmen der Interdependenz zwischen Krankenhaus- und Fachabteilungsreputation[988]

Das Ergebnis der Anwendung des Prüfschemas kann Abb. E-3 entnommen werden. Es stellt sich heraus, dass – wie theoretisch hergeleitet – tatsächlich die Reputation der Fachabteilung die stärkere Rolle im Rahmen des Reputationskomplexes zu spielen scheint: Nach Einbettung der Alternativmodelle mit jeweils unterschiedlich spezifizierter Wirkungsrichtung zwischen den Reputationskonstrukten in ein nicht-rekursives Modell mit der Drittvariable „MVZ-Betrieb" zeigt der signifikante Koeffizient β_{12} mit einem Wert von 0,83 (p = 0,001) bei gleichzeitig fehlender Signifikanz des konträr gerichteten Effektes (β_{21} = 0,46, p = 0,31) deutlich die empirische Dominanz der Fachabteilungsreputation an. Ein Hypothesentest über die relative Stärke der beiden zwischen den Reputationskonstrukten spezifizierten Pfade ist durch dieses eindeutige Ergebnis obsolet. Vielmehr kann festgestellt werden, dass hier von den in

---

[988] Typischerweise werden die Variablen und Pfade in Strukturgleichungsmodellen mit griechischen Buchstaben deklariert, die der Notation der zugrunde liegenden mathematischen Formeln entsprechen (vgl. Homburg/Krohmer (2006), S. 393 ff.; Jöreskog/Sörbom (1982)). Mit ξ werden exogene, mit η endogene Variablen bezeichnet. Die Pfade werden je nachdem, ob sie einer exogenen oder endogenen Variablen entspringen mit γ oder β deklariert. Während die tiefgestellten Indizes die Variablen nummerieren bzw. Ziel- und Ursprungsvariable der Pfade definieren, steht der hochgestellte Index für die Studie, deren Datensatz dem Modell zugrunde liegt, d.h. „Eins" für die Erststudie und „Zwei" für die Zweitstudie der vorliegenden Arbeit.

Kapitel E.2.1.3 beschriebenen, methodisch deduzierbaren Hinweisen auf die Kausalstruktur zweier Konstrukte der denkbar stärkste zutage tritt.[989]

Im reduzierten Modell errechnet sich schließlich ein Pfadkoeffizient von 0,93 für den Einfluss der Fachabteilungsreputation auf die Krankenhausreputation, deren Varianz zu 88% von den exogenen Variablen erklärt wird. Ferner zeigt sich als Nebenergebnis, dass sich der Betrieb eines MVZs durch ein Krankenhaus negativ auf dessen Reputation bei niedergelassenen Ärzten auswirkt, wenn auch nur sehr schwach.[990]

Unter der Prämisse, dass der Gleichgewichtszustand im Rahmen der Interdependenz der fokalen Konstrukte erreicht ist,[991] ist der beschriebene Befund als empirischer Hinweis zu interpretieren, dass die konzeptionellen Überlegungen zum Zusammenhang zwischen der Fachabteilungs- und der Krankenhausreputation vom erhobenen Datenmaterial bestätigt werden. Zwar kann, wie in Kapitel E.2.1.3 erläutert, der letztendliche empirische Nachweis der postulierten Kausalstruktur mit dem Studiendesign der vorliegenden Arbeit nicht erbracht werden. Das Resultat der empirischen Überprüfung des spezifizierten Ursache-Wirkungszusammenhangs zwischen den Kernkonstrukten dieser Arbeit zeigt jedoch, dass dieser vorbehaltlos in der postulierten Form in die Untersuchung des Strukturmodells eingehen kann.

2.3 Überprüfung des Strukturmodells der Erststudie

Mit der empirischen Untermauerung der konzeptionell hergeleiteten Spezifikation der Kausalstruktur des Reputationskomplexes als eine wesentliche Forschungszielsetzung dieser Arbeit und mit dem Vorliegen eines als reliabel und valide identifizierten Gesamtmessmodells ist der Boden für die Schätzung des Strukturmodells zur Erklärung der reputationszentrierten Wirkungszusammenhänge bereitet. Es gilt nunmehr zu testen, inwiefern sich das auf Basis theoretischer Überlegungen sowie empirischer Forschungsergebnisse entwickelte Hypothesensystem in dem erhobenen Datenmaterial der Erststudie wiederfindet und somit empirische Bestätigung erfährt.

---

[989] Überdies weisen die Gütekriterien der spezifizierten Modelle durchweg akzeptable Modellfits auf, einzig die RMSEA-Werte verfehlen die Normwerte äußerst knapp.

[990] In einem Alternativmodell, in dem kein Einfluss des MVZ-Betriebs auf die Krankenhausreputation, sondern ein Effekt auf die Fachabteilungsreputation exploratorisch spezifiziert ist, erweist sich im Übrigen der Einfluss des MVZ-Betriebs auf die Fachabteilungsreputation als nicht signifikant (y_{21} = -0,04, p = 0,27). Dies spricht für die zugrunde gelegte Annahme, dass es sich bei dem Konstrukt „MVZ-Betrieb" tatsächlich um ein Merkmal handelt, welches lediglich Bedeutung für die globale Krankenhaus-, nicht jedoch für die spezifische Fachabteilungsreputation hat.

[991] Vgl. Kapitel E.2.1.3.

2.3.1 Konfirmatorische Überprüfung des Strukturmodells der Erststudie

Für den Vergleich der hypothesenkonformen Modellstruktur mit dem erhobenen Datenmaterial gelangt das in Kapitel E.2.1.2 aufgegriffene Set aus lokalen und globalen Gütekriterien der konfirmatorischen Faktorenanalyse zum Einsatz. Tab. E-24 zeigt die Ergebnisse der Gütebeurteilung des Modells und liefert einen Überblick über die lokalen und globalen Anpassungsmaße.

Gütemaß	χ^2/df	CFI	RMSEA	SRMR	TLI	IFI
			Globale Gütekriterien			
Wert	2,54	0,91	0,07	0,06	0,91	0,91

Konstrukt	Faktorladung	Critical Ratio	Indikatorreliabilität	Faktorreliabilität	DEV
		Lokale Gütekriterien			
Krankenhausreputation (kognitive Dimension)					
KH_RepuKog1$_{(1)}$	0,89	*	0,79	0,94	0,80
KH_RepuKog2$_{(1)}$	0,85	22,07	0,72		
KH_RepuKog3$_{(1)}$	0,95	29,19	0,90		
KH_RepuKog4$_{(1)}$	0,88	23,58	0,77		
Krankenhausreputation (affektive Dimension)					
KH_RepuAff1$_{(1)}$	0,91	*	0,83	0,95	0,82
KH_RepuAff2$_{(1)}$	0,92	28,15	0,85		
KH_RepuAff3$_{(1)}$	0,88	25,07	0,77		
KH_RepuAff4$_{(1)}$	0,91	27,00	0,83		
Fachabteilungsreputation (kognitive Dimension)					
FA_RepuKog1$_{(1)}$	0,85	*	0,72	0,94	0,79
FA_RepuKog2$_{(1)}$	0,86	20,62	0,74		
FA_RepuKog3$_{(1)}$	0,96	25,65	0,92		
FA_RepuKog4$_{(1)}$	0,88	21,50	0,77		
Fachabteilungsreputation (affektive Dimension)					
FA_RepuAff1$_{(1)}$	0,92	*	0,85	0,95	0,83
FA_RepuAff2$_{(1)}$	0,95	32,34	0,90		
FA_RepuAff3$_{(1)}$	0,84	23,31	0,71		
FA_RepuAff4$_{(1)}$	0,92	28,55	0,85		
Position im Evoked Set					
KH_Evoked1$_{(1)}$	0,95	*	0,90	0,94	0,79
KH_Evoked2$_{(1)}$	0,96	27,46	0,92		
KH_Evoked3$_{(1)}$	0,77	17,79	0,59		
KH_Evoked4$_{(1)}$	0,86	26,95	0,74		
Kooperationsbereitschaft					
KH_Koop1$_{(1)}$	0,91	*	0,83	0,97	0,89
KH_Koop2$_{(1)}$	0,95	36,12	0,90		
KH_Koop3$_{(1)}$	0,97	40,50	0,94		
KH_Koop4$_{(1)}$	0,94	30,29	0,88		
Ergebnisqualität des Krankenhauses					
KH_EQ1$_{(1)}$	0,88	*	0,77	0,93	0,78
KH_EQ2$_{(1)}$	0,94	26,36	0,88		
KH_EQ3$_{(1)}$	0,76	17,47	0,58		
KH_EQ4$_{(1)}$	0,89	23,18	0,79		
Ergebnisqualität der Fachabteilung					
FA_EQ1$_{(1)}$	0,87	*	0,76	0,92	0,74
FA_EQ2$_{(1)}$	0,93	24,72	0,86		
FA_EQ3$_{(1)}$	0,72	15,64	0,52		
FA_EQ4$_{(1)}$	0,90	22,74	0,81		
Einweiserorientierung					
KH_EO1$_{(1)}$	0,82	*	0,67	0,95	0,73
KH_EO2$_{(1)}$	0,82	20,24	0,67		
KH_EO3$_{(1)}$	0,85	22,25	0,72		
KH_EO4$_{(1)}$	0,88	20,61	0,77		
KH_EO5$_{(1)}$	0,88	24,18	0,77		
KH_EO6$_{(1)}$	0,82	20,71	0,67		
KH_EO7$_{(1)}$	0,88	23,56	0,77		
KH_EO8$_{(1)}$	0,86	22,37	0,74		

Patientenorientierung					
KH_PO1$_{(1)}$	0,86	*	0,74		
KH_PO2$_{(1)}$	0,89	26,25	0,79		
KH_PO3$_{(1)}$	0,87	25,13	0,76		
KH_PO4$_{(1)}$	0,91	23,72	0,83	0,97	0,78
KH_PO5$_{(1)}$	0,89	26,25	0,79		
KH_PO6$_{(1)}$	0,86	24,41	0,74		
KH_PO7$_{(1)}$	0,90	27,16	0,81		
KH_PO8$_{(1)}$	0,87	24,59	0,76		

* Eine Berechnung des Wertes ist nicht möglich, da die Variable als Referenzindikator zur Standardisierung der Varianz des betreffenden hypothetischen Konstruktes fungiert.

Tab. E-24: Globale und lokale Gütekriterien des Strukturmodells (Erststudie)

Richtet man den Blick zunächst auf die globalen Gütekriterien, so wird unmittelbar deutlich, dass sämtliche Anpassungsmaße innerhalb der geforderten Wertebereiche liegen und somit durchweg eine akzeptable Modellanpassung indizieren. Gleiches Bild ergibt sich für die einzelnen Bestandteile des Kausalmodells, denen durch die lokalen Gütekriterien ausnahmslos ein hohes Maß an Reliabilität und Validität bescheinigt wird, so dass ungeachtet einer mit der Modifikation des Modells potenziell erreichbaren Verbesserung der Fitmaße insgesamt von einer ausreichenden Übereinstimmung zwischen dem Modell und dem vorliegenden Datensatz gesprochen werden kann. Angesichts der attestierten guten Approximation des spezifizierten Modells an das empirische Datenmaterial kann die Aufmerksamkeit auf die Strukturkoeffizienten des Modells und damit darauf gerichtet werden, ob sich die theoretisch postulierten Hypothesen, welche dem Strukturmodell zugrunde liegen, empirisch bestätigen lassen.

Die Prüfung der Effekte im Rahmen der reputationszentrierten Ursache-Wirkungs-zusammenhänge erfolgt durch die Betrachtung der Strukturkoeffizienten, welche aus Abb. E-4 ersichtlich werden. Es fällt auf, dass nicht alle der konzeptionell hergeleiteten Zusammenhänge signifikante Ausprägungen erreichen und sich folglich in den erhobenen Daten nicht wiederfinden. Ferner weisen die Gütekriterien – wie berichtet – zwar akzeptable Ausprägungen auf, jedoch lassen sie vermuten, dass durch die Aufnahme weiterer Modellparameter eine Erhöhung der Anpassungsgüte erreicht werden könnte. Bevor eine detaillierte Diskussion der einzelnen Schätzergebnisse erfolgt, sollen daher entsprechend der in Kapitel E.2.1.2 dargelegten üblichen Vorgehensweise bei der Prüfung kovarianzbasierter Strukturgleichungs-modelle alternative Modellvarianten konstruiert und getestet werden.[992]

---

[992] Zwar wurde die Kausalanalyse ursprünglich als konfirmatorisches Verfahren konzipiert, für Verfahren der Modellselektion sprechen jedoch sowohl wissenschaftstheoretisch orientierte Argumente als auch solche, die sich auf methodische Aspekte beziehen (vgl. zu diesen Homburg/Dobratz (1991), S. 218).

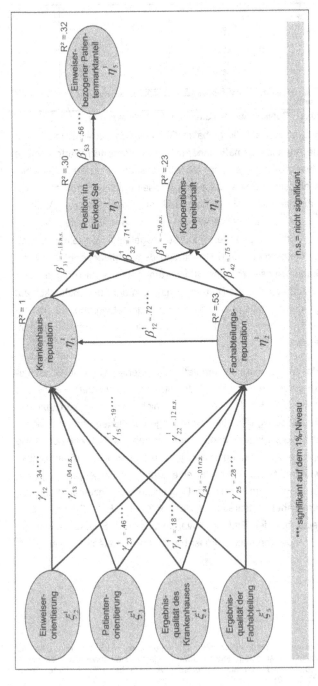

Abb. E-4: Schätzergebnisse der Strukturkoeffizienten des Strukturmodells (Erststudie)

2.3.2 Exploratorische Überprüfung des Strukturmodells der Erststudie

Grundlage für die Parameterexpansion bilden die im Rahmen der Modellschätzung errechneten Modifikationsindizes.[993] Diese legen die Modellierung eines positiven Einflusses der Position des Krankenhauses im Evoked Set der niedergelassenen Ärzte auf deren Bereitschaft nahe, Kooperationen mit dem fokalen Krankenhaus einzugehen. Die Berücksichtigung dieses Einflusses erscheint insofern nachvollziehbar, als dass ein niedergelassener Arzt kaum zu einer Kooperation mit einem Krankenhaus bereit sein wird, das er nicht gleichzeitig als akzeptable Einweisungsalternative für seine Patienten betrachtet. Je prominenter also die Bedeutung des fokalen Krankenhauses in den häufig wiederkehrenden Einweisungsentscheidungssituationen niedergelassener Ärzte, desto höher fällt auch die grundsätzliche Bereitschaft aus, eher mit diesem als mit einem anderen, im Evoked Set schlechter positionierten Krankenhaus kooperativ zusammenzuarbeiten. Verständlicherweise sind niedergelassene Ärzte nur dann zu einer Kooperation mit einem Krankenhaus bereit (und zwar offenkundig unabhängig vom potenziellen Kooperationsgegenstand), wenn sie dieses auch für geeignet halten, von ihnen einzuweisende Patienten adäquat stationär zu behandeln.[994] Diese Überlegungen lassen sich zu folgender exploratorischer Hypothese verdichten:

$H_{24expl.(1)}$: *Je besser die Beurteilungsposition des Krankenhauses im Evoked Set für Einweisungsentscheidungen ist, desto höher ist auch die Kooperationsbereitschaft niedergelassener Ärzte gegenüber diesem Krankenhaus.*

Wie die empirische Prüfung dieser Modellvariante zeigt, ist der Strukturkoeffizient der hinzugefügten Wirkungsbeziehung (β = 0,31) auf dem 1%-Niveau signifikant. Der entsprechende Critical-Ratio-Wert liegt mit 5,07 über dem erforderlichen Normwert von 1,96, womit ein Hinweis auf eine nicht zufällige Verbesserung des Modellfits vorliegt. Endgültige Klarheit über die Vorteilhaftigkeit des erweiterten Modells schafft der χ^2-Differenztest: Ein Vergleich der χ^2-Werte offenbart eine Diskrepanz von 25,01 bei einem Δdf von Eins. Folglich bewirkt die begründete Freigabe des Parameters eine signifikante Verbesserung der Anpassungsgüte des Strukturmodells.

---

[993] Die Modifikationsindizes sind als χ^2-Statistik mit einem Freiheitsgrad konzipiert und geben für jeden fest spezifizierten Parameter eines Modells an, um welchen Wert sich das χ^2 verändert, wenn man den jeweiligen Parameter im Modell freisetzt. Da bei der Berechnung des Index unterstellt wird, dass alle übrigen Parameter ihren Wert beibehalten, die Freisetzung eines Parameters jedoch auch die Schätzungen der übrigen Parameter beeinflusst, wird die errechnete χ^2-Verbesserung in der Regel sogar noch unterschätzt (vgl. Byrne (2001), S. 90).

[994] Vgl. Kapitel C.5.4.

Da die einschlägigen Indizes des so modifizierten Modells auf keine weiteren theoretisch begründbaren Wirkungsmuster hindeuten, ist die Parameterexpansion mit der Inkludierung eines zusätzlichen Pfades abgeschlossen.

	$\Delta\chi^2$	CFI	RMSEA	SRMR	TLI	IFI
Basismodell	-	0,91	0,07	0,06	0,91	0,91
Parameterexpansion						
KH_Evoked → KH_Koop	25,01	0,92	0,07	0,06	0,91	0,92
Parameterkontraktion						
KH_Repu → KH_Evoked	0,12	0,92	0,07	0,06	0,91	0,92
KH_EQ → FA_Repu	0,26	0,92	0,07	0,06	0,91	0,92
KH_PO → KH_Repu	1,01	0,92	0,07	0,06	0,91	0,92
KH_EO → FA_Repu	1,37	0,92	0,07	0,06	0,91	0,92
KH_Repu → KH_Koop	1,39	0,92	0,07	0,06	0,91	0,92

Tab. E-25: Ergebnisse der Modifikation des Strukturmodells (Erststudie)

Im Rahmen der Parameterkontraktion werden nach Maßgabe des Critical-Ratio-Wertes nunmehr die Kausalbeziehungen eliminiert, die keine statistische Signifikanz aufweisen.[995] Anschließend erfolgt jeweils die Überprüfung des Modells mittels des χ^2-Differenztests im Vergleich zu vorherigen Modellvarianten. Dabei leidet die Anpassung des Modells in den Fällen nicht, in denen die zwangsläufige Erhöhung des χ^2-Wertes die Ausprägung von 2,71 auf dem 10%-Niveau nicht überschreitet. Tab. E-25 fasst die Ergebnisse der Modellmodifikation, insbesondere der schrittweisen Parameterkontraktion zusammen.

Da alle nunmehr im Strukturmodell erfassten Wirkungsbeziehungen dem Kriterium der statistischen Signifikanz gerecht werden, repräsentiert das zuletzt modifizierte Strukturmodell dasjenige Hypothesenset, welches auf Grundlage des Prüfschemas die beste Anpassung an die Daten aufweist und sich zugleich hinsichtlich der Sparsamkeit gegenüber den Interimsmodellen als überlegen erweist.

Die Anpassungsgüte des bestangepassten Modells kann Tab. E-26 entnommen werden. Im Vergleich zur unmodifizierten Modellvariante zeigt sich eine zusätzliche, leichte Verbesserung der ohnehin für gut erachteten globalen Gütekriterien. Die lokalen Fitmaße bescheinigen den Teilstrukturen des bestangepassten Modells eine denen des Basismodells weitestgehend entsprechende und somit ebenfalls sehr zufrieden stellende Anpassung an die Daten. Demnach sind die notwendigen Voraussetzungen für eine sinnhafte Diskussion und Interpretation der ermittelten Wirkungszusammenhänge des Strukturmodells gegeben.

---

[995] Vgl. Homburg/Dobratz (1991), S. 218.

		Globale Gütekriterien				
Gütemaß	χ^2/df	**CFI**	**RMSEA**	**SRMR**	**TLI**	**IFI**
Wert	2,51	0,92	0,07	0,06	0,91	0,92
		Lokale Gütekriterien				
Konstrukt	**Faktorladung**	**Critical Ratio**	**Indikatorreliabilität**	**Faktorreliabilität**		**DEV**
Krankenhausreputation (kognitive Dimension)						
KH_RepuKog1(1)	0,89	*	0,79	0,94		0,80
KH_RepuKog2(1)	0,85	22,08	0,72			
KH_RepuKog3(1)	0,95	29,16	0,90			
KH_RepuKog4(1)	0,88	23,60	0,77			
Krankenhausreputation (affektive Dimension)						
KH_RepuAff1(1)	0,91	*	0,83	0,95		0,82
KH_RepuAff2(1)	0,92	28,14	0,85			
KH_RepuAff3(1)	0,88	25,02	0,77			
KH_RepuAff4(1)	0,91	27,00	0,83			
Fachabteilungsreputation (kognitive Dimension)						
FA_RepuKog1(1)	0,85	*	0,72	0,94		0,79
FA_RepuKog2(1)	0,86	20,65	0,74			
FA_RepuKog3(1)	0,96	25,67	0,92			
FA_RepuKog4(1)	0,88	21,53	0,77			
Fachabteilungsreputation (affektive Dimension)						
FA_RepuAff1(1)	0,92	*	0,85	0,95		0,83
FA_RepuAff2(1)	0,95	32,36	0,90			
FA_RepuAff3(1)	0,84	23,16	0,71			
FA_RepuAff4(1)	0,92	28,50	0,85			
Position im Evoked Set						
KH_Evoked1(1)	0,95	*	0,90	0,94		0,79
KH_Evoked2(1)	0,96	27,44	0,92			
KH_Evoked3(1)	0,77	17,80	0,59			
KH_Evoked4(1)	0,86	26,97	0,74			
Kooperationsbereitschaft						
KH_Koop1(1)	0,91	*	0,83	0,97		0,88
KH_Koop2(1)	0,95	36,07	0,90			
KH_Koop3(1)	0,97	40,41	0,94			
KH_Koop4(1)	0,93	30,31	0,86			
Ergebnisqualität des Krankenhauses						
KH_EQ1(1)	0,88	*	0,77	0,93		0,78
KH_EQ2(1)	0,94	26,38	0,88			
KH_EQ3(1)	0,76	17,48	0,58			
KH_EQ4(1)	0,89	23,18	0,79			
Ergebnisqualität der Fachabteilung						
FA_EQ1(1)	0,87	*	0,76	0,92		0,74
FA_EQ2(1)	0,93	24,77	0,86			
FA_EQ3(1)	0,72	15,65	0,52			
FA_EQ4(1)	0,90	22,76	0,81			
Einweiserorientierung						
KH_EO1(1)	0,82	*	0,67			
KH_EO2(1)	0,82	20,25	0,67			
KH_EO3(1)	0,85	22,21	0,72			
KH_EO4(1)	0,88	20,61	0,77	0,96		0,73
KH_EO5(1)	0,88	24,11	0,77			
KH_EO6(1)	0,82	20,68	0,67			
KH_EO7(1)	0,90	23,53	0,81			
KH_EO8(1)	0,87	22,36	0,76			

Patientenorientierung					
KH_PO1(1)	0,85	*	0,72		
KH_PO2(1)	0,89	26,23	0,79		
KH_PO3(1)	0,87	25,11	0,76		
KH_PO4(1)	0,91	23,69	0,83	0,96	0,77
KH_PO5(1)	0,89	26,25	0,79		
KH_PO6(1)	0,86	24,43	0,74		
KH_PO7(1)	0,90	27,15	0,81		
KH_PO8(1)	0,87	24,59	0,76		

* Eine Berechnung des Wertes ist nicht möglich, da die Variable als Referenzindikator zur Standardisierung der Varianz des betreffenden hypothetischen Konstruktes fungiert.

Tab. E-26: Globale und lokale Gütekriterien des bestangepassten Strukturmodells (Erststudie)

2.3.3 Wirkungszusammenhang des bestangepassten Modells (Erststudie)

Die Konfrontation des auf Grundlage theoretischer Begründungszusammenhänge abgeleiteten reputationszentrierten Beziehungsgeflechts mit dem empirischen Datenmaterial führt zu dem in Abb. E-5 wiedergegebenen Modell. Aufgrund der beschriebenen hohen Anpassungsgüte kann dieses als ein hinreichend genaues Abbild der in der Realität herrschenden Ursache-Wirkungszusammenhänge gelten.

Die in der Abbildung dargestellten Parameterwerte verkörpern die standardisierten Strukturkoeffizienten, die bei der Interpretation aufgrund ihrer Vergleichbarkeit üblicherweise verwendet werden. Bereits die Modellmodifikation hat erkennen lassen, dass in dem vorliegenden Datensatz einige Abweichungen zwischen dem empirischen und dem theoretischen Modell vorliegen. Insgesamt finden fünf der postulierten Ursache-Wirkungsbeziehungen keine empirische Bestätigung. Außerdem zeigt der negative Wert des Parameters γ_{15} eine der Logik des Zusammenhangs zwischen der Ergebnisqualität der Fachabteilung und der generellen Krankenhausreputation augenscheinlich widersprechende Ausprägung, die ebenfalls einer Diskussion bedarf.

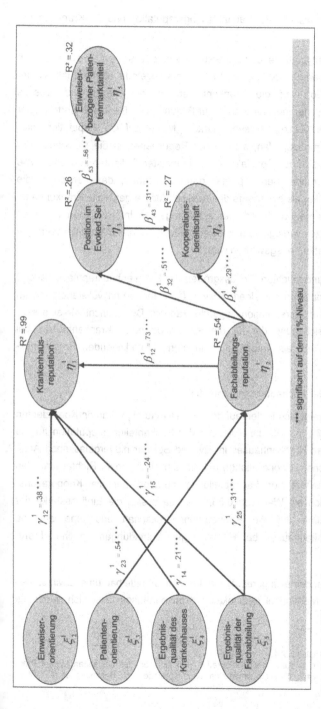

Abb. E-5: Schätzergebnisse der Strukturkoeffizienten des bestangepassten Strukturmodells (Erststudie)

262

(1) Zusammenhang zwischen der Fachabteilungsreputation und der Krankenhausreputation

Hinsichtlich der Basishypothese des Untersuchungsmodells $H_{2(1)}$ wird der sich in
einem Strukturkoeffizienten von β_{12} = 0,73 widerspiegelnde starke Einfluss der
Fachabteilungsreputation auf die Krankenhausreputation offensichtlich. Dieses
Ergebnis zeigt, dass niedergelassene Ärzte zur Bildung ihres Reputationsurteils über
das Krankenhaus als Ganzes in sehr starkem Maße auf die Reputation ihrer
Stammfachabteilung zurückgreifen, also in der Regel jener, in die sie wegen der
korrespondierenden fachlichen Spezialisierung die meisten Patienten einweisen. Wie
erläutert, sind die Gründe hierfür primär darin zu sehen, dass entweder die
Fachabteilungsreputation als besonders diagnostisch für die generelle Krankenhaus-
reputation wahrgenommen wird und/oder ein Mangel an Informationen über das
Krankenhaus als Ganzes vorliegt, so dass zwangsläufig auf das Informationssurrogat
„Fachabteilungsreputation" ausgewichen wird.[996]

Gemeinsam mit den untersuchten Einflussgrößen der Krankenhausreputation erklärt
die Fachabteilungsreputation mit einem R^2 von 0,99 annähernd vollständig die im
Konstrukt der Krankenhausreputation liegende Varianz. Dies spricht für eine sehr
weitgehende Berücksichtigung der für die Reputation eines Krankenhauses bei
niedergelassenen Ärzten relevanten Determinanten im vorliegenden Forschungsmodell.

(2) Konsequenzen der Fachabteilungsreputation

Hypothesenkonform zeigt sich in den auf dem 1%-Niveau signifikanten Koeffizienten
von β_{32} = 0,51 und β_{42} = 0,29 die Relevanz der Fachabteilungsreputation für die
Bedeutung des fokalen Krankenhauses im Evoked Set der niedergelassenen Ärzte
bzw. für ihre Bereitschaft, Kooperationen mit diesem einzugehen. Richtet man den
Blick auf den Totaleffekt der Fachabteilungsreputation auf die Kooperationsbereitschaft, ergibt sich ein Wert von 0,53,[997] so dass sich die Einflussstärke der
Fachabteilungsreputation auf die Kooperationsbereitschaft und jene auf die
Bedeutung des Krankenhauses bei Einweisungsentscheidungen annähernd ent-
sprechen.

Die Relevanz der Fachabteilungsreputation für den unmittelbar umsatzwirksamen
einweiserbezogenen Marktanteil des fokalen Krankenhauses lässt sich durch die

---

[996] Vgl. Kapitel C.3.3.4; Kapitel E.2.4.
[997] Totaleffekte ergeben sich durch die Multiplikation und Addition der unstandardisierten Pfadkoeffizienten entlang bzw. über die ermittelten Wirkungspfade (vgl. Backhaus et al. (2006),
S. 406 f.).

Betrachtung des indirekten, d.h. über das Konstrukt der Position im Evoked Set mediierten Effektes quantifizieren. Nach Multiplikation der entsprechenden unstandardisierten Koeffizienten tritt ein beachtlicher Wert von 0,58 zutage, der die Hypothese $H_{10b(1)}$ zum Einfluss der Fachabteilungsreputation auf tatsächliche Einweisungen niedergelassener Ärzte bestätigt. Niedergelassene Ärzte rekurrieren bei der Auswahl eines geeigneten Krankenhauses für Einweisungen ihrer Patienten demnach ausschließlich und in einem hohen Maße auf die Reputation der einzelnen Fachabteilung und keineswegs auf die des Krankenhausunternehmens als Ganzes.

Einschränkend ist bereits an dieser Stelle darauf hinzuweisen, dass die hier diskutierten Ergebnisse nicht derart interpretiert werden dürfen, dass für die aufgedeckten Wirkungszusammenhänge per se ein „Mehr-desto-besser" gilt. Erstens kann für die Reputation eines Unternehmens bzw. eines Krankenhauses und seiner Fachabteilungen keinesfalls angenommen werden, dass sich diese grenzenlos steigern lässt. Die Ergebnisse zeigen lediglich, dass ein bestimmtes Niveau positiver Fachabteilungsreputation in erheblichem Maße zur Förderung der Kooperationsbereitschaft und des einweiserbezogenen Marktanteils beiträgt. Ab wann es sich ökonomisch nicht mehr lohnt, in den Reputationsaufbau zu investieren bzw. wie das optimale Niveau der Reputation einer Fachabteilung aussieht, erfordert noch erhebliche Forschungsanstrengungen. Auf Anregungen für die zukünftige Reputationsforschung wird ausführlich an späterer Stelle, gebündelt für die aus Erst- und Zweitstudie dieser Arbeit hervorgegangenen Erkenntnisse, eingegangen.[998] Zweitens handelt es sich bei der angewendeten Kovarianzstrukturanalyse um ein Verfahren, welches lineare Zusammenhänge zwischen den untersuchten Variablen unterstellt. Dieser kritische Punkt wird in Kapitel I.1 diskutiert.

(3) Konsequenzen der Unternehmensreputation und die relative Bedeutung der Krankenhaus- und Fachabteilungsreputation für die untersuchten Zielgrößen

So bemerkenswert die ermittelte Relevanz der spezifischen Fachabteilungsreputation für die untersuchten unternehmerischen Zielgrößen des Krankenhauses anmutet, so verwundert muss man über den Befund sein, dass sämtliche Hypothesen zur Erfolgsträchtigkeit einer hohen Krankenhausreputation abgelehnt werden müssen. Auf den ersten Blick erscheint dies unvereinbar mit der Logik des Reputationskonzeptes sowie der Fülle an Arbeiten der Reputationsforschung, die sich bisher fast ausschließlich auf Erfolgswirkungen der Reputation auf der Ebene von Gesamtunternehmen konzentrieren.

---

[998] Vgl. Kapitel I.3.

Eine Begründung besteht sicherlich darin, dass die Inkludierung einer konkurrierenden Reputationsebene in das Forschungsmodell den Erklärungsgehalt der Krankenhausreputation für die ausgewählten Zielgrößen zwangsläufig relativiert – im vorliegenden Fall derart weitgehend, dass sich keine statistisch haltbaren Effekte der Krankenhausreputation mehr nachweisen lassen. Einerseits zeigt dies die höhere Bedeutung der Fachabteilungsreputation für die untersuchten Outcome-Variablen und führt zur Annahme der Hypothesen $H_{9(1)}$ und $H_{10c(1)}$. Anderseits erscheint es theoriekonträr, dass von der Krankenhausreputation keine Positiv (oder Negativ-) Wirkungen für das Unternehmen ausgehen sollen.

Speziell im Hinblick auf die Kooperationsbereitschaft könnte ein Ansatzpunkt für eine Erklärung darin bestehen, dass sich deshalb kein Einfluss der Krankenhausreputation ermitteln lässt, weil der Handlungsaspekt der Kooperationsbereitschaft nicht spezifiziert und damit der Kooperationszweck offen gelassen wurde. Begründet wurde diese Vorgehensweise in Kapitel C.5.5.2 mit dem Ziel, das in der Praxis vorhandene Spektrum an Kooperationsformen zwischen Krankenhäusern und niedergelassenen Ärzten nicht einschränken zu müssen. Allerdings könnte hier vorliegende empirische Befund dafür sprechen, dass die befragten niedergelassenen Ärzte diesen Ermessensspielraum dahingehend genutzt haben, tendenziell Angaben zur ihrer Bereitschaft zu machen, medizinisch-fachlich statt z.B. zur Erreichung wirtschaftlicher Ziele mit dem Krankenhaus zu kooperieren. Dies würde eine Korrespondenz des Handlungsbezuges mit der Fachabteilungsreputation und viel weniger ein Fit mit der Krankenhausreputation bedingen.[999]

Falls diese Begründung zutrifft, bleibt allerdings die Frage offen, warum nicht auch allein die zwischen der Krankenhausreputation und der Kooperationsbereitschaft bestehende Korrespondenz der Zielaspekte eine Abhängigkeit zwischen den beiden Konstrukten hervorruft. Hierfür wiederum könnte die konkurrierende Reputationsebene verantwortlich sein, so dass die Krankenhausreputation im vorliegenden Fall lediglich im Verhältnis zur Fachabteilungsreputation keine nachweisbare Rolle bei der Prädiktion der Kooperationsbereitschaft spielt. Für diese Erklärung spricht, dass zur Vorhersage bestimmter Handlungen und Absichten (wie der Bereitschaft zur Kooperation) die Korrespondenz der Handlungsaspekte, wie sie potenziell für die Fachabteilungsreputation vorliegt, wichtiger ist, als die der Zielbezüge.[1000] Trotz dieser möglichen Begründung leidet die Suche nach der Ursache für den fehlenden Einfluss der Krankenhausreputation auf die Kooperationsbereitschaft unstreitig an der mangelnden Konkretisierung des Konstrukts der Kooperationsbereitschaft, da

---

[999] Vgl. Kapitel C.5.5.2.
[1000] Vgl. Kapitel C.5.2.2; Ajzen/Fishbein (1977), S. 891.

letztlich Ungewissheit darüber besteht, auf welchen Kooperationsgegenstand die niedergelassenen Ärzte ihre Aussagen bezogen haben und somit Erläuterungen des Befunds zum Zusammenhang der Krankenhausreputation und der unspezifizierten Kooperationsbereitschaft schwierig sind.

Da es in dieser Arbeit nicht bei der bloßen Feststellung der fehlenden Nachweisbarkeit erfolgsrelevanter Wirkungen der Krankenhausreputation bleiben, sondern diesem Befund mit Blick auf den angestrebten Erkenntnisfortschritt nachgegangen werden soll, wird es als erforderlich angesehen, ein weiteres, auf den Ergebnissen der durchgeführten Studie aufbauendes Forschungsmodell zu entwickeln und empirisch zu validieren. Neben der Differenzierung der Kooperationsbereitschaft nach dem Kooperationszweck und dem Test der Bedeutung des Zielaspektes bei der Prädiktion der so konkretisierten Kooperationsbereitschaft sollen in der zweiten Studie alternative, im ersten Forschungsmodell nicht berücksichtigte, potenzielle Reputationskonsequenzen einbezogen werden. Letzteres dient dazu, zu ergründen, für welche (weiteren) krankenhausgerichteten Entscheidungen niedergelassener Ärzte bzw. für welches Unterstützungsverhalten auch die Krankenhausreputation Erklärungsgehalt aufweist.[1001]

(4) Bedeutung der Kundenorientierung für den Reputationskomplex

Während sich die Einweiserorientierung als ein für die Krankenhausreputation relevantes Merkmal bestätigen lässt (γ_{12} = 0,38), kann für den postulierten komplementären Erklärungsgehalt für die Reputation auf Fachabteilungsebene keine empirische Evidenz ermittelt werden. Bezüglich der Patientenorientierung stellt sich der Sachverhalt entgegengesetzt dar: Mit einem Pfadkoeffizienten von γ_{23} = 0,54 weist das Konstrukt theoriekonform eine erhebliche Reputationsrelevanz für die Fachabteilung auf. In das Urteil über die Krankenhausreputation beziehen die Niedergelassenen die Patientenorientierung allerdings nicht mit ein.

Die Frage nach der relativen Erklärungskraft der beiden Kundenorientierungskonstrukte für den Reputationskomplex wurde bereits im Rahmen der Ausführungen zum entsprechenden Begründungszusammenhang in Kapitel C.6.4.2 als schwierig zu beantworten herausgearbeitet. Es wurde daher lediglich unterstellt, dass sowohl die Einweiser- als auch die Patientenorientierung die Reputation auf beiden Betrachtungsebenen erklären kann. Die den entsprechenden Hypothesen innewohnende Unsicherheit wurde darauf zurückgeführt, dass konzeptionell nicht zu ermitteln war, mit welcher Reputationsebene niedergelassene Ärzte die Patienten- bzw. die Kundenorientierung assoziieren, mit anderen Worten, zu welcher Ebene sie

---

[1001] Hierbei ist beispielsweise an das Weiterempfehlungsverhalten niedergelassener Ärzte zu denken.

die jeweils einschlägigen Leistungsmerkmale kategorisieren. Insofern löst der empirische Befund diese Unsicherheit auf, nämlich indem er zeigt, dass niedergelassene Ärzte Merkmale einer Einweiserorientierung offensichtlich der Kategorie „Krankenhaus als Ganzes" zuschreiben und Eigenschaften einer Patientenorientierung, wie sie von den Patienten berichtet werden, mit der Kategorie der einzelnen Fachabteilung assoziieren.

Im Nachhinein scheint sich dieser Sachverhalt in Teilen wie folgt erklären zu lassen: Einschlägige Forschungsarbeiten zeigen, dass sich Patientenbedürfnisse im Rahmen ihres Krankenhausaufenthaltes in erster Linie auf solche Leistungsmerkmale beziehen, die eindeutig im Leistungsbereich der einzelnen Fachabteilung liegen:[1002] Das Einfühlungsvermögen der behandelnden Stationsärzte und Pflegekräfte, der Vertrauensaufbau zum Personal sowie die Freundlichkeit und Individualität der Betreuung als Auswahl empirisch nachgewiesener Beurteilungskriterien von Patienten sind allesamt als Merkmale zu verstehen, die in der Regel abteilungsspezifische Ausprägungen aufweisen. Diese lassen sich kaum auf die Ebene des Krankenhauses als Ganzes abstrahieren. Demgegenüber scheinen niedergelassene Ärzte das Ausmaß der ihnen entgegengebrachten Kundenorientierung, also allgemein den Grad der Integration ihrer Interessen in Entscheidungsprozesse,[1003] dem Krankenhaus als Ganzes zuzuschreiben und hierin mithin einen Baustein der generellen Unternehmenspolitik zu sehen. Die Einweiserorientierung manifestiert sich im Gegensatz zur Patientenorientierung damit weniger in individuellen, zu einer Fachabteilung kategorisierbaren Verhaltensweisen, sondern augenscheinlich vielmehr in der wettbewerblichen, von Gleichgültigkeit, Konflikt oder Kooperation geprägten Positionierung des Krankenhauses gegenüber niedergelassenen Ärzten bzw. in seiner Strategie im Rahmen des Beziehungsmarketings.

(5) Bedeutung der Ergebnisqualität für den Reputationskomplex

Zunächst bestätigen die signifikanten Strukturkoeffizienten $\gamma_{14} = 0{,}21$ und $\gamma_{25} = 0{,}31$ die postulierten Zusammenhänge zwischen der Ergebnisqualität des Krankenhauses bzw. der Ergebnisqualität der Fachabteilung und den jeweils korrespondierenden Reputationsebenen. Der durch die Fachabteilungsreputation mediierte indirekte Effekt der Ergebnisqualität der Fachabteilung auf die Krankenhausreputation beträgt 0,33.

Problematisch mutet jedoch der ermittelte negative direkte Effekt der Ergebnisqualität der Fachabteilung auf die Krankenhausreputation an ($\gamma_{15} = -0{,}24$). Zum einen

---

[1002] Für eine umfassende Aufbereitung vgl. Wolf (2005), S. 259 ff.
[1003] Vgl. Kapitel C.6.4.1.

steht dieser augenscheinlich in einem Widerspruch zu dem errechneten positiven indirekten Zusammenhang dieser Konstrukte. Zum anderen ist eine inhaltliche, substanzielle Erklärung dafür, dass ein positiv (negativ) bewertetes Merkmal eines Objektes unmittelbar negativ (positiv) zum Gesamturteil über dieses Objekt beiträgt, kaum möglich. Beides spricht dafür, dass die Ursache dieses kritischen Befundes in der angewandten Methodik zu suchen ist.

Die entscheidende Problematik der Kovarianzstrukturanalyse besteht darin, dass das Verfahren zwar eine Struktur zur Überprüfung von Zusammenhängen zwischen latenten Variablen bietet, diese hinsichtlich ihrer kausalen Interpretation aber neutral ist,[1004] d.h. die Prozedur passt die vom Forscher vorgegebene Modellstruktur „blind" an den vorliegenden Datensatz an, was im Ergebnis auch zur Angabe von Korrelationen führen kann, die nicht kausal zu interpretieren sind,[1005] sondern als Resultat der Minimierung der Diskrepanzfunktion verstanden werden müssen.[1006] Erstens können nicht kausal zu interpretierende signifikante Parameter speziell bei kleineren Stichproben zufallsbedingt sein, nämlich dann, wenn der angezeigte Zusammenhang in der Realität gar nicht vorliegt bzw. nach inhaltlichen Gesichtspunkten nicht zu erklären ist und lediglich durch die speziellen Charakteristika des Datensatzes bedingt ist.[1007] Zweitens dürfen Korrelationen nicht kausal interpretiert werden, falls es Hinweise auf eine die Korrelation verursachende Drittvariable gibt, wobei, wie im vorliegenden Fall, eine inhaltlich nicht begründbare Richtung der aufgedeckten Korrelation als ein solcher Hinweis gedeutet werden kann.[1008] Denkbar wäre, dass der ermittelte negative Zusammenhang zwischen der Ergebnisqualität der Fachabteilung und der Krankenhausreputation ursprünglich durch eine im Modell nicht berücksichtigte Drittvariable bedingt wird, die die Beziehung zwischen den beiden in Frage stehenden Konstrukten vollständig mediiert,[1009] d.h. die zwischen den Konstrukten beobachtete Korrelation wurde dadurch hervorgerufen, dass eine für das Verhältnis der Variablen entscheidende Größe nicht im Modell berücksichtigt wurde.[1010] Trifft dies zu, würde die Kontrolle

---

[1004] Vgl. Reinecke (2005), S. 12; Homburg/Hildebrandt (1998), S. 10 ff.; Cliff (1983), S. 117.
[1005] Vgl. Backhaus et al. (2006), S. 346 f.
[1006] Vgl. Kapitel E.2.1.1.
[1007] Vgl. Backhaus et al. (2006), S. 387.
[1008] Vgl. Backhaus et al. (2006), S. 364.
[1009] Vgl. Baron/Kenny (1986), S. 1173 ff.
[1010] Denkbar wäre, dass der negative Zusammenhang zwischen der Ergebnisqualität der Fachabteilung und der Krankenhausreputation vollständig durch das Bedürfnis niedergelassener Ärzte nach positiver Distinktheit ihrer Stammfachabteilung mediiert wird und damit eine Diskriminierung der Kategorie „Krankenhaus" gegenüber der Fachabteilungskategorie zum Ausdruck kommt. Die Social-Identity-Theorie besagt, dass die Bildung von Kategorien durch Individuen einhergeht mit der Abwertung von denjenigen Gruppen, zu denen weniger enge Verbindungen bestehen im Vergleich zu Kategorien, mit denen relativ häufig interagiert wird (vgl. Turner/Haslam (2001), S. 27). Zusammen mit dem Bedürfnis, eine positive Distinktheit nahe stehender Gruppen sicher-

dieser Drittvariable, also ihre Aufnahme in die Modellstruktur, dazu führen, dass sich zwischen der Ergebnisqualität der Fachabteilung und der Krankenhausreputation kein direkter Zusammenhang mehr feststellen ließe.

Die beschriebenen Eigenschaften bzw. Probleme der Anwendung von Kovarianz-strukturanalysen im Hinblick auf die kausale Deutung der errechneten Parameter manifestieren sich in dem Grundsatz dieses Verfahrens, dass kausale Inter-pretationen der ermittelten Zusammenhänge nur dann zulässig sind, wenn diese nach Maßgabe inhaltlicher bzw. theoretischer Überlegungen plausibel sind. Da dies für einen direkten negativen Effekt der Ergebnisqualität der Fachabteilungsreputation auf die Krankenhausreputation nicht zutrifft, ist für diesen Befund von einer Deutung im Sinne eines unmittelbaren Ursache-Wirkungszusammenhanges abzusehen und die Hypothese $H_{16(1)}$ zu verwerfen.

Für die Annahme des Vorliegens eines Artefaktes in Gestalt eines negativen Zusam-menhangs zwischen der Ergebnisqualität der Fachabteilung und der Krankenhaus-reputation weist auch der Befund zur Hypothese $H_{15(1)}$ hin, dass für die Ergebnisqualität des Krankenhauses (auch) kein Effekt auf die nicht korrespon-dierende Reputationsebene (die Fachabteilungsreputation) festgestellt werden konnte; denn die Relevanz des Handlungsaspektes der Konstrukte, mit dem in Kapitel C.6.3.2 die Wirkungen der Ergebnisqualität beider Ebenen auf die jeweils nicht korrespondierende Reputationsebene begründet wurde, also auch der Zusammenhang zwischen der Ergebnisqualität der Fachabteilung und der Krankenhausreputation, ist damit falsifiziert.

Um es nicht einzig bei dieser Erklärung des kritischen Befundes belassen zu müssen, soll auch diesem in dem Forschungsmodell der Zweitstudie nachgegangen werden. Wenn für die nach Unternehmensebenen differenzierte Ergebnisqualität tatsächlich nur Effekte auf die jeweils korrespondierende Reputationsebene anzu-nehmen sind und damit die erarbeitete Erläuterung des kritischen Befundes zutreffend ist, müssen sich auch die Wirkungen der verbleibenden Dimensionen der

---

zustellen und damit eine Abgrenzung zu weniger für das Individuum relevanten Gruppen zu erreichen, führt dies zu einer Favorisierung der für das Erreichen der eigenen Ziele wichtigeren Gruppen gegenüber Kategorien, die diesbezüglich nachrangige Bedeutung haben. Die Folgen bestehen in entsprechend diskriminierenden Gruppenbewertungen und Verhalten (vgl. Wagner/ Zick (1990), S. 323; Mummendey (1985), S. 201). Träfe diese Erklärung auf den vorliegenden Fall zu, würde dies bedeuten, dass niedergelassene Ärzte nicht bereit sind, gute Leistungen „ihrer" Fachabteilung unmittelbar auch dem Krankenhaus als Ganzes als Verdienst anzuerkennen, sondern im Gegenteil positive Bewertungen der Kategorie „Fachabteilung" nutzen, um die Distink-theit zur Krankenhauskategorie im Zuge ihrer Abwertung zu erhöhen. Eine hohe Ergebnisqualität der Fachabteilung würde demnach die positive Distinktheit der Fachabteilung verstärken. Diese wiederum könnte im Sinne der beschriebenen Diskriminierung einen negativen Effekt auf die Krankenhausreputation ausüben.

medizinisch-pflegerischen Leistungsqualität auf die jeweils passende Aggregationsebene beschränken.[1011] Aus diesem Grund sollen im Rahmen der Folgestudie die
Strukturqualität und die Prozessqualität, differenziert nach Krankenhaus- und
Fachabteilungsebene, hinsichtlich ihrer Effekte auf den Reputationskomplex
untersucht werden.[1012]

2.4 Überprüfung der moderierenden Effekte des Zusammenhangs zwischen Krankenhaus- und Fachabteilungsreputation

Die zweite Zielsetzung dieser Arbeit beinhaltet neben der Ergründung des Wirkungszusammenhangs zwischen den Reputationskonstrukten beider Ebenen die Analyse
moderierender Effekte der Relation innerhalb des Reputationskomplexes. Diese
Untersuchung ist deshalb relevant, da durch sie ein detailliertes Verständnis der
Beziehung zwischen den Reputationen entwickelt und entsprechende Erkenntnisse
für ein gezieltes Reputationsmanagement abgeleitet werden können.

Neben der Dauer der Zusammenarbeit zwischen niedergelassenem Arzt und dem
Krankenhaus sowie der Autonomie der Fachabteilung wurden in Kapitel C.4 der
Spezialisierungsgrad der Niedergelassenen und ihr Kenntnisstand hinsichtlich des
Krankenhauses als Ganzes als potenzielle Moderatoren identifiziert. Die in Kapitel
E.2.1.4 erläuterte Methode der multiplen Gruppenanalyse zum Nachweis moderie-
render Effekte führt für die vier Variablen zu den in Tab. E-27 dargestellten
Ergebnissen.

Es zeigt sich, dass für alle vier Variablen die jeweilige Hypothese zu ihrer moderierenden Wirkung auf den Reputationskomplex bestätigt werden kann.[1013] Einschränkend ist darauf hinzuweisen, dass damit zwar festgestellt ist, dass die Variablen
tatsächlich moderierende Einflüsse ausüben, diese – methodisch bedingt – jedoch

---

[1011] Zum Zusammenhang der Qualitätsdimensionen vgl. Kapitel C.6.3.1; Kapitel F.3.1.1.

[1012] Für eine Vertiefung der Untersuchung potenzieller Reputationsdeterminanten durch die Einbeziehung der Struktur- und Prozessqualität in das zweite Forschungsmodell spricht auch die
bestätigte Reputationsrelevanz der Ergebnisqualität der beiden Ebenen für die jeweils korrespondierende Reputation. Damit ist zwar unzweifelhaft nachgewiesen, dass die Ergebnisqualität einen
Erklärungsgehalt für den Reputationskomplex hat, konkrete Ansatzpunkte zur Erhöhung der
Krankenhaus- und Fachabteilungsreputation bieten sich aber kaum. Als zugänglicher für konkrete
Maßnahmen und damit für die Ableitung von Handlungsempfehlungen für das Reputationsmanagement stellen sich demgegenüber die Struktur- und Prozessqualität dar (vgl. Donabedian
(1980), S. 133 ff.).

[1013] In dem Befund, dass sich die theoretisch hergeleiteten moderierenden Effekte in den Daten
wiederfinden, kann eine weitere Untermauerung der postulierten Wirkungsrichtung innerhalb des
Reputationskomplexes gesehen werden: Wäre die Wirkungsrichtung falsch spezifiziert, hätte die
Überprüfung der Moderatoren derart unerwartete Ergebnisse liefern müssen, als dass sich die
postuliert positive Moderation als negative und die postuliert negativen Moderationen als positive
entpuppten, mit anderen Worten: Entweder ist die Kausalstruktur des Reputationskomplexes in
der vorliegenden Form realitätsgetreu spezifiziert oder die konzeptionellen Überlegungen zu allen
vier moderierenden Effekten sind falsch.

weder abschließend quantifiziert noch gesicherte Aussagen zur funktionalen Form der Interaktionen getroffen werden können.[1014] Im Einzelnen ergeben sich folgende Befunde:

	Dauer der Zusammenarbeit	Autonomie der Fachabteilung	Spezialisierungsgrad der niedergelassenen Ärzte	Kenntnisstand der niedergelassenen Ärzte bezüglich des Krankenhauses
Pfadkoeffizient der Gruppe mit hohen Merkmalsausprägungen	$\gamma_h = 0,71$ (p = 0,00)	$\gamma_h = 0,72$ (p = 0,00)	$\gamma_h = 0,57$ (p = 0,00)	$\gamma_h = 0,61$ (p = 0,00)
Pfadkoeffizient der Gruppe mit niedrigen Merkmalsausprägungen	$\gamma_n = 0,84$ (p = 0,00)	$\gamma_n = 0,61$ (p = 0,00)	$\gamma_n = 0,96$ (p = 0,00)	$\gamma_n = 0,73$ (p = 0,00)
χ^2-Wert unrestringiertes Modell (Freiheitsgrade)	$\chi^2 = 4577,13$ (2216)	$\chi^2 = 4636,65$ (2216)	$\chi^2 = 4384,16$ (2216)	$\chi^2 = 4228,67$ (2216)
χ^2-Wert restringiertes Modell (Freiheitsgrade)	$\chi^2 = 4580,84$ (2217)	$\chi^2 = 4642,47$ (2217)	$\chi^2 = 4401,20$ (2217)	$\chi^2 = 4231,60$ (2217)
$\Delta\chi^2$	3,71 (p = 0,1)	5,82 (p = 0,05)	17,04 (p = 0,001)	2,93 (p = 0,1)
Richtung der Moderation	negativ wegen $\gamma_h < \gamma_n$	positiv wegen $\gamma_h > \gamma_n$	negativ wegen $\gamma_h < \gamma_n$	negativ wegen $\gamma_h < \gamma_n$

Tab. E-27: Ergebnisse der multiplen Gruppenanalysen zur Untersuchung moderierender Effekte des Zusammenhangs zwischen Krankenhaus- und Fachabteilungsreputation (Erststudie)

Auf dem Signifikanzniveau von 10% gelingt der Nachweis der Hypothese $H_{3(1)}$, wonach der Einfluss der Fachabteilungsreputation auf die Krankenhausreputation mit zunehmender **Dauer der Einweisungsbeziehung** zwischen niedergelassenem Arzt und Krankenhaus abnimmt. Begründet wurde diese moderierende Wirkung in Kapitel C.4.2.1 damit, dass mit zunehmender Dauer der Einweisungsbeziehung seitens der niedergelassenen Ärzte mehr und mehr konkrete Informationen zur Bildung des Reputationsurteils über die Krankenhauskategorie vorliegen, so dass das Urteil weniger auf Kontextfaktoren in Gestalt verbundener Repräsentationen (hier: der Fachabteilungsreputation) gestützt werden muss. Um zu einem möglichst stark ausgeprägten Kontrast zwischen den Gruppen zu gelangen, erfolgte die Untersuchung dieser Variable mittels des Splits am unteren Quartil.[1015]

[1014] Zu dieser Problematik vgl. Ping (1995).

[1015] Da stets ausschließlich getestet wird, ob Unterschiede zwischen den interessierenden Pfadkoeffizienten der beiden Gruppenmodelle vorliegen und es nicht möglich ist, die funktionale Form der Moderation zu bestimmen, ist die Art der gewählten Gruppentrennung bei metrischen Variablen insofern unerheblich. Es ist lediglich darauf zu achten, dass die konstruierten Gruppen eine ausreichende Größe für den Modelltest aufweisen (vgl. Scholderer/Balderjahn/Paulssen (2006), S. 644 f.; Mackenzie (2001), S. 161 f.; Baumgartner/Steenkamp (1998); Byrne (2001), S. 173 ff.; Ping (1995)).

Für die von den niedergelassenen Ärzten wahrgenommene **Autonomie der Fachabteilung** kann theoriekonform ein positiver moderierender Effekt festgestellt werden. Während die Gruppe des unteren Quartils einen Pfadkoeffizienten des Zusammenhangs zwischen Fachabteilungs- und Krankenhausreputation von 0,61 aufweist, liegt dieser für die Gruppe höherer Variablenausprägungen bei 0,72 und damit auf dem 5%-Niveau signifikant höher. Folglich spricht auch die Empirie dafür, dass die wahrgenommene Diagnostizität der Fachabteilungsreputation für die Krankenhausreputation umso höher ist, je besser die Entscheidungen und Handlungen der Fachabteilung gegenüber anderen Kategorien abgrenzbar sind.[1016]

Mit einem $\Delta\chi^2$ von 17,04 zwischen den gebildeten Gruppen und damit auf einem Signifikanzniveau von 1% erweist sich auch der postulierte negative Effekt des **Spezialisierungsgrades** der Ärzte als bestätigt. Wie in Kapitel 4.4.1 erläutert, wurde bei dieser Variable die Fachrichtung der niedergelassenen Ärzte als stark abstrahierendes Trennungskriterium herangezogen und die Gruppe der hausärztlich tätigen Ärzte gegen die der spezialisierten Fachärzte getestet. Die von *Lynch/Marmorstein/ Weigold* theoretisch begründete Relevanz eines Mindestmaßes an Sicherheit über die Diagnostizität einer Repräsentation (hier: der Fachabteilungsreputation) für eine andere (hier: der Krankenhausreputation) lässt sich anhand des vorliegenden Ergebnisses folglich bestätigen.[1017]

Schließlich erweist sich auch der **Kenntnisstand der Niedergelassenen** hinsichtlich des Krankenhauses als Ganzes als mitentscheidend für die Höhe des Einflusses der Fachabteilungsreputation auf die Krankenhausreputation. Auf dem 10%-Niveau errechnet sich ein negativer moderierender Effekt dieser Variable, so dass Ärzte mit hohem Wissenstand über das Krankenhaus tatsächlich weniger auf die Fachabteilungsreputation zur Bildung ihres Krankenhausreputationsurteils rekurrieren als Ärzte, denen weniger generelle Informationen über das Krankenhaus vorliegen. Auch für diese Variable erfolgte die Gruppentrennung durch einen Quartilsplit.

Als Resultat der Überprüfung der moderierenden Effekte kann festgehalten werden, dass der Zusammenhang zwischen der Krankenhaus- und der Fachabteilungsreputation, wie theoretisch deduziert, hinsichtlich seiner Stärke nicht immer gleich ist, sondern in der Tat von den untersuchten Variablen abhängig ist. Die Diskussion der Konsequenzen dieses Befundes für das Reputationsmanagement eines Krankenhauses erfolgt in Kapitel I.2.

[1016] Vgl. Kapitel C.4.3.1.
[1017] Vgl. Kapitel C.4.4.1.

3 Zusammenfassung der Untersuchungsergebnisse der Erststudie

Tab. E-28 liefert eine Zusammenfassung der Ergebnisse zu den Hypothesen aller vier Forschungszielsetzungen dieser Arbeit. Insgesamt finden 18 der 27 Hypothesen eine Bestätigung in den empirischen Daten.

Bezeichnung	Hypothese/ Ursache-Wirkungszusammenhang	Befund
$H_{1(1)}$	Krankenhausreputation und Fachabteilungsreputation sind aus der Perspektive niedergelassener Ärzte distinkte Konstrukte.	bestätigt
$H_{2(1)}$	Je höher die Fachabteilungsreputation ausgeprägt ist, desto besser ist die Reputation des Krankenhauses bei niedergelassenen Ärzten.	bestätigt
$H_{3(1)}$	Je länger die Einweisungsbeziehung zwischen Krankenhaus und niedergelassenem Arzt ist, desto geringer ist der Einfluss der Fachabteilungsreputation auf die Krankenhausreputation.	bestätigt
$H_{4(1)}$	Je höher die wahrgenommene Autonomie der Fachabteilung ausfällt, desto stärker ist der Einfluss der Fachabteilungsreputation auf die Krankenhausreputation.	bestätigt
$H_{5(1)}$	Je höher der Spezialisierungsgrad niedergelassener Ärzte ist, desto geringer ist der Einfluss der Fachabteilungsreputation auf die Krankenhausreputation.	bestätigt
$H_{6(1)}$	Je höher der Kenntnisstand der niedergelassenen Ärzte bezüglich des Krankenhauses als Ganzes ist, desto geringer ist der Einfluss der Fachabteilungsreputation auf die Krankenhausreputation.	bestätigt
$H_{7(1)}$	Je höher die Krankenhausreputation ausgeprägt ist, desto besser ist die Beurteilungsposition des Krankenhauses im Awareness Set und desto eher berücksichtigen niedergelassene Ärzte das Krankenhaus im Evoked Set für Einweisungsentscheidungen.	nicht bestätigt
$H_{8(1)}$	Je höher die Fachabteilungsreputation ausgeprägt ist, desto besser ist die Beurteilungsposition des Krankenhauses im Awareness Set und desto eher berücksichtigen niedergelassene Ärzte das Krankenhaus im Evoked Set für Einweisungsentscheidungen.	bestätigt
$H_{9(1)}$	Die Fachabteilungsreputation hat einen stärkeren Einfluss auf die Position des Krankenhauses im Awareness Set und damit auf die Evoked-Set-Formierung niedergelassener Ärzte als die Krankenhausreputation.	bestätigt
$H_{10(1)}$	Die Berücksichtigung des Krankenhauses im Evoked Set niedergelassener Ärzte hat einen positiven Einfluss auf die Anzahl an Einweisungen in das Krankenhaus.	bestätigt
$H_{10a(1)}$	Die Krankenhausreputation hat einen indirekten Einfluss auf die Anzahl an Einweisungen in das Krankenhaus.	nicht bestätigt
$H_{10b(1)}$	Die Fachabteilungsreputation hat einen indirekten Einfluss auf die Anzahl an Einweisungen in das Krankenhaus.	bestätigt
$H_{10c(1)}$	Die Fachabteilungsreputation hat einen stärkeren indirekten Einfluss auf die Anzahl an Einweisungen in das Krankenhaus als die Krankenhausreputation.	bestätigt
$H_{11(1)}$	Je höher die Krankenhausreputation ausgeprägt ist, desto höher ist die Kooperationsbereitschaft niedergelassener Ärzte.	nicht bestätigt
$H_{12(1)}$	Je höher die Fachabteilungsreputation ausgeprägt ist, desto höher ist die Kooperationsbereitschaft niedergelassener Ärzte.	bestätigt
$H_{13(1)}$	Die Krankenhausreputation hat einen stärkeren Einfluss auf die Kooperationsbereitschaft niedergelassener Ärzte als die Fachabteilungsreputation.	nicht bestätigt
$H_{14(1)}$	Je höher die Ergebnisqualität des Krankenhauses als Ganzes ausfällt, desto besser ist die Krankenhausreputation bei niedergelassenen Ärzten.	bestätigt
$H_{15(1)}$	Je höher die Ergebnisqualität des Krankenhauses als Ganzes ausfällt, desto besser ist die Fachabteilungsreputation bei niedergelassenen Ärzten.	nicht bestätigt
$H_{16(1)}$	Je höher die Ergebnisqualität der Fachabteilung ausfällt, desto besser ist die Krankenhausreputation bei niedergelassenen Ärzten.	nicht bestätigt
$H_{17(1)}$	Je höher die Ergebnisqualität der Fachabteilung ausfällt, desto besser ist die Fachabteilungsreputation bei niedergelassenen Ärzten.	bestätigt
$H_{18(1)}$	Die Ergebnisqualität des Krankenhauses als Ganzes hat einen stärkeren Einfluss auf die Krankenhausreputation bei niedergelassenen Ärzten als die Ergebnisqualität der Fachabteilung.	bestätigt

$H_{19(1)}$	Die Ergebnisqualität der Fachabteilung hat einen stärkeren Einfluss auf die Fachabteilungs-reputation bei niedergelassenen Ärzten als die Ergebnisqualität des Krankenhauses als Ganzes.	bestätigt
$H_{20(1)}$	Je stärker die Einweiserorientierung ausfällt, desto besser ist die Krankenhausreputation bei niedergelassenen Ärzten.	bestätigt
$H_{21(1)}$	Je stärker die Einweiserorientierung ausfällt, desto besser ist die Fachabteilungsreputation bei niedergelassenen Ärzten.	nicht bestätigt
$H_{22(1)}$	Je stärker die Patientenorientierung ausfällt, desto besser ist die Krankenhausreputation bei niedergelassenen Ärzten.	nicht bestätigt
$H_{23(1)}$	Je stärker die Patientenorientierung ausfällt, desto besser ist die Fachabteilungsreputation bei niedergelassenen Ärzten.	bestätigt
$H_{24expl.(1)}$	Je besser die Beurteilungsposition des Krankenhauses im Evoked Set für Einweisungs-entscheidungen ist, desto höher ist auch die Kooperationsbereitschaft niedergelassener Ärzte gegenüber diesem Krankenhaus.	bestätigt

Tab. E-28: Überblick über die Ergebnisse der Hypothesenprüfungen (Erststudie)

Als kritisch und abzulehnen erweisen sich die Hypothesen, die die Wirkungen der generellen Krankenhausreputation auf die untersuchten Zielgrößen zum Gegenstand haben sowie einige der Suppositionen, die sich auf die Einflussgrößen des Reputationskomplexes beziehen. Unter diesen finden sich vereinzelt Befunde, die sich nicht unmittelbar erschließen lassen und daher in den vorangegangenen Ausführungen bereits Anlass zur Diskussion gaben.

Da sich diese Arbeit das Ziel gesetzt hat, die Erkenntnisgewinnung um reputationszentrierte Ursache-Wirkungszusammenhänge unter Berücksichtigung der Differenzierung des Reputationskonzeptes möglichst weit voranzutreiben, sollen die zutage geförderten kritischen Ergebnisse der dargelegten Untersuchung den Ansatz-punkt für die Konzeption eines weiteren Forschungsmodells und einer zweiten empirischen Studie darstellen.

F Theoriegeleitete Modellentwicklung für eine weitergehende Analyse reputationszentrierter Ursache-Wirkungszusammenhänge im Rahmen der Zweitstudie

1 Vorgehensweise und Begründung des Forschungsmodells der Zweitstudie

Die Herleitung des zweiten Untersuchungsmodells erfolgt konsequenterweise analog zu dem Vorgehen der Erststudie. Auf Basis des in Kapitel C.2 als für den Forschungszweck dieser Arbeit geeignet identifizierten Theoriegebäudes gilt es, die durch die Ergebnisse der Erststudie aufgeworfenen sowie weitergehende Fragestellungen hinsichtlich reputationszentrierter Ursache-Wirkungszusammenhänge einer theoretisch fundierten, systematischen Analyse zuzuführen.

Als Orientierungspunkte für die Konzeption des zweiten Forschungsmodells dienen die Fragestellungen, die durch die empirischen Befunde der Erststudie aufgeworfen wurden. Dies sind im Einzelnen:

1. **Auf welche marktstrategischen Zielgrößen von Krankenhausunternehmen hat die Reputation des Krankenhauses als Ganzes einen Einfluss?** Die Erststudie zeigte, dass von der Krankenhausreputation keine Wirkungen auf das Evoked Set bzw. den einweiserbezogenen Patientenmarktanteil und auf die generelle, undifferenzierte Kooperationsbereitschaft niedergelassener Ärzte ausgehen. Da dies vor dem Hintergrund der Befunde bisheriger Arbeiten der Reputationsforschung vermutlich weniger auf eine mangelnde Relevanz des Konzeptes auf Gesamtunternehmensebene als auf die in der Erststudie untersuchten Zielgrößen zurückzuführen ist, sollen in der Zweitstudie alternative bzw. differenziertere Kriteriumsvariablen im Hinblick auf ihre Beeinflussbarkeit durch die Krankenhausreputation analysiert werden.

Erstens findet die Erklärung des Unterstützungsverhaltens niedergelassener Ärzte Eingang in die Untersuchung: Es soll erforscht werden, ob sich die Loyalität niedergelassener Ärzte gegenüber dem Krankenhaus bzw. gegenüber der Fachabteilung auf den Reputationskomplex zurückführen lässt. Mit der Einbeziehung des Loyalitätskonzeptes soll also ein bisher nicht betrachtetes marktstrategisches Ziel in das Modell der Zweitstudie aufgenommen werden. Zweites gilt es, im Zuge einer (durch die Befunde der Erststudie angezeigten) inhaltlichen Ausdifferenzierung des Konzepts der Kooperationsbereitschaft niedergelassener Ärzte ein tiefer gehendes Verständnis der Bedeutung des Reputationskomplexes, insbesondere der Krankenhausreputation, für die Gewinnung von Kooperationspartnern zu entwickeln.[1018]

2. **Beschränkt sich die unmittelbare Reputationsrelevanz der medizinisch-fachlichen Qualität des Krankenhauses als Ganzes bzw. der Fachabteilung auf die jeweils korrespondierende Reputationsebene?** Die Befunde der Erststudie zum Einfluss der Ergebnisqualität auf den Reputationskomplex legen die Vermutung nahe, dass Annahmen über ihre Wirkungen nur für die jeweils korrespondierende Reputationsebene gültig sind. Zwar konnte gezeigt werden, dass die Qualität der medizinisch-pflegerischen Leistungen grundsätzlich reputationsrelevant ist. Mit der negativen Korrelation zwischen der Ergebnisqualität der Fachabteilung und der Krankenhausreputation ergab sich jedoch ein nicht abschließend erklärbares Resultat.

Da die Ergebnisqualität selbst aus der Struktur- und Prozessqualität der Leistungserstellung hervorgeht, liegt es nahe, diese in der Zweitstudie auf ihren Beitrag zur Reputationsbildung zu untersuchen. Denn falls für die nach Unternehmensebenen differenzierte Ergebnisqualität tatsächlich nur Effekte auf die jeweils korrespondierende Reputationsebene anzunehmen sind, die ermittelte negative Korrelation, wie argumentiert, also nicht kausal interpretiert werden darf, sollten sich auch die Wirkungen der Struktur- und Prozessqualität auf die jeweils passende Aggregationsebene beschränken.

Durch die Auflösung der Ergebnisqualität in die ihr vorgelagerten Qualitätsdimensionen finden zudem potenzielle Determinanten des Reputationskomplexes Eingang in die Untersuchung, die für konkrete Maßnahmen zugänglicher sind, als die Ergebnisqualität der medizinisch-pflegerischen Leistungserstellung, was die Ableitung greifbarer Empfehlungen für das Reputationsmanagement von Krankenhausunternehmen erlaubt.

3. **Hat die Schaffung von Konkurrenzsituationen durch ein Krankenhaus zu niedergelassenen Ärzten Auswirkungen auf seine Reputation und/oder die seiner Fachabteilungen?** Der im Rahmen der empirischen Untersuchung des gerichteten Wirkungszusammenhangs innerhalb des Reputationskomplexes ermittelte negative Einfluss des MVZ-Betriebs auf die generelle Krankenhausreputation weist darauf hin, dass das Verhalten von Krankenhäusern im Wettbewerb mit niedergelassenen Ärzten einen Einfluss auf seine Reputation hat. Aus diesem Grund soll dem Charakteristikum der potenziellen Ambivalenz des

---

[1018] Zur hohen praktischen Relevanz von Kooperationen zwischen Krankenhäusern und niedergelassenen Ärzten vgl. ausführlich Kapitel B.2.2.

Verhältnisses zwischen niedergelassenen Ärzten und Krankenhäusern in der Zweitstudie ausdrücklich Rechnung getragen und analysiert werden,[1019] ob das Ausmaß der vom fokalen Krankenhaus induzierten Wettbewerbsintensität Erklärungsgehalt für den Reputationskomplex aufweist.

In Kapitel B.1.4 wurde zudem ausgeführt, dass Krankenhäuser neben dem ärztlich-pflegerischen Bereich, der für die medizinische Leistungserbringung verantwortlich ist, aus einem kaufmännischen Bereich bestehen, welcher u.a. administrative Leistungsprozesse zum Gegenstand hat. Um beide Leistungsbereiche auf ihren Beitrag zur Reputationsbildung zu untersuchen, soll in dem Forschungsmodell der Zweitstudie mit der Qualität der Verwaltungsprozesse an der Schnittstelle zu den niedergelassenen Ärzten eine weitere, potenziell reputationsrelevante Beurteilungs-größe niedergelassener Ärzte in das Modell aufgenommen werden.

Es wird deutlich, dass mit der Zweitstudie dieser Arbeit keine Replikation der aus der Erststudie hervorgegangenen Befunde angestrebt wird, sondern ein primär durch die Erststudie angestoßenes, inhaltlich an diese anknüpfendes Untersuchungsmodell entwickelt werden soll. Lediglich der Kern, namentlich der Reputationskomplex, wird sich selbstverständlich auch im Forschungsmodell der Zweitstudie wiederfinden. Zwar würde eine Replikation die Ableitung von Aussagen über die Stabilität der gewonnenen Erkenntnisse erlauben, eine inhaltliche Weiterentwicklung und zusätzliche Erkenntnisgenerierung wäre damit jedoch nicht möglich.[1020] Als weitere Alternative wäre es denkbar, die in der Erststudie empirisch nachgewiesenen Zusammenhänge zusätzlich zu der Analyse „neuer" Konstrukte auch in der Zweit-studie zu berücksichtigen. Dies würde sowohl eine inhaltliche Weiterentwicklung bzw. die Beantwortung der durch die Erststudie aufgeworfenen Fragen als auch einen Replikationsversuch zulassen. Eine solche Vorgehensweise würde aber erhebliche Probleme im Umgang mit der Komplexität des resultierenden Forschungs-modells hervorrufen.[1021] Ungeachtet dessen, muss davon ausgegangen werden, dass mit der zusätzlichen, abermaligen Berücksichtigung aller Konstrukte des ersten Forschungsmodells im Fragebogen der Zweitstudie und folglich mit der Erhöhung seines Umfanges die Gefahr bestanden hätte, unter die für die Durchführung von Kovarianzstrukturanalysen gemeinhin geforderte Mindestgröße der Stichprobe von

---

[1019] Vgl. Kapitel B.2.2.
[1020] Vgl. Bühner (2006), S. 253.
[1021] Bei einer Stichprobengröße der Zweitstudie von 226 (vgl. Kapitel G.2) würde das Modell aus bis zu 20 Konstrukten und ca. 250 zu schätzenden Parametern bestehen und ließe sich ohne die Einführung von Restriktionen nicht berechnen (vgl. Backhaus et al. (2006), S. 367).

200 zu gelangen.[1022] Aus diesen Gründen wurde von dem Ziel einer Replikation der Befunde der Erststudie anhand der Daten der Zweitstudie Abstand genommen und der Schwerpunkt des Forschungsvorhabens auf die Ergründung der durch die Erststudie bedingten neuen Fragestellungen gelegt.

2 Differenzierung und Expansion zu untersuchender Konsequenzen der Krankenhaus- und Fachabteilungsreputation

2.1 Bereitschaft zur medizinischen und wirtschaftlichen Kooperation als Konsequenzen der Krankenhaus- und Fachabteilungsreputation

2.1.1 Differenzierung der Kooperationsbereitschaft in die Bereitschaft zur medizinischen und wirtschaftlichen Kooperation

Die Kooperationsbereitschaft niedergelassener Ärzte wurde im Rahmen der Erststudie konzeptionalisiert als eine der konkreten Handlungsabsicht vorgelagerte Grundhaltung, eine vertraglich vereinbarte, längerfristige Zusammenarbeit mit einem Krankenhaus zur Erreichung gemeinsamer Ziele einzugehen.[1023] Für die Handlungsbereitschaft wurde festgestellt, dass gemäß der Theorie des überlegten Handelns die gleichen Einflussgrößen bedeutsam sind, wie für konkrete Intentionen und somit die Bereitschaft zur Kooperation mit einem Krankenhaus vornehmlich mit der Einstellung des Niedergelassenen gegenüber diesem Krankenhaus sowie gegenüber der Kooperationshandlung erklärt werden kann.[1024]

Während das Krankenhaus als Bezugsobjekt festgelegt wurde, nämlich als das, das als Untersuchungsfall der Erststudie fungierte, wurde die Spezifikation der Kooperationshandlung bzw. des Kooperationszwecks mit der Begründung offen gelassen, auf diese Weise das gesamte Spektrum an Erscheinungsformen kooperativer Zusammenarbeit, die über das originäre Einweisungsverhältnis hinausgehen, in einem Konstrukt erfassen zu können. Im Ergebnis konnte für das so konzeptionalisierte Konstrukt der Kooperationsbereitschaft kein Einfluss der Unternehmensreputation festgestellt werden. Es wurde vermutet, dass dieses Resultat u.a. darauf zurückzuführen ist, dass keine ausreichende Korrespondenz zwischen der Krankenhausreputation und der (zu) allgemein konzeptionalisierten Kooperationsbereitschaft vorlag und zwar deshalb, weil die befragten niedergelassenen Ärzte ihre Aussagen

---

[1022] Vgl. Bühner (2006), S. 262; Jap (1999), S. 469. Mit steigendem Fragebogenumfang ist mit einer Abnahme der Teilnahmebereitschaft der Probanden zu rechnen (vgl. Atteslander (2008), S. 125; Schnell/Hill/Esser (2008), S. 342 ff.).
[1023] Vgl. Kapitel C.5.5.1.
[1024] Vgl. Wojda/Herfort/Barth (2006), S. 33; Kreipl (2004), S. 60; Eagly/Chaiken (1993), S. 168.

alleinig auf medizinisch-fachliche Kooperationen bezogen haben könnten.[1025] Dieser Befund der Erststudie zeigt die Notwendigkeit der Spezifikation des Kooperationszwecks für das Konstrukt der Kooperationsbereitschaft auf – nicht zuletzt, um eine eindeutige Interpretation der empirischen Ergebnisse zu ermöglichen.

Aus diesem Grund soll für das zweite Untersuchungsmodell der Kooperationszweck näher definiert und zwischen der Bereitschaft zur medizinischen Kooperation und der Bereitschaft zur wirtschaftlichen Kooperation differenziert werden.[1026] Denn führt man sich die in Kapitel B.2.2 erläuterten Kooperationsformen nochmals vor Augen, wird deutlich, dass diese nach dem Kriterium ihres Zwecks allgemein danach unterschieden werden können, ob sie primär auf Kostenvorteile bzw. Umsatzgenerierung gerichtet sind (z.B. Apparate- und Einkaufsgemeinschaften, Regelungen zur Übernahme vor- und nachstationärer Leistungen durch die Niedergelassenen und ambulante Anlaufpraxen) oder auf die Verbesserung der medizinischen Versorgung der Patienten zielen (z.B. DMP und IV). Obwohl gewiss nicht alle Kooperationsarrangements einer eindeutigen objektiven Zuordnung zugänglich sein dürften,[1027] hinsichtlich des Zwecks folglich teilweise ambivalente Kooperationsformen denkbar sind, kann dennoch durch die angestrebte Differenzierung des Kooperationsbereitschaftskonstruktes und dessen subjektive Einschätzung durch die Niedergelassenen ein Erkenntnisfortschritt derart erreicht werden, dass die Zweckheterogenität der Kooperationsformen durch dieses Vorgehen so weit wie möglich Berücksichtigung findet.[1028]

2.1.2 Begründungszusammenhang der Bedeutung der Krankenhaus- und Fachabteilungsreputation für die Bereitschaft niedergelassener Ärzte zur wirtschaftlichen und medizinischen Kooperation

Die Herleitung eines Begründungszusammenhangs des Einflusses der Reputation auf die beiden Konkretisierungen der Kooperationsbereitschaft kann sich weitgehend an der des Kapitels C.5.5.2 orientieren. Hier wurde anfangs theoretisch begründet,

---

[1025] Vgl. Kapitel E.2.3.3.

[1026] Vgl. auch Klemann (2007), S. 98 f.

[1027] Vielmehr ist davon auszugehen, dass sich diese entlang eines Spektrums anordnen lassen mit den Extrempunkten „wirtschaftlicher Zweck" (hier z.B. Einkaufsgemeinschaften) und „medizinischer Zweck" (hier z.B. DMP). Genau genommen entstehen die meisten Kooperationsformen also entweder eher aus wirtschaftlichen oder eher aus medizinischen Motiven. Ferner scheint die Einordnung einzelner Arrangements von der jeweiligen Perspektive abhängig zu sein: So dürften Konsile aus Krankenhausperspektive primär durch medizinische Erfordernisse initiiert werden, während sie für niedergelassene Ärzte in erster Linie eine Möglichkeit zur zusätzlichen Erlösgenerierung darstellen. Die Konstrukte der Bereitschaft zur medizinischen und der Bereitschaft zur wirtschaftlichen Kooperation erfassen konsequenterweise die Perspektive der Niedergelassenen.

[1028] Für weitere Dimensionen bzw. Strukturierungskriterien von Kooperationen im Gesundheitsmarkt vgl. Klemann (2007), S. 92 ff.

279

dass von einer grundsätzlichen Eignung des Reputationskonzeptes für die Erklärung der Kooperationsbereitschaft niedergelassener Ärzte ausgegangen werden kann.

Daneben dient der empirische Befund der Erststudie dieser Arbeit als Beleg für die Beeinflussbarkeit der Kooperationsbereitschaft durch den Reputationskomplex; denn zumindest für die Reputation auf Fachabteilungsebene konnte hier ein Effekt auf die Kooperationsbereitschaft ermittelt werden.[1029] Aussagen zur relativen Bedeutung der Krankenhaus- und Fachabteilungsreputation wurden anschließend mithilfe der Prüfung der Korrespondenzkriterien der Theorie des überlegten Handelns abgeleitet. Diesen Punkt betreffend sind an dieser Stelle gesonderte Überlegungen erforderlich.

Ausgangspunkt der Anwendung des Korrespondenzprinzips von *Ajzen/Fishbein* bildet die Analyse der Übereinstimmung der Zielbezüge der Krankenhaus- und Fachabteilungsreputation mit dem Zielbezug des Konstruktes der Kooperations-bereitschaft: Formal gesehen können niedergelassene Ärzte keine Kooperations-verträge mit einzelnen Fachabteilungen schließen, sondern lediglich mit dem Krankenhaus als Ganzes bzw. mit dessen Geschäftsführung, und zwar unabhängig vom Kooperationszweck. Ohne Berücksichtigung des Handlungsaspektes bzw. der Merkmale und Aktivitäten, auf die sich die Konstrukte beziehen oder mit denen sie assoziiert werden, ist demzufolge zunächst wiederum davon auszugehen, dass lediglich die Krankenhausreputation, nicht aber die Fachabteilungsreputation mit dem Konstrukt der Kooperationsbereitschaft korrespondiert und dieses potenziell erklären kann.[1030] Richtet man den Blick ergänzend auf die Handlungsbezüge, ergibt sich folgendes Bild:

(1) Zusammenhang der Krankenhaus- und Fachabteilungsreputation mit der Bereit-schaft zur wirtschaftlichen Zusammenarbeit

In Kapitel C.5.3 wurde erläutert, dass die Reputation des Krankenhauses als Ganzes u.a. auf solche Aktivitäten zurückzuführen ist, die von der Leitungsebene veranlasst werden und sich vorwiegend auf ökonomische Überlegungen und Entscheidungen beziehen. Begründet wurde dies primär damit, dass niedergelassene Ärzte Merkmale, die außerhalb der medizinisch-fachlichen und operativen Entscheidungs- und Handlungsspielräume einzelner Fachabteilungen liegen, eher der Kategorie „Krankenhaus als Ganzes" zuschreiben dürften. Die Befunde der Erststudie dieser

[1029] Vgl. Kapitel E.2.3.3.
[1030] Zwar konnte in der Erststudie dieser Arbeit trotz übereinstimmender Zielbezüge kein Effekt der Krankenhausreputation auf die generelle Kooperationsbereitschaft festgestellt werden. Weil der Grund für diesen Befund aber nicht abschließend geklärt werden konnte (vgl. Kapitel E.2.3.3) und womöglich auch auf der Seite des in der Erststudie sehr weit gefassten Kooperations-bereitschaftskonzeptes zu suchen ist, soll die Bedeutung des Zielaspektes für die Vorhersage der Kooperationsbereitschaft hier erneut einem empirischen Test unterzogen werden, nun jedoch bezogen auf eindeutig definierte Konstrukte der Kooperationsbereitschaft.

Arbeit zu den Einflussgrößen des Reputationskomplexes können als Beleg dieser Annahme verstanden werden.[1031] Demgegenüber dürfte die Fachabteilung in erster Linie mit medizinisch-fachlichen Aktivitäten assoziiert werden.[1032]

Für die Zusammenhänge zwischen den Reputationskonstrukten und dem Konstrukt der Bereitschaft zur wirtschaftlichen Kooperation bedeutet dies, dass die Krankenhausreputation im Gegensatz zur Fachabteilungsreputation sowohl hinsichtlich des Ziel- als auch bezüglich des Handlungsaspektes mit dem Bereitschaftskonstrukt, das explizit nur wirtschaftlich motivierte Kooperationen umfasst, weitgehend übereinstimmt. Demgegenüber muss für die Fachabteilungsreputation festgestellt werden, dass beide Prüfkriterien gegen einen messbaren Einfluss auf die Bereitschaft niedergelassener Ärzte zur wirtschaftlichen Kooperation sprechen: Laut *Ajzen/Fishbein* lässt sich eine konkrete Verhaltensabsicht bzw. -bereitschaft dann nicht durch eine konkrete Einstellung bzw. ein einstellungsähnliches Urteil hervorsagen, wenn lediglich die Zeit- und/oder Kontextbezüge übereinstimmen, also sowohl die Ziel- als auch die Handlungsbezüge differieren.[1033] Diese Überlegungen lassen sich zu folgenden Hypothesen verdichten:

$H_{1(2)}$: *Je höher die Krankenhausreputation ausgeprägt ist, desto höher ist die Bereitschaft niedergelassener Ärzte zur wirtschaftlichen Kooperation.*

$H_{2(2)}$: *Die Fachabteilungsreputation hat keinen Einfluss auf die Bereitschaft niedergelassener Ärzte zur wirtschaftlichen Kooperation.*

---

(2) Zusammenhang der Krankenhaus- und Fachabteilungsreputation mit der Bereitschaft zur medizinischen Zusammenarbeit

Richtet man den Blick nun auf das Konstrukt der Bereitschaft zur medizinischen Kooperation, stellt sich folgender Sachverhalt dar: Da das hier zu diskutierende Bereitschaftskonstrukt ex definitione ausschließlich auf solche Kooperationen fokussiert, die medizinisch-fachlich veranlasst sind, liegt für die Krankenhausreputation keine Korrespondenz des Handlungsbezugs vor. Begründet werden kann dies abermals damit, dass medizinisch-fachliche, operative Merkmale primär in die Bildung des Reputationsurteils über die Fachabteilung eingehen, weil dies die Kategorie ist, von der die medizinisch-pflegerischen Leistungen erbracht werden. Wie in Kapitel C.5.3 beschrieben, dürften demgegenüber dem Krankenhaus als Ganzes eher solche Handlungen zugeschrieben werden, die von der Unternehmens-

---

[1031] Vgl. Kapitel E.2.3.3.
[1032] Vgl. Kapitel C.5.3.
[1033] Vgl. Ajzen/Fishbein (1977), S. 888, 891; Kapitel C.5.2.2.

führung veranlasst worden sind und mithin strategischen, fachabteilungs-übergreifenden Charakter haben und die weitgehend losgelöst sind von der operativen Leistungserstellung. Während es für die Krankenhausreputation also bei der Übereinstimmung des Zielbezugs mit dem der Bereitschaft zur medizinischen Kooperation bleibt, kann für die Fachabteilungsreputation konstatiert werden, dass sich gemäß der mit den beiden Konstrukte jeweils assoziierten Merkmale bzw. Leistungen und Aktivitäten deutliche Überschneidungen ergeben. Begründet durch den korrespondieren Handlungsbezug kann folglich erwartet werden, dass die Reputation einer Fachabteilung einen Erklärungsbeitrag für die Bereitschaft niedergelassener Ärzte, in medizinischen Bereichen mit einem Krankenhaus zu kooperieren, zu leisten vermag. Da sich somit für beide Ebenen des Reputationskomplexes jeweils hinsichtlich eines der von *Ajzen/Fishbein* als entscheidend herausgestellten Korrespondenzprinzipien ein positives Prüfergebnis ergibt,[1034] erscheinen folgende Hypothesen begründet:

$H_{3(2)}$: *Je höher die Krankenhausreputation ausgeprägt ist, desto höher ist die Bereitschaft niedergelassener Ärzte zur medizinischen Kooperation.*

$H_{4(2)}$: *Je höher die Fachabteilungsreputation ausgeprägt ist, desto höher ist die Bereitschaft niedergelassener Ärzte zur medizinischen Kooperation.*

2.1.3 Empirische Erfassung der Bereitschaft niedergelassener Ärzte zur wirtschaftlichen und medizinischen Kooperation

Die Konstruktion der Messvorschriften für die beiden Bereitschaftskonstrukte erfolgt unter Bezugnahme auf die Skala für die allgemeine, nicht nach dem Kooperations-zweck differenzierte Kooperationsbereitschaft.[1035] Der entsprechende Operationali-sierungsansatz erwies sich im Rahmen der Gütebeurteilung der Messmodelle der Erststudie mit einem *Cronbachs* Alpha von 0,97, einer Faktorreliabilität von 0,94 und einem CFI von 0,99 als äußerst zuverlässig.[1036] Insofern liegen keine Argumente gegen eine Adaption dieser Itembatterie vor.

Es leuchtet unmittelbar ein, dass durch die Ergänzung des Kooperationszwecks in den jeweiligen Items eine adäquate messtechnische Abbildung der differenzierten Kooperationsbereitschaftskonstrukte erreicht werden kann.[1037] Tab. F-1 und F-2 geben die resultierenden Operationalisierungen wieder. Diese unterscheiden sich

---

[1034] Vgl. Kapitel C.5.2.2; Ajzen/Fishbein (1977), S. 888.
[1035] Für die Begründung dieses Operationalisierungsansatzes und einen Überblick über alternative Messvorschriften innerhalb der Kooperationsforschung vgl. Kapitel C.5.5.3.
[1036] Vgl. Kapitel E.1.7.2.
[1037] Vgl. Rossiter (2002), S. 319 f.

von der des Bereitschaftskonstruktes ohne Spezifikation des Handlungsbezugs lediglich durch die Ergänzung der Itemformulierungen um den jeweiligen Kooperationszweck, d.h. der Erzielung von Wirtschaftlichkeitsvorteilen einerseits und der Verbesserung der medizinischen Patientenversorgung andererseits.

Items	Ankerpunkte der siebenstufigen Ratingskala
Ich bin grundsätzlich bereit, mit dem Krankenhaus zur Erreichung gemeinsamer wirtschaftlicher Ziele (z.B. Realisierung von Zeit- und Ressourcenvorteilen) kooperativ zusammenzuarbeiten. [KH_KoopWi1$_{(2)}$]	
Ich bin grundsätzlich bereit, die Geschäftsbeziehung mit dem Krankenhaus langfristig auszurichten. [KH_KoopWi2$_{(2)}$]	Stimme gar nicht zu - Stimme voll zu
Ich bin grundsätzlich bereit, Aktivitäten zur Verfolgung gemeinsamer wirtschaftlicher Interessen mit dem Krankenhaus abzustimmen. [KH_KoopWi3$_{(2)}$]	
Ich bin grundsätzlich bereit, für die wirtschaftliche Zusammenarbeit mit dem Krankenhaus spezifische Maßnahmen zu tätigen. [KH_KoopWi4$_{(2)}$]	

Tab. F-1: Operationalisierung des Konstruktes „Bereitschaft zur wirtschaftlichen Kooperation"

Items	Ankerpunkte der siebenstufigen Ratingskala
Ich bin grundsätzlich bereit, mit dem Krankenhaus zur Erreichung gemeinsamer medizinischer Ziele (z.B. Realisierung von Qualitätsvorteilen) kooperativ zusammenzuarbeiten. [KH_KoopMed1$_{(2)}$]	
Ich bin grundsätzlich bereit, die fachliche Zusammenarbeit mit dem Krankenhaus langfristig auszurichten. [KH_KoopMed2$_{(2)}$]	Stimme gar nicht zu - Stimme voll zu
Ich bin grundsätzlich bereit, medizinische/fachliche Aktivitäten mit dem Krankenhaus abzustimmen. [KH_KoopMed3$_{(2)}$]	
Ich bin grundsätzlich bereit, für die fachliche Zusammenarbeit mit dem Krankenhaus spezifische Maßnahmen zu tätigen. [KH_KoopMed4$_{(2)}$]	

Tab. F-2: Operationalisierung des Konstruktes „Bereitschaft zur medizinischen Kooperation"

2.2 Loyalität niedergelassener Ärzte als Konsequenz der Krankenhaus- und Fachabteilungsreputation

2.2.1 Abriss über den Forschungsgegenstand „Loyalität niedergelassener Ärzte"

Die Loyalität der Kunden eines Unternehmens ist eines der am umfänglichsten erforschten Gebiete der Marketingwissenschaft.[1038] Nach heutigem Verständnis umfasst das Konzept der Kundenloyalität vorwiegend das Wiederkaufverhalten, das

---

[1038] Vgl. Liu/Yang (2009), S. 93. Für einen Überblick vgl. Kumar/Shah (2004), S. 317. Zum Verständnis niedergelassener Ärzte als Kunden eines Krankenhauses vgl. Kapitel B.2.3.

Zusatzkaufverhalten im Hinblick auf weitere Leistungen eines Anbieters sowie das Weiterempfehlungsverhalten gegenüber anderen Kunden.[1039] In einschlägigen Arbeiten wird dabei in der Regel auf die Absicht von Kunden rekurriert, also auf deren Intention, zukünftig die Leistungen eines bestimmten Anbieters wieder in Anspruch zu nehmen, dies auszuweiten und den Leistungserbringer weiterzuempfehlen.[1040]

Die Berücksichtigung des Zusatzkauf- und Empfehlungsaspektes stellt eine Weiterentwicklung früherer, rein behavioristischer Loyalitätsmessungen (z.b. mittels des „Share of Purchase") dar, die sich der Kritik ausgesetzt sehen,[1041] dass keine Rückschlüsse auf Verhaltensursachen und damit keine Aussagen darüber möglich sind, ob es sich bei dem erfassten Wiederkaufverhalten tatsächlich um Loyalität im Sinne der (emotionalen) Verbundenheit aus Überzeugung oder lediglich um „spurious loyalty", also um zufällig oder situativ bedingte Loyalität handelt.[1042] Die beiden genannten zusätzlichen Aspekte werden nach dem heutigen Forschungsstand als Hinweise wirklicher Loyalität verstanden, da sie auf die Einstellung des Kunden gegenüber dem Anbieter oder der Leistung abstellen.[1043] Auf diese Weise wird die Gefahr der Erfassung (z.b. durch Wechselbarrieren) erzwungener oder zufälliger Loyalität umgangen.[1044]

[1039] Vgl. Homburg/Krohmer (2008), S. 56; Funk (2005), S. 59 ff.; Kumar/Shah (2004), S. 318 f. Zwar umfasst das Konzept der Loyalität damit eine zeitliche Stabilität des entsprechenden Unterstützungsverhaltens, ähnlich wie das der Bereitschaft zur Kooperation, da hier die Langfristigkeit der Zusammenarbeit ein entscheidendes Merkmal ist. Die wesentlichen Unterschiede zwischen den Konzepten bestehen aber darin, dass sich erstens die Kooperationsbereitschaft alleinig auf institutionalisierte, vertraglich geregelte Formen der Zusammenarbeit und nicht auf Rolle der niedergelassenen Ärzte als Einweiser bzw. informelle Patientenmittler bezieht und zweitens, dass durch Kooperationen eine rechtlich erzwungene Bindung der Partner entsteht, während Loyalität im Rahmen des Einweisungsverhältnisses auf Freiwilligkeit und Treue aus Überzeugung basiert. Es ist also durchaus denkbar, dass einerseits ein loyaler Einweiser nicht zu einer rechtlichen Bindung an das fokale Krankenhaus bereit ist und andererseits, dass ein niedergelassener Arzt, der wirtschaftlich mit dem Krankenhaus kooperiert (z.B. im Rahmen einer Einkaufsgemeinschaft), dieses im Hinblick auf seine medizinischen Leistungen nur bedingt als empfehlungswürdig hält. Zur Diskriminanzvalidität der Konstrukte der Zweitstudie vgl. Kapitel H.1.5.

[1040] Für Überblicke vgl. Gustafsson/Johnson/Roos (2005), sowie exemplarisch Narayandas (1998).

[1041] Vgl. Ganesh/Arnold/Reynolds (2000), S. 71, und die dort genannte Literatur.

[1042] Vgl. Giering (2000), S. 15, und die dort genannte Literatur. Oliver ((1997), S. 392) definiert Kundenloyalität demgemäß als „[...] a deeply held commitment to rebuy or patronize a preferred product or service consistently in the future despite situational influences and marketing efforts having the potential to cause switching behaviour."

[1043] Vgl. Kumar/Shah (2004), S. 319.

[1044] Vgl. Giering (2000), S. 16. Dem so verstandenen Loyalitätskonzept steht die sog. Anbieterbezogene Perspektive der Kundenbindung gegenüber, die nicht auf die „freiwillige" Verbundenheit der Kunden abstellt, sondern mit deren Instrumenten versucht wird, Kunden beispielsweise rechtlich oder wirtschaftlich an das eigene Unternehmen zu binden (vgl. Diller (1996), S. 82).

Diese Konzeptionalisierung des Loyalitätskonstruktes als einstellungsgeprägtes Verhaltenskonzept führt dazu,[1045] dass sich die Bestimmungsgrößen und die tatsächliche Umsetzung loyalitätsgeprägter Absichten, d.h. loyales Kundenverhalten und dessen Antezedenzien weitgehend unter Bezug auf psychologische und sozialpsychologische Theorien, im Besonderen die Einstellungstheorie, erklären lassen.[1046] Als auf diese Weise identifizierte Determinanten der Loyalität können hauptsächlich die Kundenzufriedenheit und – speziell für den in dieser Arbeit interessierenden Dienstleistungssektor – die wahrgenommene Dienstleistungsqualität genannt werden.[1047] Hinsichtlich der Effekte, die von einer loyalen Kundenbasis für Unternehmen ausgehen, gelten Einflüsse auf den Markterfolg, z.B. in Gestalt des Marktanteils und der Neukundengewinnung, wie auch auf den wirtschaftlichen Erfolg (z.B. die Umsatzrendite) zwar nicht per se, jedoch weitgehend, d.h. für die meisten unternehmensspezifischen Rahmenbedingungen, insbesondere auch innerhalb von Dienstleistungs-Settings, als gesichert.[1048]

Angesichts dieser Erkenntnisse verwundert es nicht, dass das Loyalitätskonzept auch in der Praxis zu den am häufigsten aufgegriffenen Zielgrößen zählt und entsprechend versucht wird, unter Zuhilfenahme geeigneter Maßnahmen im Rahmen des Beziehungsmarketings Kundenloyalität aufzubauen bzw. zu erhalten.[1049] Speziell für Krankenhäuser bedeutet die Loyalität niedergelassener Ärzte eine Sicherung des Patientenstromes derart, dass auf diese Weise gebundene Ärzte nicht nur im Einzelfall, sondern regelmäßig Patienten in das fokale Krankenhaus einweisen und somit permanent zur Auslastung beitragen.[1050] „Zusatzkauf" kann in diesem Kontext so verstanden werden, dass ein niedergelassener Arzt dazu übergeht, Patienten mit

---

[1045] Vgl. Diller/Goerdt/Geis (1997), S. 19.

[1046] Vgl. exemplarisch Yim/Tse/Chan (2008), S. 742; Gustafsson/Johnson/Roos (2005), S. 210; Kumar/Shah (2004), S. 320; Shankar/Smith/Rangaswamy (2000); Oliver (1999); Narayandas (1998). Für einen Überblick über Theorien, die in einschlägigen Arbeiten zur Erklärung loyalitätszentrierter Ursache-Wirkungszusammenhänge herangezogen werden vgl. Conze (2007), S. 30 ff.

[1047] Vgl. z.B. Yim/Tse/Chan (2008); Taylor/Baker (1994); Cronin/Taylor (1992); Bitner (1990), sowie die Überblicke bei Homburg/Krohmer (2008), S. 64 ff.; Funk (2005), S. 67 ff.

[1048] Für Arbeiten zum Zusammenhang zwischen Loyalität und Markterfolg vgl. exemplarisch Liu/Yang (2009); Reichheld/Teal (1996). Mit dem Erklärungsgehalt der Kundenloyalität für den finanziellen Erfolg von Unternehmen befassen sich z.B. Kumar (1999) und Kalwani/Narayandas (1995). Für einen Überblick tun. Homburg (2008), S. 56 ff.

[1049] Vgl. Liu/Yang (2009), S. 93; Kumar/Shah (2004), S. 317.

[1050] Neben dieser „wahren" Kundenloyalität ist es denkbar, dass niedergelassene Ärzte zwar regelmäßig Patienten in ein bestimmtes Krankenhaus einweisen, dies jedoch nicht aus Überzeugung bzw. Verbundenheit tun, sondern im Sinne einer anbieterseitigen Kundenbindung (vgl. Homburg/Bruhn (2008), S. 8) etwa aufgrund ökonomischer Anreize oder mangels Alternativen in geographischer Nähe der Arztpraxis. Z.B. gehen Krankenhäuser vereinzelt dazu über, ein (als Leistungskompensation verstecktes, weil juristisch nicht zulässiges) „Kopfgeld" für eingewiesene Patienten an die Niedergelassenen zu zahlen. Sobald ein Wettbewerber die gleichen Bindungsinstrumente einsetzt, könnte jedoch der Verlust von Einweisern drohen. Auch könnten Kooperationen zur wirtschaftlichen und/oder fachlichen Zusammenarbeit zur Bindung niedergelassener Ärzte führen, die nicht oder nicht ausschließlich die Loyalität widerspiegeln (vgl. Kapitel F.2.1).

Krankheitsbildern, die er bis dato primär den Wettbewerbern zugewiesen hat, ebenfalls in das fokale Krankenhaus einzuweisen. Die Weiterempfehlung des Krankenhauses gegenüber anderen Niedergelassenen kann schließlich dazu führen, dass neue Einweiser gewonnen werden können bzw. niedergelassene Ärzte, bei denen das Krankenhaus einen entwicklungsfähigen Patientenmarktanteil hat, Einweisungen ausweiten.[1051]

Eine für den Zweck dieser Arbeit interessante Facette der Loyalitätsforschung stellt die von *Ganesh/Arnold/Reynolds* vollzogene Differenzierung des Loyalitätskonzepts in eine aktive und eine passive Loyalität dar.[1052] Die passive Kundenloyalität beschreibt die Absicht, die Leistungen des Anbieters auch dann weiterhin in Anspruch zu nehmen, wenn aufseiten des Anbieters gravierende Einschnitte oder negativ empfundene Veränderungen der relativen Wettbewerbsposition im Hinblick auf bestimmte Leistungsmerkmale erfolgen.[1053] Die aktive Loyalität rekurriert demgegenüber vorwiegend auf die Zusatzkauf- und Weiterempfehlungsabsichten, und zwar unabhängig etwaiger Veränderungen relevanter Anbietereigenschaften. Eine schwach ausgeprägte passive Loyalität schließt damit weder Wieder- noch Zusatzkauf und Weiterempfehlung aus, weist das Unternehmen jedoch darauf hin, dass es sich bei der beobachteten Loyalität insofern um eine tendenziell instabile Form handelt, als dass im Fall des Auftretens der jeweils beschriebenen Einschnitte oder Leistungsveränderungen ein Verlust des Kunden droht.

Vor dem Hintergrund der in Kapitel B.1.2 diskutierten Dynamik und Umbrüche im deutschen Krankenhausmarkt verspricht die Differenzierung des Loyalitätskonzepts in der vorliegenden Arbeit einen zusätzlichen Erkenntnisgewinn, da auf diese Weise untersucht werden kann, welche Folgen die im Markt zu beobachtenden Entwicklungstendenzen für die Einweiserbasis des einzelnen Krankenhauses haben können. Diesbezüglich ist besonders an die Reaktion niedergelassener Ärzte auf einen Trägerwechsel bei Krankenhäusern zu denken, d.h. es kann analysiert werden, ob z.B. eine Privatisierung eines öffentlichen Krankenhauses zu einem systematischen Wegbrechen der Einweiserbasis führen könnte.[1054]

[1051] Im Einzelnen kann für die ökonomische Bedeutung derartiger Verhaltensweisen niedergelassener Ärzte bzw. für die Relevanz einer loyalen Einweiserbasis für den Unternehmensbestand auf die Ausführungen der Kapitel B.2.3 und B.4 verwiesen werden.

[1052] Vgl. Ganesh/Arnold/Reynolds (2000).

[1053] Der Aspekt der „Immunisierung" bzw. der Vermeidung ereignisbedingter Kundenverluste findet sich auch in weiteren Arbeiten der Loyalitätsforschung, allerdings stets lediglich als Folge der Kundenloyalität und nicht als konzeptioneller Bestandteil in Gestalt einer „passiven Loyalität" (vgl. Conze (2007), S. 24; Diller (1995), S. 82).

[1054] In Bezug auf die Privatisierung von Krankenhäusern lassen sich bei niedergelassenen Ärzten tendenziell negative Assoziationen feststellen, speziell hinsichtlich der vermuteten Folgen eines

Zusätzlich bieten sich auf der Ebene von Fachabteilungen Chefarztwechsel als „loyalitätstestende" Ereignisse an und zwar, weil Chefärzte als Leistungsträger und Galionsfiguren einzelner Fachabteilungen seitens der Krankenhäuser häufig als Instrument zur Differenzierung im Wettbewerb verstanden werden – abzulesen etwa an der gängigen unternehmerischen Praxis, renommierte Chefärzte anderer Krankenhäuser zur eigenen Marktprofilierung abzuwerben.[1055] Folglich kann ergründet werden, zu welchem Grad die Loyalität der einweisenden Ärzte eines Krankenhauses in der Person des jeweiligen Chefarztes verankert ist.[1056]

2.2.2 Begründungszusammenhang der Bedeutung der Krankenhaus- und Fachabteilungsreputation für die aktive und passive Loyalität niedergelassener Ärzte

Die Verknüpfung des Reputationskonzeptes mit denen der aktiven und passiven Loyalität erlaubt eine Analyse, ob die Reputation eines Krankenhauses bzw. die Fachabteilungsreputation aus Unternehmensperspektive (lediglich) als „Schutzschild" im Sinne der Förderung passiver Loyalität niedergelassener Ärzte verstanden werden darf oder diese stattdessen bzw. gleichzeitig auch aktives loyales Verhalten der einweisenden niedergelassenen Ärzte anstößt.

Zunächst legen die Ausführungen des vorangegangenen Abschnittes nahe, auch für das Loyalitätskonzept eine Differenzierung derart zu vollziehen, als dass zwischen der Loyalität niedergelassener Ärzte gegenüber einer bestimmten Fachabteilung und der gegenüber dem Krankenhaus insgesamt unterschieden werden muss:[1057] So kann beispielsweise nicht prinzipiell davon ausgegangen werden, dass ein niedergelassener Arzt das fokale Krankenhaus als Ganzes im gleichen Maße für empfehlungswürdig hält, wie eine einzelne, bestimmte Fachabteilung.

Die Vorgehensweise zur Herleitung eines theoriebasierten Begründungszusammenhangs zwischen dem Reputationskomplex und der aktiven und passiven Loyalität niedergelassener Ärzte sowohl gegenüber dem Krankenhaus als Ganzes als auch gegenüber der spezifischen Fachabteilung kann wie schon bei den bereits durchgeführten Wirkungsanalysen auf Basis der Theorie des überlegten Handelns in zwei Schritten erfolgen:[1058] Im ersten Schritt gilt es, die grundsätzliche Eignung der

---

solchen Trägerwechsels für die Personalintensität bzw. die Qualität der Patientenversorgung in der Pflege.
[1055] Vgl. Otte/Röhrßen (2009), S. 148; Kapitel B.1.4.
[1056] Für die Implikationen dieser Untersuchung für die Bedeutung des Chefarztes bzw. dessen Reputation für die Reputation der entsprechenden Fachabteilung vgl. Kapitel H.2.4.
[1057] Im Folgenden wird diesbezüglich analog zum Reputationskonzept von unterschiedlichen Loyalitätsebenen gesprochen.
[1058] Vgl. z.B. Kapitel F.2.1.

Reputation als Prädiktor der Loyalität niedergelassener Ärzte theoretisch zu begründen. Im zweiten Schritt richtet sich die Aufmerksamkeit auf den relativen Erklärungsgehalt der Krankenhaus- bzw. Fachabteilungsreputation für die Loyalität gegenüber dem Krankenhaus insgesamt und gegenüber der einzelnen Fachabteilung.

Die Begründung der Reputationsrelevanz für die Ausprägung der Loyalität niedergelassener Ärzte liegt insofern auf der Hand, als dass die Reputation als einstellungsähnliches Urteil in Anlehnung an die Theorie des überlegten Handelns einen unmittelbaren Erklärungsbeitrag für auf den jeweiligen Reputationsträger gerichtete Verhaltensabsichten und mittelbar für entsprechendes Verhalten liefert.[1059] Gleichzeitig wird „Loyalität" explizit als einstellungsgeprägtes Verhaltenskonzept verstanden.[1060] Demzufolge lassen sich die beiden Konzepte in theoretischer Hinsicht nahtlos miteinander verknüpfen. Eine positive innere Denkhaltung niedergelassener Ärzte gegenüber einem Krankenhaus oder einer Fachabteilung in Gestalt eines positiven Reputationsurteils dürfte dazu führen, dass loyale Verhaltensweisen der Niedergelassenen im Sinne der Einstellungs-Intentions-Verhaltens-Relation wahrscheinlicher werden.[1061] Da es sich bei den beiden ausdifferenzierten Loyalitätsaspekten, namentlich der aktiven und passiven Loyalität, um spezifische Loyalitätsausprägungen ein- und desselben Loyalitätskonzeptes handelt,[1062] ihnen also das gleiche Verständnis zugrunde liegt, dürften beide Loyalitätsformen für diese Argumentation zugänglich sein.[1063]

Ein quantitativer Nachweis für die prinzipielle Eignung des Reputationskonzeptes zur Erklärung loyalen Kundenverhaltens findet sich bei *Selnes*.[1064] Im Wege einer Kovarianzstrukturanalyse bestätigt der Forscher für verschiedene Typen von Dienstleistungsunternehmen einen Einfluss der Unternehmensreputation auf die Kundenloyalität. Zur gleichen Feststellung kommen *Walsh/Beatty* sowie *Walsh et al.*, die diesen Zusammenhang ebenfalls im Dienstleistungsbereich einer empirischen Überprüfung unterziehen und signifikante Effekte ermitteln.[1065] Ein interessanter Befund kann ferner der Forschungsarbeit von *Ahearne/Bhattacharya/Gruen*

[1059] Vgl. Kapitel C.5.2.1.
[1060] Vgl. Kapitel F.2.2.1; Kumar/Shah (2004), S. 319; Diller/Goerdt/Geis (1997), S. 19.
[1061] Vgl. Kapitel C.5.2.
[1062] Vgl. Ganesh/Arnold/Reynolds (2000), S. 71.
[1063] Dies gilt auch für die folgenden Ausführungen, so dass zum Zweck der Wahrung der Übersichtlichkeit auf eine differenzierte Argumentation für die aktive und passive Loyalität verzichtet wird. Aufgegriffen werden müssen diese beiden Ausprägungen der Loyalität folglich erst wieder im Rahmen der Formulierung der konkreten Hypothesen.
[1064] Vgl. Selnes (1993).
[1065] Vgl. Walsh et al. (2009); Walsh/Beatty (2007).

entnommen werden:[1066] Das Autorengespann untersucht die Bedeutung der Reputation von Pharmaunternehmen für die Loyalität bzw. das Unterstützungsverhalten niedergelassener Ärzte als Kunden dieser Unternehmen. Ihre Bestätigung eines entsprechenden Einflusses der Reputation kann als empirischer Hinweis darauf gewertet werden, dass Reputations-Loyalitäts-Mechanismen nicht nur allgemein im Dienstleistungssektor, sondern auch im Kontext von Austauschbeziehungen speziell im Gesundheitsmarkt und damit in dem Kontext der vorliegenden Arbeit vorzufinden sind.

Um Aussagen zur relativen Bedeutung der Krankenhaus- und Fachabteilungsreputation für die Loyalität niedergelassener Ärzte gegenüber dem Krankenhaus insgesamt sowie für die Loyalität gegenüber der spezifischen Fachabteilung ableiten zu können, gilt es, den Fokus auf die Ziel- und Handlungsbezüge dieser beiden Loyalitätsebenen zu richten – konsequenterweise wird hierfür wiederum auf das Korrespondenzprinzip von *Ajzen/Fishbein* rekurriert.

Der Blick auf die Korrespondenz der Zielbezüge der Konstrukte lässt zunächst vermuten, dass die Krankenhausreputation ex definitione in dieser Hinsicht ausschließlich mit der Loyalität gegenüber dem Krankenhaus als Ganzes übereinstimmt und die Fachabteilungsreputation alleinig mit der Loyalität der Niedergelassenen gegenüber der Fachabteilung. Verschärft man allerdings den Blick auf die Loyalitätskonstrukte, so wird zum einen deutlich, dass sich die Loyalität gegenüber der Fachabteilung nicht gänzlich unabhängig von der Krankenhauskategorie verstehen lässt, da Fachabteilungen deren integrativer Bestandteil sind. Fragt man zum anderen zur Erfassung der Loyalität gegenüber dem Krankenhaus als Ganzes nach der Absicht, zukünftig wieder oder vermehrt in das fokale Krankenhaus einzuweisen, muss angenommen werden, dass zur Beantwortung dieser Frage durch die Niedergelassenen zumindest partiell auf Erfahrungen mit einzelnen, bestimmten Fachabteilungen und nicht nur auf die generelle Krankenhausreputation zurückgegriffen wird. Gestützt wird diese Annahme von einem der Eckpfeiler der kognitionspsychologischen Psychologie, nach dem Menschen bestrebt sind, richtige, verlässliche Entscheidungen (hier: in Bezug auf künftige Einweisungen) zu treffen.[1067] Demnach zeichnen sich zwar beide Loyalitätsebenen durch einen eindeutigen definitorischen Zielbezug aus, die inhaltlichen Überlegungen legen diesbezüglich jedoch zweifelsfrei einen teilweise ambivalenten Charakter der Konstrukte nahe. Hinsichtlich des Zielaspektes muss deshalb davon ausgegangen werden, dass beide Reputationsebenen beide Loyalitätsebenen zu projizieren

---

[1066] Vgl. Ahearne/Bhattacharya/Gruen (2005).
[1067] Vgl. Kapitel C.3.3.1.

vermögen. Dabei sollte die Vorhersagekraft der Reputationskonstrukte für die jeweils passende Loyalitätsebene größer sein, als für die jeweilige nicht korrespondierende Loyalitätsebene.

Bezweckt man nun komplementär die Bestimmung der Korrespondenz der Handlungsbezüge der beiden Konstrukte des Reputationskomplexes mit denen der beiden Loyalitätsebenen, so scheinen die Bemühungen von Beginn an zum Scheitern verurteilt. Dies liegt darin begründet, dass sich „Loyalität" nicht in einer endlichen enumerativen Aufzählung homogener loyaler Handlungsweisen manifestiert, sondern sich abschließend lediglich auf einem hohen Aggregationsniveau als Verbundenheit mit einem Leistungsanbieter beschreiben lässt.[1068] Da die mit den beiden Loyalitätsebenen umschlossenen Verhaltensweisen somit nicht in ausreichendem Ausmaß fassbar zu machen sind – jedenfalls nicht so weit, dass eine Kongruenzanalyse mit den für den Reputationskomplex relevanten Anbietermerkmalen ein handhabbares, klares Ergebnis versprechen würde – müssen sich die Aussagen zum relativen Erklärungsgehalt der Krankenhaus- bzw. Fachabteilungsreputation für die beiden Loyalitätsebenen alleinig auf den identifizierten Grad an Übereinstimmung der jeweiligen Zielbezüge stützen.[1069]

Das Gesamtbild, das sich aus der theoretischen Evidenz und der dargestellten empirischen Befundlage ergibt, führt zu folgenden Hypothesen zum Zusammenhang zwischen dem Reputationskomplex und den beiden Loyalitätsebenen. Dabei soll die erläuterte, zusätzliche Differenzierung des Loyalitätskonzeptes in eine aktive und eine passive Loyalität ebenfalls Eingang in die Suppositionen finden:

> $H_{5(2)}$: *Je höher die Krankenhausreputation ausgeprägt ist, desto höher ist die passive Loyalität niedergelassener Ärzte gegenüber dem Krankenhaus als Ganzes.*

> $H_{6(2)}$: *Je höher die Krankenhausreputation ausgeprägt ist, desto höher ist die aktive Loyalität niedergelassener Ärzte gegenüber dem Krankenhaus als Ganzes.*

[1068] Die von der Marketingforschung herangezogenen Größen „Wiederkauf", „Zusatzkauf" und „Weiterempfehlung" sind lediglich als drei ausgewählte Indikatoren zu verstehen, die sich zur messtechnischen Abbildung des hinter diesen stehenden Kundenloyalitätskonstruktes als geeignet herausgestellt haben. Sie stellen jedoch keine abschließende Menge von Handlungen dar, die „Loyalität" konstituieren.

[1069] Weil sich zwischen den Zeit- und Kontextbezügen der Krankenhaus- und Fachabteilungsreputation keine Überschneidungen feststellen ließen, kann sich bei der Ermittlung der relativen Bedeutung der beiden Konstrukte des Reputationskomplexes für die Loyalität niedergelassener Ärzte gegenüber dem Krankenhaus bzw. gegenüber der Fachabteilung auf eine Analyse der Ziel- und Handlungsbezüge beschränkt werden (vgl. Kapitel C.5.3).

$H_{7(2)}$: *Je höher die Krankenhausreputation ausgeprägt ist, desto höher ist die passive Loyalität niedergelassener Ärzte gegenüber der Fachabteilung.*

$H_{8(2)}$: *Je höher die Krankenhausreputation ausgeprägt ist, desto höher ist die aktive Loyalität niedergelassener Ärzte gegenüber der Fachabteilung.*

Auch für die Fachabteilungsreputation ist ein Einfluss auf beide Loyalitätsebenen anzunehmen:

$H_{9(2)}$: *Je höher die Fachabteilungsreputation ausgeprägt ist, desto höher ist die passive Loyalität niedergelassener Ärzte gegenüber dem Krankenhaus als Ganzes.*

$H_{10(2)}$: *Je höher die Fachabteilungsreputation ausgeprägt ist, desto höher ist die aktive Loyalität niedergelassener Ärzte gegenüber dem Krankenhaus als Ganzes.*

$H_{11(2)}$: *Je höher die Fachabteilungsreputation ausgeprägt ist, desto höher ist die passive Loyalität niedergelassener Ärzte gegenüber der Fachabteilung.*

$H_{12(2)}$: *Je höher die Fachabteilungsreputation ausgeprägt ist, desto höher ist die aktive Loyalität niedergelassener Ärzte gegenüber der Fachabteilung.*

Die Korrespondenz der definitorischen Zielbezüge spricht schließlich dafür, dass die Krankenhaus- bzw. die Fachabteilungsreputation die Loyalität niedergelassener Ärzte gegenüber der jeweils korrespondierenden Kategorie stärker beeinflusst, als sie die Loyalität gegenüber der jeweils nicht übereinstimmenden Kategorie erklären kann:

$H_{13(2)}$: *Die Krankenhausreputation hat einen stärkeren Einfluss auf die passive Loyalität niedergelassener Ärzte gegenüber dem Krankenhaus als Ganzes als die Fachabteilungsreputation.*

$H_{14(2)}$: *Die Krankenhausreputation hat einen stärkeren Einfluss auf die aktive Loyalität niedergelassener Ärzte gegenüber dem Krankenhaus als Ganzes als die Fachabteilungsreputation.*

$H_{15(2)}$: *Die Fachabteilungsreputation hat einen stärkeren Einfluss auf die passive Loyalität niedergelassener Ärzte gegenüber der Fachabteilung als die Krankenhausreputation.*

$H_{16(2)}$: *Die Fachabteilungsreputation hat einen stärkeren Einfluss auf die aktive Loyalität niedergelassener Ärzte gegenüber der Fachabteilung als die Krankenhausreputation.*

2.2.3 Empirische Erfassung der aktiven und passiven Loyalität niedergelassener Ärzte

Bei der Auswahl einer geeigneten Operationalisierung der aktiven und passiven Loyalität niedergelassener Ärzte kann unmittelbar auf die entsprechenden Iteminventare von *Ganesh/Arnold/Reynolds* zugegriffen werden.[1070] Die Forscher adaptieren zum Zweck der Erforschung der Kundenloyalität in einem Dienstleistungs-Setting Indikatoren früherer Studien, die sich bereits vielfach als geeignet zur empirischen Erfassung des Loyalitätskonzepts im dargelegten Sinne erwiesen haben.[1071]

Die aktive Kundenloyalität misst das Autorengespann anhand folgender Items:

- *„I would highly recommend my bank to my friends and family."*

- *„I am likely to make negative comments about my bank to my friends and family." (r)*

- *„In the near future, I intend to use more of the services offered by my bank."*

Zur Operationalisierung der passiven Loyalität werden demgegenüber diese drei Items herangezogen:

- *„If my current bank were to raise the price of my checking account, I would still continue to be a customer of the bank."*

- *„If a competing bank were to offer a better rate or discount on their services, I would switch." (r)*

- *„As long as I live in this neighbourhood, I do not foresee myself switching to a different bank."*

Während die Indikatoren zur Messung der aktiven Loyalität ohne Weiteres an den Kontext dieser Arbeit angepasst werden können, indem diese auf das fokale

---

[1070] Vgl. Ganesh/Arnold/Reynolds (2000), S. 74.
[1071] Vgl. Kapitel F.2.2.1; Ganesh/Arnold/Reynolds (2000), S. 70 f., und die dort genannten Studien.

Krankenhaus bzw. die Fachabteilung ausgerichtet werden, bedarf die Skala zur passiven Loyalität einer Modifikation. Der Grund besteht darin, dass *Ganesh/ Arnold/Reynolds* zur Abbildung der Veränderung eines relevanten Leistungsmerkmals den Preis heranziehen, gegenüber dessen Erhöhung sie die Immunität der Kundenloyalität testen wollen. Zum einen ist es jedoch in der Loyalitätsforschung keineswegs unstrittig, ob Kundenloyalität eine Preiskomponente hat, z.B. in Gestalt einer höheren Preisbereitschaft.[1072] Entscheidend ist aber, dass der konkrete Untersuchungskontext dieser Arbeit für das „Preisargument" nicht zugänglich ist.[1073]

Anstelle der Sensitivität der Loyalität gegenüber der Entstehung relativer Preisnachteile sollen daher die eingangs dargelegten, vor dem Hintergrund der aktuellen Entwicklungstendenzen im Markt der stationären Patientenversorgung relevanten Ereignisse des Trägerwechsels bzw. des Chefarztwechsels zur messtechnischen Erfassung der passiven Loyalität herangezogen werden.[1074] Im Einzelnen resultieren folgende Itembatterien.

Items	Ankerpunkte der siebenstufigen Ratingskala
Ich würde Kollegen, die einen Rat suchen, dieses Krankenhaus empfehlen. [KH_aktLoy1$_{(2)}$]	Stimme gar nicht zu - Stimme voll zu
Gegenüber anderen Niedergelassenen spreche ich positiv über dieses Krankenhaus. [KH_ aktLoy2$_{(2)}$]	
Für die absehbare Zukunft beabsichtige ich, vermehrt Leistungen dieses Krankenhauses in Anspruch zu nehmen. [KH_aktLoy3$_{(2)}$]	

Tab. F-3: Operationalisierung des Konstruktes „Aktive Loyalität gegenüber dem Krankenhaus"

Items	Ankerpunkte der siebenstufigen Ratingskala
Auch wenn das Krankenhaus einen neuen Träger bekäme, würde ich weiterhin in dieses Krankenhaus einweisen. [KH_passLoy1$_{(2)}$]	Stimme gar nicht zu - Stimme voll zu
Auch wenn ein regionaler Wettbewerber dieses Krankenhauses einen neuen, renommierten Träger bekäme, würde ich weiterhin in dieses Krankenhaus einweisen. [KH_ passLoy2$_{(2)}$]	
So lange ich hier meine Praxis habe, werde ich wohl wie bisher Patienten in dieses Krankenhaus einweisen. [KH_passLoy3$_{(2)}$]	

Tab. F-4: Operationalisierung des Konstruktes „Passive Loyalität gegenüber dem Krankenhaus"

Auf der Ebene der Fachabteilungen werden die aktive und die passive Loyalität niedergelassener Ärzte mittels der Skalen der Tab. F-5 und F-6 operationalisiert.

[1072] Vgl. Helm (2007b), S. 196, und die dort genannte Literatur.
[1073] Vgl. Kapitel B.1.2.3.
[1074] Vgl. Kapitel F.2.2.1.

Items	Ankerpunkte der siebenstufigen Ratingskala
Ich würde Kollegen, die einen Rat suchen, diese Fachabteilung des Krankenhauses empfehlen. [FA_aktLoy1$_{(2)}$]	Stimme gar nicht zu - Stimme voll zu
Gegenüber anderen Niedergelassenen spreche ich positiv über dieses Fachabteilung des Krankenhauses. [FA_ aktLoy2$_{(2)}$]	
Für die absehbare Zukunft beabsichtige ich, vermehrt Leistungen dieser Fachabteilung in Anspruch zu nehmen. [FA_aktLoy3$_{(2)}$]	

Tab. F-5: Operationalisierung des Konstruktes „Aktive Loyalität gegenüber der Fachabteilung"

Items	Ankerpunkte der siebenstufigen Ratingskala
Auch wenn diese Fachabteilung einen anderen Chefarzt bekäme, würde ich weiterhin in diese Fachabteilung einweisen. [FA_passLoy1$_{(2)}$]	Stimme gar nicht zu - Stimme voll zu
Auch wenn ein regionaler Wettbewerber dieses Krankenhauses einen bekannteren Chefarzt für die interessierende Fachabteilung einstellen würde, würde ich weiterhin in diese Fachabteilung des Krankenhauses einweisen. [FA_ passLoy2$_{(2)}$]	
So lange ich hier meine Praxis habe, werde ich wohl wie bisher Patienten in diese Fachabteilung des Krankenhauses einweisen. [FA_passLoy3$_{(2)}$]	

Tab. F-6: Operationalisierung des Konstruktes „Passive Loyalität gegenüber der Fachabteilung"

3 Differenzierung und Expansion zu untersuchender Einflussgrößen der Krankenhaus- und Fachabteilungsreputation

3.1 Struktur- und Prozessqualität als Determinanten der Krankenhaus- und Fachabteilungsreputation

3.1.1 Struktur- und Prozessqualität als Grundlagen der Ergebnisqualität

Donabedians Referenzmodell zur Konzeptionalisierung und Operationalisierung medizinisch-pflegerischer Dienstleistungen unterscheidet neben der Ergebnisqualität mit der Struktur- und Prozessqualität zwei weitere, die Gesamtqualität klinischer Leistungen bestimmende Qualitätsdimensionen.[1075] Die Fokussierung der Erststudie auf die Ergebnisqualität wurde dadurch begründet, dass es sich bei medizinisch-pflegerischen Dienstleistungen von Krankenhäusern primär um ergebnisorientierte Dienstleistungen handelt. Diese Konzentration auf die Ergebnisdimension erwies sich auch als geeignet, die grundsätzliche Reputationsrelevanz der Qualität der angebotenen Krankenhausleistungen aufzuzeigen, da sowohl für die Ergebnis-

---

[1075] Vgl. Kapitel C.6.3.1; B.4.3.

qualität des Krankenhauses als Ganzes als auch für die Ergebnisqualität der Fachabteilung ein Einfluss auf die jeweils korrespondierende Reputationsebene ermittelt werden konnte.[1076]

Allerdings ergab sich mit der negativen Korrelation zwischen der Ergebnisqualität der Fachabteilung und der Krankenhausreputation ein nicht endgültig nachvollziehbarer Befund, wobei als Resultat der Diskussion möglicher Erklärungen die Annahme stand, dass eine kausale Interpretation der ermittelten negativen Korrelation nicht zulässig ist. Um dieser Begründung empirisch nachzugehen, sollen in der Zweitstudie dieser Arbeit die der Ergebnisqualität zugrunde liegenden Struktur- und Prozessqualität auf ihren Einfluss auf den Reputationskomplex untersucht werden. Denn falls für die nach Unternehmensebenen differenzierte Ergebnisqualität tatsächlich nur Effekte auf die jeweils korrespondierende Reputationsebene ausgehen und damit die erarbeitete Erläuterung des kritischen Befundes zutrifft, sollten sich auch die Einflüsse der verbleibenden Dimensionen der medizinisch-pflegerischen Leistungsqualität auf die jeweilige Aggregationsebene beschränken.

Bevor jedoch die Konstrukte der Struktur- und Prozessqualität in das Untersuchungsmodell aufgenommen werden können, muss geklärt werden, ob überhaupt von einer direkten Reputationsrelevanz aus der Perspektive niedergelassener Ärzte ausgegangen werden kann. Dass trotz des vorwiegend ergebnisorientierten Charakters klinischer Dienstleistungen auch die verbleibenden zwei Dimensionen in der Tat unmittelbar in die Qualitätsbeurteilung niedergelassener Ärzte eingehen und auch diese folglich für die Reputation eines Krankenhauses bzw. dessen Fachabteilungen bedeutsam sind, liegt in dem Verhältnis der drei Qualitätsdimensionen zueinander begründet bzw. in den konstitutiven Merkmalen medizinischer Dienstleistungen:[1077]

Die Strukturqualität, d.h. die internen Produktionsfaktoren eines Krankenhauses stellen gemäß dem Modell von *Donabedian* zwar die Voraussetzung, jedoch keinesfalls den Garant für eine hohe Qualität der Diagnostik und Therapie bzw. die Auswahl, Einleitung und Durchführung adäquater Behandlungsmethoden durch das medizinische Personal dar.[1078] Vielmehr werden den ausführenden Personen mit einer geeigneten strukturellen Qualität lediglich die Mittel an die Hand gegeben, um den Erfolg der Behandlung grundsätzlich herbeiführen zu können. Die Bedeutung der Prozessqualität für die Erreichung der Behandlungsziele wiederum wird von

---

[1076] Vgl. Kapitel E.2.3.3.
[1077] Vgl. Kapitel B.4.2.
[1078] Vgl. Olandt (1998), S. 34; Donabedian (1980), S. 83. Dem Zusammenhang zwischen der Struktur- und der Prozessqualität wird bei der empirischen Überprüfung des Untersuchungsmodells dadurch Rechnung getragen, dass Korrelationen zwischen ihnen zugelassen werden.

Donabedian sowie von Forschern, die sein Modell in späteren Arbeiten aufgreifen, zwar explizit hervorgehoben.[1079] Gleichwohl bedingt insbesondere die Integration des externen Faktors, namentlich des Patienten, und dessen Compliance eine gewisse Unsicherheit, ob das angestrebte Behandlungsergebnis trotz optimaler Strukturen und Prozesse erreicht werden kann. Auch andere, außerhalb der Kontrolle des medizinischen Personals liegende Einflussfaktoren, z.B. eine durch Vorerkrankungen bestehende Beeinträchtigung der Heilungschancen oder die Mutation eines Krankheitserregers, können negative Ergebniswirkungen haben.

Die Konsequenz dieser nicht lückenlos unter der Kontrolle des Krankenhauses ablaufenden Leistungserstellung besteht darin, dass Beurteilungspersonen bzw. speziell niedergelassene Ärzte nicht nur die Ergebnisqualität als relevantes Anbietermerkmal beobachten,[1080] sondern darüber hinaus die Struktur- und Prozessqualität. Denkbar ist, dass ein niedergelassener Arzt einem Krankenhaus im konkreten Einzelfall eine hohe Leistungsqualität attestiert, obwohl das gewünschte Behandlungsergebnis nicht erreicht wurde, nämlich dann, wenn sowohl die strukturellen Voraussetzungen wie auch optimale Behandlungsprozesse gegeben waren, d.h. er den mangelnden Therapieerfolg auf außerhalb des Einflussbereichs des Leistungserbringers liegende Gründe zurückführt.

3.1.2 Begründungszusammenhang der Bedeutung der Struktur- und Prozessqualität für die Krankenhaus- und Fachabteilungsreputation

Der Begründungszusammenhang der Bedeutung der Struktur- und Prozessqualität für die Krankenhaus- und Fachabteilungsreputation gestaltet sich ähnlich zu jenem der Ergebnisqualität: Die Ausführungen des vorangegangenen Abschnittes haben verdeutlicht, dass sowohl die Struktur- als auch die Prozessdimension der medizinisch-pflegerischen Leistungsqualität funktional für die Höhe der Ergebnisqualität ist. Insofern wird die deduzierte Means-End-Kette zur Ziel- bzw. Reputationsrelevanz der Ergebnisqualität lediglich um ein Glied erweitert (vgl. Abb. F-1), d.h. aus der Perspektive niedergelassener Ärzte bedeuten eine hohe Struktur- und Prozessqualität des Krankenhauses, dass die Wahrscheinlichkeit, die Behandlungsziele zu erreichen, steigt. Weil der im Rahmen der stationären Behandlung des eingewiesenen Patienten herbeigeführte Gesundheitszustand den Ausgangspunkt für die poststationäre Behandlung durch den einweisenden Arzt darstellt, beeinflusst die medizinische Leistungsqualität des Krankenhauses den medizinischen Aufwand des Niedergelassenen bei der Wiedervorstellung des Patienten. Diese ist jedoch mit der Versicherten- bzw. Grundpauschale, die der Arzt bei erstmaliger Vorstellung des

---

[1079] Vgl. exemplarisch Helmig/Dietrich (2002), S. 327; Donabedian (1980), S. 83.
[1080] Vgl. Kapitel E.2.3.3.

Patienten in der Praxis berechnen konnte, bereits abgegolten.[1081] Medizinische Maßnahmen des Niedergelassenen innerhalb des gleichen Behandlungsfalles im Anschluss an einen stationären Aufenthalt verursachen also Kosten, aber keine zusätzlichen Erlöse. In letzter Konsequenz wirken eine hohe Struktur- und Prozessqualität folglich auf die Einkommenssicherheit des niedergelassenen Arztes.

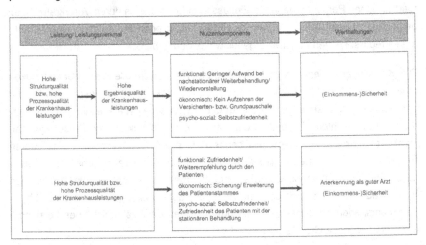

Abb. F-1: Means-End-Ketten für niedergelassene Ärzte am Beispiel der Struktur- und Prozessqualität von Krankenhäusern

Da nicht nur den niedergelassenen Ärzten, sondern gleichfalls den Patienten tendenziell bewusst sein dürfte, dass der Behandlungserfolg nicht gänzlich im Einflussbereich des leistungserbringenden Krankenhauses liegt, werden sie die Krankenhausempfehlung ihres einweisenden Arztes nicht nur unter dem Gesichtspunkt des Erreichens des Behandlungsziels, sondern auch nach der strukturellen Ausstattung und der Qualität der Behandlungsprozesse des Krankenhauses beurteilen. Als Konsequenz wird ein Patient die Empfehlung des einweisenden Arztes vermutlich auch dann für gut erachten, wenn der Behandlungserfolg nicht im gewünschten Maße eingetreten ist, dies aber nicht auf ungeeignete Behandlungsprozesse oder schlechte Faktorausstattung, sondern auf externe Einflussgrößen zurückzuführen ist (z.B. schlechte Wundheilung aufgrund von Diabetes Mellitus). Die Zufriedenheit des Patienten mit der Krankenhausempfehlung des Niedergelassenen dürfte schließlich das Weiterempfehlungsverhalten des Patienten positiv beeinflussen, mit entsprechend günstigen Wirkungen für die Entwicklung des Patientenstammes des niedergelassenen Arztes als Grundlage seiner Erlöserzielung. Diese Means-End-Kette stellt somit sowohl auf die psycho-sozialen als auch sekundär auf

---

[1081] Vgl. Kapitel B.2.1.1.

die ökonomischen Nutzenkomponenten einer hohen Struktur- bzw. Prozessqualität ab und adressiert letztlich Wertschätzungsbedürfnisse sowie Sicherheitswerte des niedergelassenen Arztes.[1082] Im Ergebnis zeigt die Means-End-Theorie an, dass die Struktur- und Prozessqualität von Krankenhäusern aus der Perspektive niedergelassener Ärzte reputationsrelevante Merkmale sind.

Weil nicht von einem qualitativ einheitlichen Niveau der Leistungserbringung über alle Fachabteilungen eines Krankenhauses hinweg ausgegangen werden kann, ist wie schon für die Ergebnisqualität auch für die Struktur- und Prozessqualität eine Differenzierung nach Maßgabe der Unternehmensebene zu vollziehen. Damit stellt sich die Frage nach dem relativen Erklärungsbeitrag der Struktur- und Prozessqualität des Krankenhauses als Ganzes und der Struktur- und Prozessqualität der Fachabteilung für die beiden Ebenen des Reputationskomplexes. Die empirische Evidenz der Erststudie zum Einfluss der Ergebnisqualität auf den Reputationskomplex wurde dahingehend interpretiert, dass die medizinisch-pflegerische Leistungsqualität eines Krankenhauses als Ganzes bzw. die Leistungsqualität der Fachabteilung lediglich auf die korrespondierende Reputationsebene einen Einfluss hat. Zwecks Prüfung dieser Annahme sind für die Struktur- und Prozessqualität ebenfalls ausschließlich Effekte auf die jeweils passende Ebene des Reputationskomplexes zu unterstellen.

Folgende Zusammenhänge zwischen den Qualitätsdimensionen und dem Reputationskomplex sollen folglich analysiert werden.

$H_{17(2)}$: *Je höher die Strukturqualität des Krankenhauses als Ganzes ausfällt, desto besser ist die Krankenhausreputation bei niedergelassenen Ärzten.*

$H_{18(2)}$: *Je höher die Prozessqualität des Krankenhauses als Ganzes ausfällt, desto besser ist die Krankenhausreputation bei niedergelassenen Ärzten.*

$H_{19(2)}$: *Je höher die Strukturqualität der Fachabteilung ausfällt, desto besser ist die Fachabteilungsreputation bei niedergelassenen Ärzten.*

$H_{20(2)}$: *Je höher die Prozessqualität der Fachabteilung ausfällt, desto besser ist die Fachabteilungsreputation bei niedergelassenen Ärzten.*

[1082] Vgl. Thill (1999), S. 168.

Für den Fall, dass der kritische Befund der Erststudie in Gestalt der negativen Korrelation zwischen der Ergebnisqualität der Fachabteilung und der Krankenhausreputation tatsächlich methodisch begründet war, der zwischen diesen Konstrukten ermittelte Zusammenhang folglich nicht kausal interpretiert werden darf und die medizinisch-pflegerische Leistungsqualität grundsätzlich nur für die jeweils korrespondierende Reputation relevant ist, sollten sich außerdem folgende Hypothesen bestätigen lassen.

$H_{21(2)}$: *Die Strukturqualität des Krankenhauses als Ganzes hat keinen Einfluss auf die Fachabteilungsreputation bei niedergelassenen Ärzten.*

$H_{22(2)}$: *Die Prozessqualität des Krankenhauses als Ganzes hat keinen Einfluss auf die Fachabteilungsreputation bei niedergelassenen Ärzten.*

$H_{23(2)}$: *Die Strukturqualität der Fachabteilung hat keinen Einfluss auf die Krankenhausreputation bei niedergelassenen Ärzten.*

$H_{24(2)}$: *Die Prozessqualität der Fachabteilung hat keinen Einfluss auf die Krankenhausreputation bei niedergelassenen Ärzten.*

3.1.3 Empirische Erfassung der Struktur- und Prozessqualität

Wie schon bei der Auswahl eines Messinstrumentariums für die Ergebnisqualität sieht sich die vorliegende Arbeit auch an dieser Stelle mit dem Problem konfrontiert, dass keine Arbeiten bekannt sind, die explizit nach der empirischen Erfassung der Struktur- und Prozessqualität medizinischer Leistungen aus der Expertenperspektive niedergelassener Ärzte trachten. Arbeiten, in denen Messkonzepte eingesetzt werden, die für die Methoden der Sozialforschung geeignet sind, fokussieren vielmehr auf die von Patienten oder deren Angehörigen wahrgenommene Leistungsqualität.[1083] Dies hat zur Folge, dass zwar häufig das dreidimensionale Referenzmodell zur Anwendung kommt, sich in den jeweiligen Skalen jedoch kaum Items finden, die mit den von *Donabedian* genannten Indikatoren übereinstimmen – eben weil der Forscher einen strengen medizinisch-fachlichen Maßstab anlegt. Beispielsweise erfassen *Helmig/Dietrich* die Strukturqualität einer Kinderambulanz aus der Perspektive der Angehörigen anhand folgender Items:[1084]

[1083] Vgl. Kapitel C.6.3.1.
[1084] Vgl. Helmig/Dietrich (2001), S. 324.

- *„Die Räumlichkeiten im Wartebereich sind groß genug."*
- *„Kranke Kinder können während der Wartezeiten genügend Ruhe finden."*
- *„Die Kinder sind vor einer erhöhten Ansteckungsgefahr ausreichend geschützt."*
- *„Die Räumlichkeiten sind ansprechend gestaltet."*
- *„Es gibt genügend Spielmöglichkeiten für die Kinder."*
- *„Es gibt die Möglichkeit, sich während der Wartezeiten ausreichend zu verpflegen."*

Das Beispiel verdeutlicht, dass eine adäquate Messvorschrift für die Qualitätsdimensionen stets an den Urteilsfähigkeiten und den Zielen der evaluierenden Bezugspersonen ansetzen muss:[1085] Wie die Means-End-Kette aus Abb. F-1 aufzeigt, verfolgen niedergelassene Ärzte bei der Einweisung ihrer Patienten in erster Linie das Ziel, dass diesen eine adäquate medizinische Behandlung auf Grundlage einer geeigneten medizinischen Infrastruktur zugutekommt, um auf diese Weise so weit wie möglich den Behandlungserfolg sicherzustellen. Ob dabei die Räumlichkeiten des fokalen Krankenhauses ansprechend gestaltet sind oder nicht, fällt eher in den Bereich der in der Erststudie berücksichtigten Patientenorientierung, dürfte allerdings aus der Perspektive der Niedergelassenen bei der Beurteilung der klinischen Strukturqualität weitgehend irrelevant sein, eben weil es für das vorrangige Ziel der Erreichung des gewünschten Gesundheitszustands des Patienten von untergeordneter Bedeutung ist.[1086]

Der Mangel einschlägiger Arbeiten bzw. Messvorschriften, der zweifellos darauf zurückgeführt werden kann, dass es sich bei niedergelassenen Ärzten um eine von der Marketingwissenschaft zwar zunehmend, jedoch nach wie vor nur sporadisch berücksichtigten Zielgruppe handelt, macht es erforderlich, eigene Skalen aufzustellen, die erstens den Urteilsfähigkeiten und zweitens dem Zielsystem niedergelassener Ärzte gerecht werden. Diesbezüglich kann sich jedoch weitgehend an den von *Donabedian* vorgeschlagenen Indikatoren der Struktur- bzw. Prozessqualität angelehnt werden, da diesen eine Expertensicht, wie sie hier benötigt wird, zugrunde liegt und ausschließlich auf die medizinisch-pflegerische Qualität fokussiert wird, die im Sinne der deduzierten Means-End-Kette für Ziele und Werte der Niedergelassenen funktional ist.

[1085] Vgl. Rossiter (2002), S. 318 f., sowie die Skalen in den Arbeiten von Dagger/Sweeney/Johnson (2007); Kebbel (2000).

[1086] Um diesem primären Ziel niedergelassener Ärzte im Hinblick auf die stationäre Behandlung der von ihnen eingewiesenen Patienten gerecht zu werden, ist nach Skalen für die Struktur- und Prozessqualität zu suchen, die sich alleinig auf die medizinisch-pflegerische Qualität beziehen.

Als konkrete Indikatoren für die Beurteilung der Strukturqualität nennt *Donabedian* eine Reihe von Merkmalen. Exemplarisch seien folgende genannt:[1087]

- *„Space and physical layout in relation to function."*
- *„Presence or absence of certain facilities and equipment in relation to specific care functions."*
- *„Qualification and number of staff related to work load."*

Die Prozessqualität wiederum ließe sich u.a. anhand dieser Indikatoren erfassen:[1088]

- *„Extend to which screening and case-finding activities are carried out."*
- *„Diagnostic activities."*
- *„Treatment."*
- *„Consultation and Referral."*

Teilweise präzisiert *Donabedian* die hier aufgeführten Indikatoren weiter in konkretere Beurteilungskriterien, so dass auf dieser Grundlage eine für den Zweck dieser Arbeit geeignete Deduktion von Items erfolgen kann. Da sich die resultierenden Skalen in dieser Arbeit erstmals in einem empirischen Setting bewähren müssen, ihre Anwendung daher nicht auf bereitstehende Reliabilitäts- und Validitätsbeurteilungen gestützt werden kann, werden sowohl für das Konstrukt der Struktur- als auch für das der Prozessqualität mindesten vier Items abgeleitet, um die Skalen anhand der strengen globalen Gütekriterien einer Überprüfung unterziehen zu können. Die eng an *Donabedians* Kriterien angelehnten Items zur Operationalisierung der Qualitätskonstrukte auf der Ebene des Krankenhauses als Ganzes können den Tab. F-7 und F-8 entnommen werden.

Items	Ankerpunkte der siebenstufigen Ratingskala
Die räumliche Ausstattung des Krankenhauses ist insgesamt... [KH_SQ1$_{(2)}$]	Sehr schlecht - Sehr gut
Die medizinisch-technische Ausstattung für ein Haus der Schwerpunktversorgung ist insgesamt... [KH_SQ2$_{(2)}$]	
Die personellen Ressourcen zur Erfüllung des Versorgungsauftrags sind insgesamt... [KH_SQ3$_{(2)}$]	
Die materiellen Ressourcen zur Erfüllung des Versorgungsauftrages sind insgesamt... [KH_SQ4$_{(2)}$]	

Tab. F-7: Operationalisierung des Konstruktes „Strukturqualität des Krankenhauses als Ganzes"

[1087] Vgl. Donabedian (1980), S. 133 ff.
[1088] Vgl. Donabedian (1980), S. 133 ff.

301

Items	Ankerpunkte der siebenstufigen Ratingskala
Die Anamnese- und Diagnosequalität des Krankenhauses sind insgesamt... [KH_PQ1$_{(2)}$]	
Die Qualität der Indikationsstellung bei Einweisungen ist insgesamt... [KH_PQ2$_{(2)}$]	
Die Behandlungsprozesse des Krankenhauses sind insgesamt... [KH_PQ3$_{(2)}$]	Sehr schlecht - Sehr gut
Die Medikationsprozesse des Krankenhauses sind insgesamt... [KH_PQ4$_{(2)}$]	
Die einrichtungsübergreifende Zusammenarbeit des Krankenhauses ist insgesamt... [KH_PQ5$_{(2)}$]	

Tab. F-8: Operationalisierung des Konstruktes „Prozessqualität des Krankenhauses als Ganzes"

Auf den ersten Blick könnte der Eindruck entstehen, dass die Verwendung dieser Indikatoren zur Folge haben müsste, dass diese Items das jeweilige Konstrukt aufgrund ihres geringen Abstraktionsniveaus eher formativ als reflektiv abbilden.[1089] Die Spezifikation von Messmodellen darf jedoch nicht losgelöst von den konkreten Charakteristika des empirischen Settings bzw. der beurteilenden Auskunftspersonen erfolgen.[1090] Weil die Evaluation in dem vorliegenden Fall durch niedergelassene Ärzte erfolgt, die die interessierenden Sachverhalte aus einer unternehmensexternen Perspektive beurteilen sollen, muss sich für eine reflektive Spezifikation der Struktur- und Prozessqualitätskonstrukte entschieden werden. Begründet wird dies dadurch, dass für das Gros niedergelassener Ärzte angenommen werden muss, dass sie als externe Bezugspersonen nicht über das Detailwissen verfügen, einzelne Merkmale, beispielsweise die Anamnesequalität im gesamten Krankenhaus, tatsächlich fundiert beurteilen zu können.[1091] Vielmehr wird die Einstufung der Items zwangsläufig durch den Rückgriff auf den generellen Qualitätseindruck einer Dimension und nicht auf ein (fragwürdiges) detailliertes Qualitätswissen auf dem Abstraktionsniveau der konkreten Indikatoren erfolgen. Unterschiede im Qualitätsurteil zwischen niedergelassenen Ärzten manifestieren sich darum in verschiedenen Bewertungen der Items und nicht umgekehrt.[1092]

Wie im vorangegangenen Abschnitt erläutert, sollen im Forschungsmodell neben der Struktur- und Prozessqualität des Krankenhauses im Sinne eines fachabteilungs-

---

[1089] Vgl. Fassott/Eggert (2005), S. 47.
[1090] Vgl. Rossiter (2002), S. 318 f.
[1091] Dies gilt insbesondere deshalb, da die Niedergelassenen in aller Regel nur das Behandlungsergebnis im Zuge der Wiedervorstellung des Patienten in der Praxis erfahren, nicht aber in den stationären Behandlungsprozess involviert sind.
[1092] Für die Ergebnisse der Güteprüfung dieser Konstrukte vgl. Kapitel H.1.4.1. Eine hohe interne Konsistenz der Skalen wird dabei als Beleg für Angemessenheit der reflektiven Spezifikation gewertet werden können (vgl. z.B. Eberl (2006b), S. 652 f.; Fassott/Eggert (2005), S. 36 f.).

übergreifenden Gesamteindrucks niedergelassener Ärzte auch die Struktur- und Prozessqualität der spezifischen Fachabteilung berücksichtigt werden. Die entsprechenden Itembatterien gehen aus den Tab. F-9 und F-10 hervor und unterscheiden sich von den vorherigen konsequenterweise nur durch das den Items jeweils innewohnende Bezugsobjekt.

Items	Ankerpunkte der siebenstufigen Ratingskala
Die räumliche Ausstattung der Fachabteilung ist... [FA_SQ1$_{(2)}$]	
Die medizinisch-technische Ausstattung für eine Abteilung dieser Fachrichtung ist... [FA _SQ2$_{(2)}$]	Sehr schlecht
Die personellen Ressourcen der Fachabteilung zur Erfüllung ihrer Aufgaben sind... [FA _SQ3$_{(2)}$]	- Sehr gut
Die materiellen Ressourcen der Fachabteilung zur Erfüllung ihrer Aufgaben sind... [FA _SQ4$_{(2)}$]	

Tab. F-9: Operationalisierung des Konstruktes „Strukturqualität der Fachabteilung"

Items	Ankerpunkte der siebenstufigen Ratingskala
Die Anamnese- und Diagnosequalität in dieser Fachabteilung sind... [FA _PQ1$_{(2)}$]	
Die Qualität der Indikationsstellung der Fachabteilung bei Einweisungen ist... [FA _PQ2$_{(2)}$]	Sehr schlecht
Die Behandlungsprozesse in dieser Fachabteilung sind... [FA _PQ3$_{(2)}$]	- Sehr gut
Die Medikationsprozesse in dieser Fachabteilung sind... [FA _PQ4$_{(2)}$]	
Die interdisziplinäre Zusammenarbeit dieser Fachabteilung mit anderen Fachabteilungen des Krankenhauses ist... [FA _PQ5$_{(2)}$]	

Tab. F-10: Operationalisierung des Konstruktes „Prozessqualität der Fachabteilung"

3.2 Verwaltungsqualität als Determinante der Krankenhaus- und Fachabteilungsreputation

3.2.1 Abriss über den Forschungsgegenstand „Verwaltungsqualität von Krankenhäusern"

Ausgehend von *Donabedians* Konzeptionalisierung der medizinisch-pflegerischen Qualität von Krankenhäusern hat die Forschung zur Qualität von Gesundheitsdienstleistungen weitere Ansätze zum Zweck der strukturierten Leistungsevaluation hervorgebracht. Der medizinisch-pflegerischen Leistungsqualität werden hier insbesondere die interpersonelle Qualität und die Qualität des Umfeldes („Environmental Quality") im Sinne von Annehmlichkeiten im Rahmen der stationären Behandlung aus Patientenperspektive konzeptionell an die Seite gestellt.[1093] Überträgt man diese Überlegungen auf die hier fokussierte Zielgruppe niedergelassener Ärzte, können derartige Aspekte mit dem Konzept der Einweiserorientierung der Erststudie dieser Arbeit als weitgehend abgedeckt gelten,[1094] welches u.a. auf die Qualität personeller Interaktionen zielt.

Eine Bereicherung des bisher berücksichtigten Spektrums beurteilungsrelevanter Leistungen eines Krankenhauses aus Sicht niedergelassener Ärzte stellt hingegen die Beachtung der Verwaltungsqualität oder Adminstrative Quality dar. Als Erste stellten *Ware et al.* die Bedeutung auch administrativer Aspekte für die Leistungs-evaluation durch Bezugsgruppen eines Krankenhauses heraus, wobei sich diese später bei *McDougall/Levesque* in der sog. Enabling Dimension wiederfindet.[1095] Die Forscher verstehen Verwaltungsleistungen dabei als essentielle Unterstützungs-funktion für die Erstellung der Kernleistung.[1096] Dem Konzept zufolge sind Verwal-tungsprozesse bzw. deren Träger vor allem verantwortlich für Wartezeiten jeglicher Art sowie die Koordination, Organisation und Integration der Funktionsbereiche bzw. sämtlicher Leistungs- und Unterstützungsfunktionen des Krankenhauses – explizit auch an der Schnittstelle zu externen Bezugsgruppen.[1097]

Ein empirischer Nachweis für den Erklärungsgehalt der Administrative Quality für das Gesamturteil über ein Krankenhauses – allerdings am Beispiel von Patienten – findet sich bei *Dagger/Sweeney/Johnson.*[1098] Das Autorengespann ermittelt für die Verwal-tungsqualität im Rahmen einer Kovarianzstrukturanalyse einen Effekt auf die Gesamtqualität von 0,40 und damit den größten unter den berücksichtigen Qualitäts-dimensionen, namentlich der medizinisch-pflegerischen Qualität, der Qualität des Umfeldes und der interpersonellen Qualität.[1099]

Betrachtet man das Konzept der Verwaltungsqualität ausdrücklich aus der Perspektive niedergelassener Ärzte, so sind diesem sämtliche sog. Back-Office-Prozesse zu subsumieren. Hierunter fällt die Qualität der Organisation von Fort-bildungen und Qualitätszirkeln genauso wie z.B. die reibungslose Abrechnung von Konsiliararzttätigkeiten oder Gerätenutzungen, ferner die Schnelligkeit der Zusen-

---

[1093] Vgl. Dagger/Sweeney/Johnson (2007), S. 125; Ware et al. (1983). Diese Entwicklung weiterer „Qualitäts-Frameworks" geschieht wiederum mit der Intention, die Qualität von Krankenhaus-dienstleistungen aus der Perspektive von Patienten zu erfassen.
[1094] Vgl. Kapitel C.6.4.
[1095] Vgl. McDougall/Levesque (1994); Ware et al. (1983).
[1096] Vgl. Dagger/Sweeney/Johnson (2007), S. 128.
[1097] Vgl. Dagger/Sweeney/Johnson (2007), S. 128; Thomas/Gynne-Jones/Chaiti (1997); Meterko/ Nelson/Rubin (1990).
[1098] Vgl. Dagger/Sweeney/Johnson (2007).
[1099] Vgl. Dagger/Sweeney/Johnson (2007), S. 132.

dung angeforderter Patientenunterlagen (z.B. OP-Berichte), die Rückgabe von Röntgenbildern, die dem Patienten vom Niedergelassenen zur stationären Behandlung mitgegeben wurden, und die Organisation und Beantragung von Anschlussheilbehandlungen. Zu denken ist auch an die Belegungsplanung bzw. die Abklärung freier Bettenkapazitäten oder speziell an das Ausmaß krankenhausseitiger Bürokratie im Rahmen von Kooperationen.[1100]

Es wird deutlich, dass mit der Qualität der Verwaltungsprozesse Leistungen eines Krankenhauses angesprochen sind, die den Kernleistungserstellungsprozess flankieren, und, soweit sie an der Schnittstelle zu externen Bezugsgruppen ablaufen, von niedergelassenen Ärzten auch wahrgenommen werden können. Mit Blick auf die Relevanz für die Zielerreichung niedergelassener Ärzte dürfte zwar die medizinisch-pflegerische Qualität im Vergleich zu der Verwaltungsqualität die ungleich größere Rolle spielen, die genannten Beispiele haben jedoch verdeutlicht, dass auch administrative Leistungsprozesse von Krankenhäusern die Interessenlage der Niedergelassenen tangieren können und somit potenziell in deren Reputationsurteil eingehen.

3.2.2 Begründungszusammenhang der Bedeutung der Verwaltungsqualität für die Krankenhaus- und Fachabteilungsreputation

Die Means-End-Chain-Theorie stellt die Zielorientierung individuellen Verhaltens in den Mittelpunkt der Betrachtung und besagt, dass Menschen Leistungen primär unter Rekurs auf die Konsequenzen ihrer Inanspruchnahme beurteilen, welche wiederum im Hinblick auf ihren Beitrag zur Zielerreichung und auf ihren Einklang mit dem individuellen Wertesystem evaluiert werden. Leistungen, die gemäß der Means-End-Chain-Theorie zur Zielerreichung beitragen, können dabei gleichzeitig als potenziell reputationsrelevant für die beurteilende Bezugsperson oder -gruppe gelten.[1101]

Abb. F-2 gibt zwei Means-End-Ketten einer hohen Verwaltungsqualität von Krankenhäusern aus der Perspektive niedergelassener Ärzte wieder. Am Beispiel einer reibungslosen Abrechnung von Konsiliararzttätigkeiten für ein Krankenhaus besteht der Beitrag einer hohen Verwaltungsqualität zur Zielerreichung des Niedergelassenen darin, dass keine Erinnerungen und/oder Mahnungen seitens der Praxis

---

[1100] Es wird deutlich, dass die so verstandene Verwaltungsqualität konzeptionell zwar grundsätzlich von der medizinisch-pflegerischen Leistungsqualität zu differenzieren ist. Allerdings kann nicht gänzlich ausgeschlossen werden, dass niedergelassene Ärzte einzelne Aspekte, die hier der Verwaltungsqualität subsumiert werden (z.B. die rasche Zusendung angeforderter Patientenunterlagen), dem medizinisch-pflegerischen Leistungsbereich zuschreiben, speziell der klinischen Prozessqualität. Dieser Möglichkeit soll Rechnung getragen werden, indem im Forschungsmodell Korrelationen zwischen der Verwaltungsqualität und beiden Ebenen der Prozessqualität zugelassen werden.

[1101] Vgl. Kapitel C.6.2.

notwendig werden und entsprechende Ressourcen anderweitig genutzt werden können. Die unmittelbare ökonomische Nutzenkomponente manifestiert sich in der Vermeidung langfristiger Außenstände, eventuell einhergehend mit der Zufriedenheit des Niedergelassenen, mit dem fokalen Krankenhaus als Konsiliararzt zusammen-zuarbeiten. Denkbar sind zudem Halo-Effekte der reibungslosen Abrechnungs-abwicklung derart, dass die signalisierte Administrationskompetenz des hier beschriebenen konkreten Falles seitens des Arztes auf andere Verwaltungsbereiche des Krankenhauses projiziert wird.

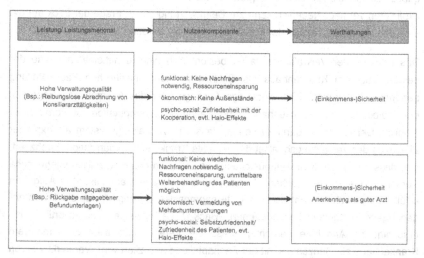

Abb. F-2: Means-End-Ketten für niedergelassene Ärzte am Beispiel der Verwaltungsqualität von Krankenhäusern

Die in Abb. F-2 visualisierte zweite exemplarische Means-End-Kette stellt die Zusammenhänge für die Rückgabe von Befundunterlagen, die dem Patienten vom einweisenden Arzt zur stationären Behandlung mitgegeben wurden, dar. Das Verlegen bzw. die verspätete Rückgabe von nicht hauseigenen Unterlagen ist als ein immer wieder zu beobachtendes Problem im Krankenhausalltag zu verstehen, das durch niedergelassene Ärzte als Mangel in der Krankenhausorganisation und Defizit der administrativen Unterstützungsfunktion wahrgenommen werden kann. Im Extremfall ist dem niedergelassenen Arzt keine unmittelbare Weiterbehandlung des Patienten aufgrund fehlender Unterlagen möglich bzw. müssen fehlende Befunde neu erstellt werden – mit entsprechenden Konsequenzen für den Ressourcen-verbrauch. Umgekehrt kann davon ausgegangen werden, dass die unverzögerte Rückgabe von Unterlagen dazu führt, dass sich der betroffene niedergelassene Arzt zusätzlich in seiner Krankenhauswahl bestätigt fühlt. Durch die Vermeidung von Mehrfachuntersuchungen und/oder Terminverlegungen werden dem Patienten zudem Unannehmlichkeiten erspart, so dass diesbezüglich kein Grund besteht, die Krankenhausempfehlung des Niedergelassenen zu hinterfragen. Final sind die beschriebenen Zusammenhänge funktional für Sicherheits- wie auch Wertschätzungsbedürfnisse des einweisenden niedergelassenen Arztes.

Nachdem die Means-End-Chain-Theorie für die grundsätzliche Reputationsrelevanz der von niedergelassenen Ärzten wahrgenommenen Verwaltungsqualität von Krankenhäusern spricht, stellt sich die Frage, ob das Konstrukt der Verwaltungsqualität sowohl die Krankenhausreputation als auch die Fachabteilungsreputation zu explizieren vermag. Neuerlich kann zur Beantwortung dieser Frage der Blick auf die Ziel- und Handlungsbezüge der Konstrukte gerichtet werden.

Das Konzept der Verwaltungsqualität bezieht sich nicht unmittelbar auf eine der beiden, mit dem Krankenhaus als Ganzes und der spezifischen Fachabteilung benannten Kategorien. Eine eindeutige Aussage über das Ausmaß an Kongruenz der Zielbezüge zur Krankenhaus- und Fachabteilungsreputation ist somit nicht möglich. Der Grund ist darin zu sehen, dass das Verwaltungssystem als expliziter Zielbezug der Verwaltungsqualität die gesamte Krankenhausorganisation durchzieht, d.h. dass neben der Krankenhausleitung speziell auch das medizinisch-pflegerische Personal der einzelnen Fachabteilungen, zumindest partiell, administrative Aufgaben erfüllt. Da jedoch vornehmlich die Unternehmensleitung originär für die im vorangegangenen Kapitel beschriebenen Back-Office-Prozesse verantwortlich ist, erscheint die Annahme berechtigt, dass die Verwaltungsqualität eher mit dem Krankenhaus als Ganzes als mit der Fachabteilung assoziiert wird. Verstärkt werden dürfte diese Wahrnehmung durch die klassische Aufbauorganisation von Krankenhäusern, die streng zwischen dem kaufmännischen, ärztlichen und pflegerischen Leitungssystem trennt.[1102] Der Handlungsbezug des Verwaltungsqualitätskonstruktes manifestiert sich demgegenüber unstrittig in administrativen Tätigkeiten, also jenseits medizinisch-pflegerischer Leistungserstellungsprozesse der Fachabteilungen.

Für die Korrespondenz der Ziel- und Handlungsbezüge bedeutet dies, dass für das Konstrukt der generellen Krankenhausreputation eine weitgehende Übereinstimmung beider Korrespondenzkriterien laut *Ajzen/Fishbein* konstatiert werden kann. Die spezifische, medizinisch-fachlich geprägte Fachabteilungsreputation differiert hingegen offenkundig hinsichtlich beider Kriterien, was unzweifelhaft gegen einen Erklärungsgehalt der Verwaltungsqualität für die Fachabteilungsreputation spricht.[1103]

[1102] Vgl. Kapitel B.1.4.
[1103] Vgl. Ajzen/Fishbein (1977), S. 888, 891; Kapitel C.5.2.2.

H$_{25(2)}$: *Je höher die Verwaltungsqualität ausfällt, desto besser ist die Krankenhausreputation bei niedergelassenen Ärzten.*

H$_{26(2)}$: *Die Verwaltungsqualität hat keinen Einfluss auf die Fachabteilungsreputation bei niedergelassenen Ärzten.*

3.2.3 Empirische Erfassung der Verwaltungsqualität von Krankenhäusern

Bei der Auswahl eines Operationalisierungsansatzes für die von niedergelassenen Ärzten wahrgenommene Verwaltungsqualität von Krankenhäusern kann ohne Weiteres auf das Messinstrumentarium von *Dagger/Sweeney/Johnson* rekurriert werden.[1104] Die Forscher adaptieren die Skala von *McDougal/Levesque* und bestätigen mit einem *Cronbachs* Alpha von 0,94 die Reliabilität der Messvorschrift für das Konstrukt der Verwaltungsqualität:[1105]

* *„The administration system at the clinic is excellent."*

* *„The administration at the clinic is of a high standard."*

* *„I have confidence in the clinic's administrative system."*

Zwar wurde die Skala originär für Patienten entwickelt und dementsprechend bisher auch nur bei dieser Zielgruppe eingesetzt; aufgrund des hohen Abstraktionsniveaus der Itemformulierungen gibt es jedoch keinen Grund, für den Zweck dieser Arbeit eine Modifikation der Indikatoren vorzunehmen. Demgemäß kann folgendes Iteminventar zur empirischen Erfassung des Konstruktes der Verwaltungsqualität eines Krankenhauses aus der Perspektive niedergelassener Ärzte in die Zweitstudie aufgenommen werden.[1106]

Items	Ankerpunkte der siebenstufigen Ratingskala
Die Back-Office-/Verwaltungsprozesse des Krankenhauses funktionieren sehr gut. [KH_VQ1$_{(2)}$]	Stimme gar nicht zu - Stimme voll zu
Die Administration des Krankenhauses hat einen hohen Qualitätsstandard. [KH_VQ2$_{(2)}$]	
Man kann Vertrauen in das Administrationssystem des Krankenhauses haben. [KH_VQ3$_{(2)}$]	

Tab. F-11: Operationalisierung des Konstruktes „Verwaltungsqualität"

[1104] Vgl. Dagger/Sweeney/Johnson (2007).
[1105] Vgl. McDougal/Levesque (1994).
[1106] Da es sich um eine bereits in wissenschaftlichen Arbeiten eingesetzte und validierte Skala handelt, kann von der Ergänzung eines vierten Items, die die Verwendung von Gütekriterien der zweiten Generation ermöglichen würde, abgesehen werden.

3.3 Wettbewerbsintensität zwischen Krankenhäusern und niedergelassenen Ärzten als Determinante der Krankenhaus- und Fachabteilungsreputation

3.3.1 Abriss über den Forschungsgegenstand „Wettbewerbsintensität zwischen Krankenhäusern und niedergelassenen Ärzten"

Der Forschungsgegenstand der Wettbewerbsintensität wird zumeist auf Basis des industrieökonomischen Ansatzes analysiert.[1107] Das Ziel besteht hauptsächlich darin, Unterschiede in Bezug auf den Unternehmenserfolg („performance") innerhalb einzelner Märkte („contestable markets") zu analysieren, wobei davon ausgegangen wird, dass sich entsprechende Differenzen vorwiegend auf divergierende Verhaltensweisen („conduct") und diese wiederum auf die Marktstruktur („structure") und damit maßgeblich auf die Wettbewerbsintensität zurückführen lassen.[1108]

Charakterisiert werden kann die Marktstruktur im Rahmen dieses Ansatzes durch die fünf Triebkräfte der Wettbewerbsumwelt von *Porter*, namentlich durch die

- Verhandlungsstärke der Kunden,

- Verhandlungsstärke der Lieferanten,

- Rivalität unter den bestehenden Unternehmen sowie

- die Bedrohung durch neue Konkurrenten und

- die Bedrohung durch Ersatzprodukte,

welche im Ergebnis verantwortlich sind für die zwischen Unternehmen herrschende Wettbewerbsintensität.[1109] Demzufolge wird davon ausgegangen, dass insbesondere der Eintritt neuer Wettbewerber (z.B. in den ambulanten Sektor diversifizierende Krankenhäuser) das Marktverhalten der etablierten Anbieter (z.B. der niedergelassenen Ärzte) beeinflusst.

Nun stellt der industrieökonomische Ansatz kein geschlossenes theoretisches Konzept dar, sondern bietet lediglich eine Struktur, die eine systematische Analyse

---

[1107] Vgl. exemplarisch Kraus (2008), S. 111 ff.; Kronhardt (2004), S. 133 ff., sowie Kerber (2003), S. 306; Bain (1968). Dabei wird meist der Unternehmensperspektive des industrieökonomischen Ansatzes gefolgt, die in erster Linie unter Bezug auf geeignete Theorien auf die Erklärung unternehmerischer Verhaltensweise unter Berücksichtigung des Unternehmertyps sowie der Marktentwicklung zielt. Demgegenüber zieht die Industrieperspektive Theorien zur Industriestruktur heran und trachtet nach der Erklärung der Besetzung eines Marktes und der Effekte, die von ihr auf das Marktverhalten und das Marktergebnis ausgehen (vgl. Oberender (2000), S. 347).

[1108] Vgl. Bain (1968), S. 11 ff.; Mason (1957), S. 55 f. Zusätzlich beeinflusst laut *Bain* die Marktstruktur den Unternehmenserfolg nicht nur mittelbar über das Unternehmensverhalten, sondern auch direkt (vgl. Bain (1968), S. 430).

[1109] Vgl. Porter (1998), S. 26.

der Wirkungen und des Ausmaßes der Wettbewerbsintensität ermöglichen soll.[1110] Dementsprechend werden im Rahmen der Ausdifferenzierung dieses Ansatzes im Sinne der Weiterentwicklung in Richtung eines markttheoretischen Konzepts einzelne theoretische Erklärungsmuster herangezogen, die die jeweils fokussierten Ausschnitte des Structure-Conduct-Performance-Zusammenhangs einer Analyse zu unterziehen vermögen. Dabei finden auch vermehrt verhaltenswissenschaftliche Theorien, typischerweise zur Erklärung der Wirkungen des Wettbewerbs auf das Unternehmensverhalten, Eingang in den Ansatz.[1111] Die in dieser Arbeit interessierenden Wirkungen der Wettbewerbsintensivierung bzw. des Markteintrittes von Unternehmen auf deren Wahrnehmung durch die etablierten Akteure im Sinne ihres „Standings" bleibt allerdings weitgehend außerhalb der Betrachtung – stets wird unmittelbar auf Verhaltensänderungen, nicht aber auf die diesem vorausgehenden Wahrnehmungsänderungen der Akteure rekurriert.[1112]

Sucht man vor diesem Hintergrund nach Forschungsbeiträgen, welche die Wettbewerbsintensität zwischen Krankenhäusern und niedergelassenen Ärzten untersuchen, so tritt ein deutliches Forschungsdefizit zutage. Als eine der wenigen Untersuchungen der Wirkungen steigender Wettbewerbsintensität zwischen Krankenhäusern und Niedergelassenen kann jedoch jene von *Berenson/Ginsburg/May* angeführt werden.[1113] Unter besonderer Berücksichtigung der verfolgten Wettbewerbsstrategien ergründen die Forscher auf Basis dreijährlich erhobener Daten von jeweils über tausend halbstrukturierten, qualitativen Interviews die Entwicklung und den Stand des Verhältnisses zwischen Krankenhäusern und niedergelassenen Ärzten in den USA. Dabei stellen sie zunehmende Spannungen zwischen den Akteuren fest, deren Hauptursache in dem durch die niedergelassenen Ärzte generierten Wettbewerb zu den Krankenhäusern besteht. Als wesentliches Motiv der

---

[1110] Vgl. Oberender (2000), S. 348.

[1111] Vgl. Oberender (2000), S. 348.

[1112] Vgl. exemplarisch Kraus (2008), S. 114 ff.; Cui et al. (2006); Saeed/Malhotra/Grover (2005); Kronhardt (2000), S. 136 ff.

[1113] Vgl. Berenson/Ginsburg/May (2007). Da die Forscher auf die Verhältnisse im US-amerikanischen Gesundheitsmarkt rekurrieren, sind zum Verständnis der folgenden Ausführungen einige Anmerkungen vonnöten: Der US-amerikanische Gesundheitsmarkt kennt keine Trennung zwischen stationärem und ambulantem Sektor. Vielmehr behandeln niedergelassene Ärzte ihre Patienten in aller Regel – falls erforderlich – auch stationär weiter, ähnlich dem deutschen Belegarztsystem. Ausschließlich im Krankenhaus tätige Ärzte, sog. Hospitalists, sind die Ausnahme. Die mit diesem System einhergehende „friedliche Koexistenz" (vgl. Mulholland (2007), S. 394) von Krankenhäusern und Niedergelassenen wird nun dadurch in Richtung eines zunehmenden Wettbewerbs beeinträchtigt, als dass Niedergelassene mehr und mehr eigene Gesundheitseinrichtungen gründen, insbesondere in Gestalt kleiner Spezialkliniken („stand-alone speciality hospitals"), operativ tätigen Ambulanzen („ambulance-based facilities") und Radiologien („imaging centers") (vgl. Berenson/Ginsburg/May (2007), S. 34; Argue (2007), S. 347). Im Gegensatz zum deutschen Gesundheitsmarkt (mit den in Tab. B-1 aufgeführten Ausnahmen) geht die Wettbewerbsgenerierung somit vornehmlich von den niedergelassenen Ärzten aus.

Niedergelassenen identifizieren die Autoren die Erschließung neuer Einkommensquellen. Reaktionen der Krankenhäuser auf den zunehmenden Wettbewerbsdruck bestehen laut der Studie in Bestrebungen, spezialisierte Fachärzte durch Teilanstellungen an sich zu binden sowie Kooperationen mit niedergelassenen Ärzten einzugehen, die eigene, Krankenhausleistungen substituierende Einrichtungen betreiben.

Von einer strategischen Warte her beleuchten *Porter/Teisberg* die Gründe und Wirkungen u.a. der zwischen Krankenhäusern und niedergelassenen Ärzten bestehenden Konkurrenz – ebenfalls am Beispiel des US-amerikanischen Gesundheitsmarktes.[1114] Im Ergebnis schlagen die Autoren vor, den bestehenden Nullsummenwettbewerb zu überwinden, indem die Anbieter ihre Wertschöpfungsketten am Patientennutzen ausrichten, entsprechend umstrukturieren, spezialisieren und miteinander integrieren. Der Wettbewerb würde auf diese Weise nicht länger auf der Ebene einzelner Leistungsanbieter und vorrangig kostenbezogen ausgetragen, sondern zwischen am Patientennutzen[1115] orientierten, indikationsspezifischen („medical condition") Wertschöpfungsketten („service lines") ablaufen, getragen von integrierten Anbieterstrukturen.[1116] Der zwischen Krankenhäusern und niedergelassenen Ärzten bestehende Wettbewerb sollte nach *Porter/Teisbergs* Überlegungen zu einer radikalen Strategieänderung der Akteure führen, welche wiederum zu einer Veränderung der Marktstrukturen führt, indem integrierte Leistungsanbieter entstehen, die über die medizinische Wertschöpfung miteinander konkurrieren.

Neben der Studie von *Berenson/Ginsburg/May*, die sich auf die Auswirkungen der Wettbewerbsintensität auf das Verhältnis zwischen Krankenhäusern und niedergelassenen Ärzten konzentriert und *Porter/Teisbergs* konzeptioneller, strategiebezogener Arbeit wird der Forschungsgegenstand der Wettbewerbsintensität zwischen Krankenhäusern und Niedergelassenen auch von Autoren mit Fokus auf die Wettbewerbspolitik aufgegriffen.[1117] Aufgrund der nur geringen Relevanz dieses

---

[1114] Vgl. Porter/Teisberg (2006), S. 149 ff.

[1115] *Porter/Teisberg* ((2006), S. 155) definieren „Patientennutzen" wie folgt: „*Value is the health outcomes achieved per dollar of cost compared to peers.*"

[1116] Im Grundsatz kann *Porters* Argumentation dabei weitgehend als auf die Verhältnisse des deutschen Gesundheitsmarktes übertragbar gelten (vgl. hierzu Porter/Teisberg (2006), S. 4 f.).

[1117] Die Recherche nach Artikeln zum Forschungsgegenstand der Wettbewerbsintensität zwischen Krankenhäusern und niedergelassenen Ärzten erfolgte anhand der Datenbanken EBSCO, Emerald und WISO-Net unter Verwendung der Stichworte „Competition" bzw. „Wettbewerb" und „Health Care" bzw. „Gesundheitsmarkt *oder* Krankenhaus".

311

Themenfeldes für die eigene Fragestellung soll auf entsprechende Arbeiten an dieser Stelle lediglich hingewiesen werden.[1118]

Zusammenfassend kann festgehalten werden, dass die Wissenschaft dieses Thema trotz der großen Aufmerksamkeit, die der zunehmenden Wettbewerbsgenerierung zwischen Krankenhäusern und niedergelassenen Ärzten in der Praxis entgegengebracht wird,[1119] bisher kaum für eine systematische Analyse aus einer Marketingperspektive heraus aufgegriffen hat. Der Grund für den Mangel einschlägiger wissenschaftlicher Abhandlungen über die Wirkungen der Wettbewerbsintensität auf das wechselseitige Verhältnis der Akteure mag wiederum darin bestehen, dass niedergelassene Ärzte als Zielgruppe von Krankenhäusern von der Marketingwissenschaft bisher stiefmütterlich behandelt wurden bzw. dass sich entsprechende Fragestellungen aufgrund der spezifischen Strukturen verschiedener Gesundheitsmärkte gar nicht oder – wie in Deutschland und in den USA – erst seit kurzem stellen.

3.3.2 Begründungszusammenhang der Bedeutung der Wettbewerbsintensität zwischen Krankenhäusern und niedergelassenen Ärzten für die Krankenhaus- und Fachabteilungsreputation

Obwohl auch niedergelassene Ärzte durch die Ausweitung ihres Leistungsspektrums, beispielsweise im Wege der Gründung von Ärztenetzen, Konkurrenzsituationen zu Krankenhäusern schaffen können, bezieht sich die folgende Argumentation vorwiegend auf Aktivitäten der Wettbewerbsgenerierung durch Krankenhäuser. Zum einen stellt dies im Vergleich zum umgekehrten Fall die Regel dar.[1120] Zum anderen ist ein Effekt auf die Reputation des Krankenhauses oder seiner Fachabteilungen bei niedergelassenen Ärzten verständlicherweise eher von solchen wettbewerbsverstärkenden Anstrengungen zu erwarten, die auch von dem fokalen Krankenhaus und nicht den Niedergelassenen selbst ausgehen.

In Konsequenz bezieht sich die in Abb. F-3 visualisierte Means-End-Kette auf die Ausweitung des ambulanten Leistungsspektrums durch Krankenhäuser (z.B. im Rahmen der §§ 115b, 116a und 116b SGB V) im Sinne Porters Rivalität unter bestehenden Konkurrenten bzw. auf die Diversifikation in den ambulanten Markt

[1118] Vgl. z.B. Argue (2007), S. 347; Mulholland (2007), S. 393. Der Hintergrund dieses Interesses besteht vorwiegend darin, dass der Wettbewerb im US-amerikanischen Gesundheitsmarkt teilweise dadurch beeinträchtigt wird, dass niedergelassene Ärzte, die sowohl innerhalb eines Krankenhauses praktizieren als auch eigene Einrichtungen betreiben, lohnende Fälle in ihren Spezialkliniken oder Ambulanzen behandeln und weniger lohnende bzw. schlechte Risiken im Krankenhaus versorgen, bei dem sie also nicht am wirtschaftlichen Erfolg beteiligt sind. In diesem Zusammenhang ist häufig vom „cherry-picking" niedergelassener Ärzte die Rede.
[1119] Vgl. Kapitel B.2.2; o.V. (2008), S. 6; o.V. (2007), S. 13; o.V. (2004), S. 7.
[1120] Vgl. Kapitel B.2.2.

(z.B. im Zuge von MVZ-Gründungen bzw. des § 95 SGB V) und mithin auf die Bedrohung durch Krankenhäuser als neue Konkurrenten. Die Relevanz der Untersuchung einer so verstandenen Wettbewerbsintensität liegt vor dem Hintergrund des in Kapitel B.2.2 diskutierten Spannungsverhältnisses von Krankenhäusern auf der Hand: Diese bewegen sich zwischen der Notwendigkeit der Fallzahlgenerierung über niedergelassene Ärzte einerseits und der Erschließung neuer Erlösquellen bzw. der bewussten Schaffung von Konkurrenzsituationen anderseits.

Die Ziel- und damit die Reputationsrelevanz des Angebots entsprechender Leistungen durch Krankenhäuser für niedergelassene Ärzte ist evident: Die steigende, durch Krankenhäuser induzierte Wettbewerbsintensität bedroht – zumindest potenziell – die Patientenbasis der Niedergelassenen. Diese Bedrohung könnte sich letztlich in weniger Abrechnungsfällen manifestieren und sich damit unmittelbar ökonomisch niederschlagen. Psychologisch-soziale Folgen bestehen unzweifelhaft in dem Aufbau von Spannungen im Beziehungsverhältnis zu dem fokalen Krankenhaus, vermutlich gerade dann, wenn der jeweilige niedergelassene Arzt auch Einweiser dieses Krankenhauses ist. Final wird die Reputationsrelevanz der wettbewerbsintensivierenden Aktivitäten durch das Bedürfnis der niedergelassenen Ärzte nach Einkommenssicherheit als terminale Werthaltung determiniert.

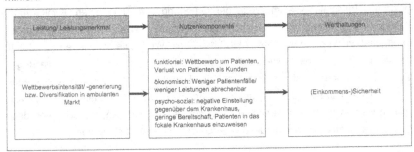

Abb. F-3: Means-End-Kette für niedergelassene Ärzte am Beispiel der Intensität des Wettbewerbs mit Krankenhäusern

Wie schon im Rahmen der Diskussion des Einflusses des MVZ-Betriebs eines Krankenhauses auf dessen Reputation,[1121] muss auch für die hier fokussierte Verallgemeinerung dieses konkreten Falles in Gestalt der Wettbewerbsintensität davon ausgegangen werden, dass diese alleinig einen Erklärungsgehalt für die Krankenhausreputation, nicht aber die Fachabteilungsreputation aufweist. Für die Begründung dieser Annahme kann auf die entsprechende Argumentation und den empirischen Beleg im Kapitel E.2.2 verwiesen werden. Hier wurde erörtert und

---

[1121] Vgl. Kapitel E.2.2.

empirisch untermauert, dass vom Management getroffene, strategische Entscheidungen (etwa die Gründung eines MVZs oder die Beantragung der Zulassung für die Erbringung ambulanter Leistungen gemäß § 115b SGB V), also solche, die außerhalb der Entscheidungskompetenz der Fachabteilungen und der operativen medizinischen Leistungserstellung liegen, tendenziell nicht in das Fachabteilungsurteil der Niedergelassenen eingehen.

Als empirisches Indiz für den Einfluss des von Krankenhäusern hervorgerufenen Wettbewerbs zu niedergelassenen Ärzten auf die Krankenhausreputation kann auf die Arbeit von *Berenson/Ginsburg/May* rekurriert werden: Die Autoren konnten in ihrer Studie wettbewerbsinduzierte Spannungen zwischen niedergelassenen Ärzten und Krankenhäusern feststellen. Dabei erscheint ein Transfer dieser Erkenntnis auf den deutschen Gesundheitsmarkt deshalb möglich, weil sich die dargestellte Situation im US-amerikanischen Gesundheitsmarkt spiegelbildlich zu der des deutschen darstellt. Die Existenz von Spannungen impliziert, dass die Wettbewerbsgenerierung bzw. -intensivierung nicht nur ein verändertes Marktverhalten provoziert, sondern auch Wahrnehmungsveränderungen hervorruft, d.h. die Wettbewerbsgenerierung durch den „Aggressor" verändert auch seinen Stand bei der angegriffenen Marktpartei und somit auch seine Reputation.

Dieser empirische Befund sowie die konzeptionellen Überlegungen zum Zusammenhang zwischen der Wettbewerbsgenerierung durch Krankenhäuser und deren generellen Reputation bei niedergelassenen Ärzten sprechen dafür, die folgenden Hypothesen einer kausalanalytischen Prüfung zu unterziehen:

$H_{27(2)}$: *Je höher die durch Krankenhäuser induzierte Wettbewerbsintensität ausfällt, desto geringer ist die Krankenhausreputation bei niedergelassenen Ärzten.*

$H_{28(2)}$: *Die durch Krankenhäuser induzierte Wettbewerbsintensität hat keinen Einfluss auf die Fachabteilungsreputation bei niedergelassenen Ärzten.*

3.3.3 Empirische Erfassung der Wettbewerbsintensität zwischen Krankenhäusern und niedergelassenen Ärzten

Wendet man sich der Suche nach Operationalisierungen der Wettbewerbsintensität zu, so finden sich eine ganze Reihe einschlägiger Messinventare.[1122] Eine speziell auf den Gesundheitssektor fokussierende Skala stellen *Kumar/Subramanian/Yauger* bereit.[1123] Die Forscher erfassen die Wettbewerbsintensität zwischen stationären

---

[1122] Vgl. z.B. Pelham/Wilson (1996); Slater/Narver (1994); Jaworski/Kohli (1993).
[1123] Vgl. Kumar/Subramanian/Yauger (1998).

Leistungserbringern anhand der drei Faktoren „competitor hostility", „market turbulence" und „supplier power", wobei insgesamt 20 Indikatoren zum Einsatz kommen. Zwar zeugen die errechneten Werte des *Cronbachs* Alpha von 0,90, 0,89 bzw. 0,79 von einer hohen internen Konsistenz der Faktoren, die Verwendung dieses sehr umfassenden Itemsets erscheint für die vorliegende Arbeit jedoch kaum praktikabel.

Thong versteht „Wettbewerb" in seiner Arbeit als „[...] *the business environment in which the business operates*"[1124] und macht ihn mittels drei Indikatoren empirisch messbar. Die Skala zur Operationalisierung des Konstruktes rekurriert dabei explizit auf die im vorvorherigen Abschnitt aufgeführten Wettbewerbskräfte und erscheint daher hochgradig geeignet, insbesondere den durch den Eintritt von Krankenhäusern in den ambulanten Markt generierten Wettbewerb zu niedergelassenen Ärzten zu erfassen.[1125] Die Items lauten im Einzelnen:

▪ *„Effect of substitutable products and services"*

▪ *„Level of rivalry among businesses in the same industry"*

▪ *„Ease for a customer to switch to a competitor"*

Die exploratorische Faktorenanalyse führt zur Extraktion eines Faktors, dessen drei Faktorladungen zwischen 0,73 und 0,78 liegen.[1126] Überdies zeugt der Wert für das *Cronbachs* Alpha von 0,70 von einer zufrieden stellenden Reliabilität. *Kronhardt*, der *Thongs* Itempool zur Erfassung der Wettbewerbsintensität im Gesundheitsmarkt aufgreift und somit dessen grundsätzliche Adaptierbarkeit auf diesen Kontext zeigt, berichtet in seiner Arbeit ein *Cronbachs* Alpha von 0,80.[1127]

Da sich *Thongs* Messvariablen somit bereits auch in dem hier fokussierten Kontext bewährt haben und das Konzept der Wettbewerbskräfte ausdrücklich berücksichtigen, sollen diese auch in der vorliegenden Arbeit zur Operationalisierung der Wettbewerbsintensität eingesetzt werden. Allerdings bedarf die Skala einer geringen Modifikation derart, als dass deutlich werden muss, dass auf die durch das fokale Krankenhaus hervorgerufene Wettbewerbsintensivierung abgestellt wird. Die schließlich resultierenden Items sind in Tab. F-12 dokumentiert.[1128]

[1124] Thong (1999), S.196.
[1125] Vgl. Thong (1999), S. 198.
[1126] Vgl. Thong (1999), S. 200 f.
[1127] Vgl. Kronhardt (2004), S. 182.
[1128] Da es sich um eine bereits in wissenschaftlichen Arbeiten eingesetzte und für den hier vorliegenden Kontext validierte Skala handelt, kann auf die Ergänzung eines vierten Items, die die Verwendung von Gütekriterien der zweiten Generation ermöglichen würde, verzichtet werden.

Items	Ankerpunkte der siebenstufigen Ratingskala
Das Krankenhaus bietet ambulante Leistungen an, die auch von den Niedergelassenen erbracht werden. [KH_Wettb1$_{(2)}$]	Stimme gar nicht zu - Stimme voll zu
Der Wettbewerb zwischen dem Krankenhaus und den Niedergelassenen ist hoch. [KH_ Wettb2$_{(2)}$]	
Es gibt einen Konkurrenzkampf zwischen dem Krankenhaus und den Niedergelassenen der Region. [KH_ Wettb3$_{(2)}$]	

Tab. F-12: Operationalisierung des Konstruktes „Krankenhaus-induzierte Wettbewerbsintensität"

4 Verzahnung der entwickelten Forschungshypothesen der Zweitstudie zu einem Untersuchungsmodell

Die durch die Ergebnisse der Erststudie aufgeworfenen Fragestellungen gaben den Anlass, im Zuge der Konzeption eines zweiten Forschungsmodells weiteren reputationszentrierten Ursache-Wirkungszusammenhängen auf den Grund zu gehen. Es galt in diesem Kapitel F, Überlegungen zu Wirkungen speziell der Krankenhausreputation auf die Loyalität niedergelassener Ärzte sowie auf die nach dem Zweck differenzierte Kooperationsbereitschaft anzustellen und auf diese Weise der dritten Zielsetzung dieser Arbeit (der Aufdeckung erfolgsrelevanter Reputationseffekte) weiter nachzugehen. Außerdem wurde im Zuge der Berücksichtigung der Struktur- und Prozessqualität der Frage nachgegangen, ob die medizinisch-pflegerische Leistungsqualität des Krankenhauses als Ganzes bzw. die der Fachabteilung tatsächlich nur für die korrespondierende Ebene des Reputationskomplexes relevant ist. Ferner fanden die Konstrukte der Verwaltungsqualität und der Wettbewerbsintensität als potenzielle Reputationsdeterminanten im Sinne der vierten Zielsetzung Eingang in das Modell.

Erste Forschungszielsetzung dieser Arbeit	
Bezeichnung	Hypothese
$H_{29(2)}$	Krankenhausreputation und Fachabteilungsreputation sind aus der Perspektive niedergelassener Ärzte distinkte Konstrukte.
Zweite Forschungszielsetzung dieser Arbeit	
Bezeichnung	Ursache-Wirkungszusammenhang
$H_{30(2)}$	Je höher die Fachabteilungsreputation ausgeprägt ist, desto besser ist die Reputation des Krankenhauses bei niedergelassenen Ärzten.
Dritte Forschungszielsetzung dieser Arbeit	
Bezeichnung	Ursache-Wirkungszusammenhang
$H_{1(2)}$	Je höher die Krankenhausreputation ausgeprägt ist, desto höher ist die Bereitschaft niedergelassener Ärzte zur wirtschaftlichen Kooperation.
$H_{2(2)}$	Die Fachabteilungsreputation hat keinen Einfluss auf die Bereitschaft niedergelassener Ärzte zur wirtschaftlichen Kooperation.
$H_{3(2)}$	Je höher die Krankenhausreputation ausgeprägt ist, desto höher ist die Bereitschaft niedergelassener Ärzte zur medizinischen Kooperation.
$H_{4(2)}$	Je höher die Fachabteilungsreputation ausgeprägt ist, desto höher ist die Bereitschaft niedergelassener Ärzte zur medizinischen Kooperation.

$H_{5(2)}$	Je höher die Krankenhausreputation ausgeprägt ist, desto höher ist die passive Loyalität niedergelassener Ärzte gegenüber dem Krankenhaus als Ganzes.
$H_{6(2)}$	Je höher die Krankenhausreputation ausgeprägt ist, desto höher ist die aktive Loyalität niedergelassener Ärzte gegenüber dem Krankenhaus als Ganzes.
$H_{7(2)}$	Je höher die Krankenhausreputation ausgeprägt ist, desto höher ist die passive Loyalität niedergelassener Ärzte gegenüber der Fachabteilung.
$H_{8(2)}$	Je höher die Krankenhausreputation ausgeprägt ist, desto höher ist die aktive Loyalität niedergelassener Ärzte gegenüber der Fachabteilung.
$H_{9(2)}$	Je höher die Fachabteilungsreputation ausgeprägt ist, desto höher ist die passive Loyalität niedergelassener Ärzte gegenüber dem Krankenhaus als Ganzes.
$H_{10(2)}$	Je höher die Fachabteilungsreputation ausgeprägt ist, desto höher ist die aktive Loyalität niedergelassener Ärzte gegenüber dem Krankenhaus als Ganzes.
$H_{11(2)}$	Je höher die Fachabteilungsreputation ausgeprägt ist, desto höher ist die passive Loyalität niedergelassener Ärzte gegenüber der Fachabteilung.
$H_{12(2)}$	Je höher die Fachabteilungsreputation ausgeprägt ist, desto höher ist die aktive Loyalität niedergelassener Ärzte gegenüber der Fachabteilung.
$H_{13(2)}$	Die Krankenhausreputation hat einen stärkeren Einfluss auf die passive Loyalität niedergelassener Ärzte gegenüber dem Krankenhaus als Ganzes als die Fachabteilungsreputation.
$H_{14(2)}$	Die Krankenhausreputation hat einen stärkeren Einfluss auf die aktive Loyalität niedergelassener Ärzte gegenüber dem Krankenhaus als Ganzes als die Fachabteilungsreputation.
$H_{15(2)}$	Die Fachabteilungsreputation hat einen stärkeren Einfluss auf die passive Loyalität niedergelassener Ärzte gegenüber der Fachabteilung als die Krankenhausreputation.
$H_{16(2)}$	Die Fachabteilungsreputation hat einen stärkeren Einfluss auf die aktive Loyalität niedergelassener Ärzte gegenüber der Fachabteilung als die Krankenhausreputation.
Bezeichnung	**Vierte Forschungszielsetzung dieser Arbeit** **Ursache-Wirkungszusammenhang**
$H_{17(2)}$	Je höher die Strukturqualität des Krankenhauses als Ganzes ausfällt, desto besser ist die Krankenhausreputation bei niedergelassenen Ärzten.
$H_{18(2)}$	Je höher die Prozessqualität des Krankenhauses als Ganzes ausfällt, desto besser ist die Krankenhausreputation bei niedergelassenen Ärzten.
$H_{19(2)}$	Je höher die Strukturqualität der Fachabteilung ausfällt, desto besser ist die Fachabteilungsreputation bei niedergelassenen Ärzten.
$H_{20(2)}$	Je höher die Prozessqualität der Fachabteilung ausfällt, desto besser ist die Fachabteilungsreputation bei niedergelassenen Ärzten.
$H_{21(2)}$	Die Strukturqualität des Krankenhauses als Ganzes hat keinen Einfluss auf die Fachabteilungsreputation bei niedergelassenen Ärzten.
$H_{22(2)}$	Die Prozessqualität des Krankenhauses als Ganzes hat keinen Einfluss auf die Fachabteilungsreputation bei niedergelassenen Ärzten.
$H_{23(2)}$	Die Strukturqualität der Fachabteilung hat keinen Einfluss auf die Krankenhausreputation bei niedergelassenen Ärzten.
$H_{24(2)}$	Die Prozessqualität der Fachabteilung hat keinen Einfluss auf die Krankenhausreputation bei niedergelassenen Ärzten.
$H_{25(2)}$	Je höher die Verwaltungsqualität ausfällt, desto besser ist die Krankenhausreputation bei niedergelassenen Ärzten.
$H_{26(2)}$	Die Verwaltungsqualität hat keinen Einfluss auf die Fachabteilungsreputation bei niedergelassenen Ärzten.
$H_{27(2)}$	Je höher die durch Krankenhäuser induzierte Wettbewerbsintensität ausfällt, desto geringer ist die Krankenhausreputation bei niedergelassenen Ärzten.
$H_{28(2)}$	Die durch Krankenhäuser induzierte Wettbewerbsintensität hat keinen Einfluss auf die Fachabteilungsreputation bei niedergelassenen Ärzten.

Tab. F-13: Forschungshypothesen der Zweitstudie dieser Arbeit

Die entsprechenden Bemühungen münden in den in Tab. F-13 wiedergegebenen Hypothesen $H_{1(2)}$ bis $H_{28(2)}$. Zusätzlich finden sich hier mit den Hypothesen $H_{29(2)}$ und $H_{30(2)}$ die beiden Kernsuppositionen dieses Forschungsbeitrages. Diese adressieren die Distinktheit der differenzierten Reputationskonstrukte bzw. deren Zusammenhang und damit die erste und zweite Zielsetzung der vorliegenden Forschungsarbeit. Für deren Begründung sei hier auf die Kapitel C.3.1.4 und C.3.3.4 verwiesen.

Auch die Hypothesen der Zweitstudie sollen durch die Gegenüberstellung mit empirischen Daten daraufhin überprüft werden, ob sie einem Abgleich mit Beobachtungen der Realität standhalten. Wiederum wird dies aus den in Kapitel E.2.1.1 dargelegten Gründen unter Anwendung der Kovarianzstrukturanalyse erfolgen. Ein für den Einsatz dieses Verfahrens geeignetes Modell des Hypothesensystems der Zweitstudie ist in Abb. F-4 visualisiert.[1129]

Bevor die Daten auf die vermuteten Strukturen hin analysiert werden, gilt es, die empirische Vorgehensweise der Zweitstudie darzulegen und die aus der Erhebung resultierende Untersuchungsstichprobe zu beschreiben.

[1129] Mangels visueller Darstellbarkeit sind hier die Hypothese $H_{29(2)}$ und jene zu den relativen Einflussstärken nicht berücksichtigt. Letztere sollen aber durch die unterschiedlich starken Kanten zumindest angedeutet werden.

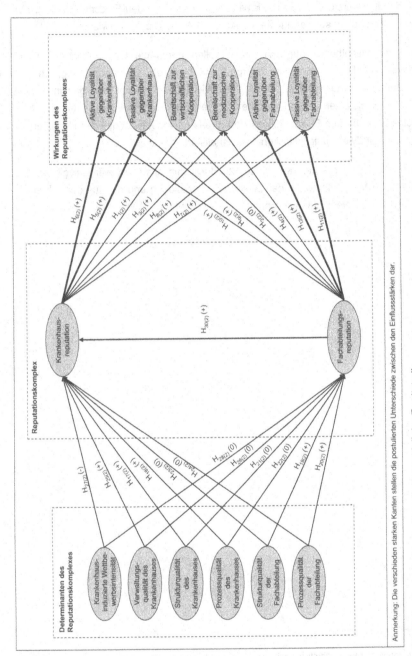

Anmerkung: Die verschieden starken Kanten stellen die postulierten Unterschiede zwischen den Einflussstärken dar.

Abb. F-4: Das entwickelte Forschungsmodell der Zweitstudie

G Konzeption der Zweitstudie zur empirischen Untersuchung der durch die Erststudie aufgeworfenen weiteren Forschungsbedarfe reputationszentrierter Ursache-Wirkungszusammenhänge

1 Ziele und Vorgehensweise im Rahmen der Zweitstudie

Das forschungsleitende Ziel der empirischen Untersuchung der Zweitstudie dieser Arbeit besteht konsequenterweise in der empirischen Überprüfung der in Kapitel F hergeleiteten reputationszentrierten Hypothesen. Wie schon bei der quantitativen Analyse des Hypothesensystems der Erststudie ist es hierfür erforderlich, Daten von niedergelassenen Ärzten zu gewinnen, indem Auskünfte über die interessierenden Konstrukte, bezogen auf ein konkretes Krankenhaus, erhoben werden. Eine Beschreibung der Merkmale des als Untersuchungsfall der Zweitstudie dienenden Krankenhauses B findet sich in Kapitel B.3.

Die Auswahl des Krankenhauses B begründet sich einerseits durch die weitgehende Vergleichbarkeit seiner strukturellen Eigenschaften mit denen des Krankenhauses A als Voraussetzung für eine Untersuchung der durch die Erststudie aufgeworfenen Fragen.[1130] Andererseits erscheint eine Analyse des Erklärungsgehalts des Reputationskomplexes für die Loyalität niedergelassener Ärzte im Fall eines Trägerwechsels besonders am Beispiel eines öffentlichen Krankenhauses (wie dem des Krankenhauses B) interessant, weil es in der Realität in der Regel öffentliche Einrichtungen sind, für die Trägerwechsel in Gestalt von Privatisierungen diskutiert werden.[1131]

Während zur Begründung der Auswahl der standardisierten schriftlichen Befragung als Erhebungsmethode auf die entsprechenden Ausführungen zur Erststudie in Kapitel D.1 verwiesen werden kann, sind zum Ablauf der Datenerhebung der Zweitstudie folgende Erläuterungen angebracht:

Da in der Erststudie dieser Arbeit bereits umfassende Erfahrungen mit niedergelassenen Ärzten als Auskunftspersonen einer Marktforschungsstudie gesammelt sowie Einsichten in das spezifische Beziehungsgefüge Krankenhaus – niedergelassener Arzt gewonnen und entsprechende Konsequenzen für eine Fragebogenkonstruktion für niedergelassene Ärzte abgeleitet werden konnten, erschien es für die Zweitstudie nicht erforderlich, erneut ähnlich umfangreiche, der eigentlichen

---

[1130] Vgl. Kapitel B.3.
[1131] Vgl. Kapitel F.2.2.1.

Erhebung vorgeschaltete Maßnahmen durchzuführen.[1132] Dennoch wurden auch bei der vorliegenden Untersuchung vorab qualitative Interviews mit sechs zufällig ausgewählten niedergelassenen Ärzten im regionalen Umfeld des Krankenhauses B geführt. Hierbei ging es vorrangig darum, womöglich vorhandene, etwa durch aktuelle Ereignisse hervorgerufene oder grundsätzliche Irritationen im Beziehungsverhältnis der Zielgruppe zum fokalen Krankenhaus so weit wie möglich auszuschließen, die die Aussagekraft der zu erhebenden Daten gefährden könnten.

Im Anschluss an die telefonische Ankündigung der Erhebung bei den anzuschreibenden niedergelassenen Ärzten durch den *Lehrstuhl für Allgemeine Betriebswirtschaftslehre, insbesondere Marketing und Handelsbetriebslehre der Philipps-Universität Marburg*, erfolgte die Versendung der Fragebögen im Mai 2008 an 1.415 niedergelassene Ärzte im geographischen Umfeld des fokalen Krankenhauses. Die Basis der Stichprobenauswahl bildete wiederum das Adressenverzeichnis der zuständigen Kassenärztlichen Vereinigung und ein Abgleich dieser mit der internen Einweiserstatistik des Krankenhauses. Im Ergebnis wurde der Fragebogen an alle niedergelassenen Ärzte, die an der vertragsärztlichen Versorgung teilnehmen und die ihre (Haupt-) Praxis in einem Radius von 60 Kilometern um das Krankenhaus B betreiben, versendet. Neben dem Fragebogen und einem Anschreiben, in dem den Auskunftspersonen die Anonymität ihrer Angaben zugesichert wurde, enthielten die Unterlagen ein an den Lehrstuhl adressiertes, frankiertes Rückantwortcouvert. Um den Rücklauf zu stimulieren, wurden unter den Teilnehmern der Erhebung zudem Einkaufsgutscheine verlost sowie für jeden zurückgesandten Fragebogen eine Spende an eine gemeinnützige Organisation getätigt. Sämtliche der angeschriebenen niedergelassenen Ärzte, die den Fragebogen nach zwei Wochen noch nicht zurückgesandt hatten, wurden schließlich im Zuge einer telefonischen Nachfassaktion nochmals gebeten, an der Erhebung teilzunehmen. Der auf diese Weise generierte Rücklauf umfasste letztlich 226 auswertbare Fragebögen.

2   Beschreibung der Untersuchungsstichprobe der Zweitstudie

Bevor der Blick auf die Struktur des Rücklaufs gerichtet wird, gilt es, sich der obligatorischen Überprüfung des Vorliegens eines Non-Response-Bias zuzuwenden.[1133] Diesbezüglich fördert der laut *Armstrong/Overton* anzustrebende Vergleich der erhobenen Daten zwischen den Früh- und den Spätantwortern der Studie zutage,[1134] dass keine der Variablen signifikante Mittelwertunterschiede auf

---

[1132] Vgl. Kapitel D.1.
[1133] Vgl. hierzu Kapitel D.2.
[1134] Vgl. Armstrong/Overton (1977), S. 396 ff.

dem 1%-Niveau aufweist. Demzufolge kann auch für die Zweitstudie der vorliegenden Arbeit ein Non-Response-Bias im Datenmaterial ausgeschlossen werden.

	Struktur des Rücklaufs	Vertragsärzte im gesamten Bundesgebiet (Stichtag: 31.12.2007)
Administrierte Fragebögen	1.415	Basis der KBV-Altersstatistik: 120.232
Rücklauf	226	Basis der KBV-Geschlechter- und
Quote	16,0%	Fachrichtungsstatistik: 118.830
Alter		
unter 30	0 (0,0%)	2 (<0,1%)
30 bis 39	17 (7,5%)	7.442 (6,2%)
40 bis 49	67 (29,6%)	44.219 (36,8%)
50 bis 59	107 (47,3%)	47.484 (39,5%)
60 bis 69	35 (15,5%)	20.695 (17,2%)
über 70	0 (0,0%)	390 (<0,1%)
Geschlecht		
weiblich	156 (69,0%)	41.709 (35,1%)
männlich	70 (31,0%)	77.121 (64,9%)
Fachrichtung		
Allgemeinärzte/Praktische Ärzte	119 (52,7%)	41.438 (34,9%)
Anästhesisten	1 (0,4%)	2.751 (2,3%)
Ärztliche Psychotherapeuten	5 (2,2%)	4.496 (3,8%)
Augenärzte	8 (3,5%)	5.183 (4,4%)
Chirurgen	6 (2,7%)	3.769 (3,2%)
Frauenärzte	13 (5,8%)	9.676 (8,1%)
Hautärzte	3 (1,3%)	3.283 (2,8%)
HNO-Ärzte	8 (3,5%)	3.920 (3,3%)
Internisten	33 (14,6%)	18.942 (15,9%)
Kinderärzte	5 (2,2%)	5.673 (4,8%)
Nervenärzte	4 (1,8%)	4.792 (4,0%)
Orthopäden	5 (2,2%)	5.062 (4,3%)
Radiologen	3 (1,3%)	2.708 (2,3%)
Sonstige	8 (3,5%)	4.527 (3,8%)
Urologen	5 (2,2%)	2.611 (2,2%)

Tab. G-1:   Struktur des Rücklaufs der schriftlichen Befragung der Zweitstudie

Tab. G-1 gibt schließlich eine detaillierte Darstellung des Rücklaufs der Zweitstudie wieder. Dabei zeigt der Vergleich der Stichprobe der vorliegenden Untersuchung mit den Strukturdaten der Kassenärztlichen Bundesvereinigung,[1135] dass sich hinsichtlich der Fachrichtungen der Ärzte sowie des soziodemographischen Altersmerkmals keine nennenswerten Abweichungen vom Bundesdurchschnitt ergeben. Wie schon für die Stichprobe der Erststudie muss in Bezug auf die Geschlechteranteile jedoch eine Überrepräsentation von Ärztinnen in der vorliegenden Untersuchung festgestellt werden.[1136] Allerdings gilt auch hier, dass vor dem Hintergrund der spezifischen

---

[1135] Vgl. KBV (2009).

[1136] Sowohl für die Stichprobe der Erststudie als auch für die Stichprobe der Zweitstudie liegt damit eine weitgehende Übereinstimmung mit den Strukturdaten der Kassenärztlichen Bundesvereinigung vor (vgl. Kapitel D.2). Folglich kann auch für die Stichproben selbst festgestellt werden, dass sie sich hinsichtlich der relevanten Strukturmerkmale tendenziell entsprechen, was auch durch den direkten Vergleich der Stichproben deutlich wird (vgl. Tab. G-1 in Verbindung mit Tab. D-1). So tendieren sowohl die Fachrichtungs- als auch die Alters- und Geschlechtsstrukturen der beiden Stichproben zueinander. Damit sind nicht nur die Untersuchungsfälle, sondern auch die

Forschungsfragestellung dieser Arbeit nicht ersichtlich ist, warum eine vom Durchschnitt aller Vertragsärzte abweichende Geschlechterstruktur Einschränkungen bei der Interpretation der empirischen Befunde nach sich ziehen müsste. Daher kann wiederum unterstellt werden, dass die verfügbare Stichprobe eine geeignete Datenbasis für die anstehenden Analysen bildet und aus den Untersuchungsergebnissen angemessen generalisierbare Schlussfolgerungen im Hinblick auf die fokussierten Zusammenhänge gegeben werden können.

Stichproben beider Studien miteinander vergleichbar, wodurch eine Verknüpfung der empirisch ermittelten Befunde möglich ist.

H Hergeleitete reputationszentrierte Ursache-Wirkungszusammenhänge im Spiegel empirischer Befunde der Zweitstudie

Dieses Kapitel dient der Ableitung von Aussagen über das Ausmaß, zu dem sich die von der Theorie insistierten Ursache-Wirkungsbeziehungen des zweiten Hypothesensystems in den empirischen Daten der Zweitstudie wiederfinden lassen. Die Komplexität der hierfür erforderlichen Gegenüberstellung der postulierten Hypothesen mit dem Datenmaterial soll wiederum durch ein zweistufiges Verfahren bewältigt werden:[1137] Erst nachdem in Kapitel H.1 die Güte der Messmodelle für die latenten Konstrukte geprüft und in ausreichendem Maße sichergestellt wurde, soll sich in Kapitel H.2 dem Strukturmodell und damit dem reputationszentrierten Wirkungsgeflecht der Zweitstudie angenommen werden.

1 Überprüfung der Konstrukte des Forschungsmodells der Zweitstudie

1.1 Vorgehensweise bei der Analyse der Konstrukte des Forschungsmodells der Zweitstudie

Bei den Variablen des zweiten Forschungsmodells handelt es sich durchweg um latente, d.h. nicht unmittelbar beobachtbare Phänomene, die für ihre Operationalisierung geeigneter Indikatoren bedürfen. Im Hinblick auf die anzuwendenden Verfahren zur Evaluation der gewählten Messvorschriften gelten die Ausführungen der Kapitel E.1.1 bis E.1.4 hier analog. Dementsprechend kommen zur Überprüfung der Zuverlässigkeit und konzeptionellen Korrektheit der Operationalisierungen auch hier die bereits bekannten Reliabilitäts- und Validitätskriterien der ersten und zweiten Generation zum Einsatz. Deren Cut-off-Werte stellen die Messlatte für eine Annahme der jeweiligen Itembatterien dar.[1138]

Auf eine neuerliche Erläuterung der Vorgehensweise bei der Überprüfung des Messmodells von Konstrukten zweiter Ordnung kann an dieser Stelle durch einen Verweis auf die entsprechenden Ausführungen des Kapitels E.1.4 verzichtet werden. Das dort dargestellte Prüfschema findet gleichfalls im Rahmen der Zweitstudie bei den Messansätzen der beiden Reputationskonstrukte Anwendung mit dem Ziel,[1139] diese auf Grundlage der Daten der Zweitstudie einer Gütebeurteilung zu unterziehen. Auf dieser Basis können Aussagen über die Stabilität der in der Erststudie aufgedeckten

---

[1137] Vgl. Anderson/Gerbing (1982), S. 453.
[1138] Vgl. Tab. E-1.
[1139] Vgl. Abb. E-1.

Modelllösungen für die Konstrukte der Krankenhaus- und der Fachabteilungs-reputation getroffen werden.[1140]

Da bezüglich der methodischen Grundlagen für eine Güteprüfung der Operationalisierungen der Konstrukte des zweiten Forschungsmodells umfassend auf bereits geleistete Erläuterungen zurückgegriffen werden kann, ist es möglich, sich umgehend den konkreten Überprüfungen der Konstruktmessungen zu widmen. Dabei richtet sich die Aufmerksamkeit zunächst auf die Güteprüfungen der beiden Konstrukte des Reputationskomplexes als Konstrukte zweiter Ordnung, bevor anschließend die postulierten Reputationswirkungen und schließlich die Determinanten in den Fokus rücken.

1.2 Überprüfung der Konstruktmessungen der Krankenhaus- und Fachabteilungsreputation (Zweitstudie)

1.2.1 Überprüfung der Konstruktmessung der Krankenhausreputation (Zweitstudie)

Beide Reputationskonstrukte wurden nach Maßgabe der kognitiven Einstellungs-theorie als zweidimensionale latente Variablen konzeptionalisiert, die jeweils eine kognitive Dimension im Sinne der rationalen Evaluation der zur Verfügung stehenden reputationsrelevanten Informationen und eine affektive Dimension, zu verstehen als emotionale Interpretation der Reputation, umfassen. Entsprechend dem Prüfschema aus Kapitel E.1.4 gilt es zunächst, die Dimensionen einer Einzelprüfung zu unterziehen.

(1) Überprüfung der kognitiven Dimension der Krankenhausreputation

Für das Messkonzept des kognitiven Faktors der Krankenhausreputation ergibt sich ein Wert für das *Cronbachs* Alpha von 0,96 (vgl. Tab. H-1), so dass es dieser Kenngröße zufolge keiner Elimination von Indikatoren bedarf. Die exploratorische Faktorenanalyse klärt 88,70% der in den Variablen enthaltenen Varianz auf. Ebenso zeugen die von der konfirmatorischen Faktorenanalyse hervorgebrachten globalen und lokalen Gütemaße von einer hohen Reliabilität und Validität des vorliegenden Messansatzes. Lediglich der RMSEA verfehlt seinen Richtwert knapp um 0,02. Den sehr guten Gesamteindruck der gewählten Operationalisierung vermag dieser einzelne Befund jedoch nicht zu trüben.

[1140] Zur Replikation von Modellen als Hinweis für die Stabilität der gefundenen Modellstruktur vgl. Bühner (2006), S. 253.

Informationen zum Faktor „Kognitive Dimension der Krankenhausreputation" (Zweitstudie)			
Cronbachs Alpha:	0,96	DEV:	0,85
χ²-Wert (Freiheitsgrade):	6,67 (2)	CFI:	0,99
χ²/df:	3,34	RMSEA:	0,10
p-Wert:	0,04	SRMR:	0,01
Faktorreliabilität:	0,96	TLI:	0,99
Erklärter Varianzanteil:	88,70%	IFI:	0,99

Informationen zu den Indikatoren des Faktors „Kognitive Dimension der Krankenhausreputation" (Zweitstudie)			
Kurzbezeichnung des Indikators	Item-to-Total-Korrelation	Indikator-reliabilität	Critical Ratio der Faktorladung
KH_RepuKog1$_{(2)}$	0,90	0,86	*
KH_RepuKog2$_{(2)}$	0,89	0,83	23,75
KH_RepuKog3$_{(2)}$	0,91	0,88	25,93
KH_RepuKog4$_{(2)}$	0,89	0,83	23,54
* Eine Berechnung des Wertes ist nicht möglich, da die Variable als Referenzindikator zur Standardisierung der Varianz des betreffenden hypothetischen Konstruktes fungiert.			

Tab. H-1: Reliabilität und Validität des Konstruktes „Kognitive Dimension der Krankenhausreputation" (Zweitstudie)

(2) Überprüfung der affektiven Dimension der Krankenhausreputation

Wie aus Tab. H-2 hervorgeht, konnte für die Indikatoren der Messvorschrift der affektiven Dimension der Krankenhausreputation ein *Cronbachs* Alpha von 0,96 ermittelt werden. Der von *Nunally/Bernstein* geforderte Mindestwert von 0,65 wird demnach klar erfüllt.[1141] Der mittels exploratorischer Faktorenanalyse extrahierte Faktor erreicht einen Anteil erklärter Varianz der auf ihn ladenden Variablen von 90,01%. Eine Überarbeitung der Itembatterie ist somit nicht erforderlich. Zwar fallen mit dem χ^2/df und dem RMSEA zwei der insgesamt 22 Beurteilungskriterien aus jeweils geforderten Wertebereichen heraus,[1142] das Gesamtbild der globalen und lokalen Gütekriterien lässt jedoch nicht an der Eignung dieses Messansatzes zweifeln.

Informationen zum Faktor „Affektive Dimension der Krankenhausreputation" (Zweitstudie)			
Cronbachs Alpha:	0,96	DEV:	0,87
χ²-Wert (Freiheitsgrade):	25,68 (2)	CFI:	0,98
χ²/df:	12,84	RMSEA:	0,23
p-Wert:	0,00	SRMR:	0,02
Faktorreliabilität:	0,96	TLI:	0,94
Erklärter Varianzanteil:	90,01%	IFI:	0,98

Informationen zu den Indikatoren des Faktors „Affektive Dimension der Krankenhausreputation" (Zweitstudie)			
Kurzbezeichnung des Indikators	Item-to-Total-Korrelation	Indikator-reliabilität	Critical Ratio der Faktorladung
KH_RepuAff1$_{(2)}$	0,90	0,86	*
KH_RepuAff2$_{(2)}$	0,90	0,83	24,59
KH_RepuAff3$_{(2)}$	0,90	0,85	24,86
KH_RepuAff4$_{(2)}$	0,93	0,92	29,97
* Eine Berechnung des Wertes ist nicht möglich, da die Variable als Referenzindikator zur Standardisierung der Varianz des betreffenden hypothetischen Konstruktes fungiert.			

Tab. H-2: Reliabilität und Validität des Konstruktes „Affektive Dimension der Krankenhausreputation" (Zweitstudie)

[1141] Vgl. Nunnally/Bernstein (1994), S. 265.

[1142] Zur eingeschränkten Aussagekraft des RMSEA bei kleinen Stichproben und geringer Zahl an Freiheitsgraden vgl. Kapitel E.1.5, und die dort genannte Literatur.

(3) Exploratorische Faktorenanalyse über alle Indikatoren

Ausgangspunkt für die Überprüfung des Gesamtmessmodells des Krankenhaus-reputationskonstruktes bildet eine exploratorische Faktorenanalyse über alle acht Indikatoren der beiden Dimensionen, um auf diese Weise einen ersten Hinweis auf die zugrunde liegende Faktorenstruktur zu ermitteln. Es gilt also zu testen, ob die von den konzeptionellen Überlegungen insistierten Dimensionen im vorliegenden Daten-satz wiedererkannt werden.

Variable	Kommunalität	Faktor 1	Faktor 2
KH_RepuKog1$_{(2)}$	0,91	0,96	
KH_RepuKog2$_{(2)}$	0,88	0,80	
KH_RepuKog3$_{(2)}$	0,91	0,94	
KH_RepuKog4$_{(2)}$	0,87	0,79	
KH_RepuAff1$_{(2)}$	0,91		0,67
KH_RepuAff2$_{(2)}$	0,90		0,88
KH_RepuAff3$_{(2)}$	0,93		1,00
KH_RepuAff4$_{(2)}$	0,92		0,84

Anmerkung: Werte unter 0,30 werden zugunsten einer besseren Übersichtlichkeit nicht aufgeführt.

Tab. H-3: Ergebnisse der exploratorischen Faktorenanalyse über alle Dimensionen der Krankenhausreputation (Zweitstudie)

Tatsächlich wird die theoretisch postulierte Faktorenstruktur durch die Anwendung der auf einer PROMAX-Rotation basierenden Hauptkomponentenmethode bestätigt (vgl. Tab. H-3):[1143] Während die Items KH_RepuKog1$_{(2)}$ bis KH_RepuKog4$_{(2)}$ auf den ersten Faktor laden, lassen sich die Indikatoren KH_RepuAff1$_{(2)}$ bis KH_RepuAff4$_{(2)}$ eindeutig dem Faktor Zwei zuordnen. Da im vorliegenden Fall das Kaiser-Kriterium als Methode zur Bestimmung der Anzahl der zu extrahierenden Faktoren versagt (vgl. Tab. H-4), wurde die ermittelte Faktorenlösung durch die Vorgabe der theoretisch begründeten und in der Erststudie dieser Arbeit bereits empirisch bestätigten Anzahl von Faktoren errechnet.[1144] Abgesehen davon, dass der Eigen-wert als Abbruchkriterium auch zu einer Unterschätzung der wirklichen Faktoren-anzahl führen kann,[1145] besteht beim Vorliegen von Erkenntnissen über die Faktorenstruktur das Mittel der Wahl zur Bestimmung der Faktorenanzahl stets in der Extraktion der theoretisch begründeten Faktorenmenge, mit anderen Worten: Liegen bereits Annahmen über die Anzahl der Faktoren vor, ist die angenommene Faktorenzahl zu extrahieren und die so von der Faktorladungsmatrix hervor-gebrachte Itemreduzierung auf die Faktoren mit der theoretisch postulierten

---

[1143] Vgl. hierzu Kapitel E.1.2.
[1144] Vgl. Kapitel E.1.5.
[1145] Vgl. Zwick/Velicer (1986), S. 439.

abzugleichen.[1146] Liegt, wie im vorliegenden Fall des Konstruktes der Krankenhausreputation, eine Übereinstimmung zwischen der Lösung der exploratorischen Faktorenanalyse und der ex ante vermuteten Faktorenstruktur vor, kann diese als bestätigt gelten.[1147] Überdies sieht das Schema zur Überprüfung von Konstrukten höherer Ordnung im Weiteren eine konfirmatorischen Überprüfung der Faktorenstruktur vor.

Faktor	Eigenwert	Mit diesem Faktor erklärter Varianzanteil (%)	Kumulierte erklärte Varianz (%)
1	6,40	80,03	80,03
2	0,81	10,11	90,14

Tab. H-4: Eigenwerttableau der Faktorenanalyse zum Konstrukt „Krankenhausreputation" (Zweitstudie)

(4) Konfirmatorische Faktorenanalyse über alle Dimensionen

Ergebnisse der konfirmatorischen Faktorenanalyse erster Ordnung zum Konstrukt „Krankenhausreputation" (Zweitstudie)			
Cronbachs Alpha:	0,96	DEV:	0,86
χ²-Wert (Freiheitsgrade):	124,76 (19)	CFI:	0,96
χ²/df:	6,57	RMSEA:	0,16
p-Wert:	0,00	SRMR:	0,04
Faktorreliabilität:	0,98	TLI:	0,94
Erklärter Varianzanteil:	90,14%	IFI:	0,96

Ergebnisse der konfirmatorischen Faktorenanalyse erster Ordnung zu den Dimensionen des Konstruktes „Krankenhausreputation" (Zweitstudie)			
Faktorreliabilität (Kognitive Dimension):	0,96	DEV (Kognitive Dimension):	0,85
Faktorreliabilität (Affektive Dimension):	0,96	DEV (Affektive Dimension):	0,87

Ergebnisse der konfirmatorischen Faktorenanalyse erster Ordnung zu den Indikatoren des Konstruktes „Krankenhausreputation" (Zweitstudie)			
Kurzbezeichnung des Indikators	Item-to-Total-Korrelation	Indikator-reliabilität	Critical Ratio der Faktorladung
Kognitive Dimension			
KH_RepuKog1(2)	0,82	0,85	*
KH_RepuKog2(2)	0,87	0,85	23,92
KH_RepuKog3(2)	0,83	0,86	24,69
KH_RepuKog4(2)	0,87	0,85	23,67
Affektive Dimension			
KH_RepuAff1(2)	0,93	0,90	*
KH_RepuAff2(2)	0,85	0,83	25,46
KH_RepuAff3(2)	0,82	0,81	24,84
KH_RepuAff4(2)	0,89	0,92	31,48

* Eine Berechnung des Wertes ist nicht möglich, da die Variable als Referenzindikator zur Standardisierung der Varianz des betreffenden hypothetischen Konstruktes fungiert.

Tab. H-5: Konvergenzvalidität des Messmodells erster Ordnung der Krankenhausreputation (Zweitstudie)

Anknüpfend an die bisherigen Ergebnisse steht als nächster Schritt die Beurteilung des Gesamtmessmodells mit Blick auf die Konvergenzvalidität an, d.h. die kognitive und die affektive Dimension werden auf der ersten Konstruktebene einer simultanen Analyse unterzogen. Zur Überprüfung der Modellgüte dienen nun die Resultate der

---

[1146] Vgl. Bühner (2006), S. 203.
[1147] Vgl. Bühner (2006), S. 202 ff.

konfirmatorischen Faktorenahalyse. Diese sind in Tab. H-5 dargestellt und deuten auf eine zufrieden stellende Anpassungsgüte der Modellstruktur hin. Während sämtliche lokale Gütemaße für die Annahme des Messmodells sprechen, vermögen von den globalen Kriterien lediglich der χ^2/df und der RMSEA ihre Normwerte nur beinahe zu erfüllen. Alles in allem kann daher von Konvergenzvalidität des vorliegenden Modells ausgegangen werden.

(5) Überprüfung der Diskriminanzvalidität der Dimensionen

Zur Überprüfung der Diskriminanzvalidität der Dimensionen des Konstruktes der Krankenhausreputation gilt es, erneut dem Vorschlag von *Fornell/Larcker* zu folgen und einen Vergleich der jeweils durchschnittlich erfassten Varianzen mit der quadrierten Korrelation zwischen der kognitiven und der affektiven Dimension des Reputationskonstruktes zu vollziehen.[1148] Das Ergebnis der Analyse zeigt, dass bei einer quadrierten Korrelation von 0,69, einer DEV der kognitiven Dimension von 0,85 und einer DEV der affektiven Dimension von 0,87 ohne Einschränkungen von diskriminanzvaliden Messungen gesprochen werden kann.

(6) Genesteter Modellvergleich zwischen mehr- und einfaktorieller Modellierung

Der nächste Prüfschritt bei der Analyse von Messkonzepten höherer Ordnung besteht in einem genesteten Modellvergleich zwischen mehrfaktorieller und einfaktorieller Modellierung des Messansatzes. Dieser verfolgt das Ziel, die Überlegenheit des Konstruktes zweiter Ordnung gegenüber einer eindimensionalen Lösung bei der empirischen Erfassung des Reputationskonstruktes nachzuweisen. Zu diesem Zweck wird zur Spezifizierung des einfaktoriellen Modells die Korrelation zwischen den beiden Faktoren auf Eins restringiert und der so berechnete χ^2-Wert mit dem des hierarchischen, zweifaktoriellen Modells verglichen.[1149] Der χ^2-Differenztest zeigt, dass die Anpassung des Einfaktormodells (χ^2-Wert: 130,92) schlechter ist als die zweidimensionale Lösung (χ^2-Wert: 124,76). Für das $\Delta\chi^2$ von 6,16 ergibt sich bei einem Δdf von Eins eine Signifikanz auf dem 5%-Niveau.[1150] Demnach lassen sich die Interkorrelationen zwischen kognitiver und affektiver Dimension auf das übergeordnete Reputationskonstrukt zurückführen.

(7) Konfirmatorische Faktorenanalyse des Konstruktes zweiter Ordnung

Endgültig bestätigt wird die hergeleitete Konzeptionalisierung der Krankenhausreputation als Konstrukt zweiter Ordnung durch die empirische Analyse des

---

[1148] Vgl. Kapitel E.1.4.
[1149] Vgl. Kline (2005), S. 183.
[1150] Vgl. Backhaus et al. (2006), S. 818.

Messmodells zweiter Ordnung. Die errechneten Gütemaße können Tab. H-6 entnommen werden. Da zweifaktorielle hierarchische Modelle zu ihren Pendants erster Ordnung mit lediglich korrelierten Faktoren nach Maßgabe des Modellfits äquivalent sind, entsprechen die hier berichteten Werte denen der Tab. H-5. Hinzuweisen ist insbesondere auf den hohen Wert des Cronbachs Alpha von 0,96 sowie auf die Varianzaufklärung in Höhe von 90,14%. Ebenso signalisieren die Gütekriterien der zweiten Generation die hohe Validität und Reliabilität des Messmodells: Alle Critical-Ratio-Werte sind signifikant und die Faktorreliabilitäten von 0,96 übersteigen den Normwert von 0,6 bei Weitem. Gleiches gilt für die durchschnittlich erfassten Varianzen und die lokalen Gütekriterien, die durchweg und deutlich über den geforderten Werten liegen. Einschränkend muss lediglich auf den χ^2/df-Wert hingewiesen werden, der den Richtwert um 0,57 verfehlt, wie auch auf die neuerlich unbefriedigende Ausprägung des RMSEA. Dessen ungeachtet kann dem Messansatz insgesamt eine stattliche Anpassungsgüte bescheinigt werden.

Informationen zum Konstrukt „Krankenhausreputation" (Zweitstudie)			
Cronbachs Alpha:	0,96	DEV:	0,86
χ^2-Wert (Freiheitsgrade):	124,76 (19)	CFI:	0,96
χ^2/df:	6,57	RMSEA:	0,16
p-Wert:	0,00	SRMR:	0,04
Faktorreliabilität:	0,98	TLI:	0,94
Erklärter Varianzanteil:	90,14%	IFI:	0,96

Informationen zu den Dimensionen des Konstrukts „Krankenhausreputation" (Zweitstudie)			
Faktorreliabilität (Kognitive Dimension):	0,96	DEV (Kognitive Dimension):	0,85
Faktorreliabilität (Affektive Dimension):	0,96	DEV (Affektive Dimension):	0,87

Informationen zu den Indikatoren des Konstruktes „Krankenhausreputation" (Zweitstudie)			
Kurzbezeichnung des Indikators	Item-to-Total-Korrelation	Indikator-reliabilität	Critical Ratio der Faktorladung
Kognitive Dimension			
KH_RepuKog1$_{(2)}$	0,82	0,85	*
KH_RepuKog2$_{(2)}$	0,87	0,85	23,92
KH_RepuKog3$_{(2)}$	0,83	0,86	24,69
KH_RepuKog4$_{(2)}$	0,87	0,85	23,67
Affektive Dimension			
KH_RepuAff1$_{(2)}$	0,93	0,90	*
KH_RepuAff2$_{(2)}$	0,85	0,83	25,46
KH_RepuAff3$_{(2)}$	0,82	0,81	24,84
KH_RepuAff4$_{(2)}$	0,89	0,92	31,48

* Eine Berechnung des Wertes ist nicht möglich, da die Variable als Referenzindikator zur Standardisierung der Varianz des betreffenden hypothetischen Konstruktes fungiert.

Tab. H-6: Reliabilität und Validität des Konstruktes zweiter Ordnung „Krankenhausreputation" (Zweitstudie)

1.2.2 Überprüfung der Konstruktmessung der Fachabteilungsreputation (Zweitstudie)

Auch für die Ableitung fundierter Aussagen über die Adäquanz der postulierten Messvorschrift für das Fachabteilungsreputationskonstrukt sind die nunmehr hinlänglich bekannten sieben Prüfschritte zu durchlaufen, beginnend mit der isolierten Analyse der Konstruktdimensionen.

(1) Überprüfung der kognitiven Dimension der Fachabteilungsreputation

Tab. H-7 dokumentiert die ermittelten Gütekriterien für den kognitiven Faktor der Fachabteilungsreputation. Mit Ausnahme des RMSEA, der seinen Zielwert um 0,04 knapp verfehlt, liegen die globalen Gütemaße äußerst nahe an ihrer jeweils optimalen Ausprägung. Zudem lassen die durch das *Cronbachs* Alpha von 0,98 erfasste sehr hohe interne Konsistenz der Skala und die lokalen Gütekriterien keine Zweifel an der Zuverlässigkeit und der konzeptionellen Korrektheit dieser Messvorschrift entstehen.

Informationen zum Faktor „Kognitive Dimension der Fachabteilungsreputation" (Zweitstudie)

Cronbachs Alpha:	0,98	DEV:	0,92
χ²-Wert (Freiheitsgrade):	8,04 (2)	CFI:	0,99
χ²/df:	4,02	RMSEA:	0,12
p-Wert:	0,02	SRMR:	0,01
Faktorreliabilität:	0,98	TLI:	0,99
Erklärter Varianzanteil:	93,27%	IFI:	0,99

Informationen zu den Indikatoren des Faktors „Kognitive Dimension der Fachabteilungsreputation" (Zweitstudie)

Kurzbezeichnung des Indikators	Item-to-Total-Korrelation	Indikator-reliabilität	Critical Ratio der Faktorladung
FA_RepuKog1$_{(2)}$	0,93	0,90	*
FA_RepuKog2$_{(2)}$	0,94	0,92	32,25
FA_RepuKog3$_{(2)}$	0,96	0,96	36,43
FA_RepuKog4$_{(2)}$	0,93	0,88	29,45

* Eine Berechnung des Wertes ist nicht möglich, da die Variable als Referenzindikator zur Standardisierung der Varianz des betreffenden hypothetischen Konstruktes fungiert.

Tab. H-7: Reliabilität und Validität des Konstruktes „Kognitive Dimension der Fachabteilungsreputation" (Zweitstudie)

(2) Überprüfung der affektiven Dimension der Fachabteilungsreputation

Informationen zum Faktor „Affektive Dimension der Fachabteilungsreputation" (Zweitstudie)

Cronbachs Alpha:	0,97	DEV:	0,88
χ²-Wert (Freiheitsgrade):	31,54 (2)	CFI:	0,98
χ²/df:	15,77	RMSEA:	0,26
p-Wert:	0,00	SRMR:	0,01
Faktorreliabilität:	0,97	TLI:	0,93
Erklärter Varianzanteil:	91,23%	IFI:	0,98

Informationen zu den Indikatoren des Faktors „Affektive Dimension der Fachabteilungsreputation" (Zweitstudie)

Kurzbezeichnung des Indikators	Item-to-Total-Korrelation	Indikator-reliabilität	Critical Ratio der Faktorladung
FA_RepuAff1$_{(2)}$	0,92	0,88	*
FA_RepuAff2$_{(2)}$	0,92	0,88	29,14
FA_RepuAff3$_{(2)}$	0,90	0,85	26,14
FA_RepuAff4$_{(2)}$	0,93	0,90	29,76

* Eine Berechnung des Wertes ist nicht möglich, da die Variable als Referenzindikator zur Standardisierung der Varianz des betreffenden hypothetischen Konstruktes fungiert.

Tab. H-8: Reliabilität und Validität des Konstruktes „Affektive Dimension der Fachabteilungsreputation" (Zweitstudie)

Der für die affektive Dimension der Fachabteilungsreputation errechnete Wert für *Cronbachs* Alpha von 0,97 (vgl. Tab. H-8) gibt ebenfalls keinen Grund, Indikatoren aus dem Messmodell zu entfernen. Die durchgeführte exploratorische Faktorenanalyse extrahiert einen Faktor, der 91,23% der Varianz der Indikatoren erklärt. Die zur Beurteilung des Faktors im Zuge der konfirmatorischen Faktorenanalyse heranzuziehenden Gütemaße des CFI, SRMR, TLI und IFI erfüllen die Anforderungen ebenso wie sämtliche der lokalen Gütemaße. Aus diesem Grund kann von einer reliablen und validen Messvorschrift gesprochen werden.

(3) Exploratorische Faktorenanalyse über alle Indikatoren

Analog zum Konstrukt der Krankenhausreputation gilt es in diesem Schritt zu prüfen, ob die im theoretischen Teil dieser Arbeit postulierten Dimensionen der Fachabteilungsreputation auch im Datensatz der Zweitstudie wiederentdeckt werden bzw. ob sich das Ergebnis der empirischen Konstruktprüfung im Rahmen der Erststudie mit den Daten der Zweitstudie replizieren lässt. Dass dies der Fall ist, geht aus Tab. H-9 hervor: Die exploratorische Faktorenanalyse auf Basis einer durch die PROMAX-Rotation ermittelten Faktorladungsmatrix führt auch mit den Daten der Zweitstudie zur theoretisch postulierten Modelllösung.

Variable	Kommunalität	Faktor 1	Faktor 2
FA_RepuKog1$_{(2)}$	0,93	0,86	
FA_RepuKog2$_{(2)}$	0,93	0,85	
FA_RepuKog3$_{(2)}$	0,95	0,86	
FA_RepuKog4$_{(2)}$	0,92	0,88	
FA_RepuAff1$_{(2)}$	0,92		0,66
FA_RepuAff2$_{(2)}$	0,91		0,77
FA_RepuAff3$_{(2)}$	0,93		0,95
FA_RepuAff4$_{(2)}$	0,93		0,85

Anmerkung: Werte unter 0,30 werden zugunsten einer besseren Übersichtlichkeit nicht aufgeführt.

Tab. H-9: Ergebnisse der exploratorischen Faktorenanalyse über alle Dimensionen der Fachabteilungsreputation (Zweitstudie)

Da die Vorgabe von zwei Faktoren abermals durch die Theorie sowie die empirische Bestätigung des Messmodells im Rahmen der Erststudie dieser Arbeit umfassend fundiert werden kann,[1151] ist es ausreichend, an dieser Stelle auf das Verfehlen des von inhaltlicher Plausibilität abstrahierenden Kaiser-Kriteriums entsprechend Tab. H-10 lediglich hinzuweisen. Weil für das Konstrukt der Fachabteilungsreputation eine Übereinstimmung zwischen der Lösung der exploratorischen Faktorenanalyse und der konzeptionell begründeten Faktorenstruktur vorliegt, kann auch dieser dritte Prüfschritt mit dem Feststellen eines positiven Befunds abgeschlossen werden.[1152]

[1151] Vgl. Kapitel C.1.3; Kapitel E.1.5.
[1152] Vgl. Bühner (2006), S. 202 ff.

Faktor	Eigenwert	Mit diesem Faktor erklärter Varianzanteil (%)	Kumulierte erklärte Varianz (%)
1	6,89	86,10	86,10
2	0,53	6,62	92,73

Tab. H-10: Eigenwerttableau der Faktorenanalyse zum Konstrukt „Fachabteilungsreputation" (Zweitstudie)

(4) Konfirmatorische Faktorenanalyse erster Ordnung über alle Dimensionen

Im Weiteren wird zur Analyse der Faktorenstruktur des Konstruktes der Fachabteilungsreputation das Verfahren der konfirmatorischen Faktorenanalyse angewendet. Tab. H-11 gibt die Ergebnisse der zum Zweck der Untersuchung der Konvergenzvalidität durchgeführten simultanen Prüfung der Konstruktdimensionen wieder.

Ergebnisse der konfirmatorischen Faktorenanalyse erster Ordnung zum Konstrukt „Fachabteilungsreputation" (Zweitstudie)			
Cronbachs Alpha:	0,98	DEV:	0,90
χ^2-Wert (Freiheitsgrade):	95,64 (19)	CFI:	0,97
χ^2/df:	5,03	RMSEA:	0,13
p-Wert:	0,00	SRMR:	0,02
Faktorreliabilität:	0,99	TLI:	0,96
Erklärter Varianzanteil:	92,73	IFI:	0,97

Ergebnisse der konfirmatorischen Faktorenanalyse erster Ordnung zu den Dimensionen des Konstruktes „Fachabteilungsreputation" (Zweitstudie)			
Faktorreliabilität (Kognitive Dimension):	0,98	DEV (Kognitive Dimension):	0,91
Faktorreliabilität (Affektive Dimension):	0,97	DEV (Affektive Dimension):	0,88

Ergebnisse der konfirmatorischen Faktorenanalyse erster Ordnung zu den Indikatoren des Konstruktes „Fachabteilungsreputation" (Zweitstudie)			
Kurzbezeichnung des Indikators	Item-to-Total-Korrelation	Indikator-reliabilität	Critical Ratio der Faktorladung
Kognitive Dimension			
FA _RepuKog1$_{(2)}$	0,90	0,90	*
FA _RepuKog2$_{(2)}$	0,92	0,92	32,55
FA _RepuKog3$_{(2)}$	0,92	0,94	36,41
FA _RepuKog4$_{(2)}$	0,89	0,88	29,49
Affektive Dimension			
FA _RepuAff1$_{(2)}$	0,94	0,92	*
FA _RepuAff2$_{(2)}$	0,90	0,88	31,83
FA _RepuAff3$_{(2)}$	0,86	0,83	27,00
FA _RepuAff4$_{(2)}$	0,90	0,90	32,60
* Eine Berechnung des Wertes ist nicht möglich, da die Variable als Referenzindikator zur Standardisierung der Varianz des betreffenden hypothetischen Konstruktes fungiert.			

Tab. H-11: Konvergenzvalidität des Messmodells erster Ordnung der Fachabteilungsreputation (Zweitstudie)

Die globalen und lokalen Anpassungsmaße erfüllen bei allen Gütekriterien die gestellten Anforderungen – wiederum lediglich mit Ausnahme des RMSEA, der seinen Zielwert um 0,05 verfehlt. Auf der Konstruktebene überschreiten alle Faktorreliabilitäten sowie sämtliche Werte für die durchschnittlich erfasste Varianz die geforderten Ausprägungen bei Weitem. Im Ganzen deutet dies auf eine gute Anpassungsgüte der Modellstruktur hin.

(5) Überprüfung der Diskriminanzvalidität der Dimensionen

Vergleicht man zur Analyse der Diskriminanzvalidität der Dimensionen des Konstruktes der Fachabteilungsreputation die von den Faktoren jeweils erfasste durchschnittliche Varianz mit der quadrierten Korrelation der Dimensionen, so ergibt sich folgendes Bild: Für die quadrierte Korrelation errechnet sich ein Wert von 0,81. Diesem steht eine DEV der kognitiven Dimension in Höhe von 0,92 und eine DEV der affektiven Dimension von 0,88 gegenüber. Da die Ausprägungen beider durchschnittlich erfassten Varianzen somit über dem Wert der quadrierten Korrelation liegen, können nach Maßgabe des *Fornell/Larcker*-Kriteriums diskriminanzvalide Messungen unterstellt werden.

(6) Genesteter Modellvergleich zwischen mehr- und einfaktorieller Modellierung

Wie bekannt, sieht der sechste Prüfschritt einen Vergleich des postulierten zweidimensionalen Messmodells des Reputationskonstruktes mit dem eindimensionalen Alternativmodell vor. Der χ^2-Differenztest fördert diesbezüglich zutage, dass das hierarchische, zweifaktorielle Messmodell die empirischen Daten, wie angenommen, tatsächlich besser abbildet, als die unifaktorielle Variante: Einem χ^2-Wert von 95,64 des zweifaktoriellen Modells steht ein solcher des einfaktoriellen in Höhe von 141,91 gegenüber. Das $\Delta\chi^2$ von 46,27 bei einem Δdf von Eins zeugt hinsichtlich der Anpassungsgüte von einer hoch signifikanten, auf dem 1%-Niveau gültigen Überlegenheit des theoretisch postulierten Messmodells der Fachabteilungsreputation gegenüber dem eindimensionalen Modell. Damit ist auch auf Basis des Datenmaterials der Zweitstudie für das Konstrukt der Fachabteilungsreputation der Nachweis erbracht, dass sich die Interkorrelationen zwischen den Faktoren auf das übergeordnete Konstrukt zweiter Ordnung zurückführen lassen.

(7) Konfirmatorische Faktorenanalyse des Konstruktes zweiter Ordnung

Schließlich gilt es zu prüfen, ob den identifizierten Dimensionen tatsächlich ein übergeordnetes Fachabteilungsreputationskonstrukt zugrunde liegt, indem das hierarchische Messmodell mit einem Faktor zweiter Ordnung und den zwei Faktoren erster Ordnung, also den Dimensionen, einer konfirmatorischen Faktorenanalyse unterzogen wird. Aus Tab. H-12 geht hervor, dass das postulierte zweidimensionale Messmodell für das Konstrukt der Fachabteilungsreputation dieser Überprüfung standhält. Es ergibt sich ein *Cronbachs* Alpha von 0,98, und es besteht eine Varianzaufklärung von 92,73%. Der konfirmatorischen Prüfung zufolge liegen die einschlägigen globalen Gütekriterien über den geforderten Schwellenwerten. Einzig der Wert des RMSEA weist wiederum eine kritische Ausprägung auf. Dies jedoch könnte der bereits erläuterten Eigenschaft dieses Gütekriteriums geschuldet sein, dass es Modelle kleinerer Stichprobengröße und geringer Anzahl an Freiheitsgraden trotz Korrektheit häufig ablehnt.[1153] Folgerichtig zeichnen sich die gegenüber Stichprobengrößenänderungen weniger sensiblen Fitmaße des CFI, TLI und SRMR durch höchst akzeptable Werte aus. Auch die lokalen Gütekriterien, die ohne Ausnahme in den empfohlenen Wertebereichen liegen sowie die hohen Faktor-reliabilitäten und durchschnittlich erfassten Varianzen der Dimensionen rechtfertigen die Annahme der gewählten zweidimensionalen Operationalisierung.

Informationen zum Konstrukt „Fachabteilungsreputation" (Zweitstudie)

Cronbachs Alpha:	0,98	DEV:	0,82
χ²-Wert (Freiheitsgrade):	95,64 (19)	CFI:	0,97
χ²/df:	5,03	RMSEA:	0,13
p-Wert:	0,00	SRMR:	0,02
Faktorreliabilität:	0,97	TLI:	0,96
Erklärter Varianzanteil:	92,73	IFI:	0,97

Informationen zu den Dimensionen des Konstruktes „Fachabteilungsreputation" (Zweitstudie)

Faktorreliabilität (Kognitive Dimension):	0,98	DEV (Kognitive Dimension):	0,91
Faktorreliabilität (Affektive Dimension):	0,97	DEV (Affektive Dimension):	0,88

Informationen zu den Indikatoren des Konstruktes „Fachabteilungsreputation" (Zweitstudie)

Kurzbezeichnung des Indikators	Item-to-Total-Korrelation	Indikator-reliabilität	Critical Ratio der Faktorladung
Kognitive Dimension			
FA_RepuKog1$_{(2)}$	0,90	0,90	*
FA_RepuKog2$_{(2)}$	0,92	0,92	32,55
FA_RepuKog3$_{(2)}$	0,92	0,94	36,41
FA_RepuKog4$_{(2)}$	0,89	0,88	29,49
Affektive Dimension			
FA_RepuAff1$_{(2)}$	0,94	0,92	*
FA_RepuAff2$_{(2)}$	0,90	0,88	31,83
FA_RepuAff3$_{(2)}$	0,86	0,83	27,00
FA_RepuAff4$_{(2)}$	0,90	0,90	32,60

* Eine Berechnung des Wertes ist nicht möglich, da die Variable als Referenzindikator zur Standardisierung der Varianz des betreffenden hypothetischen Konstruktes fungiert.

Tab. H-12: Reliabilität und Validität des Konstruktes zweiter Ordnung „Fachabteilungs-reputation" (Zweitstudie)

Auch das Konstrukt der Fachabteilungsreputation hat damit alle sieben Prüfschritte zur Analyse der Güte und des Ordnungsranges mehrdimensionaler Konstrukte erfolgreich durchlaufen. Die Eignung des in dieser Arbeit zugrunde gelegten zweidimensionalen Operationalisierungsansatzes für die Reputationskonstrukte wird zudem dadurch unterstrichen, dass sich die Anpassungsgüte der gewählten Messmodellstrukturen im Sinne ihrer erfolgreichen Konfrontation mit zwei verschie-denen Datensätzen als robust erweist.

Zwar ist die Replikation eines (Mess-) Modells kein endgültiger Beleg für die Modellgeltung, da es aus wissenschaftstheoretischer Perspektive nur möglich ist, Modelle zu widerlegen; eine erfolgreiche Replikation ist jedoch ein deutlicher Hinweis auf die Stabilität und Konsistenz der gefundenen Modellstruktur. D.h. für den vorliegenden Fall, dass sowohl für das Konstrukt der Krankenhausreputation als auch für das der Fachabteilungsreputation auch der zweite statistische „Wider-

---

[1153] Vgl. Kapitel E.1.5.1.

legungsversuch" der komplexen zweidimensionalen Konzeptionalisierung der Messmodelle fehlgeschlagen ist, was als Indiz für die vorläufige Richtigkeit der zugrunde gelegten Modellstrukturen interpretiert werden kann.[1154] Damit erscheint es nachdrücklich gelungen, einen Beitrag zur Auflösung der in der Reputationsforschung herrschenden Uneinigkeit bei der Operationalisierung des Reputationskonstruktes geleistet zu haben.[1155]

1.3 Überprüfung der Konstruktmessungen der ausdifferenzierten und expandierten Konsequenzen des Reputationskomplexes

Die theoretisch-konzeptionellen Überlegungen zu den Möglichkeiten einer Differenzierung der Kooperationsbereitschaft niedergelassener Ärzte nach ihrem primären Zweck sowie die forschungsrelevanten Grundlagen für die Ableitung von Hypothesen zum Zusammenhang des Reputationskomplexes mit den verschiedenen Erscheinungsformen der Loyalität einweisender Ärzte bildeten den Gegenstand des Kapitels F.2. Da es sich bei den interessierenden potenziellen Wirkungen um hypothetische Konstrukte handelt, ist es notwendig, die Eignung der gewählten Operationalisierungen einer empirischen Überprüfung zu unterziehen, bevor sie Eingang in das Strukturmodell finden.

1.3.1 Überprüfung der Konstruktmessungen der Bereitschaft zur wirtschaftlichen und zur medizinischen Kooperation

Zur Messung der Bereitschaft niedergelassener Ärzte zu einer vorwiegend wirtschaftlich bzw. zu einer primär medizinisch-fachlich angestoßenen Kooperation dienen jeweils vier Items, die zum einen auf den empirischen Ergebnissen der Erststudie zum Messmodell der undifferenzierten Kooperationsbereitschaft und zum anderen auf den in Kapitel F.2.1 angestellten Überlegungen beruhen.

Die Ausprägungen der Gütekriterien des Konstruktes der Bereitschaft zur wirtschaftlichen Kooperation sind der Tab. H-13 zu entnehmen. Neben der sehr hohen internen Konsistenz der Skala fallen speziell die Werte des CFI, IFI und SRMR auf, die nahe an ihrem jeweiligen Optimum von Eins bzw. Null liegen. Angesichts der Tatsache, dass auch die lokalen Anpassungsmaße sehr zufrieden stellende Werte aufweisen und die Faktorladungen der Indikatoren hoch signifikant sind, bedarf das Messmodell trotz der Ausprägungen des χ^2/df-Wertes und des RMSEA jenseits von Sechs bzw. 0,08 keinerlei Modifikation und kann in der vorliegenden Form in die Analyse des Strukturmodells eingehen.

[1154] Vgl. Popper (1992), S. 190 ff.
[1155] Vgl. Kapitel C.3.2.

Informationen zum Konstrukt „Bereitschaft zur wirtschaftlichen Kooperation"			
Cronbachs Alpha:	0,98	DEV:	0,94
χ^2-Wert (Freiheitsgrade):	22,82 (2)	CFI:	0,99
χ^2/df:	11,41	RMSEA:	0,22
p-Wert:	0,00	SRMR:	0,01
Faktorreliabilität:	0,98	TLI:	0,96
Erklärter Varianzanteil:	95,20%	IFI:	0,99

Informationen zu den Indikatoren des Konstruktes „Bereitschaft zur wirtschaftlichen Kooperation"			
Kurzbezeichnung des Indikators	Item-to-Total-Korrelation	Indikator-reliabilität	Critical Ratio der Faktorladung
KH_KoopWi1$_{(2)}$	0,94	0,90	*
KH_KoopWi2$_{(2)}$	0,96	0,94	36,03
KH_KoopWi3$_{(2)}$	0,97	0,96	37,76
KH_KoopWi4$_{(2)}$	0,96	0,94	36,19

* Eine Berechnung des Wertes ist nicht möglich, da die Variable als Referenzindikator zur Standardisierung der Varianz des betreffenden hypothetischen Konstruktes fungiert.

Tab. H-13: Reliabilität und Validität des Konstruktes „Bereitschaft zur wirtschaftlichen Kooperation"

Die messtechnische Abbildung des Konstruktes der Bereitschaft zur medizinischen Kooperation niedergelassener Ärzte unterscheidet sich von der soeben diskutierten lediglich durch den differierenden Kooperationszweck, der in die Itemformulierungen aufgenommen wurde.[1156] Auch die Anpassungsmaße dieser Messvorschrift liefert keinen Anlass, das Modell zu verwerfen. Die Vorgaben von sämtlichen Gütekriterien werden erfüllt (vgl. Tab. H-14). Ins Auge fallen besonders die globalen Gütekriterien, die für eine nahezu perfekte Anpassung des Messmodells an das empirische Datenmaterial sprechen.

Informationen zum Konstrukt „Bereitschaft zur medizinischen Kooperation"			
Cronbachs Alpha:	0,97	DEV:	0,89
χ^2-Wert (Freiheitsgrade):	0,45 (2)	CFI:	1,00
χ^2/df:	0,23	RMSEA:	0,01
p-Wert:	0,00	SRMR:	0,01
Faktorreliabilität:	0,97	TLI:	1,00
Erklärter Varianzanteil:	91,94%	IFI:	1,00

Informationen zu den Indikatoren des Konstruktes „Bereitschaft zur medizinischen Kooperation"			
Kurzbezeichnung des Indikators	Item-to-Total-Korrelation	Indikator-reliabilität	Critical Ratio der Faktorladung
KH_KoopMed1$_{(2)}$	0,93	0,88	*
KH_KoopMed2$_{(2)}$	0,95	0,94	33,28
KH_KoopMed3$_{(2)}$	0,93	0,90	30,74
KH_KoopMed4$_{(2)}$	0,90	0,85	26,42

* Eine Berechnung des Wertes ist nicht möglich, da die Variable als Referenzindikator zur Standardisierung der Varianz des betreffenden hypothetischen Konstruktes fungiert.

Tab. H-14: Reliabilität und Validität des Konstruktes „Bereitschaft zur medizinischen Kooperation"

1.3.2 Überprüfung der Konstruktmessungen der aktiven und der passiven Loyalität niedergelassener Ärzte

Die Loyalität niedergelassener Ärzte wurde in Kapitel F.2.2 als „Verbundenheit aus Überzeugung" gegenüber einem bestimmten Leistungserbringer bzw. gegenüber einer bestimmten Leistungskategorie definiert. Da nicht unterstellt werden kann, dass eine solche Verbundenheit einweisender niedergelassener Ärzte gegenüber den

---

[1156] Vgl. Kapitel F.2.1.3.

beiden Leistungskategorien „Krankenhaus als Ganzes" und „spezielle Fachabteilung" per se in gleichem Maße herrscht, erschien eine Unterscheidung zwischen der Loyalität gegenüber dem Krankenhaus und der Loyalität gegenüber der einzelnen Fachabteilung als zweckmäßig.

1.3.2.1 Überprüfung der Konstruktmessungen der aktiven und der passiven Loyalität gegenüber dem Krankenhaus

Die aktive Loyalität gegenüber dem Krankenhaus als Ganzes wird durch die Absicht niedergelassener Ärzte erfasst, die Leistungen des Krankenhauses (auch) zukünftig in Anspruch zu nehmen, diese Leistungsinanspruchnahme auszuweiten und/oder das fokale Krankenhaus als Leistungsanbieter weiterzuempfehlen, und zwar unabhängig etwaiger Veränderungen in den Merkmalen dieses Anbieters. Demgegenüber stellt die passive Loyalität auf die Beibehaltung des Einweisungsverhaltens im Fall eines Trägerwechsels, im vorliegenden Fall implizit einer Privatisierung, ab.

Die Gütekriterien der Messvorschrift für das Konstrukt der aktiven Loyalität gegenüber dem Krankenhaus gibt Tab. H-15 wieder. Da bei einem Operationalisierungsansatz mit lediglich drei Indikatoren aufgrund fehlender Freiheitsgrade keine Berechnung globaler Anpassungswerte möglich ist, muss sich die Betrachtung hier auf die lokalen Gütemaße sowie auf die Kriterien der ersten Generation beschränken. Diese attestieren der Skala mit einem *Cronbachs* Alpha von 0,87, einer DEV von 0,73 und durchweg signifikanten Faktorladungen eine gute Reliabilität und Validität. Auch der auf Basis des Eigenwertkriteriums ermittelte Faktor, der 79,19% der in den Variablen enthaltenen Varianz erklärt, spricht für die Annahme des Messmodells.

Eine kleine Einschränkung erfährt die Güte der vorliegenden Messvorschrift durch die Reliabilität des Indikators "KH_aktLoy3$_{(2)}$", die ihren Zielwert um 0,06 verfehlt. Dies, sowie die relativ niedrige Item-to-Total-Korrelation dieses Indikators dürfte der Tatsache geschuldet sein, dass die mit diesem Item erfasste Ausweitung der Leistungsinanspruchnahme durch die Niedergelassenen lediglich innerhalb bestimmter Grenzen möglich ist, da die Nachfrage nach stationären Gesundheitsleistungen in der Regel nachfrager- bzw. patienteninduziert ist. Zukünftige Forschungsarbeiten, die diese Skala gegebenenfalls aufgreifen, sollten daher eine Relativierung der Itemformulierung derart vornehmen, dass nicht nach der absoluten Leistungsausweitung gefragt wird, sondern nach der Absicht, den Anteil an Patienteneinweisungen in das fokale Krankenhaus zukünftig zu erhöhen. Da der Grund der geringen Indikatorreliabilität damit aufgedeckt erscheint und die Faktorladung des betroffenen Items eine statistisch hoch signifikante Ausprägung aufweist, soll trotz der dargelegten Einschränkung an der Verwendung der Skala in der vorliegenden Form festgehalten werden.

Informationen zum Konstrukt „Aktive Loyalität gegenüber dem Krankenhaus"

Cronbachs Alpha:	0,87	DEV:	0,73
χ^2-Wert (Freiheitsgrade):	-**	CFI:	-**
χ^2/df:	-**	RMSEA	-**
p-Wert:	-**	SRMR:	-**
Faktorreliabilität:	0,88	TLI:	-**
Erklärter Varianzanteil:	79,19%	IFI:	-**

Informationen zu den Indikatoren des Konstruktes „Aktive Loyalität gegenüber dem Krankenhaus"

Kurzbezeichnung des Indikators	Item-to-Total-Korrelation	Indikator-reliabilität	Critical Ratio der Faktorladung
KH_aktLoy1$_{(2)}$	0,84	0,90	*
KH_aktLoy2$_{(2)}$	0,86	0,94	20,83
KH_aktLoy3$_{(2)}$	0,57	0,34	10,19

* Eine Berechnung des Wertes ist nicht möglich, da die Variable als Referenzindikator zur Standardisierung der Varianz des betreffenden hypothetischen Konstruktes fungiert.
** Da ein konfirmatorisches Modell mit lediglich drei Indikatoren keine Freiheitsgrade aufweist, ist die Berechnung dieser Gütemaße nicht möglich.

Tab. H-15: Reliabilität und Validität des Konstruktes „Aktive Loyalität gegenüber dem Krankenhaus"

Die Gütekriterien der Messvorschrift für das Konstrukt der passiven Loyalität gegenüber dem Krankenhaus lassen ebenfalls keinen Grund erkennen, Änderungen an der Itembatterie vorzunehmen. Aus Tab. H-16 geht hervor, dass sich die Indikatorengruppe mit einem *Cronbachs* Alpha von 0,96 durch eine hohe interne Konsistenz auszeichnet. Die exploratorische Faktorenanalyse führt zur Extraktion eines Faktors, der 91,91% der Indikatorvarianz aufklärt. Ferner erweisen sich die Faktorladungen als signifikant und auch die Item-to-Total-Korrelationen ergeben ein positives Bild.

Informationen zum Konstrukt „Passive Loyalität gegenüber dem Krankenhaus"

Cronbachs Alpha:	0,96	DEV:	0,88
χ^2-Wert (Freiheitsgrade):	-**	CFI:	-**
χ^2/df:	-**	RMSEA	-**
p-Wert:	-**	SRMR:	-**
Faktorreliabilität:	0,96	TLI:	-**
Erklärter Varianzanteil:	91,91%	IFI:	-**

Informationen zu den Indikatoren des Konstruktes „Passive Loyalität gegenüber dem Krankenhaus"

Kurzbezeichnung des Indikators	Item-to-Total-Korrelation	Indikator-reliabilität	Critical Ratio der Faktorladung
KH_passLoy1$_{(2)}$	0,90	0,86	*
KH_passLoy2$_{(2)}$	0,93	0,92	28,50
KH_passLoy3$_{(2)}$	0,89	0,85	24,73

* Eine Berechnung des Wertes ist nicht möglich, da die Variable als Referenzindikator zur Standardisierung der Varianz des betreffenden hypothetischen Konstruktes fungiert.
** Da ein konfirmatorisches Modell mit lediglich drei Indikatoren keine Freiheitsgrade aufweist, ist die Berechnung dieser Gütemaße nicht möglich.

Tab. H-16: Reliabilität und Validität des Konstruktes „Passive Loyalität gegenüber dem Krankenhaus"

1.3.2.2 Überprüfung der Konstruktmessungen der aktiven und der passiven Loyalität gegenüber der Fachabteilung

Während sich das Konstrukt der aktiven Loyalität gegenüber der Fachabteilung von seinem auf die Krankenhauskategorie bezogenen Pendant inhaltlich lediglich durch den differierenden Objektbezug unterscheidet, rekurriert das Konzept der passiven

Loyalität niedergelassener Ärzte gegenüber der Fachabteilung nicht auf die Stabilität der Verbundenheit bei einem hypothetischen Krankenhausträgerwechsel, sondern auf die Verbundenheit im Fall einer Veränderung der Personalsituation auf der Chefarztebene.

Aus Tab. H-17 geht hervor, dass das *Cronbachs* Alpha von 0,88 nicht nach einer Eliminierung einzelner Variablen aus der Itembatterie des Konstruktes der aktiven Loyalität gegenüber der Fachabteilung verlangt. Der erklärte Varianzanteil des extrahierten Faktors in Höhe von 81,36% und die durchschnittlich erfasste Varianz sprechen ebenso für die Annahme des Messmodells wie die Faktorreliabilität, die den Zielwert von 0,60 deutlich überspringt, und die Item-to-Total-Korrelationen. Wie schon bei der Messvorschrift für das Konstrukt der aktiven Loyalität gegenüber dem Krankenhaus als Ganzes muss auch hier für das dritte Item eine Indikatorreliabilität knapp unterhalb des geforderten Mindestwertes festgestellt werden. Für die Beibehaltung des Items sprechen allerdings sowohl die im obigen Zusammenhang bereits erläuterten Gründe als auch die Tatsache, dass sich die Faktorladung des Items FA_aktLoy3$_{(2)}$ als signifikant erweist. Daher soll an der Messvorschrift in der vorliegenden Form festgehalten werden.

Informationen zum Konstrukt „Aktive Loyalität gegenüber der Fachabteilung"				
Cronbachs Alpha:	0,88	DEV:		0,75
χ^2-Wert (Freiheitsgrade):	-**	CFI:		-**
χ^2/df:	-**	RMSEA		-**
p-Wert:	-**	SRMR:		-**
Faktorreliabilität:	0,90	TLI:		-**
Erklärter Varianzanteil:	81,36%	IFI:		-**

Informationen zu den Indikatoren des Konstruktes „Aktive Loyalität gegenüber der Fachabteilung"			
Kurzbezeichnung des Indikators	Item-to-Total-Korrelation	Indikator-reliabilität	Critical Ratio der Faktorladung
FA_aktLoy1$_{(2)}$	0,86	0,92	*
FA_aktLoy2$_{(2)}$	0,88	0,94	24,98
FA_aktLoy3$_{(2)}$	0,61	0,38	11,38

* Eine Berechnung des Wertes ist nicht möglich, da die Variable als Referenzindikator zur Standardisierung der Varianz des betreffenden hypothetischen Konstruktes fungiert.
** Da ein konfirmatorisches Modell mit lediglich drei Indikatoren keine Freiheitsgrade aufweist, ist die Berechnung dieser Gütemaße nicht möglich.

Tab. H-17: Reliabilität und Validität des Konstruktes „Aktive Loyalität gegenüber der Fachabteilung"

Schließlich liefert Tab. H-18 eine Übersicht über die Ausprägungen der Anpassungskriterien des Messmodells für das Konstrukt „Passive Loyalität gegenüber der Fachabteilung". Für dieses Messkonzept ergibt sich ein Wert für das *Cronbachs* Alpha von 0,89. Folgerichtig bedarf es auf dieser Grundlage keiner Itemreduzierung. Auch die lokalen Fitmaße zeugen von einer hinreichenden Datenanpassung des Modells: Die Indikatorreliabilitäten liegen deutlich über dem Normwert von 0,40, die durchschnittlich erfasste Varianz beträgt mehr als 0,50 und die Critical-Ratio-Werte weisen Ausprägungen weit jenseits der Grenze von 1,96 auf. Folglich ist auch bei diesem Messmodell keine Modifikation notwendig, und es kann der Analyse des Strukturmodells unverändert zugeführt werden.

Informationen zum Konstrukt „Passive Loyalität gegenüber der Fachabteilung"			
Cronbachs Alpha:	0,89	DEV:	0,72
χ^2-Wert (Freiheitsgrade):	-**	CFI:	-**
χ^2/df:	-**	RMSEA	-**
p-Wert:	-**	SRMR:	-**
Faktorreliabilität:	0,89	TLI:	-**
Erklärter Varianzanteil:	81,48%	IFI:	-**

Informationen zu den Indikatoren des Konstruktes „Passive Loyalität gegenüber der Fachabteilung"			
Kurzbezeichnung des Indikators	Item-to-Total-Korrelation	Indikator-reliabilität	Critical Ratio der Faktorladung
FA_passLoy1$_{(2)}$	0,72	0,58	*
FA_passLoy2$_{(2)}$	0,85	0,90	13,90
FA_passLoy3$_{(2)}$	0,77	0,69	13,36

* Eine Berechnung des Wertes ist nicht möglich, da die Variable als Referenzindikator zur Standardisierung der Varianz des betreffenden hypothetischen Konstruktes fungiert.
** Da ein konfirmatorisches Modell mit lediglich drei Indikatoren keine Freiheitsgrade aufweist, ist die Berechnung dieser Gütemaße nicht möglich.

Tab. H-18: Reliabilität und Validität des Konstruktes „Passive Loyalität gegenüber der Fachabteilung"

1.4 Überprüfung der Konstruktmessungen der ausdifferenzierten und expandierten Einflussgrößen des Reputationskomplexes

Unter anderem zum Zweck der Erweiterung des in der Erststudie identifizierten Steuerungsinventars für eine planvolle Einflussnahme auf die Reputationen beider Ebenen wurde im Rahmen der Zweitstudie in Kapitel F.3 der Fokus auf weitere potenzielle Einflussgrößen des Reputationskomplexes gerichtet. Die Auswahl der auf ihre reputationsdeterminierenden Eigenschaften hin zu untersuchenden Konstrukte stützte sich dabei in erster Linie auf die empirischen Befunde der Erststudie. Diese verlangten die Einbeziehung der Struktur- und Prozessqualität in das Untersuchungsmodell der Zweitstudie.[1157] Die Aufnahme der Verwaltungsqualität in das Forschungsmodell wurde vorwiegend damit begründet, dass dadurch eine Prüfung des Reputationsbeitrages des Administrationssystems eines Krankenhauses möglich wird. Mit der Berücksichtigung der von niedergelassenen Ärzten wahrgenommenen Intensität des Wettbewerbs zu dem fokalen Krankenhaus wurde zudem der potenziellen Ambivalenz des Verhältnisses zwischen Krankenhäusern und niedergelassenen Ärzten Rechnung getragen.

Bei den Elementen des so ausdifferenzierten bzw. ausgeweiteten Inventars an potenziell reputationsrelevanten Größen handelt es sich abermals um nicht direkt messbare Phänomene. Deren Operationalisierungen anhand ausgewählter Indikatoren verlangen daher im Vorfeld der Analyse des Strukturmodells nach einer isolierten Prüfung.

[1157] Vgl. Kapitel F.3.1.1.

1.4.1 Überprüfung der Konstruktmessungen der Struktur- und Prozessqualität

1.4.1.1 Überprüfung der Konstruktmessungen der Struktur- und Prozessqualität des Krankenhauses als Ganzes

Die Auswahl der Indikatoren zur Messung der Struktur- und Prozessqualität des Krankenhauses beruhte auf den Erläuterungen des Kapitels F.3.1 und damit hauptsächlich auf den von *Donabedian* explizit genannten Merkmalen medizinisch-pflegerischer Qualität. Das relativ geringe Abstraktionsniveau der jeweiligen Items (dies gilt gleichermaßen für die Messmodelle der Struktur- und Prozessqualität auf Fachabteilungsebene) ließ dabei Erläuterungen zur gewählten Spezifikation der Messvorschriften als reflektiv erforderlich erscheinen.[1158] Neben inhaltlichen Über-legungen, die für eine Spezifikation entsprechend der klassischen Testtheorie sprechen, wurde flankierend darauf hingewiesen, dass im Rahmen der nun anstehenden empirischen Betrachtung der Messkonzepte eine hohe interne Konsistenz der Skalen als Hinweis für die Angemessenheit der reflektiven Spezifikation gewertet werden kann. Aus diesem Grund gilt es im Folgenden, den jeweiligen Ausprägungen des *Cronbachs* Alpha erhöhte Aufmerksamkeit zu schenken.

Tab. H-19 weist für das Konstrukt der Strukturqualität des Krankenhauses als Qualität der Leistungserstellung zugrunde liegenden Potenziale ein *Cronbachs* Alpha von 0,92 aus. Führt man sich vor Augen, dass laut *Nunally/Bernstein* ab einem Wert von 0,65 von ausreichend hoher interner Konsistenz einer Skala gesprochen werden kann,[1159] zeugt die vorliegende Ausprägung dieses Reliabilitätsmaßes unzweifelhaft für eine sehr hohe interne Konsistenz, d.h. die Summe der einzelnen Itemvarianzen entspricht annähernd der Höhe der Gesamtvarianz der Skala. Auch die empirische Evidenz spricht demnach dafür, dass sich die gewählten Indikatoren auf den übergeordneten Faktor der Strukturqualität zurückführen lassen. Im Übrigen führt die exploratorische Faktorenanalyse zur Extraktion nur eines Faktors, der 80,45% der Varianz bei gleichzeitig hohen Faktorladungen erklärt. Die Ergebnisse der konfirmatorischen Faktorenanalyse signalisieren ebenfalls eine gute Anpas-sungsgüte des Messansatzes. Abgesehen von den bereits bekannten „Sorgen-kindern" des χ^2/df-Wertes und des RMSEA sowie des TLI, der bei Stichproben-größen von unter 250 jedoch häufiger problematische Werte liefert,[1160] erfüllen die

---

[1158] Vgl. Kapitel F.3.1.3.
[1159] Vgl. Nunnally/Bernstein (1994), S. 265; Kapitel E.1.2.
[1160] Vgl. Bühner (2006), S. 257. Ferner zählt der TLI zu den sog. Typ-2-Indizes, die in ihrer Aussage-kraft über den Modellfit gegenüber den strengeren Typ-3-Indizes, wie z.B. dem CFI, zurückstehen (vgl. Bühner (2006), S. 255).

verbleibenden 19 Beurteilungskriterien durchweg die Anforderungen an eine reliable und valide Messvorschrift.

Informationen zum Konstrukt „Strukturqualität des Krankenhauses als Ganzes"

Cronbachs Alpha:	0,92	DEV:	0,74
χ^2-Wert (Freiheitsgrade):	35,69 (2)	CFI:	0,95
χ^2/df:	17,84	RMSEA:	0,27
p-Wert:	0,00	SRMR:	0,03
Faktorreliabilität:	0,92	TLI:	0,85
Erklärter Varianzanteil:	80,45%	IFI:	0,95

Informationen zu den Indikatoren des Konstruktes „Strukturqualität des Krankenhauses als Ganzes"

Kurzbezeichnung des Indikators	Item-to-Total-Korrelation	Indikator-reliabilität	Critical Ratio der Faktorladung
KH_SQ1$_{(2)}$	0,80	0,72	*
KH_SQ2$_{(2)}$	0,83	0,79	17,83
KH_SQ3$_{(2)}$	0,78	0,67	14,25
KH_SQ4$_{(2)}$	0,84	0,77	15,90

* Eine Berechnung des Wertes ist nicht möglich, da die Variable als Referenzindikator zur Standardisierung der Varianz des betreffenden hypothetischen Konstruktes fungiert.

Tab. H-19: Reliabilität und Validität des Konstruktes „Strukturqualität des Krankenhauses als Ganzes"

Für das Konstrukt der Prozessqualität des Krankenhauses als Qualität der diagnostischen und therapeutischen Maßnahmen stellt sich ein vergleichbares Bild dar (vgl. Tab. H-20): Das Cronbachs Alpha in Höhe von 0,95 lässt eine Fehlspezifikation des Messmodells als sehr unwahrscheinlich erscheinen und auch die Tatsache, dass nach dem Eigenwertkriterium lediglich ein einziger Faktor extrahiert werden konnte, der 84,14% der in den Variablen enthaltenen Varianz erklärt, spricht für den reflektiven Charakter dieser Skala. Hinsichtlich der globalen Gütekriterien erfüllen CFI, SRMR, TLI und IFI die Vorgaben problemlos. Die Faktorladungen erweisen sich als hoch signifikant und auch der Blick auf die Item-to-Total-Korrelationen vermittelt einen konsistenten Eindruck. Demzufolge kann auch hier insgesamt eine ausreichend akzeptable Anpassung des Modells an die empirische Datenlage konstatiert werden.

Informationen zum Konstrukt „Prozessqualität des Krankenhauses als Ganzes"

Cronbachs Alpha:	0,95	DEV:	0,80
χ^2-Wert (Freiheitsgrade):	42,14 (5)	CFI:	0,97
χ^2/df:	8,43	RMSEA:	0,18
p-Wert:	0,00	SRMR:	0,02
Faktorreliabilität:	0,95	TLI:	0,94
Erklärter Varianzanteil:	84,14%	IFI:	0,97

Informationen zu den Indikatoren des Konstruktes „Prozessqualität des Krankenhauses als Ganzes"

Kurzbezeichnung des Indikators	Item-to-Total-Korrelation	Indikator-reliabilität	Critical Ratio der Faktorladung
KH_PQ1$_{(2)}$	0,89	0,85	*
KH_PQ2$_{(2)}$	0,88	0,85	24,22
KH_PQ3$_{(2)}$	0,89	0,83	23,04
KH_PQ4$_{(2)}$	0,87	0,77	21,06
KH_PQ5$_{(2)}$	0,83	0,71	18,60

* Eine Berechnung des Wertes ist nicht möglich, da die Variable als Referenzindikator zur Standardisierung der Varianz des betreffenden hypothetischen Konstruktes fungiert.

Tab. H-20: Reliabilität und Validität des Konstruktes „Prozessqualität des Krankenhauses als Ganzes"

1.4.1.2 Überprüfung der Konstruktmessungen der Struktur- und Prozessqualität der Fachabteilung

Die Konstruktmessungen der Struktur- und Prozessqualität der Fachabteilung unterscheiden sich von den soeben diskutierten lediglich durch den ihnen innewohnenden Zielbezug. Insofern können auch an dieser Stelle akzeptable Fitwerte erwartet werden. Tatsächlich offenbart Tab. H-21 für das Messmodell der Strukturqualität der Fachabteilung einen sehr zufrieden stellenden Modellfit: Zunächst repräsentiert das *Cronbachs* Alpha von 0,89 eine hohe interne Konsistenz der Skala, so dass zusammen mit dem Befund, dass im Zuge der exploratorischen Faktorenanalyse lediglich ein Faktor extrahiert wurde, der 75,08% der Indikatorvarianz erfasst, ein starker Hinweis auf die korrekte Modellspezifikation vorliegt. Erfreulich ist zudem, dass trotz der geringen Zahl an Freiheitsgraden sowohl der χ^2/df-Wert, als auch der RMSEA neben den verbleibenden globalen Gütekriterien innerhalb der geforderten Wertebereiche liegt. CFI und TLI positionieren sich dabei nahe an ihrem Optimum von Eins. Die lokalen Gütekriterien sowie das Vorliegen durchweg signifikanter Faktorladungen runden das überzeugende Gesamtbild der Anpassungsgüte dieses Messmodells ab.

Informationen zum Konstrukt „Strukturqualität der Fachabteilung"				
Cronbachs Alpha:	0,89	DEV:		0,67
χ^2-Wert (Freiheitsgrade):	5,23 (2)	CFI:		0,99
χ^2/df:	2,61	RMSEA:		0,08
p-Wert:	0,07	SRMR:		0,02
Faktorreliabilität:	0,89	TLI:		0,98
Erklärter Varianzanteil:	75,08%	IFI:		0,99
Informationen zu den Indikatoren des Konstruktes „Strukturqualität der Fachabteilung"				
Kurzbezeichnung des Indikators	Item-to-Total-Korrelation		Indikator-reliabilität	Critical Ratio der Faktorladung
FA_SQ1(2)	0,72		0,59	*
FA_SQ2(2)	0,79		0,74	13,53
FA_SQ3(2)	0,74		0,62	12,08
FA_SQ4(2)	0,78		0,71	12,82
* Eine Berechnung des Wertes ist nicht möglich, da die Variable als Referenzindikator zur Standardisierung der Varianz des betreffenden hypothetischen Konstruktes fungiert.				

Tab. H-21: Reliabilität und Validität des Konstruktes „Strukturqualität der Fachabteilung"

Auch die ermittelten Gütekriterien für das Konstrukt der Prozessqualität der Fachabteilung liefern keinen Grund zur Beanstandung des zugrunde gelegten Messmodells (vgl. Tab. H-22). Das *Cronbachs* Alpha liegt weit über dem Schwellenwert von 0,65. Der vom extrahierten Faktor erklärte Varianzanteil der Variablen beträgt 82,80%. Die Ergebnisse der konfirmatorischen Faktorenanalyse belegen eine nahezu perfekte Anpassung der Messvorschrift an die Daten. Da die Critical-Ratio-Werte ferner allen Faktorladungen signifikante Ausprägungen attestieren und auch die Indikatorreliabilitäten den kritischen Wert von 0,40 deutlich übertreffen, kann zweifelsohne von einer hohen Güte des Messmodells für die Prozessqualität der Fachabteilung ausgegangen werden.

Informationen zum Konstrukt „Prozessqualität der Fachabteilung"			
Cronbachs Alpha:	0,95	DEV:	0,79
χ^2-Wert (Freiheitsgrade):	12,61 (5)	CFI:	0,99
χ^2/df:	2,52	RMSEA:	0,08
p-Wert:	0,03	SRMR:	0,01
Faktorreliabilität:	0,95	TLI:	0,99
Erklärter Varianzanteil:	82,80%	IFI:	0,99

Informationen zu den Indikatoren des Konstruktes „Prozessqualität der Fachabteilung"			
Kurzbezeichnung des Indikators	Item-to-Total-Korrelation	Indikator-reliabilität	Critical Ratio der Faktorladung
FA_PQ1$_{(2)}$	0,88	0,85	*
FA_PQ2$_{(2)}$	0,88	0,83	23,12
FA_PQ3$_{(2)}$	0,88	0,85	23,00
FA_PQ4$_{(2)}$	0,85	0,76	20,15
FA_PQ5$_{(2)}$	0,79	0,66	17,18
* Eine Berechnung des Wertes ist nicht möglich, da die Variable als Referenzindikator zur Standardisierung der Varianz des betreffenden hypothetischen Konstruktes fungiert.			

Tab. H-22: Reliabilität und Validität des Konstruktes „Prozessqualität der Fachabteilung"

1.4.2 Überprüfung der Konstruktmessung der Verwaltungsqualität

Mit dem Konstrukt der Verwaltungsqualität eines Krankenhauses aus der Perspektive niedergelassener Ärzte sind solche administrativen Leistungen angesprochen, die eine Unterstützungsfunktion bei der Erstellung der eigentlichen Kernleistung erfüllen und als solche an der Schnittstelle zu den Niedergelassenen auch wahrgenommen werden können. Das Messinstrumentarium zur empirischen Erfassung dieses Konstruktes wurde weitgehend von *Dagger/Sweeny/Johnson* übernommen und zeichnet sich nach der Konfrontation mit den Daten der Zweitstudie dieser Arbeit durch die in Tab. H-23 berichteten Gütekriterien aus.[1161]

Informationen zum Konstrukt „Verwaltungsqualität"			
Cronbachs Alpha:	0,95	DEV:	0,87
χ^2-Wert (Freiheitsgrade):	-**	CFI:	-**
χ^2/df:	-**	RMSEA	-**
p-Wert:	-**	SRMR:	-**
Faktorreliabilität:	0,95	TLI:	-**
Erklärter Varianzanteil:	90,81%	IFI:	-**

Informationen zu den Indikatoren des Konstruktes „Verwaltungsqualität "			
Kurzbezeichnung des Indikators	Item-to-Total-Korrelation	Indikator-reliabilität	Critical Ratio der Faktorladung
KH_VQ1$_{(2)}$	0,88	0,83	*
KH_VQ2$_{(2)}$	0,91	0,90	24,47
KH_VQ3$_{(2)}$	0,90	0,86	23,25
* Eine Berechnung des Wertes ist nicht möglich, da die Variable als Referenzindikator zur Standardisierung der Varianz des betreffenden hypothetischen Konstruktes fungiert. ** Da ein konfirmatorisches Modell mit lediglich drei Indikatoren keine Freiheitsgrade aufweist, ist die Berechnung dieser Gütemaße nicht möglich.			

Tab. H-23: Reliabilität und Validität des Konstruktes „Verwaltungsqualität"

Zwar lassen sich bei nur drei Indikatoren aus der konfirmatorischen Faktorenanalyse keine Aussagen zur globalen Anpassungsgüte ableiten, jedoch liefern neben dem erklärten Varianzanteil von 90,81% und dem *Cronbachs* Alpha in Höhe von 0,95 auch die partiellen Gütemaße relevante Informationen zum Modellfit: Erstens erfüllen die Indikatorreliabilitäten die gesetzten Mindestanforderungen, zweitens erweisen

---

[1161] Vgl. Kapitel F.3.2.3.

sich nach Maßgabe der Critical-Ratio-Werte alle Faktorladungen als statistisch signifikant. Schließlich überschreiten die Kriterien der Faktorreliabilität und durchschnittlich erfasste Varianz die jeweils vorgegebenen Mindestwerte. Die gewählte Form der Operationalisierung kann somit ohne Modifikation beibehalten werden.

1.4.3 Überprüfung der Konstruktmessung der vom Krankenhaus induzierten Wettbewerbsintensität

Zur Operationalisierung der vom Krankenhaus induzierten Wettbewerbsintensität dienen ebenfalls drei Items, deren Formulierungen auf den in Kapitel F.3.3.3 angestellten Überlegungen beruhen. Wie aus Tab. H-24 ersichtlich, errechnet sich für das Cronbachs Alpha ein Wert von 0,94, weshalb sich die Elimination von Indikatoren erübrigt. Die exploratorische Faktorenanalyse extrahiert nach dem Eigenwertkriterium einen Faktor, der 89,82% der in den Variablen enthaltenen Varianz erklärt. Da mangels Freiheitsgraden keine globalen Gütekriterien berechnet werden können, müssen sich die weiteren Aussagen zum Modellfit auf die lokalen Kriterien stützen. Diesbezüglich signalisieren die Faktorreliabilität, die Indikatorreliabilitäten wie auch die Critical-Ratio-Werte der Faktorladungen eine hohe Modellgüte des Messmodells für das Konstrukt der Wettbewerbsintensität.

Informationen zum Konstrukt „Krankenhaus-induzierte Wettbewerbsintensität"			
Cronbachs Alpha:	0,94	DEV:	0,85
χ²-Wert (Freiheitsgrade):	-**	CFI:	-**
χ²/df:	-**	RMSEA:	-**
p-Wert:	-**	SRMR:	-**
Faktorreliabilität:	0,94	TLI:	-**
Erklärter Varianzanteil:	89,82%	IFI:	-**

Informationen zu den Indikatoren des Konstruktes „Krankenhaus-induzierte Wettbewerbsintensität"			
Kurzbezeichnung des Indikators	Item-to-Total-Korrelation	Indikator-reliabilität	Critical Ratio der Faktorladung
KH_Wettb1$_{(2)}$	0,84	0,74	*
KH_Wettb2$_{(2)}$	0,92	0,92	21,41
KH_Wettb3$_{(2)}$	0,90	0,88	20,68

* Eine Berechnung des Wertes ist nicht möglich, da die Variable als Referenzindikator zur Standardisierung der Varianz des betreffenden hypothetischen Konstruktes fungiert.
** Da ein konfirmatorisches Modell mit lediglich drei Indikatoren keine Freiheitsgrade aufweist, ist die Berechnung dieser Gütemaße nicht möglich.

Tab. H-24: Reliabilität und Validität des Konstruktes „Krankenhaus-induzierte Wettbewerbsintensität"

1.5 Überprüfung der Konvergenz- und Diskriminanzvalidität der Konstrukte der Zweitstudie

Nachdem auch die Messungen der Konstrukte des zweiten Forschungsmodells dieser Arbeit im Einzelnen überprüft und durchweg als reliabel und valide befunden worden sind, steht als nächster Schritt – analog zur Vorgehensweise im Rahmen der empirischen Überprüfung des ersten Forschungsmodells – die Gütebeurteilung des gesamten Messansatzes an.[1162] Erneut werden zu diesem Zweck die bekannten globalen und lokalen Gütekriterien der konfirmatorischen Faktorenanalyse herangezogen.

Tab. H-25 zeigt die Ergebnisse dieser Analyse und bescheinigt der Modellstruktur eine beachtliche Anpassungsgüte und damit **Konvergenzvalidität** der Konstruktmessungen. Die globalen Fitmaße erfüllen die gesteckten Anforderungen ohne Ausnahme. Von den lokalen Gütekriterien vermag lediglich die Indikatorreliabilität des Items KH_aktLoy3$_{(2)}$ den geforderten Mindestwert nicht zu erreichen, wobei dieser Befund der gleichen Erklärung zugänglich ist, wie jener im Rahmen der isolierten Prüfung des entsprechenden Messmodells in Kapitel H.1.3.2.1. Da dies die einzige am Modell anzubringende Beanstandung ist, können die Anforderungen an ein reliables und valides Gesamtmessmodell summa summarum als erfüllt gelten.

Globale Gütekriterien						
Gütemaß	χ^2/df	CFI	RMSEA	SRMR	TLI	IFI
Wert	1,98	0,92	0,07	0,04	0,91	0,92

Lokale Gütekriterien					
Konstrukt	Faktorladung	Critical Ratio	Indikatorreliabilität	Faktorreliabilität	DEV
Krankenhausreputation (kognitive Dimension)					
KH_RepuKog1$_{(2)}$	0,92	*	0,84	0,96	0,85
KH_RepuKog2$_{(2)}$	0,93	24,20	0,86		
KH_RepuKog3$_{(2)}$	0,92	24,36	0,85		
KH_RepuKog4$_{(2)}$	0,92	23,73	0,85		
Krankenhausreputation (affektive Dimension)					
KH_RepuAff1$_{(2)}$	0,95	*	0,91	0,96	0,86
KH_RepuAff2$_{(2)}$	0,91	26,33	0,83		
KH_RepuAff3$_{(2)}$	0,90	25,00	0,81		
KH_RepuAff4$_{(2)}$	0,95	31,52	0,90		
Fachabteilungsreputation (kognitive Dimension)					
FA_RepuKog1$_{(2)}$	0,95	*	0,90	0,98	0,91
FA_RepuKog2$_{(2)}$	0,96	32,50	0,91		
FA_RepuKog3$_{(2)}$	0,98	36,59	0,95		
FA_RepuKog4$_{(2)}$	0,94	29,44	0,88		
Fachabteilungsreputation (affektive Dimension)					
FA_RepuAff1$_{(2)}$	0,96	*	0,92	0,97	0,89
FA_RepuAff2$_{(2)}$	0,94	30,80	0,88		
FA_RepuAff3$_{(2)}$	0,92	27,55	0,84		
FA_RepuAff4$_{(2)}$	0,95	33,22	0,91		
Bereitschaft zur wirtschaftlichen Kooperation					
KH_KoopWi1$_{(2)}$	0,95	*	0,91	0,98	0,94
KH_KoopWi2$_{(2)}$	0,97	36,49	0,94		
KH_KoopWi3$_{(2)}$	0,98	37,99	0,95		
KH_KoopWi4$_{(2)}$	0,97	36,44	0,94		

[1162] Vgl. Kapitel E.1.9.

Bereitschaft zur medizinischen Kooperation					
KH_KoopMed1(2)	0,95	*	0,89	0,97	0,89
KH_KoopMed2(2)	0,97	33,53	0,94		
KH_KoopMed3(2)	0,95	30,57	0,90		
KH_KoopMed4(2)	0,92	26,60	0,84		
Aktive Loyalität gegenüber dem Krankenhaus					
KH_aktLoy1(2)	0,96	*	0,92	0,89	0,73
KH_aktLoy2(2)	0,96	33,73	0,91		
KH_aktLoy3(2)	0,60	10,76	0,36		
Passive Loyalität gegenüber dem Krankenhaus					
KH_passLoy1(2)	0,93	*	0,86	0,96	0,88
KH_passLoy2(2)	0,96	28,81	0,93		
KH_passLoy3(2)	0,92	24,75	0,84		
Aktive Loyalität gegenüber der Fachabteilung					
FA_aktLoy1(2)	0,98	*	0,95	0,90	0,76
FA_aktLoy2(2)	0,96	38,27	0,91		
FA_aktLoy3(2)	0,64	11,94	0,40		
Passive Loyalität gegenüber der Fachabteilung					
FA_passLoy1(2)	0,75	*	0,56	0,89	0,72
FA_passLoy2(2)	0,90	14,08	0,80		
FA_passLoy3(2)	0,90	12,75	0,81		
Strukturqualität des Krankenhauses als Ganzes					
KH_SQ1(2)	0,85	*	0,73	0,92	0,74
KH_SQ2(2)	0,89	17,94	0,79		
KH_SQ3(2)	0,83	14,77	0,68		
KH_SQ4(2)	0,87	16,34	0,76		
Prozessqualität des Krankenhauses als Ganzes					
KH_PQ1(2)	0,92	*	0,85	0,95	0,80
KH_PQ2(2)	0,91	22,48	0,82		
KH_PQ3(2)	0,91	20,65	0,83		
KH_PQ4(2)	0,89	18,49	0,79		
KH_PQ5(2)	0,85	23,49	0,72		
Strukturqualität der Fachabteilung					
FA_SQ1(2)	0,77	*	0,59	0,89	0,67
FA_SQ2(2)	0,84	13,35	0,71		
FA_SQ3(2)	0,83	12,59	0,68		
FA_SQ4(2)	0,84	12,94	0,70		
Prozessqualität der Fachabteilung					
FA_PQ1(2)	0,91	*	0,82	0,95	0,78
FA_PQ2(2)	0,91	24,11	0,84		
FA_PQ3(2)	0,93	19,79	0,86		
FA_PQ4(2)	0,86	17,41	0,74		
FA_PQ5(2)	0,82	22,81	0,66		
Verwaltungsqualität					
KH_VQ1(2)	0,91	*	0,83	0,95	0,86
KH_VQ2(2)	0,95	24,74	0,90		
KH_VQ3(2)	0,93	23,55	0,86		
Krankenhaus-induzierte Wettbewerbsintensität					
KH_Wettb1(2)	0,86	*	0,74	0,94	0,85
KH_Wettb1(2)	0,96	21,47	0,93		
KH_Wettb1(2)	0,94	20,77	0,89		

* Eine Berechnung des Wertes ist nicht möglich, da die Variable als Referenzindikator zur Standardisierung der Varianz des betreffenden hypothetischen Konstruktes fungiert.

Tab. H-25: Globale und lokale Gütekriterien des Gesamtmessmodells (Zweitstudie)

Abschließend erfolgt die Untersuchung der **Diskriminanzvalidität** der Messmodelle nach Maßgabe des *Fornell/Larcker*-Kriteriums. Tab. H-26 und Tab. H-27 zeigen die durchschnittlich erfassten Varianzen der latenten Konstrukte des zweiten Forschungsmodells sowie die quadrierten Korrelationen zwischen den einzelnen Faktorenpaaren.

Ausdrücklich hinzuweisen ist zum einen auf die dokumentierte Diskriminanzvalidität der beiden Reputationskonstrukte; auch die Daten der Zweitstudie dieser Arbeit sprechen folglich eindeutig für die konzeptionelle Distinktheit der Krankenhaus- und Fachabteilungsreputation.[1163] Zum anderen erweisen sich von den insgesamt 120 durchgeführten Paarvergleichen drei als kritisch. Dabei scheitert die Einhaltung des *Fornell/Larcker*-Kriteriums in allen Fällen an der vergleichsweise geringen durchschnittlich erfassten Varianz des Konstruktes der aktiven Loyalität gegenüber dem Krankenhaus bzw. gegenüber der Fachabteilung. Dies wiederum lässt sich zweifelsohne auf das bereits diskutierte, jeweilige Item Drei der betroffenen Skalen zurückführen, so dass die in Tab. H-26 dokumentierten kritischen Ausprägungen weniger von einer mangelnden Diskriminanzvalidität der in Frage stehenden Konstrukte als vielmehr von der dargelegten geringfügigen inhaltlichen Einschränkung der Messvorschriften für die aktive Loyalität niedergelassener Ärzte in Bezug auf die Items KH_aktLoy3$_{(2)}$ bzw. FA_aktLoy3$_{(2)}$ zeugen dürften.

Für diese Annahme spricht zusätzlich die Tatsache, dass eine Analyse der Diskriminanzvalidität der betroffenen Konstruktpaare anhand des χ^2-Differenztests als alternatives Verfahren zur Untersuchung der Diskriminanzvalidität hypothetischer Konstrukte ein positives Ergebnis zutage fördert:[1164] So ergibt sich bei einer Fixierung der Korrelation der Konstrukte „Aktive Loyalität gegenüber dem Krankenhaus" und „Affektive Dimension der Krankenhausreputation" eine χ^2-Differenz im Vergleich zum unrestringierten Modell von 35,43 (Δdf = 1), was eine signifikante Verschlechterung des Modellfits bedeutet. Der χ^2-Differenztest des zweiten kritischen Faktorenpaares „Aktive Loyalität gegenüber der Fachabteilung" und „Affektive Dimension der Fachabteilungsreputation" zeigt ein $\Delta\chi^2$ von 91,21 (Δdf = 1) und kommt folglich ebenfalls zu einem positiven Urteil über die Diskriminanzvalidität der beiden Konstrukte. Schließlich führt die Parameterfixierung auch für das dritte Konstruktpaar „Aktive Loyalität gegenüber der Fachabteilung" und „Kognitive Dimension der Fachabteilungsreputation" zu einer signifikanten Verschlechterung des Modellfits ($\Delta\chi^2$ = 72,90; Δdf = 1).

Angesichts der vorliegenden Befunde kann letztlich ohne Bedenken die Diskriminanzvalidität des Gesamtmessmodells des zweiten Forschungsmodells der

---

[1163] Vgl. Kapitel E.1.9.
[1164] Für eine Erläuterung des χ^2-Differenztests vgl. Kapitel E.1.4.

vorliegenden Arbeit unterstellt werden. Insgesamt ist es somit gelungen, ein zuverlässiges Messinstrumentarium zu entwickeln, auf dessen Basis eine sinnhafte Analyse des für die Zweitstudie entwickelten Strukturmodells und damit der entsprechenden reputationszentrierten Ursache-Wirkungszusammenhänge erfolgen kann.

	DEV	Krankenhausreputation (kog. Dimension)	Krankenhausreputation (aff. Dimension)	Fachabteilungsreputation (kog. Dimension)	Fachabteilungsreputation (aff. Dimension)	Bereitschaft zur wirtschaftlichen Kooperation	Bereitschaft zur medizinischen Kooperation	Aktive Loyalität ggü. dem Krankenhaus
DEV		**0,85**	**0,87**	**0,92**	**0,88**	**0,94**	**0,89**	**0,73**
Krankenhausreputation (aff. Dimension)	0,87	0,69						
Fachabteilungsreputation (kog. Dimension)	0,92	0,53	0,44					
Fachabteilungsreputation (aff. Dimension)	0,88	0,44	0,54	0,79				
Bereitschaft zur wirtschaftlichen Kooperation	0,94	0,03	0,13	0,06	0,09			
Bereitschaft zur medizinischen Kooperation	0,89	0,12	0,23	0,18	0,22	0,47		
Aktive Loyalität ggü. dem Krankenhaus	0,73	0,72	0,85 (35,43)	0,48	0,52	0,10	0,27	
Passive Loyalität ggü. dem Krankenhaus	0,88	0,13	0,21	0,09	0,14	0,04	0,11	0,17
Aktive Loyalität ggü. der Fachabteilung	0,75	0,52	0,53	0,83 (72,90)	0,90 (91,21)	0,07	0,21	0,62
Passive Loyalität ggü. der Fachabteilung	0,72	0,25	0,30	0,27	0,32	0,06	0,15	0,29
Strukturqualität des Krankenhauses als Ganzes	0,74	0,27	0,25	0,13	0,13	0,07	0,11	0,22
Prozessqualität des Krankenhauses als Ganzes	0,80	0,65	0,54	0,36	0,33	0,04	0,10	0,57
Strukturqualität der Fachabteilung	0,67	0,31	0,27	0,36	0,31	0,09	0,15	0,28
Prozessqualität der Fachabteilung	0,79	0,54	0,47	0,78	0,71	0,05	0,14	0,48
Verwaltungsqualität	0,87	0,36	0,29	0,15	0,12	0,04	0,06	0,35
Krankenhaus-induzierte Wettbewerbsintensität	0,85	0,01	0,01	0,01	0,01	0,01	0,02	0,01

Die unterstrichenen Werte erfüllen das Fornell/Larcker-Kriterium nicht. In den Klammern sind für diese Fälle die χ²-Differenzen angegeben. χ²-Differenzen über 3,84 signalisieren Diskriminanzvalidität der Konstrukte nach Maßgabe des χ²-Differenztests.

Tab. H-26: Untersuchung der Diskriminanzvalidität der Konstrukte auf Basis des *Fornell/Larcker*-Kriteriums (Teil I) (Zweitstudie)

	DEV	Passive Loyalität ggü. dem Krankenhaus	Aktive Loyalität ggü. der Fachabteilung	Passive Loyalität ggü. der Fachabteilung	Strukturqualität des Krankenhauses als Ganzes	Prozessqualität des Krankenhauses als Ganzes	Strukturqualität der Fachabteilung	Prozessqualität der Fachabteilung	Verwaltungsqualität
DEV		0,88	0,75	0,72	0,74	0,80	0,67	0,79	0,87
Aktive Loyalität ggü. der Fachabteilung	0,75	0,10							
Passive Loyalität ggü. der Fachabteilung	0,72	0,41	0,31						
Strukturqualität des Krankenhauses als Ganzes	0,74	0,13	0,13	0,10					
Prozessqualität des Krankenhauses als Ganzes	0,80	0,18	0,38	0,29	0,39				
Strukturqualität der Fachabteilung	0,67	0,12	0,32	0,11	0,50	0,36			
Prozessqualität der Fachabteilung	0,79	0,24	0,72	0,41	0,23	0,52	0,43		
Verwaltungsqualität	0,87	0,14	0,16	0,14	0,17	0,32	0,12	0,18	
Krankenhaus-induzierte Wettbewerbsintensität	0,85	0,01	0,01	0,01	0,01	0,01	0,01	0,01	0,01

Tab. H-27: Untersuchung der Diskriminanzvalidität der Konstrukte auf Basis des *Fornell/Larcker*-Kriteriums (Teil II) (Zweitstudie)

2 Überprüfung des Strukturmodells der Zweitstudie

2.1 Vorgehensweise bei der Überprüfung des Strukturmodells der Zweitstudie

Die angestrebte empirische Überprüfung des im Rahmen der Zweitstudie konstruierten Modells zur Erklärung reputationszentrierter Ursache-Wirkungszusammenhänge unterscheidet sich in Bezug auf ihre Ansprüche an ein geeignetes Analyseverfahren nicht von jener des Strukturmodells der Erststudie. Auch hier ist es das Ziel, gerichtete Zusammenhänge zwischen hypothetischen, mithilfe von fehlerbehafteten Messmodellen operationalisierten Konstrukten zu bestätigen oder zu verwerfen. Das Mittel der Wahl zur methodischen Bewältigung des anstehenden empirischen Analyseproblems besteht daher wiederum in der Kovarianzstrukturanalyse.[1165]

Eine erwähnenswerte Besonderheit des zweiten Hypothesensystems dieser Arbeit ist darin zu sehen, dass dieses mitunter Suppositionen enthält, die Negationen bestimmter Zusammenhänge postulieren.[1166] Die Überprüfung dieser Hypothesen unterscheidet sich indessen prinzipiell nicht von jenen, die existierende Ursache-Wirkungszusammenhänge unterstellen: Abgelehnt werden müssen die Hypothesen zu den fehlenden Zusammenhängen dann, wenn (theoriekonträr) statistisch signifikante Wirkungen zwischen den interessierenden Konstrukten ermittelt werden. Umgekehrt spricht es für die Annahme dieser Hypothesen, wenn sich die in Frage stehenden Parameter nicht signifikant von Null unterscheiden und die Festsetzung der Parameter auf Null nicht zu einer statistisch signifikanten Verschlechterung des Modellfits führt.[1167] In diesen Fällen muss das Teilmodell, welches aussagt, dass ein Zusammenhang besteht, verworfen werden, und die Hypothese kann als bestätigt gelten, bzw. ist aus statistischer Sicht nicht zurückzuweisen.[1168]

2.2 Konfirmatorische Überprüfung des Strukturmodells der Zweitstudie

Gilt es nun zu testen, inwieweit das Hypothesensystem der Zweitstudie empirische Bestätigung erfährt, besteht der erste Schritt in der Gegenüberstellung des in Abb. F-4 visualisierten Strukturmodells mit den Daten, die im geographischen Umfeld des Krankenhauses B bei niedergelassenen Ärzten erhoben wurden. Für diesen Ver-

---

[1165] Zur Begründung dieser Wahl kann somit auf die Ausführungen des Kapitels E.2.1 verwiesen werden. Gleiches gilt im Übrigen für die Auswahl und Erläuterung der anzulegenden Maßstäbe an die Güte der vom gewählten Verfahren erzeugten Ergebnisse.
[1166] Vgl. exemplarisch Hypothese $H_{2(2)}$.
[1167] Vgl. Homburg/Dobratz (1991), S. 219.
[1168] Vgl. Backhaus et al. (2006), S. 358 f.

gleich der hypothesenkonformen Modellstruktur mit den Daten gelangt das bekannte Set aus globalen und lokalen Gütekriterien zum Einsatz.[1169]

Tab. H-28 dokumentiert die Befunde dieses Verfahrensschrittes und stellt einen Überblick über die Fitmaße des Strukturmodells bereit. Die globalen Gütekriterien bescheinigen dem Modell eine gute Anpassung der modelltheoretischen an die empirische Kovarianzmatrix; denn sowohl der Quotient aus dem χ^2-Wert und der Anzahl der Freiheitsgrade als auch die Indizes der zweiten Generation liegen innerhalb der geforderten Anspruchsniveaus. Ergänzend manifestiert sich die hohe Validität und Reliabilität des Modells in den lokalen Evaluationskriterien. Das einzelne (bereits diskutierte) Manko der Variable „KH_aktLoy3$_{(2)}$" in Form der Unterschreitung des geforderten Mindestwertes für die Indikatorreliabilität kann gleichwohl erneut durch die gute Faktorreliabilität des Messmodells in Höhe von 0,89 hinreichend kompensiert werden. Zusammen genommen zeugen die eingesetzten Fitmaße somit von einer guten Approximation des Strukturmodells der Zweitstudie an die empirischen Daten.

Gütemaß	χ^2/df	CFI	RMSEA	SRMR	TLI	IFI
			Globale Gütekriterien			
Wert	2,03	0,91	0,07	0,06	0,90	0,91

			Lokale Gütekriterien		
Konstrukt	Faktorladung	Critical Ratio	Indikatorreliabilität	Faktorreliabilität	DEV
Krankenhausreputation (kognitive Dimension)					
KH_RepuKog1$_{(2)}$	0,92	*	0,84	0,96	0,85
KH_RepuKog2$_{(2)}$	0,92	24,04	0,85		
KH_RepuKog3$_{(2)}$	0,93	24,59	0,86		
KH_RepuKog4$_{(2)}$	0,92	23,88	0,85		
Krankenhausreputation (affektive Dimension)					
KH_RepuAff1$_{(2)}$	0,95	*	0,91	0,96	0,86
KH_RepuAff2$_{(2)}$	0,91	26,25	0,83		
KH_RepuAff3$_{(2)}$	0,90	24,92	0,81		
KH_RepuAff4$_{(2)}$	0,95	31,59	0,90		
Fachabteilungsreputation (kognitive Dimension)					
FA_RepuKog1$_{(2)}$	0,95	*	0,90	0,98	0,91
FA_RepuKog2$_{(2)}$	0,96	32,47	0,92		
FA_RepuKog3$_{(2)}$	0,98	36,40	0,95		
FA_RepuKog4$_{(2)}$	0,94	29,28	0,88		
Fachabteilungsreputation (affektive Dimension)					
FA_RepuAff1$_{(2)}$	0,96	*	0,92	0,97	0,89
FA_RepuAff2$_{(2)}$	0,94	31,78	0,89		
FA_RepuAff3$_{(2)}$	0,91	27,30	0,83		
FA_RepuAff4$_{(2)}$	0,95	33,16	0,90		
Bereitschaft zur wirtschaftlichen Kooperation					
KH_KoopWi1$_{(2)}$	0,95	*	0,91	0,98	0,94
KH_KoopWi2$_{(2)}$	0,97	36,60	0,94		
KH_KoopWi3$_{(2)}$	0,98	37,97	0,95		
KH_KoopWi4$_{(2)}$	0,97	36,46	0,94		

[1169] Vgl. Tab. E-1 in Kapitel E.1.3.

Bereitschaft zur medizinischen Kooperation					
KH_KoopMed1$_{(2)}$	0,95	*	0,89	0,97	0,89
KH_KoopMed2$_{(2)}$	0,97	33,49	0,94		
KH_KoopMed3$_{(2)}$	0,95	30,28	0,90		
KH_KoopMed4$_{(2)}$	0,92	26,65	0,84		
Aktive Loyalität gegenüber dem Krankenhaus					
KH_aktLoy1$_{(2)}$	0,96	*	0,92	0,89	0,73
KH_aktLoy2$_{(2)}$	0,96	33,51	0,92		
KH_aktLoy3$_{(2)}$	0,60	10,78	0,36		
Passive Loyalität gegenüber dem Krankenhaus					
KH_passLoy1$_{(2)}$	0,93	*	0,86	0,96	0,88
KH_passLoy2$_{(2)}$	0,97	28,69	0,93		
KH_passLoy3$_{(2)}$	0,92	24,62	0,84		
Aktive Loyalität gegenüber der Fachabteilung					
FA_aktLoy1$_{(2)}$	0,97	*	0,95	0,90	0,76
FA_aktLoy2$_{(2)}$	0,96	38,15	0,92		
FA_aktLoy3$_{(2)}$	0,64	12,05	0,41		
Passive Loyalität gegenüber der Fachabteilung					
FA_passLoy1$_{(2)}$	0,75	*	0,56	0,89	0,72
FA_passLoy2$_{(2)}$	0,89	13,85	0,79		
FA_passLoy3$_{(2)}$	0,91	12,53	0,82		
Strukturqualität des Krankenhauses als Ganzes					
KH_SQ1$_{(2)}$	0,85	*	0,72	0,92	0,74
KH_SQ2$_{(2)}$	0,89	17,83	0,79		
KH_SQ3$_{(2)}$	0,83	14,78	0,68		
KH_SQ4$_{(2)}$	0,88	16,41	0,77		
Prozessqualität des Krankenhauses als Ganzes					
KH_PQ1$_{(2)}$	0,92	*	0,85	0,95	0,80
KH_PQ2$_{(2)}$	0,91	23,47	0,82		
KH_PQ3$_{(2)}$	0,91	22,33	0,83		
KH_PQ4$_{(2)}$	0,89	20,59	0,79		
KH_PQ5$_{(2)}$	0,85	18,56	0,72		
Strukturqualität der Fachabteilung					
FA_SQ1$_{(2)}$	0,77	*	0,59	0,89	0,67
FA_SQ2$_{(2)}$	0,84	13,36	0,71		
FA_SQ3$_{(2)}$	0,83	12,65	0,69		
FA_SQ4$_{(2)}$	0,83	12,95	0,69		
Prozessqualität der Fachabteilung					
FA_PQ1$_{(2)}$	0,91	*	0,82	0,95	0,79
FA_PQ2$_{(2)}$	0,91	22,54	0,83		
FA_PQ3$_{(2)}$	0,93	23,64	0,86		
FA_PQ4$_{(2)}$	0,87	19,91	0,75		
FA_PQ5$_{(2)}$	0,82	17,35	0,67		
Verwaltungsqualität					
KH_VQ1$_{(2)}$	0,91	*	0,83	0,95	0,86
KH_VQ2$_{(2)}$	0,95	24,67	0,89		
KH_VQ3$_{(2)}$	0,93	23,61	0,87		
Krankenhaus-induzierte Wettbewerbsintensität					
KH_Wettb1$_{(2)}$	0,86	*	0,74	0,94	0,85
KH_Wettb1$_{(2)}$	0,96	21,39	0,93		
KH_Wettb1$_{(2)}$	0,94	20,66	0,88		

* Eine Berechnung des Wertes ist nicht möglich, da die Variable als Referenzindikator zur Standardisierung der Varianz des betreffenden hypothetischen Konstruktes fungiert.

Tab. H-28: Globale und lokale Gütekriterien des Strukturmodells (Zweitstudie)

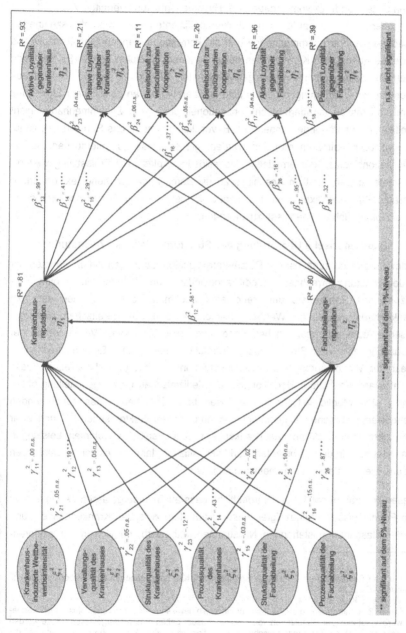

Abb. H-1: Schätzergebnisse der Strukturkoeffizienten des Strukturmodells (Zweitstudie)

Einen ersten Eindruck vom Ergebnis der Hypothesentestung vermittelt Abb. H-1. Aus ihr gehen die standardisierten Strukturkoeffizienten der reputationszentrierten Ursache-Wirkungszusammenhänge und die korrespondierenden Signifikanzniveaus sowie die quadrierten Korrelationen der endogenen Variablen hervor. Es lässt sich erkennen, dass nicht nur diejenigen Parameter, für die ein solcher Befund aus theoretischen Überlegungen heraus diagnostiziert wurde, an statistischer Signifikanz vermissen lassen, sondern auch konzeptionell postulierte Zusammenhänge nicht signifikante Ausprägungen annehmen. Bevor die Parameter des Strukturmodells auf die statistisch haltbaren reduziert werden, gilt es vorab zu untersuchen, ob die Modifikationsindizes der ermittelten Modelllösung Anlass zur Freisetzung weiterer Parameter geben. Erst im Anschluss an die damit angesprochene, exploratorisch geprägte Parameterexpansion und -kontraktion ist es sinnvoll, sich der Diskussion der einzelnen Schätzergebnisse zuzuwenden.

2.3   Exploratorische Überprüfung des Strukturmodells der Zweitstudie

Widmet man sich zunächst der Parameterexpansion, so zeigen die im Rahmen der Modellschätzung errechneten Modifikationsindizes an,[1170] dass durch eine Freisetzung des Parameters des gerichteten Zusammenhangs zwischen der vom Krankenhaus induzierten Wettbewerbsintensität und der Bereitschaft niedergelassener Ärzte zur medizinischen Kooperation eine signifikante Verbesserung der Anpassungsgüte des Strukturmodells erreicht werden kann. Ein entsprechender Effekt der Wettbewerbsintensität ist insofern interessant und plausibel, als dass niedergelassene Ärzte in der kooperativen medizinischen Leistungserstellung offenkundig eine Möglichkeit für das Auflösen bzw. Entschärfen des zunehmenden Wettbewerbs zwischen stationärem und ambulantem Sektor sehen,[1171] und zwar nach dem Motto: „Wenn das Krankenhaus schon seine ambulanten Leistungen ausweitet bzw. in den ambulanten Markt diversifiziert, dann soll es solche Leistungen mit uns Niedergelassenen gemeinsam anbieten."[1172]

Dieser exploratorische Befund verdeutlicht, dass auch niedergelassene Ärzte in dem von *Porter/Teisberg* aufgezeigten Ausweg aus dem zwischen Krankenhäusern und Niedergelassenen bestehenden Nullsummenwettbewerb, nämlich in der sektoren-

---

[1170] Für eine Erläuterung der vom Statistikprogramm AMOS ausgegebenen Modifikationsindizes vgl. Kapitel E.2.3.2.
[1171] Vgl. hierzu Kapitel B.1.2.4.
[1172] Dieser Zusammenhang dürfte jedoch nur innerhalb gewisser Aktivitätsniveaus hinsichtlich wettbewerbsverstärkender Handlungen von Krankenhäusern gelten, d.h. niedergelassene Ärzte werden wahrscheinlich nicht zur medizinischen Kooperation mit solchen Krankenhäusern bereit sein, die sich durch eine sehr hohe (relative) Marktaggressivität gegenüber ambulanten Leistungserbringern auszeichnen. Mit dieser Relativierung des Befundes der vorliegenden Studie sind die Limitationen der verwendeten Analysemethodik angesprochen, insbesondere die Prämisse der Linearität der Zusammenhänge (vgl. hierzu Kapitel I.1).

übergreifenden Integration medizinischer Leistungserbringer und der Neugestaltung der Wertschöpfungsketten potenziell einen gangbaren Weg sehen.[1173] Eine Untermauerung erfährt diese Annahme durch *Judge/Ryman*, die mit Blick auf den US-amerikanischen Gesundheitsmarkt feststellen, dass mit steigender Wettbewerbsintensität und mit einer höheren Komplexität und Dynamik der Umwelt die Bereitschaft medizinischer Leistungserbringer steigt, durch die Bildung von Kooperationen das Risiko des individuellen Scheiterns im Wettbewerb zu verringern.[1174] Im Licht des empirischen Befundes sowie der hierzu angestrengten Überlegungen, erscheint die Ableitung folgender exploratorischer Hypothese gerechtfertigt.

$H_{31expl.(2)}$: *Je höher die durch Krankenhäuser induzierte Wettbewerbsintensität ausfällt, desto höher ist die Bereitschaft niedergelassener Ärzte zur medizinischen Kooperation.*

Die empirische Prüfung der um diesen Pfad erweiterten Modellvariante zeigt, dass der Strukturkoeffizient der hinzugefügten Wirkungsbeziehung ($\gamma = 0{,}12$) auf dem 5%-Niveau signifikant ist. Der korrespondierende Critical-Ratio-Wert liegt mit 2,55 über dem Mindestwert von 1,96, was als Hinweis auf eine systematische Verbesserung des Modellfits interpretiert werden kann. Die Vorteilhaftigkeit des expandierten Modells wird schließlich durch Verbesserung des χ^2-Werts um 6,46 belegt, welche bei einem Δdf von Eins deutlich auf dem 5%-Niveau signifikant ist. Im Ergebnis trägt die Freisetzung des in Frage stehenden Parameters somit zu einer Verbesserung der Anpassungsgüte des Strukturmodells bei.

Da die einschlägigen Indizes auf keine weiteren Wirkungsmuster hindeuten, kann die Parameterexpansion an dieser Stelle als abgeschlossen gelten. Im nächsten Schritt steht die Bereinigung des Strukturmodells der Zweitstudie um solche Parameter an, die dem Kriterium der statistischen Signifikanz nicht gerecht werden.

[1173] Vgl. Kapitel F.3.3.1; Porter/Teisberg (2006), S. 149 ff.
[1174] Vgl. Judge/Ryman (2001), S. 71 f.

	$\Delta\chi^2$	CFI	RMSEA	SRMR	TLI	IFI
Basismodell	-	0,91	0,07	0,06	0,90	0,91
Parameterexpansion						
KH_Wettb → KH_KoopMed	6,46	0,91	0,07	0,06	0,90	0,91
Parameterkontraktion						
KH_Wettb → KH_Repu	0,01	0,91	0,07	0,06	0,90	0,91
KH_PQ → FA_Repu	0,13	0,91	0,07	0,06	0,90	0,91
FA_SQ → KH_Repu	0,19	0,91	0,07	0,06	0,90	0,91
FA_Repu → KH_KoopWi	0,22	0,91	0,07	0,06	0,91	0,91
FA_Repu → KH_passLoy	0,25	0,91	0,07	0,06	0,91	0,91
KH_SQ → KH_Repu	0,40	0,91	0,07	0,06	0,91	0,91
FA_Repu → KH_aktLoy	0,68	0,91	0,07	0,06	0,91	0,91
KH_Repu → FA_aktLoy	0,44	0,91	0,07	0,06	0,91	0,91
KH_VQ → FA_Repu	1,23	0,91	0,07	0,06	0,91	0,91
KH_Wettb → FA_Repu	1,81	0,91	0,07	0,06	0,91	0,91
FA_SQ → FA_Repu	1,99	0,91	0,07	0,06	0,91	0,91
KH_SQ → FA_Repu	1,28	0,91	0,07	0,06	0,91	0,91
FA_PQ → KH_Repu	2,29	0,91	0,07	0,06	0,91	0,91

Die Hervorhebungen markieren diejenigen Modellparameter, die Gegenstand der Hypothesen sind, die einen entsprechenden Zusammenhang negieren.

Tab. H-29: Ergebnisse der Modifikation des Strukturmodells (Zweitstudie)

Der Prozess der Parameterkontraktion erfolgt nach dem gleichen Muster wie schon jene im Rahmen der exploratorischen Überprüfung des Strukturmodells der Erststudie dieser Arbeit:[1175] Nach und nach werden nach Maßgabe des Critical Ratio solche Parameter aus dem Strukturmodell entfernt, die keine statistische Signifikanz aufweisen. Jeweils im Anschluss an die Restringierung eines Parameters auf Null erfolgt die Überprüfung des resultierenden Interimsmodells mittels des χ^2-Differenztests durch die Gegenüberstellung mit der jeweils vorherigen Modellvariante, um sicherzustellen, dass die Herausnahme eines Parameters nicht zu einer bedeutsamen Verschlechterung der Anpassungsgüte des Modells führt. Der Prozess ist abgeschlossen, wenn alle nicht signifikanten Pfade aus dem Modell eliminiert wurden. Tab. H-29 fasst die Ergebnisse der auf diese Weise durchgeführten Modellmodifikation zusammen.

Die Anpassungsmaße der resultierenden Modelllösung, deren Wirkungsbeziehungen nunmehr dem Kriterium der statistischen Signifikanz genüge tun und die sich demzufolge im Hinblick auf die Sparsamkeit sowohl gegenüber dem Basismodell als

---

[1175] Vgl. Kapitel E.2.3.2.

auch gegenüber den Interimsmodellen als überlegen erweist, können Tab. H-30 entnommen werden. Erwartungsgemäß nehmen die Gütemaße der Teilstrukturen des Modells nahezu identische Ausprägungen zu denen der lokalen Evaluationskriterien des unmodifizierten Modells an, so dass diesbezüglich ein gleichermaßen positives Urteil gefällt und für eine Beurteilung im Einzelnen auf die entsprechenden Ausführungen des Kapitels H.2.2 verwiesen werden kann. Neben den sehr zufrieden stellenden lokalen, zeugen auch die globalen Indizes von einer guten Anpassung der implizierten an die beobachtete Kovarianzmatrix. Die bereits beim Basismodell für gut befundenen globalen Gütekriterien konnten durch die exploratorische Modellmodifikation teilweise sogar noch verbessert werden, namentlich der χ^2/df-Wert und der Tucker-Lewis-Index.

Globale Gütekriterien						
Gütemaß	χ^2/df	CFI	RMSEA	SRMR	TLI	IFI
Wert	2,02	0,91	0,07	0,06	0,91	0,91

Lokale Gütekriterien					
Konstrukt	Faktorladung	Critical Ratio	Indikatorreliabilität	Faktorreliabilität	DEV
Krankenhausreputation (kognitive Dimension)					
KH_RepuKog1$_{(2)}$	0,92	*	0,84	0,96	0,85
KH_RepuKog2$_{(2)}$	0,92	24,06	0,85		
KH_RepuKog3$_{(2)}$	0,93	24,61	0,86		
KH_RepuKog4$_{(2)}$	0,92	23,88	0,85		
Krankenhausreputation (affektive Dimension)					
KH_RepuAff1$_{(2)}$	0,95	*	0,91	0,96	0,86
KH_RepuAff2$_{(2)}$	0,91	26,26	0,83		
KH_RepuAff3$_{(2)}$	0,90	24,94	0,81		
KH_RepuAff4$_{(2)}$	0,95	31,59	0,90		
Fachabteilungsreputation (kognitive Dimension)					
FA_RepuKog1$_{(2)}$	0,95	*	0,90	0,98	0,91
FA_RepuKog2$_{(2)}$	0,96	32,48	0,92		
FA_RepuKog3$_{(2)}$	0,98	36,36	0,95		
FA_RepuKog4$_{(2)}$	0,94	29,25	0,88		
Fachabteilungsreputation (affektive Dimension)					
FA_RepuAff1$_{(2)}$	0,96	*	0,92	0,97	0,88
FA_RepuAff2$_{(2)}$	0,94	31,66	0,88		
FA_RepuAff3$_{(2)}$	0,91	27,33	0,83		
FA_RepuAff4$_{(2)}$	0,95	33,22	0,90		
Bereitschaft zur wirtschaftlichen Kooperation					
KH_KoopWi1$_{(2)}$	0,95	*	0,91	0,98	0,94
KH_KoopWi2$_{(2)}$	0,97	36,61	0,94		
KH_KoopWi3$_{(2)}$	0,98	37,97	0,95		
KH_KoopWi4$_{(2)}$	0,97	36,44	0,94		
Bereitschaft zur medizinischen Kooperation					
KH_KoopMed1$_{(2)}$	0,95	*	0,89	0,97	0,89
KH_KoopMed2$_{(2)}$	0,97	33,48	0,94		
KH_KoopMed3$_{(2)}$	0,95	30,42	0,90		
KH_KoopMed4$_{(2)}$	0,92	26,69	0,84		
Aktive Loyalität gegenüber dem Krankenhaus					
KH_aktLoy1$_{(2)}$	0,96	*	0,92	0,89	0,73
KH_aktLoy2$_{(2)}$	0,96	33,55	0,91		
KH_aktLoy3$_{(2)}$	0,60	10,79	0,36		

Passive Loyalität gegenüber dem Krankenhaus				0,96	0,88
KH_passLoy1(2)	0,93	*	0,86		
KH_passLoy2(2)	0,97	28,69	0,93		
KH_passLoy3(2)	0,92	24,62	0,84		
Aktive Loyalität gegenüber der Fachabteilung				0,90	0,76
FA_aktLoy1(2)	0,97	*	0,95		
FA_aktLoy2(2)	0,96	38,22	0,92		
FA_aktLoy3(2)	0,64	12,03	0,41		
Passive Loyalität gegenüber der Fachabteilung				0,89	0,72
FA_passLoy1(2)	0,75	*	0,56		
FA_passLoy2(2)	0,89	13,85	0,79		
FA_passLoy3(2)	0,91	12,54	0,82		
Strukturqualität des Krankenhauses als Ganzes				0,92	0,74
KH_SQ1(2)	0,85	*	0,72		
KH_SQ2(2)	0,89	17,85	0,79		
KH_SQ3(2)	0,83	14,76	0,68		
KH_SQ4(2)	0,88	16,39	0,77		
Prozessqualität des Krankenhauses als Ganzes				0,95	0,80
KH_PQ1(2)	0,92	*	0,85		
KH_PQ2(2)	0,91	23,52	0,82		
KH_PQ3(2)	0,91	22,36	0,83		
KH_PQ4(2)	0,89	20,58	0,78		
KH_PQ5(2)	0,85	18,56	0,72		
Strukturqualität der Fachabteilung				0,89	0,67
FA_SQ1(2)	0,77	*	0,59		
FA_SQ2(2)	0,84	13,39	0,71		
FA_SQ3(2)	0,83	12,66	0,68		
FA_SQ4(2)	0,84	13,00	0,70		
Prozessqualität der Fachabteilung				0,95	0,79
FA_PQ1(2)	0,91	*	0,82		
FA_PQ2(2)	0,91	22,55	0,83		
FA_PQ3(2)	0,93	23,68	0,86		
FA_PQ4(2)	0,87	19,89	0,75		
FA_PQ5(2)	0,82	17,34	0,67		
Verwaltungsqualität				0,95	0,86
KH_VQ1(2)	0,91	*	0,83		
KH_VQ2(2)	0,95	24,69	0,89		
KH_VQ3(2)	0,93	23,62	0,87		
Krankenhaus-Induzierte Wettbewerbsintensität				0,94	0,85
KH_Wettb1(2)	0,86	*	0,74		
KH_Wettb1(2)	0,96	21,47	0,92		
KH_Wettb1(2)	0,94	20,79	0,89		

* Eine Berechnung des Wertes ist nicht möglich, da die Variable als Referenzindikator zur Standardisierung der Varianz des betreffenden hypothetischen Konstruktes fungiert.

Tab. H-30: Globale und lokale Gütekriterien des bestangepassten Strukturmodells (Zweitstudie)

Mit dem Vorliegen eines Strukturmodells, welches die durch das erhobene Datenmaterial repräsentierte Realität nach Maßgabe des gewählten Sets an Gütekriterien sowie der statistischen Signifikanz zu einem hohen Grad abzubilden vermag, kann sich einer belastbaren Diskussion und Interpretation der ermittelten Ursache-Wirkungszusammenhänge zugewendet werden.

2.4 Wirkungszusammenhang des bestangepassten Modells (Zweitstudie)

Das endgültige Resultat der Zusammenführung des Hypothesensystems der Zweitstudie dieser Arbeit mit den zum Zweck seiner empirischen Überprüfung erhobenen Daten ist in Abb. H-2 visualisiert. Die dargestellte Modelllösung gibt die standardisierten Strukturkoeffizienten, die entsprechenden Signifikanzniveaus und die durch das Modell erklärten Varianzanteile der endogenen Variablen wieder.

Bereits im Zuge der exploratorischen Modellmodifikation wurde deutlich, dass nicht alle der im theoretischen Modell berücksichtigten Ursache-Wirkungszusammenhänge anhand des vorliegenden Datensatzes Bestätigung finden. Ins Auge fällt insbesondere der Befund, dass weder die Strukturqualität des Krankenhauses als Ganzes noch die der Fachabteilung einen Einfluss auf den Reputationskomplex auszuüben scheint. Neben weiteren Modellparametern, für die trotz theoretischer Evidenz kein empirischer Nachweis zutage tritt, erfordern auch die Ergebnisse zu den relativen Erklärungsgehalten der Krankenhaus- bzw. der Fachabteilungsreputation für die betrachteten Outcome-Variablen sowie die Befunde zu den Hypothesen, die sich gegen das Vorliegen bestimmter Zusammenhänge richten, eine Diskussion.

(1) Zusammenhang zwischen der Fachabteilungsreputation und der Krankenhausreputation

Zunächst zeigen die Befunde der durchgeführten Analysen, dass die Kernhypothesen dieser Forschungsarbeit auch anhand der Daten der Zweitstudie bestätigt werden, nämlich die Postulate, dass es sich erstens bei den Phänomenen der Krankenhaus- und Fachabteilungsreputation um diskriminanzvalide Konstrukte handelt und zweitens, dass niedergelassene Ärzte zur Bildung ihres Reputationsurteils über das Krankenhaus als Ganzes in starkem Maße auf die Reputation ihrer Stammfachabteilung zurückgreifen. Dass der damit angesprochene Strukturkoeffizient $\beta_{12} = 0{,}45$ in seiner Ausprägung augenscheinlich von jener des entsprechenden Parameters des ersten Forschungsmodells differiert, muss nicht verwundern, wurde doch theoretisch aufgezeigt und innerhalb der Erststudie empirisch untermauert,[1176] dass es sich bei dem Innenverhältnis des Reputationskomplexes nicht um eine statische Kohärenz handelt, sondern diese von einer Menge an Kovariaten beeinflusst wird, z.B. dem Kenntnisstand der Niedergelassenen bezüglich des Krankenhauses als Ganzes.

[1176] Vgl. Kapitel C.3.3; Kapitel E.2.4.

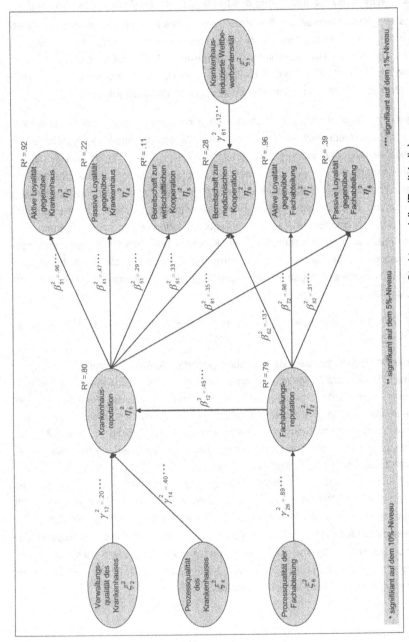

Abb. H-2: Schätzergebnisse der Strukturkoeffizienten des bestangepassten Strukturmodells (Zweitstudie)

(2) Erklärungsgehalt des Reputationskomplexes für die Bereitschaft niedergelassener Ärzte zur wirtschaftlichen bzw. medizinischen Kooperation

Theoriekonform können die Hypothesen $H_{1(2)}$ bis $H_{4(2)}$ zum Zusammenhang des Reputationskomplexes und den beiden Konstrukten der Kooperationsbereitschaft bestätigt werden. Speziell die Annahme, dass die Fachabteilungsreputation im Gegensatz zur Krankenhausreputation keinen Einfluss auf die Bereitschaft niedergelassener Ärzte ausübt, zwecks der Erreichung primär wirtschaftlicher Ziele mit dem Krankenhaus zusammenzuarbeiten (z.B. in Gestalt einer Einkaufsgemeinschaft), wird von der Empirie gestützt – der entsprechende Parameter des Strukturmodells musste im Rahmen der Parameterkontraktion mangels statistischer Signifikanz auf Null restringiert werden.[1177]

Den Anlass, zwischen der Bereitschaft zur wirtschaftlichen und der Bereitschaft zur medizinischen Kooperation zu unterscheiden, gab der Befund der Erststudie, dass für die Krankenhausreputation kein Einfluss auf die allgemeine Kooperationsbereitschaft der Niedergelassenen ermittelt werden konnte.[1178] Als Grund hierfür wurde vermutet, dass die Untersuchung einer generellen, unspezifizierten Kooperationsbereitschaft dem Korrespondenzprinzip der Einstellungstheorie als theoretische Grundlage der Ableitung von Reputationswirkungen nicht ausreichend gerecht geworden ist. Wie das Ergebnis der Zweitstudie in Gestalt der signifikanten Parameter β_{51} und β_{61} zeigt, liefert die Krankenhausreputation tatsächlich erst nach der Festlegung des Kooperationszwecks eine Erklärung für die Kooperationsbereitschaft niedergelassener Ärzte. Zusammen mit der spezifischen Fachabteilungsreputation und der Wettbewerbsintensität klärt sie einen Anteil von $R^2 = 0,28$ der Varianz des Konstruktes der Bereitschaft zur medizinischen Kooperation auf. Ihr Aufklärungsanteil für die Bereitschaft zur wirtschaftlichen Zusammenarbeit beträgt $R^2 = 0,11$.[1179]

[1177] Vgl. Tab. H-29.

[1178] Vgl. Kapitel E.2.3.3.

[1179] Dieser Wert der multiplen quadrierten Korrelation mag zunächst klein erscheinen. Es ist jedoch zu bedenken, dass das Hauptanliegen der vorliegenden Studie nicht in der möglichst umfassenden Erklärung der endogenen Variablen besteht, sondern in dem Aufdecken von Ursache-Wirkungszusammenhängen rund um den Reputationskomplex. Konkret für die Bereitschaft niedergelassener Ärzte zur wirtschaftlichen Kooperation könnten z.B. die wirtschaftliche Lage der Arztpraxis und des Krankenhauses sowie der erwartete Verwaltungsaufwand einer Kooperation weitere Einflussgrößen sein.

(3) Erklärungskraft des Reputationskomplexes für die Loyalität niedergelassener Ärzte

Richtet man den Blick zunächst auf den Erklärungsgehalt der Krankenhausreputation für die aktive und passive Loyalität niedergelassener Ärzte gegenüber dem Krankenhaus als Ganzes, so fällt als Erstes der hohe Strukturkoeffizient β_{31} = 0,96 auf, der mit einer annähernd vollständigen Erklärung der aktiven Loyalität gegenüber dem Krankenhaus (R^2 = 0,92) durch die Krankenhausreputation einhergeht. Die Reputation eines Krankenhauses scheint damit unzweifelhaft als entscheidende Determinante von Weiterempfehlung und beabsichtigter zukünftiger Leistungsinanspruchnahme durch die Niedergelassenen identifiziert. Ferner dokumentiert β_{41} = 0,47, wie angenommen, eine Schutzfunktion der Krankenhausreputation derart, dass sie im Fall eines (hypothetischen) Trägerwechsels (hier: einer Privatisierung des Krankenhauses B) augenscheinlich dazu führt, dass sich die Niedergelassenen auch bei Eintreten dieses Ereignisses gegenüber dem Krankenhaus als Ganzes loyal verhalten.

Nachdem in der Erststudie dieser Arbeit der Befund entstand, dass die Krankenhausreputation keine der im ersten Forschungsmodell berücksichtigten krankenhausgerichteten Entscheidungen niedergelassener Ärzte zu explizieren vermochte und daher die Vermutung angestellt wurde, dass die generelle Reputation eines Krankenhauses zwar keinen Einfluss auf die Evoked-Set-Formierung und die allgemeine Kooperationsbereitschaft ausübt, jedoch potenziell auf anderweitiges bedeutsames Unterstützungsverhalten niedergelassener Ärzte,[1180] kann an dieser Stelle als Zwischenergebnis festgehalten werden, dass die generelle Reputation eines Krankenhauses tatsächlich zur Erreichung marktstrategisch relevanter Zielgrößen von Krankenhäusern beiträgt. Insofern kann eine weitere, durch Befunde der Erststudie aufgeworfene Fragestellung als beantwortet gelten.

Für die Fachabteilungsreputation ergibt sich ein ähnliches Bild wie für die Wirkungen der Krankenhausreputation. Auch hier kann die aktive Loyalität gegenüber der korrespondierenden Kategorie mit einem β_{72} = 0,98 (R^2 = 0,96) umfassend aufgeklärt werden und β_{82} = 0,31 zeigt an, dass eine positive Fachabteilungsreputation auch im Fall eines Chefarztwechsels loyale Verhaltensweisen der Niedergelassenen gegenüber der fokalen Fachabteilung fördert.

Zusammen mit dem Befund zu den Loyalitätseffekten der Krankenhausreputation scheint damit eine gewisse Eigendynamik des Reputationskomplexes und seiner Wirkungen aufgedeckt zu sein: Beide Ebenen des Reputationskomplexes bedingen

---

[1180] Vgl. Kapitel E.2.3.3.

u.a. Unterstützungsverhalten in Gestalt positiver Äußerungen und Weiterempfehlungen des Krankenhauses bzw. seiner Fachabteilungen.[1181] Gleichzeitig zeichnet sich das Reputationskonzept selbst durch eine soziale Komponente aus, die dazu führt, dass neben eigenen Erfahrungen die Meinung relevanter Dritter ausdrücklich mit in die Bildung des Reputationsurteils eingeht. Bei dem Reputationskonzept müsste es sich demnach um ein Phänomen handeln, das sich selbst innerhalb gewisser Grenzen verstärkt bzw. aktualisiert.[1182]

Während sich die Hypothesen $H_{5(2)}$ und $H_{6(2)}$ sowie $H_{11(2)}$ und $H_{12(2)}$ anhand der Daten bestätigen lassen, können mit einer Ausnahme jene Hypothesen, die einen Einfluss der Krankenhaus- bzw. Fachabteilungsreputation auf das loyale Verhalten gegenüber der jeweils anderen Kategorie postulieren, nicht bestätigt werden: Interessanterweise vermag lediglich die generelle Krankenhausreputation einen Effekt auf das fachabteilungsgerichtete passive loyale Verhalten der niedergelassenen Ärzte auszuüben. Mit einem β_{81} = 0,35 schützt die Krankenhausreputation damit nicht nur eine loyale Einweiserbasis im Fall eines Trägerwechsels, sondern auch im Fall eines Chefarztwechsels auf Fachabteilungsebene. Ihre Absichtsbekundung bezüglich des Beibehaltens der bestehenden Einweisungspraxis bei einem Chefarztwechsel stützen niedergelassene Ärzte folglich zum annähernd gleichen Teil auf die generelle Krankenhausreputation wie auf die spezifische Fachabteilungsreputation (β_{82} = 0,31). Dieser Befund führt zwar zur Ablehnung der Hypothese $H_{15(2)}$,[1183] er verdeutlicht jedoch, dass die generelle Reputation eines Krankenhauses auch für fachabteilungsbezogene Entscheidungen niedergelassener Ärzte Bedeutung erlangen kann, was im Rahmen eines Reputationsmanagements berücksichtigt werden muss.[1184]

Darüber hinaus haben die Befunde zum Erklärungsgehalt der Fachabteilungsreputation für die passive Loyalität niedergelassener Ärzte Implikationen für die Bedeutung des Chefarztes bzw. dessen Reputation für das Zustandekommen des Reputationsurteils über die Fachabteilung.[1185] Mitunter wird von einigen Autoren wie auch von der Praxis die Rolle des Chefarztes innerhalb einer einzelnen Fachabteilung als „Gesicht, zentraler Leistungsträger und unverwechselbares Profil" derart

---

[1181] Vgl. Kapitel F.2.2.

[1182] Dieser (Neben-)Befund der vorliegenden Arbeit und dessen Interpretation verlangt zu seiner Bestätigung bzw. Ergründung zweifelsohne weitere Forschungsanstrengungen (vgl. Kapitel I.3).

[1183] Statistisch gesehen unterscheiden sich β_{81} und β_{82} nicht voneinander (die χ^2-Differenz zwischen unrestringiertem Modell und dem Modell, in dem β_{81} und β_{82} gleichgesetzt sind, beträgt 0,24 und ist folglich nicht signifikant).

[1184] Vgl. Kapitel I.2.

[1185] Vgl. hierzu die Hinweise in Kapitel C.3.1.4.

stark hervorgehoben,[1186] dass man auf dieser Grundlage die Frage stellen könnte, ob nicht eine Analyse der Fachabteilungsreputation mit jener der Chefarztreputation gleichzusetzen ist. Hiergegen sprechen jedoch nicht nur die umfassenden theoretischen Überlegungen zum Konzept der Fachabteilungsreputation,[1187] sondern auch die empirische Evidenz der Zweitstudie dieser Arbeit: Wenn sich die Fachabteilungsreputation in sehr hohem Maße auf die Chefarztreputation zurückführen ließe oder gar mit ihr gleichzusetzen wäre, dürfte die Fachabteilungsreputation – wenn überhaupt – einen nur geringeren Erklärungsgehalt für die passive Loyalität aufweisen, welche, wie erläutert, explizit auf das nicht chefarztbedingte Treueverhalten der Niedergelassenen abstellt. Ohne Zweifel ist jedoch in der Inkludierung der Chefarztreputation in den Reputationskomplex und damit dessen Erweiterung um eine dritte Reputationsebene eine viel versprechende Ergänzung der Forschungsagenda zu sehen.[1188]

(4) Bedeutung der Struktur- und Prozessqualität für den Reputationskomplex

Mittels der vorliegenden Daten lassen sich keine Einflüsse der Strukturqualität des Krankenhauses und der Strukturqualität der Fachabteilung auf den Reputationskomplex nachweisen, was die Ablehnung der Hypothesen $H_{17(2)}$ und $H_{19(2)}$ zur Folge hat. Eine in der Methodik liegende Erklärung für diesen Befund könnte darin bestehen, dass dieser durch das im konkreten Untersuchungsfall vorliegende Strukturqualitätsniveau bedingt ist:[1189] Sänke dieses unter das von den Niedergelassenen erwartete Mindestniveau, wäre ein Einfluss auf den Reputationskomplex durchaus denkbar. Auch im umgekehrten Fall, d.h. bei außergewöhnlich umfassender und moderner Strukturausstattung könnte womöglich eine Reputationsrelevanz erwartet werden. Offenkundig zeichnet sich das Krankenhaus B aber durch eine für ein Krankenhaus der Schwerpunktversorgung erwartbare, mithin übliche Potenzialqualität aus, so dass in diesem „Wertebereich" kein Effekt auf den Reputationskomplex ermittelbar ist.[1190]

[1186] Vgl. exemplarisch Otte/Röhrßen (2009), S. 146 f.; Kapitel B.1.4; Kapitel C.3.1.4.

[1187] Vgl. Kapitel C.3.

[1188] Vgl. Kapitel I.3.

[1189] Damit ist neuerlich die der Methodik zugrunde liegende Prämisse angesprochen, dass zwischen den Variablen lineare Zusammenhänge bestehen. Innerhalb nur bestimmter Wertebereiche gültige Zusammenhänge können nicht systematisch erfasst werden und lassen sich lediglich bei begründeter Vermutung mittels bestimmter Verfahren (z.B. mit Mehrgruppenmodellen) aufdecken (vgl. Kapitel I.1; Scholderer/Balderjahn/Paulssen (2006), S. 643 ff.).

[1190] Dies würde bedeuten, dass nicht nur z.B. bei Zufriedenheitsurteilen, wie vom sog. Kano-Modell postuliert (vgl. Kano (1984)), sondern auch bei Reputationsurteilen zwischen verschiedenen Typen relevanter Einflussgrößen unterschieden werden muss, die sich z.B. dahingehend unterscheiden, ob sie „Mindestanforderungen", „Leistungsanforderungen" oder „Begeisterungsanforderungen" an ein hochreputables Krankenhaus darstellen (vgl. auch Kapitel I.3).

Nach Maßgabe inhaltlicher Überlegungen könnte die mangelnde Nachweisbarkeit eines Einflusses der Strukturqualität auf den Reputationskomplex darauf zurückzuführen sein, dass die Bedeutung der Strukturqualität für die Gesamtqualität der Leistungserstellung aus konzeptioneller Sicht deutlich hinter der der Prozessqualität zurücktritt,[1191] speziell dann, wenn die aktuellen Entwicklungen hin zu fachübergreifenden Behandlungspfaden und interdisziplinären Zentren in den Vordergrund rücken und in diesem Zusammenhang die Bedeutung von Prozessorganisation und -qualität betont wird.[1192]

Für die Prozessqualität beider Betrachtungsebenen lässt sich, wie postuliert, Gleiches feststellen wie für die Ergebnisqualität des Krankenhauses als Ganzes im Rahmen der Erststudie, nämlich dass der den jeweiligen Konzepten innewohnende Objektbezug derart entscheidend für die Reputationsrelevanz ist, dass nur bei Übereinstimmung entsprechende Einflüsse zutage treten: Während die Prozessqualität des Krankenhauses einen Effekt von γ_{14} = 0,40 auf die Krankenhausreputation ausübt und damit zusammen mit der Verwaltungsqualität mit einem R^2 in Höhe von 0,80 einen Großteil der im Krankenhausreputationskonstrukt liegenden Varianz erklärt, beträgt der standardisierte Strukturkoeffizient des Pfades der Prozessqualität der Fachabteilung auf die Fachabteilungsreputation sogar γ_{26} = 0,89, wodurch 79% der Varianz des Fachabteilungsreputationskonstruktes eine Begründung erfahren. Zudem weist der durch die Fachabteilungsreputation mediierte indirekte Effekt der Prozessqualität der Fachabteilung auf die Krankenhausreputation eine Höhe von 0,40 auf. Angesichts dieser Befunde ist in der von den niedergelassenen Ärzten wahrgenommenen Prozessqualität beider Ebenen der ausschlaggebende Treiber für den Reputationskomplex zu sehen.

Weder die Strukturqualität noch die Prozessqualität vermag einen Erklärungsbeitrag für die jeweils nicht korrespondierende Reputationsebene zu leisten, was dazu führt dass die Hypothesen $H_{21(2)}$ bis $H_{24(2)}$ angenommen werden können. Zusammen mit dem Befund der Erststudie zur Reputationsrelevanz der Ergebnisqualität des Krankenhauses als Ganzes scheint damit bestätigt zu sein, dass unmittelbare Effekte der nach Unternehmensebenen differenzierten medizinisch-pflegerischen Leistungsqualität auf die jeweils passende Ebene des Reputationskomplexes beschränkt sind. Als einzige wurde in der Erststudie für die Ergebnisqualität der Fachabteilung ein Zusammenhang mit der nicht korrespondierenden Reputationsebene ermittelt. Da jedoch für keine andere Qualitätsdimension ein solcher Effekt festgestellt werden konnte, gleichzeitig der ermittelte Zusammenhang eine inhaltlich nicht zu erklärende

---

[1191] Vgl. Kapitel C.6.3.1; Olandt (1998), S. 34; Donabedian (1980), S. 83.
[1192] Vgl. Kapitel B.1.4.

(negative) Ausprägung aufwies und eine in der Methodik liegende Begründung für diesen Befund bereitgestellt werden konnte, scheint die ermittelte negative Korrelation zwischen der Ergebnisqualität der Fachabteilung und der Krankenhausreputation tatsächlich nicht kausal interpretiert werden zu dürfen.

(5) Bedeutung der vom Krankenhaus induzierten Wettbewerbsintensität für den Reputationskomplex

Einem Erklärungsversuch, warum die vom Krankenhaus induzierte Wettbewerbsintensität theoriekonträr keinen Einfluss auf die Reputation des Krankenhauses zu haben scheint, kann sich wiederum primär aus einem methodischen Blickwinkel heraus genähert werden. Die Begründung für die mangelnde Nachweisbarkeit des in Frage stehenden Zusammenhangs könnte demnach im beobachteten Merkmals- bzw. Aktivitätsniveau bestehen, welches im vorliegenden konkreten Untersuchungsfall als relativ gering eingestuft werden kann, da das Krankenhaus B lediglich ein unmittelbar am Krankenhaus angesiedeltes, spezialisiertes MVZ betreibt und in einem üblichen Ausmaß ambulante Operationen durchführt.[1193] D.h. es ist denkbar, dass die Wettbewerbsintensität lediglich auf dem zum Beobachtungszeitpunkt bestehenden Niveau keine Auswirkung auf die Reputation des fokalen Krankenhauses hat. Mit zunehmender Marktaggressivität erscheint eine negative Rückkopplung auf die Krankenhausreputation aber nicht ausgeschlossen. Die Einschätzung der Marktaggressivität eines Krankenhauses durch niedergelassene Ärzte dürfte zudem stark davon abhängig sein, wie hoch diese im Vergleich zu anderen Krankenhäusern der Region ist, so dass mitunter nicht die absolute, sondern die relative, vom jeweiligen Krankenhaus induzierte Wettbewerbsintensität seitens der niedergelassenen Ärzte beurteilt wird. Dass für den vorliegenden Fall kein Effekt der vom Krankenhaus induzierten Wettbewerbsintensität auf die Reputation festgestellt werden konnte, kann demnach auch den Grund haben, dass sich ein anderes Krankenhaus in geographischer Nähe vergleichsweise marktaggressiv gegenüber den Niedergelassenen verhält.

(6) Bedeutung der Verwaltungsqualität für den Reputationskomplex

Wie postuliert, liefert schließlich die Verwaltungsqualität und damit neben dem ärztlich-pflegerischen auch der Administrationsbereich mit einem Pfadkoeffizienten von $\gamma_{12} = 0,20$ einen Beitrag zur Reputation des Krankenhauses. Weiterhin kann Hypothese $H_{26(2)}$, nach der ein Effekt der Verwaltungsqualität auf die Reputation der spezifischen Fachabteilung auszuschließen ist, angenommen werden, da der entsprechende Parameter γ_{22} im Zuge der Parameterkontraktion aufgrund fehlender

---

[1193] Vgl. Kapitel B.3.

statistischer Signifikanz auf Null restringiert werden musste.[1194] Tatsächlich scheint es also so zu sein, dass aus der Perspektive niedergelassener Ärzte auch der Administrationsbereich bzw. die Gestaltung seiner Schnittstellen zu den Niedergelassenen für die Reputation des Krankenhauses als Ganzes relevant ist. Die Reputation der Fachabteilung bleibt hiervon offenkundig unberührt, was nochmals unterstreicht, dass für diese vornehmlich operative, medizinisch-pflegerische Merkmale von Bedeutung sind und weniger Leistungen, die von den niedergelassenen Ärzten als von der Unternehmensleitung verantwortet wahrgenommen werden.[1195]

3 Zusammenfassung der Untersuchungsergebnisse der Zweitstudie

Eine Zusammenfassung der Testergebnisse zu den Hypothesen des zweiten Forschungsmodells liefert Tab. H-31.

Bezeichnung	Hypothese/ Ursache-Wirkungszusammenhang	Befund
$H_{29(2)}$	Krankenhausreputation und Fachabteilungsreputation sind aus der Perspektive niedergelassener Ärzte distinkte Konstrukte.	bestätigt
$H_{30(2)}$	Je höher die Fachabteilungsreputation ausgeprägt ist, desto besser ist die Reputation des Krankenhauses bei niedergelassenen Ärzten.	bestätigt
$H_{1(2)}$	Je höher die Krankenhausreputation ausgeprägt ist, desto höher ist die Bereitschaft niedergelassener Ärzte zur wirtschaftlichen Kooperation.	bestätigt
$H_{2(2)}$	Die Fachabteilungsreputation hat keinen Einfluss auf die Bereitschaft niedergelassener Ärzte zur wirtschaftlichen Kooperation.	bestätigt
$H_{3(2)}$	Je höher die Krankenhausreputation ausgeprägt ist, desto höher ist die Bereitschaft niedergelassener Ärzte zur medizinischen Kooperation.	bestätigt
$H_{4(2)}$	Je höher die Fachabteilungsreputation ausgeprägt ist, desto höher ist die Bereitschaft niedergelassener Ärzte zur medizinischen Kooperation.	bestätigt
$H_{5(2)}$	Je höher die Krankenhausreputation ausgeprägt ist, desto höher ist die passive Loyalität niedergelassener Ärzte gegenüber dem Krankenhaus als Ganzes.	bestätigt
$H_{6(2)}$	Je höher die Krankenhausreputation ausgeprägt ist, desto höher ist die aktive Loyalität niedergelassener Ärzte gegenüber dem Krankenhaus als Ganzes.	bestätigt
$H_{7(2)}$	Je höher die Krankenhausreputation ausgeprägt ist, desto höher ist die passive Loyalität niedergelassener Ärzte gegenüber der Fachabteilung.	bestätigt
$H_{8(2)}$	Je höher die Krankenhausreputation ausgeprägt ist, desto höher ist die aktive Loyalität niedergelassener Ärzte gegenüber der Fachabteilung.	nicht bestätigt
$H_{9(2)}$	Je höher die Fachabteilungsreputation ausgeprägt ist, desto höher ist die passive Loyalität niedergelassener Ärzte gegenüber dem Krankenhaus als Ganzes.	nicht bestätigt
$H_{10(2)}$	Je höher die Fachabteilungsreputation ausgeprägt ist, desto höher ist die aktive Loyalität niedergelassener Ärzte gegenüber dem Krankenhaus als Ganzes.	nicht bestätigt
$H_{11(2)}$	Je höher die Fachabteilungsreputation ausgeprägt ist, desto höher ist die passive Loyalität niedergelassener Ärzte gegenüber der Fachabteilung.	bestätigt
$H_{12(2)}$	Je höher die Fachabteilungsreputation ausgeprägt ist, desto höher ist die aktive Loyalität niedergelassener Ärzte gegenüber der Fachabteilung.	bestätigt
$H_{13(2)}$	Die Krankenhausreputation hat einen stärkeren Einfluss auf die passive Loyalität niedergelassener Ärzte gegenüber dem Krankenhaus als Ganzes als die Fachabteilungsreputation.	bestätigt
$H_{14(2)}$	Die Krankenhausreputation hat einen stärkeren Einfluss auf die aktive Loyalität niedergelassener Ärzte gegenüber dem Krankenhaus als Ganzes als die Fachabteilungsreputation.	bestätigt

---

[1194] Vgl. Tab. H-29.
[1195] Vgl. Kapitel F.3.2.2.

$H_{15(2)}$	Die Fachabteilungsreputation hat einen stärkeren Einfluss auf die passive Loyalität niedergelassener Ärzte gegenüber der Fachabteilung als die Krankenhausreputation.	nicht bestätigt
$H_{16(2)}$	Die Fachabteilungsreputation hat einen stärkeren Einfluss auf die aktive Loyalität niedergelassener Ärzte gegenüber der Fachabteilung als die Krankenhausreputation.	bestätigt
$H_{17(2)}$	Je höher die Strukturqualität des Krankenhauses als Ganzes ausfällt, desto besser ist die Krankenhausreputation bei niedergelassenen Ärzten.	nicht bestätigt
$H_{18(2)}$	Je höher die Prozessqualität des Krankenhauses als Ganzes ausfällt, desto besser ist die Krankenhausreputation bei niedergelassenen Ärzten.	bestätigt
$H_{19(2)}$	Je höher die Strukturqualität der Fachabteilung ausfällt, desto besser ist die Fachabteilungsreputation bei niedergelassenen Ärzten.	nicht bestätigt
$H_{20(2)}$	Je höher die Prozessqualität der Fachabteilung ausfällt, desto besser ist die Fachabteilungsreputation bei niedergelassenen Ärzten.	bestätigt
$H_{21(2)}$	Die Strukturqualität des Krankenhauses als Ganzes hat keinen Einfluss auf die Fachabteilungsreputation bei niedergelassenen Ärzten.	bestätigt
$H_{22(2)}$	Die Prozessqualität des Krankenhauses als Ganzes hat keinen Einfluss auf die Fachabteilungsreputation bei niedergelassenen Ärzten.	bestätigt
$H_{23(2)}$	Die Strukturqualität der Fachabteilung hat keinen Einfluss auf die Krankenhausreputation bei niedergelassenen Ärzten.	bestätigt
$H_{24(2)}$	Die Prozessqualität der Fachabteilung hat keinen Einfluss auf die Krankenhausreputation bei niedergelassenen Ärzten.	bestätigt
$H_{25(2)}$	Je höher die Verwaltungsqualität ausfällt, desto besser ist die Krankenhausreputation bei niedergelassenen Ärzten.	bestätigt
$H_{26(2)}$	Die Verwaltungsqualität hat keinen Einfluss auf die Fachabteilungsreputation bei niedergelassenen Ärzten.	bestätigt
$H_{27(2)}$	Je höher die durch Krankenhäuser induzierte Wettbewerbsintensität ausfällt, desto geringer ist die Krankenhausreputation bei niedergelassenen Ärzten.	nicht bestätigt
$H_{28(2)}$	Die durch Krankenhäuser induzierte Wettbewerbsintensität hat keinen Einfluss auf die Fachabteilungsreputation bei niedergelassenen Ärzten.	bestätigt
$H_{31expl.(2)}$	Je höher die durch Krankenhäuser induzierte Wettbewerbsintensität ausfällt, desto höher ist die Bereitschaft niedergelassener Ärzte zur medizinischen Kooperation.	bestätigt

Tab. H-31: Überblick über die Ergebnisse der Hypothesenprüfungen (Zweitstudie)

Es zeigt sich, dass mit der Konzeption des zweiten Forschungsmodells bzw. mit der zum Zweck seiner empirischen Überprüfung durchgeführten Studie eine weitgehende Beantwortung der durch die Befunde der Erststudie dieser Arbeit aufgeworfenen Fragestellungen geleistet werden konnte. Insbesondere ist festzuhalten, dass das Reputationskonzept aus Krankenhaussicht nicht nur im Hinblick auf die beiden primären Funktionen niedergelassener Ärzte als Patientenzuweiser einerseits und potenzielle Kooperationspartner andererseits Erklärungsgehalt aufweist, sondern auch zur Erreichung weicherer marktstrategischer Ziele beiträgt, namentlich der Förderung der Einweiserloyalität.

Diesbezüglich stellen die Befunde zu den sich unterscheidenden Wirkungen der differenzierten Reputationen abermals klar, dass bei der Erforschung des Reputationsphänomens die Berücksichtigung organisationaler Subreputationen (hier: der Fachabteilungsreputationen) einen Mehrwert bei der Aufklärung erfolgsrelevanter unternehmerischer Zielgrößen liefert und dass daher die Beschränkung auf eine globale Unternehmensreputation, wie sie in der bisherigen Literatur meist vorzufinden ist, unbefriedigend anmutet. Gleichzeitig dürften Treiberanalysen der generellen Reputation von Unternehmen unvollständig sein, die die mögliche

Existenz organisationaler Subreputationen nicht in die Überlegungen mit einbeziehen.

Zudem scheint mit der Prozessqualität ein beachtlich starker Hebel für die Steigerung der Reputation beider Ebenen identifiziert worden zu sein, so dass diesem im Rahmen eines Reputationsmanagements besondere Beachtung geschenkt werden muss, sei es z.b. in Form tatsächlicher Qualitätsverbesserungen oder durch seine Hervorhebung innerhalb des kommunikationspolitischen Instrumentariums. Der Deduktion von konkreten Handlungsempfehlungen für das Reputationsmanagement von Krankenhäusern auf Basis der Befunde der Erst- und Zweitstudie dieser Arbeit widmet sich ausgiebig Kapitel I.

I Zusammenfassende Bewertung der Untersuchungsbefunde der Erst- und Zweitstudie aus der Perspektive von Wissenschaft und Praxis

Den Ausgangspunkt für die vorliegende Arbeit bildete der Forschungsbedarf in Bezug auf den Multilevel-Charakter der Reputation von Unternehmen. Vor diesem Hintergrund wurde ein Forschungsprogramm konzipiert, das aus der empirischen Überprüfung zweier aneinander anknüpfender Forschungsmodelle bestand und im Kern die Analyse des Verhältnisses zwischen der Unternehmensreputation und der Spartenreputation eines Unternehmens sowie die Identifizierung differenzierter Wirkungen und ausgewählter Einflussgrößen dieses Reputationskomplexes umfasste.

Bevor auf Grundlage der aus den beiden Studien hervorgegangenen empirischen Befunde in Kapitel I.2 eine Ableitung von Handlungsempfehlungen für das Reputationsmanagement von Krankenhäusern erfolgen soll, gilt es, in Kapitel I.1 die wesentlichen Grenzen dieser Untersuchungen zu diskutieren. Dies ist die Voraussetzung dafür, die im Rahmen des empirischen Forschungsprogramms gewonnenen Erkenntnisse, ihren Transfer in praktische Handlungsleitlinien für Krankenhäuser sowie ihre Tragweite und Belastbarkeit kritisch beurteilen zu können. Zudem bieten die Restriktionen Anknüpfungspunkte für Empfehlungen für die zukünftige Reputationsforschung, die den Gegenstand des Kapitels I.3 bilden.

1 Limitationen der empirischen Untersuchungen

Obwohl die vorliegende Arbeit ihren Ausgangspunkt in den Defiziten bisheriger empirischer Forschungsarbeiten zum Reputationsphänomen in marketingbezogenen Settings nahm und das Ziel verfolgt, die aufgezeigten Grenzen bestehender Forschungsbeiträge innerhalb des gesteckten Rahmens zu überwinden, unterliegt auch sie mehr oder weniger bedeutsamen Einschränkungen. Die wesentlichen Limitationen der durchgeführten Studien beziehen sich dabei (1.) auf das jeweils gewählte Studiendesign, (2.) die angewandte Untersuchungsmethodik, (3.) den gewählten theoretischen Bezugsrahmen für die Konstruktion der Forschungsmodelle und deren Umsetzung und (4.) auf die Generalisierbarkeit der zutage geförderten Ergebnisse.

(1) Restriktionen des Untersuchungsdesigns der beiden Studien

Zunächst könnten Einschränkungen der Robustheit der gewonnenen Erkenntnisse aus der Entscheidung resultieren, das empirische Datenmaterial mittels schriftlicher Befragungen zu erheben. Ein Interviewer-Bias kann mit dieser Methode zwar weitgehend vermieden und die Objektivität der Messungen gewährleistet werden, es gilt jedoch zu berücksichtigen, dass im Rahmen schriftlicher Befragungen mithilfe standardisierter Fragebögen wichtige Informationen unerfasst bleiben könnten, die Auswirkungen auf die Interpretierbarkeit der Ergebnisse ausüben. Um derartige Verzerrungen so weit wie möglich ausschließen zu können, wurden beide Erhebungen durch zum Teil sehr umfassende vorbereitende Maßnahmen flankiert.[1196] Auf diese Weise sollten systematische Probleme hinsichtlich der Konstruktoperationalisierungen, der Besonderheiten im Umgang mit niedergelassenen Ärzten als Auskunftspersonen in Marktforschungsstudien sowie des Verständnisses der generellen und insbesondere fall- und zeitpunktbezogenen Beziehungscharakteristika des Verhältnisses zwischen den fokalen Krankenhäusern und den niedergelassenen Ärzten von Beginn an kontrolliert werden. Trotz dieser Bemühungen kann nicht endgültig ausgeschlossen werden, dass nicht alle für die Dateninterpretation relevanten Zusatzinformationen berücksichtigt wurden.

Mit Blick auf die Zeitpunkte der beiden Erhebungen ist außerdem zu Fragen, ob die im Jahr 2007 bzw. 2008 ermittelten Daten überhaupt Rückschlüsse auf heute vorliegende Zusammenhänge zulassen. Hierzu ist festzustellen, dass zwar zu vermuten ist, dass die heutigen Ausprägungen der in den Forschungsmodellen berücksichtigten Variablen nicht mehr exakt denen der Erhebungszeitpunkte entsprechen, beispielsweise weil sich die Patientenorientierung des Krankenhauses A erhöht oder verringert haben könnte. Allerdings richtete sich der Fokus der Analysen auf die Entdeckung kognitiver Muster menschlicher Evaluations- und Entscheidungsprozesse, so dass eine relativ hohe zeitliche Robustheit der ermittelten Ursache-Wirkungszusammenhänge unterstellt werden kann.

Zur Repräsentativität der beiden Stichproben ist festzustellen, dass ihre Gegenüberstellung anhand der Merkmale „Alter", „Geschlecht" und „Fachrichtung" mit den Strukturdaten der Kassenärztlichen Bundesvereinigung kaum Anlass zur Beanstandung gab. Lediglich die Geschlechterverteilung wies in beiden Studien eine Verschiebung zugunsten von Ärztinnen auf, wobei vor dem Hintergrund der entwickelten Forschungsmodelle zwar nicht ersichtlich ist, warum eine vom Durchschnitt abweichende Geschlechterstruktur Einschränkungen bei der Interpretation der Daten nach sich ziehen müsste, eine Verzerrung trotzdem letztlich nicht ausgeschlossen werden kann.

Hingewiesen werden muss außerdem auf die Tatsache, dass niedergelassene Ärzte, die nicht an der vertragsärztlichen Versorgung teilnehmen, keine Berücksichtigung in den Studien fanden. Zwar scheinen Patienten, die von diesen Niedergelassenen in

---

[1196] Vgl. Kapitel D.1; Kapitel G.1.

ein Krankenhaus eingewiesen werden, aus Krankenhausperspektive besonders interessant, da Privatpatienten und Selbstzahler die Abrechnung zusätzlicher Entgelte gemäß der GOÄ ermöglichen; der Anteil der Ärzte, die ausschließlich Privatpatienten behandeln, beträgt jedoch lediglich 5,2% aller Niedergelassenen,[1197] was als zu vernachlässigende Größenordnung gewertet werden darf.

Generelle Limitationen ergeben sich ferner aus den als Querschnittstudien angelegten Untersuchungsdesigns; denn diese Vorgehensweise liefert zwangsläufig nur eine Momentaufnahme der Determinanten und Wirkungen des Reputationskomplexes sowie seines Innenverhältnisses. Dieses Manko der zeitpunktbezogenen Betrachtung wurde aus methodischer Perspektive bereits im Zuge der Suche nach Erklärungen für die mangelnde Nachweisbarkeit von Einflüssen der Strukturqualität und der Wettbewerbsintensität auf den Reputationskomplex angeführt.[1198] Es wurde vermutet, dass offenbar nur zum Erhebungszeitpunkt bzw. nur für die entsprechend zeitpunktbezogenen Ausprägungen der erfassten Größen keine Zusammenhänge zwischen den in Frage stehenden Konstrukten nachweisbar sind. Vor dem Hintergrund genau dieser Problematik erarbeiten *Kraatz/Love* eine Forschungsagenda zur Analyse der Dynamik reputationszentrierter Ursache-Wirkungszusammenhänge und fordern, dass zukünftige Studien „[...] *should examine the process through which reputational assets are accumulated and depleted over time (i.e. that they should attend to reputational „flows" in addition to reputational „stocks").*"[1199]

Schließlich wurde mit der Durchführung der Zweitstudie das Ziel verfolgt, das Forschungsmodell der Erststudie weiterzuentwickeln und die durch die empirischen Befunde der Erststudie aufgeworfenen Fragestellungen aufzuklären. Eine solche Vorgehensweise ist selbstverständlich nur dann zulässig, wenn sich sowohl die Stichproben der beiden Studien hinsichtlich relevanter Merkmale weitgehend gleichen als auch die Untersuchungsfälle selbst nicht zu stark voneinander differieren. In Bezug auf die Stichproben konnte nicht nur ein adäquates Ausmaß an Repräsentativität konstatiert werden, sondern auch, dass sie sich hinsichtlich relevanter Strukturmerkmale tendenziell entsprechen.[1200] Die Vergleichbarkeit von Krankenhaus A und Krankenhaus B wurde dadurch sichergestellt, dass bei ihrer Auswahl großer Wert darauf gelegt wurde, dass diese bezüglich ihrer strukturellen Eigenschaften, wie z.B. der Anzahl an Fachabteilungen und Betten, der Breite der Einweiserbasis wie auch der Wettbewerbssituation tendenziell übereinstimmen.[1201]

[1197] Vgl. KBV (2009).
[1198] Vgl. Kapitel H.2.4.
[1199] Kraatz/Love (2006), S. 343.
[1200] Vgl. Kapitel G.2.
[1201] Vgl. Kapitel B.3.

375

Gleichwohl sei an dieser Stelle angezeigt, dass die aus den Befunden der Zweitstudie gezogenen Rückschlüsse für die kritischen Befunde der Erststudie aufgrund der Untersuchung von zwei verschiedenen Fällen u.U. nur eingeschränkt gültig sein könnten, nämlich dann, falls Unterschiede zwischen den Untersuchungsfällen und/ oder den Stichproben bestehen sollten, die außerhalb der hier erfassten Strukturmerkmale liegen und die gleichzeitig die Vergleichbarkeit der Untersuchungsfälle bzw. Stichproben und damit die Verknüpfbarkeit der Studien einschränken.

(2) Restriktionen der angewandten Untersuchungsmethodik

Die Entscheidung für die Kovarianzstrukturanalyse als Hauptanalyseinstrument der beiden durchgeführten Studien beruht auf den in Kapitel E.2.1.1 dargelegten Überlegungen. Trotz ihrer hohen Eignung für die empirische Überprüfung der spezifischen Forschungsfragestellungen dieser Arbeit und speziell ihrer Anwendbarkeit bei der Testung hierarchischer Modelle und multipler Gruppenvergleiche, wohnen dieser Methodik einige Probleme inne, die bei der Beurteilung der errechneten Lösungen bedacht werden sollten.

Hauptsächlich ist die bereits erwähnte Linearitätsprämisse des Analyseinstruments zu nennen.[1202] Aus theoretischer Sicht behindert die strikte Annahme linearer Abhängigkeiten eine tiefere Analyse kausaler Mechanismen und die Integration augenscheinlich widersprüchlicher Ergebnisse. Eine fehlerhafte Linearitätsannahme kann zu einer systematischen Über- bzw. Unterschätzung von Einflussgrößen und in der Folge zu Fehlinterpretationen führen.[1203]

Speziell für die beiden Kernkonstrukte der Forschungsmodelle dieser Arbeit, namentlich für die Krankenhaus- und die Fachabteilungsreputation, kann keinesfalls davon ausgegangen werden, dass sich diese durch eine Beeinflussung der identifizierten Determinanten in den von den entsprechenden Strukturkoeffizienten angezeigten Verhältnissen unbegrenzt steigern lassen. Alle errechneten Parameter gelten vielmehr für genau den erfassten Status quo und folglich lediglich für infinitesimale Änderungen in den Konstruktausprägungen und unter sonst gleichen Bedingungen. Es versteht sich von selbst, dass auf dieser Basis auch keine (ohne Frage erstrebenswerte) Bestimmung des Optimums der Ausprägungen des Reputationskomplexes in Bezug auf den maximalen „Grenzertrag" bei der Beeinflussung der betrachteten Outcome-Variablen möglich ist – eben weil dafür die wahre funktionale Form der multiplen Zusammenhänge bekannt sein müsste.

[1202] Vgl. hierzu Backhaus et al. (2006), S. 414; Scholderer/Balderjahn (2006), S. 643.
[1203] Vgl. Agustin/Singh (2005), S. 96; Mittal/Ross/Baldsare (1998).

Die Problematik der Linearitätsprämisse bildete ferner im Rahmen der Ergebnis-diskussion der Zweitstudie den Ausgangspunkt für die bereitgestellte Erklärung der mangelnden Nachweisbarkeit von Effekten der Strukturqualität sowie der Wettbe-werbsintensität auf den Reputationskomplex. Diese bestand darin, dass die entsprechenden Parameter aufgrund der hier wahrscheinlich nicht zutreffenden Linearitätsannahme systematisch unterschätzt worden sein könnten und dies der Grund dafür war, dass keine statistisch signifikanten Ausprägungen feststellbar waren.

Des Weiteren bedürfen die Limitationen Erwähnung, denen der Einsatz der Kovarianzstrukturanalyse im Rahmen der durchgeführten multiplen Gruppenanalyse zur Untersuchung der moderierenden Effekte sowie bei der Überprüfung des zwischen den Reputationskonstrukten bestehenden Zusammenhangs mithilfe des nicht-rekursiven, hierarchischen Modells unterliegt. Diese beziehen sich für die Mehrgruppen-Kovarianzstrukturanalyse in erster Linie darauf, dass die ermittelten moderierenden Effekte nicht quantifiziert und auch keine Aussagen zur funktionalen Gestalt der Interaktion getroffen werden können. Mit Blick auf die Analyse des nicht-rekursiven Modells ist hier nochmals darauf hinzuweisen, dass die gewonnenen Schlussfolgerungen zur dominanten Wirkungsrichtung innerhalb des Reputations-komplexes nur dann gültig sind, wenn sich die reziproken Effekte zwischen den Reputationskonstrukten zum Zeitpunkt ihrer Erfassung bereits im Gleichgewicht befunden haben. Da diese kritischen Punkte bereits innerhalb der jeweiligen konkreten Anwendungen Gegenstand der Diskussion waren, kann an dieser Stelle auf die bereits gebotenen Ausführungen verwiesen werden.[1204]

(3) Restriktionen des gewählten theoretischen Bezugsrahmens für die Konstruktion der Forschungsmodelle und deren Umsetzung

Zuallererst sollte sich auf einer theoretischen Metaebene vor Augen geführt werden, dass die Entscheidung für eine Theorie oder ein theoretisches Paradigma, in dessen Rahmen eine Erklärung der in Frage stehenden Phänomene vollzogen wird, immer zufolge hat, dass nur bestimmte Sachverhalte vom Beobachter erfasst werden können; es herrscht Blindheit für alle außerhalb der Theorie liegenden Erschei-nungen der Realität. Für die vorliegende Arbeit bedeutet dies, dass die mit der Konzeptionalisierung des Reputationsphänomens als einstellungsähnliches Kon-strukt begründete Auswahl des kognitionspsychologischen Instrumentariums auto-

---

[1204] Vgl. Kapitel E.2.1.3; Kapitel E.2.1.4.

matisch eine Einengung des theoretischen Blickwinkels bedeutet, welche gleichwohl unverzichtbar ist für die Handhabbarkeit der angestrebten Analyse.[1205]

Eine grundsätzliche Restriktion im Zuge der Konstruktion der Forschungsmodelle resultiert aus der gewählten Vorgehensweise, bei der Herleitung der Hypothesen neben theoretischen Überlegungen auch auf die Befunde vorliegender empirischer Studien zu rekurrieren; denn punktuell wurde sich hierbei auf Untersuchungen bezogen, die sich auf die Verhältnisse des US-amerikanischen Gesundheitsmarktes beziehen. Zwar wurden diese jeweils auf ihre Übertragbarkeit geprüft, eine kritische Handhabung und ein gewisser Vorbehalt sind bei einer solchen Vorgehensweise aber stets angebracht. Gleiches gilt für die zur Fundierung der eigenen Kontemplationen herangezogenen Erkenntnisse aus anderen Dienstleistungsbereichen. Folglich waren teilweise Relativierungen der jeweiligen Aussagekraft der einzelnen Transfers unabdingbar. Ein solches Vorgehen erscheint bei Mangel einschlägiger Forschungsbeiträge jedoch alternativlos.

Eine weitere Einschränkung betrifft den konzeptionellen Umgang mit dem Konstrukt der Fachabteilungsreputation, bei dem im Rahmen der Konstruktion der Forschungsmodelle nicht nach verschiedenen Fachabteilungen unterschieden wurde, d.h. bei dessen Diskussion keine Differenzierung nach spezifischen Fachabteilungen erfolgte. Beispielsweise wäre es denkbar, dass die Patientenorientierung für die Reputation einer unfallchirurgischen Fachabteilung weniger relevant ist als für eine geriatrische, pädiatrische oder palliative Fachabteilung. Sowohl die Übersichtlichkeit der Argumentation bei der Begründung der postulierten Ursache-Wirkungszusammenhänge als auch methodische Gründe, die eine weitgehende Unterteilung der Stichprobe nach verschiedenen Fachabteilungen nicht zulassen, verlangen eine Zusammenfassung der verschiedenen Abteilungen zu der aggregierten Kategorie „Fachabteilung".[1206] Im Übrigen wurde das Faktum von sich zwischen spezifischen Fachabteilungen unterscheidenden Merkmalen im Rahmen der Untersuchung mode-

---

[1205] Die in Kapitel A.1 dargestellten alternativen Theoriestränge zur Untersuchung des Reputations-konzeptes haben keine geringere Daseinsberechtigung als kognitionspsychologische Theorien, nur scheint ihre Eignung zur Analyse des Reputationsphänomens auf der Ebene individueller Wahrnehmungen und Verhaltensweisen, wie in Kapitel C.2 diskutiert, stark eingeschränkt, eben weil sie bestimmte, in diesem Zusammenhang bedeutende Sachverhalte der individuellen Wahrnehmung und Informationsverarbeitung theoretisch ausblenden. Auf der anderen Seite steht das kognitionspsychologische Paradigma insbesondere bezüglich der Reduzierung der Problemkomplexität dann gegenüber anderen, z.B. dem institutionenökonomischen Theoriegebäude zurück, wenn den zu untersuchenden Phänomenen und Zusammenhängen ausschließlich ökonomische Überlegungen und Anreize zugrunde liegen bzw. unterstellt werden können.

[1206] Dass eine solche Gesamtbetrachtung der Fachabteilungen keine wesentlichen Einschränkungen bei der Beschreibung der Realität mit sich bringt, kann an der guten Anpassungsgüte beider Forschungsmodelle abgelesen werden.

rierender Effekte des Innenverhältnisses des Reputationskomplexes zumindest partiell berücksichtigt.

Wenngleich es ausdrücklich nicht der Zweck der beiden Forschungsmodelle war, den Reputationskomplex möglichst umfassend in seinen Einflussgrößen und Wirkungen zu erklären, bleibt dennoch darauf hinzuweisen, dass die Auswahl der untersuchten Kohärenzen zwangsläufig selektiv war und sich damit lediglich Partialmodelle reputationszentrierter Ursache-Wirkungszusammenhänge auf dem Prüfstand bewähren mussten. Zwar erfolgte die Selektion der berücksichtigten Modellkonstrukte so weit wie möglich nach Maßgabe ihrer Relevanz vor dem Hintergrund des spezifischen Untersuchungskontexts, um so den größeren Erklärungsgehalt einer weiteren Reputationsebene neben der des Gesamtunternehmens möglichst eindringlich aufzuzeigen. Allerdings könnte diese Limitation dazu anregen, in zukünftigen Forschungsbemühungen weitere Variablen in die Untersuchungen einzubeziehen. Dies gilt im Besonderen für Analysen des Multilevel-Charakters der Reputation in anderen Branchen. Damit sind die Grenzen der Generalisierbarkeit der Befunde dieser Arbeit angesprochen.

(4) Restriktionen hinsichtlich der Generalisierbarkeit der zutage geförderten Ergebnisse

Zunächst spricht der erfolgreiche Test des Mehrebenen-Konzeptes des Reputationsphänomens an zwei verschiedenen Untersuchungsfällen grundsätzlich für die Generalisierbarkeit der Befunde innerhalb des deutschen Krankenhausmarktes. Damit scheinen die von der vorliegenden Arbeit generierten Erkenntnisse für die überwiegende Mehrzahl an Unternehmen des umsatzstärksten Sektors der deutschen Wirtschaft gültig zu sein. Lediglich im Fall von Krankenhäusern mit nur einer Fachabteilung und solchen, die in Kapitel B.1.2.1 ausdrücklich von den Überlegungen ausgeschlossen wurden, sollten die jeweiligen Spezifika zu einer besonders kritischen Auseinandersetzung mit der Transferierbarkeit der Studienergebnisse Anlass geben. Dies sollte durch einen Vergleich mit den Eigenschaften der hier betrachteten Krankenhäuser erfolgen.[1207] Während die generierten Erkenntnisse zum Multilevel-Charakter der Reputation damit insbesondere auf Krankenhausunternehmen der Grund- und Regelversorgung übertragbar erscheinen, da auch diese mehrere Fachabteilungen bzw. Zentren umfassen, ist es speziell für Universitätsklinika denkbar, dass der Zusammenhang zwischen der Fachabteilungsreputation und der Reputation des Krankenhauses als Ganzes tendenziell weniger stark ist, als in den vorliegenden Studien ermittelt. Beim Zustandekommen

---

[1207] Eine Beschreibung der Untersuchungsfälle dieser Arbeit findet sich in Kapitel B.3.

des Urteils über die Krankenhausreputation könnte es eine Rolle spielen, dass Universitätsklinika nicht nur einen Versorgungsauftrag haben, sondern die Forschung und die Lehre ebenfalls zu ihren Aufgaben gehören. Denkbar ist daher, dass die Forschungsleistungen und die Qualität der Lehre neben Reputation der Stammfachabteilung des jeweiligen niedergelassenen Arztes ebenfalls eine hohe Bedeutung für die Reputation eines Universitätsklinikums haben.

Neben der Übertragbarkeit der Erkenntnisse auf andere Krankenhäuser ist auch das Ausmaß von Interesse, zu dem die zutage geförderten Befunde für weitere Bezugsgruppen von Krankenhäusern, insbesondere für Patienten, Gültigkeit besitzen. Da das Reputationskonzept bezugsgruppenspezifisch angelegt ist, begründet durch die Maßgeblichkeit stakeholderbezogener Ziel- und Wertesysteme für die Formierung der Reputationsurteile, erscheinen detaillierte Aussagen zur Übertragbarkeit speziell der Erkenntnisse zu den Reputationsdeterminanten nicht ohne tiefer gehende konzeptionelle Überlegungen möglich. Grundsätzlich dürften aber auch die Leistungsqualität, speziell in Gestalt der interpersonellen Qualität, und die Patientenorientierung für Patienten reputationsrelevant sein und Reputationswirkungen in bestimmten Formen des Unterstützungsverhaltens, z.B. der Weiterempfehlung, bestehen.[1208]

Die Frage, ob auch Patienten zwischen der Reputation eines Krankenhauses als Ganzes und der seiner Fachabteilungen unterscheiden, kann dann bejaht werden, wenn Patienten verschiedene Fachabteilungen als klar voneinander und von der übergeordneten Kategorie „Krankenhaus" abgrenzbare Einheiten wahrnehmen, indem sie diesen unterschiedliche Problemlösungsrelevanzen zuschreiben.[1209] Durch eigene Krankenhausaufenthalte angestoßene Lernprozesse über die Leistungsstrukturen von Krankenhäusern und/oder die aktive problembezogene Informationssuche dürften damit als Voraussetzung für die Formierung von Fachabteilungsreputationen aus Patientenperspektive gelten. Demnach ist zu erwarten, dass mit zunehmender Patientenmündigkeit die Bedeutung der Fachabteilungsreputation gegenüber der Krankenhausreputation für Patienten zunimmt, eben weil Fachabteilungen auch von ihnen mehr und mehr als Anbieter der eigentlichen Problemlösung erkannt werden dürften. Im Einzelnen bedarf die Klärung patientenbezogener reputationszentrierter Ursache-Wirkungszusammenhänge sicherlich eigener Forschungsanstrengungen.

[1208] Vgl. die in den Kapiteln C.6.3.2, C.6.4.2, F.3.1.2 und F.3.2.2 beschriebenen Means-End-Ketten, in denen auch die Patientenperspektive auf ausgewählte Krankenhausleistungen berücksichtigt ist.
[1209] Vgl. Kapitel C.3.1.4.

In Bezug auf die Übertragbarkeit der Ergebnisse auf andere Branchen ergibt sich ebenfalls zum einen die Frage nach der Gültigkeit der Befunde zur Existenz organisationaler Subreputationen und zum anderen die nach der Geltung der ermittelten reputationszentrierten Ursache-Wirkungszusammenhänge. Die Ergebnisse der beiden Studien zeigen, dass offensichtlich dann von eigenständigen Abteilungs- bzw. Spartenreputationen ausgegangen werden kann, wenn es sich bei den jeweiligen Organisationseinheiten um für die beurteilende Bezugsgruppe saliente Kategorien handelt. Gerade für nach Leistungssparten organisierte Dienstleistungsunternehmen dürfte diese Bedingung sehr häufig zutreffen, da hier eine Zuordnung von Kontaktpunkten und eigenen Erfahrungen und damit der Problemlösungskompetenz durch Kunden zu den Sparten unmittelbar möglich erscheint. Zu denken ist diesbezüglich z.B. an Postdienstleistungsunternehmen (beispielsweise mit den Sparten „Brief" und „Paket"), Transportunternehmen („Personen", „Güter"), Telekommunikationsunternehmen („Festnetz", „Mobilfunk", „Internet"), Versicherungen („Privatkunden", „Geschäftskunden") und im Non-Profit Bereich an Universitäten (Fachbereiche). Des Weiteren scheint die Bedingung für das Vorliegen von Subreputationen auch für Handelsunternehmen, die über verschiedene Betriebstypen verfügen, gültig zu sein.

Für Unternehmen, die physische Leistungen auf anonymen Endabnehmermärkten anbieten, speziell für Markenartikelhersteller, erscheinen generelle Aussagen zur Salienz von Unternehmenseinheiten kaum möglich, da hier tendenziell weniger Erfahrungen mit den leistungserstellenden Einheiten selbst als vielmehr Produkt- bzw. Markenerfahrungen vorliegen dürften. Bei der Ableitung von Aussagen über die Existenz und Relevanz organisationaler Subreputationen dürfte daher der Markierung der Produkte eine entscheidende Rolle zukommen. Abgesehen vom sog. Produktgeschäft, das sich gleichfalls durch einen hohen Grad an Anonymität auszeichnet, ist es dahingegen für Hersteller von Industriegütern, insbesondere für solche, die nach Sparten organisiert sind, durchaus plausibel, dass die Abnehmer von Anlagen- und Systemlösungen (also solcher mit Dienstleistungsanteilen) sehr wohl zwischen verschiedenen Subreputationen eines Anbieters unterscheiden.

Die Generalisierbarkeit der Befunde zu den reputationszentrierten Ursache-Wirkungszusammenhängen leidet zwangsläufig an der teilweise hohen Kontextspezifität der betrachteten Größen. Die Ergebnisse legen jedoch nahe, dass korrespondierende Zielbezüge meist entscheidend sind für das Vorliegen von Kohärenzen, allerdings auch, dass eine mangelnde Berücksichtigung der Handlungsbezüge in Einzelfällen zu Fehleinschätzungen über Einflussgrößen und vor allem Wirkungen des Reputationskomplexes führen kann. Es bleibt folglich nur zu empfehlen, dass Unternehmen, die einen Einblick in die für sie gültigen reputationszentrierten Ursache-Wirkungszusammenhänge erlangen und diese zur Erreichung wirtschaftlicher Ziele für sich nutzbar machen wollen, mittels der durch diese Arbeit bereitgestellten Prüfschemata selbst einschätzen, welches die entscheidenden Reputationstreiber und erfolgswirksamen Reputationswirkungen sind.

2 Aus den Untersuchungsbefunden resultierende Implikationen für das Reputationsmanagement von Krankenhäusern

2.1 Reputationsrelevanz als Entscheidungskriterium für das Angebot von Leistungen für niedergelassene Ärzte

Neben der wissenschaftlichen Bedeutung ist die vorliegende Untersuchung auch für die Unternehmenspraxis von Interesse. Zunächst liefert sie Krankenhausunternehmen einen generellen Orientierungspunkt, um aus der Fülle denkbarer, speziell auf niedergelassene Ärzte ausgerichtete (Marketing-) Maßnahmen diejenigen auszuwählen und zu implementieren, die einen Beitrag zum nachhaltigen Erfolg leisten, und zwar sowohl im Wettbewerb des Unternehmens als Ganzes mit anderen Unternehmen, als auch im Wettbewerb einzelner Fachabteilungen mit konkurrierenden Abteilungen anderer Krankenhäuser, also auf der Ebene einzelner Leistungseinheiten.

Bei Entscheidungen über die Implementierung von Maßnahmen für niedergelassene Ärzte ist der Reputationsrelevanz als Auswahlkriterium deshalb eine wichtige Rolle einzuräumen, weil Leistungen grundsätzlich daraufhin überprüft werden sollten, ob sie einen Beitrag zu nachhaltigen Wettbewerbsvorteilen leisten oder lediglich kurzfristig den Erfolg steigern.[1210] Reputation als Asset-Stock, der aufgrund seiner zeitlichen Stabilität prinzipiell langfristig und kontinuierlich Ertrag abwirft (konkret in Bezug auf die in den Studien dieser Arbeit berücksichtigten Zielgrößen), kann als Quelle solcher Wettbewerbsvorteile gelten. Mit der Beurteilung zu implementierender Leistungen und Maßnahmen anhand ihrer Reputationsrelevanz können Krankenhausunternehmen also sicherstellen, dass der Fokus auf die langfristige Zielerreichung gerichtet ist, weil auf diese Weise geprüft werden kann, welche Leistungen den niedergelassenen Ärzten tatsächlich und auf lange Sicht wichtig sind und nachhaltig honoriert werden. Laut der Befunde dieser Arbeit wäre es vor diesem Hintergrund beispielsweise nicht sinnvoll, niedergelassenen Ärzten Urlaubsvertretungen anzubieten und damit in die Einweiserorientierung zu investieren, wenn es das Ziel ist, eine bestimmte Fachabteilung im Wettbewerb zu stärken, und zwar weil die Einweiserorientierung keinen Einfluss auf die Reputation der einzelnen Fachabteilung ausübt. Eine solche Maßnahme würde womöglich kurzfristig positiv

---

[1210] Vgl. Kapitel B.5.

aufgenommen werden, mit Blick auf die nachhaltige Erfolgsentwicklung einer bestimmten Fachabteilung jedoch ins Leere laufen.

An der Zweckmäßigkeit des Reputationsphänomens als Maßstab für die Implementierung konkreter Leistungen wird zugleich die Schwierigkeit des Reputationsmanagements von Krankenhausunternehmen deutlich.[1211] Diese besteht insbesondere darin, dass sich die Reputation einer unmittelbaren Einflussnahme entzieht und nur über ihre Antezedenzien bzw. Determinanten (z.B. die Prozessqualität) entwickelt werden kann. Wie die empirischen Befunde dieser Arbeit zeigen, erhöht sich die Komplexität des Reputationsmanagements außerdem wesentlich dadurch, dass neben der Reputation des Krankenhauses als Ganzes komplementär die Reputationen der einzelnen Fachabteilungen zu berücksichtigen sind. Dies gilt nicht nur im Hinblick auf die Determinanten, die für die beiden Ebenen des Reputationskomplexes zu differenzieren sind, sondern auch in Bezug auf die Erfolgswirkungen, die sich zwischen der Krankenhausreputation und der Fachabteilungsreputation ebenfalls unterscheiden.

Krankenhausunternehmen müssen sich im Rahmen des Reputationsmanagements folglich die Fragen stellen, welche konkreten Ziele erreicht werden sollen (z.B. die Erhöhung der Bereitschaft niedergelassener Ärzte zu wirtschaftlichen Kooperationen), über welche Reputationsebene diese Ziele forciert werden können (z.B. die Krankenhausreputation), wie die betreffende Reputationsebene entwickelt werden kann (z.B. über die Verwaltungsqualität) und schließlich, für welche konkreten Einzelmaßnahmen die identifizierten Determinanten der in Frage stehenden Reputationsebene zugänglich sind (z.B. die Einführung eines digitalen Dokumentenmanagement-Systems).

Der Aufbau der folgenden Abschnitte orientiert sich an diesen Fragestellungen. Nachdem die strategischen Implikationen des Multilevel-Charakters des Reputationskonzeptes für das Reputationsmanagement von Krankenhausunternehmen und die Möglichkeiten zur gezielten Beeinflussung des Verhältnisses zwischen der Fachabteilungs- und der Krankenhausreputation aufgezeigt wurden, befasst sich das Kapitel I.2.3 mit den Handlungsempfehlungen zur Instrumentalisierung des Reputationskomplexes für die Erreichung der untersuchten marktstrategischen Ziele sowie zur systematischen Entwicklung der Krankenhaus- und Fachabteilungsreputation. In Kapitel I.2.4 wird aufgezeigt, welche Konsequenzen die

---

[1211] „Reputationsmanagement" ist im Folgenden zu verstehen im Sinne des planvollen Aufbaus und/ oder der Pflege der Reputationen einzelner Fachabteilungen sowie des Krankenhauses als Ganzes zum Zweck der Förderung langfristiger marktstrategischer und finanzieller Unternehmensziele, speziell des Marktanteils und des Umsatzes in rentablen Leistungsbereichen.

Erkenntnisse dieser Arbeit für ausgewählte Fragestellungen des Einweisermarketings von Krankenhausunternehmen haben, indem analysiert wird, welche
reputationsbezogenen Unterschiede zwischen einweisenden und nicht einweisenden
niedergelassenen Ärzten eines Krankenhauses bestehen und wie über die
Entwicklung des Reputationskomplexes neue Einweiser gewonnen werden können.
Schließlich gilt die Aufmerksamkeit den konzeptionell bedingten Grenzen und
methodischen Ansatzpunkten des Reputationsmanagements von Krankenhausunternehmen (in Kapitel I.2.5).

Wenngleich der Fokus des Forschungsprogramms dieser Arbeit nicht auf die
Implementierung eines Reputationsmanagements für Krankenhäuser gerichtet war,
sollen im Rahmen eines Ausblicks im Anschluss an die Ableitung von Empfehlungen
in Kapitel I.2.6 erste Überlegungen zur Implementierung des Reputationsmanagements angestellt werden; denn für den Entwurf eines Konzepts für das
Reputationsmanagement von Krankenhäusern sind nicht nur konkrete Maßnahmen
aufzuzeigen, sondern es ist zudem festzulegen, wie die Empfehlungen in die Tat
umgesetzt und in ihren Wirkungen gesteuert werden können.

2.2 Implikationen des Multilevel-Charakters der Reputation für das Krankenhausmanagement und Empfehlungen zur Beeinflussung des Innenverhältnisses des Reputationskomplexes

Die Existenz von Subreputationen und die Erkenntnis, dass die Reputation des
Krankenhauses als Ganzes maßgeblich von der der jeweiligen Stammfachabteilung
eines niedergelassenen Arztes abhängig ist, stellt das Krankenhausmanagement vor
die Herausforderung, ein integriertes Konzept zur Reputationspflege und zum
Reputationsaufbau zu entwickeln und zu implementieren. Der alleinige Fokus auf die
Gesamtunternehmensebene und die Vernachlässigung abteilungsspezifischer
Reputationsentwicklung bürgte die Gefahr in sich, dass die Reputation des Krankenhauses als Ganzes durch Leistungsschwankungen einer einzelnen Fachabteilung
(z.B. in Bezug auf die Ergebnisqualität) unverhältnismäßig in Mitleidenschaft
gezogen werden könnte. Auf der anderen Seite kann das Reputationsmanagement
nicht ausschließlich auf der Fachabteilungsebene ansetzen, da dies unter
Umständen dazu führt, dass Handlungsfelder im Rahmen des Beziehungsmarketings
zu niedergelassenen Ärzten vernachlässigt werden könnten, die das Krankenhaus
als Ganzes betreffen (z.B. die Einweiserorientierung oder die Verwaltungsqualität an
der Schnittstelle zu den Niedergelassenen). Da beide Reputationsebenen für die
Erreichung verschiedener marktstrategischer Ziele von Belang sind, sollten Krankenhausunternehmen folglich sicherstellen, dass die Maßnahmenentwicklung integriert
erfolgt und das Reputationsmanagement sowohl auf Gesamtunternehmensebene als
auch auf der Ebene der einzelnen Leistungsbereiche implementiert wird. Diese für

die Praxis entscheidenden Implikationen des aufgedeckten Multilevel-Charakters der Reputation – die **Notwendigkeit der integrierten Reputationsentwicklung** einerseits und der **unternehmensebenenübergreifenden Implementierung** andererseits – werden in den folgenden Kapiteln im Detail diskutiert.[1212]

Eine gesonderte Betrachtung verlangt die Frage, inwieweit Krankenhausunternehmen bemüht sein sollten, die mitunter hohe Abhängigkeit der generellen Reputation von der Fachabteilungsreputation zu reduzieren und welche Empfehlungen auf Grundlage der Befunde der vorliegenden Studien diesbezüglich für das Reputationsmanagement ausgesprochen werden können. Für ein Krankenhaus erscheint es grundsätzlich erstrebenswert, neben positiv ausgeprägten Reputationen der einzelnen Fachabteilungen auch eine gute und distinkte generelle Reputation bei niedergelassenen Ärzten zu haben. Erstens verhindert dies, wie bereits angedeutet, dass im Fall negativer Ereignisse auf der Ebene einzelner Fachabteilungen auch die Gesamtreputation in unverhältnismäßiger Intensität leidet. Zweitens sind im Krankenhausmarkt zunehmend Tendenzen hin zur sog. Markenmedizin zu beobachten, die im Kern vorwiegend darauf abzielen, dass der mit spezifischen Assoziationen angereicherte Name des Krankenhausunternehmens, unabhängig vom zu behandelnden Krankheitsbild und damit losgelöst von bestimmten Leistungsbereichen, Patientenfälle bzw. Einweisungen anstößt.[1213] Die Existenz einer stark distinkten, von einzelnen Fachabteilungen weitgehend unabhängigen Krankenhausreputation dürfte ein solches Vorhaben erleichtern bzw. eine geeignete Grundlage für dieses bilden.[1214]

Auf der anderen Seite gehen einige Branchenexperten davon aus, dass in Zukunft ein Trend zur Entstehung von Fachkliniken mit einer oder wenigen Spezialdisziplinen zu beobachten sein wird.[1215] Für solche Krankenhäuser ist es denkbar, dass eine Stärkung der Unabhängigkeit der Krankenhausreputation von den Reputationen der einzelnen hochspezialisierten Leistungsbereiche der angestrebten Marktpositionierung entgegenlaufen könnte.

Für die Ableitung von Handlungsempfehlungen zur Beeinflussung des Innenverhältnisses des Reputationskomplexes ist trotz des Für und Widers einer Stärkung der Eigenständigkeit der Krankenhausreputation eine Entscheidung über das Handlungsziel notwendig. Aus diesem Grund sollen im Folgenden Empfehlungen zur Verrin-

---

[1212] Zur Maßnahmenentwicklung vgl. Kapitel I.2.3. Zu den Implikationen des Multilevel-Charakters der Reputation für die Implementierung des Reputationsmangements vgl. Kapitel I.2.6.
[1213] Vgl. Storcks (2003), S. 47 ff. Zur Markenbildung im Krankenhaus vgl. detailliert Storcks (2003).
[1214] Vgl. Wiedmann (2006), S. 148.
[1215] Vgl. Salfeld/Hehner/Wichels (2008), S. 125.

gerung des Einflusses der Fachabteilungsreputationen auf die Reputation des Krankenhauses als Ganzes gegeben werden. Diese sind jedoch im spiegelbildlichen Sinn auch für den Zweck der Stärkung der Effekte der Fachabteilungsreputationen gültig.

Empirischer Befund	Handlungsziele des Krankenhauses	Handlungsempfehlungen
Krankenhausunternehmen haben neben einer generellen Reputation Sub-reputationen auf der Ebene der Fachab-teilungen (Multilevel-Charakter der Reputation).	Nutzbarmachung des Reputations-komplexes für die Generierung von Wettbewerbsvorteilen auf Krankenhaus- und Fachabteilungsebene.	Integrierte Reputationsentwicklung (vgl. Tab. I-3) und unternehmensebenen-übergreifende Implementierung des Reputationsmanagements (vgl. Tab. I-12).
Die Fachabteilungsreputation hat einen Einfluss auf die Krankenhausreputation.	Verringerung vs. Erhöhung der Abhängig-keit der Krankenhausreputation von der Fachabteilungsreputation.	Manipulation der Einflussstärke der Fachabteilungsreputation auf die Krankenhausreputation in der angestrebten Richtung.
Der Einfluss der Fachabteilungs-reputation auf die Krankenhausreputation nimmt mit zunehmendem Kenntnisstand der Niedergelassenen bezüglich des Krankenhauses als Ganzes ab.	Verringerung der Abhängigkeit der Krankenhausreputation von der Fachab-teilungsreputation.	Erhöhung der Kommunikationsfrequenz und -breite hinsichtlich reputations-relevanter Merkmale des Kranken-hauses als Ganzes (vgl. Tab. I-3).
Der Einfluss der Fachabteilungsreputa-tion auf die Krankenhausreputation nimmt mit zunehmender Dauer der Einweisungsbeziehung ab.	Segmentspezifische Kommunikation zur Verringerung der Abhängigkeit der Krankenhausreputation von der Fachab-teilungsreputation.	Erhöhung der Kommunikationsfrequenz und -breite hinsichtlich reputations-relevanter Merkmale des Kranken-hauses als Ganzes, insbesondere gegenüber neuen Einweisern.

Tab. I-1: Anforderungen an das Reputationsmanagement und Handlungsempfehlungen zur Beeinflussung des Verhältnisses von Krankenhaus- und Fachabteilungs-reputation

Der entscheidende Hebel zur Erreichung einer von der einzelnen Fachabteilungs-reputation möglichst autonomen Krankenhausreputation besteht laut der empirischen Befunde dieser Arbeit in der Erhöhung des Kenntnisstandes der Niedergelassenen hinsichtlich des Krankenhauses insgesamt (vgl. Tab. I-1). Krankenhausunternehmen kann folglich empfohlen werden, niedergelassenen Ärzten vermehrt Informationen über die Leistungsmerkmale des Krankenhauses zukommen zu lassen und Erfahrungen zu ermöglichen, die außerhalb der Stammfachabteilung des jeweiligen niedergelassenen Arztes liegen.[1216] Auf diese Weise kann langfristig dafür Sorge getragen werden, dass die Niedergelassenen ihr Reputationsurteil über das Krankenhaus als Ganzes auf tatsächlich fachabteilungsübergreifende Attribute und weniger auf die Eigenschaften einer einzelnen Leistungseinheit stützen.[1217]

Des Weiteren legen die Ergebnisse dieser Arbeit nahe, dass Krankenhäuser ihre entsprechenden Bemühungen zwecks effizienter Allokation des Marketingbudgets insbesondere auf solche Niedergelassenen richten sollten, die erst seit relativ kurzer Zeit Einweisungen in das fokale Krankenhaus tätigen. Der Grund hierfür ist darin zu

---

[1216] Für einen Überblick über das einweisergerichtete kommunikationspolitische Instrumentarium des Krankenhausmarketings vgl. ausführlich Saßen/Franz (2007); Bienert (2004), S. 292 ff.

[1217] Vgl. auch die Ausführungen zur Bedeutung der Verfügbarkeit alternativer Informationen bei der Bildung von Reputationsurteilen im Kapitel C.4, sowie Levy/Nebenzahl (2008), S. 66.

sehen, dass bei „jungen" Einweisern das Gefälle zwischen dem Informationsstand bezüglich der Fachabteilung und dem hinsichtlich des Krankenhauses als Ganzes tendenziell hoch ist und sie das Reputationsurteil über das Krankenhaus folglich unter starkem Bezug auf die Reputation der spezifischen, ihnen im Vergleich bereits besser bekannten Fachabteilung bilden (müssen).[1218]

2.3 Handlungsempfehlungen zur Instrumentalisierung des Reputationskomplexes für die Erreichung der untersuchten marktstrategischen Ziele und zur Entwicklung der Krankenhaus- und Fachabteilungsreputationen

Die Quintessenz der Studien dieser Arbeit besteht in der Feststellung, dass eine Fokussierung auf die Reputation des Krankenhausunternehmens als Ganzes zur Instrumentalisierung des Reputationsphänomens für die Erreichung der langfristigen Unternehmens- bzw. Marketingziele nicht weit genug greift. Je nach anstehender Entscheidung bzw. Disposition, z.B. die Einweisung eines Patienten, die Bereitschaft zur Kooperation oder loyale Verhaltensweisen, beziehen niedergelassene Ärzte entweder die Krankenhausreputation, die Fachabteilungsreputation oder beide Reputationsebenen mit in ihre Überlegungen ein. Es stellt sich die Frage, zur Erreichung welcher Ziele Krankenhäuser den Schwerpunkt ihrer Bemühungen auf welche Reputationsebene legen sollten.

Eine Zusammenfassung der Handlungsziele sowie der ihnen zugeordneten Handlungsempfehlungen zur Nutzbarmachung des Reputationskomplexes liefert Tab. I-2. Zunächst wird ersichtlich, dass sich die Maßnahmen zur **Erhöhung der Fallzahlen** in ausgewählten Leistungsbereichen und damit der DRG-Erlöse auf die Ebene der Fachabteilung konzentrieren sollten, da die Krankenhausreputation diesbezüglich keine entscheidende Rolle zu spielen scheint. Durch die Fokussierung aktiver Bemühungen auf solche Fachabteilungen, auf die im Durchschnitt besonders rentable DRGs fallen, kann das Reputationsmanagement einen Beitrag zur Erwirtschaftung positiver Deckungsbeiträge auf Abteilungsebene leisten.

Verfolgen Krankenhäuser außerdem das Ziel, beispielsweise durch die Bündelung der eigenen Nachfrage mit der der Niedergelassenen bessere Einkaufskonditionen bei Zulieferern durchzusetzen oder im Rahmen von Gerätegemeinschaften mit niedergelassenen Ärzten eine höhere Auslastung der eigenen Ressourcen herbeizuführen, legen die Studienbefunde nahe, entsprechende **Kooperations-anbahnungen** durch langfristig vorgeschaltete Maßnahmen zu flankieren, die dem

---

[1218] Vgl. Kapitel C.4.2.1.

Reputationsurteil der Niedergelassenen über das Krankenhaus als Ganzes förderlich sind.[1219]

Für die Entscheidung niedergelassener Ärzte, mit einem Krankenhaus zwecks **Verbesserung der Patientenversorgung** zusammenzuarbeiten, beispielsweise im Rahmen der IV oder von DMP, die im Übrigen neben der Erweiterung des Leistungsspektrums zusätzlich die Realisierung extrabudgetärer Erlöse erlauben,[1220] erlangen die Krankenhausreputation und die Fachabteilungsreputation gleichermaßen Bedeutung. Für Krankenhäuser muss es bei der Vorbereitung derartiger institutioneller Arrangements mit Niedergelassenen folglich darum gehen, nicht nur den Stand der beteiligten Fachabteilungen, sondern auch den des Krankenhauses als Ganzes durch geeignete reputationsfördernde integrierte Maßnahmen zu verbessern.

Die **fachabteilungsunabhängige Loyalität** niedergelassener Ärzte, die sich eingedenk u.a. in den klassischen Marketingzielgrößen der Weiterempfehlung und des Wiederkaufs bzw. der Wiedereinweisung von Patienten äußert und sich tendenziell in höheren Fallzahlen jenseits der Stammfachabteilung des jeweiligen Arztes niederschlagen dürfte, kann durch die Entwicklung der Krankenhausreputation gefördert werden. Besonders interessant ist der ermittelte Einfluss der Reputation des Krankenhauses als Ganzes auf die passive Loyalität für solche Krankenhäuser, für die mittel- bis langfristig eine Privatisierung angestrebt wird. Der Befund zeigt, dass durch eine systematische Förderung der Krankenhausreputation etwaigen Reaktanzen aufseiten der Niedergelassenen im Vorhinein entgegengewirkt werden kann. Diese könnten sich im schlechtesten Fall in einem Wegbrechen weiter Teile der Einweiserbasis manifestieren. Aus der Perspektive des Reputationsmanagements ist daher zu empfehlen, der Pflege und Entwicklung der Krankenhausreputation, wenn möglich bereits im Vorfeld geplanter Privatisierungen, jedoch zumindest unmittelbar nach erfolgtem Trägerwechsel, angemessen Aufmerksamkeit zu schenken.

Die aktive **Loyalität der Niedergelassenen gegenüber der Fachabteilung** stützt sich weitestgehend auf die spezifische Fachabteilungsreputation. Die Krankenhausreputation hat diesbezüglich keinen entscheidenden Einfluss. Zur Sicherung der künftigen Fallzahlen in den rentablen Leistungsbereichen sollten sich Krankenhausunternehmen folglich darauf konzentrieren, systematische Reputationspflege bzw. aktiven Reputationsaufbau gezielt für einzelne Fachabteilungen zu betreiben.

[1219] Wirtschaftliche Kooperationen mit niedergelassenen Ärzten dürften zudem häufig eine Bindung dieser als Einweiser zur Folge haben.
[1220] Vgl. Kapitel B.1.2.4.

Schließlich sollten Krankenhäuser im Vorfeld geplanter Chefarztwechsel einzelner Fachabteilungen durch Bemühungen, die sowohl auf die Reputation der betroffenen Fachabteilung als auch auf die Krankenhausreputation gerichtet sind, die chefarztunabhängige, also die **passive Loyalität niedergelassener Ärzte gegenüber der Fachabteilung** stärken. Im Wesentlichen sollte es darum gehen aufzuzeigen, dass die reputationsrelevanten Leistungsmerkmale des Krankenhauses als Ganzes in Verbindung mit denen der betroffenen Fachabteilung den Personalwechsel und etwaig zu erwartende Schwierigkeiten in der Übergangszeit zu kompensieren vermögen.

Empirischer Befund	Handlungsziele des Krankenhauses	Handlungsempfehlungen
Die Fachabteilungsreputation hat im Gegensatz zur Krankenhausreputation einen Einfluss auf den einweiserbezogenen Patientenmarktanteil.	**Erhöhung der Fallzahlen** in ausgewählten Leistungsbereichen.	Entwicklung und Aktualisierung der **Fachabteilungsreputation** gemäß Tab. I-3 und Tab. I-11.
Die Krankenhausreputation hat im Gegensatz zur Fachabteilungsreputation einen Einfluss auf die Bereitschaft niedergelassener Ärzte, zwecks Erreichung wirtschaftlicher Ziele mit dem Krankenhaus zu kooperieren.	**Gewinnung von Kooperationspartnern** zwecks Hebung von **Wirtschaftlichkeitspotenzialen** und Einweiserbindung.	Entwicklung und Aktualisierung der **Krankenhausreputation** gemäß Tab. I-3 und Tab. I-11.
Sowohl die Krankenhausreputation als auch die Fachabteilungsreputation hat einen Einfluss auf die Bereitschaft niedergelassener Ärzte, zwecks Verbesserung der Versorgungsqualität für Patienten mit dem Krankenhaus zu kooperieren.	**Gewinnung von Kooperationspartnern** zwecks **Integration der Versorgungskette** und Einweiserbindung.	Entwicklung und Aktualisierung der **Krankenhausreputation** und der **Fachabteilungsreputation** gemäß Tab. I-3 und Tab. I-11.
Die Krankenhausreputation hat im Gegensatz zur Fachabteilungsreputation einen Einfluss auf die aktive und passive Loyalität niedergelassener Ärzte gegenüber dem Krankenhaus.	**Erhöhung der fachabteilungsunabhängigen Einweiserloyalität** als marktstrategisches Ziel und Sicherung der Einweiserbasis im Fall eines (potenziellen) Trägerwechsels.	Entwicklung und Aktualisierung der **Krankenhausreputation** gemäß Tab. I-3 und Tab. I-11.
Die Fachabteilungsreputation hat im Gegensatz zur Krankenhausreputation einen Einfluss auf die aktive Loyalität niedergelassener Ärzte gegenüber der Fachabteilung.	**Erhöhung der fachabteilungsspezifischen (aktiven) Einweiserloyalität** als marktstrategisches Ziel.	Entwicklung und Aktualisierung der **Fachabteilungsreputation** gemäß Tab. I-3 und Tab. I-11.
Die Krankenhausreputation und die Fachabteilungsreputation haben einen Einfluss auf die passive Loyalität niedergelassener Ärzte gegenüber der Fachabteilung.	Sicherung der **fachabteilungsspezifischen Einweiserbasis im Fall** eines (potenziellen) Chefarztwechsels.	Entwicklung und Aktualisierung der **Krankenhausreputation** und der **Fachabteilungsreputation** gemäß Tab. I-3 und Tab. I-11.

Tab. I-2: Handlungsempfehlungen zur Effektivierung des Reputationskomplexes für die untersuchten Zielgrößen von Krankenhausunternehmen

Die Erkenntnisse über die hier beschriebenen verschiedenen Zielbeiträge der beiden Reputationsebenen scheinen durch Krankenhausunternehmen auf zwei Arten genutzt werden zu können. Erstens können sie tatsächlich nach dem eingangs beschriebenen, aus Sicht des Reputationsmanagements idealtypischen Schema verfahren, ausgehend von einem bestimmten Ziel (z.B. der Erhöhung des einweiserbezogenen Patientenmarktanteils niedergelassener Ärzte einer bestimmten Fachrichtung) Maßnahmen auf die Entwicklung der für dieses Ziel förderlichen Reputationsebene zu richten. Zweitens liefern die vorliegenden Befunde dem Krankenhausmanagement einen grundsätzlichen Hinweis darauf, in welchem Verhältnis vorhandene Ressourcen, unabhängig von der Verfolgung eines spezifischen Ziels, auf die Entwicklung der Fachabteilungsreputationen und der Krankenhausreputation verteilt werden sollten. Diesbezüglich zeigen die Ergebnisse der durchgeführten Studien an, dass der **Schwerpunkt der Bemühungen tendenziell auf die Ebene der Fachabteilungen** gerichtet werden und der **Krankenhausebene eine eher flankierende Rolle** zukommen sollte; denn insgesamt scheint die Fachabteilungsebene der häufiger herangezogene Bezugspunkt für krankenhausgerichtete Entscheidungen niedergelassener Ärzte zu sein. Gleichzeitig trägt sie über ihren Zusammenhang mit der Krankenhausreputation mittelbar zur Erreichung der von der Krankenhausebene beeinflussten Zielgrößen bei.[1221]

Nachdem deutlich geworden ist, in welchen Situationen bzw. zur Erreichung welcher Ziele Krankenhausunternehmen nach Maßgabe der Untersuchungsbefunde dieser Arbeit die Aufmerksamkeit auf welche Reputationsebene richten sollten, kann sich der Ableitung von Handlungsempfehlungen zugewendet werden, wie genau die Krankenhaus- und Fachabteilungsreputation gefördert und damit gezielt für die soeben erörterten Ziele nutzbar gemacht werden können.

Die empirischen Befunde der beiden Studien dieser Arbeit zeigen, dass Krankenhausunternehmen grundsätzlich fünf verschiedene Wege beschreiten können, systematischen Einfluss auf ihre Reputation bzw. die ihrer Fachabteilungen zu nehmen und damit ihr Reputationsmanagement inhaltlich auszugestalten:

1. über die Einweiserorientierung

2. über die Patientenorientierung

3. über die Prozess- und Ergebnisqualität des Krankenhauses als Ganzes

4. über die Prozess- und Ergebnisqualität der einzelnen Fachabteilung

5. über die Verwaltungsqualität an der Schnittstelle zu niedergelassenen Ärzten.

Obwohl es für Unternehmen empfehlenswert erscheint, Zielerreichung grundsätzlich auch über den Weg des Reputationsaufbaus zu betreiben,[1222] sollten die folgenden Empfehlungen zu den fünf Möglichkeiten der Reputationsentwicklung für den konkreten Einzelfall stets dahingehend überprüft werden, ob sie vor dem Hintergrund der Prioritäten im jeweiligen Zielsystem sinnvoll und zur jeweils verfolgten Unternehmensstrategie und deren Umsetzung komplementär sind. Reputationsaufbau darf aus betriebswirtschaftlicher Perspektive folglich nicht als Selbstzweck verstanden

---

[1221] Zu den Möglichkeiten der Verstärkung oder Abschwächung dieses Zusammenhangs vgl. Kapitel I.2.2.

[1222] Vgl. Kapitel I.2.1.

werden, sondern Unternehmen müssen sich die Frage stellen, wie die Erreichung der von ihnen gesetzten (langfristigen) marktstrategischen und finanziellen Ziele durch die Umsetzung der Erkenntnisse dieser Arbeit bestmöglich unterstützt werden können (vgl. Tab. I-2).

Der erste Ansatzpunkt zur Verbesserung oder Aufrechterhaltung des bestehenden Niveaus der Reputation des Krankenhauses als Ganzes besteht in der Erhöhung der Einweiserorientierung. Wie in Kapitel C.6.4 beschrieben wurde, umfasst diese die gezielte und systematische Integration der Präferenzen niedergelassener Ärzte in die Leistungsentwicklung und generell den Marketingprozess, um so die Beziehung zu den Niedergelassenen möglichst bedürfnisgerecht ausgestalten zu können. Zur Verbesserung der generellen Reputation ist für Krankenhausunternehmen folglich zu empfehlen, Maßnahmen zur Erfüllung der krankenhausgerichteten Anforderungen niedergelassener Ärzte einzuleiten. Eine Auswahl potenziell geeigneter, konkreter Instrumente kann Tab. I-3 entnommen werden.[1223]

Aus dieser geht zudem hervor, dass Bemühungen zur Verbesserung der Einweiserorientierung ausschließlich für die Krankenhausreputation förderlich sind und demgemäß nur die in Tab. I-2 aufgeführten Wirkungen dieser Reputationsebene bezweckt werden können. Zielte ein Krankenhaus auf eine reputationsbegründete und damit zeitlich stabile Stärkung der aktiven Einweiserloyalität gegenüber einer spezifischen Fachabteilung ab, würden Maßnahmen zur Erhöhung der Einweiserorientierung bzw. die entsprechend eingesetzten Ressourcen wirkungslos bleiben. Demgegenüber stellt die Patientenorientierung einen Ansatzpunkt zur Entwicklung der spezifischen Fachabteilungsreputation dar.

Für Krankenhausunternehmen kann es entscheidend für ihren Bestand sein, ob es gelingt, in den Leistungsbereichen möglichst viele Fälle zugewiesen zu bekommen, in denen die DRG-spezifischen Erlöse die jeweiligen Kosten regelmäßig übersteigen.[1224] Wie die Befunde der Erststudie dieser Arbeit zeigen, ist die Reputation einzelner Leistungsbereiche bzw. Fachabteilungen ein starker Hebel, um gezielten, kontinuierlichen Einfluss auf die entsprechenden Fallzahlen auszuüben. Ein Treiber der Fachabteilungsreputation wiederum ist die Patientenorientierung. Um das Zielbeitragspotenzial der Fachabteilungsreputation zu heben und langfristig von ihrer Eigenschaft als Determinante des einweiserbezogenen Patientenmarktanteils zu

---

[1223] Es kann in dieser Arbeit nicht darum gehen, das gesamte einweiser- wie auch patientenbezogene Marketinginstrumentarium von Krankenhäusern aufzurollen (vgl. hierzu Saßen/Franz (2007); Bienert (2004)), sondern es sollen lediglich beispielhaft konkrete Ansatzpunkte benannt werden, wie eine Verbesserung der Einweiser- bzw. im Folgenden der Patientenorientierung erreicht und damit Reputationsentwicklung betrieben werden kann.

[1224] Vgl. Kapitel B.1.2.

profitieren, kann folglich empfohlen werden, Maßnahmen zur Erhöhung der Patientenorientierung einzuleiten (vgl. Tab. I-3).[1225]

Zu beachten ist ferner, dass sich die Bedürfnisse der Patienten und damit die Eignung von Instrumenten zur Verbesserung der Patientenorientierung zwischen einzelnen Fachabteilungen unterscheiden dürften. Beispielsweise erscheint es plausibel, dass Patienten pädiatrischer Abteilungen (bzw. deren Angehörige) andere Ansprüche an die Versorgung stellen als geriatrische Patienten. Aus diesem Grund kann Krankenhausunternehmen nahegelegt werden, neben gewissen Mindeststandards abteilungsspezifische Lösungen im Hinblick auf die Befriedigung der Patientenbedürfnisse anzubieten.[1226]

Der stärkste Hebel zur Entwicklung der Reputation einer einzelnen Fachabteilung ist ihre Prozessqualität.[1227] Demzufolge lässt sich der Ertrag des Assets „Fachabteilungsreputation" im Hinblick auf den einweiserbezogenen Patientenmarktanteil, der Erhöhung der medizinischen Kooperationsbereitschaft und der Stärkung der abteilungsbezogenen Loyalität niedergelassener Ärzte am effektivsten über z.B. die Verbesserung der Anamnese- und Diagnosequalität, der Behandlungs- und Medikationsprozesse sowie der interdisziplinären Zusammenarbeit mit anderen Abteilungen steigern. Als konkrete Ansatzpunkte können exemplarisch genannt werden:[1228]

- Einführung von Fallmanagern für ausgewählte Indikationen

- Aufnahme von Patienten ausschließlich durch Fach- oder Oberärzte

- Institutionalisierung patientenzentrierter Behandlungspfade

- Einhaltung und kontinuierliche Entwicklung von Behandlungsleitlinien

- Etablierung eines obligatorischen Nachsorgetermins für Patienten (je nach Indikation)

Zwar sollten Krankenhäuser auch in Bezug auf das Aufgabenfeld der Prozessqualität bei solchen Fachabteilungen ansetzen, bei denen ein entsprechender Handlungs-

---

[1225] Ein Überblick über Einflussgrößen der wahrgenommenen Dienstleistungsqualität von Patienten findet sich bei Wolf (2005). Vgl. ferner Bienert (2004).
[1226] Damit dies fundiert geschehen kann, dürften spezifische Marktforschungsaktivitäten vonnöten sein.
[1227] Zwar hat auch die Ergebnisqualität einen Effekt auf den Reputationskomplex. Da die Prozessqualität jedoch die Ableitung konkreterer Handlungsempfehlungen ermöglicht und diese gleichzeitig die Ergebnisqualität in hohem Maße bedingt (vgl. Kapitel F.3.1.2), beschränkt sich die folgende Argumentation auf die Prozessqualität.
[1228] Vgl. Tab. I-3. Für weitere Handlungsoptionen der Prozessorganisation und -qualität in Krankenhäusern vgl. ausführlich Oberender (2005).

bedarf und Verbesserungspotenzial besteht und die gleichzeitig eine relative hohe Anzahl lukrativer DRGs im Leistungsspektrum haben;[1229] gelingt es einem Krankenhaus jedoch, unternehmensweit für eine hohe Prozessqualität Rechnung zu tragen, profitiert nicht nur die Reputation der einzelnen Fachabteilung sondern zudem die Krankenhausreputation (vgl. Tab. I-3) – mit den in Tab. I-2 aufgeführten reputationsspezifischen langfristigen Positivwirkungen.

Empirischer Befund	Handlungsziele des Krankenhauses	Handlungsempfehlungen
Die Einweiserorientierung hat einen Einfluss auf die Krankenhausreputation.	**Entwicklung der Krankenhausreputation** um die in Tab. I-2 aufgeführten langfristigen Zielbeitragspotenziale zu heben, d.h. z.B.: • Gewinnung von Kooperationspartnern zwecks Hebung von Wirtschaftlichkeitsvorteilen • Sicherung der fachabteilungsspezifischen Einweiserbasis im Fall eines (potenziellen) Chefarztwechsels	Durchführung von Maßnahmenpaketen gemäß Tab. I-11, die inhaltlich auf die **Einweiserorientierung** gerichtet sind. Konkrete Ansatzpunkte sind z.B.:[1230] • Aufbau und Hauptinhalte von Entlassungsbriefen abstimmen und diese mit der Entlassung übermitteln • Telefonische Fachsprechstunden anbieten • Einweiser-Hotline einrichten • Diagnose-Feedback zu aktuellen Einweisungen geben • regelmäßige persönliche Gespräche mit/ Besuche von (Chef-) Ärzten • Key Account-Manager für Haupteinweiser etablieren • Personalpooling/ Urlaubsvertretungen anbieten • Entwicklung gemeinsamer Diagnose-, Therapie- und Nachsorgeprogramme • Angebot spezifischer Seminare zur gezielten Qualifikation/ Fortbildung der Niedergelassenen • ...
Die Patientenorientierung hat einen Einfluss auf die Fachabteilungsreputation.	**Entwicklung der Fachabteilungsreputation** um die in Tab. I-2 aufgeführten langfristigen Zielbeitragspotenziale zu heben, d.h. z.B.: • Erhöhung der Fallzahlen in ausgewählten Leistungsbereichen	Durchführung von Maßnahmenpaketen gemäß Tab. I-11, die inhaltlich auf die **Patientenorientierung** gerichtet sind. Konkrete Ansatzpunkte sind z.B.:[1231] • Tägliche Reinigung/ Sauberkeit in Zimmern, Fluren, Toiletten etc. • Breites, abwechslungsreiches Essen, Menüauswahl • Umfangreiche Aufklärung der Patienten • Rooming-in-Angebot • Komfortable Zimmerausstattung • Einrichtung eines Beschwerdesystems • Tageszeitungs-Service • Fahr- und Abholservice für Patienten • ...

[1229] Es ist darauf hinzuweisen, dass Maßnahmen zur Erhöhung der Prozessqualität häufig auch zu einer Steigerung der Wirtschaftlichkeit der Patientenversorgung führen, mit entsprechenden Konsequenzen für die Kostenseite bzw. die Deckungsbeiträge der betroffenen DRGs (vgl. Salfeld/ Hehner/Wichels (2008), S. 74 ff.). Diese Interdependenzen müssen folglich bei der Entscheidung der Unternehmensführung über die Prioritäten, welche Leistungsbereiche zuerst angegangen werden, berücksichtigt werden.

[1230] Vgl. Bienert (2004), S. 293 f.

[1231] Vgl. Bienert (2004), S. 296 ff.

Die Prozessqualität des Krankenhauses hat einen Einfluss auf die Krankenhausreputation.	**Entwicklung der Krankenhausreputation** um die in Tab. I-2 aufgeführten langfristigen Zielbeitragspotenziale zu heben, d.h. z.B.: • Gewinnung von Kooperationspartnern zwecks Verbesserung der Patientenversorgung	Durchführung von Maßnahmenpaketen gemäß Tab. I-11, die inhaltlich auf die **Prozessqualität im gesamten Krankenhaus** gerichtet sind. Konkrete Ansatzpunkte sind z.B. (fachabteilungsübergreifend): • Erhöhung der Anamnese- und Diagnosequalität durch Patientenaufnahme durch Facharzt oder Oberarzt auf allen Stationen • Verbesserung der Medikationsprozesse z.B. durch Einführung moderner Medikamentenmanagement-Systeme • Anreize zur Anforderung von internen und externen Konsilen • Einführung von Patientenpfaden für ausgewählte Krankheitsbilder • Einstellung von nur hochqualifizierten medizinischen Personal (falls verfügbar) • Benennung von Fallmanagern für ausgewählte Krankheitsbilder • Kooperationen mit Pflege- und Reha-Einrichtungen • …
Die Prozessqualität der Fachabteilung hat einen Einfluss auf die Fachabteilungsreputation.	**Entwicklung der Fachabteilungsreputation** um die in Tab. I-2 aufgeführten langfristigen Zielbeitragspotenziale zu heben, d.h. z.B.: • Gewinnung von Kooperationspartnern zwecks Verbesserung der Patientenversorgung • Erhöhung der fachabteilungsspezifischen Einweiserloyalität	Durchführung von Maßnahmenpaketen gemäß Tab. I-11, die inhaltlich auf die **Prozessqualität der einzelnen Fachabteilung** gerichtet sind. Konkrete Ansatzpunkte entsprechend „Prozessqualität im gesamten Krankenhaus", jedoch fachabteilungsspezifische Gestaltung.
Die Verwaltungsqualität hat einen Einfluss auf die Krankenhausreputation.	**Entwicklung der Krankenhausreputation** um die in Tab. I-2 aufgeführten langfristigen Zielbeitragspotenziale zu heben, d.h. z.B.: • Erhöhung der fachabteilungsunabhängigen Einweiserloyalität	Durchführung von Maßnahmenpaketen gemäß Tab. I-11, die inhaltlich auf die **Verwaltungsqualität** gerichtet sind. Konkrete Ansatzpunkte sind z.B.: • Zügiger Versand des Entlassungsbriefes • Einführung eines digitalen Dokumentenmanagement-Systems • Einführung von Aufnahme- und Entlassungschecklisten über mitgebrachte Unterlagen • IT-gestützte zentrale Belegungsplanung • Benennung eines Verantwortlichen für die Stellung von AHB-Anträgen • …

Tab. I-3: Handlungsempfehlungen zur Förderung der Krankenhaus- und Fachabteilungsreputation

Schließlich können Krankenhausunternehmen durch die Entwicklung der Verwaltungsqualität an der Schnittstelle zu niedergelassenen Ärzten eine weitere Säule ihrer generellen Reputation stärken. Diesbezüglich ist zuerst an die Vermeidung von Fehlern und Verzögerungen im Rahmen administrativer Prozesse unter Beteiligung niedergelassener Ärzte zu denken: Vom Niedergelassenen mitgegebene Unterlagen sollten Patienten bei Entlassung zwingend wieder mitgegeben oder direkt an den einweisenden Arzt zurückgeschickt werden, die Abwicklung von Konsiliararztrechnungen sollte zügig erfolgen und niedergelassene Ärzte müssen sich auf Aussagen zu freien Bettenkapazitäten verlassen können. Diese exemplarischen Punkte erscheinen auf den ersten Blick zwar trivial, die ermittelte Reputationsrelevanz dieses Qualitätsfaktors scheint dennoch ein gewichtiges Argument für ein systematisches Qualitätsmanagement auch für administrative Prozesse zu sein. Nicht ohne Grund bildet dieser Aspekt auch in den verbreiteten Zertifizierungsverfahren für Krankenhäuser ein relevantes Beurteilungsfeld.[1232] Im Einzelnen können ferner folgende beispielhafte Handlungsoptionen genannt werden (vgl. Tab. I-3):

- Einführung von Aufnahme- und Entlassungschecklisten über mitgebrachte Unterlagen

- IT-gestützte zentrale Belegungsplanung

- Benennung eines Verantwortlichen für die Stellung von AHB-Anträgen

Interessant für die Unternehmenspraxis ist nicht nur die Kenntnis von für das Reputationsmanagement fruchtbaren Handlungsfeldern und Maßnahmen, sondern auch das Wissen um Leistungsbereiche, die gemäß den empirischen Befunden dieser Arbeit innerhalb eines gewissen Rahmens keinen Beitrag zur Reputation leisten. Diesbezüglich erwähnt werden muss insbesondere die Strukturqualität, die, so die begründete Vermutung,[1233] aus der Perspektive niedergelassener Ärzte lediglich ein gewisses, für die jeweilige Versorgungsstufe übliches Mindestniveau aufweisen muss. Demnach dürften entsprechende Investitionen mit Blick auf die Reputationsentwicklung nur dann sinnvoll sein, wenn mit dieser auch eine spürbare Verbesserung der Behandlungsqualität einhergeht, mit anderen Worten: Entscheidend für die Reputation des Krankenhauses bzw. seiner Fachabteilungen ist, ob die vorhandenen Potenziale im Behandlungsalltag in Gestalt einer hohen Prozessqualität auch umgesetzt werden.[1234]

Trotz der Kosten, die mit der Bearbeitung der fünf reputationsrelevanten Handlungsbereiche zwangsläufig anfallen, dürfte für Krankenhausunternehmen aufgrund der bestehenden und zukünftigen Wettbewerbssituation an der kontinuierlichen, planvollen Erhöhung der Leistungsniveaus (u.a.) in diesen Handlungsfeldern kein Weg vorbeiführen. Auch in den Fällen, in denen ein optimales Reputationsniveau erreicht zu sein scheint,[1235] wird das Reputationsmanagement nicht obsolet. Hier wird es die Aufgabe sein müssen, das bestehende (relative) Reputationsniveau des Krankenhauses als Ganzes bzw. das der Fachabteilungen durch das Schritthalten mit Weiterentwicklungen von Marktstandards innerhalb der fünf Leistungsbereiche aufrecht zu erhalten.[1236]

[1232] Vgl. ausführlich Hildebrand (2005), S. 31 ff.
[1233] Vgl. Kapitel H.2.4.
[1234] Zum Zusammenhang zwischen Struktur- und Prozessqualität vgl. Kapitel F.3.1.
[1235] Zur Problematik der Bestimmung eines optimalen Reputationsniveaus vgl. Kapitel I.1; Kapitel I.3.
[1236] Beispielsweise ist zu vermuten, dass niedergelassene Ärzte mittel- bis langfristig erwarten, dass Krankenhäuser über elektronische Einweiserportale verfügen und so die Abstimmung und fallbezogene Kommunikation erleichtert wird. Krankenhäuser, die eine solche Leistung nicht anbieten, könnten in der Konsequenz als weniger einweiserorientiert gelten – mit entsprechend negativen Folgen für ihre generelle Reputation.

Schließlich wurde aus den vorangegangenen Ausführungen deutlich, dass der Anstoß zur Durchführung der genannten Maßnahmen innerhalb der identifizierten Handlungsfelder – womöglich abgesehen von der Einweiser- und Patienten- orientierung – in der Regel nicht primär von der Absicht des Krankenhaus- managements zur Reputationsverbesserung, sondern von den in Kapitel B.1 diskutierten wachsenden Zwängen zu mehr Wirtschaftlichkeit und Qualität ausgehen dürfte. Reputationsaufbau und -pflege wird auf diese Weise „nebenbei" und damit nicht systematisch betrieben. Damit ist die Frage nach der Implementierung des Reputationsmanagements und seiner Verankerung im Krankenhausunternehmen angesprochen. Bevor hierauf jedoch im Kapitel I.2.6 näher eingegangen wird, soll vorab aufgezeigt werden, welche Konsequenzen die Erkenntnisse dieser Arbeit für ausgewählte, spezifische Fragestellungen des Einweisermarketings von Kranken- hausunternehmen haben.

2.4 Handlungsempfehlungen für ausgewählte Fragestellungen des Einweisermarketings von Krankenhausunternehmen

Ein zentrales Element des Einweisermarketings von Krankenhausunternehmen besteht neben der Ausgestaltung der Beziehung zu den niedergelassenen Ärzten und dem Aufbau von Kundenloyalität in der Gewinnung neuer niedergelassener Ärzte als Einweiser.[1237] Vor dem Hintergrund des Forschungsvorhabens der vorliegenden Arbeit stellt sich daher die für die Praxis bedeutsame Frage, welche Unterschiede zwischen einweisenden und nicht einweisenden niedergelassenen Ärzten im Hinblick auf die Wahrnehmung reputationsrelevanter Merkmale (wie z.B. die Kundenorientierung) und dem Reputationskomplex selbst bestehen, um Empfehlungen zur Akquisition neuer Einweiser im Wege der Reputationsentwicklung ableiten zu können.

Beantwortet werden kann diese Frage, indem die Erkenntnisse über die in den beiden Studien dieser Arbeit ermittelten reputationsbezogenen Ursache-Wirkungs- beziehungen um eine Diskriminanzanalyse ergänzt werden. Diese erlaubt, eine vorgegebene Anzahl von Gruppen (hier: Einweiser und Nichteinweiser) anhand einer Menge ausgewählter Variablen bzw. Merkmale voneinander zu trennen bzw. signifikante Gruppenunterschiede zu identifizieren und verspricht in Kombination mit den bereits diskutierten empirischen Befunden die Entdeckung von Ansatzpunkten für die Gewinnung neuer Einweiser.[1238]

[1237] Vgl. Kapitel B.2.3.
[1238] Die Untersuchung von Unterschieden zwischen einweisenden und nicht einweisenden niederge- lassenen Ärzten erfolgt aus zwei Gründen abseits der Forschungsmodelle. Erstens liegt diese Problematik außerhalb der Forschungsfragestellungen dieser Arbeit, so dass die Durchführung

Für diese Zielsetzung ist es zweckmäßig, nicht nur die Reputationsurteile selbst, sondern auch die Determinanten beider Reputationsebenen in die Diskriminanzfunktion aufzunehmen.[1239] Die Analyse erfolgt dabei auf Basis der Stichprobe der Erststudie dieser Arbeit, weil nur hier eine ausreichende Anzahl an Datensätzen von Nichteinweisern vorliegt. Folglich werden die Krankenhausreputation, die Fachabteilungsreputation, die Ergebnisqualität des Krankenhauses und der Fachabteilung sowie die Einweiser- und Patientenorientierung auf ihre Fähigkeit zu Trennung von einweisenden und nicht einweisenden niedergelassenen Ärzten des Krankenhauses A untersucht.

Tab. I-4 stellt die Ergebnisse der Diskriminanzanalyse dar. Zwar fällt der Korrelationskoeffizient zwischen den berechneten Werten der Diskriminanzfunktion und der Gruppenzugehörigkeit mit 0,25 eher unbefriedigend aus. Der Test über *Wilks* Lambda, ob sich die mittleren Werte der Diskriminanzfunktion in beiden Gruppen signifikant voneinander unterscheiden, ergibt jedoch mit p = 0,001 ein höchst signifikantes Resultat. Die Nullhypothese, dass hinsichtlich der unabhängigen Variablen keine Unterschiede zwischen Einweisern und Nichteinweisern bestehen, muss folglich verworfen werden.

Funktion	% der Varianz	Kanonische Korrelation	*Wilks* Lambda	χ^2	df	Signifikanz
1	100	0,250	0,938	21,713	5	0,001

Tab. I-4:   Gütekriterien der ermittelten Diskriminanzfunktion mit den Reputationskonstrukten und den Reputationsdeterminanten als exogene Variablen

Tab. I-5 enthält die standardisierten kanonischen Diskriminanzfunktionskoeffizienten derjenigen Konstrukte, die signifikant zwischen den beiden Gruppen separieren. Es fällt auf, dass die Patientenorientierung über keine diskriminierende Eigenschaft hinsichtlich der Gruppen verfügt (p = 0,36) und daher von der Berechnung der Diskriminanzfunktion ausgeschlossen wurde. Signifikant unterscheiden sich die Einschätzungen der einweisenden und nicht einweisenden niedergelassenen Ärzten des Krankenhauses A damit hinsichtlich der Krankenhausreputation, der Einweiserorientierung, der Fachabteilungsreputation, der Ergebnisqualität des Krankenhauses

---

eines von primär für die Praxis und weniger für den theoretischen Erkenntnisfortschritt interessanten Vergleichs der beiden Gruppen nicht im Rahmen der theoretischen Modellentwicklung und -prüfung seinen Platz haben kann, sondern an dieser Stelle, im Zuge der Ableitung von Empfehlungen für die Praxis. Zweitens wäre ein Gruppenvergleich zwischen einweisenden und nicht einweisenden Ärzten im Rahmen der durchgeführten Kovarianzstrukturanalysen an der geringen Stichprobengröße der Gruppe der Nichteinweiser gescheitert. Die Anzahl vorliegender Fragebögen von Nichteinweisern beträgt für die Erststudie 48 (14,0%) und für die Zweitstudie 13 (5,8%). In beiden Fällen wären aufgrund zu weniger Freiheitsgrade der beiden Forschungsmodelle keine Gruppenanalysen im Zuge der Kovarianzstrukturanalyse möglich gewesen (zur multiplen Gruppenanalyse vgl. Kapitel E.2.1.4).

[1239] Zur Diskriminanzanalyse vgl. Backhaus et al. (2006), S. 155 ff.

und der Ergebnisqualität der Fachabteilung. Erwartungsgemäß fallen die Urteile der Einweiser bezüglich aller der letztlich in der Funktion berücksichtigten exogenen Größen höher aus als die der Nichteinweiser. Die am höchsten ausgeprägte Trenneigenschaft für die Gruppen hat dabei die Krankenhausreputation, gefolgt von der Einweiserorientierung und der Fachabteilungsreputation.

Konstrukt	Standardisierter Diskriminanzfunktionskoeffizient
Krankenhausreputation	0,985
Einweiserorientierung	-0,474
Fachabteilungsreputation	0,354
Ergebnisqualität des Krankenhauses	0,144
Ergebnisqualität der Fachabteilung	-0,138

Tab. I-5: Standardisierte Koeffizienten der Diskriminanzfunktion mit den Reputationskonstrukten und den Reputationsdeterminanten als exogene Variablen

Schließlich zeigt Tab. I-6, dass die ermittelte Diskriminanzfunktion durchschnittlich 65,5% der Fälle der richtigen Gruppe zuweist. Insgesamt betrachtet führt die Eingruppierung der Probanden mithilfe der Diskriminanzfunktion damit zu einem besseren Ergebnis als die Zuordnung auf Zufallsbasis.[1240]

Tatsächliche Gruppenzugehörigkeit	Vorhergesagte Gruppenzugehörigkeit		
	Einweiser	Nichteinweiser	Σ
Einweiser	197 (67%)	97 (33%)	294
Nichteinweiser	21 (44%)	27 (56%)	48
65,5% der ursprünglich gruppierten Fälle wurden korrekt klassifiziert.			

Tab. I-6: Gütekriterien der ermittelten Diskriminanzfunktion mit den Reputationskonstrukten und den Reputationsdeterminanten als exogene Variablen

Der entscheidende Ansatzpunkt für das Einweisermarketing von Krankenhausunternehmen besteht nun in den unterschiedlichen Gewichtungen der Trennvariablen. Diesbezüglich ist zunächst festzustellen, dass die Patientenorientierung des fokalen Krankenhauses von einweisenden und nicht einweisenden niedergelassenen Ärzten gleich wahrgenommen wird und somit keine Trennung der beiden Gruppen erlaubt. **Die Patientenorientierung ist demnach für die Gewinnung neuer Einweiser,**

[1240] Unter Berücksichtigung der verschiedenen Gruppengrößen bei der Klassifizierung auf Basis der errechneten Diskriminanzfunktion gelingt in 86% der Fälle eine korrekte Gruppenzuordnung.

beispielsweise im Zuge ihrer verstärkten Thematisierung im Rahmen der Kommunikationspolitik, **ungeeignet.**[1241]

Als stärkster Hebel für die Entwicklung von Nichteinweisern zu Einweisern entpuppt sich die Krankenhausreputation.[1242] Niedergelassene Ärzte, die bisher nicht in ein bestimmtes Krankenhaus einweisen, scheinen den Blick folglich erst dann auf die für sie relevante Fachabteilung dieses Krankenhaus zu richten (als Voraussetzung der Aufnahme dieser Alternative in das Evoked Set für Einweisungsentscheidungen),[1243] wenn sie das Unternehmen als Ganzes vorab zu einem gewissen Grad als reputabel ansehen. Für Krankenhausunternehmen ist es daher zwingend angezeigt, zur Akquisition neuer Einweiser in einem ersten Schritt das Krankenhaus als Ganzes in seinem Stand zu verbessern, und zwar primär über die Signalisierung einer ausgeprägten Einweiserorientierung und nachrangig über das Hinweisen auf eine hohe fachabteilungsübergreifende Ergebnisqualität,[1244] um so die Bereitschaft unter den nicht einweisenden niedergelassenen Ärzten zu schaffen, sich überhaupt mit den reputationsrelevanten Merkmalen der Fachabteilung auseinanderzusetzen. Letzteres wiederum ist eine notwendige Bedingung dafür, dass das fokale Krankenhaus in das Evoked Set für Einweisungsentscheidungen aufgenommen wird.[1245]

In der Fachabteilungsreputation besteht laut der Befunde der Diskriminanzanalyse lediglich ein nachrangiger Ansatzpunkt zur Gewinnung neuer Einweiser. Dennoch scheint die Verbesserung der Fachabteilungsreputation, insbesondere über die Erhöhung der wahrgenommenen Ergebnisqualität, eine Möglichkeit zu sein, eine Berücksichtigung des fokalen Krankenhauses im Evoked Set wahrscheinlicher zu machen.[1246]

[1241] Zu den rechtlichen Restriktionen der Kommunikationspolitik von Krankenhäusern vgl. Busse/ Schreyögg/Gericke (2006), S. 168 ff.

[1242] Im Folgenden soll unterstellt werden, dass es sich bei Nichteinweisern ausschließlich um niedergelassene Ärzte handelt, die mit dem fokalen Krankenhaus bisher in keinem direkten Kontakt standen und deren Beziehung zu diesem insofern „unvorbelastet" ist, d.h. die nicht etwa Einweisungen in das Krankenhaus vermeiden, weil z.B. persönliche Differenzen zu einzelnen (Chef-) Ärzten des Krankenhauses bestehen. Nur durch den Ausschluss derartiger Fälle ist eine Handhabung der Gruppe „Nichteinweiser" innerhalb der folgenden Überlegungen zu den Möglichkeiten der Gewinnung neuer Einweiser überhaupt möglich.

[1243] Vgl. den entsprechenden empirischen Befund, der in Kapitel E.2.3.3 diskutiert wird.

[1244] Für konkrete Maßnahmen zur Erhöhung der Einweiserorientierung und der Ergebnis- bzw. Prozessqualität des Krankenhauses als Ganzes vgl. Tab. I-3.

[1245] Vgl. Kapitel E.2.3.3.

[1246] Ansatzpunkte zur Verbesserung der Ergebnisqualität auf Fachabteilungsebene finden sich in Tab. I-3. Die zentrale Schwierigkeit, neue Einweiser durch die Instrumentalisierung des Reputationskomplexes bzw. seiner Determinanten zu akquirieren, besteht sicherlich darin, dass die Reputationsbildung primär erfahrungsbasiert ist (vgl. Kapitel C.1.3). Nichteinweiser dürften jedoch verhältnismäßig selten unmittelbaren Kontakt mit dem fokalen Krankenhaus haben. Mit den Wegen,

Als Empfehlung für Krankenhausunternehmen kann an dieser Stelle festgehalten werden, dass es bei der Gewinnung neuer Einweiser in erster Linie darum gehen muss, die Reputation des Krankenhauses als Ganzes unter den nicht einweisenden niedergelassenen Ärzten zu forcieren – der Krankenhausreputation kommt als Separierungskriterium zu der Gruppe der einweisenden Ärzte das mit Abstand größte Gewicht zu. Bei der Auswahl der im vorangegangenen Kapitel vorgestellten Maßnahmen zur Entwicklung und Nutzbarmachung des Reputationskomplexes sollte also eine entsprechende Maßnahmenpriorisierung bzw. eine Fokussierung auf die Determinanten der Krankenhausreputation erfolgen. Allerdings wurde bereits festgestellt, dass zur Entwicklung bestehender Einweiser der Fachabteilungsreputation tendenziell eine wichtigere Rolle als der Krankenhausreputation zukommt,[1247] so dass die beiden Ziele – die Gewinnung neuer Einweiser einerseits und die Entwicklung und Bindung bestehender Einweiser andererseits – in einem partiell konfliktären Verhältnis zueinander zu stehen scheinen. Hierin kann ein Hinweis auf die Notwendigkeit eines nach Kundensegmenten differenzierten Reputationsmanagements gesehen werden, dem im Rahmen dieser Arbeit jedoch nicht weiter nachgegangen werden kann.

Die relativ hohe Gewichtung der Krankenhausreputation als Trennungskriterium zwischen den Gruppen der Einweiser und Nichteinweiser, also die zwischen diesen bestehende Differenz in Bezug auf die Beurteilung der Reputation des fokalen Krankenhauses, scheint auch dahingehend zu deuten sein, dass es für Krankenhäuser zum Zwecke der Einweisergewinnung zu einem gewissen Grad darum gehen muss, womöglich bestehende Vorbehalte abzubauen – mithin das Eis zu der Gruppe der Nichteinweiser zu brechen. Diese Vermutung liegt deshalb nahe, da nicht die Beurteilung der medizinisch-fachlich getriebenen Fachabteilungsreputation der Hauptunterschied zwischen den Gruppen ist und damit auch nicht primär die Qualität der zu erwartenden Leistung, sondern ein womöglich durch Vorurteile geprägter, weil nicht durch eigene Erfahrungen entstandener Eindruck über das Krankenhaus der Grund für die Vermeidung von Einweisungen sein könnte.

Um dem nachzugehen, bietet es sich an, die Reputationskonstrukte in ihre Dimensionen zu zerlegen und diese im Hinblick auf ihre Trenneigenschaften zwischen den Gruppen zu analysieren. In Kapitel C.1.3 wurde beschrieben, dass Reputation als einstellungsähnliches Konstrukt zu verstehen ist. Aus diesem Konzept resultierte ein zweidimensionaler Operationalisierungsansatz, bestehend aus einer kognitiven und

---

die das Reputationsmanagement trotz dieser Einschränkung beschreiten kann, um die Reputation auch bei Nichteinweisern zu forcieren, befasst sich das Kapitel I.2.5.
[1247] Vgl. Kapitel I.2.3.

einer affektiven Dimension.[1248] Die kognitive Dimension umfasste dabei die rationale Bewertung relevanter Merkmale des Reputationsträgers, während die affektive Dimension positiv oder negativ gerichtete Empfindungen gegenüber dem Krankenhaus als Ganzes bzw. der Fachabteilung abbilden sollte. *Schwaiger*, auf dessen Überlegungen die eigene zweidimensionale Operationalisierung des Reputationskonstruktes zurückgeht, benennt diese Dimensionen anschaulich mit „Kompetenz" und „Sympathie".[1249] Es wird deutlich, dass eine Einzelbetrachtung dieser Dimensionen, also der Verzicht auf eine holistische Abbildung des Reputationskonstruktes, eine Untersuchung erlaubt, ob das Reputationsurteil der Nichteinweiser im Vergleich zu dem der einweisenden niedergelassenen Ärzte eher auf einer Beurteilung der Kompetenz basiert oder aber die Sympathie entscheidend ist.

Tab. I-7 stellt die Ergebnisse der Diskriminanzanalyse dar, in der die vier Dimensionen der beiden Reputationskonstrukte als exogene Variablen dienen. Der Test über *Wilks* Lambda zeigt mit p = 0,000 ein höchst signifikantes Resultat. Die Nullhypothese, dass hinsichtlich der Reputationsdimensionen keine Unterschiede zwischen Einweisern und Nichteinweisern bestehen, ist zu verwerfen.

Funktion	% der Varianz	Kanonische Korrelation	*Wilks* Lambda	χ^2	df	Signifikanz
1	100	0,321	0,897	36,758	4	0,000

Tab. I-7:   Gütekriterien der ermittelten Diskriminanzfunktion mit den Dimensionen der Reputationskonstrukte als exogene Variablen

Tab. I-8 enthält die standardisierten kanonischen Diskriminanzfunktionskoeffizienten der vier Dimensionen, die allesamt signifikant zwischen den beiden Gruppen separieren. Es fällt auf, dass bei beiden Reputationskonstrukten die jeweilige affektive Dimension klar stärkere Trenneigenschaft aufweist als die kognitive Dimension, d.h. die Sympathie sowohl des Krankenhauses als Ganzes, als auch die der Fachabteilung wird von den Einweisern deutlich besser bewertet als von den Nichteinweisern. Hinsichtlich der Kompetenz fallen die Unterschiede für die jeweilige Reputationsebene klar geringer aus. Für den Reputationskomplex insgesamt findet sich die am höchsten ausgeprägte Trenneigenschaft bei der affektiven Dimension der Krankenhausreputation – **die Sympathie, die dem Krankenhaus als Ganzes von den niedergelassenen Ärzten entgegengebracht wird, ist der wesentliche Unterschied zwischen Einweisern und Nichteinweisern und nicht etwa das Urteil über die (medizinische) Kompetenz des Krankenhauses oder der Fachabteilung.**

[1248] Vgl. Kapitel C.3.2.2.
[1249] Vgl. Schwaiger (2004), S. 63.

Reputationsdimension	Standardisierter Diskriminanzfunktionskoeffizient
Affektive Dimension der Krankenhausreputation	1,167
Kognitive Dimension der Krankenhausreputation	-0,590
Affektive Dimension der Fachabteilungsreputation	0,156
Kognitive Dimension der Fachabteilungsreputation	0,070

Tab. I-8: Standardisierte Koeffizienten der Diskriminanzfunktion mit den Dimensionen der Reputationskonstrukte als exogene Variablen

Schließlich zeigt Tab. I-9, dass die ermittelte Diskriminanzfunktion durchschnittlich 70,2% der Fälle der richtigen Gruppe zuweist. Auch in diesem Fall führt die Eingruppierung der Probanden mithilfe der Diskriminanzfunktion zu einem besseren Ergebnis als die Zuordnung auf Zufallsbasis.[1250]

Tatsächliche Gruppenzugehörigkeit	Vorhergesagte Gruppenzugehörigkeit		
	Einweiser	Nichteinweiser	Σ
Einweiser	214 (73%)	80 (27%)	294
Nichteinweiser	22 (46%)	26 (54%)	48
70,2% der ursprünglich gruppierten Fälle wurden korrekt klassifiziert.			

Tab. I-9: Gütekriterien der ermittelten Diskriminanzfunktion mit den Dimensionen der Reputationskonstrukte als exogene Variablen

Unter der Annahme, dass auch diese Befunde generalisierbar sind,[1251] muss es für Krankenhausunternehmen zwecks der Gewinnung neuer Einweiser somit darum gehen, Sympathien bei niedergelassenen Ärzten aufzubauen bzw. bestehende Antipathien in Richtung einer wohlwollenden Grundhaltung zu entwickeln. Primärer Ansatzpunkt des Einweisermarketings ist interessanterweise nicht die Signalisierung der medizinischen Kompetenz des Krankenhauses als Ganzes oder der Fachabteilung, sondern es sollte eine emotionale Ansprache der Nichteinweiser erfolgen, und der Fokus ist auf Leistungsbereiche abseits der Qualität der Patientenversorgung zu richten, mit anderen Worten: Nichteinweiser müssen dazu gebracht werden, das fokale Krankenhaus persönlich zu mögen.

Insgesamt ist die in Tab. I-3 aufgestellte Übersicht über Ansatzpunkte des auf das Krankenhaus als Ganzes ausgerichteten Reputationsmanagements also daraufhin zu prüfen, welche konkreten Maßnahmen geeignet sind, nicht nur die medizinische Kompetenz bzw. deren Wahrnehmung durch die Niedergelassenen zu stärken, sondern vielmehr die emotionale Distanz zu Nichteinweisern zu reduzieren und Anti-

---

[1250] Unter Berücksichtigung der verschiedenen Gruppengrößen bei der Klassifizierung auf Basis der errechneten Diskriminanzfunktion gelingt in 87% der Fälle eine korrekte Gruppenzuordnung.
[1251] Vgl. hierzu Kapitel I.1.

oder Apathien in Sympathien umzuwandeln. Welche affektiv geprägten Bedürfnisse niedergelassene Ärzte gegenüber einem Krankenhaus im Einzelnen haben und welche Maßnahmen des Einweisermarketings diese am Besten befriedigen können bzw. was genau ein Krankenhaus aus der Sicht niedergelassener Ärzte sympathisch erscheinen lässt, geht aus den Befunden des Forschungsprogramms dieser Arbeit allerdings nicht hervor.

Ein möglicher Hebel zur Erhöhung der Sympathie eines Krankenhauses könnte das soziale Engagement sein, in Verbindung mit einer öffentlichkeitswirksamen Kommunikation entsprechender Aktivitäten.[1252] Beispielsweise wäre es denkbar, dass Krankenhäuser soziale Verantwortung übernehmen, indem sie Sachspenden an Gesundheitseinrichtungen in Entwicklungsländer tätigen, gemeinwohlorientierte Ärzteorganisationen finanziell und/oder personell unterstützen (z.b. „Ärzte ohne Grenzen") oder ausländische Patienten kostenfrei behandeln, die in ihren Heimatländern nicht adäquat versorgt werden können. Auch die Unterstützung oder Gründung von Selbsthilfegruppen für Patienten (z.b. für Essstörungen) und die Information einweisender und nicht einweisender niedergelassener Ärzte über dieses Engagement könnte als Signal einer ausgeprägten Gemeinwohlorientierung wahrgenommen werden und sympathiesteigernd wirken. Insbesondere vor dem Hintergrund, dass zwischen Krankenhäusern und ihren jeweiligen Nichteinweisern gemeinhin kein unmittelbarer Kontakt besteht, der als Kommunikationsweg genutzt werden könnte, und auch die direkte Ansprache im Sinne einer „kalten Akquise" dem Sympathieaufbau vermutlich zuwiderlaufen würde, dürfte die Öffentlichkeitsarbeit bzw. eine systematische stetige Pressarbeit ein gangbarer Weg sein, um nicht einweisende niedergelassene Ärzte über potenziell sympathieträchtige Krankenhausaktivitäten, wie die soeben beschriebenen, zu informieren.

Für Krankenhausunternehmen kann die Erkenntnis festgehalten werden, dass das schlechtere Reputationsurteil der Nichteinweiser im Vergleich zu dem der einweisenden niedergelassenen Ärzte klar durch die (mangelnde) Sympathie, die dem fokalen Krankenhaus entgegengebracht wird, bedingt ist. Maßnahmen des Einweisermarketings zur Gewinnung neuer Einweiser, die alleinig die fachliche Kompetenz des Krankenhauses betonen, und nicht auch die Persönlichkeit des sozialen Akteurs „Krankenhausunternehmen" entwickeln,[1253] erscheinen im Licht der hier vorliegenden Befunde ungeeignet.

[1252] So sehen z.B. *Walsh/Beatty* in der Übernahme sozialer Verantwortung durch Unternehmen eine wesentliche Determinante der Unternehmensreputation (vgl. Walsh/Beatty (2007)).
[1253] Zum Konzept der Persönlichkeit von Unternehmen vgl. Davies et al. (2004). Als die Sympathie eines Unternehmens beeinflussende Größen werden hier u.a. die Beurteilungsdimensionen

Tab. I-10 fasst die aus den Befunden der Diskriminanzanalysen resultierenden Handlungsempfehlungen zur Einweisergewinnung zusammen. Im Kern besagen diese:

* Krankenhausunternehmen sollten zur Gewinnung neuer Einweiser den Fokus des Reputationsmanagements auf die Ebene der Krankenhausreputation richten.

* Dabei sollten sie sich nicht nur als medizinisch-fachlich kompetent darstellen, sondern durch geeignete Aktivitäten und Maßnahmen und deren öffentlichkeitswirksamer Kommunikation verstärkt versuchen, sich als Sympathieträger unter den niedergelassenen Ärzten zu etablieren.

Empirischer Befund	Handlungsziel des Krankenhauses	Handlungsempfehlungen
Die Krankenhausreputation hat unter den beiden Reputationskonstrukten die deutlich höher ausgeprägte Trenneigenschaft zwischen den Gruppen der Einweiser und Nichteinweiser.	Gewinnung neuer Einweiser	Verbesserung der Krankenhausreputation unter nicht einweisenden niedergelassenen Ärzten durch Signalisierung einer ausgeprägten Einweiserorientierung und nachrangig einer hohen fachabteilungsübergreifenden Ergebnisqualität gemäß Tab. I-3.
Die affektive Dimension der Krankenhausreputation hat unter den Dimensionen des Reputationskomplexes die am höchsten ausgeprägte Trenneigenschaft zwischen den Gruppen der Einweiser und Nichteinweiser.	Erhöhung der Sympathie des Krankenhauses unter nicht einweisenden niedergelassenen Ärzten	Verbesserung der Krankenhausreputation durch Fokussierung auf Maßnahmen, die die Sympathie des Krankenhauses bei niedergelassenen Ärzten steigern und ihre öffentlichkeitswirksame Kommunikation, z.B.: * Regelmäßige (positive) Präsenz in regionalen Tageszeitungen/ systematische Presse- und Öffentlichkeitsarbeit * Unterstützung/ Gründung von Selbsthilfegruppen und Kommunikation des Engagements auch an niedergelassene Ärzte * Übernahme sozialer Verantwortung z.B. durch Sachspenden an Gesundheitseinrichtungen in Entwicklungsländern * Sponsoring von Bürger- und Sportfesten * Vorstellung der Ärzteprofile in der Krankenhauszeitschrift für niedergelassene Ärzte (falls vorhanden) inkl. Fotos * Veranstaltung eines Tages der offenen Tür für niedergelassene Ärzte * Einbeziehung von Nichteinweisern in Marktforschungsstudien unter niedergelassenen Ärzten (Signalisierung von Einweiserorientierung) * ...

Tab. I-10: Handlungsempfehlungen zur Gewinnung neuer Einweiser

Zwar scheint es demnach für Krankenhausunternehmen zweckmäßig, sich zur Akquisition neuer Einweiser in einem ersten Schritt auf die Reputation des Krankenhauses als Ganzes zu konzentrieren. Allerdings darf dabei nicht übersehen werden, dass gemäß der Befunde des ersten Forschungsmodells dieser Arbeit letztlich die Fachabteilungsreputation entscheidend dafür ist, ob ein Krankenhaus in das Evoked Set für Einweisungsentscheidungen aufgenommen wird. D.h. in einem zweiten

„Rücksichtslosigkeit", „angenehmes Wesen" und „Stil" genannt (vgl. Davies et al. (2004), S. 132 ff.).

Schritt, nachdem die Krankenhausreputation auch unter den Nichteinweisern verbessert worden ist und damit die Bereitschaft unter diesen geschaffen wurde, sich auch mit den reputationsrelevanten Merkmalen der Fachabteilung auseinanderzusetzen,[1254] sollte der Brennpunkt des Einweisermarketings bzw. des Reputationsmanagements auf die Ebene der Fachabteilung gerichtet werden.[1255] Dieser Sachverhalt verdeutlicht abermals die Notwendigkeit eines integrierten, beide Reputationsebenen umfassenden Reputationsmanagements im Sinne einer planvollen Abstimmung der in Kapitel I.2.3 diskutierten Handlungsfelder und Maßnahmen zur Hebung des Erfolgspotenzials des Reputationskomplexes.

2.5 Grenzen und methodische Ansatzpunkte des Reputationsmanagements von Krankenhausunternehmen

Ein wesentliches Kennzeichen des Reputationskonzeptes besteht darin, dass es sich der unmittelbaren Einflussnahme durch den Reputationsträger insoweit entzieht, als dass sich Reputationsurteile durch direkte Erfahrungen sowie deren Kommunikation durch Dritte und kaum durch vom Unternehmen selbst kommunizierte Botschaften bilden.[1256] Dies ist auch der Grund dafür, dass eine positive Beeinflussung des Reputationsphänomens kurzfristig kaum möglich ist und Veränderungen in der Regel nur über längere Zeiträume herbeigeführt werden können.[1257] Wie trotz dieser Einschränkungen der Gestaltungsmöglichkeiten des Reputationsmanagements von Krankenhäusern eine systematische Instrumentalisierung des Reputationsphänomens zur Erreichung der Unternehmensziele erfolgen kann, lässt sich aus seinen konzeptionellen Charakteristika ableiten.

Zunächst eröffnet das Verständnis von Reputationsurteilen als Gedächtnisrepräsentationen im Sinne der kognitionspsychologischen Theorie für das Reputationsmanagement die Möglichkeit, diese unmittelbar im Rahmen von Entscheidungsprozessen niedergelassener Ärzte zu aktualisieren.[1258] Konkret könnten niedergelassene Ärzte demnach an die gute Reputation eines Krankenhauses oder einer Fachabteilung „erinnert" werden, indem ihnen bereits bekannte, positiv ausgeprägte reputationsrelevante Merkmale in das Gedächtnis gerufen werden, um so die Prominenz des entsprechenden Reputationsurteils im Rahmen einer

---

[1254] Zur Problematik der Bestimmung eines optimalen Reputationsniveaus vgl. Kapitel I.1; Kapitel I.3.
[1255] Vgl. hierzu Tab. I-3.
[1256] Vgl. Kapitel C.1.3.
[1257] Gegenüber dem Reputationsaufbau wird für Beschädigungen von Reputationen in der Literatur gemeinhin angenommen, dass diese auch durch einzelne Ereignisse (z.B. Skandale, Krisen) herbeigeführt werden können (vgl. ausführlich Dowling (2002), S. 252 ff.).
[1258] Vgl. Kapitel 3.3.1.3; Feldman/Lynch (1988), S. 424 ff.

konkreten Entscheidung (z.B. der Einweisung eines Patienten) zu erhöhen.[1259] So ermitteln *Yoon/Guffey/Kijewski* in ihrer im Dienstleistungsbereich angelegten Studie, dass die Effektivität spezifischer Kommunikationsmaßnahmen durch die Einbindung reputationsrelevanter Informationen erhöht werden kann.[1260] Beispielsweise könnte einem postalisch zugesendeten Angebot des fokalen Krankenhauses zu einer wirtschaftlichen Kooperation eine Informationsbroschüre über das Leistungsspektrum des Krankenhauses beigelegt werden.[1261]

Der zweite methodische Ansatzpunkt zur Nutzbarmachung bzw. Entwicklung der Krankenhaus- und Fachabteilungsreputation besteht in der Förderung der Kommunikation niedergelassener Ärzte untereinander über krankenhaus- bzw. fachabteilungsreputationsrelevante Merkmale. Dies ergibt sich explizit aus der Konzeptionalisierung des Reputationsphänomens, nach dem Reputationsurteile nicht nur durch eigene direkte Erfahrungen, sondern auch durch die Kommunikation mit relevanten Dritten gebildet werden.[1262] Diesbezüglich kann für das Reputationsmanagement von Krankenhäusern z.B. empfohlen werden, Foren zum Informationsaustausch zwischen niedergelassenen Ärzten einzurichten, in denen reputationsrelevante Themen diskutiert werden. Ist es das Ziel, die Reputation des Krankenhauses als Ganzes auf diese Weise zu pflegen, sollten entsprechende Kreise fachübergreifend zusammengesetzt sein. Zu denken ist beispielsweise an die Einrichtung eines regelmäßigen, fachübergreifenden Qualitätszirkels zum Thema „Verbesserung der Zusammenarbeit zwischen Krankenhaus und niedergelassenen Ärzten". Insbesondere neu im Einzugsgebiet eines Krankenhauses niedergelassene Ärzte sollten zu solchen Foren eingeladen werden, da der frühe Informationsaustausch mit anderen Niedergelassenen die Bildung des Reputationsurteils beschleunigen dürfte.

Das effektivste Mittel des Reputationsmanagements ist ohne Frage in der tatsächlichen Entwicklung oder Verbesserung reputationsrelevanter Merkmale des Krankenhauses bzw. einzelner Fachabteilungen zu sehen. Neben der Implementierung neuer Leistungen (z.B. dem Angebot telefonischer Fachsprechstunden) sollte sich das Reputationsmanagement vorrangig mit der Frage befassen, wie diese unter den Niedergelassenen schnellstmöglich bekannt und erfahrbar gemacht werden kann. Beispielsweise könnte die Einführung eines Unit-Dose-Systems als Maßnahme zur Verbesserung der Prozessqualität in der Krankenhauszeitschrift oder lokalen Tages-

---

[1259] „By „persuasion" it is meant that the stakeholder´s recall of the organization´s reputation will cause him or her to have more trust and confidence to do something with it." (Dowling (2004), S. 32).
[1260] Vgl. Yoon/Guffey/Kijewski (1993).
[1261] Zu rechtlichen Restriktionen des Kundenmanagements von Krankenhäusern vgl. Busse/ Schreyögg/Gericke (2006), S. 168 ff.
[1262] Vgl. Kapitel C.1.2.

zeitung bekannt gemacht, Niedergelassene zur Erläuterung des Systems in das Krankenhaus eingeladen und parallel Qualitätszirkel zum Thema „Medikationsprozesse" eingerichtet werden.

		Maßnahmen	Instrumente
Methodische Ansatzpunkte der Reputationsentwicklung	Aktualisierung des bestehenden Reputationsurteils über das Krankenhaus bzw. eine Fachabteilung	Ad hoc-Information über bestehende/ bereits bekannte reputationsrelevante Leistungsmerkmale des Krankenhauses bzw. der einzelnen Fachabteilung	• Beigabe von leistungsbezogenen Informationsbroschüren/ -briefen
	Förderung der Kommunikation unter den niedergelassenen Ärzten (Einweiser und Nichteinweiser)	Schaffung von Foren zum Erfahrungsaustausch zwischen niedergelassenen Ärzten • fachübergreifend zur Förderung der Krankenhausreputation • fachspezifisch zur Förderung der Reputation der entsprechenden Fachabteilung Identifikation von Meinungsführern unter den niedergelassenen Ärzten und Gewinnung dieser als Fürsprecher	• Information der zuständigen Kassenärztlichen Vereinigung über reputationsrelevante Themen • Marktforschung zur Identifikation von Meinungsführern • Veröffentlichung positiver Erfahrungsberichte niedergelassener Ärzte (z.B. in Fachzeitschriften oder in einer vom Krankenhaus herausgegebenen Zeitschrift für niedergelassene Ärzte) • Ärztestammtische über reputationsrelevante Themen • Qualitätszirkel über reputationsrelevante Themen • Fortbildungsveranstaltungen über reputationsrelevante Themen • Informationsvorträge und -veranstaltungen zu reputationsrelevanten Themen
	Entwicklung und Bekanntmachung reputationsrelevanter Leistungsmerkmale unter Einweisern und Nichteinweisern	Tatsächliche Verbesserung/ Entwicklung reputationsrelevanter Leistungen des Krankenhauses bzw. der einzelnen Fachabteilungen • Kommunikation der Neuerungen an die Niedergelassenen • Neuerungen erfahrbar machen • Kommunikation unter Niedergelassenen über die Neuerungen anstoßen	• Entwicklung oder Verbesserung reputationsrelevanter Leistungen gemäß Tab. I-3 Bekanntmachung der neuen Leistungsmerkmale: • Leistungsbezogene Informationsbroschüren/ -briefe • Veröffentlichung von Beiträgen über das neue reputationsrelevante Leistungsmerkmal in Fachzeitschriften • Information über eine vom Krankenhaus veröffentlichten Zeitschrift für niedergelassene Ärzte • Information der zuständigen Kassenärztlichen Vereinigung über die neuen Leistungsmerkmale • Angebot von Hospitationen in neuen Leistungsbereichen • Ärztestammtische zum Thema des neuen reputationsrelevanten Leistungsmerkmals • Qualitätszirkel zum Thema des neuen reputationsrelevanten Leistungsmerkmals • Fortbildungsveranstaltungen zum Thema des neuen reputationsrelevanten Leistungsmerkmals

Tab. I-11: Methodische Ansatzpunkte des Reputationsmanagements von Krankenhäusern

Eine Übersicht über die drei diskutierten „methodischen" Handlungsmöglichkeiten des Reputationsmanagements von Krankenhäusern findet sich in Tab. I-11. Zusammenfassend wird hier abermals deutlich, dass Reputationsmanagement nur mittelbar gelingen kann. Die Bewertung der Informationen und Leistungen sollte gemäß dem Reputationskonzept nicht primär durch das Unternehmen erfolgen und kommuniziert werden, sondern die Niedergelassenen müssen durch geeignete, entsprechend den in Tab. I-11 aufgeführten Maßnahmen in die Lage versetzt werden,[1263] sich selbst ein Reputationsurteil über das Krankenhaus bzw. die Fachabteilungen bilden zu können bzw. dieses in positiver Richtung zu modifizieren.[1264]

2.6 Handlungsempfehlungen zur Implementierung des Reputationsmanagements von Krankenhausunternehmen

Die diskutierten Handlungsfelder des Reputationsmanagements von Krankenhäusern zeigen deutlich, dass die Reputationen beider Ebenen von einem breiten Spektrum von Entscheidungen tangiert werden. Die erfolgreiche Implementierung eines Reputationsmanagements unter Berücksichtigung des Multilevel-Charakters der Reputation setzt damit ein Steuerungsverständnis voraus, das die Komplexität der Ursache-Wirkungszusammenhänge über alle Strukturen mit Einfluss auf den Reputationskomplex zu bewältigen vermag.[1265] Es muss folglich die Abstimmungsbeziehungen zwischen den unternehmerischen Teilbereichen, die für die jeweilige Reputationsbildung relevant sind, organisieren. Die traditionelle dreigliedrige Führungsorganisation mit ärztlichem Dienst, Pflegedienst und administrativen Bereich dürfte die Implementierung des Reputationsmanagements aufgrund der häufig zu beobachtenden Abstimmungsprobleme, verschiedenen Interessenlagen und Handlungsprioritäten zusätzlich erschweren. Ihre Integration zum Zweck des Reputationsmanagements ist jedoch zwingend erforderlich, da gemäß den Befunden dieser Arbeit alle drei Professionen zum Reputationskomplex des Krankenhauses beitragen. Die erfolgreiche Implementierung des Reputationsmanagements erscheint demzufolge ohne eine planvolle Organisationsentwicklung und dem Aufbrechen der klassischen, etablierten Strukturen hin zu einem effizienteren, integrierten Führungssystem nur eingeschränkt möglich.

Die Aufgaben, Verantwortlichkeiten und Kompetenzen des Reputationsmanagements von Krankenhausunternehmen müssen vor diesem Hintergrund sicherlich zurückhaltend und unter Beteiligung der Vertreter aller drei Führungssysteme und Abteilungsverantwortlichen definiert werden. In erster Linie ist zu bestimmen, welchen Stellenwert das „Reputationsziel" innerhalb der verschiedenen Planungsebenen, speziell im operativen Bereich eines Krankenhauses einnehmen kann. Mit diesen Vorbehalten ist ein eigenständiges Reputationsmanagement für Krankenhäuser mit Blick auf die unternehmerische Zielerreichung zwar zu empfehlen, seine

---

[1263] Für eine umfassende Übersicht über leistungs- und kommunikationspolitische Marketingmaßnahmen von Krankenhäusern für niedergelassene Ärzte vgl. Bienert (2004), S. 291 ff.
[1264] Vgl. die Abgrenzung des Reputationskonzepts von dem des Images in Kapitel C.1.3.
[1265] Vgl. ähnlich Herger (2006), S. 221 f.

zum Zielsystem komplementäre und praktikable strategische und operative Gestaltung und Kontrolle wie auch die organisatorische Struktur- und Prozessgestaltung stellen jedoch ohne Zweifel eine große Herausforderung dar.

Wenngleich der Brennpunkt dieser Arbeit nicht auf die Möglichkeiten der Implementierung des Reputationsmanagements gerichtet war und *Herger* diesbezüglich in Bezug auf Unternehmen im Allgemeinen von einem weitgehend brachliegenden Feld der Forschung spricht,[1266] sollen im Folgenden die Implikationen des Multilevel-Charakters der Reputation für die Implementierung des Reputationsmanagements von Krankenhäusern zumindest skizziert werden.

Die entscheidende Konsequenz der als Mehrebenenphänomen verstandenen Reputation besteht in der Notwendigkeit der Delegation von Teilaufgaben des Reputationsmanagements auf die Fachabteilungen. Die in der Literatur vorliegenden ersten Konzeptentwürfe für die Implementierung des Reputationsmanagements von Unternehmen müssen folglich um diesen wesentlichen Aspekt erweitert werden.[1267]

Auf der strategischen Planungs- und Kontrollebene des Reputationsmanagements müssen zunächst Ziele für das Krankenhaus als Ganzes sowie die einzelnen Fachabteilungen definiert werden (vgl. Tab. I-12). Die Geschäftsführung hat zu entscheiden, ob beispielsweise eine „Reputationsführerschaft" des Krankenhauses im Vergleich zum regionalen Wettbewerb angestrebt werden soll, welche Leistungsbereiche in ihrer Reputation mittel- bis langfristig zu entwickeln sind und für welche Fachabteilungen oder Zentren lediglich das Halten des bestehenden Niveaus zweckmäßig ist. Entsprechende Entscheidungen haben dabei stets vor dem Hintergrund der strategischen Formal- und Sachziele des Krankenhauses zu erfolgen.

Die Übersetzung der Ziele in zwingend für die einzelnen Leistungsbereiche beeinflussbare, operationale Kennzahlen kann unter Beteiligung etwaig existierender Planungsstäbe oder der Marketingabteilung geschehen. In diesem Schritt geht es darum, quantitative Größen zu definieren, anhand derer eine Steuerung der Reputationen auf Krankenhaus- und Fachabteilungsebene möglich ist. Zu denken ist dabei nicht nur an regelmäßig – etwa zweijährlich –[1268] bei niedergelassenen Ärzten (und/oder anderen Bezugsgruppen) zu erhebenden Reputationswerten, sondern

[1266] Vgl. Herger (2006), S. 222.

[1267] Vgl. exemplarisch die von *Walsh* vorgeschlagene Konzeption des Reputationsmanagements von Unternehmen, die der Autor auf Basis von *Wiedmanns* Modell marktorientierter Unternehmensplanung aufstellt (vgl. Walsh (2006a), S. 169 ff.; Wiedmann (1994)).

[1268] Diesbezüglich könnte die zeitliche Synchronisation der Erhebung von Reputationswerten mit der verpflichtenden zweijährlichen Veröffentlichung des Qualitätsberichtes sinnvoll sein (vgl. § 137 SGB V), um womöglich vorhandene Zusammenhänge aufzuzeigen und entsprechende Rückschlüsse für das Reputationsmanagement bzw. die Qualitätsentwicklung zu ziehen.

auch an kurzfristig verfügbare Routinedaten, wie z.B. der Fälle pro Einweiser oder leichter zu ermittelnde Kennzahlen, wie Beschwerdehäufigkeiten niedergelassener Ärzte – jeweils aufbereitet nach Fachabteilungen. Insbesondere ist auch an die Daten zu denken, die im Rahmen des gesetzlich vorgeschriebenen internen Qualitätsmanagements standardmäßig ermittelt werden (z.B. Dekubitusraten).[1269] Erstens wird es durch die Integration des Reputations- mit dem internen Qualitätsmanagement möglich, in kurzen Zyklen erhobene, qualitätsbezogene Kennzahlen als Frühwarnindikatoren des Reputationsmanagements zu nutzen. Zweitens erlaubt der Abgleich erhobener Reputationswerte mit den im Rahmen des Qualitätsmanagements ermittelten Kennzahlen mitunter das Aufzeigen der Reputationswirkung systematischer Qualitätsveränderungen in der operativen Leistungserstellung. Dies könnte die Akzeptanz von durch die Unternehmensleitung oder das Qualitätsmanagement angestoßenen „Qualitätsoffensiven" (speziell bei den Chefärzten) erhöhen.[1270]

Zur Unterstützung der Verlässlichkeit und Akzeptanz der reputationsorientierten Kennzahlen in den dezentralen Fachabteilungen ist es empfehlenswert, die Verantwortung für die Datenquellen, -erhebung und -aufbereitung nur einer direkt zuständigen Abteilung, typischerweise dem Krankenhausmarketing zu übertragen.[1271] Dies hat den Vorteil, dass die für das Reputationsmanagement relevanten Informationen nur von einer Instanz gepflegt und bereitgestellt werden. Damit können auch keine konkurrierenden oder nicht vergleichbaren Versionen in den einzelnen Fachabteilungen kursieren. Mit der Aufnahme adressatengerechter reputationsrelevanter Daten in das Informations- und Controllingsystem, das häufig auf Jahres-, Quartals- oder gar wöchentliche Daten ausgerichtet ist (z.B. Fallzahlen, CMI, Verweildauer, Personalproduktivität), kann zudem einer zu kurzfristigen Zielorientierung in der Steuerung der einzelnen Fachabteilungen entgegengewirkt werden.

Im Rahmen von Zielvereinbarungen zwischen der Krankenhausgeschäftsführung und den einzelnen Leistungsbereichen gilt es sodann, ausgehend vom Status quo mittel- bis langfristige operationale Reputationsziele auszuhandeln. Die Versorgung der dezentralen Einheiten mit den relevanten Informationen kann dabei an das Krankenhausmarketing und/oder Controlling übertragen werden. Insbesondere sollte dies auch die Bereitstellung geeigneter Tools umfassen, die die Fachabteilungsleitungen (d.h. in der Regel der jeweilige Chefarzt und die Pflegeleitung der Abteilung) befähigen, reputationsrelevante Zusammenhänge in ihren Entscheidungen zu berücksichtigen. Zu denken ist speziell an die Integration von

---

[1269] Vgl. § 15a SGB V.
[1270] Ohne Frage erfordern beide Punkte eine koordinierte Zusammenarbeit zwischen der mit dem Reputationsmanagement beauftragten Abteilung und dem Qualitätsmanagement.
[1271] Vgl. hierzu Salfeld/Hehner/Wichels (2008), S. 43 f.

Reputationszielen in vorhandene Balanced Scorecards, die die entsprechenden reputationszentrierten Ursache-Wirkungszusammenhänge für die dezentralen Leistungsbereiche in nachvollziehbarer Form darstellen.

Anforderungen der Implementierung des Reputationsmanagements in Krankenhausunternehmen unter Berücksichtigung des Multilevel-Charakters der Reputation

- Definition mittel- und langfristiger Reputationsziele für das Krankenhaus als Ganzes sowie für jede einzelne Fachabteilung durch die Geschäftsführung.

- Integration der Reputationsziele in das Zielsystem des Krankenhauses.

- Übersetzung der Ziele in operationale und durch die verantwortlichen Leistungsbereiche beeinflussbare Kennzahlen, z.B. Reputationswerte, Fälle pro Einweiser, Anzahl an Rücküberweisungen, Beschwerdehäufigkeiten niedergelassener Ärzte etc.

- Delegation der Datenerhebung, -ermittlung, -aufbereitung und -verteilung an eine verantwortliche Instanz, idealerweise die Marketingabteilung.

- Einpflegung der reputationsbezogenen Steuerungskennzahlen in das bestehende Informations- und Controllingsystem des Krankenhauses und damit Ergänzung meist kurzfristig orientierter Daten um für den langfristigen Markterfolg relevante Informationen.

- Aushandlung konkreter, operationaler Reputationsziele zwischen der Geschäftsführung und den Fachabteilungsleitungen für jeden relevanten Leistungsbereich.

- Befähigung der Fachabteilungsverantwortlichen durch die Bereitstellung geeigneter Reputationsmanagement-Tools durch das Krankenhausmarketing, z.B. in Gestalt von um Reputationsziele erweiterte Balanced Scorecards für jede Fachabteilung, die die relevanten Reputationshebel und -wirkungen im operativen Bereich verdeutlichen.

- Schaffung von Entscheidungs- und Handlungsspielräumen für die Führungen der Leistungsbereiche, Definition des dezentralen Aufgabenspektrums im Rahmen des Reputationsmanagements und damit Delegation von Teilaufgaben.

- Sicherstellung der koordinierten Zusammenarbeit zwischen den Fachabteilungen, der zentralen Marketingabteilung sowie dem Qualitätsmanagement zum Zweck der Realisierung eines ganzheitlichen, integrierten Reputationsmanagements.

- Freimachung von Ressourcen und Budgetallokation gemäß den nach Leistungsbereichen differierenden Reputationszielen.

- Verankerung der reputationsbezogenen Zielerreichung im Anreiz- und Sanktionssystem für die Verantwortlichen der Leistungsbereiche.

- Etablierung eines Reputationsmanagement-Audits auf der Ebene der Geschäftsführung.

Tab. I-12: Anforderungen der Implementierung des Reputationsmanagements

Mit der Vorgabe von Reputationszielen muss zudem die Schaffung von Handlungs- und Entscheidungsfreiräumen für die Abteilungsleitungen sowie mitunter eine mit den Prioritäten unter den Fachabteilungen korrespondierende Budgetallokation einhergehen. Es ist zu definieren, welches Aufgabenspektrum des Reputationsmanagements an die Leistungsbereiche übertragen wird, welche Handlungsfelder beim Krankenhausmarketing bleiben und welches die Schnittmengen sind, bei denen Leistungsentwicklungen und kommunikative Maßnahmen zwingend abgestimmt zu erfolgen haben. Aufgrund des stark medizinisch-fachlichen Fokus der Abteilungsleitungen dürfte die Erarbeitung von „Reputationspaketen" in der Regel jedoch in enger Abstimmung mit dem Krankenhausmarketing erfolgen müssen.

Schließlich erscheint die Verankerung der reputationsbezogenen Zielerreichung im Anreizsystem der Fachabteilungsverantwortlichen bzw. Chefärzte als zwingend notwendige Voraussetzung für eine erfolgreiche Implementierung des Reputations-

managements. Dies kann geschehen, indem im Rahmen der jährlich auszu-
handelnden Zielvereinbarungen nicht nur unmittelbar auf die medizinische Leistungserstellung bezogene Vorgaben gemacht werden (z.B. den Casemix), deren
Erreichung dann die Grundlage für die Berechnung variabler Vergütungsanteile ist,
sondern auch abteilungsspezifische Reputationsziele definiert werden, die je nach
Erhebungszyklus regelmäßig mit den Reputationswerten abgeglichen werden.

Wenn alle Fachabteilungen ihre „Reputationsvorgaben" erfüllen, muss bottom up
zusammen mit den flankierenden zentralen Bemühungen des Reputationsmanagements durch das Krankenhausmarketing auch das gewünschte Reputationsergebnis
für das Krankenhausunternehmen als Ganzes zustande kommen. Führen Krankenhäuser ihre einzelnen Leistungsbereiche bereits als dezentrale Profit-Center und
haben die hierfür notwendigen Managementinstrumente und organisatorischen
Veränderungen zur Steuerung und Abstimmung schon implementiert,[1272] dürften die
Widerstände und Schwierigkeiten der komplementären Realisierung des
Reputationsmanagements in der soeben beschriebenen Form weniger ausgeprägt
ausfallen. Für alle anderen Fälle ist zu empfehlen, die für die zukünftige Wettbe-
werbsfähigkeit sicherlich erforderliche Organisationsentwicklung hin zu modernen
Führungsstrukturen als Chance auch für die Implementierung eines Reputationsmanagements unter Berücksichtigung des Multilevel-Charakters der Reputation zu
nutzen.

3 Aus den Untersuchungsergebnissen resultierende Implikationen für die künftige Reputationsforschung

Eine Besonderheit dieser Arbeit besteht darin, dass die aus den Befunden der
Erststudie resultierenden unmittelbaren Implikationen für die zukünftige Forschung in
weiten Teilen bereits in der eigenen Folgestudie adressiert werden konnten. Ohne
Frage bilden die beiden vorliegenden Studien jedoch erst den Anfang einer
wissenschaftlichen Auseinandersetzung mit dem Multilevel-Charakter der Reputation
von Unternehmen. Aufgrund der damit angesprochenen Neuartigkeit dieses
Ansatzes zeigt sich eine Vielzahl an Anknüpfungspunkten für künftige Forschungsaktivitäten. Diese betreffen insbesondere (1.) die Erweiterung des Reputationskomplexes von Unternehmen um weitere Reputationsebenen, (2.) die Analyse der
Dynamik reputationszentrierter Ursache-Wirkungszusammenhänge, (3.) die Untersuchung von reputationsbezogenen funktionalen Zusammenhängen, (4.) die Ausdifferenzierung und Expansion der hier getesteten Forschungsmodelle und (5.) die

---

[1272] Zur dezentralen Organisation von Krankenhausstrukturen sowie zu den hierfür erforderlichen
Steuerungs- und Abstimmungsinstrumenten vgl. ausführlich Salfeld/Hehner/Wichels (2008),
S. 25 ff.

bezugsgruppen- und branchenübergreifende Betrachtung des Multilevel-Charakters der Reputation.

(1) Erweiterung des Reputationskomplexes von Unternehmen um weitere Reputationsebenen

Die theoretischen Überlegungen zur Existenz von organisationalen Subreputationen und die Tatsache, dass es sich bei dem Reputationsphänomen originär um ein am Individuum ansetzendes Konzept handelt,[1273] legen vor dem Hintergrund der exponierten Stellung von Chefärzten innerhalb der Fachabteilungen eine Erweiterung des Reputationskomplexes von Krankenhausunternehmen um eine dritte Reputationsebene nahe.[1274] Auch der Befund der Zweitstudie zum Zusammenhang der Fachabteilungsreputation mit der passiven, also der nicht chefarztbedingten Loyalität scheint dafür zu sprechen, dass die Chefarztreputation eine zu den Konstrukten der Krankenhaus- und ausdrücklich der Fachabteilungsreputation distinkte Reputationskategorie repräsentiert.

Die Analyse des um die Chefarztebene erweiterten Reputationskonzeptes von Krankenhäusern dürfte sich zwar als sehr komplex herausstellen – speziell im Hinblick auf die Identifizierung der Wirkungsrichtungen und Interaktionen innerhalb des Reputationssystems und der Bestimmung von moderierenden Effekten. Dennoch erscheint es für zukünftige Forschungsaktivitäten erstrebenswert, Einsichten über die Kohärenzen des erweiterten Reputationskomplexes zu generieren, um so Aussagen über den Grad der gegenseitigen Abhängigkeiten und differenten Wirkungen der einzelnen Reputationsebenen aufseiten niedergelassener Ärzte ableiten zu können. Diese Forschungsempfehlung lässt sich durch folgende Fragestellungen konkretisieren:

- Wie gestalten sich die Richtungen und welche sind die Einflussgrößen der Stärke der multiplen Zusammenhänge zwischen der Krankenhaus-, der Fachabteilungs- und der jeweiligen Chefarztreputation?

- Welche relativen Beiträge liefern die drei Ebenen des Reputationskomplexes zur Erreichung marktstrategischer und finanzieller Zielgrößen? Speziell ist hierbei von Interesse, wie groß die Abhängigkeit der Erreichung dieser Ziele von der Chefarztreputation (und damit von der Person des Chefarztes) im Vergleich zur Krankenhaus- und Fachabteilungsreputation ausfällt.

[1273] Vgl. Kapitel C.1.1.
[1274] Vgl. Otte/Röhrßen (2009), S. 146 f.

- Welche Faktoren determinieren die drei Bausteine des Reputationskomplexes von Krankenhausunternehmen und wie ist eine differenzierte Einflussnahme möglich?

Für Unternehmen, die keine Krankenhäuser sind, ist entsprechend zu prüfen, wie viele Reputationsebenen die jeweiligen Spezifika für eine Analyse des Multilevel-Charakters der Reputation vor dem Hintergrund der Erreichung der Unternehmensziele fruchtbar erscheinen lassen (z.B. Sparten, strategische Geschäftseinheiten, Unternehmen, Konzernmutter, Branche).

(2) Analyse der Dynamik reputationszentrierter Ursache-Wirkungszusammenhänge

Die vorliegenden Studien geben überdies Anstoß zur Untersuchung von Wandlungs- und Änderungsprozessen der Reputation von Unternehmen. Zum einen lassen z.b. die Befunde zur mangelnden Nachweisbarkeit der Reputationsrelevanz der Struktur- qualität vermuten, dass zeitpunktbezogene Ausprägungen mitentscheidend sein können für die empirische Belegbarkeit reputationszentrierter Zusammenhänge.[1275] Dieser Beobachtung könnte durch Analysen über die Zeit auf den Grund gegangen werden. Auch wären durch eine solche Vorgehensweise mitunter zeitliche Verzögerungen innerhalb der Kausalkette Reputationsdeterminanten – Reputations- komplex – Reputationswirkungen ermittelbar, die wichtige Informationen über die Fristigkeit von Maßnahmen innerhalb des Reputationsmanagements liefern würden. Auf diese Weise könnte also überprüft werden, ob bzw. inwieweit die identifizierten Einflussgrößen, Wirkungen, der Reputationskomplex selbst und die jeweiligen Wirkungsstärken dynamischen Veränderungen unterliegen, um tiefere Erkenntnisse für das Reputationsmanagement über längere Zeiträume zu erlangen.[1276]

Zum anderen dürfte interessantes Potenzial für weitere Forschungsarbeiten im Rahmen von Längsschnittstudien darin liegen, dem im Zuge der Zweitstudie ermittelten Hinweis auf die Eigendynamik und Selbstaktualisierung des Reputations- konzeptes nachzugehen.[1277] Die damit einhergehende Erforschung von Diffusions- prozessen der Reputation und möglicher Rückkopplungen der Reputationswirkungen auf den Reputationskomplex stellt sicherlich eine große Herausforderung für die künftige Forschung dar.[1278]

[1275] Vgl. Kapitel H.2.4.
[1276] Empfehlungen für das Design von Längsschnittstudien zur Erforschung von durch Unternehmens- aktivitäten angestoßenen reputationalen Veränderungsprozessen finden sich bei *Kraatz/Love* (vgl. Kraatz/Love (2006)).
[1277] Vgl. Kapitel H.2.4.
[1278] Die Kommunikationsforschung dürfte für ein solches Vorhaben wertvolle Anstöße geben können. Für einen Überblick vgl. Kroeber-Riel/Weinberg/Gröppel-Klein (2009), S. 672 ff.

Aus diesen Überlegungen abgeleitete konkrete forschungsleitende Fragestellungen zur Reputationsdynamik könnten exemplarisch lauten:

- Wie entwickeln sich die Wirkungsstärken eines ausgewählten Sets potenzieller Einflussgrößen des Reputationskomplexes über die Zeit? Sind etwaige Veränderungen auf variierende Ausprägungen der Reputationsdeterminanten oder auf andere (z.B. Umweltfaktoren) zurückzuführen?

- Wie gestaltet sich die zeitliche Entwicklung der Effektstärken der einzelnen Ebenen des Reputationskomplexes auf ein ausgewähltes Set von Zielgrößen? Lassen sich zeitverzögerte Wirkungen feststellen und als wie stabil zeigen sich diese im Zeitablauf?

- Welcher Zeitraum ist für die Entstehung der Reputation einer neuen Fachabteilung oder z.B. eines neu gegründeten Therapiezentrums nötig und wie verläuft die Diffusion reputationsrelevanter Informationen unter den niedergelassenen Ärzten?

(3) Untersuchung von reputationsbezogenen funktionalen Zusammenhängen

Als wesentliche Restriktion der angewandten Analysemethodik wurde in Kapitel I.1 die Linearitätsprämisse angeführt bzw. die Tatsache, dass sich die funktionale Form der Zusammenhänge zwischen den exogenen und endogenen Variablen nicht bestimmen lässt. Die Kenntnis dieser ist jedoch insbesondere für die Praxis interessant, da dies die Voraussetzung für die Ableitung von Aussagen über Kosten-Nutzen-Relationen im Rahmen des Reputationsmanagements ist. Nur wenn bekannt ist, mit welcher Steigerung beispielsweise des einweiserbezogenen Patientenmarktanteils vermutlich gerechnet werden kann, wenn man die Reputation einer Fachabteilung durch geeignete Maßnahmen fördert, kann entschieden werden, ob die Kosten für die entsprechenden Aktivitäten voraussichtlich durch die höheren DRG-Erlöse (über-) kompensiert werden.

Darüber hinaus könnte mit Blick auf die konkreten Befunde der Zweitstudie analysiert werden, ab welchem Punkt sich die vom Krankenhaus induzierte Wettbewerbsintensität negativ auf seine Reputation bei niedergelassenen Ärzten auswirkt – methodisch gesprochen, ob die Funktion dieses Zusammenhangs, wie vermutet, tatsächlich einen Indifferenzbereich aufweist und bei welchem Wertebereich der Konstruktausprägungen dieser liegt. Auch für die Strukturqualität wurde aus den Ergebnissen der Zweitstudie die Annahme abgeleitet, dass diese nicht linear mit den Konstrukten der Krankenhaus- und Fachabteilungsreputation zusammenhängt, so dass auch hier weitere Forschungsbemühungen zur Identifikation der entsprechenden, wahren Funktionen angezeigt erscheinen.

Zur Aufdeckung der funktionalen Gestalt einzelner und multipler Kohärenzen der Krankenhaus- und der Fachabteilungsreputation sollten folglich weitere empirische Untersuchungen angestrebt werden. Als Möglichkeiten der für diesen Zweck notwendigen Modellierung nicht linearer Zusammenhänge zwischen latenten Variablen können Produkt-Indikatoren-Ansätze bzw. *Kenny/Judd*-Modelle, die Methode der zweistufigen kleinsten Quadrate, baysianische Ansätze, die Momentenmethode sowie insbesondere der Quasi-Maximum-Likelihood-Ansatz von *Klein* herangezogen werden.[1279]

Exemplarisch seien schließlich folgende Fragestellungen aufgeführt:

▪ Ab welchen Ausprägungen der Konstrukte des Reputationskomplexes ist ein optimales Reputationsniveau erreicht und lohnt es sich aufgrund abnehmender Grenzerträge im Hinblick auf die Reputationswirkungen ökonomisch nicht mehr, in den Reputationsaufbau zu investieren?[1280]

▪ Bei welchen Ausprägungen der Einflussgrößen der Krankenhaus- und Fachabteilungsreputation haben diese den größten Grenzeffekt auf den Reputationskomplex? Gibt es (tatsächlich) Indifferenzbereiche innerhalb einzelner Zusammenhänge (z.B. sattelförmige Funktionsverläufe)?

▪ Muss für die Krankenhaus- und Fachabteilungsreputation zwischen verschiedenen Typen relevanter Einflussgrößen unterschieden werden, die sich dahingehend unterscheiden, ob sie bestenfalls reputationsneutrale, je nach Ausprägung reputationsfördernde oder -schädigende oder per se reputationsfördernde Merkmale eines Krankenhauses darstellen?

▪ Existieren Interaktionen zwischen den exogenen Variablen, die Einflüsse auf die funktionale Form der multiplen Zusammenhänge ausüben?

(4)   Ausdifferenzierung und Expansion der getesteten Forschungsmodelle

Ein anderer spannender Weg für nachfolgende Forschungsbeiträge besteht in der Entwicklung der Tiefe und Breite der hier untersuchten Forschungsmodelle im Sinne einer Berücksichtigung differenzierterer bzw. weiterer kontextrelevanter Konstrukte. Insbesondere, wenn dem Reputationskomplex mit der Chefarztreputation eine dritte

---

[1279] Vgl. Klein/Muthén (2007); Paulssen/Sommerfeld (2005); Kenny/Judd (1984). Für einen Überblick vgl. Scholderer/Balderjahn/Paulssen (2006), S. 643 ff., und die dort genannte weiterführende Literatur.
[1280] In der Literatur finden sich vereinzelte Forschungsbeiträge, die auf Basis formaler (restriktiver) spieltheoretischer Modelle derartigen Fragen nachgehen (vgl. exemplarisch Banks/Hutchinson/Meyer (2002)).

Analyseebene hinzugefügt würde, wäre beispielsweise die Erforschung des Erklärungsgehaltes von in der Person des jeweiligen Chefarztes liegenden Merkmalen für die Krankenhaus-, Fachabteilungs- und Chefarztreputation lehrreich. Erstrebenswert erscheint vor dem Hintergrund der aktuellen Entwicklungen im Gesundheitsmarkt zudem die Evaluation der Bedeutung des Angebots neuer Versorgungsformen (z.b. IV, DMP) durch Krankenhäuser für die zu untersuchenden Reputationsebenen.

Wichtig für das Marketingcontrolling von Krankenhäusern wäre die Beantwortung der Frage, inwieweit dem Reputationskonzept, übersetzt in eine Kennzahl, gegenüber anderen „klassischen" Zielgrößen des Marketings, wie z.B. der Kunden- bzw. Einweiserzufriedenheit, im Controllingsystem ein Platz eingeräumt werden sollte.[1281] Damit einher ginge auch die für die Wissenschaft reizvolle Untersuchung, ob der Reputationskomplex in seiner Erklärungskraft für wichtige Markt- und finanzielle Zielgrößen (wie z.b. der Kundenloyalität und der DRG-Erlöse) über den Einfluss bereits umfassend erforschter Konstrukte, wie eben der Kundenzufriedenheit, hinaus geht. Speziell erscheint in diesem Zusammenhang auch eine Untersuchung der Fristigkeit der Reputationswirkungen im Vergleich zu denen der Einweiserzufriedenheit aufschlussreich.

Folgende beispielhafte Forschungsfragestellungen lassen sich aus den angestellten Überlegungen ableiten:

- Welche Bedeutung hat die Teilnahme an neuen Versorgungsformen für die verschiedenen Reputationsebenen eines Krankenhausunternehmens?

- Welche Unterschiede bestehen zwischen der Prädiktorqualität des Reputationskomplexes und dem Erklärungsgehalt klassischer Marketingkonstrukte für Markt- und Finanzzielgrößen von Krankenhäusern? Existieren womöglich konfliktäre Wirkungen?

(5) Bezugsgruppen- und branchenübergreifende Betrachtung des Multilevel-Charakters der Reputation

Die Untersuchungen dieser Arbeit beziehen sich ausschließlich auf eine Branche im Dienstleistungssektor. Aus diesem Grund bietet es sich für zukünftige Forschungsprojekte an zu prüfen, inwiefern das entwickelte Mehrebenenmodell der Reputation auch auf angrenzende Anwendungsfelder übertragbar ist.[1282] Zu diesem Zweck

---

[1281] Für die Implementierung des Reputationsmanagements in Krankenhausunternehmen erscheint dies ohnehin zwingend erforderlich.
[1282] Rudimentäre Überlegungen hierzu finden sich in Kapitel I.1.

könnte auf die von dieser Arbeit konstruierten konzeptionellen Prüfschemata zugegriffen werden.[1283]

Ebenso wäre es reizvoll herauszufinden, ob der für die Bezugsgruppe der niedergelassenen Ärzte identifizierte Multilevel-Charakter der Reputation tatsächlich auch für andere Stakeholder von Krankenhausunternehmen, speziell für Patienten, Gültigkeit besitzt.[1284] In einem nächsten Schritt würde sich die Integration des Reputationskomplexes aus Sicht der Niedergelassenen mit den Reputationsebenen aus Perspektive der Patienten eines Krankenhauses in ein einziges Untersuchungsmodell aufdrängen. Dies verspricht bedeutungsvolle Erkenntnisse sowohl hinsichtlich potenzieller Interaktionen zwischen den beiden Reputationskomplexen als auch in Bezug auf ihre relative Relevanz zur Förderung finanzieller und marktstrategischer Unternehmensziele. Aus diesen Kontemplationen sind folgende forschungsleitende Fragestellungen ableitbar:

▪ Lassen sich die Befunde zum Multilevel-Charakter der Reputation von Krankenhausunternehmen in anderen empirischen Settings bzw. in anderen Dienstleistungsbereichen replizieren?

▪ Verfügt ein Krankenhausunternehmen aus Sicht seiner Patienten über verschiedene Reputationen in Gestalt der Reputation des Krankenhauses als Ganzes und der Reputationen einzelner Fachabteilungen?

▪ Bestehen Interaktionen zwischen der Reputation eines Krankenhauses bei niedergelassenen Ärzten und seiner Reputation bei den Patienten? Gibt es Diffusionsprozesse zwischen diesen beiden „Reputationssystemen"? Welchen relativen Erklärungsgehalt haben diese für marktliche und finanzielle Zielgrößen eines Krankenhauses?

Die dargelegten Ansatzpunkte für die zukünftige Forschung verdeutlichen, dass es für die umfassende Erklärung und Wirkungsbeurteilung des als Mehrebenenphänomen verstandenen Reputationskonzeptes noch eine ganze Reihe ergänzender Untersuchungen bedarf.

[1283] Vgl. Kapitel C.3.1; Kapitel C.3.3.
[1284] Vgl. Kapitel I.1.

J Schlussbetrachtung und Ausblick

Die zentrale Zielsetzung der vorliegenden Arbeit war die fundierte Erarbeitung eines nach Unternehmensebenen differenzierten Reputationskonzepts sowie die Analyse dieses Multilevel-Charakters der Reputation im Hinblick auf seine systematische Instrumentalisierung zur Erreichung marktstrategischer und finanzieller Ziele. Konkret sollten dabei die folgenden Fragestellungen beantwortet werden:[1285]

1. Verfügt ein Unternehmen aus Sicht einer bestimmten Bezugsgruppe über verschiedene, unternehmensebenenbezogene Reputationen?

2. Wie gestaltet sich die Richtung und welche sind die Einflussfaktoren der Stärke eines etwaig kausalen Zusammenhangs zwischen der generellen Unternehmens-reputation und den spezifischen organisationalen Subreputationen?

3. Welchen relativen Beitrag liefern die generelle Unternehmensreputation und die spezifischen Subreputationen zur Erreichung marktstrategischer und finanzieller Unternehmensziele?

4. Welche Faktoren determinieren die Unternehmensreputation bzw. die Reputation der für die betrachtete Bezugsgruppe salienten organisatorischen Einheiten?

Zur Sicherstellung einer substanziierten Bearbeitung dieser Fragestellungen wurde in Kapitel A.2 ein Überblick über den aktuellen Stand der Marketingforschung zum Reputationsphänomen erstellt. Dabei wurde konstatiert, dass einschlägigen empirischen Studien aufgrund ihrer Beschränkung auf eine globale Unternehmens-reputation lediglich generalisierende Reputationskonzepte zugrunde liegen und in Konsequenz bezüglich eines differenzierten, zwischen verschiedenen Unterneh-mensebenen unterscheidenden Reputationsverständnisses ein Forschungsdefizit besteht.

Die Ausführungen des Kapitels B widmeten sich zunächst den für das Forschungs-vorhaben relevanten Aspekten des konkreten Untersuchungskontextes in Gestalt des deutschen Krankenhausmarktes, um die hier bestehenden Besonderheiten bei der Auseinandersetzung mit dem Reputationskonstrukt adäquat berücksichtigen zu können. Neben der Vorstellung der beiden als Untersuchungsfälle der Erst- bzw. Zweitstudie fungierenden Krankenhäuser bildete zudem die Erläuterung konzeptioneller Grundlagen der Dienstleistung „stationäre Patientenversorgung" einen Baustein dieses Kapitels.

[1285] Vgl. ausführlich Kapitel A.3.

Die nachfolgenden Kapitel C bis G umfassten den Kern der vorliegenden Arbeit und beinhalteten im Wesentlichen die theoriegeleitete Entwicklung und den empirischen Test zweier aneinander anknüpfender reputationszentrierter Forschungsmodelle. In beiden zu diesem Zweck durchgeführten Studien wurde jeweils auf Basis der in Kapitel C.2 begründeten Auswahl geeigneter Theorien und unter Heranziehung einschlägiger empirischer Befunde ein Hypothesensystem hergeleitet, welches ein Beziehungsgeflecht zwischen dem aus den Konstrukten der Krankenhaus- und der Fachabteilungsreputation bestehenden Reputationskomplex und jeweils ausgewählten unternehmerischen Zielgrößen sowie spezifischen Einflussfaktoren der beiden Reputationskonstrukte repräsentierte. In der Erststudie galt zusätzlich der Identifikation der dominanten Wirkungsrichtung im Rahmen der Interaktion zwischen der Krankenhaus- und der Fachabteilungsreputation wie auch deren moderierenden Einflussgrößen besonderes Augenmerk.

Die generierten Hypothesensysteme wurden anschließend mit jeweils eigenen, zum Zweck dieser Arbeit durch schriftliche Befragungen niedergelassener Ärzte gewonnenen empirischen Datensätzen konfrontiert, um auf diese Weise zu ermitteln, inwieweit sich die theoretisch-konzeptionellen Kontemplationen in der durch das empirische Datenmaterial abgebildeten Realität wiederfinden lassen. Hierbei entdeckte kritische, d.h. insbesondere theoriekonträre Befunde der Erststudie bildeten dabei den Startpunkt für die Konzeption des Forschungsmodells der Zweitstudie. Zusammenfassend standen am Ende des Forschungsprogramms dieser Arbeit umfassende Erkenntnisse zu den sich unterscheidenden Wirkungen der betrachteten Reputationsebenen, zu den spezifischen Einflussfaktoren der Krankenhaus- und Fachabteilungsreputation sowie zur Kohärenz der beiden Reputationskonstrukte.

Die im Zuge der verschiedenen Etappen des Forschungsprogramms zutage geförderten Erkenntnisse wurden schließlich in Kapitel I dargestellt. Um die Tragweite und Belastbarkeit der Handlungsempfehlungen einschätzen zu können, wurden zunächst die Limitationen der beiden vorliegenden Studien herausgearbeitet. Im Fokus der nachfolgenden Ausführungen standen die Implikationen für die Unternehmenspraxis in Gestalt von Vorschlägen für das Reputationsmanagement von Krankenhäusern. Den Abschluss markierte Kapitel I.3 mit konkreten Empfehlungen für die zukünftige Reputationsforschung.

Im Ergebnis entspringen dieser Arbeit folgende verdichtete Erkenntnisse:

- „Reputation" ist ein Mehrebenen-Phänomen. Nicht nur ein Krankenhausunternehmen als Ganzes muss als Reputationsträger verstanden werden, sondern auch seine für die Niedergelassenen salienten Organisationseinheiten der Fachabteilungen und distinkten Zentren.

- Die generelle Reputation eines Krankenhauses wird maßgeblich von den Reputationen seiner spezifischen Fachabteilungen bestimmt und nicht umgekehrt. Die Stärke dieser Beeinflussung ist abhängig von verschiedenen, in den Merkmalen des Krankenhauses, der niedergelassenen Ärzte und der Austauschbeziehung liegenden Faktoren.

- Die Krankenhausreputation und die Fachabteilungsreputationen unterscheiden sich deutlich im Hinblick auf ihre Beiträge zur Erreichung marktstrategischer und finanzieller Zielgrößen. Aus diesem Grund ist es zum Zweck der Erfüllung **bestimmter** Ziele erforderlich, im Rahmen des einweiserbezogenen Reputationsmanagements entweder auf die Krankenhausreputation, auf die Fachabteilungsreputationen oder auf beide gleichermaßen abzustellen, d.h. diese differenziert aufzubauen und/oder situationsspezifisch zu aktualisieren.

- Die Krankenhausreputation und die Fachabteilungsreputationen unterliegen weitgehend disjunkten Sets von Einflussfaktoren. Die Befunde dieser Arbeit liefern damit spezifische Ansatzpunkte zur differenzierten Einwirkung auf die Reputation des Krankenhauses und der Fachabteilungen bei niedergelassenen Ärzten.

Alles in allem verdeutlichen die generierten Erkenntnisse, dass angesichts des aktuellen Wissenstandes der Reputationsforschung sowie des zu unterstellenden Implementierungsdefizits in den Krankenhausunternehmen im Hinblick auf ein planvolles Reputationsmanagement erhebliche Potentiale brachliegen, die es systematisch zu heben gilt. Mögliche Ansatzpunkte hierzu zeigen die in Kapitel I.2 abgeleiteten Handlungsempfehlungen auf.

Die vorliegende Arbeit verfolgte den Anspruch, durch eine konsequente Anwendung des verhaltenswissenschaftlichen Instrumentariums und damit unter Zugrundelegung möglichst realistischer Prämissen menschlichen Entscheidungsverhaltens zu einem besseren Verständnis des Reputationsphänomens in marketingrelevanten Settings beizutragen. Der aufgezeigte wissenschaftliche und praktische Mehrwert einer Berücksichtigung des identifizierten Multilevel-Charakters der Reputation von Unternehmen kann zwar als Erkenntnisfortschritt innerhalb der Reputationsforschung gewertet werden; dieser markiert jedoch nur einen ersten Schritt zur wissenschaftlichen Durchdringung des als Mehrebenenphänomen verstandenen Reputationskonzepts. Daher wäre es zu begrüßen, wenn von dieser Arbeit ein Impuls für weitere Forschungsbeiträge auf diesem Gebiet ausginge.

Literaturverzeichnis

Aaker, J.L. (1997): Dimensions of Brand Personality, in: Journal of Marketing Research, 34. Jg., S. 347-356.

Abbott, L. (1958): Qualität und Wettbewerb, München.

Abernethy, M.A./Lillis, A.M. (2001): Interdependencies in Organization Design: A Test in Hospitals, in: Journal of Management Accounting Research, 13. Jg., S. 107-129.

Agustin, C./Singh, J. (2005): Curvlinear Effects of Consumer Loyality Deteriminants in Relational Exchange, in: Journal of Marketing Research, 42. Jg., S. 96-108.

Ahearne, M./Bhattacharya, C.B./Gruen, T. (2005): Antecedents and Consequences of Customer-Company Identification: Expanding the Role of Relationship Marketing, in: Journal of Applied Psychology, 90. Jg., S. 574-585.

Aiken, L.S./West, S.G. (1991): Multiple Regression: Testing and Interpreting Interactions, Newbury Park.

Aiken, M./Hage, J. (1968): Organizational Independence and Intra-Organizational Structure, in: American Sociological Review, 33. Jg., S. 912-930.

Ajzen, I. (1985): From Intentions to Actions: A Theory of Planned Behavior, in: Kuhl, J./Beckman, J. (Hrsg.): Action Control, Berlin et al., S. 11-39.

Ajzen, I. (1991): The Theory of Planned Bevavior, in: Organizational Behavior and Human Decision Processes, 50. Jg., S. 179-211.

Ajzen, I./Driver, B.L. (1992): Contingent Value Measurement: On the Nature and Meaning of Willingness to Pay, in: Journal of Consumer Psychology, 1. Jg., Nr. 4, S. 297-317.

Ajzen, I./Fishbein, M. (1977): Attitude-Behavior Relation: A Theoretical Analysis and Review of Empirical Research, in: Psychological Bulletin, 84. Jg., S. 888-918.

Ajzen, I./Fishbein, M. (1980): Understanding Attitudes and Predicting Social Behavior, New York.

Ajzen, I./Madden, T.J. (1986): Prediction of Goal Directed Behavior: Attitudes, Intentions, and Perceived Behavioral Control, in: Journal of Experimental Social Psychology, 22. Jg., S. 453-474.

Alba, A.W./Hutchinson, J.W./Lynch, J.G. (1991): Memory and Decision Making, in: Kassarjian, H.H./Robertson, T.S. (Hrsg.): Handbook of Consumer Theory and Research, Prentice Hall, S. 1-49.

Alba, J.W. (1983): The Effects of Product Knowledge on the Comprehension, Retention, and Evaluation of Product Information, in: Advances in Consumer Research, 10. Jg., S. 577-580.

Albach, H. (1967): Die Koordination der Planung im Großunternehmen, in: Schneider, E. (Hrsg.): Rationale Wirtschaftspolitik und Planung in der Wirtschaft von heute, Schriften des Vereins für Sozialpolitik, Band 45, Berlin, S. 332-438.

Albers, S./Götz, O. (2006): Messmodelle mit Konstrukten zweiter Ordnung in der betriebswirtschaftlichen Forschung, in: Die Betriebswirtschaft, 66. Jg., Nr. 6, S. 669-677.

Alchian, A.A./Demsetz H. (1972): Production, Information Costs, and Economic Organization, in: American Economic Review, 62. Jg., S. 777-795.

Altenburger, O.A. (1981): Ansätze einer Produktions- und Kostentheorie der Dienstleistungen, Berlin/München.

Amelung, V.E./Lägel, R. (2008): Neue Versorgungsformen – Eine Idee setzt sich durch, in: Amelung, V.E./Meyer-Lutterloh, K./Schmid, E./Seiler, R./Lägel, R./ Weatherly, J. (Hrsg.): Integrierte Versorgung und Medizinische Versorgungszentren, 2. Aufl., Berlin, S. 35-76.

Ament-Rambow, C. (2005): Qualitätszertifikate – sinnvoll oder überflüssig? Was bleibt von einer externen Überprüfung außer dem Stapel Papier?, in: Krankenhaus Umschau, 74. Jg., Nr. 12, S. 1040-1044.

Anderson, E./Robertson T.S. (1994): Inducing Multiline Salespeople to Adopt House Brands, in: Journal of Marketing, 59. Jg., April, S. 16-31.

Anderson, E./Sullivan, M. (1993): The Antecedents and Consequences of Customer Satisfaction for Firms, in: Marketing Science, 12. Jg., S. 125-143.

Anderson, E./Weitz, B. (1989): Determinants of Continuity in Conventional Industrial Channel Dyads, in: Marketing Science, 8. Jg., Nr. 4, S. 310-323.

Anderson, E./Weitz, B. (1992): The Use of Pledges to Build and Sustain Commitment in Distribution Channels, in: Journal of Marketing Research, 29. Jg., S. 18-34.

Anderson, J.C./Gerbing, D.W. (1982): Some Methods for Respecifying Measurement Models to Obtain Unidimensional Construct Measurement, in: Journal of Marketing Research, 19. Jg., S. 453-460.

Andrews, J.C./Durvasula, S./Akhter, S.H. (1990): A Framework for Conceptualizing and Measuring the Involvement Construct in Advertising Research, in: Journal of Advertising, 19. Jg., Nr. 4, S. 27-40.

Andrews, J.C./Shimp, T. (1990): Effects of Message Processing Involvement, Argument Strength, and Source Characteristics on Central and Peripheral Processing of Print Advertising, in: Psychology and Marketing, 7. Jg., Nr. 3, S. 195-214.

Arbuckle, J. L./Wothke, W. (1999): AMOS 4.0 User`s Guide, Chicago.

Argue, D.A. (2007): An Economic Model of Competition between General Hospitals and Physician-Owned Specialty Facilities, in: The Antitrust Bulletin, 52. Jg., Nr. 3, S. 347-369.

Armstrong, J.S./Overton, T.S. (1977): Estimating Nonresponse Bias in Mail Surveys, in: Journal of Marketing Research, 14. Jg., Nr. 3, S. 396-402.

Arnold, M./Geisbe, H. (2003): Der Patient im Wettbewerb der Krankenhäuser, in: Arnold, M./Klauber, J./Schellschmidt, H. (Hrsg.): Krankenhaus-Report 2002, Stuttgart, S. 55-70.

Aschoff, A. (1965): Kooperation und Gesetzgebung. Referat vor der V. CECIOS-Konferenz in München am 16. Juni 1965, in: Rationalisierung, Nr. 8, S. 202-203.

Ashforth, B.E./Mael, F. (1989): Social Identity-Theorie and the Organization, in: Academy of Management Journal, 14. Jg., S. 149-178.

Asubonteng, P./McCleary, K.J./Swan, J.E. (1996): SERVQUAL Revisited: A Critical Review of Service Quality, in: The Journal of Services Marketing, 10. Jg., Nr. 6, S. 62-81.

Atteslander, P. (2008): Methoden der empirischen Sozialforschung, 12. Aufl., Berlin.

Auster, E.R. (1994): Macro and Strategic Perspectives on Interorganizational Linkages: A Comparative Analysis and Review with Suggestions for Reorientation, in: Advances in Strategic Management, 10. Jg., S. 3-40.

Babakus, E./Mangold, G.W. (1992): Adapting the SERVQUAL Scale to Hospital Services: an Empirical Investigation, in: Health Services Research, 26. Jg., Nr. 6, S. 767-786.

Backhaus, K. (1992): Investitionsgüter-Marketing – Theorieloses Konzept mit Allgemeinheitsanspruch?, in: Zeitschrift für betriebswirtschaftliche Forschung, 44. Jg., S. 771-791

Backhaus, K. (1999): Industriegütermarketing, 6. Aufl., München.

Backhaus, K./Erichson, B./Plinke, W./Weiber, R. (2006): Multivariate Analysemethoden, 11. Aufl., Berlin/Heidelberg/New York.

Bagozzi, R.P. (1982): A Field Investigation of Causal Relations Among Cognitions, Affect, Intentions, and Behavior, in: Journal of Marketing Research, 19. Jg., November, S. 562-584.

Bagozzi, R.P./Baumgartner, H. (1994): The Evaluation of Structural Equation Models and Hypothesis Testing, in: Bagozzi, R.P. (Hrsg.): Principles of Marketing Research, Cambridge.

Bagozzi, R.P./Burnkrant, R.E. (1978): Attitude Organization and the Attitude Behavior Relationship, Working Paper, School of Business Administration, Berkeley.

Bagozzi, R.P./Phillips, L.W. (1982): Representing and Testing Organizational Theories: A Holistic Construal, in: Administrative Science Quarterly, 27. Jg., S. 459-489.

Bagozzi, R.P./Yi, Y./Phillips, L.W. (1991): Assessing Construct Validity in Organizational Research, in: Administrative Science Quarterly, 36. Jg., Nr. 3, S. 421-458.

Bain, J. (1968): Industrial Organization, New York.

Balderjahn, I. (1998): Die Kreuzvalidierung von Kausalmodellen, in: Hildebrandt, L./Homburg, C. (Hrsg.): Die Kausalanalyse: ein Instrument der empirischen betriebswirtschaftlichen Forschung, Stuttgart, S. 372-426.

Balderjahn, I. (2003): Validität, in: Wirtschaftswissenschaftliches Studium, 32. Jg., Nr. 3, S. 130-135.

Balmer, J.M.T./Greyser, S.A. (2003): Revealing the Corporation: Perspectives on Identity, Image, Reputation, Corporate Branding, and Corporate-Level Marketing, New York.

Bandura, A. (1979): Sozial-kognitive Lerntheorie, Stuttgart.

Banks, D.T./Hutchinson, J.W./Meyer, R.J. (2002): Reputation in Marketing Channels: Repeated-Transactions Bargaining with Two-Sided Uncertainty, in: Marketing Science, 21. Jg., Nr. 3, S. 251-272.

Barnett, M.L./Jermier, J.M./Lafferty, B.A. (2006): Corporate Reputation: The Definitional Landscape, in: Corporate Reputation Review, 9. Jg., Nr. 1, S. 26-38.

Barney, J.B. (1986): Strategic Factor Markets: Expectations, Luck, and Business Strategy, in: Management Science, 32. Jg., S. 1231-1241.

Barney, J.B. (1991): Firm Resources and Sustained Competitive Advantages, in: Journal of Management, 17. Jg., S. 99-120.

Baron, R.M./ Kenny, D.A. (1986): The Moderator-Mediator Variable Distinction in Social Psychological Research: Conceptual, Strategic, and Statistical Considerations, in: Journal of Personality and Social Psychology, 51. Jg., 1173-1182.

Basdeo, D.K./Smith, K.G./Grimm, C.M./Rindova, V.P./Derfus, P.J. (2006): The Impact of Market Actions on Firm Reputation, in: Strategic Management Journal, 27. Jg., S. 1205-1219.

Bauer, H.H./Sauer, N.E./Hendel, M. (2004): Die Einstellungs-Verhaltens-Relation: Eine wissenschaftliche Untersuchung am Beispiel von ökologischen Lebensmitteln, in: Wiedmann, K.-P. (Hrsg.): Fundierung des Marketing: Verhaltenswissenschaftliche Erkenntnisse als Grundlage einer angewandten Marketingforschung, Wiesbaden, S. 155-176.

Baumgartner, H./Steenkamp, J. (1998): Multi-Group Latent Variable Models for Varying Numbers of Items and Factors with Cross-National and Longitudinal Applications, in: Marketing Letters, 9. Jg., Nr. 1, S. 21-35.

Bearden, W.O./Shimp, T.A. (1982): The Use of Extrinsic Cues to Facilitate Product Adoption, in: Journal of Marketing Research, 19. Jg., Mai, S. 229-239.

Beatty, R.P./Ritter, J.R. (1986): Investment Banking, Reputation and Underpricing of Initial Public Offerings, in: Journal of Financial Economics, 15. Jg., S. 213-232.

Beauducel, A./Wittmann, W.W. (2005): Simulation Study on Fit Indices in Confirmatory Factor Analysis Based on Data with Slightly Distorted Simple Structure, in: Structural Equation Modeling, 12. Jg., S. 41-75.

Bebko, C.P./Garg, R.K. (1995): Perceptions of Responsiveness in Service Delivery, in: Journal of Hospital Marketing, 9. Jg., Nr. 2, S. 35-45.

Becker, J. (1999): Marktorientierte Unternehmensführung: Messung – Determinanten – Erfolgsauswirkungen, Wiesbaden.

Belonax, J.A. (1979): Decision Rule Uncertainty, Evoked Set Size and Information Variability, in: Advances in Consumer Research, 6. Jg., S. 232-235.

Bem, D.J. (1972): Self-Perception Theory, in: Advances in Experimental Social Psychology, 6. Jg., S. 1-62.

Benkenstein, M./Güthoff, J. (1996): Typologisierung von Dienstleistungen, in: Zeitschrift für Betriebswirtschaft, 66. Jg., S. 1493-1510.

Bentler, P. (2001): Structural Equations Modeling, in: Journal of Consumer Psychology, 10. Jg., S. 83-100.

Bentler, P.M. (1990): Comparative Fit Indexes in Structural Models, in: Psychological Bulletin, 107. Jg., Nr. 2, S. 238-246.

Bentler, P.M./Speckart, G. (1979): Models of Attitude-Behavior-Relations, in: Psychological Review, 86. Jg., S. 452-464.

Berekoven, L./Eckert, W./Ellenrieder, P. (2004): Marktforschung, 10. Aufl., Wiesbaden.

Berens, G./van Riel, C.B.M. (2004): Corporate Associations in the Academic Literature: Three Main Streams of Thought in the Reputation Measurement Literature, in: Corporate Reputation Review, 7. Jg., Nr. 2, S. 161-178.

Berens, G./van Riel, C.B.M./van Bruggen, G./H. (2005): Corporate Associations and Consumer Product Responses: The Moderating Role of Corporate Brand Dominance, in: Journal of Marketing, 69. Jg., July, S. 35-48.

Berenson, R.A./Ginsburg, P.B./May, J.H. (2007): Hospital-Physician Relations: Cooperation, Competition, or Separation, in: Health Affairs, S. 31-43.

Beske, F./Hallauer, J.F. (1999): Das Gesundheitswesen in Deutschland – Struktur – Leistung – Weiterentwicklung, 3. Aufl. Köln.

Bettencourt, L./Brown, S. (1997): Contact Employees: Relationships Among Workplace Fairness, Job Satisfaction and Prosocial Service Behaviors, in: Journal of Retailing, 37. Jg., Nr. 1, S. 39-61.

Beumers, A./Borges, P. (1997): Was erwarten niedergelassene Ärzte vom Krankenhaus? Grundlagen eines zielgruppenorientierten Qualitäts- und Zufriedenheitsmanagementsystems für Krankenhäuser, in: Führen und Wirtschaften im Krankenhaus, 14. Jg., Nr. 3, S. 221-223.

Bhattacharya, C.B./Rao, H./Glynn, M.A. (1995): Understanding the Bond of Identification: An Investigation of its Correlates among Art Museum Members, in: Journal of Marketing, 59. Jg., S. 46-57.

Bieberstein, I. (1995): Dienstleistungs-Marketing, Ludwigshafen.

Bienert, M.L. (2004): Marktorientierung und Strategiefindung, Landsberg.

Billen, P. (2003): Unsicherheit des Nachfragers bei Wiederholungskäufen, Wiesbaden.

Bitner, M./Obermiller, C. (1985): The Elaboration Likelihood Model: Limitations and Extensions in Marketing, in: Advances in Consumer Research, 12. Jg., Nr. 1, S. 420-425.

Bitner, M.J. (1990): Evaluating Service Encounters: The Effect of Physical Surroundings and Employee Responses, in: Journal of Marketing, 54. Jg., Nr. 2, S. 69-82.

Black, W. (1990): Exploring the Behavioral Bases of Choice Set Formation and Modification, Working Paper, Louisiana State University, College of Business Administration, Baton Rouge.

Bobrow, D.G./Norman, D.A. (1975): Some Principles of Memory Schemata, in: Bobrow, D.G./Collins, A. (Hrsg.): Representation and Understanding: Studies in Cognitive Science, New York.

Bodur, H./Brinberg, D./Coupey, E. (2000): Belief, Affect, and Attitude: Alternative Models of the Determinants of Attitude, in: Journal of Consumer Psychology, 9. Jg., Nr. 1, S. 17-28.

Bohrnstedt, G.W. (1970): Reliability and Validity Assessment in Attitude Measurement, in: Summers, G.F. (Hrsg.): Attitude Measurement, London, S. 80-99.

Bollen, K. A. (1989): Structural Equation with Latent Variables, New York.

Bollen, K./Lennox, R. (1991): Conventional Wisdom on Measurement: a Structural Equation Perspective, in: Psychological Bulletin, 110. Jg., Nr. 2, S. 305-314.

Bollen, K.A./Curran, P.J. (2006): Latent Curve Models: a Structural Equation Perspective, Hoboken.

Bonoma, T./Zaltman, G. (1978): Organizational Buying Behavior, Pittsburgh.

Borges, P. (2003): Kommunikation ist der Erfolgsfaktor Nr. 1, in: Führen und Wirtschaften im Krankenhaus, Nr. 3, o.S.

Bowers, M.R./Swan, J.E./Koehler, W.F. (1994): What Attributes Determine Quality and Satisfaction with Health Care Delivery?, in: Health Care Management Review, 19. Jg., Nr. 4, S. 49-55.

Brammer, S.J./Pavelin, S. (2006): Corporate Reputation and Social Performance: The Importance of Fit, in: Journal of Management Studies, 43. Jg., Nr. 3, S. 435-455.

Brandenburger, A.M./Nalebuff, B.J. (1995): The Right Game: Use Game Theory to Shape Strategy, in: HBR, 64. Jg., July-August, S. 57-71.

Braun G.E./Nissen, J. (2005): Die Bedeutung der Einweiserzufriedenheit für Krankenhäuser und ihre erfolgreiche Messung, in: Gesundheitsökonomie und Qualitätsmanagement, 10. Jg., Nr. 6, S. 376- 384.

Braun von Reinersdorff, A. (2007): Strategische Krankenhausführung: Vom Lean Management zum Balanced Hospital Management, 2. Aufl., Bern.

Braun-Grüneberg, S./Wagner, K. (2009): Unterschiede im Informationsverhalten und in der Entscheidungsfindung von Patienten bei der Auswahl von Kliniken, in: Roski, R. (Hrsg.): Zielgruppengerechte Gesundheitskommunikation Akteure – Audience Segmentation – Anwendungsfelder, Wiesbaden, S. 219-238.

Bromley, D.B. (1993): Reputation, Image, and Impression Management, New York et al.

Bromley, D.B. (2000): Psychological Aspects of Corporate Identity, Image and Reputation, in: Corporate Reputation Review, 3. Jg., Nr. 2, S. 240-252.

Bromley, D.B. (2001): Relationships between Personal and Corporate Reputation, in: European Journal of Marketing, 35. Jg., Nr. 3/4, S. 316-334.

Brook, R./Williams, K.N. (1975): Quality of Health Care for the Disadvantaged, in: Journal of Community Health, 1. Jg., Nr. 2, S. 132-156.

Brooks, M.E./Highhouse, S./Russel, S.S./Mohr, D.C. (2003): Familiarity, Ambivalence, and Firm Reputation: Is Corporate Fame a Double-Edged Sword?, in: Journal of Applied Psychology, 88. Jg., Nr. 5, S. 904-914.

Brown, B. (1997): Stock Market Valuation of Reputation for Corporate Social Performance, in: Corporate Reputation Review, 1. Jg., S. 76-80.

Brown, J./Wildt, A.R. (1987): Factors Influenceing Evoked Set, Working Paper, University of Missouri, College of Business and Public Administration, Columbia.

Brown, R.J./Turner, J.C. (1981): Interpersonal and Intergroup Behaviour, in: Turner, J.C./Giles, H. (Hrsg.): Intergroup Behaviour, Oxford, S. 33-65.

Brown, S.P. (1995): The Moderating Effects of Insupplier/Outsupplier Status on Organizational Buyer Attitudes, in: Journal of the Academy of Marketing Science, 23. Jg., Nr. 3, S. 170-181.

Brown, T.J. (1998): Corporate Associations in Marketing: Antecedents and Consequences, in: Corporate Reputation Review, 2. Jg., Nr. 3, S. 215-233.

Brown, T.J./Dacin, P.A. (1997): The Company and the Product: Corporate Associations and Consumer Product Responses, in: Journal of Marketing, 61. Jg., Nr. 1, S. 68-84.

Brown, T.J./Dacin, P.A./Pratt, P.A./Whetten, D.A. (2006): Identity, Intended Image, Construed Image, and Reputation: An Interdisciplinary Framework and Suggested Terminology, in: Journal of the Academy of Marketing Science, 34. Jg., Nr. 2, S. 99-106.

Browne, M./Cudeck, R. (1993): Alternative Ways of Assessing Model Fit, in: Bollen, K.A./Long, J.S. (Hrsg.): Testing Structural Equation Models, Newbury Park, S. 136-162.

Bruhn, M. (1996): Qualitätsmanagement für Dienstleistungen, Berlin et al.

Bruhn, M. (1997): Marketing, Wiesbaden.

Bruhn, M. (2000): Qualitätssicherung im Dienstleistungsmarketing – eine Einführung in die theoretischen und praktischen Probleme, in: Bruhn, M./Stauss, B. (Hrsg.): Dienstleistungsqualität, 3. Aufl., Wiesbaden, S. 21-48.

Bühner, M. (2006): Einführung in die Test- und Fragebogenkonstruktion, 2. Aufl., München et al.

Buenrostro, L./Dhillon, A./Wooders, M. (2007): Protests and Reputation, in: International Journal of Game Theory, 35. Jg., S. 353-377.

Bürger, C. (2003): Patientenorientierte Information und Kommunikation, Wiesbaden.

Büschken, J. (1999): Wirkung von Reputation zur Reduktion von Qualitätsunsicherheit. Diskussionsbeitrag Nr. 123 der Wirtschaftswissenschaftlichen Fakultät der Katholischen Universität Eichstätt, Ingolstadt.

Busse, R./Riesberg, A. (2005): Gesundheitssystem im Wandel: Deutschland, Kopenhagen.

Busse, R./Schreyögg, J./Gericke, C. (2006): Management im Gesundheitswesen, Berlin/Heidelberg.

Byrne, B.M. (2001): Structural Equation Modeling with AMOS: Basic Concepts, Applications, and Programming, Mahwah.

Cadogan, J.W./Diamantopoulos, A. (1995): Narver and Slater, Kohli and Jaworski and the Market Orientation Construct: Integration and Internationalization, in: Journal of Strategic Marketing, 3. Jg., Nr. 1, S. 41-60.

Callan, V.J./Gallois, C./Mayhew, M.G./Grice, T.A./Tluchowska, M./Boyce, R., (2007): Restructing the Multi-Professional Organization: Professional Identity and Adjustment to Change in a Public Hospital, in: Journal of Health and Human Services Administration, 29. Jg., Nr. 4, S. 448-477.

Caminiti, S. (1992): The Payoff from a Good Reputation, in: Fortune, 125. Jg., Nr. 3, S. 49-53.

Campbell, M.C. (1999): Perceptions of Price Unfairness: Antecedents and Consequences, in: Journal of Marketing Research, 36. Jg., Nr. 2, S. 187-199.

Cannon, H.M./Schwaiger, M. (2005): The Role of Company Reputation in Business Simulations, in: Simulation and Gaming, 36. Jg., Nr. 2, S. 188-202.

Cannon, J. (1992): A Taxonomy of Buyer-Seller Relationships in Business Markets, Chapel Hill.

Carson, R.T./Louviere, J.J. (2006): Statistical Properties of Consideration Sets, Discussion Paper, University of California, Department of Economics, San Diego.

Caruana, A. (1997): Corporate Reputation: Concept and Measurement, in: The Journal of Product and Brand Management, 6. Jg., Nr. 2, S. 109-118.

Caruana, A./Cohen, C./Krentler, K.A. (2006): Corporate Reputation and Shareholders' Intentions: An Attitudinal Perspective, in: Brand Management, 13. Jg., Nr. 6, S. 429-440.

Caruana, A./Ramasashan, B./Krentler, K.A. (2004): Corporate Reputation, Customer Satisfaction, & Customer Loyalty: What is the Relationship? in: Spotts, H.E. (Hrsg.): Proceedings: Developments in Marketing Science, 27. Jg., S. 301-324.

Cassel, D. (2003): Wettbewerb in der Gesundheitsversorgung: Funktions-bedingungen, Wirkungsweise und Gestaltungsbedarf, in: Arnold, M./Klauber, J./ Schnellschmidt, H. (Hrsg.): Krankenhaus-Report 2002 – Schwerpunkt Wettbewerb, Stuttgart, S. 3-20.

Caves, R.E./Porter, M.C. (1977): From Entry Barriers to Mobility Barriers, in: Quarterly Journal of Economics, 91. Jg., S. 421-434.

Chaiken, S. (1980): Heuristic versus Semantic Processing and the Use of Source Versus Message Cues in Persuasion, in: Journal of Personality and Social Psychology, 39. Jg., Nr. 5, S. 752-766.

Chakravarti, A./Janiszewski, C. (2003): The Influence of Macro-Level Motives on Consideration Set Composition in Novel Purchase Situations, in: Journal of Consumer Research, 30. Jg., S. 244-258.

Chalmers, A.F. (2007): Wege der Wissenschaft – Einführung in die Wissenschafts-theorie, 6. Aufl., Berlin.

Chen, S.-F.S./Zeng, M. (2004): Japanese Investors' Choice of Acquisitions vs. Startups in the US: the Role of Reputation Barriers and Advertising Outlays, in: International Journal of Research in Marketing, 21. Jg., S. 123-136.

Chernev, A. (2003): When More is Less and Less is More: The Role of Ideal Point Availability and Assortment in Consumer Choice, in: Journal of Consumer Research, 30. Jg., Nr. 2, S. 170-183.

Child, J./Faulkner, D./Tallman, S. (2005): Cooparative Strategy: Managing Alliances, Networks, and Joint Ventures, Oxford.

Childers, T.L./Carr, C./Peck, J./Carson, S. (2001): Hedonic and Utilitarian Motivations for Online Retail Shopping Behavior, in: Journal of Retailing, 77. Jg., S. 511-535.

Chin, W.W. (1998): Issues and Opinion on Structural Equation Modeling, in: MIS Quarterly, 22. Jg., Nr. 1, S. vii-xvi.

Chmielewicz, K. (1979): Forschungskonzeptionen der Wirtschaftswissenschaft, 2. Aufl., Stuttgart.

Choi, K.-S./Hanjoon L./Chankon K./Sunhee, L. (2005): The Service Quality Dimensions and Patient Satisfaction Relationships in South Korea: Comparison across Gender, Age and Types of Service, in: Journal of Services Marketing, 19. Jg., Nr. 3, S. 140-150.

Chun, R. (2005): Corporate Reputation: Meaning and Measurement, in: International Journal of Management Reviews, 7. Jg., Nr. 2, S. 91-109.

Chun, R./Davies, G. (2006): The Influence of Corporate Character on Customer and Employees: Exploring Similarities and Differences, in: Journal of the Academy of Marketing Science, 34. Jg., Nr. 2, S. 138-146.

Churchill, G.A. (1979): A Paradigm for Developing Better Measures of Marketing Constructs, in: Journal of Marketing Research, 16. Jg., Februar, S. 64-73.

Clark, B.H./Montgomery, D.A. (1998): Deterrence, Reputations, and Competitive Cognition, in: Management Science, 44. Jg., Nr. 1, S. 62-82.

Cliff, N. (1983): Some Cautions Concerning the Application of Causal Modeling Methods, in: Multivariate Behavioral Research, 18. Jg., S. 115-126.

Coase, R.H. (1984): The New Institutional Economics, in: Journal of Institutional and Theoretical Economics, 140. Jg., S. 229-231.

Coddington, D.C./Moore, K.D. (1987): Market-Driven Strategies in Health Care, San Francisco/London.

Compés López, R./Poole, N.D. (1998): Quality Assurance in the Maritime Port Logistics Chain: The Case of Valencia, in: Supply Chain Management: An International Journal, 3. Jg., Nr. 1, S. 33-44.

Conze, O. (2007): Kundenloyalität durch Kundenvorteile, Wiesbaden.

Coombs, W. T./Holladay, S.J. (2006): Unpacking the Halo Effect: Reputation and Crisis Management, in: Journal of Communication Management, 10. Jg., Nr. 2, S. 123-137.

Cordeiro, J.J./Sambharya, R. (1997): Do Corporate Reputations Influence Security Analyst Earnings Forecasts, in: Corporate Reputation Review, 1. Jg., S. 94-98.

Corsten, H. (2001): Dienstleistungsmanagement, 4. Aufl., München/Wien.

Cronbach, L. (1951): Coefficient Alpha and the Internal Structure of Tests, in: Psychometrika, 16. Jg., S. 297-334.

Cronin, J./Taylor, S. (1992): Measuring Service Quality: A Reexamination and Extension, in: Journal of Marketing, 56. Jg., Nr. 3, S. 55-68.

Cronin, J.J./Taylor, S.A. (1994): SERVPERF versus SERVQUAL, in: Journal of Marketing, 58. Jg., S. 125-132.

Cui, A.S./Griffith, D.A./Cavusgil, S.T. (2005): The Influence of Competitive Intensity and Market Dynamism on Knowledge Management Capabilities of Multinational Corporation Subsidiaries, in: Journal of International Marketing, 13. Jg., Nr. 3, S. 32-53.

Cui, A.S./Griffith, D.A./Cavusgil, S.T./Dabic, M. (2006): The Influence of Market and Cultural Environment Factors on Technology Transfer between Foreign MNCs and Local Subsidiaries: A Croatian Illustration, in: Journal of World Business, 41. Jg., S. 100-111.

Curran, J./Rosen, D./Surprenant, C. (1998): The Development of Trust: An Alternative Conceptualization, Proceedings of the 27th EMAC Conference, Track 1.

D'Aveni, R.A. (1994): Hypercompetition – Managing the Dynamics of Strategic Maneuvering, New York et al.

Dacin, P.A./Smith, D.C. (1994): The Effect of Brand Portfolio Characteristics on Consumer Evaluations of Brand Extensions, in: Journal of Marketing Research, 31. Jg., Mai, S. 229-242.

Dagger, T.S./Sweeney, J.C./Johnson, L.W. (2007): A Hierarchical Model of Service Health Quality – Scale Development and Investigation of an Integrated Model, in: Journal of Service Research, 10. Jg., Nr. 2, S. 123-142.

Damkowski, W./Meyer-Pannwitt, U,/Precht, C. (2000): Das Krankenhaus im Wandel: Konzepte, Strategien, Lösungen, Stuttgart/Berlin/Köln.

Darrow, A./Kahl, D. (1982): A Comparison of Moderated Regression Techniques Considering Strenght of Effect, in: Journal of Management, 8. Jg., Nr. 2, S. 35-47.

Davies, G./Chun, R. (2003): The Use of Metaphor in the Exploration of the Brand Concept, in: Journal of Marketing Management, 19. Jg., Nr. 1, S. 45-71.

Davies, G./Chun, R./daSilva, R./Roper, S. (2002): Corporate Reputation and Competitiveness, London.

Davies, G./Chun, R./daSilva, R./Roper, S. (2004): A Corporate Character Scale to Assess Employee and Customer Views of Organization Reputation, in: Corporate Reputation Review, 7. Jg., Nr. 2, S. 125-146.

Davies, G./Chun, R./Vinhas da Silva, R./Roper, S. (2001): The Personification Metaphor as a Measurement Approach for Corporate Performance, in: Corporate Reputation Review, 4. Jg., Nr. 1, S. 113-127.

Dawar, N./Parker, P. (1994): Marketing Universals: Consumers' Use of Brand Name, Price, Physical Appearance, and Retailer Reputation as Signals of Product Quality, in: Journal of Marketing, 58. Jg., April, S. 81-95.

De Castro, G.M./Navas López, J.E./López Sáez, P. (2006): Business and Social Reputation: Exploring the Concept and Main Dimensions of Corporate Reputation, in: Journal of Business Ethics, 63. Jg., Nr. 4, S. 361-370.

Deephouse, D. (1997): The effects of Financial and Media Reputations on Performance, in: Corporate Reputation Review, 1. Jg., S. 68-72.

Defren, H./Dünnwald, F. (2007): Versorgungszentren: ambulant, stationär und mehr – alles aus einer Hand, in: Kölking, H. (Hrsg.): DRG und Strukturwandel in der Gesundheitswirtschaft, Stuttgart, S. 183-194.

Deimel, K. (1989): Grundlagen des Involvements und Anwendungen im Marketing, in: Marketing-Zeitschrift für Forschung und Praxis, 11. Jg., Nr. 8, S. 153-161.

Denig, P./Haaijer-Ruskamp, F.M. (1992): Therapeutic Decision Making of Physicians, in: Pharmaceutisch Weekblad Scientific Edition, 14. Jg., Nr. 1, S. 9-15.

Deshpandé, R. (1982): The Organizational Context of Market Research Use, in: Journal of Marketing, 46. Jg., S. 91-101.

Deshpandé, R./Farley, J.U. (1998): Measuring Market Orientation: Generalization and Synthesis, in: Journal of Market Focused Management, 2. Jg., Nr. 1, S. 213-232.

Deshpandé, R./Farley, J.U. (1999): Corporate Culture and Market Orientation: Comparing Indian and Japanese Firms, in: Journal of International Marketing, 7. Jg., Nr. 4, S. 111-127.

Deshpandé, R./Farley, J.U./Webster, F.E. (1993): Corporate Culture, Customer Orientation, and Innovativeness in Japanese Firms: A Quadrad Analysis, in: Journal of Marketing, 57. Jg., Nr. 1, S. 23-37.

Deshpandé, R./Farley, J.U./Webster, F.E. (1997): Factors Affecting Organizational Performance: A five Country Comparison, Marketing Science Institute Working Paper, Report No. 96-125, Cambridge.

Deshpandé, R./Webster, F.E. (1989): Organizational Culture and Marketing: Defining the Research Agenda, in: Journal of Marketing, 53. Jg., Nr. 1, S. 3-15.

Deshpandé, R./Zaltman, G. (1982): Factors Affecting the Use of Market Research Information: a Path Analysis, in: Journal of Marketing Research, 19. Jg., Februar, S. 14-31.

Deutsche Krankenhaus Gesellschaft (2009): Krankenhausstatistik, http://www.dkgev.de/media/file/5431.Foliensatz_Krankenhausstatistik_20090108.pdf, 24.01.2009.

Dewar, R./Werbel, J. (1979): Universalistic and Contingency Predictions of Employee Satisfaction and Conflict, in: Administrative Science Quarterly, 24. Jg., September, S. 426-448.

Diamantopoulos, A./Winkelhofer, H.M. (2001): Index Construction with Formative Indicators: An Alternative Scale Development, in: Journal of Marketing Research, 38. Jg., S. 269-277.

Dierkes, S./Lingenfelder, M. (2006): Wertmanagement im Krankenhaus, in: Betriebswirtschaftliche Forschung und Praxis, 58. Jg., Nr. 6, S. 541-565.

Dietrich, M. (2005): Qualität, Wirtschaftlichkeit und Erfolg von Krankenhäusern, Wiesbaden.

Dietz, B. (2006): Patientenmündigkeit – Messung, Determinanten, Auswirkungen und Typologie mündiger Patienten, Wiesbaden.

Diller, H. (1995): Beziehungs-Marketing, in: Wirtschaftswissenschaftliches Studium, 9. Jg., S. 442-447.

Diller, H. (1996): Kundenbindung als Marketingziel, in: Marketing ZFP, 18. Jg., Nr. 2, S. 81-94.

Diller, H. (2001): Vahlens Großes Marketinglexikon, 2. Aufl., München.

Diller, H./Goerdt, T./Geis, G. (1997): Marken- und Einkaufsstättentreue bei Konsumgütern, Arbeitspapier Nr. 58, Universität Erlangen-Nürnberg.

Doll, W.J./Xia, W./Torkzadeh, G. (1994): A Confirmatory Factor Analysis of the End-user Computing Satisfaction Instrument, in: MIS Quarterly, 18. Jg., Nr. 4, S. 453-461.

Dollinger, M.J./Golden, P.A./Syxton, T. (1997): The Effect of Reputation on the Decision to Joint Venture, in: Strategic Management Journal, 18. Jg., Nr. 2, S. 127-140.

Donabedian, A. (1980): Explorations in Quality Assessment and Monitoring, Michigan.

Donabedian, A. (1988): The Quality of Care, How Can It Be Assessed?, in: Journal of the American Medical Association, 260. Jg., Nr. 12, S. 1743-1748.

Donabedian, A. (2003): An Introduction to Quality Assurance in Health Care, Oxford et al.

Doney, P./Cannon, J.P. (1997): An Examination of Trust in Buyer-Seller Relationships, in: Journal of Marketing, 61. Jg., S. 35-51.

Dowling, G.R. (1994): Corporate Reputations: Strategies for Developing the Corporate Brand, London.

Dowling, G.R. (2001): Creating Corporate Reputations: Identity, Image and Performance, Oxford.

Dowling, G.R. (2004): Corporate Reputations: Should You Compete on Yours?, in: California Management Review, 46. Jg., Nr. 3, S. 19-36.

Doz, Y.L. (1996): The Evolution of Cooperation in Strategic Alliance: Initial Conditions or Learning Processes?, in: Strategic Management Journal, 17. Jg., S. 55-83.

Dozier, D.M. (1993): Image, Reputation and Mass Communication Effects, in: Armbrecht, W./Avenarius, H./Zabel, U. (Hrsg.): Image und PR – Kann Image Gegenstand einer Public Relations Wissenschaft sein?, Opladen, S. 227-250.

Dranove, D./Shanley, M. (1995): Cost Reductions or Reputation Enhancement as Motives for Mergers: The Logic of Multihospital Systems, in: Strategic Management Journal, 16. Jg., Nr. 1, S. 55-74.

Dukerich, J./Golden, B./Shortell, S. (2002): Beauty is in the Eye of the Beholder: The Impact of Organizational Identification, Identity, and Image on the Cooperative Behaviors of Physicians, in: Administrative Science Quarterly, 47. Jg., S. 507-533.

Dunbar, R.L./Schwalbach, J. (2000): Corporate Reputation and Performance in Germany, in: Corporate Reputation Review, 3. Jg., Nr. 2, S. 115-123.

Dunning, J.H. (1980): Towards an Eclectic Theory of International Production: Some Empirical Tests, in: Journal of International Business Studies, 11. Jg., S. 9-31.

Dunning, J.H. (1988): The Eclectic Paradigm of International Production: A Restatement and Some Possible Extensions, in: Journal of International Business Studies, 19. Jg., S. 1-31.

Dutton, J.E./Dukerich, J.M./Harquail, C.V. (1994): Organizational Images and Member Identification, in: Administrative Science Quarterly, 39. Jg., S. 339-363.

Dwyer, F.R./Schurr, P.H./Oh, S. (1987): Developing Buyer-Seller Relationships, in: Journal of Marketing, 51. Jg., April, S. 11-27.

Eagly, A./Chaiken, S. (1993): The Psychology of Attitudes, Fort Worth.

Eberl, M. (2006a): Unternehmensreputation und Kaufverhalten – Methodische Aspekte komplexer Strukturmodelle, Wiesbaden.

Eberl, M. (2006b): Formative und refelktive Konstrukte und die Wahl des Struktur-gleichungsverfahren, in: Die Betriebswirtschaft, 66. Jg., Nr. 6, S. 651-668.

Eberl, M./Schwaiger, M. (2004): Die wahrgenommene Übernahme gesellschaftlicher Verantwortung als Determinante unternehmerischer Einstellungsziele, Schriften zur Empirischen Forschung und Quantitativen Unternehmensplanung, Heft 20, München.

Edwards, J.R. (2001): Multidimensional Constructs in Organizational Behavior Research: an Integrative Analytical Framework, in: Organizational Research Methods, 4. Jg., Nr. 2, S. 144-192.

Eichhorn, P. (2000): Unternehmensmanagement: Definition und Aufgaben, in: Eichhorn, P./Seelos, H.-J./Schulenburg, J.-M. (Hrsg.): Krankenhausmanagement, München/Jena, S. 60-69.

Einwiller, S. (2003): Vertrauen durch Reputation im elektronischen Handel, Wiesbaden.

Einwiller, S./Fedorikhin, A./Johnson, A.R./Kamins, M.A. (2006): Enough Is Enough! When Identification No Longer Prevents Negative Corporate Associations, in: Journal of the Academy of Marketing Science, 34. Jg., Nr. 2, S. 185-194.

Einwiller, S./Herrmann, A./Ingenhoff, D. (2005): Vertrauen durch Reputation – Grundmodell und empirische Befunde im E-Commerce, in: Marketing ZfP, 27. Jg., Nr. 1, S. 24 -40.

Eisenhardt, K.M./Schoonhoven, C.B. (1996): Resource-based View of Strategic Alliance Formation: Strategic Effects in Entrepreneurial Firms, in: Organization Science, 7. Jg., Nr. 2, S. 136-150.

Elbeck, M. (1988): Measuring and Interpreting Dimensions of Hospital Image: The Case of a Psychiatric Hospital, in: Journal of Health Care Marketing, 8. Jg., März, S. 88-93.

Emler, N. (1990): A Social Psychology of Reputation, in: European Review of Social Psychology, 1. Jg., S. 171-193.

Esch, F.R. (2008): Strategie und Technik der Markenführung, 5. Aufl., München.

Ewing, M.T./Caruana, A./Loy, E. (1999): Corporate Reputation and Perceived Risk in Professional Engineering Services, in: Corporate Communications: An International Journal, 4. Jg., Nr. 3, S. 121-128.

Faircloth, J.B. (2005): Factors Influencing Nonprofit Resource Provider Support Decisions: Applying the Brand Equity Concept to Nonprofits, in: Journal of Marketing Theory & Practice, 13. Jg., Nr. 3, S. 1-15.

Fan, X./Thompson, B./Wang, L. (1999): Effects of Sample Size, Estimation Methods, and Model Specification on Structural Equation Modeling Fix Indices, in: Structural Equation Modeling, 6. Jg., S. 56-83.

Farley, J.U./Lehmann, D.R./Ryan, M.J. (1981): Generalizing from "Imperfect" Replication, in: Journal of Business, 54. Jg., S. 597-610.

Farrell, M.A. (2000): Developing a Market-Oriented Learning Organisation, in: Australian Journal of Management, 25. Jg., Nr. 2, S. 201-222.

Fassott, G./Eggert, A. (2005): Zur Verwendung formativer und reflektiver Indikatoren in Strukturgleichungsmodellen: Bestandsaufnahme und Anwendungsempfehlungen, in: Bliemel, F./Eggert, A./Fassott, G./Henseler, J. (Hrsg.): Handbuch PLS-Pfadmodellierung, Stuttgart, S. 31-48.

Fazio, R.H. (1985): How do Attitudes Guide Behavior? in: Sorrentino, R.M./Higgins, E.T. (Hrsg.): The Handbook of Motivation and Cognition: Foundations of Social Behavior, New York.

Fazio, R.H./Chen, J.-M./McDonel, E.C./Sherman, S.J. (1982): Attitude Accessibility, Attitude-Behavior Consistency, and the Strength of the Object-Evaluation Association, in: Journal of Experimental Social Psychology, 18. Jg., S. 339-357.

Fazio, R.H./Powell, M.C.//Herr, P.M. (1983): Toward a Process Model of the Attitude-Behavior Relation: Accessing one's Attitude upon mere Observation of the Attitude Object, in: Journal of Personality and Social Psychology, 44. Jg., S. 723-735.

Fazio, R.H./Zanna, M.P. (1981): Direct Experience and Attitude-Behavior-Consistency, in: Advances in Experimental Social Psychology, 14. Jg., S. 162-202.

Feldman, J.M./Lynch, Jr. J.G. (1988): Self-Generated Validity and Other Effects of Measurement on Belief, Attitude, Intention and Behavior, in: Journal of Applied Psychology, 73. Jg., Nr. 3, S. 431-435.

Ferguson, T.D./Deephouse, D.L./Ferguson, W.L. (2000): Do Strategic Groups Differ in Reputation?, in: Strategic Management Journal, 21. Jg., S. 1195-1214.

Fernández Sánchez, J./Luna Sotorrio, L. (2007): The Creation of Value Through Corporate Reputation, in: Journal of Business Ethics, S. 25-47.

Feyerabend, P.K. (1983): Wider dem Methodenzwang, 3. Aufl., Frankfurt/Main.

Fichtner, T. (2006): Konzeption eines leistungsbasierten Reputationsverständnisses, Berlin.

Fishbein, M. (1980): A Theory of Reasoned Action: Some Applications and Implications, in: Howe, H./Page, M. (Hrsg.): Nebraska Symposium on Motivation, 27. Jg., Lincoln.

Fishbein, M./Ajzen, J. (1975): Belief, Attitude, Intention, and Behavior: An Introduction to Theory and Research, Reading.

Fleßa, S. (2007): Grundzüge der Krankenhausbetriebslehre, München.

Fombrun, C./Shanley, M. (1990): What's in a Name? Reputation Building and Corporate Strategy, in: Academy of Management Journal, 33. Jg., Nr. 2, S. 233-258.

Fombrun, C.J. (1996): Reputation: Realizing Value from the Corporate Image, London.

Fombrun, C.J. (2001): Corporate Reputation – Its Measurement and Management, in: Thexis, Nr. 4, S. 23-26.

Fombrun, C.J./Gardberg, N./Sever, J. (2000): The Reputation Quotient: A Multi-Stakeholder Measure of Corporate Reputation, in: Journal of Brand Management, 7. Jg., Nr. 4, S. 241-255.

Fombrun, C.J./Shanley, M. (1990): What's in a Name? Reputation Building and Corporate Strategy, in: Academy of Management Journal, 33. Jg., S. 233-258.

Fombrun, C.J./van Riel, C.B.M. (1997): The Reputational Landscape, in: Corporate Reputation Review, 1. Jg., Nr. 1-2, S. 5-13.

Fombrun, C.J./van Riel, C.B.M. (2004): Fame & Fortune: How Successful Companies Build Winning Reputations, New York et al.

Fontanari, M.L. (1995): Voraussetzungen für den Kooperationserfolg, in: Schertler, W. (Hrsg.): Management von Unternehmenskooperationen, Wien, S. 115-187.

Fornell, C. (1989): The Blending of Theoretical and Empirical Knowledge in Structural Equations with Unobservables, in: Wold, H. (Hrsg.): Theoretical Empiricism: A General Rationale for Scientific Model-Building, New York, S. 153-173.

Fornell, C./Larcker, D. (1981): Evaluating Structural Equations Models with Unobservable Variables and Measurement Errors, in: Journal of Marketing Research, 18. Jg., S. 39-50.

Forret, M.L./Turban, D.B. (1996): Implications of the Elaboration Likelihood Model for Interviewer, in: Journal of Business and Psychology, 10. Jg., Nr. 4, S. 415-428.

Foscht, T./Swoboda, B. (2007): Käuferverhalten, 3. Aufl., Wiesbaden.

Franke, G.R./Park, J.-E. (2006): Salesperson Adaptive Selling Behavior and Customer Orientation: A Meta-Analysis, in: Journal of Marketing Research, 43. Jg., S. 693-702.

Frazier, P.A./Barron, K.E./Tix, A.P. (2004): Testing Moderator and Mediator Effects in Counseling Psychology Research, in: Journal of Counseling Psychology, 51. Jg., Nr. 1, S. 115-134.

Freeman, R.E. (1984): Strategic Management – A Stakeholder Approach, Boston.

Frese, E. (2000): Grundlagen der Organisation, 8. Aufl., Wiesbaden.

Frey, D./Irle, M. (2001): Theorien der Sozialpsychologie, Band 1, 2. Aufl., Bern/Göttingen/Toronto/Seattle.

Frey, D./Stahlberg, D./Gollwitzer, P.M. (2001): Einstellung und Verhalten: Die Theorie des überlegten Handelns und die Theorie des geplanten Verhaltens, in: Frey, D./Irle, M. (Hrsg.): Theorien der Sozialpsychologie, Band 1, 2. Aufl., Bern/Göttingen/Toronto/Seattle, S. 361-398.

Fritz, W. (1992): Marktorientierte Unternehmensführung und Unternehmenserfolg, Stuttgart.

Fritz, W. (1995): Marketing-Management und Unternehmenserfolg, 2. Aufl., Stuttgart.

Fritz, W./Dees, H. (2005): Die Standardisierung des Marketing im internationalen E-Commerce, in: Amelingmeyer, J./Harland, P. E. (Hrsg.), Technologiemanagement & Marketing: Herausforderungen eines integrierten Innovationsmanagements, Wiesbaden, S. 487-506.

Fryxell, G.E./Wang, J. (1994): The Fortune Corporate Reputation Index: Reputation for What?, in: Journal of Management, 20. Jg., Nr. 1, S. 1-14.

Funk, T. (2005): Die Wirkungen von Bonusprogrammnetzwerken auf das Cross-Buying-Verhalten, Wiesbaden.

Ganesan, S. (1994): Determinants of Long-Term Orientation in Buyer-Seller Relationships, in: Journal of Marketing, 58. Jg., April, S. 1-19.

Ganesh, J./Arnold, M.J./Reynolds, K.E. (2000): Understanding the Customer Base of Service Providers: An Examination of the Differences Between Switchers and Stayers, in: Journal of Marketing, 64. Jg., Nr. 3, S. 65-87.

Gardberg, N.A./Fombrun, C.J. (2002): The Global Reputation Quotient Project: First Steps Towards a Cross-nationally Valid Measure of Corporate Reputation, in: Corporate Reputation Review, 4. Jg., Nr. 4, S. 303-307.

442

Gengler, C.E./Klenosky, D.B./Mulvey, M.S. (1995): Improving the Graphic Presentation of Means-end Results, in: International Journal of Research in Marketing, 12. Jg., S. 245-256.

Gerbing, D.W./Anderson, J.C. (1988): An Updated Paradigm for Scale Development Incorporating Unidimensionality and Its Assessment, in: Journal of Marketing Research, 25. Jg., Nr. 2, S. 186-192.

Gibis, B. (2006): Leistungsmanagement in Arztpraxen und Ärztenetzen, in: Busse, R./Schreyögg, J./Gericke, C. (Hrsg.): Management im Gesundheitswesen, Heidelberg.

Giere, J./Wirtz, B.W./Schilke, O. (2006): Mehrdimensionale Konstrukte: Konzeptionelle Grundlagen und Möglichkeiten ihrer Analyse mithilfe von Strukturgleichungsmodellen, in: Die Betriebswirtschaft, 66. Jg., Nr. 6, S. 678-695.

Giering, A. (2000): Der Zusammenhang zwischen Kundenzufriedenheit und Kundenloyalität, Wiesbaden.

Gilmore, G.W. (1919): Animism, Boston.

Goff, B./Boles, J./Bellenger, D./Stojack, C. (1997): The Influence of Salesperson Selling Behavior on Customer Satisfaction with Products, in: Journal of Retailing, 73. Jg., Nr. 2, S. 171-183.

Goldberg, M.E./Hartwick, J. (1990): The Effects of Advertiser Reputation and Extremity Advertising Claim on Advertising Effectiveness, in: Journal of Consumer Research, 17. Jg., S. 172-179.

Gorschlüter, P. (1998): Das Krankenhaus der Zukunft, Stuttgart/Berlin/Köln.

Gotlieb, J.B./Swan, J.E. (1990): An Application of the Elaboration Likelihood Model, in: Journal of the Academy of Marketing Science, 18. Jg., Nr. 3, S. 221-228.

Gotsi, M./Wilson, A.M. (2001): Corporate Reputation: Seeking a Definition, in: Corporate Communications, 6. Jg., S. 695-702.

Granovetter, M. (1992): Problems of Explanation in Economic Sociology, in: Nohria, N./Eccles, R.G. (Hrsg.): Networks and Organizations: Structure, Form, and Action, Boston, S. 25-56.

Gray, E.R./Balmer, J.M.T. (1998): Managing Corporate Image and Corporate Reputation, in: Long Range Planning, 31. Jg., Nr. 5, S. 695-702.

Gray, J. (1986): Managing Corporate Image, London.

Groenland, E.A.G. (2002): Qualitative Research to Validate the RQdimensions, in: Corporate Reputation Review, 4. Jg., Nr. 4, S. 309-315.

Grönroos, C. (1983): Innovative Marketing Strategies and Organisation Structure for Service Firms, in: Berry, L.L./Shotstack, G. (Hrsg.): Emerging Perspectives on Services Marketing, Chicago, S. 9-21.

Grönroos, C. (1984): A Service Quality Model and its Marketing Implication, in: European Journal of Marketing, Nr. 4, S. 36-44.

Groschlüter, P. (1998): Das Krankenhaus der Zukunft, Stuttgart/Berlin/Köln.

Gruca, T.S. (1989): Determinants of Choice Set Size: An Alternative Method for Measuring Evoked Sets, in: Advances in Consumer Research, 16. Jg., S. 515-521.

Gruen, T.W./Summers, J.O./Acito, F. (2000): Relationship Marketing Activities, Commitment, and Membership Behaviors in Professional Associations, in: Journal of Marketing, 64. Jg., Nr. 3, S. 355-380.

Grunert, K.G. (1991): Kognitive Strukturen von Konsumenten und ihre Veränderungen durch Marketingkommunikation – Theorie und Messverfahren, in: Marketing ZFP, 13. Jg., Nr.1, S. 11-22.

Grunert, K.G. (1994): Subjektive Produktbedeutungen: Auf dem Wege zu einem integrativen Ansatz in der Konsumforschung, in: Forschungsgruppe Konsum und Verhalten (Hrsg.): Konsumentenforschung, München, S. 215-226.

Grunert, K.G., Grunert, S.C, Sorensen, E. (1995): Means-End Chains and Laddering: An Inventory of Problems and an Agenda for Research, The Arhus School of Business, Working Paper.

Grunert, K.G., Grunert, S.C. (1995): Measuring Subjective Meaning Structures by the Laddering Method: Theoretical Considerations and Methodological Problems, in: International Journal of Research in Marketing, 12. Jg., S. 209-225

Güthoff, J. (1995): Qualität komplexer Dienstleistungen: Konzeption und empirische Analyse der Wahrnehmungsdimensionen, Wiesbaden.

Gulati, R. (1998): Alliances and Networks, in: Strategic Management Journal, 19. Jg., S. 293-317.

Gustafsson, A./Johnson, M.D./Roos, I. (2005): The Effects of Customer Satisfaction, Relationship Commitment Dimensions, and Triggers on Customer Retention, in: Journal of Marketing, 69. Jg., Nr. 4, S. 210-218.

Gutman, J. (1982): A Means-End Chain Model Based on Consumer Categorization Prozesses, Journal of Marketing, 46. Jg., S. 60-72.

Haas, A. (2009): Kann zu viel Kundenorientierung nachteilig sein? Eine Analyse der Wirkung der Kundenorientierung von Verkäufern auf die Kaufentscheidung, in: Zeitschrift für Betriebswirtschaft, Nr. 1, S. 7-30.

Hagedoorn, J. (1993): Understanding the Rationale of Strategic Technology Partnering: Interorganizational Modes of Cooperation and Sectoral Differences, in: Strategic Management Journal, 14. Jg., S. 371-385.

Hair, J.F./Black, W.C./Babin, B.J./Anderson, R.E./Tatham, R.L. (2006): Multivariate Data Analysis, 6. Aufl., Prentice Hall.

Hall, R. (1992): The Strategic Analysis of Intangible Resources, in: Strategic Management Journal, 13. Jg., S. 135-144.

Hall, R. (1993): A Framework Linking Intangible Resources and Capabilities to Sustainable Advantage, in: Strategic Management Journal, 14. Jg., Nr. 8, 607-618.

Hamm, M. (2002): Kooperation von Krankenhäusern und Lieferanten, Wiesbaden.

Hammann, P./Erichson, B. (1994): Marktforschung, 3. Aufl., Stuttgart/Jena.

Hammes, W. (1994): Strategische Allianzen als Instrument der strategischen Unternehmensführung, Wiesbaden.

Harris, L.C./Ogbonna, E. (1999): Developing a Market-oriented Culture: A Critical Evaluation, in: Journal of Management Studies, 36. Jg., Nr. 2, S. 177-196.

Haslam, S.A. (2001): Psychology in Organizations. The Social Identity Approach, London.

Hastie, R./Park, B. (1986): The Relationship Between Memory and Judgement Depends on Whether the Judgment is Memory-based or Online, in: Psychological Review, 93. Jg., S. 258-268.

Haubrock, M./Peters, S.H.F./Schär, W. (1997): Betriebswirtschaft und Management im Krankenhaus, Wiesbaden,

Haubrock, M./Schär, W. (2002): Betriebswirtschaft und Management im Krankenhaus, 3. Aufl., Berlin/Wiesbaden.

Hauser, J.R./Wernerfelt, B. (1990): An Evaluation Cost Model of Consideration Sets, in: Journal of Consumer Research, 16. Jg., März, S. 393-408.

Headley, D.E./Miller, S.J. (1993): Measuring Service Quality and its Relationship to Future Consumer Behavior, in: Journal of Health Care Marketing, 13. Jg., Nr. 4, S. 32-41.

Heckhausen, H. (1989): Motivation und Handeln, 2. Aufl., Berlin.

Heiny, L. (2007): König Einweiser, in: Arzt und Krankenhaus, Nr. 7, S. 207-208.

Heise, D. (1975): Causal Analysis, New York.

Helm, S. (2007a): The Role of Corporate Reputation in Determining Investor Satisfaction and Loyality, in: Corporate Reputation Review, 10. Jg., Nr. 1, S. 22-37.

Helm, S. (2007b): Unternehmensreputation und Stakeholder-Loyalität, Wiesbaden.

Helmig, B./Dietrich, M. (2001): Qualität von Krankenhausleistungen und Kundenbeziehungen, in: Die Betriebswirtschaft, 61. Jg., Nr. 3, S. 319-334.

Helmig, B./Graf, A. (2006): Kundenmanagement in Krankenhäusern, in: Busse, R./ Schreyögg, J./Gericke, C. (Hrsg.): Management im Gesundheitswesen, Heidelberg, S. 163-176.

Hennart, J.-F. (1988): A Transaction Cost Theory of Equity Joint Ventures, in: Strategic Management Journal, 9. Jg., S. 361-374.

Herbig, P./Milewicz, J. (1995): To Be or not to Be – A Model of Reputation and Credibility Among Competing Firms, in: Marketing Intelligence & Planning, 13. Jg., S. 24-33.

Herger, N. (2006): Vertrauen und Organisationskommunikation, Wiesbaden.

Herm,S./Gall, K. (2008): Zur Messung markenspezifischer Risikowahrnehmungen mit der Means-End-Analyse, in: Marketing ZFP, 30. Jg., Nr. 3, S. 161-174.

Herr, P.M./Kardes, F.R./Kim, J. (1991): Effects of Word-of-Mouth and Product-Attribute Information on Persuasion: An Accessibility-Diagnosticity Perspective, in: Journal of Consumer Research, 17. Jg., Nr. 4, S. 454-462.

Herrmann, A. (1996): Nachfrageorientierte Produktgestaltung: Ein Ansatz auf Basis der „means end"-Theorie, Wiesbaden.

Herrmann, T. (1993): Mentale Repräsentationen - ein erläuterungswürdiger Begriff, in Engelkamp, J./Pechmann, Th. (Hrsg.): Mentale Repräsentationen, Wiesbaden, S. 17-30.

Hesslau, U./Schmidt, C. (2006): Der Krankenhausmarkt im Umbruch – M&A-Strategien privater Investoren im Markt, in: Keuper, F./Häfner, M./von Glahn, C. (Hrsg.): Der M&A-Prozess, Wiesbaden, S. 62-86.

Hildebrand, R. (2005): Qualitätsberichterstattung in Deutschland heute, in: Klauber, J./Robra, B.-P./Schellschmidt, H. (Hrsg.): Krankenhaus-Report 2004: Schwerpunkt: Qualitätstransparenz – Instrumente und Konsequenzen, Stuttgart, S. 27-47.

Hildebrandt, L. (1983): Konfirmatorische Analysen von Modellen des Konsumentenverhaltens, Berlin.

Hildebrandt, L. (1984): Kausalanalytische Validierung in der Marketingforschung, in: Marketing ZFP, 6. Jg., Nr. 1, S. 41-51.

Hildebrandt, L./Homburg, C. (1998): Die Kausalanalyse: ein Instrument der empirischen betriebswirtschaftlichen Forschung, Stuttgart.

Hildebrandt, L./Schwalbach, J. (2000): Financial Performance Halo in German Reputation Data, Forschungsbericht, Institut für Management der Humboldt-Universität zu Berlin, Berlin.

Hodapp, V. (1984): Analyse linearer Kausalmodelle, 1. Aufl., Bern/Stuttgart/Toronto.

Hofstede, F./Audenaert, A./Steenkamp, J.B./Wedel, M. (1998): An Investigation into the Association Pattern Technique as a Quantitative Approach to Measuring Means-End-Chains, in: International Journal of Research in Marketing, 15. Jg., Nr. 1, S. 37-50.

Hogg, M. (1996): Social Identity, Self Categorization, and the Small Group, in: Davis, J./Witte, E. (Hrsg.): Understanding Group Behavior: Small Group Processes and Interpersonal Relations, New York, S. 227-254.

Hogg, M. A./Terry, D. J. (2000): Social Identity and Self-Categorization Processes in Organizational Contexts, in: Academy of Management Review, 25. Jg., S. 121-140.

447

Homburg, C. (1992): Die Kausalanalyse, in: WiSt – Wirtschaftswissenschaftliches Studium, 21. Jg., S. 499-509.

Homburg, C. (1998): Kundennähe von Industreigüterunternehmen, 2. Aufl., Wiesbaden.

Homburg, C. (2000): Kundennähe von Industriegüterunternehmen: Konzeption – Erfolgsauswirkungen – Determinanten, 3. Aufl., Wiesbaden.

Homburg, C. (2008): Kundenzufriedenheit, 7. Aufl., Wiesbaden.

Homburg, C./Baumgartner, H. (1995): Beurteilung von Kausalmodellen, in: Marketing ZFP, 17. Jg. S. 162-176.

Homburg, C./Baumgartner, H. (1998): Beurteilung von Kausalmodellen – Bestandsaufnahme und Anwendungsempfehlung, in: Homburg, C./Hildebrandt, L. (Hrsg.), Die Kausalanalyse, Stuttgart 1998, S. 343-369.

Homburg, C./Bruhn, M. (2008): Kundenbindungsmanagement - Eine Einführung in die theoretischen und praktischen Problemstellungen, in Bruhn, M./Homburg, C. (Hrsg.): Handbuch Kundenbindungsmanagement, 6. Aufl., Wiesbaden, S. 3-40.

Homburg, C./Dobratz, A. (1991): Iterative Modellselektion in der Kausalanalyse, in: Zeitschrift für betriebswirtschaftliche Forschung, 43. Jg., S. 213-237.

Homburg, C./Dobratz, A. (1998): Iterative Modellselektion in der Kausalanalyse, in: Hildebrandt, L./Homburg, C. (Hrsg.): Die Kausalanalyse: ein Instrument der empirischen betriebswirtschaftlichen Forschung, Stuttgart, S. 447-474.

Homburg, C./Garbe, B. (1999): Industrielle Dienstleistungen – Auswirkungen auf die Geschäftsbeziehungen und Faktoren für ein erfolgreiches Management, in: Zeitschrift für Betriebswirtschaft, 69. Jg., Nr. 8, S. 847-865.

Homburg, C./Giering, A. (1996): Konzeptionalisierung und Operationalisierung komplexer Konstrukte, in: Marketing – ZFP, 18. Jg., S. 5-24.

Homburg, C./Hildebrandt, L. (1998): Die Kausalanalyse: Bestandsaufnahme, Entwicklungsrichtungen, Problemfelder, in: Hildebrandt, L./Homburg, C. (Hrsg.): Die Kausalanalyse: ein Instrument der empirischen betriebswirtschaftlichen Forschung, Stuttgart, S. 16-43.

Homburg, C./Krohmer, H. (2006): Marketingmanagement. Strategie – Instrumente – Umsetzung – Unternehmensführung, 2. Aufl., Wiesbaden.

Homburg, C./Pflesser, C. (2000a): A Multiple-Layer Model of Market-Oriented Organizational Culture: Measurement Issues and Performance Outcomes, in: Journal of Marketing Research, 37. Jg., Nr. 4, S. 449-462.

Homburg, C./Pflesser, C. (2000b): Konfirmatorische Faktorenanalyse, in: Herrmann, A./Homburg, C. (Hrsg.): Marktforschung, 2. Aufl., Wiesbaden, S. 413-437.

Homburg, C./Pflesser, C. (2000c): Strukturgleichungsmodelle mit latenten Variablen: Kausalanalyse, in: Hermann, A./Homburg, C. (Hrsg.), Marktforschung, 2. Aufl., Wiesbaden, S. 633-659.

Homburg, C./Stock, R. (2000): Der kundenorientierte Mitarbeiter, Wiesbaden.

Horowitz, J.L./Louviere, J.J. (1995): What is the Role of Consideration Sets in Choice Modeling?, in: International Journal of Research in Marketing, 12. Jg., S. 39-54.

Houston, M.B. (2003): Alliance Partner Reputation as a Signal to the Market: Evidence From Bank Loan Alliances, in: Corporate Reputation Review, 5. Jg., S. 330-342.

Houston, M.B./Johnson, S.A. (2000): Buyer-Supplier Contracts Versus Joint Ventures: Determinats and Consequences of Transaction Structure, in: Journal of Marketing Research, 37. Jg., S. 1-15.

Howard, J.A. (1977): Consumer Behavior. Application of Theory, New York/ Düsseldorf.

Howe, V./Hoffman, K./Hardigree, D. (1994): The Relationship between Ethical and Customer-Oriented Service Provider Behaviours, in: Journal of Business Ethics, 13. Jg., S. 497-506.

Hu, L.T./Bentler, P. M. (1995): Evaluating Model Fit, in: Hoye, R.H. (Hrsg.), Structural Equation Modelling, Thousands Oaks, S. 76-99.

Hulland, J./Chow, Y.H./Lam, S. (1996): Use of Causal Models in Marketing Research: A Review, in: International Journal of Research in Marketing, 13. Jg., S. 181-197.

Hult, G.T.M./Ketchen, D.J. (2001): Does Market Orientation matter?: A Test of the Relationship between Positional Advantage and Performance, in: Strategic Management Journal, 22. Jg., Nr. 9, S. 899-906.

Hunt, S.D./Morgan, R.M. (1995): The Comparative Advantage Theory of Competition, in: Journal of Marketing, 59. Jg., Nr. 2, S. 1-15.

Jackson, A.R. (2005): Trade Generation, Reputation, and Sell-Side Analysts, in: The Journal of Finance, LX. Jg., S. 673-717.

Jacob, F. (1995): Produktindividualisierung. Ein Ansatz zur innovativen Leistungs-gestaltung im Business-to-Business-Bereich, Wiesbaden.

Jacoby, J. (1977): Information Load and Decision Quality: Some Contested Issues, in: Journal of Marketing Research, 14. Jg., Nr. 4, S. 569-573.

Jansen, S.A. (2008): Mergers & Acquisitions, 5. Aufl., Wiesbaden.

Jap, S.D. (1999): Pie-expansion Efforts: Collaboration Processes in Buyer-Supplier Relationships, in: Journal of Marketing Research, 36. Jg., S. 461-475.

Jarvis, C.B./MacKenzie, S.B./Podsakoff, P.M. (2003): A Critical Review of Construct Indicators and Measurement Model Misspecification in Marketing and Consumer Research, in: Journal of Consumer Research, 30. Jg., Nr. 2, S. 199-218.

Jaworski, B.J./Kohli, A.K. (1993): Market Orientation: Antecedents and Consequences, in: Journal of Marketing, 57. Jg., Nr. 3, S. 53-70.

Jeng, S.-P. (2008): Effects of Corporate Reputations, Relationships and Competing Suppliers` Marketing Programmes on Customers` Cross-Buying Intentions, in: The Service Industries Journal, 28. Jg., Nr. 1, S. 15-26.

Johannsen, U. (1971): Das Marken- und Firmen-Image. Theorie, Methodik, Praxis, Berlin.

Jones, T.M. (1995): Instrumental Stakeholder Theory: A Synthesis of Ethics and Economics, in: Academy of Management Review, 20. Jg., Nr. 2, S. 404-437.

Jöreskog, K.G./Sörbom, D. (1982): Recent Developments in Structural Equation Modeling, in: Journal of Marketing Research, 29. Jg., S. 404-416.

Judge, W.Q./Ryman, J.A. (2001): The Shared Leadership Challenge in Strategic Alliances: Lessons from the U.S. Healthcare Industry, in: Academy of Management Executive, 15. Jg., Nr. 2, S. 71-79.

Kaas, K.P. (1994): Ansätze der institutionenökonomischen Theorie des Konsumentenverhaltens, in: Forschungsgruppe Konsum und Verhalten (Hrsg.): Konsumentenforschung, München, S. 245-260.

Kaas, K.-P. (1995): Informationsökonomik, in: Tietz, B./Köhler, R./Zentes, J. (Hrsg.): Handwörterbuch des Marketing, 2. Aufl., Stuttgart, Sp. 971-981.

Kalwani, M.U./Narayandas, N. (1995): Long-Term Manufacturer-Supplier Relationships: Do They Pay Off for Supplier Firms?, in: Journal of Marketing, 59. Jg., Nr. 1, S. 1-16.

Kano, N. (1984): Attractive Quality and Must-be Quality, in: Journal of the Japanese Society for Quality Control, Nr. 4, S. 39-48.

Kapferer, J.-N./Laurent, G. (1985): Consumer Involvement Profiles: A New Practical Approach to Consumer Involvement, in: Journal of Advertising Research, 25. Jg., Nr. 6, S. 290-295.

Kaplan, D./Harik, P./Hotchkiss, L. (2000): Cross-Sectional Estimation of Dynamic Structural Equation Models in Disequilibrium, in: Structural Equation Modeling Present and Future: A Festschrift in Honor of Karl G. Joreskog, S. 315-339.

Kardes, F.R./Kalyanaram, G./Chandrashekaran, M./Dornoff, R.J. (1993): Brand Retrieval, Consideration Set Composition, Consumer Choice, and the Pioneering Advantage, in: Journal of Consumer Research, 20. Jg., Juni, S. 62-75.

Kassenärztliche Bundesvereinigung (2008): Grunddaten zur Vertragsärztlichen Versorgung in Deutschland 2007.

Kassenärztliche Vereinigung Schleswig Holstein (2005): Studie zur Berufssituation von Ärzten, Berichtsband, Bad Segeberg.

KBV (2007): Kooperationskompass – Wege ärztlicher Zusammenarbeit, Berlin.

KBV (2009): Kassenärztliche Bundesvereinigung, Grunddaten zur vertragsärztlichen Versorgung in Deutschland 2008 – Zahlen, Fakten, Informationen, http://www.kbv.de/publikationen/125.html, 24.01.2009.

Kebbel, B. (2000): Qualitätswahrnehmung von Dienstleistungen – Determinanten und Auswirkungen, Wiesbaden.

Keller, K.L. (1987): Memory Factors in Advertising: The Effect of Advertising Retrieval Cues on Brand Evaluations, in: Journal of Consumer Research, 14. Jg., Nr. 3, S. 316-333.

Keller, K.L. (2003): Strategic Brand Management. Building, Measuring, and Managing Brand Equity, Prentice Hall.

Keller, K.L./Aaker, D.A. (1992): The Effects of Sequential Introduction of Brand Extensions, in: Journal of Marketing Research, 29. Jg., Nr. 2, S. 35-50.

Keller, T. (2002): Beziehungsmanagement im Arzt-Patient-Verhältnis, Wiesbaden.

Kenny, D.A. (1979): Correlation and Causality, New York.

Kenny, D.A./Judd, C.M. (1984): Estimating the Nonlinear and Interactive Effects of Latent Variables, in: Psychological Bulletin, 96. Jg., S. 201-210.

Kerber, W. (2003): Wettbewerbspolitik, in: Bender u.a. (Hrsg.), Vahlens Kompendium der Wirtschaftstheorie und Wirtschaftspolitik, Bd. 2, 8. Aufl., München, S. 297-361.

Kim, S.T./Lin, J.-C./Slovin, M.B. (1997): Market Structure, Informed Trading, and Analysts' Recommendations, in: Journal of Financial and Quantitative Analysis, 32. Jg., S. 507-524.

King, S. (1973): Developing New Brands, London.

Kinnear, T./Taylor, J.R. (1991): Marketing Research: an Applied Approach, 4. Aufl., New York et al.

Klauber, J. (Hrsg.) (2005): Krankenhaus-Report 2004: Schwerpunkt: Qualitäts-transparenz, Stuttgart.

Klauber, J./Robra, B.-P./Schellschmidt, H. (2008): Krankenhaus-Report 2008/2009 – Schwerpunkt: Versorgungszentren, Stuttgart.

Klee, A. (2000): Strategisches Beziehungsmanagement: Ein integrativer Ansatz zur strategischen Planung und Implementierung des Beziehungsmanagement, Aachen.

Kleer, M. (1991): Gestaltung von Kooperationen zwischen Industrie- und Logistik-unternehmen, Berlin.

Klein, A./Muthén, B.O. (2007): Maximum Likelihood Estimation of Structural Equation Models with Multiple Interaction and Quadratic Effects, in: Multivariate Behavioral Research, 42. Jg., Nr. 4, S. 647-673.

Klein, B./Leffler, K.B. (1981): The Role of Market Forces in Assuring Contractual Performance, in: Journal of political Economy, 89. Jg., Nr. 4, S. 615-641.

Klein, J./Dawar, N. (2004): Corporate Social Responsibility and Consumers' Attributions and Brand Evaluations in a Product Harm Crisis, in: International Journal of Research in Marketing, 21. Jg., Nr. 3, S. 203-217.

Kleinaltenkamp, M. (1998): Begriffsabgrenzungen und Erscheinungsformen von Dienstleistungen, in: Bruhn, M./Meffert, H. (Hrsg.): Handbuch Dienstleistungsmanagement, Wiesbaden, S. 29- 52.

Kleinaltenkamp, M./Wolters, H. (1997): Die Gestaltung von Systempartnerschaften zwischen Automobilherstellern und ihren Zulieferern – eine spieltheoretische Analyse, in: Schreyögg, G./Sydow, J. (Hrsg.): Managementforschung, 7. Aufl., Berlin/New York, S. 45-78.

Klemann, A. (2007): Management sektorenübergreifender Kooperationen, Schriftenreihe: Gesundheitswirtschaft, Band 5, Wegscheid.

Kline, R.B. (2005): Principles and Practice of Structural Equation Modeling, 2. Aufl., New York.

Klink, R.R./Smith, D.C. (2001): Threats to the External Validity of Brand Extension Research, in: Journal of Marketing Research, 38. Jg., S. 326-335.

Kogut, B. (1988): Joint Ventures: Theoretical and Empirical Perspectives, in: Strategic Management Journal, 9. Jg., S. 319-332.

Kohli, A.K./Jaworski, B.J. (1990): Market Orientation: The Construct, Research Propositions, and Managerial Implications, in: Journal of Marketing, 54. Jg., Nr. 2, S. 1-18.

Kohli, A.K./Jaworski, B.J./Kumar, A. (1993): MARKOR: A Measure of Market Orientation, in: Journal of Marketing Research, 30. Jg., Nr. 4, S. 467-477.

Kölking, H. (2007): Strukturelle Auswirkungen des DRG-Systems im Krankenhaus, in: Kölking, H. (Hrsg.): DRG und Strukturwandel in der Gesundheitswirtschaft, Stuttgart, S. 35-57.

Kosiol, E. (1961): Erkenntnisstand und methodologischer Standort der Betriebswirtschaftslehre, in: Zeitschrift für Betriebswirtschaft, 31. Jg., S. 129-136.

Kotler, P./Bliemel, F. (1992): Marketing-Management, 7. Aufl., Stuttgart.

Kraatz, M.S./Love, E.G. (2006): Studying the Dynamics of Reputation: A Framework for Research on the Reputational Consequences of Corporate Actions, in: Research Methodology in Strategy and Management, 3. Jg., S. 343-383.

Kramer, R.M. (1991): Intergroup Relations and Organizational Dilemmas, in: Research in Organizational Behavior, 13. Jg., S. 191-228.

Kraus, F. (2008): Der Transfer der Marktorientierung über Hierarchieebenen – Eine empirische Mehrebenenuntersuchung, Wiesbaden.

Krech, D./Crutchfield, R.S./Ballachey, E.L. (1962): Individual in Society, A Textbook of Social Psychology, New York.

Kreipl, C. (2004): Efficient Consumer Response und die Bereitschaft zur Kooperation, Wiesbaden.

Kreps, D.M./Wilson, R. (1982): Reputation and Imperfect Information, in: Journal of Economic Theory, 27. Jg., S. 253-279.

Kroeber-Riel, W./Weinberg, P./Gröppel-Klein, A. (2009): Konsumentenverhalten, 9. Aufl., München.

Kronhardt, M. (2004): Erfolgsfaktoren des Managements medizinischer Versorgungs-netze, Wiesbaden.

Kühnle, S. (2000): Lernende Organisationen im Gesundheitswesen, Wiesbaden.

Kuhlmann, J.-M. (2004): Neue Versorgungsmöglichkeiten für Krankenhäuser durch das GMG, in: Das Krankenhaus, Nr. 1, S. 13-18.

Kumar, K./Subramanian, R. (2000): Navigating the External Environment Through a Market Orientation, in: SAM Advanced Management Journal, 2000, S. 16-30.

Kumar, K./Subramanian, R./Yauger, C. (1998): Examining the Market Orientation-Performance Relationship: A Context-Specific Study, in: Journal of Management, 24. Jg., Nr. 2, S. 201-233.

Kumar, P. (1999): The Impact of Long-Term Client Relationship on the Performance of Business Service Firms, in: Journal of Service Research, 2. Jg., Nr. 1, S. 4-18.

Kumar, V./Shah, D. (2004): Building and Sutaining Profitable Customer Loyalty for the 21st Century, in: Journal of Retailing, 80. Jg., S. 317-330.

Kuß, A. (1996): Kundenwünsche analysieren und verstehen, in: Dehr, G./Biermann, T. (Hrsg.): Kurswechsel Richtung Kunde, FAZ, Frankfurt/M., S. 51-68.

Kuß, A./Tomczak, T. (2004): Käuferverhalten, 3. Auflage, Stuttgart.

Lafferty, B.A./Goldsmith, R.E. (1999): Corporate Credibility`s Role in Consumer`s Attitudes and Purchase Intentions, in: Journal of Business Research, 44. Jg., S. 109-116.

Landon, S./Smith, C.E. (1997): The Use of Quality and Reputation Indicators by Consumers: The Case of Bordeaux Wine, in: Journal of Consumer Policy, 20. Jg., S. 289-323.

Landon, S./Smith, C.E. (1998): Quality Expectations, Reputation, and Price, in: Southern Economic Journal, 64. Jg., Nr. 3, S. 628-647.

Lang, H. (1997): Erfolgsfaktoren privater Krankenanstalten, Lohmar/Köln.

Langeard, E. (1981): Grundfragen des Dienstleistungsmarketing, in: Marketing ZFP, S. 233-240.

Larsen, D.A./Phillips, J.I. (2002): Effect of Recruiter on Attraction to the Firm: Implications of the Elaboration Likelihood Model, in: Journal of Business and Psychology, 16. Jg., Nr. 3, S. 347-364.

Lauer, A. (2001): Vertriebsschienenprofilierung durch Handelsmarken, Wiesbaden.

Law, K.S./Wong, C.-S./Mobley, W.H. (1998): Toward a Taxonomy of Multidimensional Constructs, in: Academy of Management Review, 23. Jg., Nr. 4, S. 741-755.

Levinson, H. (1965): Reciprocation: The Relationship between Man and Organization, in: Administrative Science Quarterly, 9. Jg., S. 370-390.

Levy, S./Nebenzahl, I.D. (2008): The Influence of Product Involvement on Consumers` Interactive Processes in Interactive Television, in: Marketing Letters, 19. Jg., S. 65-77.

Lewis, J.D./Weigert, A. (1985): Trust as a Social Reality, in: Social Forces, 63. Jg., Nr. 4, S. 967-985.

Leyens, J./Dardenne, B. (1996): Soziale Kognition: Ansätze und Grundbegriffe, in: Stroebe, W./Hewstone, M./Stephenson, G.M. (Hrsg.): Sozialpsychologie: Eine Einführung, Berlin.

Lichtenstein, M./Srull, T.K. (1985): Conceptual and Methodological Issues in Examining the Relationship Between Consumer Memory and Judgement, in: Alwitt, L./Mitchell, A. (Hrsg.): Psychological Processes and Advertising Effects: Theory, Research, and Application, Hillsdale, S. 113-128.

Lingenfelder, M. (1990): Die Marktorientierung von Vertriebsleitern als strategischer Erfolgsfaktor – Eine theoretische Analyse und empirische Bestandsaufnahme in der Markenartikelindustrie, Berlin.

Lingenfelder, M. (1996): Die Internationalisierung im europäischen Einzelhandel, Berlin.

Linn, N. (1989): Die Implementierung vertikaler Kooperationen: Theoretische Konzeption und erste empirische Ergebnisse zum Prozess der Ausgliederung logistischer Teilaufgaben, Frankfurt.

Liska, A.E. (1974): Attitude-Behavior Consistency as a Function of generality Equivalence between Attitude and Behavior Objects, in: Journal of Psychology, 86. Jg., S. 217-228.

Litfin, T. (2000): Adoptionsfaktoren, Wiesbaden.

Liu, Y./Yang, R. (2009): Competing Loyalty Programs: Impact of Market Saturation, Market Share, and Category Expandability, in: Journal of Marketing, 73. Jg., Nr. 1, S. 93-108.

Loehlin, J.C. (2004): Latent Variable Models: An Introduction to Factor, Path, and Structural Equation Analysis, 4. Aufl., Mahwah.

Loevenich, P. (2002): Substitutionskonkurrenz durch E-Commerce, Wiesbaden.

Loudon, D.L./Della Bitta, A.J. (1993): Consumer Behavior: Concepts and Applications, 4. Aufl., New York.

Lüngen, M./Lauterbach, K.W. (2003): DRG in deutschen Krankenhäusern: Umsetzung und Auswirkungen, Stuttgart.

Luhmann, N. (1988): Familiarity, Confidence, Trust: Problems and Alternatives, in: Gambetta, D. (Hrsg.): Trust. Making and Breaking Cooperative Relations, New York, S. 94-107.

Luo, X./Slotegraaf, R.J./Pan, X. (2006): Cross-functional "Coopetition": the Simultaneous Role of Cooperation and Competition within Firms, in: Journal of Marketing, 70. Jg., Nr. 2, S. 67-80.

Lynch, J.G./Marmorstein, H./Weigold, M.F. (1988): Choices From Sets Including Remembered Brands: Use of Recalled Attributes and Prior Overall Evaluations, in: Journal of Consumer Research, 15. Jg., S. 169-184.

Lytle, R.S./Mokwa, M.P. (1992): Evaluating Health Care Quality: the Moderating Role of Outcomes, in: Journal of Health Care Marketing, 12. Jg., Nr. 1, S. 4-14.

Maathuis, O.J.M. (1993): Corporate Image, Performance and Communication, Eburon.

Mackenzie, S.B. (2001): Opportunities for Improving Consumer Research through latent Variable Structural Equation Modeling, in: Journal of Consumer Research, 28. Jg., Nr. 6, S. 159-166.

MacNeil, I. (1980): The New Social Contract, an Inquiry into Modern Contractual Relations, New Haven.

Mahon, J.F. (2002): Corporate Reputation: A Research Agenda Using Strategy and Stakeholder Literature, in: Business and Society, 41. Jg., Nr. 4, S. 415-445.

Mailath, G.J./Samuelason, L. (2001): Who Wants a Good Reputation, in: The Review of Economic Studies, 68. Jg., Nr. 235, S. 415-441.

Malhotra, N.K. (2007): Marketing Research: an Applied Orientation, 5. Aufl., New Jersey.

Manyiwa, S. (2005): Controversies in Values Research: Methodological Implications. Discussion Paper, Middlesex University Business School, Nr. 27, London, in: http://mubs.mdx.ac.uk/research/Discussion_Papers/Marketing/Dpap%20marketing% 20No27%20S%20Manyiwa.pdf , Abruf: 23.01.2007.

March, J.G. (1996): Limited Rationality, in: Billsberry, J. (Hrsg.): The Effective Manager-Perspections and Illustrations, London, S. 160-165

March, J.G./Simon, H.A. (1958): Organizations, New York.

Markham, V. (1972): Planning the Corporate Reputation, London.

Marsh, H.W./Hau, K.-T./Grayson, D. (2005): Goodness of Fit Evaluation in Structural Equation Modeling, in: McDonald, R.P./Maydeu-Olivares, A./McArdle, J.J. (Hrsg.): Contemporary Psychometrics: a Festschrift for Roderick P. McDonald, Mahwah, S. 275-340.

Marsh, H.W./Hocevar, D. (1985): Application of Confirmatory Factor Analysis to the Study of Self-concept: First- and Higher Order Factor Models and their Invariance Across Groups, in: Psychological Bulletin, 97. Jg., Nr. 3, S. 562-582.

Martineau, P. (1958): The Personality of the Retail Store, in: Harvard Business Review, 36. Jg., S. 47-55.

Mason, E.S. (1959): Economic Concentration and the Monopoly Problem, 2. Aufl., Cambridge.

Mathieu, A. (2004): Strategie in High-Velocity-Märkten: Konzeptionalisierung, Operationalisierung und Erfolgswirkung, Wiesbaden.

Mayer, A.G. (2005): Marktorientierung im Krankenhaus der Zukunft, Kulmbach.

Mayer, H./Illmann, T. (2000): Markt- und Werbepsychologie, 3. Aufl., Stuttgart.

McDougall, G.H./Levesque, T.J. (1994): A Revised View of Service Quality Dimensions: An Empirical Investigation, in: Journal of Professional Service Marketing, 11. Jg., Nr. 1, S. 189-209.

McMillan, G.S./Joshi, M.P. (1997): Sustainable Competitive Advantages and Firm Performance, in: Corporate Reputation Review, 1. Jg., S. 81-86.

Medin, D.L./Goldstone, R.L./Markman, A.B. (1995): Comparison and Choice: Relations between Similarity Processes and Decission Processes, in: Psychonomic Bulletin and Review, 2. Jg., März, S. 1-19.

Meffert, H. (2000): Marketing: Grundlagen marktorientierter Unternehmensführung, 9. Aufl., Wiesbaden.

Meffert, H./Bierwirth, A./Burmann, C. (2002): Gestaltung der Markenarchitektur als markenstrategische Basisentscheidung, in: Meffert, H./Burmann, C./Koers, M. (Hrsg.): Marken-Management – Grundfragen der identitätsorientierten Marken-führung, Wiesbaden, S. 167-179.

Meffert, H./Bruhn, M. (1997): Dienstleistungsmarketing, 2. Aufl., Wiesbaden.

Menon, A./Jaworski, B.J./Kohli, A.K. (1997): Product Quality: Impact of Interdepartmental Interactions, in: Journal of the Academy of Marketing Science, 25. Jg., Nr. 3, S. 187-200.

Meterko, M./Nelson, E.C./Rubin, H.R. (1990): Patient Judgements of Hospital Quality: Report of a Pilot Study, in: Medical Care, 28. Jg., Nr. 9, S. 1-44.

Meyer, A. (1991): Dienstleistungs-Marketing, in: DBW, 51. Jg., S. 195-209.

Middendorf, C. (2005): Klinisches Risikomanagement. Implikationen, Methoden und Gestaltungsempfehlungen für das Management klinischer Risiken in Krankenhäusern, Münster.

Milberg, S./Park, C.W./McCarthy, M.S. (1997): Managing Negative Feedback Effects Associated with Brand Extensions: The Impact of Alternative Branding Strategies, in: Journal of Consumer Psychology, 6. Jg., Nr. 2, S. 119-140.

Milgrom, P./Roberts, J. (1982): Predation, Reputation, and Entry Deterrence, in: Journal of Economic Theory, 27. Jg., S. 280-312.

Mittal, V./Ross, W./Baldsare, P.M. (1998): The Asymmetric Imapct of Negative and Positive Attribute-Level Performance on Overall Satisfaction and Repurchase Intentions, in: Journal of Marketing, 62. Jg., S. 33-47.

Moch, M.K./Morse, E.V. (1977): Size, Centralization and Organizational Adoption of Innovations, in: American Sociology Review, 42. Jg., Oktober.

Möller, K./Laaksonen, M. (1986): Situational Dimensions and Decision Criteria in Industrial Buying: Theoretical and Empirical Analysis, in: Advances in Business Marketing, 1. Jg., S. 163-207.

Moorman, C./Zaltman, G./Deshpandé, R. (1992): Relationships Between Providers and Users of Market Research: The Dynamics of Trust Within and Between Organizations, in: Journal of Marketing Research, 29. Jg., S. 314-328.

Morgan, R.M./Hunt, S.D. (1994): The Commitment-Trust Theory of Relationship Marketing, in: Journal of Marketing, 58. Jg., S. 20-38.

Morra, F. (1996): Wirkungsorientiertes Krankenhausmanagement: ein Führungshandbuch, Bern/Stuggart/Wien.

Morris, M./Holman, J. (1988): Source Loyality in Organizational Markets: A Dyadic Perspective, in: Journal of Business Research, 16. Jg., S. 117-131.

Morrison, D.M. (1996): Children's Decisions about Substance Use: An Application and Extension of the Theory of Reasoned Action, in: Journal of Applied Social Psychology, 26. Jg., S. 1658-1679.

Mowen, J./Minor, M. (2001): Consumer Behavior, Upper Saddle River.

Mudd, S.A. (1989): Agency Image Assessment as a Management Tool, in: Journal of Applied Social Psychology, 19. Jg., S. 30-49.

Mühlbauer, B.H. (2004): Prozessorganisation im DRG-geführten Krankenhaus, Weinheim.

Müller, J. (1996): Diversifikation und Reputation, Wiesbaden.

Mulholland, D. (2007): Hospital Responses to Physician Competition, in: The Antitrust Bulletin, 52. Jg., Nr. 3, S. 393-416.

Mummendey, A. (1985): Verhalten zwischen sozialen Gruppen: Die Theorie der sozialen Identität, in: Frey, D./Irle, M. (Hrsg.): Theorien der Sozialpsychologie, Bd. 2, S. 185-218.

Mummendey, A./Otten, S. (2002): Theorien intergruppalen Verhaltens, in: Frey, D./Irle, M. (Hrsg.): Theorien der Sozialpsychologie, Bern, S. 95-119.

Mummendey, H.D. (1988): Verhalten und Einstellung, Berlin et al.

Nagel, E. (Hrsg.) (2007): Das Gesundheitswesen in Deutschland: Struktur, Leistungen, Weiterentwicklung, 4. Aufl., Köln.

Narayana, C.L./Markin, R.J. (1975): Consumer Behavior and Product Performance: An Alternative Conceptualization, in: Journal of Marketing, 39. Jg., Nr. 4, S. 1-6.

Narayandas, N. (1998): Measuring and Managing the Consequences of Customer Loyalty: An empirical Investigation, Arbeitspapier Nr. 3, Harvard Business School.

Narver, J.C./Slater, S.F. (1990): The Effect of a Market Orientation on Business Profitability, in: Journal of Marketing, 54. Jg., Nr. 4, S. 20-35.

Narver, J.C./Slater, S.F./Tietje, B. (1998): Creating a Market Orientation, in: Journal of Market Focused Management, 2. Jg., S. 241-255.

Nasser, F./Wisenbaker, J. (2003): A Monte Carlo Study Investigating the Impact of Item Parceling on Measures of Fit in Confirmatory Factor Analysis, in: Educational and Psychological Measurement, 63. Jg., Nr. 5, S. 729-757.

Nayyar, P.R. (1990): Seller Beward: Information Asymmetries and General Strategies for Service Firms, in: Swartz, T.A./Bowen, D.E./Brown, S.W. (Hrsg.): Advances in Services Marketing and Management: Research and Practice, 3. Jg., Greenwich.

Nedungadi, P. (1990): Recall and Consumer Consideration Sets: Influencing Choice Without Altering Brand Evaluations, in: Journal of Consumer Research, 17. Jg., S. 263-276.

Nguyen, N./Leblanc, G. (2001): Image and Reputation of Higher Education Institutions in Student's Retention Decisions, in: The International Journal of Educational Management, 15. Jg., S. 303-311.

Nguyen, T./Oldenburg, J. (2006): Von der Einzelpraxis zum Versorgungszentrum – Aufbau und Management ärztlicher Kooperationen, Köln.

Nieschlag, R./Dichtl, E./Hörschgen, H. (2002): Marketing, 19. Aufl., Berlin.

Nissen, J. (2007): Kooperationen mit niedergelassenen Ärzten und Praxisnetzen, zugl. Diss., Univ. der Bundeswehr München.

Nunnally, J.C. (1978): Psychometric Theory, 2. Aufl., New York.

Nunnally, J.C./Bernstein, I.H. (1994): Psychometric Theory, 3. Aufl., New York.

o.V. (2004): Ambulant, stationär? Die Tür für mehr Wettbewerb ist geöffnet, in: Ärzte Zeitung, Nr. 76, S. 7.

o.V. (2005): Niedergelassene Ärzte – Die wichtigste Zielgruppe der Krankenhäuser, in: Medical Relevance Newsletter, Ausgabe 1, o.S. <http://www.klinikmarktforschung.de/Aerzte/Einweiserbefragung.html>, 23.04.2007.

o.V. (2007): Kliniken sind auf Einweiser angewiesen, in: Ärzte Zeitung, Nr. 173, S. 13.

o.V. (2007): Qualitätsbericht 2006, Asklepios Klinikum Uckermark, Schwedt.

o.V. (2008): Gesucht ist eine Blaupause für fairen Wettbewerb, in: Ärzte Zeitung, Nr. 100, S. 6.

O'Connor, S.J./Shewchuk, R.M./Carney, L.W. (1994): The Great Gap: Physicians' Perceptions of Patient Service Quality Expectations Fall Short of Reality, in: Journal of Health Care Marketing, 14. Jg., Nr. 2, S. 32-39.

Oberender, P. (2000): Industrieökonomik, in: Corsten, H. (Hrsg.): Lexikon der Betriebswirtschaftslehre, 4. Aufl., München/Wien, S. 347-349.

Oberender, P. (2005): Clinical Pathways, Stuttgart.

Obermann, K./Rauert, R./Görlitz, A./Müller, P. (2007): Niedergelassene Ärzte – Umfrage: Nur noch zwei Drittel des Praxisumsatzes aus der GKV, in: Deutsches Ärzteblatt online, www.aerzteblatt.de/aufsaetze/0701, 26.01.2007.

Oellrich, S./Johne, M./Mühlhaus, M. (2007): Finanzierung von Investitionen im Zeitalter der DRG, in: Kölking, H. (Hrsg.): DRG und Strukturwandel in der Gesundheits-wirtschaft, Stuttgart, S. 311-342.

Olandt, H. (1998): Dienstleistungsqualität in Krankenhäusern: Operationalisierung und Messung der Patientenwahrnehmung, Wiesbaden.

Olandt, H./Benkenstein, M. (1999): Modell der Dienstleistungsqualität in Kliniken – Operationalisierung und Validierung auf der Basis von SERVQUAL und TEILQUAL, in: ZfB-Ergänzungsheft, 69. Jg., Nr. 5, S. 111-123.

Oliver, C. (1990): Determinants of Interorganizational Relationships: Integration and Future Directions, in: Academy of Management Review, 15. Jg., Nr. 2, S. 241-265.

Oliver, R.L. (1997): Satisfaction, New York et al.

Oliver, R.L. (1999): Whence Consumer Loyalty?, in: Journal of Marketing, 63. Jg. (special issue), S. 33-44.

Oliver, R.L./Bearden, W.O. (1985): Crossover Effects in the Theory of Reasoned Action: A Moderating Influence Attempt, in: Journal of Consumer Research, 12. Jg., S. 324-340.

Olson, J.C. (1989): The Theoretical Foundations of Means-End Chains, Paper 174, Working Series in Marketing Research, Penn State University.

Olson, J.C./Reynolds, T.J. (1983): Understanding Consumers' Cognitive Structures: Implications for Advertising Strategy, in: Percy, L./Woodside, A.G. (Hrsg.), Advertising and Consumer Psychology, Lexington, S. 77-90.

Olson, J.C/Reynolds, T.J. (2001): The Means-End Approach to Understanding Consumer Decision Making, in: Reynolds, T.J./Olson, J.C. (Hrsg.): Understanding Consumer Decision Making, Mahwah, S. 3-24.

Ones, D.S./Viswesvaran, C. (1996): Bandwidth-fidelity Dilemma in Personality Measurement for Personnel Selection, in: Journal of Organizational Behavior, 17. Jg., Nr. 6, S. 609-626.

Orlowski, U./Halbe, B./Karch, T. (2007): Vertragsarztrechtsänderungsgesetz (VÄndG), München et al.

Otte, T./Röhßen, T. (2009): Der Chefarzt als Marke, in: f&w, 26. Jg. Nr. 2, S. 146-148.

Ouwerkerk, J. W./Ellemers, N./de Gilder, D. (1999): Group Commitment and Individual Effort in Experimental and Organizational Contexts, in: Ellemers, N./Spears, R./Doosje, B. (Hrsg.): Social Identity. Context, Commitment, Content, Oxford, S. 184-204.

Parasuraman, A./Zeithaml, V./Berry, L. (1985): A Conceptual Model of Service Quality and First Implications for Future Research, in: Journal of Marketing, 49. Jg., Nr. 4, S. 39-48.

Parasuraman, A./Zeithaml, V./Berry, L. (1988): SERVQUAL: A Muliple Scale for Measuring Consumer Perceptions of Service Quality, in: Journal of Retailling, 64. Jg., Nr. 1, S. 12-40.

Parasuraman, A./Zeithaml, V.A./Berry, L.L. (1986): SERVQUAL: A Multiple Item Scale for Measuring Customer Perceptions of Service Quality, Arbeitspapier Nr. 86-108, Marketing Science Institute, Cambrige.

Parkhe, A. (1993a): „Messy" Research, Methodological Predispositions, and Theory Development in International Joint Ventures, in: Academy of Management Review, 18. Jg., Nr. 2, S. 227-268.

Parkhe, A. (1993b): Partner Nationality and the Structure-Performance Relationship in Strategic Alliances, in: Organization Science, 2. Jg., Nr. 2, S. 301-324.

Parkinson, T.L./Reilly, M. (1979): An Information Processing Approach to Evoked Set Formation, in: Advances in Consumer Research, S. 227-231.

Paulssen, M. (2000): Individual Goal Hierachies as Antecedents of Market Structures, Wiesbaden.

Paulssen, M./Sommerfeld, A. (2005): Modeling the Nonlinear Relationship between Satisfaction and Loyality with Structural Equation Models, in: From Data and Information Analysis to Knowledge Engineering, Proceedings of the 29th Annual Conference of the Gesellschaft für Klassifikation e.V., University of Magdeburg, März 9-11, S. 574-581.

Pavlou, P.A. (2004): IT-enabled Dynamic Capabilities in New Product Development: Building a Competitive Advantage in Turbulent Environments, Los Angeles.

Pavlou, P.A./Fygenson, M. (2006): Understanding and Predicting Electronic Commerce Adoption: an Extension of the Theory of Planned Behavior, in: MIS Quarterly, 30. Jg., Nr. 1, S. 115-143.

Pelham, A.M./Wilson, D.T. (1996): A Longitudinal Study of the Impact of Market Structure, Firm Structure, Strategy, and Market Orientation Culture on Dimensions of Small-Firm Performance, in: Journal of the Academy of Marketing Science, 24. Jg., Nr. 1, S. 27-43.

Peter, J.P. (1979): Reliability: A Review of Psychometric Basics and Recent Marketing Practices, in: Journal of Marketing Research, 16. Jg., S. 6-17.

Peter, J.P. (1981): Construct Validity: A Review of Basic Issues and Marketing Practices, in: Journal of Marketing Research, 18. Jg., S. 133-145.

Peter, J.P./Churchill, G. (1986): Relationships among Research Design Choices and Psychometric Properties of Rating Scales: A Meta-Analysis, in: Journal of Marketing Research, 18. Jg., Nr. 4, S. 6-17.

Peter, J.P./Olson, J.C. (1996): Consumer Behavior and Marketing Strategy, 4. Aufl., Chicago et al.

Peter, S.I. (1997): Kundenbindung als Marketingziel, Wiesbaden.

Peteraf, M./Shanley, M. (1997): Getting to Know You: A Theory of Strategic Group Identity, in: Strategic Management Journal, 18. Jg., S. 165-186.

Petty, R.E./Cacioppo, J.T. (1983): Central and Periphere Routes to Persuasion: Application to Advertising, in: Percy, L./Woodside, A. (Hrsg.): Advertising and Consumer Psychology, Lexington, S. 3-23.

Petty, R.E./Cacioppo, J.T. (1986): The Elaboration Likelihood Model of Persuasion, in: Advances in Experimental Social Psychology, 19. Jg., S. 124-206.

Petty, R.E./Cacioppo, J.T. (1996): Attitudes and Persuasion: Classic and Contemporary Approaches, Boulder.

Petty, R.E./Cacioppo, J.T./Schumann, D. (1983): Issue Involvement as a Moderator of the Effects on Attitude of Advertising Content and Context, in: Advances in Consumer Research, 8. Jg., Nr. 1, S. 20-24.

Petty, R.E./Ostrom, T./Brock, T.C. (1981): Historical Foundations of the Cognitive Response Approach to Attitudes and Persuasion, in: Petty, R.E./Ostrom, T./Brock, T.C. (Hrsg.): Cognitive Responses in Persuasion, Hillsdale, S. 1-29.

Petty, R.E./Wegener, D. (1999): The Elaboration Likelihood Model: Current Status and Controversies, in: Chaiken, S./Trope, Y. (Hrsg.): Dual Process Theories in Social Psychology, New York, S. 41-72.

Pflesser, C. (1999): Marktorientierte Unternehmenskultur: Konzeption und Untersuchung eines Mehrebenenmodells, Wiesbaden.

Pieters, R./Baumgartner, H./Allen, D. (1995): A Means-end Chain Approach to Consumer Goal Structures, in: International Journal of Marketing, 12. Jg., Nr. 3, S. 227-244.

Pieters, R./Bottschen, G./Thelen, E. (1998): Customer Desire Expectations about Service Employees: An Analysis of Hierarchical Relations, in: Psychology and Marketing, 15. Jg., Nr. 8, S. 755-773.

Ping, R.A. (1995): A Parsimoniuos Estimating Technique for Interaction and Quadratic Latent Variables, in: Journal of Marketing Research, 32. Jg., S. 336-347.

Plötner, O. (1995): Das Vertrauen des Kunden. Relevanz, Aufbau und Steuerung auf industriellen Märkten, Wiesbaden.

Popper, K.R. (1992): In Search of a Better World. Lecture and Essays from Thirty Years, London/New York.

Popper, K.R. (1994): Vermutungen und Widerlegungen, Teilband I, Tübingen.

Porter, M.E. (1992): Wettbewerbsvorteile, 3. Aufl., Frankfurt.

Porter, M.E. (1998): Competitive Strategy: Techniques for Analyzing Industries and Competitors; with a New Introduction, New York.

Porter, M.E./Fuller, M.B. (1989): Koalitionen und globale Strategien, in: Porter, M.E. (Hrsg.): Globaler Wettbewerb, Wiesbaden, S. 363-399.

Porter, M.E./Teisberg, E.O. (2006): Redefining Health Care, Boston.

Praeckel, P./Wittstock, M./Wybranietz, W. (2005): Die deutschen Akutkliniken im Spannungsfeld zwischen M&A und Privatisierung, in: von Eiff, W./Klemann, A.: Unternehmensverbindungen – Strategisches Management von Kooperationen, Allianzen und Fusionen im Gesundheitswesen, 2. Aufl., S. 55-74.

Preece, S.B./Fleisher, C./Toccacelli, J. (1995): Building a Reputation Along the Value Chain, in: Long Range Planning, 28. Jg., S. 88-98.

Pugh, D.S./Hickson, D.J./Hinings, C.R./Turner, C. (1968): Dimensions of Organization Structure, in: Administrative Science Quarterly, 13. Jg., S. 65-105.

Raffée, H. (1974): Grundprobleme der Betriebswirtschaftslehre, Göttingen.

Raffée, H. (1984): Gegenstand, Methoden und Konzepte der Betriebswirtschaftslehre, in: Vahlens Kompendium der Betriebswirtschaftslehre, Bd. 1, München, S. 1-46.

Raju, P.S./Lonial, S.C./Gupta, Y.P. (1995): Market Orientation and Performance in the Hospital Industry, in: Journal of Health Care Marketing, 15. Jg., Nr. 4, S. 34-41.

Raju, P.S./Lonial, S.C./Gupta, Y.P./Ziegler, C. (2000): The Relationship between Market Orientation and Performance in the Hosoital Industry : A Structural Equations Modeling Approach, in : Health Care Management Science, 3. Jg., S. 237-247.

Ramsey, R./Sohi, R. (1997): Listening to Your Customers: The Impact of Perceived Salesperson Listening Behavior on Relationship Outcomes, in: Journal of the Academy of Marketing Science, 25. Jg., Nr. 2, S. 127-137.

Randall, D.M./Wolff, J.A. (1994): The Time Interval in the Intention-Behavior Relationship: Meta-Analysis, in: British Journal of Social Psychology, 33. Jg., S. 405-418.

Rao, A.R./Bergen, M.E. (1992): Price Premium Variations as a Consequence of Buyers` Lack of Information, in: Journal of Consumer Research, 19. Jg., Nr. 3, S. 412-423.

Rappaport, A. (1981): Selecting Strategies that Create Shareholder Value, in: Harvard Business Review, 59. Jg., Nr. 3, S. 139-149.

Rappaport, A. (1986): Creating Shareholder Value: The New Standard for Business Performance, New York.

Rathje, E. (2007): Reorganisation des stationären Versorgungsbereichs, in: Kölking, H. (Hrsg.): DRG und Strukturwandel in der Gesundheitswirtschaft, Stuttgart, S. 58-88.

Ratneshwar, S./Chaiken, S. (1991): Comprehension's Role in Persuasion: The Case of its Moderating Effect on the Persuasive Impact of Source Cues, in: Journal of Consumer Research, 18. Jg., Nr. 1, S. 52-62.

Ratneshwar, S./Shocker, A.D. (1991): The Role of Usage Context in Product Category Structures, in: Journal of Marketing Research, 28. Jg., Nr. 3, S. 281-295.

Raub, W./Weesie, J. (1990): Reputation and Efficiency in Social Interactions: An Example of Network Effects, in: American Journal of Sociology, 96. Jg., S. 626-654.

Reade, C. (2001): Antecedents of Organizational Identification in Multinational Corporations: Fostering Psychological Attachment to the.Local Subsidiary and the Global Organization, in: International Journal of Human Resource Management, 18. Jg., Nr. 8, S. 1269-1291.

Reichers, A. (1986): Conflict and Organizational Commitments, in: Journal of Applied Psychology, 57. Jg., S. 508-514

Reichheld, F.F. (1996): The Loyalty Effect, Boston.

Reichheld, F.F./Teal, T. (1996): The Loyalty Effect: The Hidden Force behind Growth, Profit and Lasting Value, Boston.

Reidenbach, E.R./Sandifer-Smallwood, B. (1990): Exploring Perceptions of Hospital Operations by a Modified SERVQUAL Approach, in: Journal of Health Care Marketing, 10. Jg., Nr. 4, S. 47-55.

Reilly, M./Parkinson, T.L. (1984): Individual and Product Correlates of Evoked Set Size for Consumer Package Goods, in: Advances in Consumer Research, S. 492-497.

Reinecke, J. (2005): Strukturgleichungsmodelle in den Sozialwissenschaften, München/Wien.

Reynolds, T.J., Olson, J.C. (2001): Understanding Consumer Decision Making: The Means-end Approach to Marketing and Advertising Strategy, Mahwah.

Reynolds, T.J./Gengler, C.E./Howard, D.J. (1995): A Means-End Analysis of Brand Persuasion Through Advertising, in: International Journal of Research in Marketing, 12. Jg., Nr. 3, S. 257-266.

Reynolds, T.J./Gutman, J. (1988): Laddering Theory, Method, Analysis and Interpretation, in: Journal of Advertising Research, 28. Jg., Nr. 1, S. 11-28.

Richter, E.A. (2000): Patientenrechte: Der informierte Patient – ein gemeinsames Ziel, in: Deutsches Ärzteblatt, Nr. 12, S. 592-593.

Richter, R./Furubotn, E.G. (2003): Neue Institutionenökonomik, Tübingen.

Riegl, G. (2009): Organisatorisch aufrüsten, in: KMA, Nr. 5, S. 12.

Riekeberg, M.H.P. (2002a): Einführung in die Kausalanalyse I, in: WISU, Nr. 6, S. 802-809.

Riekeberg, M.H.P. (2002b): Einführung in die Kausalanalyse II, in: WISU, Nr. 7, S. 939-943.

Rindova, V.P./Fombrun, C.J. (1999): Constructing Competitive Advantage: The Role of Firm-Constituent Interactions, in: Strategic Management Journal, 20. Jg., S. 691-710.

Rindova, V.P./Williamson, L.O./Petkova, A.P./Sever, J.M. (2005): Being Good or being Known: An Empirical Examination of the Dimensions, Antecedents and Consequences of Organizational Reputation, in: Academy of Management Journal, 48. Jg., S. 1033-1049.

Ringle, C.M. (2004): Kooperation in Virtuellen Unternehmen – Auswirkungen auf die strategischen Erfolgsfaktoren der Partnerunternehmen, Wiesbaden.

Rittweger, R. (2004): Point of View 8: Zuweiser gewinnen, Patientenstrom sichern: Zuweisermarketing als Maßnahme der effizienten Kapazitätsauslastung, BBDO, o.S.

Roberts, J.H./Lattin, J.M. (1991): Development and Testing of a Model of Consideration Set Composition, in: Journal of Marketing Research, 28. Jg., S. 429-440.

Roberts, P.W./Dowling, G.R. (2002): Corporate Reputation and Sustained Superior Financial Performance, in: Strategic Management Journal, 23. Jg., S. 1077-1093.

Robinson, P./Faris, C. (1967): Industrial Buying and Creative Marketing, Boston.

Robra, B./Swart, E./Felder, S. (2003): Perspektiven des Wettbewerbs im Krankenhaussektor, in: Arnold, M./Klauber, J./Schnellschmidt, H. (Hrsg.): Krankenhaus-Report 2002 – Schwerpunkt Wettbewerb, Stuttgart, S. 43-54.

Rokeach, M. (1973): The Nature of Human Values, New York.

Romeo, J.B. (1991): The Effect of Negative Information on the Evaluation of Brand Extensions and the Family Brand, in: Advances in Consumer Research, 18. Jg., S. 399-406.

Rose, C./Thomsen, S. (2004): The Impact of Corporate Reputation on Performance: Some Danish Evidence, in: European Management Journal, 22. Jg., Nr. 2, S. 201-210.

Rosenberg, M.J. (1956): Cognitive Structure and Attitudinal Affect, in: Journal of Abnormal and Social Psychology, 53. Jg., S. 367-372.

Ross, L./Lepper, M.R./Strack, F./Steinmetz, J. (1977): Social Explanation and Social Expectation: Effects on Real and Hypothetical Explanations on Subjective Likelihood, in: Journal of Personality and Social Psychology, 45. Jg., Nr. 3, S. 257-267.

Rossiter, J.R. (2002): The C-OAR-SE Procedure for Scale Development in Marketing, in: International Journal of Research in Marketing, 19. Jg., Nr. 4, S. 305-335.

Rost, J. (2004): Lehrbuch Testtheorie – Testkonstruktion, 2. Aufl., Bern u.a.

Ruch, F.L./Zimbardo, P.G. (1975): Lehrbuch der Psychologie, Berlin.

Ruekert, R.W./Walker, O.C. (1997): Marketing`s Interaction with Other Functional Units: A Conceptual Framework and Empirical Evidence, in: Journal of Marketing, 51. Jg., Januar, S. 1-19.

Saab, S. (2005): Die Wirkung der Reputation am Beispiel von Business-to-Business Märkten, in: WiSt, 34. Jg., Nr. 5, S. 283-285.

Saeed, K.A./Malhotra, M.K./Grover, V. (2005): Examining the Impact of Interorganizational Systems on Process Efficiency and Sourcing Leverage in Buyer-Supplier Dyads, in: Decision Sciences, 36. Jg., S. 365-396.

Salfeld, R./Hehner, S./Wichels, R. (2008): Modernes Krankenhausmanagement, Berlin/Heidelberg.

Sambandam, R./Lord, K.R. (1995): Switching Behavior in Automobile Markets, in: Journal of the Academy of Marketing Science, 23. Jg., Winter, S. 57-65.

Sämmer, G. (1999): Paradigmen der Psychologie - Eine wissenschaftstheoretische Rekonstruktion paradigmatischer Strukturen im Wissenschaftssystem der Psychologie, Köln.

Saßen, S./Franz, M. (2007): Zuweisermarketing mit sektorenübergreifender Kommunikation, Heidelberg et al.

Sauer, P./Dick, A (1993): Using Moderator Variables in Structural Equation Models, in: Advances in Consumer Research, 20. Jg., S. 637-640.

Saunders, D. (1956): Moderator Variables in Prediction, in: Educational and Psychological Measurement, 16. Jg., Nr. 2, S. 209-222.

Saure, C. (2004): Akquisitionsmanagement im Krankenhauswesen, Frankfurt.

Saxe, R./Weitz, B.A. (1982): The SOCO Scale: A Measure of the Customer Orientation of Salespeople, in: Journal of Marketing, 19. Jg., S. 343-351.

Saxton, T. (1997): The Effects of Partner and Relationship Characteristics on Alliance Outcome, in: Academy of Management Journal, 40. Jg., Nr. 2, S. 443-461.

Schäfer, K. (2006): Branchenimages als Determinanten der Markenprofilierung, Wiesbaden.

Schäper, C. (1997): Entstehung und Erfolg zwischenbetrieblicher Kooperation: Möglichkeiten öffentlicher Förderung, Wiesbaden.

Schär, W. (2002): Betriebliche Rechtsformen, in: Haubrock, M./Schär, W. (Hrsg.): Betriebswirtschaft und Management im Krankenhaus, 3. Aufl., Bern et al.

Schilke, O. (2007): Allianzfähigkeit, Wiesbaden.

Schmid, M. (2007): Ambulantes Operieren im Krankenhaus – nach schwerer Geburt, noch leicht kränkelnd, nun zum Erfolg, in: Kölking, H. (Hrsg.): DRG und Struktur- wandel in der Gesundheitswirtschaft, Stuttgart, S. 159-182.

Schmidt, P. (1977): Zur praktischen Anwendung von Theorien: Grundlagenprobleme und Anwendung auf die Hochschuldidaktik, Mannheim.

Schneider, D. (1993): Betriebswirtschaftslehre, in: Gabler Wirtschafts-Lexikon, 13. Aufl., S. 493-501.

Schnell, R./Hill, P.B./Esser, S. (2008): Methoden der empirischen Sozialforschung, 8. Aufl., München et al.

Schobert, R. (1979): Die Dynamisierung komplexer Marktmodelle mithilfe von Verfahren der Mehrdimensionalen Skalierung, Berlin.

Scholderer, J./Balderjahn, I./Paulssen, M. (2006): Kausalität, Linearität, Reliabilität: Drei Dinge, die Sie nie über Strukturgleichungsmodelle wissen wollten, in: DBW, 66. Jg., Nr. 6, S. 640-650.

Schuler, D.A./Cording, M. (2006): A Corporate Social Performance – Corporate Financial Performance Behavioral Model for Consumers, in: Academy of Management Review, 31. Jg., Nr. 3, S. 540-558.

Schultz, M./Hatch, M.J./Larsen, M. (2000): The Expressive Organization, London.

Schwaiger, M. (2004): Components and Parameters of Corporate Reputation – An Empirical Study, in: Schmalenbach Business Review: ZFBF, 56. Jg., Nr. 1, S. 46-71.

Schwaiger, M./Cannon, H.M. (2004): Unternehmensreputation – Bestandsaufnahme und Messkonzepte, in: Jahrbuch der Absatz- und Verbrauchsforschung, Nr. 3, S. 237-261.

Schwerk, A. (2000): Dynamik von Unternehmenskooperationen, Berlin.

Schwing, C. (2000): Servicewüste Krankenhaus, in: KMA, Nr. 63, Nr. 3, S. 70-72.

Schwing, C. (2004): Hospital am seidenen Faden – Einweisermanagement: Der Vertragsarzt spielt die erste Geige, in: Krankenhausumschau, 73. Jg., Nr. 6, S. 1-2.

Selnes, F. (1993): An Examination of the Effect of Product Performance on Brand Reputation, Satisfaction and Loyality, in: European Journal of Marketing, 27. Jg., Nr. 9, S. 10-35.

Shankar V./Smith A.K/Rangaswamy A. (2000): Customer Satisfaction and Loyalty in Online and Offline Environments, Arbeitspapier Nr. 2, eBusiness Research Center, Pennstate.

Shapiro, C. (1982): Consumer Information, Product Quality, and Seller Reputation, in: The Bell Journal of Economic, 13. Jg., S. 20-35.

Shapiro, C. (1983): Premiums for High Quality Products as Returns to Reputations, in: The Quarterly Journal of Economics, 98. Jg., Nr. 4, S. 659-679.

Shapiro, S./MacInnes, D.J./Heckler, S.E. (1997): The Effects of Incidental Ad Exposure on the Formation of Consideration Sets, in: Journal of Consumer Research, 24. Jg., S. 94-104.

Sharma, S./Durand, R./Gur-Arie, O. (1981): Identification and Analysis of Moderator Variables, in: Journal of Marketing Research, 18. Jg., S. 291-300.

Shenkar, O./Yuchtman-Yaar, E. (1997): Reputation, Image, Prestige, and Goodwill: An Interdisciplinary Approach to Organizational Standing, in: Human Relations, 50. Jg., Nr. 11, S. 1361-1381.

Sheppard, B.H./Hartwick, J./Warshaw, P.R. (1988): The Theory of Reasoned Action: A Meta-Analysis, and Cumulative Knowledge in Psychology: A Meta-Analysis of Past Research with Recommendations for Modification and Future Research, in: Journal of Consumer Research, 15. Jg., S. 325-343.

Sherman, S.J./Ahl, K./Berman, L./Lynn, S. (1978): Contrast Effects and their Relationship to Subsequent Behavior, in: Journal of Personality and Social Psychology, 14. Jg., Nr. 3, S. 340-350.

Sheth, J.N./Newman, B.I./Gross, B.L. (1991): Why We Buy What We Buy: A Theory of Consumption Values, in: Journal of Business Research, 22. Jg., Nr. 2, S. 159-170.

Shevlin, M.E./Miles, J.N.V./Lewis, C.A. (2000): Comments on Confirmatory Factor Analysis of the Multidimensional Students Life Satisfaction Scale, in: Personality and Individual Differences, 28. Jg., S. 187-190.

Shocker, A.D./Ben-Akiva, M./Broccara, B./Nedungadi, P. (1991): Consideration Set Influences on Consumer Decision-Marketing and Choice: Issues, Models, Suggestions, in: Marketing Letters, Nr. 2/3, S. 181-197.

Shrum, W./Wuthnow, R. (1988): Reputational Status of Organizations in Technical Systems, in: American Journal of Sociology, 93. Jg., Nr. 4, S. 882-912.

Simon, H.A. (1954): Centralization vs. Decentralization in Organizing the Controller`s Department, New York.

Simonson, I./Tversky, A. (1992): Choice in Context: Tradeoff Contrast and Extremeness Aversion, in: Journal of Marketing Rersearch, 29. Jg., Nr. 3, S. 281-295.

Siomkos, G.J./Kurzbard, G. (1994): The Hidden Crisis in Product-harm Crisis Management, in: European Journal of Marketing, 28. Jg., Nr. 2, S. 30-41.

Six, B./Eckes, T. (1996): Metaanalysen in der Einstellungs-Verhaltens-Forschung, in: Zeitschrift für Sozialpsychologie, S. 7-17.

Sjurts, I. (1999): Kooperation und Konkurrenz bei kollektivem strategischen Handeln, in: Die Betriebswirtschaft, S. 707-712.

Slater, S.F./Narver, J.C. (1994): Does Competitive Environment Moderate the Market Orientation-Performance Relationship, in: Journal of Marketing, 58. Jg., Nr. 1, S. 46-55.

Smith, D.C./Park, W. (1992): The Effects of Brand Extensions on Market Share and Advertising Efficiency, in: Journal of Marketing Research, 29. Jg., August, S. 296-313.

Smith, J.B./Barclay, D.W. (1997): The Effects of Organizational Differences and Trust on the Effectiveness of Selling Partner Relationships, in: Journal of Marketing, 61. Jg., Januar, S. 3-21.

Smith, K.G./Caroll, S.J./Ashford, S.J. (1995): Intra- and Interorganizational Cooperation: Toward a Research Agenda, in: Academy of Management Journal, 38. Jg., Nr. 1, S. 7-23.

Specke, H.K. (2005): Der Gesundheitsmarkt in Deutschland, 3. Aufl., Bern.

Spekman, R./Stern, L. (1979): Environmental Uncertainty and Buying Group Structure: An Empirical Investigation, in: Journal of Marketing, 43. Jg., April, S. 52-62.

Spence, S.H./Barrett, P.M./Turner, C.M. (2003): Psychometric Properties of the Spence Children's Anxiety Scale with Young Adolescents, in: Anxiety Disorders, 17. Jg., S. 605-625.

Spiggle, S./Sewall, M.A. (1987): A Choice Set Model of Retail Selection, in: Journal of Marketing, 51. Jg., April, S. 97-111.

Spreng, R.A./G.D. Harrell/R.D. Mackoy (1995): Service Recovery: Impact on Satisfaction and Intentions, in: Journal of Services Marketing, 9. Jg., Nr. 1, S. 15-23.

Srivastava, J./Mitra, A. (1998): Warranty as a Signal of Quality: The Moderating Effect of Consumer Knowledge on Quality Evaluations, in: Marketing Letters, 9. Jg., Nr. 4, S. 327-336.

Srivastava, R.K./Fahey, L./Christensen, H.K. (2001): The Resource-Based View and Marketing: The Role of Market-Based Assets in Gaining Competitive Advantage, in: Journal of Management, 27. Jg., Nr. 7, S. 777-802.

Srivatava, R.K./McInish, T.H./Wood, R.A./Capraro, A.J. (1997): The Value of Corporate Reputations: Evidence from the Equity Markets, in: Corporate Reputation Review, 1. Jg., S. 62-67.

Srull, T.K. (1983): The Role of Prior Knowledge in the Acquisition, Retention and Use of New Information, in: Advances in Consumer Research, 10. Jg., S. 572-576.

Stange, B. (1991): Die Theorie der sozialen Identität - Analyse eines Reformversuchs in der Sozialpsychologie, Hamburg.

Statistisches Bundesamt (2008a): Grunddaten der Krankenhäuser, Fachserie 12 Reihe 6.1.1, Wiesbaden.

Statistisches Bundesamt (2008b): Gesundheitswesen – Kostennachweis der Krankenhäuser, Fachserie 12, Reihe 6.3, Wiesbaden.

Stauss, B. (1998): Dienstleistungen als Markenartikel – etwas Besonderes?, in: Tomczak, T./Schögel, M. /Ludwig, E. (Hrsg.): Markenmanagement für Dienstleistungen, St. Gallen, S. 10-23.

Staw, B.M./Epstein, L.D. (2000): What Bandwagons Bring: Effects of Popular Management Techniques on Corporate Performance, Reputation, and CEO Pay, in: Administrative Science Quarterly, 45. Jg., Nr. 3, S. 523-556.

Steenkamp, J.-B./Baumgartner, H. (1998): Assessing Measurement Invariance in Cross-National Consumer Research, in: Journal of Consumer Research, 25. Jg., Nr. 6, S. 78-90.

Steinmann, H./Schreyögg, G. (2005): Management: Grundlagen der Unternehmensführung, 6. Aufl., Wiesbaden.

Stern, L./Reve, T. (1980): Distribution Channels as Political Economies: A Framework for Comparative Analysis, in: Journal of Marketing, 44. Jg., S. 52-64.

Stewart, K. (1998): The Customer Exit Process – A Review and Research Agenda, in: Journal of Marketing Management, 14. Jg., S. 235-250.

Stigler, G.J. (1962): Information in the Labor Market, in: Journal of Political Economy, 70. Jg., S. 49-73.

Stock, R. (2002): Kundenorientierung auf individueller Ebene: Das Einstellungs-Verhaltens-Modell, in: Die Betriebswirtschaft, 62. Jg., Nr. 1, S. 59-76.

Stock, R./Hoyer, W. (2005): An Attitude-Behavior Model of Salespeople's Customer Orientation, in: Journal of the Academy of Marketing Science, 33. Jg., Nr. 4, S. 536-553.

Stokey, N.L. (2001): Reputation and Time Consistency, in: Economic Theory and Economic Policy, 79. Jg., S. 134-139.

Storcks, H. (2003): Markenführung im Krankenhaus, Hamburg.

Storcks, H. (2007): Marketing-Controlling im Krankenhaus – die richtigen Dinge tun, in:Saßen, S./Franz, M. (Hrsg.): Zuweisermarketing mit sektorenübergreifender Kommunikation, Heidelberg et al., S. 179-196.

Strack, F. (1988): Social Cognition: Sozialpsychologie innerhalb des Paradigmas der Informationsverarbeitung, in: Psychologische Rundschau, 39. Jg., S.72-82.

Strehlau-Schwoll, H. (2007): Einbindung der medizinischen Leitung in die Unternehmensziele des Krankenhauses (Chefarztverträge), in: Kölking, H. (Hrsg.): DRG und Strukturwandel in der Gesundheitswirtschaft, Stuttgart, S. 234-240.

Streit, V./Letter, M. (2005): Marketing für Arztpraxen, Heidelberg.

Stuart, T.E. (1998): Network Positions and Propensity to Collaborate: An Investigation of Strategic Alliance Formation in a High Technology Industry, in: Administrative Science Quarterly, 43. Jg., S. 668-698.

Süllwold, F. (1969): Theorie und Methodik der Einstellungsmessung, in: Graumann, C.F. (Hrsg.): Handbuch der Psychologie, Bd. 7 (1), Sozialpsychologie, Göttingen, S. 475-508.

Sweeney, J.C./Soutar, G.N. (2001): Consumer Perceived Value: The Development of a Multiple Item Scale, in: Journal of Retailing, 77. Jg., Nr. 2, S. 203-221.

Tabachnik, B.G./Fidell, L.S. (1996): Using Multivariate Statistics, 3. Aufl., New York.

Tadelis, S. (1999): What`s in a Name? Reputation as a Tradable Asset, in: The American Economic Review, 89. Jg., S. 548-563.

Tajfel, H. (1975): Soziales Kategorisieren, in: Moscovici, S. (Hrsg.): Forschungsgebiete der Sozialpsychologie, Frankfurt.

Tajfel, H. (1978): Social Categorization, Social Identity and Social Comparison, in: Tajfel, H. (Hrsg.): Differentiation Between Social Groups. Studies in the Social Psychology of Intergroup Relations, London, S. 61-76.

Tajfel, H. (1982a): Social Psychology of Intergroup Relations, in: Annual Review of Psychology, 33. Jg., S. 1-39.

Tajfel, H. (1982b): Social Identity and Intergroup Relations, Cambridge.

Tajfel, H. (1982c): Gruppenkonflikt und Vorurteil. Entstehung und Funktion sozialer Stereotypen, Bern.

Tajfel, H./Flament, C./Billig, M.G./Bundy, R.P. (1971): Social Categorization and Intergroup Behaviour, in: European Journal of Social Psychology, 1. Jg., S. 149-178.

Tajfel, H./Turner, J.C. (1979): An Integrative Theory of Intergroup Conflict, in: Austin, W.G./Worchel, S. (Hrsg.): The Social Psychology of Intergroup Relations, Monterey, S. 33-47.

Tajfel, H./Turner, J.C. (1986): The Social Identity-Theorie of Intergroup Behavior, in: Austin, W.G./Worchel, S. (Hrsg.): Psychology of Intergroup Relations, 2. Aufl., Chicago, S. 7-24.

Tanriverdi, H. (2006): Performance Effects of Information Technology Synergies in Multibusiness Firms, in: MIS Quarterly, 30. Jg., Nr. 1, S. 57-77.

Taylor, S./Baker, T. (1994): An Assessment of the Relationship Between Service Quality and Customer Satisfaction in the Formation of Consumers` Purchase Intentions, in: Journal of Retailing, 70. Jg., Nr. 2, S. 163-178.

Teece, D.J./Pisano, G./Shuen, A. (1997): Dynamic Capabilities and Strategic Management, in: Strategic Management Journal, 18. Jg., Nr. 7, S. 509-533.

Temme, D./Hildebrandt, L. (2009): Gruppenvergleiche bei hypothetischen Konstrukten – Die Prüfung der Übereinstimmung von Messmodellen mit der Struktur-gleichungsmethodik, in: zfbf, 61. Jg., S. 138-185.

Terry, D.J./Hogg, M.A. (1996): Group Norms and the Attitude-Behaviour Relationship: A Role for Group Identification, in: Personality and Social Psychological Bulletin, 20. Jg., S. 776-793.

Thill, K. (1999): Kundenorientierung und Dienstleistungsmarketing für Kranken-häuser: theoretische Grundlagen und praktische Fallbeispiele, Stuttgart/Berlin/Köln.

Thomas, R.J. (1982): Correlates of Interpersonal Purchase Influence in Organizations, in: Journal of Consumer Research, 9. Jg., S. 171-182.

Thomas, S./Gynne-Jones, R./Chaiti, I. (1997): Is it Worth the Wait? A Survey of Patient`s Satisfaction with an Oncology Outpatient Clinic, in: European Journal of Cancer Care, 6. Jg., S. 50-58.

Thong, J.Y.L. (1999): An Integrated Model of Information Systems Adoption in Small Businesses, in: Journal of Management Information Systems, 15. Jg., März, S. 187-214.

Tjosvold, D. (1985): Power and Social Context in Superior-Subordinate Interaction, in: Organizational Behavior and Human Decision Processes, 35. Jg., August, S. 281-293.

Tolman, E.C. (1932): Purposive Behavior in Animals and Men, New York.

Tom, V.R. (1971): The Role of Personality and Organizational Images in the Recruiting Process, in: Organizational Behavior and Human Performance, 14. Jg., S. 225-251.

Töpfer, A. (2006): Marktorientierte Ausrichtung und Gestaltung aller Klinikaktivitaten, in: Albrecht, M./Töpfer, A. (Hrsg.): Erfolgreiches Changemanagement im Kranken-haus, Heidelberg, S. 271-296.

Trill, R. (2000): Krankenhaus-Management: Aktionsfelder und Erfolgspotentiale, 2. Aufl., Neuwied/Kriftel.

Trommsdorff, V. (1975): Die Messung von Produktimages für das Marketing – Grundlagen der Operationalisierung, Köln.

Trommsdorff, V. (2003): Konsumentenverhalten, 5. Aufl., Stuttgart.

Troye, S. (1984): Evoked Set Formation as a Categorization Process, in: Proceedings of AMA Summer Educators` Conference, Chicago, S. 180-185.

Turley L.W./LeBlanc, R.P. (1995): Evoked Sets: A Dynamic Process Model, in: Journal of Marketing Theory and Practice, Frühling, S. 28-36.

Turner, J.C./Haslam, S.A. (2001): Social Identity, Organizations, and Leadership, in: Turner, M.E. (Hrsg.): Groups at Work: Theory and Research, Mahwah.

Tyler, T.R. (1999): Why People Cooperate with Organizations: An Identity Based Perspective, in: Staw, B.M./Sutton, R. (Hrsg.): Research in Organizational Behavior, 21. Jg., Greenwich, S. 201-246.

Tyler, T.R./Blader, S.L. (2000): Cooperation in Groups, Philadelphia.

Udehn, L. (2002): The Changing Face of Methodological Individualism, in: Annual Review of Sociology, 28. Jg., S. 479-507.

Urban, G. (1975): Perceptor: A Model for Product Positioning, in: Management Science, 21. Jg., Nr. 8, S. 858-871.

477

Urban, G.L./Johnson, P.L./Hauser, J.R. (1984): Testing Competitive Market Structures, in: Marketing Science, 3. Jg., Frühling, S. 83-112.

Vakratsas, D./Ambler, T. (1999): How Advertising Works: What Do We Really Know? in: Journal of Marketing, 63. Jg., Nr. 1, S. 28-43.

van den Putte, B. (1991): On the Theory of Reasoned Action, Amsterdam.

van Dick, R. (2001): Identification in Organizational Contexts: Linking Theory and Research from Social and Organizational Psychology, in: International Journal of Management Reviews, 3. Jg., S. 265-283.

van Dick, R. (2004): Commitment und Identifikation mit Organisationen, Göttingen/ Bern/Toronto/Seattle.

van Dick, R./Wagner, U./Gautam, T. (2002): Identifikation in Organisationen: Theoretische Zusammenhänge und empirische Befunde, in: Witte, E.H. (Hrsg.): Sozialpsychologie wirtschaftlicher Prozesse, Berlin et al., S. 147-173.

van Knippenberg, D. (2000): Work Motivation and Performance: a Social Identity Perspective, in: Applied Psychology: An International Review, 49. Jg., S. 357- 371.

van Knippenberg, D./van Schie, E.C.M. (2000): Foci and Correlates of Organizational Identification, in: Journal of Occupational and Organizational Psychology, 73. Jg., S. 137-147.

van Riel, C.B.M./Balmer, J.M.T. (1997): Corporate Identity: the Concept, its Measurement and Management, in: European Journal of Marketing, 31. Jg., Nr. 5/6, S. 340-355.

Varadarajan, R./DeFanti, M.P./Busch, P.S. (2006): Brand Portfolio, Corporate Image, and Reputation: Managing Brand Deletions, in: Journal of the Academy of Marketing Science, 34. Jg., Nr. 2, S. 195-205.

Vera, A. (2006): Strategische Allianzen im deutschen Krankenhauswesen – Ein empirischer Vergleich von horizontalen und vertikalen Kooperationen, in: Zeitschrift für Betriebswirtschaft, 76. Jg., Nr. 9, S. 835-865.

Vershofen, W. (1959): Die Marktentnahme als Kernstück der Wirtschaftsforschung, Berlin.

Völckner, F./Sattler, H. (2006): Drivers of Brand Extension Success, in: Journal of Marketing, 70. Jg., April, S. 18-34.

Völckner, F./Sattler, H. (2007): Empirical Generalizability of Consumer Evaluations of Brand Extensions, in: International Journal of Research in Marketing, 24. Jg., Nr. 2, S. 149-162.

Völckner, F./Sattler, H./Kaufmann, G. (2008): Image Feedback Effects of Brand Extensions: Evidence from a Longitudinal Field Study, in: Marketing Letters, 19. Jg., S. 109-124.

von Eiff, W. (2005): Krankenhäuser im Wettlauf um die Zukunft, in: von Eiff, W./ Klemann, A.: Unternehmensverbindungen – Strategisches Management von Kooperationen, Allianzen und Fusionen im Gesundheitswesen, 2. Aufl., S. 41-54.

von Rosenstiel, L./Becker, F. (2006): Persönlichkeitsansätze bei Unternehmens-marken, in: Strebinger, A./Mayerhofer, A./Kurz, H. (Hrsg.): Werbe- und Marken-forschung, Wiesbaden, S. 435-464.

von Wangenheim, F. (2002): Der Einfluss von persönlicher Kommunikation auf Kundenzufriedenheit, Kundenbindung und Weiterempfehlungsverhalten – Design und Ergebnisse einer empirischen Studie im deutschen Strommarkt, in: Marketing – Zeitschrift für Forschung und Praxis, Nr. 3, S. 181-194.

Vornhusen, K. (1994): Die Organisation von Unternehmenskooperationen – Joint Ventures und Strategische Allianzen in Chemie und Elektroindustrie, Frankfurt et al.

Voss, G.B./Voss, Z.G. (2000): Strategic Orientation and Firm Performance in an Artistic Environment, in: Journal of Marketing, 64. Jg., Nr. 1, S. 67-83.

Wagner, U./Zick, A. (1990): Psychologie der Intergruppenbeziehungen: Der Social Identity Approach, in: Gruppendynamik, 21. Jg., S. 319-330.

Walker, O.C./Churchill, G.A./Ford, N.M. (1977): Motivation and Performance in Industrial Selling: Present Knowledge and Needed Research, in: Journal of Marketing Research, 14. Jg., S. 156-168.

Walsh, G. (2006a): Das Management von Unternehmensreputation, Aachen.

Walsh, G. (2006b): Corporate Reputation: Conceptualization and Consequences, in: Yearbook of Marketing and Consumer Research, 4. Jg., S. 89-112.

Walsh, G./Beatty, S.E. (2007): Customer-based Corporate Reputation of a Service Firm: Scale Development and Validation, in: Journal of the Academy of Marketing Science, 35. Jg., S. 127-143.

Walsh, G./Mitchell, V.-W./Jackson, P.R./Beatty, S.E. (2009): Examining the Antecedents and Consequences of Corporate Reputation: A Customer Perspective, in: British Journal of Management, 20. Jg., S. 187-203.

Wang, Y./Lo, H.-P./Hui, Y.V. (2003): The Antecedents of Service Quality and Product Quality and Their Influence on Bank Reputation: Evidence from the Banking Industry in China, in: Managing Service Quality, 13. Jg., Nr. 1, 72-83.

Ware, J.E./Snyder, M.K./Wright, W.R./Davies, A.R. (1983): Defining and Measuring Patient Satisfaction with Medical Care, in: Evaluation and Program Planning, 6. Jg., S. 247-263.

Wartick, S. (2001): Measuring Corporate Reputation: Definition and Data, in: Business & Society, 41. Jg., Nr. 4, S. 371-392.

Weigelt, K./Camerer, C. (1988): Reputation and Corporate Strategy: A Review of Recent Theory and Applications, in: Strategic Management Journal, 9. Jg., S. 443-454.

Weiss, A.M./Anderson, E./MacInnis, D.J. (1999): Reputation Management as a Motivation for Sales Structure Decisions, in: Journal of Marketing, 63. Jg., S. 74-89.

Whetten, D.A. (1997): Theory Development and the Study of Corporate Reputation, in: Corporate Reputation Review, 1. Jg., S. 26-34.

Whetten, D.A./Mackey, A. (2002): A Social Actor Conception of Organizational Identity and Its Implications for the Study of Organizational Reputation, in: Business & Society, 41. Jg., Nr. 4, S. 393-414.

Whisler, T.L. (1964): Measuring Centralization of Control in Business Organizations, in: Cooper, W.W./Leavitt, H.J./Shelly, M.W. (Hrsg.): New Perspectives in Organization Research, New York/London/Sydney, S. 314-333.

Wicker, A.W. (1969): Attitudes versus Actions: The Relationship of Verbal and Overt Behavioral Responses to Attitude Objects, in: Journal of Social Issues, 25. Jg., S. 41-78.

Wiedmann, K.-P. (1994): Strategisches Markencontrolling, in: Bruhn, M. (Hrsg.): Handbuch Markenartikel, Band II, Stuttgart, S. 1305-1336.

Wiedmann, K.-P. (2006): RQ-Messkonzept als Basis einer differenzierten Erfassung von Unternehmensreputation, in: WiSt, 35. Jg., Nr. 3, S. 147-154.

Wiedmann, K.-P./Buxel, H. (2005): Reputationsmanagement in Deutschland: Ergebnisse einer empirischen Untersuchung, in: Jahrbuch der Absatz- und Verbrauchsforschung, 51. Jg., Nr. 4, S. 419-438.

Wiedmann, K.-P./Meissner, S./Fusy, S. (2003): Reputation: Konzeptionalisierung, Operationalisierung und empirische Überprüfung sowie Untersuchung des Zusammenhangs mit dem Konstrukt „Kundenbindung" – dargestellt am Beispiel der Sportartikelindustrie, Schriftenreihe Marketing Management, Universität Hannover.

Wieseke, J. (2004): Implementierung innovativer Dienstleistungsmarken – Erfolgsfaktoren und Gestaltungsvorschläge auf Basis einer empirischen Mehrebenenanalyse, Wiesbaden.

Williams, M./Attaway, J. (1996): Exploring Salespersons' Customer Orientation as a Mediator of Organizational Culture's Influence on Buyer-Seller-Relationships, in: Journal of Personal Selling and Sales Management, 1. Jg., Nr. 4, S. 33-52.

Williams, R.J./Barnett, J.D. (2000): Corporate Philanthropy, Criminal Activity and Firm Reputation: Is there a Link?, in: Journal of Business Ethics, 26. Jg., S. 341-350.

Williamson, O.E. (1990): Die ökonomischen Institutionen des Kapitalismus: Unternehmen, Märkte, Kooperationen, Tübingen.

Williamson, O.E. (1991): Comparative Economic Organization: The Analysis of Discrete Structural Alternatives, in: Administrative Science Quarterly, 36. Jg., S. 269-296.

Wilson, R. (1985): Reputations in Games and Markets, in: Roth, A.E. (Hrsg.): Game-theoretical Models of Bargaining, New York, S. 65-84.

Winn, M.I./MacDonald, P./Zietsma, C. (2008): Managing Industry Reputation: The Dynamic Tension Between Collective and Competitive Reputation Management Strategies, in: Corporate Reputation Review, 11. Jg., Nr. 1.

Wirtz, B.W./Mathieu, A. (2005): Strategie in High Velocity Märkten, in: Die Betriebswirtschaft, 65. Jg., Nr. 5, S. 471-501.

Wirtz, J./Kimes, S.E. (2007): The Moderating Role of Familiarity in Fairness Perceptions of Revenue Management Pricing, in: Journal of Service Research, 9. Jg. Nr. 3, S. 229-240.

Wöhe, G. (1993): Einführung in die Allgemeine Betriebswirtschaftslehre, 18. Aufl., München.

Wohlgemuth, A.C. (1989): Führung im Dienstleistungsbereich. Interaktionsintensität und Produktstandardisierung als Basis einer neuen Typologie, in: Zeitschrift für Führung und Organisation, 58. Jg., S. 339-345.

Wojda, F./Herfort, I./Barth, A. (2006): Personale und soziale Faktoren für den Erfolg von Unternehmenskooperationen – Kooperationsfähigkeit und Kooperationsbereitschaft, in: Industrie Management, 22. Jg., Nr. 3, S. 33-36.

Wolf, L. (2005): Mitarbeiterzufriedenheit als Determinante der wahrgenommenen Dienstleistungsqualität – Das Beispiel der stationären Patientenversorgung, Wiesbaden.

Wood, V.R./Bhuian, S./Kiecker, P. (2000): Market Orientation and Organizational Performance in Not-for-Profit Hospitals, in: Journal of Business Research, 48. Jg., Nr. 3, S. 213-226.

Woodside, A.G./Frey, L.L./Daly, R.T. (1989): Linking Service Quality, Customer Satisfaction and Behavioral Intention, in: Journal of Health Care Marketing, Dezember, S. 5-17.

Wriggers, S. (2006): Markterfolge im Mobile Commerce. Faktoren der Adoption und Akzeptanz von M-Commerce, Wiesbaden.

Wright, P./Barbour, F. (1977): Phased Decision Strategies: Sequels to Initial Screening, in: Starr, M./Zeleny, M. (Hrsg.): Multiple Criteria Decision Making, in: North Holland TIMS Studies in Management Science, Amsterdam, S. 91-109.

Wyer, R.S./Srull, T.K. (1986): Human Cognition in Its Social Context, in: Psychological Review, 93. Jg., Nr. 3, S. 322-359.

Yang-Wallentin, F./Schmidt, P./Bamberg, S. (2001): Testing Interaction with Three Different Methods in the Theory of Planned Behavior: Analysis of Traffic Behavior Data, in: Cudeck, R./Du Troit, S./Sörbom, D. (Hrsg.): Structural Equation Modelling: Present and Future: A Festschrift in Honor of Karl Jöreskog, Lincolnwood, S. 405-423.

Yi, M.Y./Davis, F.D. (2003): Developing and Validating an Observational Learning Model of Computer Software Training and Skill Acquisition, in: Information Systems Research, 14. Jg., Nr. 2, S. 146-169.

Yim, C.K./Tse, D.K./Chan, K.W. (2008): Strengthering Customer Loyalty Through Intimacy and Passion: Roles of Customer-Firm Affection and Customer-Staff Relationships in Services, in: Journal of Marketing Research, S. 741-756.

Yoon, E./Guffey, H.J./Kijewski, V. (1993): The Effects of Information and Company Reputation on Intentions to Buy a Business Service, in: Journal of Business Research, 27. Jg., S. 215-228.

Yoon, J./Baker, M./Ko, J. (1994): Interpersonal Attachment and Organizational Commitment: Subgroup Hypothesis Revisited, in: Human Relations, 47. Jg., S. 329-351.

Zaddach, M. (2002): Patientenzufriedenheit, in: KMA, Nr. 7, S. 54-56.

Zaichowsky, J.L. (1985): Measuring the Involvement Construct, in: Journal of Consumer Research, 12. Jg., S. 341-352.

Zanna, M.P./Olson, J.M. (1982): Individual Differences in Attitudinal Relations, in: Zanna, M.P./Higgins, E.T./Herman, C.P. (Hrsg.): Consistency in Social Behavior: The Ontario Symposium, Hillsdale, S. 75-103.

Zeithaml, V.A. (1991): How Consumer Evaluation Processes Differ between Goods and Services, in: Lovelock, C.H. (Hrsg.): Services Marketing, 2. Aufl. Englewood Cliffs, S. 39-47.

Zeithaml, V.A./Bitner, M.J. (2000): Services Marketing – Integrating Customer Focus Across the Firm, Boston.

Ziegenbein, R. (2001): Klinisches Prozessmanagement, Gütersloh.

Zwick, W.R./Velicer, W.F. (1986): Comparison of Five Rules for Determining the Number of Components to Retain, in: Psychological Bulletin, 16. Jg., S. 135-152.

Anhang

Anhang I: Synopse einer vergleichenden Analyse von 54 empirischen Arbeiten zu Ursache-Wirkungszusammenhängen des Reputationskonstruktes

(Nr.) Autor(en)	Untersuchungsschwerpunkt	Konzeptionalisierung der Reputation	Ebene des Reputationskonstruktes	Theoretische Fundierung	Untersuchte Determinanten der Reputation	Untersuchte Konsequenzen der Reputation	Datengrundlage	Operationalisierung der Reputation	Zentrale Ergebnisse/ Besonderheiten
(1) Ahearne/ Bhattacharya/ Gruen (2005)	Antezedenzien und Konsequenzen der Customer-Company-Identification	Wahrnehmung/ Meinung dritter über das Unternehmen	Unternehmen	Theorie der sozialen Identität	Keine	Identifikation der Kunden mit dem Unternehmen; Unterstützungsverhalten der Kunden	*Stichprobe:* n = 128 (Ärzte) *Branche:* Pharmaindustrie	Eindimensional reflektiv	Reputation hat einen Einfluss auf das Unterstützungsverhalten, jedoch nicht auf die Identifikation der Kunden.
(2) Anderson/ Robertson (1994)	Einflussgrößen der Adoption von Hausmarken durch den Vertrieb	Konnotative Wahrnehmung eines Unternehmens	Unternehmen	Transaktionskostentheorie; Dependence-Theorie	keine	Adoption der Hausmarke durch den Vertrieb	*Stichprobe:* n = 208 (Vertrieber) *Branche:* Finanzdienstleistungen	Eindimensional reflektiv, semantisches Differenzial	Es konnte kein Einfluss der Reputation auf die Adoption festgestellt werden.
(3) Anderson/ Weitz (1989)	Determinanten der Nachhaltigkeit vertikaler Geschäftsbeziehungen	Reputation als Signal fairen Verhaltens	Unternehmen	Erkenntnisse der Verhaltensforschung bez. sozialen Austausch und Verhandlungen	keine	Nachhaltigkeit vertikaler Geschäftsbeziehungen; Vertrauen	*Stichprobe:* n = 690 (Dyaden) *Branche:* übergreifend	Single Item-Messung	Reputation beeinflusst sowohl die Nachhaltigkeit einer Geschäftsbeziehung als auch das Vertrauen in den Partner.
(4) Anderson/ Weitz (1992)	Commitment in vertikalen Geschäftsbeziehungen	Reputation, fair mit seinen Geschäftspartnern umzugehen	Unternehmen; Strategische Geschäftseinheiten (SGE)	keine	keine	Commitment	*Stichprobe:* n = 378 Dyaden zwischen Herstellern (SGE) und Distributoren *Branche:* verschiedene, Auswahl aus Fortunes 500, ohne Health Care	Eindimensional reflektiv	Lediglich die Reputation des Herstellers hat einen Einfluss auf das Commitment, nicht jedoch die Reputation des Distributors.

(5) Basdeo et al. (2006)	Zusammenhang zwischen Marktaktivitäten und Unternehmensreputation	Set von Eigenschaften, die einem Unternehmen auf Basis seiner Aktivitäten der Vergangenheit zugeschrieben werden	Unternehmen	Signaling-Theorie	Anzahl der Markttaktivitäten / Komplexität der Marktaktivitäten / Reaktion der Wettbewerber auf die Marktaktivitäten	keine	*Stichprobe:* n = 215 (zeitpunktbezogene Datensätze von 37 Unternehmen) *Branche:* übergreifend	Mehrdimensional formativ (Index des Fortune Magazins)	Die Unternehmensreputation wird beeinflusst von der Anzahl der Marktaktivitäten eines Unternehmens, der Komplexität dieser Aktivitäten, der Verzögerung bis zur Reaktion der Wettbewerber und von der Übereinstimmung zwischen eigenen Aktivitäten und denen der Wettbewerber.
(6) Bearden/ Shimp (1982)	Einfluss der Produktgewährleistung, Herstellerreputation und des Preises auf das wahrgenommene Risiko und die affektive Reaktion der Kunden auf innovative Produkte	Reputation als Signal für Qualität	Unternehmen	Die Autoren rekurrieren auf die Befunde bestehender Studien.	keine	Wahrgenommenes Risiko beim Kauf des innovativen Produktes	*Stichprobe:* n = 268 (Konsumenten) *Branche:* Untersuchung unter Bezug auf zwei innovative Gebrauchsgüter	Eindimensional reflektiv	Die Bedeutung der Reputation für die untersuchten Outcomes variiert je nach untersuchter Produktgruppe.
(7) Berens/ van Riel/ van Bruggen (2005)	Einfluss der Stärke der Unternehmensmarke auf den Zusammenhang zwischen Reputation und Produktbeurteilung	Corporate Ability und Corporate Social Responsibility (CSR) als Arten der Unternehmensreputation	Unternehmen	Accessibility Diagnosticity-Framework	keine	Einstellung zum Produkt	*Stichprobe:* n = 273 (Konsumenten) *Branche:* Finanzdienstleistungen	Zweidimensional mittels der Dimensionen Corporate Ability und CSR	Der moderierende Effekt der Stärke der Unternehmensmarke ist für die beiden (unabhängigen) Dimensionen der Reputation unterschiedlich.

(8) Brammer/ Pavelin (2006)	Soziale Performance als Einflussgröße der Unternehmensreputation	Perzeptuale Repräsentation der Unternehmensaktivitäten der Vergangenheit und zukünftiger Erwartungen in Relation zum Wettbewerb	Unternehmen	keine	Soziale Performance	keine	Stichprobe: n = 210 (Manager, Marktanalysten) Branche: verschiedene, ohne Health Care	Mehrdimensional formativ (Index des Fortune Magazins)	Der Einfluss der sozialen Performance variiert zwischen Branchen sowie innerhalb von Branchen für unterschiedliche Arten der sozialen Performance.
(9) Brooks et al. (2003)	Zusammenhang zwischen Unternehmensvertrautheit und Unternehmensreputation	Globale Wahrnehmung des Grades an Wertschätzung und Achtung, die einem Unternehmen entgegengebracht wird	Unternehmen	Verhaltensorientierte Entscheidungstheorie, Einstellungstheorie	Vertrautheit mit dem Unternehmen	keine	Stichprobe: n = 99/ n = 99/ n = 244 (jeweils Studenten) Branche: verschiedene, ohne Health Care	Keine. Manipulation durch die Darbietung von Szenarien.	Zwischen Vertrautheit und Reputation besteht ein positiver Zusammenhang.
(10) Brown (1995)	Vergleich reputationsrelevanter Merkmale zwischen Insupplier und Outsupplier	Wahrnehmung des Ausmaßes zu dem ein Unternehmen (Lieferant) bekannt, gut oder böse, verlässlich, glaubwürdig und reputabel ist	Unternehmen	Einstellungstheorie, Selbstwahrnehmungstheorien	Einstellung gegenüber dem Produkt, Einstellung gegenüber der Salesperson	keine	Stichprobe: n = 379 (Einkäufer) Branche: übergreifend	Eindimensional reflektiv	Bei bestehenden Lieferanten wird die wahrgenommene Reputation mehr von produkt- und vertriebsmitarbeiterbezogenen Einstellungen bestimmt, als bei potenziellen Lieferanten. Bei potenziellen Lieferanten sind externe Informationen in stärkerem Maße reputationsrelevant.
(11) Brown/ Dacin (1997)	Einfluss von Corporate Associations auf Produktbeurteilungen	Corporate Ability and Corporate Social Responsibility (CSR) als Arten der Unternehmensreputation	Unternehmen	Theorien des Konsumentenverhaltens	keine	Produktbeurteilung	Stichproben (3 Studien): n = 148/ n = 127/ n = 229 (Studenten, Konsumenten) Branche: verschiedene, ohne Health Care	Zweidimensional mittels der Dimensionen Corporate Ability und CSR	Die Unternehmensbeurteilung beeinflusst die Meinung und die Einstellung von Konsumenten über die Produkte des Unternehmens.

Nr./Autor	Thema	Reputation	Ebene	Theorie		Abhängige Variable	Stichprobe	Messung	Ergebnisse
(12) Campbell (1999)	Determinanten und Konsequenzen der wahrgenommenen Preisgerechtigkeit	Reputation als Ergebnis von Unternehmensaktivitäten der Vergangenheit	Unternehmen	Attributionstheorie	keine	Motive einer Preiserhöhung durch das Unternehmen	*Stichprobe:* n = 108 (Studenten) *Branche:* Spielwaren	Keine. Manipulation durch die Darbietung von Szenarien	Reputation hat (1.) einen Einfluss auf die wahrgenommenen Motive einer Preiserhöhung und moderiert (2.) den Zusammenhang zwischen wahrgenommenen Gewinn und Motiven der Preiserhöhung.
(13) Canuana/ Cohen/ Krentler (2006)	Wirkungen der Unternehmensreputation bei Shareholdern	Reputation als globale Einstellung	Unternehmen	Theorie des geplanten Verhaltens	keine	Kauf-/Verkaufsabsichten der Shareholder	*Stichprobe:* n = 120 (Shareholder) *Branche:* Telekommunikation	Eindimensional reflektiv	Vorteilhaftigkeit der Konzeptionalisierung der Reputation als Einstellung für den Theorietest. Reputation hat einen Einfluss auf die Kauf-/Verkaufsabsichten der Shareholder.
(14) Chen/Zeng (2004)	Bedeutung der Reputation für die Wahl der Eintrittsstrategie in ausländische Märkte	Reputation als Signal für Qualität und als Quelle psychologischen Nutzens	Unternehmen (-smarke)	Die Autoren rekurrieren vorwiegend auf die Markenliteratur.	keine	Wahl der Eintrittsstrategie	*Stichprobe:* n = 269 (Unternehmen) *Branche:* Fertigungsindustrie	Messung mittels der Werbeintensität und des Markenwertes	Je höher die Reputationsbarrieren in einem fremden Markt, desto eher werden den Akquisitionen Start-ups vorgezogen.
(15) Coombs/ Holladay (2006)	Halo-Effekt der Unternehmensreputation in Krisen	Globalurteil, basierend auf direkten Erfahrungen und Kommunikation	Unternehmen	keine	keine	Schutz des Unternehmens im Krisenfall	*Stichprobe* (2 Studien): n = 49 (Studenten)/ n = 81 (Studenten) *Branche:* Medien/ Einzelhandel	Single Item-Messung	Bei Unternehmen hoher Reputation werden im Krisenfall teilweise negative Informationen ignoriert.

							Stichprobe / Branche		
(16) Davies et al. (2002)	Operationalisierung und externer Perspektiven der Reputation eines Unternehmens	Reputation als Persönlichkeit eines Unternehmens	Unternehmen	Theorie sozialer Akteure	keine	keine	Stichprobe: n = 2.565 (Konsumenten) Branche: übergreifend, ohne Health-Care	Siebendimensional mittels der Dimensionen Agreeableness, Enterprise, Competence, Ruthlessness, Chic, Informality und Machismo. "Corporate Personality Scale"	Reputation lässt sich über die sieben untersuchten unabhängigen Dimensionen messen.
(17) Dawar/ Parker (1994)	Kulturübergreifende Untersuchung von Marketing-Universals	Reputation als Signal für Qualität	Unternehmen	Die Autoren rekurrieren zusammenfassend auf die Marketing- und ökonomische Literatur	Verschiedene Kulturmerkmale	Wahrgenommene Produktqualität	Stichprobe: n = 691 (Studenten) Branche: Consumer Electronics	Keine Angabe	Die Bedeutung der Reputation für die Produktbeurteilung ist in verschiedenen Kulturen unterschiedlich hoch.
(18) De Castro/ Navas López/ López Sáez (2006)	Operationalisierung des Reputationskonstruktes	Kollektiv verfügbare Repräsentation nutzenstiftender Aktivitäten und Leistungen von Unternehmen in der Vergangenheit	Unternehmen	keine	keine	keine	Stichprobe: n = 34 (CEOs) Branche: Biotechnologie	Zweidimensional mittels der Dimensionen Business-Reputation und Social-Reputation	Reputation lässt sich mit den zwei unabhängigen Dimensionen messen.
(19) Dollinger/ Golden/ Saxton (1997)	Einfluss der Reputation auf die Entscheidung, Joint Ventures einzugehen und Aufrecht zu erhalten	Reputation als Funktion verschiedener Unternehmenscharakteristika	Unternehmen	Ressourcentheorie Spieltheorie Transaktionskostentheorie	keine	Entscheidung, eine Allianz einzugehen oder fortzusetzen	Stichprobe: n = 170 (Studenten) Branche: Computer/ konstruierte Entscheidungssituation	Dreidimensional mittels den Dimensionen Qualität des Managements, finanzielle Reputation und Produktqualität	Reputation lässt sich anhand der drei unabhängigen Dimensionen messen. Reputation hat einen Einfluss auf die Entscheidung, eine Allianz einzugehen oder fortzusetzen.
(20) Doney/ Cannon (1997)	Vertrauen in B2B-Beziehungen	Ausmaß, zu dem ein Unternehmen ehrlich ist und im Sinne der Kunden handelt	Unternehmen	Vertrauenstheorien	keine	Vertrauen in den Reputationsträger	Stichprobe: n = 210 (Einkäufer) Branche: Industrieunternehmen	Eindimensional reflektiv	Mangels ausreichender Diskriminanzvalidität wurde das Reputationskonstrukt von den Analysen ausgeschlossen.

Quelle	Forschungsfrage	Reputationsverständnis	Bezugsobjekt	Theorie	Einflussgrößen	Wirkungen	Messung	Stichprobe	Zentrale Ergebnisse
(21) Dranove/ Shanley (1995)	Reputationssteigerung als Motiv für Unternehmenszusammenschlüsse	Reputationseffekt als Reduktion der Transaktions- und Suchkosten der Kunden	Unternehmen	Transaktionskostentheorie	Reputationsunterschiede zwischen dem einzelnen Unternehmen und Unternehmen mit Verbund-/Konzernstrukturen	keine	Messung als Relation zwischen der Einheitlichkeit des Leistungsmixes und der Finanzdaten des Verbundes und der Profitabilität	*Stichprobe:* n = 56 (Krankenhäuser) *Branche:* Krankenhäuser	Studie basiert ausschließlich auf internen Unternehmensdaten. Krankenhausverbünde haben gegenüber einzelnen Krankenhäusern Reputationsvorteile.
(22) Dukerich/ Golden/ Shortell (2002)	Einflussgrößen kooperativen Verhaltens von Ärzten innerhalb eines „Health Care Systems"	Öffentliches Bild einer sozialen Gruppe	Health Care System (Lokale integrierte Leistungserbringer)	Social-Identity-Theorie	keine	Identifikation mit dem System Kooperatives Verhalten	Eindimensional reflektiv	*Stichprobe:* n = 1.504 (Ärzte) *Branche:* Health Care	Die Reputation eines Systems hat einen positiven Einfluss auf die Identifikation der Ärzte des Systems und deren kooperatives Verhalten.
(23) Eberl (2006a)	Einfluss der Unternehmensreputation auf das Kauf- und Preisverhalten	Einstellungsähnliches Globalurteil, basierend auf direkten Erfahrungen und Kommunikation	Unternehmen	Theorien des Konsumentenverhaltens	Qualität Finanzielle Performance der Vergangenheit Attraktivität Verantwortung	Einstellung zum Produkt Identifikation Produkt-Unternehmens-Fit Wahrnehmung der Produktattribute	Zweidimensional mittels einer kognitiven und einer affektiven Dimension	*Stichprobe:* n = 104 (Studenten) *Branche:* Finanzdienstleistungen	Die Reputation beeinflusst das Kaufentscheidungsverhalten und die Zahlungsbereitschaft von Konsumenten.
(24) Eberl/ Schwaiger (2004)	Gesellschaftliche Verantwortung als Determinante unternehmerischer Einstellungsziele	Einstellungsähnliches Globalurteil, basierend auf direkten Erfahrungen und Kommunikation	Unternehmen	Die Autoren rekurrieren zusammenfassend auf die einschlägige Literatur	Wahrgenommene Übernahme von Verantwortung	keine	Zweidimensional mittels einer kognitiven und einer affektiven Dimension	*Stichprobe:* n = 6.868 (Haushalte in D, GB, USA) *Branche:* Versicherungen, Automobilhersteller, Versorgung, Transport	Für alle drei Länder kann ein Einfluss der Verantwortungsübernahme auf die Unternehmensreputation festgestellt werden.
(25) Einwiller/ Herrmann/ Ingenhoff (2005)	Vertrauensbildung durch Reputation im Kontext des E-Commerce	Ergebnis sozial vermittelter, vertrauensvoller Einstellungen Dritter gegenüber dem Unternehmen	Unternehmen	Vertrauenstheorien Einstellungstheorie Soziale Lerntheorie	keine	Vertrauen	Eindimensional reflektiv	*Stichprobe:* n = 473 (Internetnutzer) *Branche:* E-Commerce	Reputation hat einen starken Einfluss auf das Vertrauen.

(26) Ferguson/ Deephouse/ Ferguson (2000)	Unterschiede der Reputation strategischer Gruppen	Einstellungsähnlich als Wissen über die wahren Eigenschaften des Reputationsträgers und die Emotionen, die diesem entgegengebracht werden.	Strategische Gruppen Unternehmen	Theorie strategischer Gruppen Domain Consensus Concept	keine	keine	Finanzielle Performance	*Stichprobe:* n = 84 (Unternehmen) *Branche:* Versicherungen	Investmentgrad dreier Rating-Agenturen	Reputation ist ein Multilevel-Konzept. Strategische Gruppen haben verschiedene Reputationen. Strategische Gruppen mit hoher Reputation haben eine höhere finanzielle Performance.
(27) Fombrun/ Gardberg/ Sever (2000)	Operationalisierung des Reputationskonstruktes (stakeholderübergreifend)	Kollektiv verfügbare Repräsentation nutzenstiftender Aktivitäten und Leistungen von Unternehmen in der Vergangenheit	Unternehmen	keine	keine	keine	keine	*Stichprobe (2 Studien):* n = 663/ n = 2.516 (beide stakeholderübergreifend) *Branche:* Transport/ Computer	Sechsdimensional formativ (Index) „Reputation Quotient"	Reputation lässt sich mit der entwickelten Skala messen.
(28) Fombrun/ Shanley (1990)	Einflussfaktoren und Attribute der Reputation	Ergebnis des Wettbewerbsprozesses und als Signal der Schlüsseleigenschaften des Unternehmens	Unternehmen	Informationsökonomie	Profitabilität Unternehmensgröße Bekanntheitsgrad Diversifikationsgrad Risikobereitschaft Darstellung in den Medien Werbung	keine	keine	*Stichprobe:* n = 292 (Manager) *Branche:* verschiedene, ohne Health Care	Eindimensional formativ (Index)	Den größten Einfluss auf die Unternehmensreputation haben Signale, die die finanzielle Performance sowie die Konformität mit sozialen Normen zum Gegenstand haben.
(29) Ganesan (1994)	Determinanten einer langfristigen Orientierung im Rahmen von Handels-Lieferanten-Beziehungen	Reputation, fair mit seinen Geschäftspartnern umzugehen	Unternehmen	Vertrauenstheorie	keine	keine	Glaubwürdigkeit und Wohlwollen als Vertrauensdimensionen	*Stichprobe:* n = 176 (Einkäufer des Handels, Repräsentanten der Lieferanten) *Branche:* Warenhäuser und ihre Lieferanten	Eindimensional reflektiv	Vertrauen als Konsequenz der Reputation spielt eine entscheidende Rolle für die Fristigkeit der Orientierung innerhalb von Geschäftsbeziehungen.

							Stichprobe	Eindimensional reflektiv	
(30) Gieng (2000)	Moderierende Effekte des Zusammenhangs zwischen Kundenzufriedenheit und Kundenloyalität	Urteil über die von einem Unternehmen angebotene Qualität und seiner Fairness am Markt	Unternehmen	Informationsökonomie	keine	Kundenloyalität	*Stichprobe (2 Studien):* n = 981 (Einkaufsmanager in Deutschland und den USA)/ n = 317 (Studenten) *Branche:* Industriegüterbranche (übergreifend)/ Konsumgüterbereich (übergreifend)	Eindimensional reflektiv	Sowohl für den Industrie- als auch für den Konsumgüterbereich konnten starke Effekte der Reputation des Anbieters auf die Kundenloyalität nachgewiesen werden.
(31) Goldberg/ Hartwick (1990)	Einfluss der Reputation der Werbeagentur auf die Effektivität der Werbung	Expertise und Glaubwürdigkeit als Ebenen der Unternehmensreputation	Unternehmen	Sozialpsychologische Theorien	keine	Glaubwürdigkeit einer Werbeanzeige Beurteilung des beworbenen Produkts	*Stichprobe:* n = 416 (Studenten) *Branche:* Werbung	Keine. Manipulation durch die Darbietung von Szenarien.	Die Reputation hat einen Einfluss auf die Glaubwürdigkeit der Werbeanzeige und die Beurteilung des beworbenen Produkts.
(32) Hall (1992)	Bedeutung der Unternehmensreputation als wertstiftende Ressource	Einstellungsähnlich als Wissen über ein Unternehmen und die Emotionen, die diesem entgegengebracht werden.	Unternehmen Produkt	Ressourcentheorie	keine	Strategische Wettbewerbsvorteile	*Stichprobe:* n = 95 (CEOs) *Branche:* verschiedene, ohne Health Care	Keine. Frage nach dem Beitrag der Unternehmensreputation zum Geschäftserfolg	Unternehmensreputation ist eine der beiden wichtigsten Einflussgrößen des Unternehmenserfolges.
(33) Helm (2007a)	Zusammenhang zwischen Reputation und der Zufriedenheit sowie Loyalität von Investoren	Sozial geteiltes Globalurteil über ein Unternehmen	Unternehmen	Theorie der kognitiven Dissonanz Self-Perception Theorie	keine	Zufriedenheit Affektive Loyalität Behaviorale Loyalität	*Stichprobe:* n = 665 (Investoren) *Branche:* Konsumgüter	Eindimensional formativ	Reputation hat einen Einfluss auf die Zufriedenheit und die affektive Loyalität von Investoren.
(34) Houston/ Johnson (2000)	Einflussgrößen der Wahl der institutionellen Regelung von Käufer-Lieferanten-Beziehungen	Reputation als Signal für ehrliches Verhalten	Unternehmen	Transaktionskostentheorie	keine	Wahl des institutionellen Arrangements (Joint Venture vs. Vertrag)	*Stichprobe:* n = 208 (Unternehmen) *Branche:* übergreifend, ohne Health Care	Mehrdimensional formativ (Index des Fortune Magazins)	Joint Ventures werden einfachen vertraglichen Regelungen dann vorgezogen, wenn der Lieferant eine geringe Reputation hat.

	Untersuchungsgegenstand	Reputationsverständnis	Bezugsobjekt	Theoriebasis	Moderatoren	Abhängige Variable	Empirie	Messung	Ergebnis
(35) Jeng (2008)	Einflussgrößen der Zusatzkaufabsicht bei Dienstleistungen	Globale Wahrnehmung des Grades an Wertschätzung und Achtung, die einem Unternehmen entgegengebracht wird	Unternehmen	Die Autoren rekurrieren u.a. auf die Brand Extension-Literatur.	keine	Zusatzkaufabsicht	*Stichprobe:* n = 225 (Konsumenten) *Branche:* Versicherungen	Eindimensional reflektiv	Reputation beeinflusst die Zusatzkaufabsicht positiv und hemmt Konsumenten, Leistungen anderer Anbieter in Anspruch zu nehmen.
(36) Landon/Smith (1997)	Einfluss der aktuellen Produktqualität und der Unternehmensreputation auf die Preisbereitschaft	Reputation als Signal für die Produktqualität der Vergangenheit	Unternehmen	Hedonistische Preistheorie	keine	Preisbereitschaft	*Stichprobe:* n = 559 (zeitpunktbezogene Datensätze über 196 Produkte) *Branche:* Genussmittel	Produkt-Qualitäts-Index eines Branchenmagazins	Reputation hat einen deutlich größeren Einfluss auf die Preisbereitschaft als die derzeitige Produktqualität.
(37) Rao/Bergen (1992)	Einflussfaktoren der Bereitschaft der Zahlung eines Preispremiums im Vergleich zwischen Erfahrungs- und Suchgütern im B2B-Bereich	Reputation als Signal für Qualität	Unternehmen	Ökonomische Verhaltenstheorie	keine	Preispremium	*Stichprobe:* n = 149 (Manager) *Branche:* Befragt wurden Manager der Purchasing Management Association	Single Item-Messung	Bei Erfahrungsgütern billigem Käufer höher Unternehmen höherer Reputation ein geringeres Preispremium zu als weniger reputablen Unternehmen.
(38) Rindova et al. (2005)	Determinanten und Konsequenzen der Unternehmensreputation	Fähigkeit eines Unternehmens, sich von seinen Konkurrenten zu differenzieren	Unternehmen	Organisationstheorie Institutionentheorie	Qualität der eingesetzten Ressourcen Auszeichnungen durch einflussreiche Organisationen Zugehörigkeit zu Gruppen mit hohem Status	Preispremium	*Stichprobe:* n = 1.600 (Rekruter) *Branche:* Business Schools	Zweidimensional mittels der Dimensionen Qualität und Bekanntheit	Lediglich die Dimension der Bekanntheit hat einen Einfluss auf Price Premiums.
(39) Roberts/Dowling (2002)	Zusammenhang zwischen Unternehmensreputation und nachhaltigem finanziellen Erfolg	Globale Wahrnehmung des Grades an Wertschätzung und Achtung, die einem Unternehmen entgegengebracht wird	Unternehmen	Die Autoren rekurrieren auf ökonomische und soziologische Ansätze.	keine	Finanzielle Performance (nachhaltig)	*Stichprobe:* n = 3441 (Executives, Direktoren, Finanzanalysten) *Branche:* übergreifend	Eindimensional formativ (Index des Fortune Magazins)	Reputation hat einen Einfluss auf die langfristige finanzielle Performance von Unternehmen.

(40) Rose/ Thomsen (2004)	Zusammenhang zwischen Reputation und finanzieller Performance	unklar	Unternehmen	Die Autoren rekurrieren auf Erkenntnisse bestehender Forschungsarbeiten.		Finanzielle Performance	*Stichprobe:* unklar. Daten des Image-Rankings eines Wirtschaftsmagazins. *Branche:* übergreifend	Image-Ranking eines Business-Magazins	Reputation hat keinen Einfluss auf den Firmenwert. Reputation wird beeinflusst von der finanziellen Performance.
(41) Saxton (1997)	Die Bedeutung von Partner- und Beziehungscharakteristika für den Erfolg von Allianzen	Spiegelbild relevanter Charakteristika von Unternehmen	Unternehmen	Ressourcentheorie Transaktionskostentheorie Netzwerktheorie	keine	Zufriedenheit mit der Allianz	*Stichprobe:* n = 98 (Dyaden) *Branche:* übergreifend, ohne Health Care	Dreidimensional mit den Dimensionen Produktqualität, Managementqualität und finanzielle Performance	Die Reputationen der Partnerunternehmen haben einen Einfluss auf den Allianzerfolg.
(42) Schweiger (2004)	Operationalisierung des Reputationskonstruktes	Einstellungsähnliches Globalurteil, basierend auf direkten Erfahrungen und Kommunikation	Unternehmen	Einstellungstheorie	Qualität Finanzielle Performance der Vergangenheit Attraktivität Verantwortung	keine	*Stichprobe:* n = 900 (Konsumenten) *Branche:* Versicherung, Automobilhersteller, Versorgung, Transport	Zweidimensional mittels einer kognitiven und einer affektiven Dimension	Überlegenheit der zweidimensionalen Operationalisierung gegenüber eindimensionalen Messungen.
(43) Selnes (1993)	Bedeutung der Leistungsqualität für die Marken-/Unternehmensreputation, Kundenzufriedenheit und -loyalität	Einstellungsähnliche Wahrnehmung der mit einem (Unternehmens-) Namen assoziierten Qualität	Marken Unternehmen	Einstellungstheorie	Leistungsqualität Kundenzufriedenheit	Kundenloyalität	*Stichprobe (4 Studien):* n = 187 (Konsumenten)/ n = 395 (Geschäftskunden)/ n = 325 (Studenten)/ n = 125 (Geschäftskunden) *Branche:* Versicherungen/ Telekommunikation/College/ Tiernahrung	Eindimensional reflektiv	Reputation hat in allen vier Branchen einen starken Einfluss auf die Loyalität. Zufriedenheit hat nur in der Versicherungsbranche einen Einfluss auf die Reputation. Die Leistungsqualität hat nur in der Versicherungsbranche keinen Einfluss auf die Reputation.

							Stichprobe		
(44) Siomkos/ Kurzband (1994)	Krisenmanagement in Fall schadhafter Produkte	unklar	Die Autoren verweisen auf Erkenntnisse bestehender Forschungsarbeiten.	Unternehmen	keine	Wahrgenommener Gefahrengrad Kaufabsicht	Stichprobe: n = 384 (Konsumenten) Branche: Consumer Electronics	Keine. Manipulation durch die Darbietung von Szenarien.	Im Fall von Produktkrisen wird der wahrgenommene Gefahrengrad von einer hohen Reputation abgeschwächt. Die zukünftige Kaufabsicht wird dagegen positiv beeinflusst.
(45) Smith/ Barclay (1997)	Einflussgrößen der Effektivität von Vertriebsstrukturen	Globalurteil über ein Unternehmen	Verweis auf Ganesan (1994); Anderson/ Weitz (1992)	Unternehmen	keine	Vertrauenswürdigkeit	Stichprobe: n = 102 (Dyaden) Branche: Computer	Eindimensional reflektiv	Geringere gegenseitige Wertschätzungen führen zu einer schlechteren Beurteilung der Vertrauenswürdigkeit des jeweiligen Geschäftspartners.
(46) Srivastava/ Mitra (1998)	Gewährleistungsinformationen als Signal für die Produktqualität	Wissen über das Unternehmen (nicht näher definiert)	Die Autoren rekurrieren auf Erkenntnisse bestehender Forschungsarbeiten.	Unternehmen	keine	Stärke des Grades, zu dem Gewährleistungsinformationen als Indikator für die Produktqualität genutzt werden.	Stichprobe: 86 (Studenten) Branche: Consumer Electronics	Keine. Manipulation durch die Darbietung von Szenarien.	Reputation moderiert bei Neukunden den Zusammenhang zwischen dem Grad der Nutzung von Gewährleistungsinformationen und wahrgenommener Produktqualität.
(47) Staw/ Epstein (2000)	Wirkungen moderner Management-Techniken	k.A.	Institutionentheorie	Unternehmen	Performance Adoption moderner Management-Techniken	keine	Stichprobe: n = 100 (Unternehmen) Branche: übergreifend, ohne Health Care	Mehrdimensional formativ (Index des Fortune Magazins)	Unternehmen, die mit modernen Management-Techniken (z.B. Management by Objectives) assoziiert werden, haben eine höhere Reputation.

(48) Walsh (2006a)	Praxisorientierte Operationalisierung des Reputationskonstruktes	Globalurteil aller relevanten Stakeholder über ein Unternehmen und die sich daraus ergebende Achtung und Unterstützungspotenziale	Unternehmen	Der Autor rekurriert vorwiegend auf bestehende Operationalisierungsansätze und zusammenfassend auf Arbeiten der Marketingliteratur.	keine	Kundenzufriedenheit, Loyalität, Vertrauen, Weiterempfehlung	Stichprobe: n = 212 (Konsumenten) Branche: Versorgung	Vierdimensional mit den Dimensionen Kundenorientierung, guter Arbeitgeber, Verlässlichkeit und sozial-ökologische Orientierung	Reputation lässt sich mit den vier unabhängigen Dimensionen messen. Die Dimensionen haben unterschiedlich starken Einfluss auf die untersuchten Outcomes.
(49) Walsh/ Beatty (2007)	Entwicklung einer Skala für Reputation bei Konsumenten und Untersuchung ihrer Konsequenzen	Einstellungsähnliches Globalurteil, basierend auf direkten Erfahrungen und Kommunikation	Unternehmen	Die Autoren rekurrieren auf die Befunde bestehender Studien.	Keine	Kundenzufriedenheit, Loyalität, Vertrauen, Weiterempfehlung	Stichprobe: Studie zur Skalenentwicklung n = 504 (Studenten, Konsumenten); Studie zur Validierung n = 698 (Studenten, Konsumenten) Branche: Einzelhandel, Finanzdienstleistungen, Restaurants	Fünfdimensional mittels der Dimensionen Kundendenorientierung, guter Arbeitgeber, verlässliches und finanziell starkes Unternehmen, Produkt- bzw. Leistungsqualität sowie Sozial- und Umweltverantwortung	Die meisten der unabhängigen Reputationsdimensionen weisen einen Zusammenhang zu den untersuchten Outcomes auf.
(50) Walsh et al. (2009)	Analyse von Einflussgrößen und Wirkungen der Unternehmensreputation auf Kunden	Einstellungsähnliches Globalurteil, basierend auf direkten Erfahrungen und Kommunikation	Unternehmen	Die Autoren rekurrieren auf die Befunde bestehender Studien.	Kundenzufriedenheit, Vertrauen	Kundenloyalität, Weiterempfehlung	Stichprobe: n = 511 (Kunden eines Versorgungsunternehmens) Branche: Versorgung	Fünfdimensional mittels der Dimensionen Kundendenorientierung, guter Arbeitgeber, verlässliches und finanziell starkes Unternehmen, Produkt- bzw. Leistungsqualität sowie Sozial- und Umweltverantwortung	Zufriedenheit und Vertrauen haben einen positiven Effekt auf die Unternehmensreputation. Diese wiederum fördert die Kundenloyalität und Weiterempfehlung

	Ziel	Reputationsdefinition	Ebene	Theorie		Hypothesen/Absicht	Stichprobe	Dimensionalität	Ergebnisse
(51) Weiss/ Anderson/ McInnes (1999)	Einfluss von Reputations-unterschieden zwischen Unternehmen auf die Strukturierung des Vertriebs durch Hersteller	Globale Wahrnehmung des Grades an Wertschätzung und Achtung, die einem Unternehmen entgegengebracht wird	Unternehmen	Sozialpsychologische Theorien	keine	Absicht des Herstellers, den Vertriebspartner vertikal zu integrieren. Absicht des Herstellers, den Vertriebspartner zu wechseln	*Stichprobe:* n = 258 (Vertriebsmanager) *Branche:* Elektrotechnik	Eindimensional reflektiv	Je größer der wahrgenommene Unterschied zwischen der Herstellerreputation und der Reputation des Vertriebspartners, desto höher die Absicht, vertikal zu integrieren.
(52) Wiedman/ Meissner/ Fusy (2003)	Entwicklung eines Operationalisierungsansatzes der Reputation von Sportartikelherstellern	Globalurteil über ein Unternehmen durch alle relevanten Stakeholder	Unternehmen	Keine	Keine	Keine	*Stichprobe:* n = 174 (vorwiegend Studenten) *Branche:* Sportartikelindustrie	Sechsdimensional formativ (Index) mit den Dimensionen Wahrnehmung des Unternehmens, finanzielle Performance, Arbeitsplatzzufriedenheit, Unternehmen und Produkte, Präsenz der Marke und emotionaler Appeal	Reputation lässt sich über die sechs untersuchten Dimensionen abbilden.
(53) Winn/ Mac Donald/ Zietsma (2008)	Untersuchung der Entstehung und dynamischen Spannung zwischen kollektivem Reputationsmanagement einer Industrie und Reputationsmanagement der einzelnen Unternehmen Theorieentwicklung	Globalurteil, basierend auf direkten Erfahrungen und Kommunikation	Branche Unternehmen	Die Autoren rekurrieren zur Theorieentwicklung auf die Strategielehre	keine	keine	*Stichprobe:* qualitative Interviews mit n = 86 (Branchen- und Unternehmensmitglieder) *Branche:* Forstwesen, Fischerei	keine	Entwicklung einer idealtypischen Abfolge kollektiver und wettbewerblicher Reputationsstrategien von Unternehmen.

| (54) Yoon/ Guffey/ Kijewski (1993) | Einfluss der Unternehmensreputation auf die Kaufabsicht bei B2B-Dienstleistungen | Spiegelbild der vergangenen Unternehmensaktivitäten | Unternehmen | Die Autoren rekurieren zusammenfassend auf die Marketing- und ökonomische Literatur. | keine | Erwartungen hinsichtlich des Leistungsangebotes Kaufabsicht | *Stichprobe:* n = 577 (Geschäftskunden) *Branche:* Versicherungen | Eindimensional formativ als gewichteter Durchschnitt über die „Reputation Attributes" | Die Kundenreaktion auf ein Leistungsangebot und die Unternehmensreputation sind konsistent. Die Effektivität spezifischer Kommunikationsmaßnahmen kann durch die Einbindung der Reputation erhöht werden. |

497

Anhang II: Blueprint eines Krankenhausaufenthaltes

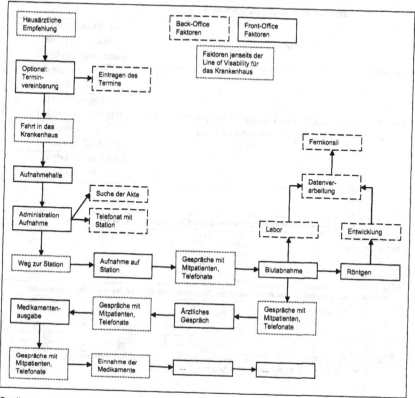

Quelle: In Anlehnung an Fleßa (2007), S. 237.

498

Anhang III: Indikatoren und Informationen zum Konstrukt „Einstellung zum MVZ-Betrieb durch das Krankenhaus"

Items	Begriffspaare an den Ankerpunkten der siebenstufigen Skala
Dass das Krankenhaus ein Medizinisches Versorgungsnetz gegründet hat und betreibt, finde ich persönlich...	Positiv – Negativ [KH_MVZ-Betrieb1$_{(1)}$]
	Wichtig – Unwichtig [KH_MVZ-Betrieb2$_{(1)}$]
	Gut – Schlecht [KH_MVZ-Betrieb3$_{(1)}$]
	Erfreulich – Unerfreulich [KH_MVZ-Betrieb4$_{(1)}$]

Informationen zum Konstrukt „Einstellung zum MVZ-Betrieb durch das Krankenhaus"

Cronbachs Alpha:	0,96	DEV:	0,84
χ^2-Wert (Freitsgrade):	0,28 (2)	CFI:	1,00
χ^2/df:	0,14	RMSEA	0,00
p-Wert:	0,00	SRMR:	0,02
Faktorreliabilität:	0,96	TLI:	1,00
Erklärter Varianzanteil:	88,44%	IFI:	1,00

Informationen zu den Indikatoren des Konstruktes „Einstellung zum MVZ-Betrieb durch das Krankenhaus"

Kurzbezeichnung des Indikators	Item-to-Total-Korrelation	Indikator-reliabilität	Critical Ratio der Faktorladung
KH_MVZ-Betrieb1	0,89	0,83	*
KH_MVZ-Betrieb2	0,83	0,71	23,12
KH_MVZ-Betrieb3	0,93	0,92	33,36
KH_MVZ-Betrieb4	0,93	0,92	33,17

* Eine Berechnung des Wertes ist nicht möglich, da die Variable als Referenzindikator zur Standardisierung der Varianz des betreffenden hypothetischen Konstruktes fungiert.